Léon Poliakov
Der arische Mythos

Léon Poliakov

Der arische Mythos

Zu den Quellen von Rassismus und Nationalismus

JUNIUS

Herausgegeben vom Hamburger Institut für Sozialforschung

Junius Verlag GmbH
Stresemannstraße 375
2000 Hamburg 50

Titel der französischen Originalausgabe: Le Mythe aryen

Aus dem Französischen von Margarete Venjakob

Das Kapitel »Rußland: Der eurasische Schmelztiegel«
aus dem Französischen von Holger Fliessbach
Einbandgestaltung: Ulrich Klaus, Hamburg
Satz: DSD, Hamburg
Druck: SOAK Druck GmbH, Hannover
Printed in Germany 1993
ISBN 3-88506-220-8
Erste Auflage April 1993

Die Deutsche Bibliothek – CIP-Einheitsaufnahme

Poliakov, Léon:
Der arische Mythos: Zu den Quellen von Rassismus und Nationalismus /
Léon Poliakov. [Hamburger Institut für Sozialforschung.
Aus dem Franz. von Margarete Venjakob; Holger Fliessbach].
– 1. Aufl. – Hamburg: Junius, 1993
Einheitssacht.: Le mythe aryen ‹dt.›
ISBN 3-88506-220-8

Inhalt

Vorwort

Die Frage *Woher komme ich?* beschäftigt die Menschheit seit Menschengedenken. Sie spielt in der Herausbildung ethnischer Identität und des Nationalverständnisses eine ebenso große Rolle wie in der europäischen Theologie, der Philosophie, Anthropologie oder der persönlichen Individuation, der sich die Psychoanalyse annimmt. Léon Poliakov ist in der erstmals 1971 erschienenen Arbeit über den *arischen Mythos* diesem Topos der Kulturgeschichte nachgegangen. Dieses Werk hat in den Jahren seit dem ersten Erscheinen in deutscher Sprache vor fast einem Vierteljahrhundert weder an wissenschaftlichem Wert noch an Aktualität eingebüßt. Auch heute kommt, wer sich vornimmt, die Geschichte des Rassismus in Europa zu bearbeiten, an diesem Grundlagenwerk nicht vorbei.

Es gehört in eine Reihe mit anderen Standardwerken zum Thema, wie Paul W. Massings *Vorgeschichte des politischen Antisemitismus,* die 1949 in der von Max Horkheimer herausgegebenen Reihe *Studies in Prejudice* erstmals veröffentlicht und 1959 in einer deutschen Übersetzung vom Frankfurter Institut für Sozialforschung herausgegeben wurde, oder die ganz offensichtlich von Poliakov beeinflußte *Geschichte des Rassismus in Europa* George L. Mosses, die erstmals 1978 erschien.

Léon Poliakov hat es in dem vorliegenden Werk unternommen, den Ursprungsmythen zentraler europäischer Nationen nachzugehen, um die mythischen Gründe des modernen Nationalverständnisses in Europa und des europäischen Rassismus offenzulegen.

Mit großer Genauigkeit und enormer Quellenkenntnis zeichnet der Autor die Entwicklung der Genealogien nach, auf die sich die Nationen und ihre Eliten in Spanien, Frankreich, England, Italien, Deutschland und Rußland durch die Jahrhunderte beriefen. Er zeigt auf, wie im Zuge der Christianisierung Europas der Versuch unternommen wurde, vor- und frühgeschichtliche Ursprungsmythen mit der biblischen, alttestamentlichen Tradition in Einklang zu bringen und damit erste vertikale und horizontale gesellschaftliche Hierarchisierungen festzuschreiben.

Poliakov begreift diese Ursprungsmythen als Fluchtpunkte nationalen Selbstverständnisses, die mit der Herausbildung der Nationen in das Spannungsverhältnis zwischen mittelalterlich-christlichem Universalismus und neuzeitlichem bzw. modernem, differenzierendem Szientismus gerieten.

Elemente der Moderne

Auch uns gegenwärtig selbstverständliche Begriffe, mit denen wir die Welt ordnen, tragen die Spuren dieser Mythen, denen Poliakov auf den Grund geht. Das Amalgam des *arischen Mythos* führt Poliakov uns in den Zeugnissen mittelalterlicher Theologie, des Humanismus, der Aufklärung, allgemeiner: der neuzeitlichen und modernen Philosophie, der vergleichenden Sprachwissenschaft und der Anthropologie vor. Kaum ein Feld modernen Denkens, das nicht den Kern hierarchisierender oder explizit rassistischer Selbstüberhebung in sich birgt. Die Namen der Träger dieser Haltung sind Legion: Leibniz (1646-1716), Herder (1744-1803), Goethe (1749-1832), Schelling (1755-1854), Darwin (1809-1882), Proudhon (1809-1865), Marx (1818-1883), Dühring (1833-1921), Nietzsche (1844-1900) und so weiter.

Poliakov rekonstruiert die legitimierenden Grundlagen für das Hegemoniestreben der europäischen Mächte, des Euro- und Ethnozentrismus. Er zeichnet nach, wie neue Erkenntnisse und zivilisatorische Neuerungen das Bild von der Herkunft des Menschen verändert haben, und wie doch der Glaube an die Überlegenheit der Europäer, der *weißen Rasse,* der Weitung des Erfahrungs- und Wissenshorizontes trotzte. Divergenzen und Differenzen galten als Bestätigung des Überkommenen im Ringen um eine wissenschaftliche Untermauerung der jeweils eigenen nationalen und ethnischen Identität.

Es ist die Sache des Historikers, gleichermaßen Kontinuitäten und Diskontinuitäten im geschichtlichen Prozeß aufzuzeigen, zu analysieren und zu bewerten. Dieser Aufgabe kommt Poliakov beispielhaft nach. Er zeigt, wie sich der Rassismus als eine Angelegenheit der Moderne auf alte Traditionen beziehen kann und wie weit er in die Zentren der modernen Gesellschaft und Kultur vorgedrungen ist.

Poliakovs Untersuchung des europäischen Rassismus und seiner Vorläufer macht deutlich, wie die Herausbildung *ethnischer Identität* als *Selbstbild* sich am *Imago des Fremden* abarbeitet, das zugleich als Ge-

genbild, Projektionsfläche und Bestätigung eigener Überlegenheit dient. Der Rassist braucht das *Zerrbild des Negers* oder *des Juden,* um sich seiner selbst sicher zu sein.

Am Beispiel der spanischen *Blutreinheitsstatuen* zeigt Poliakov, wie der Übertritt von Mauren und Juden zum Christentum die christliche Mehrheitsgesellschaft dazu veranlaßte, die *conversos* neuerlich mit dem Argument auszugrenzen, ihr Blut sei durch die *Ablehnung Christi biologisch verdorben.* Ähnlichkeiten und Ununterscheidbarkeit zwischen der im Selbstdefinitionsprozeß befindlichen Gruppe und der als Antipode gewählten Fremdgruppe wurden so mit dem Eintritt der Biologie wegdefiniert – der Mythos der *reinen Rasse* und des *reinen Blutes* nahm erstmals in aller Deutlichkeit Gestalt an. Im *Fremdbild,* dem *Imago* vom anderen, wird damit ein biologistisches, scheinbar objektives Kriterium für die vermeintliche Andersartigkeit konstituiert. Diese Figur ist zu einem kontinuierlichen Moment in dem Konfliktfeld zwischen Identität und Imago geworden. Die vergleichende Sprachwissenschaft, Biologie, Physiologie und Anthropologie wußten die Vertreter des *Reinheitsgebotes* weiter zu munitionieren. Dies ist einer der roten Fäden, denen Poliakov durch die europäische Kulturgeschichte folgt. Auschwitz ist demnach die absolute Zuspitzung dessen, was seinen Ursprung in dem Fundament europäischer, auch und gerade moderner Kultur selbst hat. Betont sei jedoch, daß damit die Tatsache, daß Auschwitz von Deutschen ausging, keineswegs ignoriert oder nivelliert wird. Poliakov widmet den spezifischen Umständen, die den Erfolg des arischen Mythos und des modernen Antisemitismus in Deutschland begünstigten, besondere Aufmerksamkeit. Beispielsweise findet die Germanomanie der intellektuellen Vorläufer nationalsozialistischen Rassenwahns, ob Wagner (1813-1883), von Treitschke (1834-1896), oder Chamberlain (1855-1927), angemessene Berücksichtigung.

Poliakov gibt uns einiges Material an die Hand, um die Frage nach der *Dialektik der Aufklärung* noch einmal aufzuwerfen. Nicht im Sinne eines sich *postmodern* gerierenden Eklektizismus, sondern mit dem Repertoire aufklärerischen, modernen Denkens selbst. Nur so läßt sich das rationale und progressive Element der Aufklärung gegen alle ihr selber innewohnenden Widerstände behaupten.

Europäische Krise und arischer Mythos

Die Aktualität der Studie Poliakovs liegt auf der Hand: Zu einem Zeitpunkt, da ethnische Auseinandersetzungen sich auf der Folie konkurrierenden nationalen Selbstverständnisses aktualisieren, gelangt die Frage nach den Quellen und der Legitimität der eigenen ethnischen Identität zu neuer Bedeutung. Diese Erscheinung als dem Projekt der Moderne zuwiderlaufend abzutun, verkennt, daß die Moderne selbst daran krankt: Die Idee des Nationalstaats als Fiktion eines harmonischen, da stimmigen und sich seiner selbst gewissen Gemeinwesens ist Teil modernen Denkens, wiewohl sie doch mit anderen Konzepten der Moderne in Widerspruch gerät. Am augenscheinlichsten wird dies in Europa am Beispiel der Balkanstaaten und der zerfallenen ehemaligen Sowjetunion, wo verschiedene ethnische Gruppen nach Jahrzehnten der *Proklamation* eines *proletarischen Internationalismus* auf der Suche nach nationaler Identität sind, die sie durch nationalistische Ideologeme zu begründen versuchen. Ähnliche Konflikte beherrschen gleichermaßen die arabische Welt, weite Teile Asiens und den afrikanischen Kontinent, wo die europäischen Kolonialherren Staatsgrenzen hinterließen, die den ethnischen Gegebenheiten kaum Sorge trugen.

Ethnizität ist kein naturgegebenes oder statisches Faktum, sondern Ergebnis eines kulturellen Prozesses. Dieser Erkenntnis trägt der Begriff einer *multikulturellen Gesellschaft* im aktuellen Diskurs Rechnung. Mit dieser Auseinandersetzung gerät die von Poliakov angesprochene Fragestellung, woher wir kommen und wohin wir wollen, erneut in das Zentrum der westlichen Gesellschaften. Der *Extremismus der politischen und gesellschaftlichen Mitte,* der den Schutz des Eigenen vor dem Fremden, vor vermeintlicher *Überfremdung* und dem Verschwinden eigener Eigenart einklagt, folgt der Chimäre einer *Reinheit der Sprache, Nation, Kultur* und, mit deutlich rassistischem Unterton, *des Blutes,* die in Europa eine lange Tradition hat.

Kulturelle und ethnische Differenz wird in der gesellschaftlichen Krise betont. Dieses Abheben auf die Unterschiedlichkeit als Element hierarchischen Denkens ist Anzeichen, Auswuchs und Teil der Krise, doch liegen seine Ursachen, wie Poliakov eindringlich an Beispielen aus der europäischen Geschichte nachweist, tiefer.

Die europäische *Neue Rechte* ist dabei, die Debatte von rechts her zu intellektualisieren. Sie nimmt die Momente auf, die ihr von den chauvinistischen und antidemokratischen Intellektuellen von Treitschke bis

Schmitt aus der Zeit vor Auschwitz überkommen sind. Sie versucht, den *arischen Mythos* im Sinne einer *Nation Europa* zu aktualisieren – eine weitere Spur europäischer Geistesgeschichte, die Poliakov in ihren Anfängen verfolgt. Im Extrem ist das das Bild eines *Großwirtschaftsraums Europa,* wie es intellektuelle Wegbereiter und Vordenker des Nationalsozialismus schufen, und das in den Reihen der Waffen-SS popularisiert wurde. In gemilderter Form findet sich ein ähnliches Bild Europas in dem Wunschtraum von einem geeinten *Europa der Vaterländer,* das sich durch offene Grenzen nach innen und Schutzwälle nach außen auszeichnet. Die *Wagenburg Europa,* die mit den politischen Grundsatzentscheidungen zwischen Maastricht und Schengener Abkommen allmählich Gestalt anzunehmen scheint, führt den arischen Mythos in gemäßigter Form weiter fort. Deutschlands Rolle in diesem künftigen Europa wird von den Neuen Rechten und den politischen und ökonomischen Eliten in einer gewissen Bandbreite diskutiert. Die politische und gesellschaftliche Mitte gibt sich unentschieden, scheint jedoch bei allen inneren Widersprüchen von der Option auf eine deutsche Hegemonie fasziniert. Die Linke, wo wir ihre desparaten Reste noch finden, wirkt gebannt und tatenlos. Ein grundsätzlich anderes Konzept von Europa, das sich auf die positiven, emanzipatorischen Elemente der Moderne bezöge, ist kaum auszumachen. Die Rede von der multikulturellen Gesellschaft weist einen Weg, doch scheint die *ratio,* auf die sie sich beruft, zuweilen selber stärker von den mythischen Zügen geprägt, die sie zu verneinen vorgibt, als ihr selber bewußt ist. Im politischen Streit, den sie zu bestehen hat, könnte sie sich aus diesem Grunde als wenig durchsetzungsfähig erweisen.

Die Krise, die die Rückbezüge auf alte Mythen fördert, hat viele Gesichter. Sie zeigt sich in den Bürgerkriegen und ethnischen Auseinandersetzungen auf allen Kontinenten, im Streit um die Zukunft der westlichen Gesellschaften und in den religiösen Fundamentalismen, die überall an Gewalt und Macht gewinnen. Mit dem Zerfall der Sowjetunion und der Architektur des Kalten Krieges, die uns in relativer Sicherheit wiegte, kommen Bilder auf, die an Vergangenes erinnern. Nicht daß Geschichte sich wiederholte, sei der Schluß, sondern daß der Rückgriff auf Konzepte nationaler, ethnischer und religiös-fundamentalistischer Art zu einer sowohl intrapsychischen als auch gruppenspezifischen Sicherheit zu verhelfen scheinen. Die Varianten, in denen Gesellschaften und Gruppen ihre Mitte suchen, sind vielfältig. Immer wieder stehen sie in Beziehung zu den Gründungs- und Ursprungsmythen der betreffenden Gesellschaften und Gruppen, ob es die fixe Idee des *change* ist, die Bill Clinton in den Vereinigten Staaten auf sein Banner geschrieben hat, oder aber der religiöse Fundamentalismus moslemischer Bruderschaften in Algerien oder Ägypten.

Zwischen Protektionismus, Abschottung und offener, gewaltsamer Auseinandersetzung ist nur ein relativ kleiner qualitativer Sprung vonnöten. Darüber liegt offenbar nur ein dünner kultureller Firniß.

Die Mythen bleiben lebendig. Dem etwas entgegensetzen zu wollen, bedeutet, sich auskennen zu müssen. Dafür bietet Poliakovs Werk einiges an Material und Anregungen. Seine Arbeiten verdienen Gehör. Für sie eine Lanze brechen zu wollen, ist müßig und überflüssig, da sie selbst am besten überzeugen — methodisch, analytisch und dem Inhalt nach. Wer an historiographischen Werken deutscher Provenienz verzagt, macht hier die Erfahrung, daß Gründlichkeit und die *Mühe des Begriffs* guter Verständlichkeit nicht zwangsläufig Abbruch tun.

Matthias Heyl
Hamburg, Februar 1993

Meiner Frau

Man is an incorrigible genealogist, who
spends his whole life in search of a father.
Don Cameron Allen,
The Legend of Noah,
Urbana, Ill., 1949

ARIER (Sanskrit): Name der Perser,
später der Indogermanen, die sich
in Iran und im nordwestlichen Indien
ansiedelten [...] Die Bezeichnung
»arisch« im Sinn nichtjüdischer Herkunft
ist ungewiß.
Universal-Lexikon, Köln 1968

Einführung

Von 1940 bis ungefähr 1944 war die wichtigste Unterscheidung unter den Bewohnern Kontinentaleuropas diejenige zwischen Ariern und Semiten. Tatsächlich waren die Menschen, die der ersten Kategorie angehörten, zum Leben berechtigt, diejenigen, die zur zweiten Gruppe gerechnet wurden, zum Tod verurteilt; in den meisten Fällen wurde das Urteil im Lauf jener vier Jahre vollstreckt. Die Motive dafür wurden in einer umfangreichen, heute vergessenen Literatur erklärt; es mag genügen, den einflußreichsten Autor jener Zeit zu zitieren, Adolf Hitler:

> Nein, der Jude besitzt keine irgendwie kulturbildende Kraft, da der Idealismus [...] bei ihm nicht vorhanden ist [...] Er ist und bleibt der ewige Parasit, ein Schmarotzer, der wie ein schädlicher Bazillus sich immer mehr ausbreitet, sowie nur ein günstiger Nährboden dazu einlädt [...] Wo er auftritt, stirbt das Wirtsvolk nach kürzerer oder längerer Zeit ab [...] Er vergiftet das Blut der anderen, wahrt aber sein eigenes [...] Zur Maskierung des Treibens und zur Einschläferung seiner Opfer jedoch redet er immer mehr von der Gleichheit aller Menschen, ohne Rücksicht auf Rasse und Farbe [...] Er geht scheinbar darauf aus, die Lage des Arbeiters zu verbessern, beabsichtigt aber in Wahrheit die Versklavung und damit die Vernichtung aller nichtjüdischen Völker [...] Der schwarzhaarige Judenjunge lauert stundenlang, satanische Freude in seinem Gesicht, auf das ahnungslose Mädchen, das er mit seinem Blute schändet und damit seinem, des Mädchens, Volke raubt. Mit allen Mitteln versucht er, die rassischen Grundlagen des zu unterjochenden Volkes zu verderben [...] Juden waren und sind es, die den Neger an den Rhein bringen, immer mit dem gleichen Hintergedanken und klaren Ziele, durch die dadurch zwangsläufig eintretende Bastardisierung die ihnen verhaßte weiße Rasse zu zerstören, von ihrer kulturellen und politischen Höhe zu stürzen und selber zu ihren Herren aufzusteigen.[1]

Man beachte die Anspielung auf den »Neger am Rhein«, der als kaum weniger schädlich angesehen wurde als der Jude. In Wirklichkeit teilte Hitler das Menschengeschlecht in drei große Gruppen ein, aber nur der reine Arier repräsentierte wahrhaft den Menschen, den Herrn des Universums:

> Der Arier [...] ist der Prometheus der Menschheit, aus dessen lichter Stirn der göttliche Funke des Genies zu allen Zeiten hervorsprang, immer von neuem jenes Feuer entzündend, das als Erkenntnis die Nacht der schweigenden Geheimnisse aufhellte [...] Als Eroberer unterwarf er sich die niederen Menschen und regelte dann deren praktische Betätigung unter seinem Befehl, nach seinem Wollen und für seine Ziele. Allein, indem er sie so einer nützlichen, wenn auch harten Tätigkeit zuführte, schonte er nicht nur das Leben der Unterworfenen, sondern gab ihnen vielleicht sogar ein Los, das besser war als das ihrer früheren sogenannten ›Freiheit‹. Solange er den Herrenstandpunkt rücksichtslos aufrecht erhielt, blieb er nicht nur wirklich der Herr, sondern auch der Erhalter und Vermehrer der Kultur [...] Würde man die Menschheit in drei Arten einteilen: in Kulturbegründer, Kulturträger und Kulturzerstörer, dann käme als Vertreter der ersten wohl nur der Arier in Frage [...] Man schalte ihn aus – und tiefe Dunkelheit wird vielleicht schon nach wenigen Jahrtausenden sich abermals auf die Erde senken, die menschliche Kultur würde vergehen und die Welt veröden.[2]

So sah die Geschichtsphilosophie des obersten Führers des Nationalsozialismus aus. Wenn sie ihn nicht hinderte – sie scheint ihm im Gegenteil geholfen zu haben – zum Herrn des Dritten Reiches zu werden, dann deshalb, weil mehr oder weniger nuancierte Ansichten dieser Art schon zwei oder drei Generationen zuvor von zahlreichen Köpfen inner- und außerhalb Deutschlands akzeptiert worden waren.

Es ist bekannt, daß die Teilung der europäischen Bevölkerung in »Arier« und »Semiten« ursprünglich auf einer Verwechslung zwischen der Natur des Menschen (»Rassen«) und seiner Kultur (»Sprachen«) beruhte; einer Verwechslung, die so weit ging, daß die Arier-Theorie am Ende des neunzehnten Jahrhunderts unter den Gelehrten beinahe ebenso anerkannt war wie die Theorie des kosmischen Ursprungs. In ihren verschiedenen Varianten implizierte diese Theorie fast immer ein mehr oder weniger deutliches Werturteil zugunsten der Arier, und die Ideologen des Dritten Reiches taten nichts anderes, als diese Diskriminierung maßlos zu erweitern. Es handelt sich also zunächst um ein Kapitel aus der Geschichte einer Wissenschaft, der Anthropologie, die durch den europäischen Ethnozentrismus stark verfälscht wurde. Dieser wurzelt in alten Zeiten, lange vor der Entstehung der modernen Wissenschaft. Tatsächlich drückt er nur eine allgemeine Bestrebung aus, die darin besteht, daß die verschiedenen Menschengruppen oder »Kulturen« sich eine spezifische Genealogie suchen, eine ruhmreiche und erhabene Herkunft. Um zu verstehen, warum die Ansichten über die Natur des Menschen im Europa des neunzehnten Jahrhunderts gerade diese Richtung eingeschlagen haben und nicht eine andere, muß man also deren affektives Substratum untersuchen und zu diesem Zweck weit in die Vergangenheit zurückgreifen.

Halten wir fürs erste fest: Die Geschichte, die Geographie, die Religionswissenschaft und die Ethnographie bestätigen uns alle, daß sich jede Gesellschaft auf eine Genealogie, auf einen Ursprung beruft. Es gibt keine Kultur, und mag sie auch noch so archaisch sein, die sich nicht auf diese Weise eine »spontane Anthropologie« schafft; von diesem Standpunkt aus gesehen ist die Vorgeschichte der Anthropologie lang, ebenso lang wie die Menschheitsgeschichte.[3] So »stammen« die Mitglieder einer Menschengruppe von einem Gott, einem Heros oder einem Tier ab; der genealogische Mythos ist also die Urform des historischen Denkens, und zumindest in diesem Sinn gibt es keine »geschichtslosen Völker«; im Gegenteil, die Geschichte des Menschen muß mit der Menschwerdung begonnen haben.[4]

Diese Ätiologien (= Geschichten) sind im allgemeinen mit Kosmologien (= Weltanschauungen) verbunden. Wir glauben, daß es sich dabei um zwei Formen der Antwort auf die Urfrage handelt, die ebenfalls in zwei Formen ausgedrückt wird: Woher komme ich? und: Wer bin ich? Die Psychoanalyse legt in der Tat nahe, daß die erste, quälende Frage des Kindes der zweiten dumpfen und verwirrenden Frage des Erwachsenen vorangegangen ist und diese ausgelöst hat. Ich komme aber aus demselben Mutterschoß wie meine leiblichen Schwestern und Brüder, aus demselben Nährboden; bevor wir uns auf dieselben Ahnen beriefen, vielleicht sogar vor unserer Individuation (wenn es stimmt, daß »das Du älter ist als das Ich«), haben wir denselben Eltern getrotzt, und auf diesen ersten Grundlagen entwickeln sich, in all ihrer Ambivalenz, Liebe und Haß der Erwachsenen, Rivalitäten und Bündnisse unter Gleichaltrigen, familiale Verbindungen und Konflikte.[5] So erhellen sich die überall anzutreffenden Bezugnahmen auf einen gemeinsamen Ahnen, die *Ursprungsmythen* und auch deren Funktion, die darin besteht, die dunklen affektiven Kräfte zu erklären, die über Feindschaften oder Bündnisse zwischen Clans und Stämmen bestimmen. Wir können annehmen, daß diese Kräfte in allen möglichen ideologischen Vermummungen noch inmitten unserer Industriegesellschaft am Werk sind und daß die Nazi versuchten, sich diese Kräfte dienstbar zu machen, indem sie sich auf »Urahnungen von Blut und Boden« beriefen. Damit wollten sie an die vorchristliche Zeit anknüpfen und auf diese Weise den Glauben an die gemeinsame Abstammung aller Menschen bestreiten, welche vom Alten Testament und von den christlichen Anthropologen behauptet wird. Wie sollte man in diesem Zusammenhang nicht vermerken, daß auch moderne Autoren Begriffe dieser Art eingeführt haben wie etwa C.G. Jung die »Archetypen« oder G. le Bon die »Rassenseele« –, um einer quasi unzerstörbaren psychischen Realität Rechnung zu tragen, die nach wie vor – im Zeitalter des Atoms vielleicht deutlicher als in jenem der Dampfmaschine – zu beobachten ist?

Dennoch sind die bis jetzt vorgeschlagenen Begriffe für die Vernunft kaum befriedigend, denn diese Realität kompliziert sich auf ungeheuerliche Weise, wird sozusagen unfaßlich, sobald sie einmal das Stadium der sogenannten primitiven Kulturen hinter sich gelassen hat. Es ist, als wären die archaischen Kräfte, die in den Ursprungsmythen zum Ausdruck kommen, mit der Entwicklung und Differenzierung der Gesellschaften, dem Aufstieg der Staaten und Reiche, dem Fortschritt der Sozialisation und des Wissens entweder verdrängt[6] oder zugunsten politischer Leidenschaften, die sich auf ganz andere Mythologien oder Ideologien berufen, umgeleitet worden. Um diese ungeheuren Probleme zu umreißen, wollen wir aber nicht unsererseits ebenfalls besondere Begriffe vorschlagen oder eine Anthropologie entwickeln. Wir werden historisch vorgehen; dabei wollen wir vorsichtig und womöglich unter Vermeidung jedes Dogmatismus versuchen, die Geschichte der westlichen Gesellschaft durch die Tiefenpsychologie aufzuhellen; denn dieses von Freud geschmiedete Werkzeug, so unvollkommen es auch sein mag, ermöglicht es sicherlich besser als jedes andere, die unbewußten Fundamente kollektiven Glaubens zu erforschen.

Wenn wir die ferne Vergangenheit Europas betrachten, müssen wir feststellen, daß wir so gut wie nichts über die Ursprungsmythen der Urheber der Höhlenmalerei wissen und daß wir über jene der Kelten und der Iberer kaum besser unterrichtet sind. Ganz anders verhält es sich mit den Römern und den Germanen. Außerdem sind aus deren Idiomen (im Gegensatz zu jenen anderer legendärer Vorfahren), in manchen Fällen durch ihre Verbindung miteinander, die großen Kultursprachen unseres Planeten hervorgegangen. Von dieser offenkundigen Gewißheit ausgehend, wollen wir uns in unsere historische Betrachtung stürzen. Ist es nicht zweckmäßig, dieses Mißverhältnis mit dem Verlauf der europäischen Geschichte der ersten Hälfte des zwanzigsten Jahrhunderts in Zusammenhang zu bringen?

Auf den ersten Blick scheint es verwirrend, den Mythen von der Ewigen Stadt oder denen vom germanischen Wald irgend einen Einfluß auf den Aufstieg Mussolinis oder die Machtergreifung Hitlers zuschreiben zu wollen. Eine solche Behauptung, die sozusagen fünfzehn Jahrhunderte der Geschichte kurzschließt, steht im Gegensatz zu den üblichen historischen Konzeptionen und Methoden. Dennoch bleibt die Tatsache bestehen, daß sich die Faschisten auf die erstgenannten Mythen und die Nazis auf die zweiten beriefen. Wenn sie dies mit dem bekannten beträchtlichen Widerhall tun konnten, so deshalb, weil die entsprechenden Genealogien im Lauf der europäischen Geschichte stets gehegt und gepflegt wurden; das werden wir später noch sehen. Sie lassen sich auch in der *Lex Salica,* in der *Göttlichen Komödie,* in Luthers Exegesen, in den Polemiken der Philosophen der Aufklärung wiederfinden, und sie dienten den volkstümlichen Mythologien des neunzehnten Jahrhunderts als Grundlagen, bevor sie im Hakenkreuz und im Liktorenbündel Gestalt annahmen.

Dieser umfangreiche Stoff bildete selbstverständlich den Gegenstand zahlloser historischer Forschungen (zuletzt wären da die bewundernswerten Arbeiten Arno Borsts[7] zu nennen), aber kein Autor dachte daran, ihn aus dem Gesichtswinkel anzugehen, den wir einnehmen wollen. Dieser Stoff wurde bisher mit der aufrichtigen Absicht zu Unparteilichkeit untersucht oder aber zum Zweck der Rechtfertigung von politischen Interessen und Leidenschaften aller Art, nicht jedoch im Sinne einer entmystifizierenden Tiefenanalyse. Die zeitgenössischen Fachleute wiederum, die sich dem Studium der faschistischen oder rassistischen Ideologien widmen, sind, wenn sie versuchen, bis zu den Ursprüngen zurückzugehen, nicht geneigt, sich weit in die Vergangenheit vorzuwagen. Mit unserem Versuch, die Konvulsionen des zwanzigsten Jahrhunderts mit unbekannten oder bekannten vorchristlichen Mythen in Verbindung zu bringen, dringen wir in ein praktisch jungfräuliches Gebiet ein. Es ist also äußerste Vorsicht am Platz. Dies um so mehr, als gewisse Themen, die wir behandeln werden, von einem Tabu umgeben sind – insbesondere seit 1945 –, das nicht dazu angetan ist, unsere Aufgabe zu erleichtern.

Während der Westen zu Beginn dieses Jahrhunderts noch tatsächlich im Gefühl einer kulturellen Überlegenheit schwelgte, die meist als angeboren und »arisch« betrachtet wurde, so hat die Hitler-Katastrophe bewirkt, daß diese Begriffe aus dem politischen und öffentlichen Leben verbannt wurden, und zwar so nachhaltig, daß eine neuerliche Verwirrung zwischen Wissenschaft und Ethik Platz gegriffen hat.

Unabhängig von einer Bilanz unserer gegenwärtigen anthropologischen Kenntnisse wurde der Antirassismus in den Rang einer dogmatischen Orthodoxie erhoben, die in dieser Eigenschaft keine Kritik zuläßt und daher die Reflexion behindert. Daraus entstand eine Selbstzensur, die ebenfalls in hohem Maße rückwirkend ausgeübt wird, und zwar in dem Sinn, daß die Autoren aller Sparten, insbesondere die Historiker, dazu neigen, sie auf das Vermächtnis des modernen Denkens anzuwenden und dieses Vermächtnis infolgedessen mehr oder weniger unbewußt umzudeuten. Es ist, als wollte der Westen, aus Scham oder Angst, als rassistisch zu gelten, es nie gewesen sein und gewisse kleinere Gestalten (Gobineau, H. Chamberlain und andere) zu Sündenböcken machen. Ein umfangreiches Kapitel des abendländischen Denkens wird auf diese Weise weggezaubert, und dieses Zauberkunststück kommt vom psychologischen oder psychohistorischen Standpunkt einer kollektiven Verdrängung beunruhigender oder lästiger Wahrheiten gleich: Die letzten Fanatiker oder Provokateure des »Ariertums« scheinen hier das Amt des Hofnarren zu bekleiden! Eine andere Art, diese unangenehmen Erinnerungen aus dem Bewußtseinsfeld zu entfernen, besteht darin, Deutschland allein anzuklagen. Von diesem Gesichtspunkt aus muß das Problem der »unbewältigten Vergangenheit« Deutschlands, das eine kleine Zahl deutscher Intellektueller zu Recht beschäftigt und in den anderen Ländern mehr als einem Kritiker Stoff zum Nachdenken liefert, als das Problem des gesamten Westens angesehen werden – des Westens, der sich weigert, das Skalpell bis auf den Grund einer alten ideologischen Wunde zu führen.

So sind die Triebfedern einer Zensur beschaffen, die sogar das moderne wissenschaftliche Denken verfälscht; und zwar dermaßen, daß es »zu einer ideologischen Wetterfahne« wird, wie der amerikanische Anthropologe L. van den Berghe[8] schreibt; die »ideologischen Winde«

widerspiegeln jedoch das Unbehagen einer Gesellschaft, die vor noch nicht allzu langer Zeit – im Gedanken, wenn schon nicht in der Tat – Komplizen des Hitlerschen Rassismus waren, dessen repressive Tabus sich also auf »verbotene Handlungen« gründen, »für die das Unbewußte weiterhin eine starke Neigung verspürt«[9]; und wir dürfen wohl glauben, daß die revoltierenden französischen Studenten, die im Mai 1968, als wir diese Zeilen schrieben, mit dem Ruf »Wir alle sind deutsche Juden«[10] demonstrierten, unbewußt trachteten, auch dieses Tabu hinwegzufegen.

Die Schwierigkeiten unseres Unternehmens sind so mannigfaltig: Sie ergeben sich aus der riesigen Ausdehnung des zu bearbeitenden Feldes, aus der relativen Neuheit der Methode und aus Denkgewohnheiten, gegen die wir gelegentlich verstoßen und die sich in gewissen Punkten mit Widerständen im eigentlich Freudschen Sinn verbinden könnten. Diese Schwierigkeiten haben den Plan diktiert, den wir dieser Arbeit zugrunde legten. Vor allem bewogen sie uns, den geographischen Raum der Untersuchung einzuschränken; so wird von Rußland und den Vereinigten Staaten nur ganz am Rande die Rede sein. Was die historische Sicht betrifft, so wollen wir sie klarer gestalten, indem wir approximativ zwischen den entfernteren (affektiven, impliziten) und den näheren (ideologischen, expliziten) Quellen des arischen Mythos unterscheiden, wobei die erstgenannten natürlich den letzteren stets die Dynamik lieferten. Im zweiten Teil des Buchs werden wir diese näheren, nach der geistigen Revolution der Aufklärung entstandenen Quellen untersuchen: Tatsächlich verfügen wir diesbezüglich über zahlreiche Vorläufer, die das Terrain aus historischer Sicht bereits durchgeackert haben, und wir können uns also mit einem sicheren Gefühl vorwagen. Was den ersten Teil anlangt, so soll er der länderweisen Erörterung der Ursprungsmythen gewidmet sein; Mythen, die von den europäischen Völkern traditionell kultiviert werden und in denen wir die fernen gemeinsamen Quellen der arischen Ideologie erkennen. Dieser Teil wird notwendigerweise kürzer sein, und es kann geschehen, daß viele Leser sein Hauptargument für eine bloße Behauptung halten werden. Dennoch zweifeln wir nicht, daß eine Betrachtung dieser alten Geschichten, der Wanderungen, wechselseitigen Durchdringungen, Metamorphosen und des Verschwindens der in Judäa, Griechenland, Skythien oder Indien entstandenen Legenden, die in Rom oder in Island erhalten geblieben sind, zum Verständnis der europäischen Erschütterungen im zwanzigsten Jahrhundert beitragen wird.

Bevor wir also die gegenwärtige Epoche mit der vorchristlichen Vergangenheit unseres Kontinents in Verbindung setzen, empfiehlt es sich vielleicht, daran zu erinnern, wie der Ursprungsmythos aussah, der in der Zwischenzeit von der Kirche propagiert wurde. Das Christentum lehrte, daß alle Menschen von einem gemeinsamen Ahnen, Adam, und dem Patriarchen Noah und dessen Söhnen abstammen, deren Nachkommen in der Bibel ausführlich beschrieben werden (Genesis, Kap. X). Bereits vor dem christlichen Zeitalter bemühten sich die jüdischen Bibelexegeten, diese Stammlinien mit den Völkern der Antike gleichzusetzen, und höchstwahrscheinlich waren sie die ersten, die auf diese Weise die gesamte damals bekannte Welt zu überblicken suchten.[11] Nach einer Maxime des Talmud sollte die gemeinsame Abstammung den Menschen zur Lehre dienen, damit keiner zum anderen sagen könne: »Mein Vater ist größer als der deine.«[12] Die Kirchenväter übernahmen diese Genealogien und kombinierten sie mit regionalen oder lokalen Überlieferungen; jedes Volk kam so zu einem eigenen Ursprungsmythos, aber all die Mythen mündeten in Noah und illustrierten so in konkreter Form den Hauptgedanken der universellen Brüderlichkeit der Menschen.

Von Noah führte der Stammbaum zu Japhet, Sem und Ham, zu denen sich manchmal noch ein vierter Bruder, Jonithon oder Manithon, gesellte. Die Erzähler ließen ihrer Phantasie freien Lauf, und es gab unzählige Varianten, aber die vorherrschende Strömung – die den im übrigen bereits in der Bibel enthaltenen etymologischen Andeutungen entsprach – behielt Europa den Kindern Japhets vor, Asien den Abkömmlingen Sems und Afrika denen Hams. Bemerkenswert ist, daß die beiden letzteren nach den Worten der Bibel mit einem geheimnisvollen Fluch belegt wurden: sie wurden verurteilt, ihren Vettern als Sklaven zu dienen (»Und Kanaan soll ihr Sklave sein [...]«, Genesis IX, 27). Von diesem Vers ausgehend, nahm eine ziemlich weit verbreitete Variante die Einteilung der drei großen mittelalterlichen Stände vor: Ham war danach der Ahnherr der Leibeigenen, Sem jener der Geistlichen und Japhet der Stammvater der Herren. Auf diese Weise fanden sich die »Hamiten« oder Schwarzen schon seit ältester Zeit ganz unten auf der hierarchischen Stufenleiter der Menschheit. In diesem Zusammenhang ist ein apokryphes arabisches Evangelium des sechsten Jahrhunderts, in dem Jesus jüdische Kinder in Böcke verwandelt, sehr aufschlußreich. Darin sagt Jesus zu den Müttern dieser Kinder: »Die Kinder Israels gehören zu jenen Völkern, die auf der gleichen Stufe stehen wie die Neger.«[13]

Im Laufe unseres Berichts, der uns, Land für Land, von West- nach Osteuropa führen wird, werden wir häufig auf diese grundlegenden Schemata zurückkommen müssen.

Erster Teil

Die alten Ursprungsmythen

Erstes Kapitel

Spanien

Der gotische Mythos

Einzigartig in der spanischen Geschichte, im Unterschied zu den anderen großen Ländern Europas, ist die jahrhundertealte Muselmanenherrschaft. Über der Invasion von 711 vergißt man jedoch allzu leicht die Invasionen, die drei Jahrhunderte zuvor stattfanden, als in den Fußstapfen der suebischen und vandalischen Stämme die Westgoten in das Land eindrangen und sich dort niederließen. Und doch hat auch diese Invasion die spanische Geschichte und Tradition geprägt.

Vorher hatten die römischen Eroberer die einheimische Kultur so weitgehend ausgelöscht, daß die Bewohner der iberischen Halbinsel völlig latinisiert wurden und nur noch ein vages Gefühl hatten, einem besonderen Stamm anzugehören, von den »Iberern abzustammen« (wir wollen hier nicht auf Einzelheiten dieser ethnischen oder regionalen Erinnerungen eingehen oder uns bei der Sonderstellung der baskischen Sprache und Kultur aufhalten). Im Zuge der Christianisierung lernten die Iberer, daß sie ebenso wie das übrige Menschengeschlecht Adam und Noah zu Stammvätern hätten.

Nach den germanischen Invasionen versuchte Erzbischof Isidor von Sevilla, der gebildetste und einflußreichste Autor des vorkarolingischen Europa, die eroberten Iberer und die westgotischen Eroberer enger miteinander zu verschwägern, indem er den ersteren Tubal als Stammvater zuwies und den letzteren Magog, beides Söhne Japhets. Er versäumte in seinen Schriften nicht, die Rasse der Eroberer, deren Angehörige erst vor kurzem die Ewige Stadt unterworfen und sich damit den Anspruch auf die Weltherrschaft erworben hätten, als die höhere zu bezeichnen.[1] Die Unterworfenen aber gelangten in den Genuß der Ehre, mit den Siegern verwandt zu sein. Als treuer Diener der westgotischen Dynastie war Isidor von Sevilla höchstwahrscheinlich von der Sorge um ein friedliches Zusammenleben beseelt: Beispiele für die Verschmelzung zweier Ursprungsmythen, um eine Freundschaft durch Blut zu besiegeln, fehlen weder in der Anthropologie noch in der Geschichte, angefangen von der Legende Albas und Roms. Dennoch war diese Verbindung, dem Urteil zahlreicher spanischer Historiker zufolge, nicht vollkommen besiegelt, und einer der berühmtesten von ihnen, Mendezy Pelayo, behauptet, daß »die Westgoten keine Spanier waren«. Es mangelt jedoch auch nicht an gegenteiligen Aussagen zugunsten der germanischen Seite, nach der Art des Isidor von Sevilla. Nach 1780 bekräftigte der erste preußische Apostel des Germanentums, der Minister Hertzberg, daß »die spanische und die portugiesische Nation in erster Linie von den Westgoten, den Vandalen und den Sueben abstammen, mit einer gewissen autochthonen Beimischung vom alten Spanien, von Römern und Sarazenen [...] Man kann sie also mit Recht als Deutsche ansehen.«[2] 1868 versicherte die Londoner *Anthropological Review*, man habe in Yucatan »eine spanische Familie entdeckt, gänzlich blond und rein gotisch, die seit Jahrhunderten den Rang und die Stellung offizieller Oberhoheit innehatte.«[3] Noch 1944 schrieb der schwedische Historiker J. Nordström, daß »die Expansion des christlichen Spaniens eine Ausbreitung der gotischen Rasse war« (die Geschichte der Goten wurde in Schweden gründlich studiert, weil Schweden traditionellerweise als die Heimat der Goten gilt). In seiner Kritik an Nordström schrieb der scharfsinnige Americo Castro, daß »der sehnsüchtige Wunsch (der Spanier), Goten zu sein, deutlich zeigt, daß die Spanier des Mittelalters keine Goten waren, ebensowenig wie das Land gotisch war, das sie wiedereroberten und neu bevölkerten.«[4] Ein friedlicher Gelehrtenstreit, der selbst in einem Land, das so sehr zu inneren Zwistigkeiten neigt wie das moderne Spanien, bei keiner der Parteien die Gemüter erhitzte. Es war aber nicht immer so, und wenn zwischen diesen gelehrten Polemiken und der Zeit, als die Spanier Goten zu sein wünschten, eine Art Scheidewand steht, dann wahrscheinlich deshalb, weil im geeinten Spanien der katholischen Könige die genealogischen Streitigkeiten unter einem ganz anderen Zeichen ausgetragen wurden.

Hier tritt die muselmanische oder jüdisch-muselmanische Vergangenheit Spaniens dazwischen. Nach Vollendung der christlichen »Reconquista« galten die getauften Abkömmlinge der Muselmanen und der Juden plötzlich als ehrlos, und »Blutreinheitsstatuten« teilten die Spanier in zwei Kasten – in reinblütige Altchristen und in nicht reinblütige Neuchristen: Die Teilung erfolgte also nicht nach Maßgabe des »Germanentums« oder des »Iberertums« der fernen Ahnen, sondern nach deren Orthodoxie oder Heterodoxie. Dem Wortlaut einer von den spanischen Theologen ausgearbeiteten Doktrin zufolge habe der falsche Glaube einst das Blut der Mauren und der Juden besudelt, und dieser Makel sei weitervererbt worden an die fernen Nachkommen, die in die gleichsam unberührbare Kaste der Neuchristen oder *conversos* verwiesen wurden. So manifestierte sich, entgegen dem Dogma von der erneuernden Wirkung der Taufe, zum erstenmal in der europäischen Geschichte ein institutionalisierter Rassismus. Bemerkenswert ist, daß die Theologen, die diese Theorie ausgearbeitet hatten, die Abstammung beider Kategorien von Christen von einem gemeinsamen Urvater, Adam, nicht bestritten; aber sie waren der Ansicht, daß die Ablehnung Christi die *conversos* biologisch verdorben habe. Diese waren traditionellerweise meist im Handwerk und im Handel tätig; die wirtschaftliche Rivalität deckte sich mit dem heiligen Haß oder diente ihm als Vorwand; sicherlich hat diese ökonomisch bedingte und zugleich genealogische Spaltung die Geschichte der iberischen Halbinsel schwer belastet, da sie vor allem die »Altchristen« von produktiver Tätigkeit abhielt und den Adelswahn anstachelte, der sich bis auf die Bauern erstreckte und den Aufstieg des Bürgertums behinderte. Auf diese Weise können sich unter günstigen Umständen gewisse paratribale Bestrebungen freie Bahn schaffen, um die Ideologien nach Belieben umzugestalten und den Lauf der Geschichte umzulenken.[5]

Dieses eigenartige Kapitel der spanischen Geschichte, das Vermächtnis der muselmanischen Vergangenheit, hat die Spuren einer gesellschaftlich-rassischen Spaltung, die auf die vormuselmanische Epoche zurückgeht, verwischt. Es bleibt aber die Tatsache bestehen, daß der »gotische Mythos« bis zum heutigen Tag in Spanien Anhänger hat. Der französische Anthropologe Bory de Saint-Vincent verglich ihn 1827 mit dem »fränkischen Mythos« Frankreichs und schrieb: »Die Goten hatten sich einen solchen Ruf erworben, daß ein Kastilier sich nicht als adelig betrachtet, wenn er nicht von einer gotischen Familie abstammt. Diese Verschrobenheit entspricht jener der kleinen Edelleute zwischen Rhein und Pyrenäen, die nicht Gallier sein wollen und sich Franken nennen.«[6] Gewiß hinkte der Vergleich, denn im modernen Frankreich spielte sich, wie wir sehen werden, der »Streit der zwei Rassen« mit ganz besonderer Intensität ab. Indessen führt das Lexikon der Spanischen Akademie unter dem Stichwort »Godo« noch an: *»Hacerse de los godos«*, sich seines Adels rühmen; *»Ser godo«*, von altem Adel sein.[7] Zu Beginn des zwanzigsten Jahrhunderts nannten die Lateinamerikaner die adelsnärrischen

Spanier »Godos«.[8] Der Begriff hatte also eine ironische Bedeutung angenommen, und so verhielt es sich bereits in der Literatur des spanischen »Goldenen Zeitalters«. Cervantes zum Beispiel bezeichnet Don Quijote als *Godo quijoto, illustro y claro*[9]: In diesem Sinn hatte in Spanien nicht nur dem Rittertum, sondern auch dem gotischen Mythos die letzte Stunde geschlagen. Aber die Fürsten und Ritter des Mittelalters, die Protagonisten der Reconquista, nahmen ihre westgotische Vergangenheit ebenso ernst wie ihre feudale Würde.

Dazu schrieb jüngst der spanische Historiker Jose Maravall: »Die Illusion des gotischen Vermächtnisses hatte gewiß den Wert eines Mythos. Ursprünglich handelte es sich wahrscheinlich nicht um die Erklärung einer realen Tatsache, sondern um eine Überlieferung, dazu bestimmt, gewissen Handlungen und einer Reihe kriegerischer Zusammenstöße Sinn zu verleihen, und diese Überlieferung erreichte in der Geschichte unseres Mittelalters schließlich die Wirksamkeit eines kollektiven Glaubens. Tatsächlich: wenn eine ganze Reihe von Königen und Fürsten so und nicht anders handelte, dann deshalb, weil sie sagen hörten, sie seien die Erben der Goten. Daher kommt die einzigartige Dynamik unserer mittelalterlichen Geschichte, die mehr als die eines anderen Landes einem blindlings über die Jahrhunderte hinweg abgeschossenen Pfeile gleicht [...]« Später fügt Maravall hinzu: »Die Überlieferung vom gotischen Erbe, die sich zuletzt über ganz Spanien ausbreitete, darf natürlich nicht als eine authentische Version der Ereignisse angesehen werden, die sich im Lauf unseres Mittelalters zutrugen; wenn man jedoch die Geschichte des damaligen Spanien-Begriffs untersucht, dann muß man in dieser Überlieferung einen der stärksten Faktoren der daraus abgeleiteten politischen Ideen und Aktionen erkennen.«[10]

Die Wirkung des »gotischen Erbes«, wie Maravall sie eindringlich schildert (wobei er allerdings nach den richtigen Worten zu suchen scheint), war also die einer »psychischen Realität«, wie es in der Freudschen Terminologie heißt. Anders ausgedrückt, es war, als hätten sich die christlichen Fürsten des mittelalterlichen Spanien, beflügelt von der Überzeugung, Goten zu sein, in der Tat bemüht, sich wie Nachkommen einer Rasse von Eroberern aufzuführen; dies erhellt wiederum die Formel Americo Castros von den Spaniern, die unbedingt Goten sein wollten, obwohl sie genau wußten, daß sie keine waren, und sich auf diese Weise mit Königen zu identifizieren suchten, welche sich auf ihre unvergleichliche gotische Abstammung beriefen. Noch 1436, nach acht Jahrhunderten, wies der Abgesandte Johanns II. von Kastilien auf das westgotische Blut seines Königs hin, um beim Konzil von Basel den Vorrang vor den Gesandten anderer Fürsten zu erhalten — auch vor denen, die von »Nordgoten« abstammten.[11]

Hier muß man feststellen, daß das Wort »gotisch« in ganz Europa einen Zauber ausübte. Seit der Antike hatten Kirchenväter und Chronisten es mit einem Nimbus umgeben, mit einer Aureole, die die Schrekken und die Bewunderung gegenüber den Siegern und neuen Herren Roms, den barbarischen Goten, widerspiegelte; sie wurden abwechselnd beweihräuchert und verflucht. So etwa verglich Ambrosius sie mit den schrecklichen biblischen Riesen Gog und Magog; Augustinus dagegen sah in ihnen das spezielle Werkzeug der göttlichen Vorsehung, während Salvion die Reinheit und Frische ihrer Sitten denen des dekadenten Rom gegenüberstellte. Man könnte noch viele Beispiele anführen, die von dem ungeheuren Eindruck zeugen, den der Fall der Ewigen Stadt auf die Zeitgenossen gemacht hat.[12]

Aus diesen Schriften stammt das wechselnde neuzeitliche Schicksal des Epithetons »gotisch«, das seit der Renaissance entweder Veraltetes und Tadelnswertes (»gotisches Barbarentum«) oder Sublimes und ewig Junges (»gotische Freiheiten«) bezeichnet. Das ästhetische Urteil (»gotische Kathedralen«) scheint schließlich diesen Streit entschieden zu haben. In der Zwischenzeit machte »Gotik« als Synonym für »Germanentum« vorübergehend Furore in England und noch mehr in Schweden, der legendären Heimat der Goten, die man mit den Germanen schlechthin gleichsetzte.[13] Karl V. wird die Ansicht zugeschrieben, daß beinahe der gesamte Adel Europas von den skandinavischen Goten abstamme.[14] Bekanntlich wird in Deutschland auch heute noch eine nicht mehr gebräuchliche Schrift, die man gewissermaßen als »Nationalschrift« betrachtet, als »gotische Schrift« bezeichnet. Diese Diskussionen und vielsagenden Ausdrücke belebten in allen Ländern die Erinnerung an die fast sagenhaften Ereignisse, die in den romanischen Sprachen »Barbareneinfälle« genannt werden, im Deutschen jedoch — und diese Nuance ist doch immerhin bezeichnend — *Völkerwanderungen.* Auf diese Weise setzten sich die verschiedenen Epochen, Kulturen und sogar Sprachen jede auf ihre Weise mit der Vergangenheit auseinander, die zum Bezugszeitraum für die patriotischen Mythologien der bedeutendsten europäischen Nationen werden sollte.

Was Spanien betrifft, so können wir zuletzt die alte Tendenz festhalten, das germanische Blut überzubewerten, die Ahnenreihe Magogs, zu Ungusten der einheimischen Stammlinie Tubals. Analoge Tendenzen werden wir in anderen Ländern finden, zunächst in Form von Abstammungsreihen, die an andere Personen der Bibel anknüpfen, dann, nachdem das »gemeine Frauenzimmer« einmal »ausgestochen« und Adam, der gemeinsame Stammvater aller, ins Altertumsmuseum verbannt war, im Zeichen nationalistischer oder rassistischer Ideologien der Neuzeit, die ebenfalls gemeinsame Ursprünge (historischer oder biologischer Art) reklamieren. In Spanien folgte dem gotischen Mythos, der bald verkümmerte, ein Rassismus, der in theologischen Begriffen formuliert war. Die Besonderheit der spanischen Geschichte könnte von unserem Standpunkt aus lehrreich sein. Tatsächlich entstand die spanische Inquisition zunächst aus der Sorge um die Reinheit des Glaubens in der Zeit der Wiedervereinigung des Landes; der Mythos des Blutes, der reinen Abstammung, sprach dem Dogma jedoch bald Hohn. In Wahrheit prallte von da an eine Kaste der Reinen, die angeblich von Japhet abstammten, auf eine unreine Kaste, die später semitisch genannt wurde. Dieser Gegensatz begleitete die an inneren Kämpfen reiche Geschichte Spaniens; die Kämpfe waren gedämpft in der Barockzeit, wüst im zwanzigsten Jahrhundert; sie wurden bestimmt von zahllosen Faktoren, über die sich die Historiker nicht im geringsten einig sind; es bleibt jedoch die Tatsache bestehen, daß die kollektiven Aggressionstriebe — vermerken wir es bereits hier und jetzt — zumeist im Sinn der inneren Zerrissenheit wirkten.

Zweites Kapitel

Frankreich

Der Streit der zwei Rassen

Wenn es eine Etymologie gibt, die ein noch glorreicheres Schicksal hatte als die des Wortes »gotisch«, dann ist es wohl jene des Wortes »fränkisch«. Von der Franche-Comté bis Franconia, von Frankfurt bis Villefranche – keine germanische Wurzel ist im europäischen Boden so weit verzweigt. In allen westlichen Sprachen verbinden sich damit die Begriffe von Freiheit, Integrität und Macht. Einst waren die Kreuzzüge *gesta Dei per Francos;* der Orient übernahm diese Bezeichnung, und auch heute noch ist dort jeder Abendländer ein »Franke« oder »Frenke« – worin man ein Anzeichen der »Ausstrahlung Frankreichs« sehen kann. Ein freigelassener Sklave hieß im Französischen ein »affranchi«, und in diesem Sinn stellt die Emanzipation der Schwarzen und der Juden durch die Französische Revolution deren »affranchissement« dar. Er hatte nicht unrecht, jener Apologet des alten Adels, der 1815 schrieb: »Die Etymologie bezieht sich auf das Edelste und Rühmlichste in den Gefühlen des Menschen.«[1]

»Qui estoit franc, est devenu esclave« (Wer frei war, wurde zum Sklaven), so wurde die Bibelzeile Makkabäer I, 2 in die Vulgärsprache übersetzt.[2] Diese Antonymie kann auch noch auf andere Weise ausgedrückt werden: Der Franke (Franc), der germanische Mensch, der freie Mensch, läßt sich dem *serf (=servus,* Diener) ebenso gut gegenüberstellen wie dem Sklaven (= *Slave);* solcherart scheinen die Schlüsselworte der politischen Geschichte Frankreichs heimlich die Überlegenheit der Germanen sowohl über die Romanen als auch über die Slaven zu suggerieren. Eine Überlegenheit, die sich zugleich auf die »Rasse« und auf die »Klasse« bezieht; tatsächlich vermischten sich die soziale Hierarchisierung und die sogenannte rassische Hierarchisierung, die für heutige Begriffe so gegensätzlich erscheinen, ursprünglich ohne weiteres, wodurch die Eroberervölker den besiegten Völkern gegenübergestellt wurden.

In dem Maß also, wie auf dem Boden Frankreichs die unvermeidliche Verschmelzung der germanischen Eroberer mit den Galloromanen fortschritt, verloren die erstgenannten ihren Stammes- oder »Rassen«charakter und wurden zum Kern einer privilegierten Klasse von Freien, des künftigen Adels. Und doch pochten diese Franken oder Freien auch noch einige Menschenalter nach ihrer Bekehrung weiterhin auf ihre angeborene oder ererbte Überlegenheit. Im achten Jahrhundert wurde der *Lex Salica* folgender zündender Prolog vorangestellt: »Der Franken erlauchtes Volk, durch Gott den Schöpfer begründet, tapfer in Waffen, fest im Friedensbund, tiefgründig im Rat, körperlich edel, von unversehrter Reinheit, erlesener Gestalt, kühn, rasch und ungestüm, zum katholischen Glauben bekehrt [...]«

Angesichts dieses Urteils der herrschenden Klasse über sich selbst strebte das ganze Volk nach den Vorzügen des »Germanentums«. Als Beweis dafür nennen wir nur das vom siebenten Jahrhundert an einsetzende Aussterben der alten lateinischen Personennamen zugunsten von Namen germanischen Ursprungs. Die öffentlichen Einrichtungen der französischen Monarchie, die Bezeichnungen für das Kriegs- und Waffenwesen stammen aus derselben Quelle.[3] Dieser Vorzug, als erbliche Eigenschaft des Blutes verstanden, hat sich, wie wir sehen werden, in Frankreich bis in die Gegenwart gehalten.

Tatsächlich war die kulturelle und biologische Verschmelzung von Franken und Galloromanen am Ende des ersten Jahrtausends vollendet. Man darf als sicher annehmen, daß sie nicht reibungslos vor sich ging und daß unbekannte Kleriker[4] vom siebenten Jahrhundert an, um Konflikte zu vermeiden, den beiden Volksstämmen eine gemeinsame Genealogie vorschlugen, ganz wie Isidor von Sevilla es in Spanien getan hatte. Im vorliegenden Fall läßt die Blutsverwandtschaft deutlicher die Regeln erkennen, nach denen die nationalen Ursprungsmythen sich ausbilden konnten.

Seinerzeit (im zweiten Jahrhundert vor Christus) war den siegreichen Römern angesichts der kulturellen Überlegenheit der Griechen daran gelegen, sich eine Abstammung zuzuschreiben, die jener der Griechen ähnlich und zugleich von ihr verschieden war; darum leiteten sie ihre Abkunft von den geflüchteten Trojanern her (Mythos von Äneas, dem Gründer Roms, der in Vergils *Aeneis* verherrlicht wird). Ein Jahrtausend später übernahmen unsere merowingischen Genealogen diese Vorgehensweise und ergänzten sie: Da die Galloromanen als trojanischen Ursprungs angesehen wurden, hatten auch die Franken ein Recht darauf, bezogen sich aber auf eine eigene Stammlinie, die sich von Francion, dem Sohn Hektors, und dessen Urenkel Pharamond herleitete, dem Ahnherrn des künftigen französischen Adels – und der »Franzosen«. Selbstverständlich wurde der trojanische Mythos variiert: So etwa führten verschiedene Chronisten unter den karolingischen Hausmeiern, höchstwahrscheinlich unter dem Einfluß der Sage von Romulus und Remus, die Römer und die Franken auf die feindlichen Brüder »Vassus« und »Francus« zurück, um eine Verwandtschaft zwischen den Vasallen und den Lehnsherren herzustellen.[5] Es versteht sich, daß die Franken und die Trojaner in sämtlichen Versionen von den biblischen Patriarchen und letztlich von Adam, dem gemeinsamen Urvater aller Menschen, abstammten: im Fall der Franken mit Kittim, einem Enkel Japhets, als Zwischenglied. Indessen konstruierten Spekulationen, die sich auf die Verwandtschaft zwischen »Kelten«, »Galliern« und »Galatern« gründeten, gegen Ende des Mittelalters eine andere Abstammungslinie, die von den Trojanern zu Gomer, Japhets Erstgeborenem, führte. So schien sich bereits in Form einer Antinomie zwischen dem gallischen Land und seinen germanischen Herren (zwischen Gallien und dem »trojanischen und germanischen Blut«, das Ronsard besingen sollte) die unsichere Genealogie der Franzosen abzuzeichnen. »Daß unser Name ›Franzosen‹ ein Name von Eroberern und Eindringlingen ist: diese Feststellung scheint von den Einsichtigsten schon sehr früh so empfunden worden zu sein, als wäre sie mit einer gleichsam tragischen Unruhe belastet«, bemerkte der bedeutende Mittelalterforscher Marc Bloch.[6] Eine Unruhe, die sich im Lauf der Generationen verstärkte und für Frankreich die Rolle einer Art von Ursprungstrauma gespielt haben könnte.

Mit dem Karolingerreich erhält das Wort »fränkisch« noch größeres Ansehen in Europa: Die fränkischen Könige werden zu Herren des Kontinents, auf dem man von nun an zwischen »Westfrankenreich« und »Ostfrankenreich« unterscheidet. In der berühmten Chronik Otto von Freisings werden die Deutschen als Zweig der Franken bezeichnet[7], und noch im zwölften Jahrhundert nennt sich Friedrich Barbarossa, der Karl den Großen heiligsprechen ließ, »Kaiser der Franken und Teutonen.«[8] So machtvoll ist der fränkische Mythos in dieser karolingischen Form, daß in den slavischen Sprachen *König* mit dem Wort »korol« oder »kral« bezeichnet, also von dem germanischen Namen Karl abgeleitet wird (während also der Slave der »Sklave« in den westlichen Sprachen ist, wird der westliche Kaiser zum »König« in den slavischen Sprachen).

Napoleon tritt, um sein »Premier Empire« fester zu begründen, als Nachfolger Karls des Großen auf (manche seiner Dekrete begannen mit der Formel: »Da Karl der Große, Unser Vorgänger ...«). Richard Wagner pries den fränkischen Mythos: dessen »tiefste Bedeutung«, schrieb er, sei das »Urbewußtsein des fränkischen Stammes«, die »Seele seines Königsgeschlechts, das Ehrfurcht einflößte und von allen als höher stehend, als einer höheren Wesenheit zugehörig«, angesehen wurde.[9] Dynastische, königliche Größe: beschwor nicht Charles de Gaulle in Deutschland den Mythos der Riesengestalt Karls des Großen, um seine Politik der »Grandeur française« zu unterstützen?[10]

Aber wenn auch die volkstümlichen Chronisten des Mittelalters Karl den Großen zum Franzosen machten, ihn an die Spitze der französischen Geschichte stellten, und wenn auch die Gebildeten und der Adel, weiter zurückgreifend, die trojanische Sage und das Andenken Pharamonds pflegten, so herrschte in dieser Epoche doch die Neigung vor, den Akzent auf das zu legen, was die Christen einte, nicht was sie trennte. Mehr als die »unteren« oder nationalen Teilstücke der kollektiven Genealogien diente das »obere«, gemeinsame Teilstück zur Erbauung der Volksmassen: auf Fenstern und Portalen der Kirchen waren Adam und Noah abgebildet, selten Karl der Große, nie Francion oder Pharamond; die Franzosen waren Christen, sie kümmerten sich wenig darum, ob sie Japhetiten oder Trojaner waren. Und schließlich war man sich, zumindest unter den Gelehrten, einig, daß das Menschengeschlecht einst eine einzige Sprache gesprochen habe, jene, die vor der babylonischen Sprachenverwirrung bestanden hatte, also das Hebräische; es herrschte allgemein Einmütigkeit über den Ort, an dem die Wiege der Menschheit gestanden hat: an den Grenzen des Heiligen Landes, des Landes Judäa.

Mit dem Anbruch der Neuzeit, im sechzehnten Jahrhundert, rückte der nationale Ursprung, das heißt, das unterste Teilstück der Genealogie, allmählich in den Vordergrund. In der Renaissance konkurriert der Ruhm des klassischen Altertums mit dem Prestige der Heiligen Schrift, und die Gelehrten, obwohl sie sich weiterhin als Nachkommen Adams verstanden, machten sich mit den Lehren der großen lateinischen und griechischen Ahnherren vertraut. Man begann, die mittelalterlichen Genealogien in Frage zu stellen. Der kritische Geist der Humanisten nahm zunächst den trojanischen Mythos aufs Korn; dieser jedoch, den Ronsard – ohne selbst allzusehr daran zu glauben[11] – in seiner *Franciade* (1572) noch pries, war so zählebig, daß sich auch noch die Gelehrten des neunzehnten Jahrhunderts auf ihn beriefen, um ihre These vom asiatischen Ursprung der Europäer zu stützen.[12] Der biblische Mythos, Teil der Offenbarungsreligion, schien noch unerschütterlicher zu sein; und doch säte hier die Reformation, die zur unermüdlichen Durchforschung der Bibeltexte aufrief, die ersten Keime des Zweifels, indem sie Widersprüchlichkeiten und Unwahrscheinlichkeiten dieser Texte aufdeckte.[13] Und wenn sich die Aufmerksamkeit den nationalen Ursprüngen zuwandte, dann auch noch aus einem anderen Grund: Östlich des Rheins erhoben die deutschen Humanisten bereits Anspruch auf die allgemeine Hegemonie. Die *Germania* des Tacitus, jüngst entdeckt, ebenso wie die Chroniken, die von den Germaneneinfällen berichteten, lieferten ihnen ein Arsenal einfacher und starker Argumente, die dem Auffassungsvermögen der Epoche gut angepaßt waren. In Frankreich wiederum begannen neue Theorien zu wuchern, eine findiger und überraschender als die andere, die jene Argumente widerlegen sollten; die Verschiedenheit dieser Meinungen zeigt jedoch deutlich, wie schwierig die Sache angesichts der Rechtsansprüche, auf die sich das Heilige Römische Reich Deutscher Nation berief, zu vertreten war.

Manche Autoren, vor allem Kalvinisten – etwa Jean du Tillet und François Hotman, die der Königsmacht feindlich gegenüberstanden – akzeptierten den Gedanken vom germanischen Ursprung und der germanischen Suprematie. »Jene, die schrieben, die Franzosen seien der Abstammung nach echte Germanen, haben sie mehr geehrt als jene, die sie von den Trojanern herleiteten, da ja Ehre nur der Tugend gebührt. Denn es hat keine Nation gegeben, die weniger unter Sittenverderbnis gelitten und ihre Freiheit so lange und so tapfer mit der Waffe verteidigt hätte wie die germanische [...]«[14] Zahlreicher noch sind die Geschichtsschreiber, die, als treue Diener des Königshauses, die Franzosen mit den Franken gleichsetzten, um Karl den Großen zum Franzosen zu machen; zu diesem Zweck zogen sie alte Chroniken heran, denen zufolge er *more francorum* gesprochen und sich gekleidet habe. Indessen tauchen zu dieser Zeit, aus der Feder von François de Belleforest (gestorben 1583), »unsere Ahnen, die Gallier«, auf. Dieser vergessene Autor rechtfertigte die »Usurpation« Hugo Capets »mit der göttlichen Vorsehung, welche den echten Galliern die Herrschaft und Autorität über ihr Land zurückgeben und sie den fremden Alemannen und Franken wegnehmen wollte, die sie bis dahin usurpiert hatten.«[15] Diese Ahnen verschwanden zunächst wieder und traten erst gegen Ende des Ancien Régime neuerlich in Erscheinung. Tatsächlich war die klügste und populärste Theorie die »Reemigrationstheorie« Jean Bodins, gegen die noch Leibniz zu Beginn des achtzehnten Jahrhunderts polemisierte. Der berühmte Humanist behauptete, daß *franc* »in der gallischen Sprache« (»nicht im Lateinischen, noch im Griechischen, noch weniger im Hebräischen«) *frei* und *unabhängig* bedeute. Aus einer Stelle bei Caesar[16] leitete er ab, daß manche Gallier, des römischen Jochs überdrüssig, einst über den Rhein ausgewandert seien, um wieder »frank und frei« zu sein; als das Römische Reich zu zerfallen begann, seien sie mit ihrem neuen Namen ins Mutterland zurückgekehrt und hätten ihre Brüder befreit. Die Ehre der gallischen Rasse war gerettet.[17]

Etymologische Spekulationen oder naive Wortspiele dieser Art gab es in der abendländischen Geschichte im Überfluß, angefangen bei den Kirchenvätern; aber den Humanisten der Renaissance kommt das Verdienst zu, sie in den Dienst des aufkeimenden Chauvinismus gestellt zu haben. Außerdem kann man feststellen, daß Bodin den »franken« Galliern Tugenden zuschrieb, die bei den »geknechteten« Galliern unbekannt waren; und ein Jahrhundert später bemerkte Audigier, einer seiner Schüler: »Solcherart kommt die Nation auf ebenso solide wie unvorhergesehene Weise darauf, daß sie ein- und desselben Ursprungs ist wie das Schrecklichste, Tapferste und Glorreichste, das die Welt je hervorbrachte.«[18]

Unter dem Sonnenkönig waren die Historiker sich dann tatsächlich darin einig, ausschließlich die »Franken« zu preisen. So etwa, um zwei berühmte Autoren zu zitieren, Loyseau (»Die siegreichen Franken waren Adlige, die besiegten Gallier gemeine Leute. Die fränkischen Eroberer behielten sich das Waffenhandwerk, die öffentlichen Geschäfte und die Nutzung der Lehnsgüter vor [...]«[19]) und Mézéray (»Eine stolze, kühne, kriegerische Nation, der man dennoch keinerlei Grausamkeit vorwerfen kann, und um vieles menschlicher als die anderen nordischen Völker: jedoch in höchstem Maß eifersüchtig auf Ehre und Freiheit bedacht; eine Nation, die es nicht ertrug, tatenlos zuzusehen, und fortwährend Vorstöße in die anderen Provinzen Germaniens und die beiden Gallien unternahm [...]«[20] Auch bei Mézéray kamen die Franken als Befreier nach Gallien und fanden »das Land durchaus bereit, sich ihrer Oberhoheit zu unterstellen«). So sah von da an die offizielle Wahrheit aus, und man mußte sie berücksichtigen, den fränkischen Stammbaum inbegriffen; ein königlicher Geschichtsschreiber, Abbé Daniel, handelte sich einige Unannehmlichkeiten ein, weil er Pharamond, Chlodion und Merowin aus der Ahnentafel Ludwigs XIV. gestrichen hatte.[21]

Andererseits gehen die Historiker seitdem im allgemeinen nicht weiter zurück als bis zu diesen germanischen Ursprüngen der Franzosen; im Jahrhundert der cartesianischen Vernunft ist die Zeit der umständlichen Stammtafeln, die, vom Vater über den Sohn, Adam mit allen Völkern der Erde verbinden, vorüber: Nation und Menschheit sind nun getrennt. Theologen und Philosophen ihrerseits begnügen sich damit, vor Japhet, dem gemeinsamen Ahnherrn Europas, flüchtig den Hut zu ziehen: »Japhet, der den größten Teil des Abendlandes bevölkert hat, ist dort berühmt geblieben« (Bossuet); »Japhet steht am Anfang der Ahnenreihe« (Pascal).[22] Nichts weiter, nicht einmal bei Pascal; die lückenlose Aufzählung und die Chronologie der Patriarchen hielten dem rationalistischen Geist der Epoche nicht stand, und durch diese Bresche sollten sich bald die anthropogenetischen Spekulationen der Aufklärung ergießen, um sodann den arischen Mythos hervorzubringen. Die Genealogien der Bibel behielten ihre Anziehungskraft nur für ein paar Priester, die sich darauf versteiften, die Genesis wörtlich zu nehmen – und sich deshalb für die vorrömischen Zeiten zu interessieren. Einer von ihnen, der bretonische Benediktiner Dom Pezron, der sich um 1700 bemühte, den Franzosen »ihre Wiege zu zeigen«, wurde sogar zum ersten Keltomanen der Nation.

In »einem Jahrhundert, in dem man viel mehr auf Vernunft als auf Autorität hält«, scheute sich Dom Pezron nicht, zu behaupten, daß »zwei Worte der heiligen Schrift uns darüber mehr Aufschluß geben als alle ihre Schriften und alle ihre Geschichten«. Er nahm sich vor, »die wahre Religion zu verteidigen«; er glossierte die Kapitel IX-X der Genesis, »die man sehr oft leichtfertig übergeht«, und setzte, gestützt auf die Kirchenväter, Gomer wieder in seine Rechte als Ahnherr der Gallier ein, die er mit den Titanen der griechischen Mythologie identifizierte. In Fortführung seiner Genealogie zitierte er auch den jüdischen Chronisten Josippon: »Die Kinder Gomers, sagt dieser Autor, sind die Franzosen, welche das Land an der Seine bewohnen: *Filii Gomer sunt Franci, qui habitant in terra Franciae ad flumen Seinae.* So spricht dieser beschnittene Mann; er zeigt deutlich, daß er unter den Kindern Gomers die Gallier versteht, die er Franken oder Franzosen, welche an der Seine leben, nennt, um sie von den deutschen Franken zu unterscheiden« (man erkennt hier die semantischen Doppeldeutigkeiten der Karolingerzeit).

Die eigentliche Wiege der Gallier oder Titanen verlegte Dom Pezron »in die asiatischen Provinzen [...] und nicht in die beiden Gallien, die sich im äußersten Westen befinden und erst viel später besiedelt wurden«; ja, er sah die Wiege sogar im asiatischen Hochland, im sagenhaften Baktrien, zwischen Medien und der Tartarei:

»Wir stammen von diesen berühmten Völkern ab, denn schließlich sind wir in Gallien geboren.«[23] Im darauffolgenden Jahrhundert begrüßte der romantische Keltomane Henri Martin in Dom Pezron einen großen Vorläufer, der »mit einer Art hellseherischer Fähigkeit« begabt gewesen sei.[24]

Dom Pezrons Zeitgenossen aber hatten, von ein oder zwei Ausnahmen abgesehen[25], nur Verachtung für alte Geschichten dieser Art übrig. Es war also, was die Frage der Herkunft des französischen Volkes betrifft, die Zeit für den *Streit der zwei Rassen* angebrochen.

Dieser Streit wird von den Wortführern eines Adels ausgelöst, dessen Stellung und Vorrechte durch den Absolutismus beschnitten sind. Es handelt sich anfangs also um politische Propaganda und auch um subversive Schriften, die unter der Hand verbreitet werden; darin verwendet die unzufriedene Klasse das uralte Argument der Rasse, um eine Freiheit und eine Gleichheit zu rechtfertigen, die sie ausschließlich für sich selbst beansprucht. Deshalb liegt ihr viel daran, das Wort »gallisch« in Verruf zu bringen. Die erste bekannte Schrift dieser Art wird dem Abbé Jean le Laboureur (gestorben 1675) zugeschrieben. Darin heißt es: »Die Franzosen waren alle gleich, und sie unterschieden sich nur nach ihren Verdiensten«, während »die Gallier, die ihr Land nach dem Gesetz des Krieges verloren hatten, sich den Siegern ergaben und unterjocht blieben [...]«.[26] Hochtrabender wird der Ton bei Graf Henri de Boulainvilliers (gestorben 1722): »Am Anfang waren die Franzosen alle frei und völlig gleich und unabhängig [...] sie kämpften nur deswegen so lange gegen die Römer, weil sie sich diese kostbare Freiheit sichern wollten [...] Nach der Eroberung Galliens wurden nur sie als Edelleute anerkannt, das heißt als Herren und Meister [...]« Diese Eigenschaft ist nicht übertragbar, da sie der Rasse innewohnt: »Alle Gunst der Monarchen kann nur Titel oder Privilegien vermitteln, sie ist aber nicht imstande, ein anderes Blut in den Adern fließen zu lassen als jenes, das sich natürlicherweise dort befindet.«[27] Die Spitze richtet sich also gegen die Königsmacht, ebenso wie gegen die geadelten Bürgerlichen.

Man findet diese Auffassung in den Memoiren Saint-Simons wieder; auch er rechtfertigt die Privilegien seiner Kaste mit dem Recht der Eroberer: »Daher stammt der Adel, die einzige Körperschaft des Staates, deren Mitglieder zunächst *Krieger,* dann *Adlige* genannt wurden, zum

Unterschied von den Besiegten, die wegen ihrer völligen Knechtschaft als *Unfreie* (serfs) bezeichnet wurden.« In diesem Zusammenhang kann man auch den Gelehrten Nicolas Fréret nennen, den Verfasser einer Abhandlung über den Ursprung der Franzosen, die, wiewohl frei von polemischen Absichten, ihm 1714 rätselhafterweise eine Einkerkerung in der Bastille eintrug.[28] Nach dem Tod Ludwigs XIV. gab es genügend Gegenschriften, aber die populäre, versöhnliche Theorie des Abbé Dubos[29] begnügte sich damit, die Römer zu rehabilitieren, während die Gallier darin eine eher armselige Rolle spielten. So neigte sich die Gunst der öffentlichen Meinung der fränkischen Vorherrschaft zu, und wir können in dieser Hinsicht die Gesichtspunkte, die wir an verschiedenen Stellen von Montesquieus *Geist der Gesetze* finden, als charakteristisch betrachten.

Zum wiederholten Male nennt Montesquieu darin die »alten Germanen« *unsere Väter.* Er lobt die »bewunderungswürdige Einfachheit« dieser Ahnen, ebenso wie ihre traditionelle Freiheit und Unabhängigkeit. Er schreibt ihnen ein verfeinertes Ehrgefühl zu: »Die germanischen Völker waren, was die Ehre anlangt, nicht weniger empfindlich als wir: sie waren sogar empfindlicher [...] Sagen wir also, daß unsere Väter äußerst empfindlich gegen Beleidigungen waren.« Was ihren Mut betrifft, »so kannten sie, Tacitus zufolge, anscheinend nur zwei todeswürdige Verbrechen: Sie henkten Verräter und ertränkten Feiglinge.« Zum Schluß führt Montesquieu (er faßt damit eine jenseits des Ärmelkanals geläufige Meinung zusammen) die parlamentarischen Institutionen Englands, die er Frankreich als Modell vorschlägt, auf jene germanischen Tugenden zurück.[30]

Diese Genealogie trug ihm eine schneidende Replik Voltaires ein: »Was aber waren diese Franken, die Montesquieu aus Bordeaux unsere *Väter* nennt? Es waren, wie die anderen Barbaren aus dem Norden, wilde Tiere auf der Suche nach Futter, einem Lager und ein paar Kleidungsstücken gegen den Schnee [...] Das Ober- und das Unterhaus, das Billigkeitsgericht, in den Wäldern entdeckt! Wer hätte das gedacht. Gewiß verdanken die Engländer auch ihre Flotte und ihren Handel den Sitten der Germanen [...] Man muß auch annehmen, daß sie ihre schönen Fabriken dem löblichen Brauch der Germanen verdanken, die lieber von Raub lebten als arbeiteten.«[31]

Mit ebensolcher Schärfe geißelte Voltaire auch andere Verfechter der germanischen Genealogie: »Wer waren und woher kamen diese Franken, die, in geringer Zahl und in sehr kurzer Zeit, sich ganz Galliens bemächtigten, das Caesar erst nach zehn Jahren hatte unterwerfen können? Ich habe soeben einen Autor gelesen, der mit folgenden Worten beginnt: Die Franken, von denen wir abstammen. He! Mein Freund, wer sagt Ihnen, daß Sie in direkter Linie von einem Franken stammen? Hildwig oder Chlodwig, den wir Clovis nennen, hatte wahrscheinlich nicht mehr als zwanzigtausend schlecht gekleidete und schlecht bewaffnete Leute, als er ungefähr acht oder zehn Millionen Welsche oder Gallier unterwarf, die von drei oder vier römischen Legionen in Knechtschaft gehalten wurden. Wir haben kein einziges Haus in Frankreich, das auch nur die geringste Wahrscheinlichkeit – von Beweis ganz zu schweigen – dafür bieten könnte, daß sein Gründer ein Franke war.«[32]

Diese Gardinenpredigt richtete sich, wie es scheint, an den Abbé Velly, den Autor einer volkstümlichen *Histoire de France* (1768). Sie hätte aber ebensogut auf Joseph Barre gemünzt sein können, der in seiner *Historie générale de l'Allemagne* (1748) schrieb, er dürfe Germanien mit Recht als sein Vaterland betrachten, da es die Wiege seiner Ahnen gewesen sei; oder auch auf den Comte de Buat, der seine *Histoire ancienne des peuples de l'Europe* (1722) mit folgender Erklärung begann: »Die alten Völker Europas, die wir Barbaren nennen, sind unsere Väter.« (Diese Väter hatten beispielsweise in Ozanams *Études germaniques* und in *Les Francs* von Moët de La Forte-Maison noch zur Zeit des Zweiten Kaiserreichs ihre Anhänger, und die klassischen Übersetzungen Burnoufs ließen sie bis zum heutigen Tag fortleben.[33]) Der große Entmystifizierer steht hier also allein da. Wir dürfen uns im übrigen die Frage stellen, ob Voltaire zu seiner Zeit nicht der einzige war, der sich mit solcher Kraft auszudrücken wagte. Tatsächlich blieben diese Fragen heikel, da sie an die Ursprünge des Adels rührten. »Der Stolz unserer großen Häuser könnte verletzt werden«, schrieb Abbé Mably, »wenn man ihnen sagte, daß es eine Zeit gegeben habe, in der sie den gleichen Rang hatten wie gemeine Familien, obwohl der Adelsstand sich bereits gebildet hatte; daß sie sich aber darüber beleidigen, daß sie nicht adlig waren zu einer Zeit, als es noch gar keinen Adel gab, das ist schon so etwas wie ein Koller. Wenn sie das kränkt, dann bitte ich sie um Verzeihung [...]«[34]

Man sieht, welche Leidenschaften, ja sogar Tabus damals wirksam waren. Der alte Schwertadel wollte eine andere als die »gemeine« (das heißt galloromanische) Herkunft haben; ohne mit ihm rivalisieren zu können, vermochten sich jedoch die anderen Schichten in Ermangelung des auf die Kreuzfahrer zurückgehenden blauen Blutes »germanische Vorväter« zuzulegen und sich mit denselben legendären Ahnen in Verbindung zu bringen – wie es zum Beispiel die Bürgerlichen Barre und

Velly oder der aus dem Amtsadel stammende Montesquieu taten. Von der höchsten Kaste ausgeschlossen, konnten sie an deren Geschlecht teilhaben, am Geschlecht des Königs, des Vaters aller Franzosen. Überdies handelte es sich um traditionelle Ansichten, um einen fest verankerten Ursprungsmythos: Als das Parlament von Paris in den Jahren 1755-1759 mit der Königsmacht in Streit geriet, berief es sich ebenfalls auf seine Vorgängerinnen, die alten fränkischen Volksversammlungen.[35]

Unter diesen Bedingungen also hatte der Mythos der germanischen Überlegenheit – mit der einen oder anderen Nuance – auch im Frankreich der Aufklärung die Mehrheit für sich. Eine Nuance lag in der weitverbreiteten Behauptung, die Galloromanen hätten sich zur Zeit Dagoberts oder Karls des Großen den Franken oder Franzosen angeglichen und seien so in die Reihen des Adels eingedrungen. Dies suchte Abbé Mably zu beweisen, dessen *Observations sur l'histoire de France* (1765) lange Zeit maßgeblich waren. Die Franken, so sagte er im wesentlichen, waren großzügige Barbaren, die die Eingeborenen in ihrer Mitte aufnahmen; diese jedoch, daran gewöhnt, in Knechtschaft zu leben, zogen es vor, ihren alten Status zu bewahren: »Der langwährende Despotismus der Kaiser hatte, indem er die Menschen verdarb, die einen daran gewöhnt, die Freiheit nicht einmal zu wünschen; und die anderen hielten aus falschem Stolz mit größter Anhänglichkeit an den alten Gesetzen und Bräuchen ihrer Nation fest. Die Gewohnheit ist eine Kette, die sich nur schwer zerreißen läßt.«[36]

Ebenso unterscheidet Diderots *Enzyklopädie* »drei Arten von Adligen«:

> Es gab in den Anfängen der Monarchie drei Arten von Adligen: solche, die von den gallischen Rittern abstammten und Berufssoldaten waren; andere, die von den römischen Beamten abstammten, welche den Waffendienst mit der Justizpflege, der Zivilverwaltung und dem Finanzwesen verbanden; und die dritte Art von Adligen waren die Franken, die, weil durchweg Kriegsleute, von allen persönlichen Dienstleistungen und Steuern befreit waren, weswegen sie man *Francs* (Freie) nannte; und diese Freiheit stand für den *Adel* selbst, so daß *frank, frei* und *adlig* gewöhnlich Synonyme waren.[37]

Ob aufgrund von Tradition oder durch Synonymie – die Franken blieben auf diese Weise höhere Wesen, aus edlerem Adel hervorgegangen;

in der Restaurationszeit schlug der Comte de Montlosier vor, zwischen »alten Franken, die ausschließlich adlige Berufe« ausübten, und »neuen Franken, die sich speziell einträglichen Berufen widmen, zu unterscheiden«.[38] Dieser Vorschlag erinnert an die spanische Einteilung in »Altchristen« und »Neuchristen«; vielleicht war der Comte de Montlosier davon angeregt worden.

Gewiß, die Männer der Aufklärung, die sowohl die Franken als auch die Gallier als »Barbaren« ansahen, waren bemüht, Gerechtigkeit walten zu lassen. Abbé Mably rief aus: »Welchen Ausschweifungen müssen sich die Franzosen wohl hingegeben haben, da sie den wilden Lastern, die sie aus Germanien mitbrachten, die verweichlichten Laster hinzufügten, die sie in Gallien vorgefunden hatten?« Der gewöhnliche Sterbliche sieht sich jedoch lieber als »wild« denn als »verweichlicht«. Abbé Brizard zieht 1787 in seiner »postumen Lobrede« auf Mably die Moral aus dessen Buch: »Man sieht darin, wie mit ihnen (den Franken) die Freiheit aus den Wäldern Germaniens hervortritt und Gallien der Unterdrückung und dem Joch der Römer entreißt.«[39] Es ist interessant zu beobachten, wie der Streit der zwei Rassen am Vorabend der Revolution auf diese Weise gleichsam Dreiecksform annimmt, indem er römische Unterdrücker, unterdrückte Gallier und germanische Befreier herausstellt.

Kurz nach der Einberufung der Generalstände finden wir Konzeptionen dieser Art in Sieyès' berühmtem Pamphlet *Qu'est-ce que le Tiers État?* Und eben weil er mit den alten Irrtümern brechen will, ruft Sieyès aus: »Der Dritte Stand darf sich nicht davor fürchten, auf die Vergangenheit zurückzugreifen [...] der Dritte Stand wird wieder adlig werden, indem er selbst zum Eroberer wird.« Und deshalb geht es diesem Anwalt der Bourgeoisie darum, die Privilegien des Adels abzuschaffen, ja wenn nötig den Volkskörper zu reinigen:

> Warum sollte der Dritte Stand alle diese Familien, die weiterhin den verrückten Anspruch erheben, aus der Rasse der Eroberer hervorgegangen zu sein und die Rechte der Eroberung geerbt zu haben, nicht in die Wälder Frankens zurückschicken? Die gereinigte Nation könnte es, denke ich, ertragen, nur aus Abkömmlingen der Gallier und der Römer zu bestehen. Wenn man wirklich darauf Wert legt, zwischen Abstammung und Abstammung zu unterscheiden, könnte man dann unseren armen Mitbürgern nicht enthüllen, daß diejenigen, die man von den Galliern und den Rö-

mern herleitet, zumindest ebenso wertvoll ist wie jene, die man vielleicht auf die Sicambrer, die Welschen und andere Wilde aus den Wäldern und Sümpfen des alten Germanien zurückführt?

Nachdem Germanien nun solcherart als Wiege der Nation ausgeschieden war, blieben nur noch zwei mögliche Stammbäume. Rom oder Gallien? Müssen wir daran erinnern, daß sich die Männer der Revolution, in den Fußstapfen Jean-Jacques Rousseaus und der Enzyklopädisten, vor allem auf die römische Republik beriefen und sich Cato und Brutus, nicht Brennus oder Vercingetorix, zu Ahnherren wählten? Die Moden, die Kunst, das politische Vokabular *(Diktatur, Konsulat)* waren vom klassischen Altertum inspiriert. Dennoch behielten die Gallier einige Anhänger. So begeisterte sich La Tour d'Auvergne, »der erste Grenadier der Französischen Republik«, für die *Gallischen Ursprünge*[40] und wollte »die Gallier, dieses glorreiche Volk, endlich wieder in die Liste der Nationen aufnehmen, von der es anscheinend gestrichen wurde, obwohl es sich schon in seinen Anfängen den Römern ebenbürtig zeigte.« La Tour d'Auvergne versuchte sogar zu beweisen, daß die gallische Sprache die Ursprache der Menschheit gewesen sei. Ein gewisser Ducalle trieb diese Art von Logik auf die Spitze, als er den Administratoren des Départements Paris schrieb: »Wie lange noch werden Sie es dulden, daß wir den schändlichen Namen Franzosen tragen [...] nun, da wir endlich die Ketten zerreißen und sie es verschmähen, als unsere Brüder zu gelten, haben wir die törichte Niedertracht, uns wie sie zu benennen! Entstammen wir also ihrem unreinen Blut [...] Gott behüte, Mitbürger! Wir sind von rein gallischem Geblüt [...]«[41] Dieser Appell blieb jedoch wirkungslos, ebenso wie anscheinend die Bemühungen einiger Gelehrter, die zur Zeit des Empire eine »keltische Akademie« gründeten und »eine Art keltischer Bibel« veröffentlichen wollten, »in der alles gesammelt sein sollte, was die Antike uns zu unseren Urahnen überliefert hat«.[42]

Erst unter der Restauration ging das revolutionäre Denken daran, den Mythos der germanischen Franken systematisch auszutreiben, und zwar mit Hilfe eines neuen gallischen Mythos. Gewiß waren dazu erst die tiefgreifenden Wandlungen der Jahre 1789 bis 1815 nötig gewesen: die Bindung an den Boden des Vaterlandes hatte die kindliche Liebe zum König ersetzt; der Kult des Fortschritts oder der *Zukunft* war an die Stelle der geheiligten Traditionen des Kults der Vergangenheit getreten und hatte das neue Zeitalter der Wissenschaft eingeleitet; die Legitimität der *Rechten* schließlich begann, hinter jene der *Linken* zurückzutreten; das waren Gefühlsübertragungen und räumlich-zeitliche Umkehrungen, welche die Gründlichkeit des Umsturzes bezeugen. Die Liebe zur Heimat aber verlangte nach Blutsbanden, sie implizierte eine symbolische Mutterschaft und konnte sich nicht mit der Anknüpfung an die legendären Ideale Spartas oder Roms begnügen; und deshalb wandten sich die Kinder der Revolution, während sie sich gleichzeitig auf die Methoden des wissenschaftlichen – naturalistischen oder materialistischen – Denkens beriefen, von der Antike ab, um sich mit dem Boden zu beschäftigen, dem sie entstammten (von 1826 an predigte Michelet, der Sänger des republikanischen Frankreich, das Studium der Heimatkunde unter Heranziehung von »physiologischen, physikalischen, botanischen, zoologischen und mineralogischen Umständen, welche die Geschichte erklären können«).[43]

Die Nachfolger des Grafen von Boulainvilliers, die ihre Privilegien zurückzugewinnen suchten, mußten sich neuerlich auf dessen Rassen-Argumente berufen. »Rasse der Freigelassenen«, rief der Graf von Montlosier aus, »wir gehören nicht zu eurer Gemeinde; wir bilden ein Ganzes aus uns selbst! Eure Herkunft ist klar! Die unsere ebenfalls... Die Franken waren eine Art Elite eines Volkes, das selbst die Elite der Völker war.« Zum Beweis zitierte er die *Germania* des Tacitus, »das Evangelium der Ehre und aller menschlichen Tugenden«, vergleichbar dem Neuen Testament, »dem Evangelium der religiösen Tugenden«.[44] Andere adlige Schriftsteller, insbesondere Châteaubriand (»der Mann, der die Erinnerung an die alten Rassen vielleicht am besten bewahrte«, so Tocqueville[45]), betrachteten – allerdings ohne ganz so weit zu gehen – die germanisch-fränkische Überlegenheit als selbstverständlich.[46]

Augustin Thierry ging zum Gegenangriff über. Er akzeptierte die Wahl des Terrains, rechtfertigte aber, im Gegensatz zum feindlichen Lager, diese Wahl mit dem Fortschritt der Physiologie und nicht mit der alten Tradition. »Die neuen physiologischen Forschungen«, schreibt er, »beweisen in Übereinstimmung mit einer gründlicheren Überprüfung der großen Ereignisse, welche die soziale Verfassung der einzelnen Nationen verändert haben, daß die körperliche und moralische Beschaffenheit der Völker viel mehr von deren Abstammung und ursprünglicher Rassenzugehörigkeit abhängen, als vom Einfluß des Klimas.«[47] Hier also wird die Rasse in den Rang eines großen erklärenden Prinzips erhoben; man beruft sich dabei auf die Wissenschaft und nährt damit bereits die politischen Leidenschaften. »Der Himmel ist unser Zeuge«, sagt Thierry weiter, »daß nicht wir dies als erste bezeugt haben, daß nicht wir als erste die schreckliche, düstere Wahrheit heraufbeschworen haben, daß es auf Frankreichs Boden zwei feindliche Lager gibt. Man muß es sagen, denn die Geschichte beweist es: Wie sehr auch diese beiden Urrassen sich in physischer Hinsicht gemischt haben mögen, ihr ständig widersprüchlicher Geist lebt fort bis zum heutigen Tag in zwei stets voneinander verschiedenen Teilen der vermischten Bevölkerung [...] Die natürliche Abstammung, die politische Herkunft ist klar. Geben wir sie doch denen, die sie fordern; und fordern wir selbst die konträre Abstammung. Wir sind die Söhne der Männer des Dritten Standes; der Dritte Stand ging aus den Kommunen hervor, die Kommunen waren das Asyl der Unfreien; die Unfreien waren die von den Eroberern Besiegten [...] So kommen wir zur letzten Folge einer Eroberung, die es auszulöschen gilt.«[48] Und doch scheint die eine oder andere Polemik Thierrys darauf hinzudeuten, daß er sich die Mentalität des Besiegten bewahrte; die deutschen Verherrlicher des germanischen Blutes vorwegnehmend, ging er soweit, den Sieg der Revolution deren aristokratischen Führern zuzuschreiben: »Diese Überläufer zur besseren Sache waren deren vornehmste Stützen; und wir, die Söhne der Besiegten, sehen wieder die gleichen Oberhäupter an unserer Spitze.«[49]

Der andere große Inspirator der Geschichtsforschung nach der Zeit von 1789 bis 1815, François Guizot, teilte Frankreich noch schärfer in zwei Rassen oder Völker:

> Die Revolution war ein Krieg, der wirkliche Krieg, so wie ihn die Welt als Krieg zwischen fremden Völkern kennt. Seit dreizehn Jahrhunderten beherbergte Frankreich zwei Völker, ein Siegervolk und ein Volk der Besiegten [...] Franken und Gallier, Herren und Bauern, Adlige und Bürgerliche, alle nannten sich, schon lange vor der Revolution, gleichermaßen Franzosen, hatten gleichermaßen Frankreich zum Vaterland. Die Zeit jedoch, die alle Dinge befruchtet, zerstört nichts von dem, was ist [...] Der Kampf tobte zu allen Zeiten, in allen Formen, mit allen Waffen; und als 1789 die Abgeordneten ganz Frankreichs in einer Nationalversammlung vereint waren, beeilten sich die beiden Völker, ihren alten Streit wiederaufzurollen. Der Tag, ihn zu bereinigen, war endlich gekommen [...][50]

Auch Guizot stellte sich auf die Seite der *eroberten, unterlegenen Rasse.* Zweifellos haben diese Polemiken, mit denen die französischen Historiker der zweiten Hälfte des zwanzigsten Jahrhunderts sich kaum jemals befassen – vielleicht aufgrund der stillschweigenden Tabus, von denen wir vorhin gesprochen haben? –, ganz besonders dazu beigetragen, den Begriff der *Rasse* zu popularisieren, und sogar Gefühle zutage gefördert, die heute als *rassistisch* qualifiziert werden. 1912, als man über diese Fragen freier reden konnte, zeichnete Camille Jullian in seiner Antrittsvorlesung am Collège de France die letzte Etappe des »Streits der zwei Rassen« mit folgenden Worten nach:

> Dieses kolossale Duell machte die Vergangenheit Frankreichs zu einem ergreifenden und wundersamen Epos, vergleichbar jenen Kämpfen zwischen Göttern und Giganten, von denen die griechischen Dichter sprechen, und dieses Epos begeisterte die poetischen, hochtönenden Seelen der Menschen der Romantik. Im Glanz der heißen Sommertage des Jahres 1830 fragten sich die größten Enthusiasten, ob diese Julisonne nicht die endgültige Niederlage der alten Eroberer, den schicksalhaften Triumph der unsterblichen Rasse der Gallier beleuchte.[51]

Wir dürfen glauben, daß Camille Jullian richtig gesehen hat. Wenn die Julirevolution, die dem bürgerlichen Frankreich den endgültigen Segen gab, der Endpunkt einer politischen Entwicklung war, dann bedeutete sie zugleich den Ausgangspunkt für den triumphalen Aufstieg eines im wesentlichen gallischen Frankreich. Balzac läßt den Marquis d'Esgrignon, einen »edlen und stolzen Franken«, im Jahr 1830 sterben, der seine Seele mit den Worten aushaucht: »Die Gallier triumphieren!«[52] Diesen Triumph kündigte Saint-Simon 1823 mit den folgenden, nicht minder bezeichnenden Worten an: »Die Nachkommen der Gallier, das heißt die Industriellen, bildeten die Finanzmacht, die Herrschergewalt [...] Die Regierung aber blieb in den Händen der Franken, so daß die Gesellschaft heute ein außerordentliches Phänomen aufweist: eine Nation, die im wesentlichen industriell, deren Regierung aber im wesentlichen feudal ist [...]«[53]

Östlich des Rheins dagegen sahen manche Theoretiker zur selben Zeit bereits im Triumph des »Galliertums« über das »Germanentum« den Hauptgrund für den internationalen Niedergang Frankreichs.[54] Ein Zeugnis anderer Art hinterließ uns Jules Michelet, als er an seinem Lebensabend, in seiner *Histoire de France* schrieb: »Diese mühselige, sich über etwa vierzig Jahre erstreckende Arbeit wurde konzipiert in einem einzigen Augenblick, im Blitzstrahl des Juli. In diesen denkwürdigen Tagen erstrahlte ein großes Licht, und ich erkannte Frankreich [...] In dem funkelnden Morgen des Juli, mit seiner weitgespannten Hoffnung, seiner machtvollen Spannung, barg dieses übermenschliche Unterfangen keinen Schrecken für ein junges Gemüt.« Und er schloß: »Als erster hatte ich Frankreich als eine Person dargestellt.«[55]

Wie sah der junge Michelet Frankreich? 1831 kündigte er sein Arbeitsvorhaben an: »Gemäß der allgemeinen Ordnung der Bücher wird der erste Band von den Rassen handeln. Rasse folgt auf Rasse, Volk auf Volk: Gälen, Kymren, Belger, und andererseits die Iberer, Griechen, Römer; die Germanen kommen als letzte [...] Diese Rassen schichteten sich übereinander und befruchteten den gallischen Boden durch ihre Ablagerungen. Über die Kelten schichteten sich die Römer, schließlich die Germanen.«[56] Die Germanen kamen also zuletzt; und Michelet schrieb ihnen einen angeborenen Respekt vor der Hierarchie zu, den er auf ihren gefügigen, weichen Charakter zurückführte – »das aristokratische Prinzip Germaniens« – und dem er sein Ideal gegenüberstellte: »Die Gleichheit, diese Gerechtigkeit der Neuzeit«; »es gereicht uns Kelten zum Ruhm, daß wir dem Abendland die Idee der Gleichheit gebracht haben.« An einer anderen Stelle wendet er sich gegen das seit den Tagen der Antike gängige Bild von den Germanen als junge, heldenhafte Barbaren; er sieht darin eine Art optischer Täuschung und vertritt die Meinung, nur zufällige Umstände, nämlich die der Völkerwanderung, hätten zu dem Glauben an den »unveränderlichen Genius dieser Rasse« geführt.[57]

Trotz dieser kritischen Haltung findet man bei Michelet – liest man genauer – jedoch ebenfalls die Bewunderung für die Germanen, die vielleicht nichts anderes war als die Faszination, welche die blaublütigen Familien in der neuen bürgerlichen Gesellschaft nach wie vor auf ihre Zeitgenossen ausübten. So etwa macht er, wenn er (im II. Band) das vollständige Bild Frankreichs, Provinz für Provinz, zu zeichnen versucht, in Lothringen halt: »Ich verzichte darauf, die Berge zu überqueren und nach Elsaß weiterzugehen. Die germanische Welt ist gefährlich für mich. Es gibt dort einen allmächtigen Lotus, der mich mein Vaterland vergessen macht [...]« Was für ein Zauber war das, warum diese Ambivalenz? Es scheint, als lieferte Michelet selbst uns den Schlüssel dazu, wenn er 1831 in seiner *Introduction* Frankreich als Nation und Deutschland als Rasse bezeichnet und letzteres folgendermaßen beschreibt:

Deutschland hat der Schweiz und Schweden die Sueben gegeben, Spanien die Goten, der Lombardei die Langobarden, England die Angelsachsen und Frankreich die Franken. Es hat sämtliche Bevölkerungen Europas mit Namen versehen und erneuert. Sprache und Volk – das fruchtbare Element ist überallhin geströmt, überall eingedrungen. Auch heute noch, da die Zeiten der Völkerwanderung vorüber sind, verläßt der Deutsche gern sein Land; gern nimmt er bei sich den Fremden auf. Er ist der gastfreundlichste aller Menschen [...]

Das Charakteristische dieser Rasse, die sich mit so vielen anderen vermischen sollte, ist die mühelose Selbstverleugnung. Der Vasall gibt sich dem Herrn zu eigen, der Student seiner Verbindung, der Handwerker seiner Zunft. In diesen Vereinigungen steht das Eigeninteresse an zweiter Stelle; das Wesentliche sind die freundschaftlichen Zusammenkünfte, die gegenseitigen Dienstleistungen, die Riten, die Initiationen, die Symbole, die für die Mitglieder eine eigene Religion darstellen. Der gemeinsame Tisch ist ein Altar, auf dem der Deutsche den Egoismus opfert. Es ist durchaus nicht erstaunlich, wenn wir gerade in Deutschland zum erstenmal sehen, daß ein Mensch sich einem anderen zu eigen gibt, seine Hände in dessen Hände legt und schwört, für ihn zu sterben. Dieser uneigennützige, bedingungslose Opfersinn, den die Völker des Südens verlachen, hat die der germanischen Rasse groß gemacht. Durch ihn gründeten einst die Scharen der Reichseroberer, jede um einen Anführer versammelt, die neuzeitlichen Monarchien. Diesem von ihnen erwählten Anführer opferten sie ihr Leben, ja selbst ihren Ruhm. In den alten germanischen Liedern werden alle Großtaten der Nation einigen wenigen Helden zugeschrieben. Der Anführer konzentriert in seiner Person die Ehre des Volkes, zu dessen riesenhafter Verkörperung er wird [...]

Dieses Bild, das in den Augen früherer Historiker romantisch, ja phantastisch erschien, wird mit einem Pinselstrich vollendet, der auf uns prophetisch wirkt. Und zwar, weil das derart geschilderte Deutschland zunächst jenes ist, das die jungen Eliten, die das Deutschland des Tacitus verehrten, wiedererstehen lassen wollten; jenes Deutschland, das unter der Feder eines Jacob Grimm Gestalt annahm, den Michelet studierte und »mit einer unglaublichen Leidenschaft übersetzte«.[58] Allerdings blieb Michelet auch in seiner größten Begeisterung maßvoll, im Gegensatz zu Thierry machte er die Rasse niemals zum großen Erklärungsprinzip. Sein Freund Henri Martin dagegen »zeigte, wie diese gallische Rasse schließlich ihre germanischen Überwinder besiegte, dank Descartes, Voltaire und den Männern der Revolution«.[59]

In der Tat war für Henri Martin die französische Größe – dank des unverändert erhaltenen Blutes – die gallische Größe; die Druiden hatten die Welt die Unsterblichkeit der Seele gelehrt, und die griechischen Philosophen »hatten ihre Fackel am großen Herdfeuer der Kelten entzündet«; die gallischen Gesetze fanden ihren letzten Ausdruck in der Revolution (»Es war die Seele unserer Vorväter, die uns diesen Schrei aus der Tiefe der Jahrhunderte heraufsandte! Ihr Protest sollte eines Tages vom neuen Gallien, dem Frankreich der Revolution, aufgenommen werden!«). Was den gallischen Mut betrifft, »das wesentliche Merkmal, dem all das untergeordnet ist, was wir eben sagten, das Siegel der gallischen Rasse, so besteht er im Spiel mit dem Tod, einem Spiel, wie noch keine menschliche Rasse es jemals gespielt hat«; und so also hatte sich »das Ideal einer ursprünglich keltischen und keineswegs germanischen Ritterschaft« entwickeln können. Es seien unsterbliche Tugenden, denn sie steckten den Galliern in Fleisch und Gliedern, in den runden Köpfen und sogar, wenn man so sagen kann, in den Eingeweiden; denn Henri Martin wirft sich zum Anthropologen auf und konstatiert »bei den Franzosen eine stärkere Entwicklung des Atmungsapparates und ein geringeres Volumen der Eingeweide als bei den Deutschen; diese Merkmale gehen gewiß auf die Gallier und die Germanen zurück«.[60] Soviel über Henri Martin, den Vater eines keltischen Mythos, der durch die Formulierung »unsere Ahnen, die Gallier« in den Lehrbüchern der Dritten Republik popularisiert wurde, sich heute aber nur noch in den Figuren von Asterix und Obelix zu manifestieren wagt.

Im übrigen ist Asterix nicht zu unterschätzen. Es gäbe viel zu sagen über seine Possen, die einer gewissen Tradition des »gallischen« Humors entsprechen; denn im Schutz dieser Maske rührt er weiterhin bei groß und klein an eine tiefliegende, verborgene Ader, an eben jene, die vor nicht langer Zeit die großen Kollektiventschlüsse nährte und als Relais zwischen den großen Schlächtereien und den politischen Doktrinen diente. Indessen müssen wir hier unterbrechen, denn bei Henri Martin ist nach 1837 die Rede von »der großen indoeuropäischen oder japhetitischen Familie, deren Wiege Arien, dieses *heilige Land* der Frühzeit, gewesen zu sein scheint«, und vom »Erstgeburtsrecht, das heute das geheimnisvolle *Arien* Zentralasiens für sich beansprucht«.[61] Zentralasien beanspruchte aber nichts dergleichen; es war das Europa des wissenschaftlichen Zeitalters, das sich einen neuen Stammbaum und ein neues »heiliges Land« ausdachte. Hier also werden, einige Zeit vor Gobineau, die direkten und expliziten Quellen des arischen Mythos sichtbar, von dem später die Rede sein wird. Dieser Mythos sollte die Besonderheit aufweisen, ganz und gar manichäisch zu sein – im Gegensatz zu jenen Mythen, über die wir eben gesprochen haben: denn welche besonderen Vorlieben unsere Autoren auch immer gehabt haben mögen, sie ließen alle in ihren Darstellungen Licht und Schatten abwechseln, wobei – etwa bei Taine oder Renan – eine gewisse Neigung für die Jugendlichkeit und Männlichkeit der sogenannten germanischen Rassen festzustellen ist (so sah zum Beispiel Renan im September 1870 in der Niederlage von Sedan einen neuerlichen Beweis für die rassische Überlegenheit der Deutschen[62]).

Im Zusammenhang mit den letzten bedeutenden Protagonisten des »Streits der zwei Rassen« drängt sich eine abschließende Bemerkung auf. Alle sind sich einig, daß die französische Nation aus einem Rassengemisch entstanden ist (etwas später sollten andere von »Kreuzung« sprechen). »Es ging nicht ohne lange Konvulsionen ab, bis die zehn Völker, deren Nachkommen wir sind, zu einem einzigen verschmolzen werden konnten« (Thierry). »Wer sagt euch, daß ihr Germanen seid und daß wir Gallier sind?« (Guizot). Aber die Unsicherheit bezüglich der Herkunft, der Stammreihen, von denen unsere Autoren glaubten, daß sie verschiedenartiges »Blut« mitführten, wurde durch den Glauben an die harmonische Verschmelzung dieses Blutes wettgemacht; Michelet vergleicht diese Vermischung in der Sprache seiner Zeit mit einem Experiment der organischen Chemie: »Nach alldem ist das jetzt Frankreich? Fast alles ist noch zu sagen. Frankreich hat sich selbst gemacht, aus den Elementen, aus denen auch jede andere Mischung hätte entstehen können. Öl und Zucker bestehen aus den gleichen chemischen Elementen. Wenn diese Elemente vorhanden sind, ist noch nicht alles vorhanden; es bleibt das Geheimnis der eigenen, besonderen Existenz. Und um wieviel mehr muß man dies berücksichtigen, wenn es sich um eine lebende, aktive Mischung handelt wie eine Nation!« Ein wenig weiter unten betitelte Michelet einen Abschnitt seines Buches *Destinée malheureuse des races restées pures* (Unseliges Schicksal der rein gebliebenen Rassen). Als Beweis für dieses traurige Los nennt er das Schicksal der Juden. Gewiß, er machte aus der Notwendigkeit eine Tugend und paßte seine Anthropologie einem politischen und moralischen Ideal an, unter Berücksichtigung der Überzeugungen seiner Zeit – wie es die Geistlichen zu allen Zeiten getan haben (man denke nur an Isidor von Sevilla oder an Fredegar, und die Varianten aus dem neunzehnten Jahrhundert, die wir Revue passieren lassen werden, sind ebenfalls zahlreich). Aber könnten wir nicht tatsächlich diesen widersprüchlichen Vorstellungen entgegenhalten, daß das moderne Frankreich, am Kreuzungspunkt des »fränkischen«, des »keltischen« und des »lateinischen« Mythos – die einander neutralisieren – sich seinen Universalismus, seine Ausstrahlung, ja seine kulturelle Fruchtbarkeit selbst geschaffen hat? Und das mit einer Geschichte, in deren Verlauf kollektiver Haß so oft in den Dienst innerer Zwistigkeiten gestellt wurde? (Der Visionär Michelet verdichtete diese beiden Fragen zu einer einzigen Formel: »Wisset, vor ganz Europa wird Frankreich stets nur diesen einen unvergänglichen Namen haben, der sein wahrer, ewiger Name ist: Revolution!«) Diese Fragen stellen heißt nicht, sie zu lösen, und beim gegenwärtigen Stand unserer Kenntnisse aus der Kollektivpsychologie fehlen anscheinend die begrifflichen Mittel, sie nutzbringend durchzudenken. Wir glauben nicht, daß die Fortsetzung dieser Einführung Elemente einer Antwort liefern wird, aber wir ahnen, daß die Fragen in anderer Form unfehlbar wieder vor uns auftauchen werden.

Drittes Kapitel

England

Die Stammlinie Sems und das normannische Joch

Auf Inseln erhalten sich die Spuren der Vergangenheit besonders gut, ob es sich nun um ausgestorbene Tierarten handelt oder um Sitten und Überlieferungen, die auf den Kontinenten in Vergessenheit geraten sind. In letzterem Sinn kann man sagen, daß Inseln gleichsam ein gutes Gedächtnis besitzen und daß dieses Gedächtnis sich in vielerlei Formen auswirkt.

In Palma de Mallorca im Mittelmeer leben die letzten Vertreter der verfluchten Rasse der spanischen *conversos*[1], auf der Insel Dscherba findet man jüdische Troglodyten; die sizilianische *Maffia* und die korsische *Vendetta* sind noch besser bekannte Archaismen. Auf Island im Atlantischen Ozean wurden die vergessenen Lieder und Sagen der germanischen *Edda* aufgezeichnet. Unsere Kenntnisse von den keltischen Ursprungsmythen beruhen auf Überlieferungen, die sich in Irland erhalten haben. In Schottland wurde das System der vorchristlichen Clans erst im achtzehnten Jahrhundert offiziell abgeschafft. Und von allen germanischen Stämmen haben nur die Angeln und die Sachsen ihr ursprünglichen Stammbäume, die auf den großen Gott Odin oder Woden zurückgehen, unversehrt erhalten.[2]

Gewiß gab es auf den britischen Inseln auch allerhand zu erinnern. Zwar sind sie seit 1066 nicht mehr erobert worden, aber im Lauf der zwei vorhergehenden Jahrtausende wurden sie nacheinander von den meisten Völkern des Kontinents kolonisiert. Sie wurden sukzessive von Iberern, Kelten, Römern, Germanen und Skandinaviern besiedelt; den Schlußpunkt setzte die franko-normannische Invasion. Bis zu den Germanen war die Reihenfolge die gleiche wie in Frankreich oder Spanien. Da jedoch die Romanisierung unvollständig war, blieben die Kelten nach dem römischen Zusammenbruch in ihrer Kultur keltisch und die Germanen in der Folge germanisch; denn man assimiliert sich nur an eine überlegene Kultur. Daraus entstand eine in kultureller Hinsicht komplexere Situation, die durch die spätere teilweise Französisierung noch kompliziert wurde.

In der Zeit, als das Christentum sich auf den britischen Inseln ausbreitete und schriftkundige Mönche zu Hütern der kollektiven Erinnerungen wurden, gestaltete sich das Zusammenleben zwischen Kelten und Germanen, den Briten und den Angelsachsen, stürmisch: es gipfelte darin, daß »britisch« und »englisch« fast Synonyme wurden. Die buntgemischte Bevölkerung dieser Inseln muß wohl frühzeitig die Kunst des Kompromisses gelernt haben, deren Meisterstück zweifellos die Sprachenverschmelzung war, aus der das Englische hervorgegangen ist. Der sogenannte englische Humor, dieser innere Kompromiß zwischen Selbst und Selbst, und der Begriff der *Fairneß* könnten auf dieselben ersten Quellen zurückgehen. Im Mittelalter wurde der britische König Arthur, der legendäre Sieger über die Angeln, zum Nationalhelden der Engländer; zu kaum geringerer Volkstümlichkeit gelangte König Richard Löwenherz, dessen Lieblingsfluch lautete: »Haltet ihr mich für einen Engländer?«[3] Im Zeitalter des Nationalismus tröstete sich ein englischer Autor mit dem Gedanken, daß Arthur und Richard schließlich und endlich britische Helden waren[4] (vielleicht aber war das unfreiwilliger Humor).

Zur Konstruktion ihres Ursprungsmythos verfügten die Engländer über vier große Mythologien – die griechisch-römische, die keltische, die germanische und die biblische. Bekanntlich dienten ihnen die beiden letzteren als Hauptstütze für ihre auch jenseits des Atlantiks weiterwirkenden Traditionen. So schlug zum Beispiel Thomas Jefferson vor, auf dem Siegel der Vereinigten Staaten die beiden großen urzeitlichen Überquerungen darzustellen: die Meerfahrt der sächsischen Stammesführer Hengist und Horsa, und den Zug der Kinder Israels durch die Wüste.[5] Diese Reminiszenz lieferte einen ersten Leitfaden.

Tatsächlich hatten die Briten die Erinnerung an ihre erste Überfahrt verloren. Schon vor den Angelsachsen zum Christentum bekehrt, legten sie sich einen ähnlichen Stammbaum zu wie die kontinentalen Völker, das heißt eine japhetitische Genealogie, indem sie sich, nach dem Zeugnis Isidors von Sevilla, einen Britto oder Brutus als namengebenden Ahnherrn ausdachten.[6] Es gab keinen Versuch einer Blutsvermischung zwischen ihnen und ihren Eroberern, wahrscheinlich, weil sie sich nicht unterwarfen und unter der Herrschaft ihrer eigenen Kleinkönige lebten. Andererseits lassen sich ihre Niederlagen und Verbannungen, von denen in den ersten historischen Dokumenten Britanniens, in den Chroniken von Gildas und Nennius, die Rede ist, leicht als göttliche Strafen interpretieren, jenen vergleichbar, die einst dem verstockten Volk Israel auferlegt wurden. Gildas macht die Briten zum wahren Israel, dem »praesens Israel«.[7]

Möglicherweise griff Beda Venerabilis (gestorben 735), der »Vater der englischen Geschichtsschreibung«, dieses Thema, angeregt durch die alten britischen Chroniken, aus denen er reichlich schöpfte, auf. Eventuell aber spielte auch hier wieder die Insellage eine Rolle: denn bei den Propheten des Alten Testaments ist oft die Rede von »Inseln des Meeres«, die auf den Ewigen hoffen; die alten Chronisten aber lasen diese Weissagungen aufmerksam und deuteten sie wortwörtlich. Zum Beispiel im Fall der Verwünschung der Juden durch Hosea: »Ihr seid nicht mein Volk, und ich bin nicht euer Gott.«[8] Welches war also das neue auserwählte Volk, Gildas' »praesens Israel«? »Beda war zutiefst von dem Gedanken durchdrungen«, schreibt Edmond Faral, »daß das angelsächsische Volk ein auserwähltes Volk sei; er war es, der eine neue politische Autorität über England aufrichtete und dort die Fundamente der Kirche legte. Gott hatte ihn für seine Absichten auserwählt, und daher stammte seine besondere Würde.«[9] Aus diesem Grund billigte Beda auch die Ermordung der britischen Mönche von Bangor durch den heidnischen König Aethelfrid, denn das Reich war ja den Angelsachsen verheißen. Und er hatte nicht vergessen, daß »die mächtigen Nationen der Jüten, der Angeln und der Sachsen« aus Germanien gekommen waren; deshalb sorgte er sich um die Bekehrung der »Altsachsen«, die auf dem Kontinent geblieben waren.[10]

Andere Mönche transkribierten damals die auf Woden zurückgehenden Genealogien und verbanden diesen nationalen Ahnherrn über die Patriarchen mit dem allgemeinen Stammvater Adam, genauso wie es ihre Brüder auf dem Kontinent taten. Bei ihnen jedoch kam die Erinnerung an eine Meerfahrt hinzu: In einer Barke lag ein schlafendes Kind, die Barke landete an einer Insel, deren König das Kind dann wurde. Dieses Motiv gemahnt an den Knaben Moses, und an eine Kontamination, eine obskure. Verdichtungsarbeit ist nicht auszuschließen: Tatsächlich wurde Sceaf, der angelsächsische Königsknabe, unter der Feder der Kopisten zu Seth und schließlich zu Sem; folglich lehnten die Engländer im Hochmittelalter Japhet, den Ahnherrn der Europäer, ab und betrachteten den ältesten Sohn Noahs als ihren Stammvater. Man kann sagen, daß England von da an nicht mehr zu Europa gehörte.

Um 1900 sahen die strenggläubigen Anhänger der *Lord's Day Observance Society* in König Alfred den Urheber der englischen Sabbatruhe, während die britischen Sozialisten sich auf dessen weise Gesetze beriefen, um den Achtstundentag zu fordern[11], und die königliche Familie die Thronerben beschneiden ließ. Können die englischen Sitten und Traditionen mit der »semitischen« Abstammung, die den alten angelsächsischen Dynastien zugeschrieben wurde, in Verbindung gebracht werden? Und wie?

Die *History of the kings of Britain* von Geoffrey de Monmouth, einem gallobritischen Bischof, kurz nach der normannischen Eroberung, wirft einen Lichtstrahl auf das Wirken der mittelalterlichen Vorstellungen, die ihrerseits zu Inspirationsquellen neuzeitlicher Vorstellungen wurden.

Dieses weitgehend phantastische Geschichtswerk ist, vom literarischen Standpunkt betrachtet, eines der einflußreichsten Werke des Mittelalters; von ihm sind die Sagen von *Brut* und der Tafelrunde ausgegangen. Unter den franko-normannischen Königen konnte der Autor die Geschichte seiner britischen Vorfahren nach Herzenslust rühmen. Zu diesem Zweck schöpfte er freizügig aus allen Mythologien: So widerfährt seinem Brutus, dem Enkel des Trojaners Aeneas und Stammvater des königlichen Geschlechtes der Briten, das gleiche Schicksal wie dem Ödipus, während die göttlichen Verheißungen, die Cadwallader, dem letzten Sproß des Geschlechts, zuteil werden, von der biblischen Überlieferung inspiriert sind. Ein anderer ruhmreicher imaginärer Britenkönig, Ebraucus, scheint, kaum verhüllt, niemand anderer zu sein als der Hebräerkönig David, »David Hebraicus«. Dieser Ebraucus schob sich bald in die angelsächsischen Genealogien ein, entweder zwischen Adam und Woden, gleichsam als Double von Sceaf oder Sem, oder zwischen Woden und König Alfred.[12] Solcherart wurde die Ahnenreihe des englischen Königshauses, zu einer Zeit, als der Name David in Schottland und Wales hellen Glanz besaß, noch stärker hebraisiert; so ist es zu erklären, daß in der Neuzeit mehrere Prinzen von Wales diesen Vornamen trugen. Anderseits aber – und stets unter dem Einfluß von Geoffrey de Monmouth und seinen Nachfolgern – trat in manchen Ahnentafeln Brutus zu David-Ebraucus hinzu: so wurden die Angelsachsen mit den Briten und den Trojanern verbunden und in deren Gefolge zu Japhetiten.[13]

Es ist zwecklos, diese komplizierten Sagen und Genealogien im Detail zu untersuchen; selbst Fachleute scheinen sich darin nur mit Mühe zurechtzufinden. Manche Forscher vermuteten, die schrittweise Umwandlung von Sceaf in Seth und dann in Sem sei auf Schreibfehler der Kopisten zurückzuführen.[14] Aber selbst wenn dies zuträfe, dürfte die Tatsache, daß diese Fehler gemacht und vor allem weitergegeben wurden, kein Zufall sein. Die Frage ist es also wert, daß man sich etwas näher mit ihr befaßt.

Was genau bedeutete für die Geistlichen des Mittelalters ein königlicher Stammbaum, der auf David und Sem zurückging? Es ist sicher, daß er nichts mit einer »semitischen Rasse« in der modernen Auffassung des Begriffs zu tun hatte: nichts war dem mittelalterlichen Denken fremder, als den Menschen in die Naturgeschichte einzufügen; mit Naturgeschichte sollte sich erst die Neuzeit beschäftigen. Die mittelalterliche Anthropologie war eine biblische Geschichte, ein Kapitel der Theologie. Wir können also annehmen, daß die englischen Geistlichen den gesegneten und geheiligten Charakter des Königshauses hervorheben wollten, wenn sie es mit dem Ahnherrn der Hebräer in Verbindung brachten: Hatte nicht Noah dem Sem, seinem Erstgeborenen, seinen besonderen Segen gegeben? Der einzige Chronist, der die königliche Stammlinie kommentiert, Ailred de Rivaux (gest. 1166), nimmt auf diesen Segen Bezug; und seine Kommentare ermöglichen uns einen etwas klareren Einblick. Er schreibt:

> [...] (von Enoch) stammte Noah, der es als einziger verdient hatte, zusammen mit seiner Frau und seinen Söhnen der Vernichtung der Welt zu entgehen. Sein Erstgeborener, Sem, empfing den Segen des Vaters. Die Juden sagen, Sem sei der oberste Priester Gottes gewesen und in der Folge Melchisedech genannt worden, derjenige, der Brot und Wein darbot in der Art unserer Priesterschaft, und deshalb auch wurde Christus im Psalm verkündet: ›Du bist Priester für immer um Melchisedechs willen‹ (Ps. 110,4). Von diesem Sem also führt die Stammlinie bis zu Woden, der bei den Seinen so große Verehrung genoß, daß ihm der vierte Tag der Woche, den die römischen Heiden den Tag Merkurs nannten, geweiht wurde; ein Brauch, den die Engländer weiterhin üben.[15]

Bedacht auf die Ansprüche und Ambitionen seines Königs, Heinrichs II., und um dessen Ahnen besser rühmen zu können, kombinierte Ailred de Rivaux auf diese Weise die Ansichten der Rabbiner, die Sem mit Melchisedech gleichsetzten, und die Tradition der Kirche, wonach jener geheimnisvolle Priesterkönig, der Abraham gesegnet hatte, eine Christusfigur, ja Christus selbst war. Gewiß wurde Sem aufgrund solcher Vorstellungen im Mittelalter häufig für den Ahnherrn aller Geistlichen gehalten. Obgleich aber alle christlichen Könige »Gesalbte des Herrn« waren und dadurch an der Priesterwürde teilhatten, so war dieser Aspekt ihres Amtes im Fall der englischen Könige besonders stark ausgeprägt; sie wurden von ihren Untertanen als »Christus Domini«[16] verehrt, und zwar vom achten Jahrhundert, das heißt von ihrer Bekehrung an bis ins zwanzigste Jahrhundert. Gewiß, auch die Geistlichen auf dem Kontinent leiteten die Barbarenkönige nach deren Bekehrung von der geheiligten Stammreihe Sems, Melchisedechs und Davids ab; so etwa rief zur Zeit des Königs Chilperich Venance Fortunat aus: »Unser Melchisedech, den man mit Recht König und Laienpriester nennt, hat das Werk der Religion vollendet«; und Karl der Große trug, zumindest für seine Vertrauten, den Vornamen David.[17] Auf dem Kontinent jedoch verschwanden unter dem römischen Einfluß nach und nach die alttestamentarischen Riten, welche die königlichen Familien umgaben, während sie sich auf den britischen Inseln – und hier stoßen wir wieder auf die Besonderheit oder den Traditionalismus der Briten –, von einigen Änderungen oder Abschwächungen abgesehen, bis zum heutigen Tag erhalten haben. Die englischen Könige werden weiterhin nach dem Beispiel des Königs Salomon gekrönt, unter dem Schutz des Propheten Nathan und des Priesters Zadok, und ihre Inthronisierung endet mit den Worten des Psalmisten: »Dies eine schwor ich bei meiner Heiligkeit und werde David nicht täuschen [...]« (Ps. 89, 36)

Königliches Geblüt, priesterliches Geblüt, göttliches Geblüt oder Geschlecht: »von Sem abstammen« hieß letztlich die göttliche Abstammung der englischen Könige ins Christliche zu übertragen und damit zu sanktionieren; denn der seiner Würde entkleidete heidnische Gott Woden konnte nicht mehr als Garant des Übernatürlichen dienen. Deshalb entlehnte man dem Alten Testament einen orthodoxen christlichen Garanten, Sem-Melchisedech. In der gesamten englischen Geschichte wurde der priesterliche und gleichsam göttliche Charakter des Königtums mit besonderem Nachdruck bejaht, von den Dienern und Propagandisten der Monarchie ebenso wie von den Ketzern. »Die Würde des Königs ist höher als jene des Priesters, denn der König spiegelt die Güte Christi wider, der Priester jedoch nur dessen Menschlichkeit«, schrieb zum Beispiel Wycliffe *(De officio Regis)*. Daher, so kann man annehmen, rührt auch die Leichtigkeit, mit der Heinrich VIII. von England mit Rom brach und in seinem Land einen absolutistischen Cäsaropapismus einführte. Als Renaissancemensch berief er sich nicht auf biblische Genealogien, sondern führte ganz andere Argumente an: die Notwendigkeit, der Nation einen männlichen Thronerben zu sichern, oder Zitate aus der Heiligen Schrift; die dynastische und nationale Tradition erklärt jedoch das Klima, in dem er sich zum Oberhaupt der Kirche machen, den Titel »König, Kaiser und Papst«[18] beanspruchen und der Englischen Reformation den Weg bahnen konnte.

In dieser Perspektive ist das Jahrhundert, das die Reformation von der Englischen Revolution trennt, auch die Zeit, in der die priesterliche Würde den Königen entrissen wurde von einem Volk, das entschlossen war, sein Schicksal in die eigenen Hände zu nehmen. Von diesem Punkt an können wir nun rascher vorwärtsgehen, und zwar auf sichererem Boden. In der Tat brachten das Studium der Heiligen Schrift und die Unruhe des Volkes in ganz Europa Häresien und Sekten hervor, welche die römische Kirche – manchmal nicht ohne Grund – als »judenfreundlich« bezeichnete; aber nur die Engländer identifizierten sich massiv mit dem Volk Moses. Die Galionsfiguren des Puritanismus wie Cromwell und Milton faßten diese Verbindung in allegorischer oder christlicher Weise auf: Sie hielten die Juden nicht für die leiblichen Vorfahren der Engländer, und indem sie ihr eigenes Volk an die Stelle der Juden setzten, machten sie es zu dem vom Allmächtigen mit einer besonderen und zugleich universellen Mission betrauten Volk. Cromwell zitierte vor dem Parlament Jesaja: »Das Volk, das ich mir gebildet, wird meinen Ruhm verkünden« (43, 21), und behauptete, die Engländer seien das Gottesvolk, wobei er ihre Erwählung und jene des alten Israel ausdrücklich nebeneinanderstellte: »Der einzige ähnliche Fall auf der Welt, den ich kenne, ist der Auszug der Israeliten aus Ägypten [...]«[19] Ähnlich dankte Milton dem Ewigen für die besondere Gnade, die Er ganz offensichtlich über die Engländer ausschüttete: »Warum wurde diese Nation vor allen anderen erwählt, wenn nicht, um ganz Europa die Frohbotschaft der Reformation zu verkünden, wie einst die Frohbotschaft, die von Zion kam?« Solcherart hatten seine Landsleute die Wünsche Moses erhört: »Die Zeit scheint gekommen, da Moses, der große Prophet, sich im Himmel freuen kann, weil sein denkwürdiger und glorreicher Wunsch in Erfüllung gegangen ist, weil nicht nur unsere siebzig Ahnen, sondern das ganze Gottesvolk zu Propheten wurden.«[20]

Während einer anderen unruhigen Zeit, im Jahre 1804, drückte sich William Blake in seinem Gedicht *Jerusalem* noch präziser aus:

What do I see? The Briton, Saxon, Roman, Norman amalgamating
In my furnaces into One Nation, the English and taking refuge
In the Loins of Albion.
  I elected Albion for my glory. I gave him to the Nations
Of the whole Earth. He was the Angel of my Presence and all
The Sons of God were Albion's Sons, and Jerusalem was my joy.
(XL und IX, zit. nach William R. Hughes, London 1964, S. 151 und 77.)

Dieses messianische Klima begünstigte die Rückholung der Juden nach England unter Cromwell und auch ihre Ansiedlung jenseits des Atlantik. Dem widersetzten sich indessen manche Puritaner, für die die wirklichen Juden Rivalen blieben, um nicht mit ihnen verwechselt zu werden. Dies trifft etwa auf den Pamphletisten William Prynne zu, den Verfasser von *A short demurrer to the Jewes remitter in England...* (1656), oder auf Ben Jonsons heuchlerischen »Rabbiner Busy«, einem Puritaner wohlgemerkt, der öffentlich Schweinefleisch ißt, um seinem Haß und Abscheu gegenüber dem Judentum Ausdruck zu verleihen.[21] Viele andere Sektierer jedoch nahmen das Alte Testament wörtlich und versuchten, ins Gelobte Land zu reisen, oder ließen sich beschneiden: man weiß, in welchem Maß die Beschneidung auch heute noch in den angelsächsischen Ländern praktiziert wird. Wieder andere – wie John Sadler, ein Freund Cromwells – versuchten, die angelsächsischen Gesetze von den talmudischen Gesetzen abzuleiten, und fragten sich, ob nicht die britischen Inseln zuerst von den Phöniziern besiedelt worden und ob die Druiden nicht Kanaaniter gewesen seien.[22] Dieser Streit ist nicht völlig beigelegt. Die phantastische Vorstellung von einer blutsmäßigen Abstammung war in Großbritannien so tief verwurzelt, daß ein aufgeklärter Autor wie der Deist John Toland sie als erstes Argument in seinen *Reasons for Naturalizing the Jews in Great Britain and Ireland* (1714) anführte: »[...] Ihr wißt«, sagte er, wobei er sich im besonderen an den englischen Klerus wandte, »welch beträchtlicher Anteil der britischen Einwohner unzweifelhaft von den Juden abstammt und wie viele würdige Prälaten dieses Ursprungs, ganz zu schweigen von den Lords oder den Bürgerlichen, zur Zeit unter uns sind [...] Viele von ihnen sind nach Schottland geflüchtet, und das ist der Grund, warum so viele Leute in jenem Teil der Insel auch heute noch einen solchen Abscheu vor Schweinefleisch an den Tag legen, gar nicht zu reden von anderen, leicht zu beobachtenden Ähnlichkeiten.«[23] Klarzustellen ist hierbei, daß Toland als

Mann der Aufklärung diesen Standpunkt nicht mehr durch legendenhafte, sondern durch historische und positive Argumente zu stützen suchte. Bleibt die Tatsache, daß kein anderes Land ähnliche Legenden hervorbrachte und pflegte und daß daher kein Autor anderswo den Versuch unternahm, solche Legenden durch historische Argumente zu untermauern. Derartige Vorstellungen werden auch heutzutage noch vertreten und manifestieren sich in den verschiedensten Formen, angefangen von den verschwommenen, sehr weit verbreiteten Ansichten, wonach »viele Engländer von Juden abstammen«, bis zu den gelehrten Forschungen Werner Sombarts, für den die Vereinigten Staaten in jeder Hinsicht ein jüdisches Land waren.[24]

Viele Aspekte der englischen Geschichte – das Erlahmen des Antisemitismus, die prozionistischen Tendenzen, die einzigartige Karriere Disraelis – lassen sich damit erklären. Der Glaube an eine blutsmäßige Verbindung als harter Kern der geistigen Abstammung brachte schließlich eine Bewegung hervor, die Hunderttausende Mitglieder zählte: die *British Israelites,* die sich als Nachkommen der verschwundenen zehn Stämme Israels betrachteten. Sie führten Argumente aus der Bibel an – eine Beweisart, die heute in Mißkredit geraten ist –, von denen eine Kostprobe genügen soll: Bedeutet *Ish Brit* im Hebräischen nicht Mann des Bundes? Seit dem Anfang des neunzehnten Jahrhunderts gediehen die *British Israelites* in allen englischsprachigen Ländern, hauptsächlich aber in England selbst: Königin Viktoria und König Eduard VII. wurden ihre Schirmherren[25]; sie veröffentlichten viele Bücher und Broschüren und verfügten über eine eigene Zeitschrift, *The National Message.* In ihren Augen waren sie von reinerer hebräischer Rasse als die wirklichen Juden: so erhoben zu einer Zeit, als viele Juden ihr sogenanntes semitisches Blut zu beklagen begannen, manche Engländer den Exklusivanspruch auf dieses Blut. In der jüngsten Vergangenheit hatten die *British Israelites* ein anderes Anliegen: den Eintritt Großbritanniens in die Europäische Gemeinschaft zu verhindern, damit die Königin sich nicht den kontinentalen Politikern unterordnen müsse, und um ihren Untertanen, die im Genuß des »Common Law of England, going back to the Ten Commandments of Moses«, stehen, die Strenge des »Byzantine Roman Law, going back to the Emperor Justinian«, zu ersparen. Im Zusammenhang mit dem Vertrag von Rom sprachen sie von: »Gestapo-like regulations«.[26] Übrigens machen manche *British Israelites* die »Weisen von Zion« für alles Unglück dieser Welt verantwortlich, während andere es vorziehen, die Jesuiten anzuklagen.

Bemerkenswert ist, daß die hebräische Abstammung nach Ansicht dieser letzten Hüter der britischen Traditionen keineswegs in Widerspruch steht zu ihrer germanischen oder germanisch-keltischen Abstammung, zu ihrem *Kelten-Angelsachsentum:* es handelt sich hierbei nur um zwei aufeinanderfolgende Teilstücke eines den mittelalterlichen Vorstellungen entsprechenden Stammbaums. So sind der Glaube und die Besorgnisse der *British Israelites* die letzte Spur des Glaubens und der Besorgnisse der Kirchenväter, eines Hieronymus oder eines Isidor von Sevilla. In einem wesentlichen Punkt jedoch haben sie sich der modernen Geisteshaltung angeschlossen: Wenn sie auch Königin Elizabeth über König Alfred und dessen Ahnherrn Woden-Odin von König David abstammen lassen und ihre Untertanen von den verlorenen Stämmen, so gehen sie doch nicht über Moses hinaus; die Patriarchen, von Sem bis Adam, finden in ihren Genealogien keinen Niederschlag. Sie haben sehr genaue Vorstellungen vom Ursprung der Engländer, jedoch, so scheint es, gar keine von der Herkunft der alten Hebräer, und sie stellen sich nicht die Frage, wie das Menschengeschlecht auf der Erde aufgetaucht ist.

Ein Zeichen der Zeit? Ganz allgemein beschränkte sich das Interesse der Engländer seit Beginn der Neuzeit im wesentlichen auf den unteren Teil des Stammbaums, das heißt, auf das Problem ihres nationalen Ursprungs. Vom genealogischen Standpunkt aus war die franko-normannische Eroberung nur ein Zwischenspiel; 1154 fiel der Thron Heinrich II. zu, der über eine Seitenlinie von König Alfred abstammte, also »semitisch« war. Wilhelm der Eroberer bleibt die umstrittenste Gestalt der englischen Geschichte, und die Tiefe des Gegensatzes zwischen seinen französischsprachigen Baronen und der einheimischen Bevölkerung wird ebenfalls unterschiedlich eingeschätzt; es bleibt jedoch die Tatsache bestehen, daß drei Jahrhunderte lang ein franko-romanischer Klerus einem anglophonen Volk gegenüberstand, und daß dieses zum größten Teil analphabetische Volk schlecht gerüstet war, der Nachwelt seine Sympathien und Antipathien mitzuteilen. Das Schweigen der Dokumente ist jedoch kein Beweis, weder in der einen noch in der anderen Richtung. Im übrigen wird dieses Schweigen im sechzehnten Jahrhundert gebrochen: antifranzösische Gefühle treten nun klar zutage; sie werden zunächst von Religionsreformatoren ausgedrückt, die in der vornormannischen Vergangenheit die Reinheit der englischen Urkirche suchen. Den Ton dieser Polemiken gab John Aylmer, der nachmalige Bischof von London, an, als er 1558 »die weibischen Franzosen« tadelte,

»die nichts anderes können als reden [...] Wir verwenden ein paar französische Jagdausdrücke, und es gibt noch ein paar andere in den lausigen Gesetzen, die die Normannen mitgebracht haben: aber unsere Sprache und unsere Bräuche sind englisch und sächsisch.«[27] So beginnt die Kampagne gegen das normannische Joch. Sie wird von Gedanken und Argumenten genährt, die zum Teil vom Kontinent, von der »Mutter Deutschland« kommen und tausendjährige Erinnerungen aufzurühren scheinen. Der populäre Reisende Thomas Coryat ruft nach seiner Rückkehr aus Deutschland aus: »Deine Aufmerksamkeit lange zu fesseln mit Beschreibungen und Lobpreisungen dieses glorreichen kaiserlichen Landes, das ich nur sehr mangelhaft kennengelernt habe, wäre etwas höchst Überflüssiges gewesen [...] Nur, weil ich dich damit ermuntern will, jene strahlenden Schönheiten zu betrachten, auf die ein paar Blicke zu werfen ich die unsagbare Freude hatte, sage ich mit Kircher: Deutschland ist die Königin über alle anderen Provinzen, der Adler aller Königreiche und die Mutter aller Nationen.« Und der Engländer Thomas Coryat überließ dem Deutschen Hermann Kircher das Wort: »Wohin führt dich dein Weg? Warum reisest du mit der Schwalbe, verlässest du dein Nest? Übertrifft denn Deutschland nicht bei weitem alle anderen Nationen an Reichlichkeit und Güte aller Dinge?«[28]

Seriösere und wirksamere Munition lieferte das Studium der antiken Autoren, vor allem des Tacitus, dessen *Germania* zu jener Zeit in ganz Europa die Phantasie anregte, vor allem in Gebieten, wo die Freiheit sich mit einiger Wahrscheinlichkeit als »germanisch« bezeichnen ließ. So behauptete etwa der »Antiquar« Richard Verstegen, dessen *Restitution of Decayed Intelligence* zwischen 1605 und 1670 fünf Auflagen erlebte, unter Berufung auf Tacitus, die Germanen könnten sich dreier unvergleichlicher Eigenschaften rühmen: sie seien stets die Herren ihres Landes geblieben; sie seien unbesiegbar; und sie bildeten eine reine Rasse. Für Verstegen waren auch die Engländer reinrassig, was immer man auch sagen mochte: »Obwohl manche Leute uns als eine gemischte Nation bezeichnen, weil die Dänen und Normannen sich einst unter uns niedergelassen haben, antworte ich, daß die Dänen und die Normannen einmal dasselbe Volk waren wie die Germanen; man kann uns also nicht als Mischlinge behandeln, weil Menschen gleicher Herkunft und gleicher Sprache wie wir einstmals zu uns gekommen sind.«[29] Als friedliebender Mensch machte Verstegen alle Engländer (mit Ausnahme der Gallobriten) zu Verwandten: eine Vorgehensweise, die im neunzehnten Jahrhundert von der historischen Schule von Oxford wiederaufgenommen werden sollte. Unter Cromwell aber gingen andere englische Autoren daran, ihre Vergangenheit so umzuinterpretieren, daß militantere Schlüsse daraus zu ziehen waren.

Die puritanische Revolution war tatsächlich einer jener seltenen historischen Augenblicke, in denen die enterbten Klassen ihre Stimme erheben, ihre gewöhnlich so wenig bekannten Bestrebungen plötzlich hervortreten und einen politischen Umsturz fördern. Im gegebenen Fall kamen diese Klassen vor allem in den Bewegungen der *Levellers* und der *Diggers* zu Wort. In diesem Zusammenhang hat Christopher Hill darauf hingewiesen, daß die Unterzeichner ihrer Manifeste durchweg sächsische Namen tragen, ebenso wie die den unteren Klassen angehörenden Personen bei Shakespeare.[30] So war die Klasse zugleich eine »Rasse«, das heißt, eine Kultur; genauer gesagt, am Beginn des Klassenkampfes gab es einen Kulturkampf, als Kampf von Menschen verschiedener Herkunft verstanden. Und was wir von der französischen Geschichte in der zweiten Hälfte des ersten Jahrtausends gesagt haben, kann schematisch auf die englische Geschichte in der ersten Hälfte des zweiten Jahrtausends angewandt werden, nur mit vertauschten Rollen: die Rolle der germanischen Franken – der Führungsschicht, die sich mit der Zeit kulturell assimilierte – fiel hier den französischen Normannen zu. Wie im Fall Frankreichs erkennen wir die Tendenz, einen Teil für das Ganze zu nehmen; für König Jakob I. war die Mehrheit der englischen *Gentlemen* normannischer Herkunft; für seinen Memoirenschreiber, den Bischof Goodman, traf dies sogar auf alle Engländer zu[31]; und ebenso wie in Frankreich ließ der Gegenangriff des Volkes nicht lange auf sich warten.

Levellers und Diggers strebten Gleichheit oder einen Urkommunismus an, ein Goldenes Zeitalter, von der Vorstellung eines Goldenen Zeitalters in der Vergangenheit abgeleitet; sie knüpften also sowohl an die Heilige Schrift als auch an eine idealisierte angelsächsische Vergangenheit an. Indem sie sich zu Wortführern ganz Englands machten, erhoben sie sich gegen eine Unterdrückung, die sie auf die Invasion von 1066, auf die aus Frankreich stammenden Tyrannen und Diebe zurückführten, vor allem auf Wilhelm den Eroberer, der »die Gesetze auf französisch hatte schreiben lassen, damit die bedauernswerten armen Leute betrogen, bestohlen und vernichtet werden konnten«.[32] Das Böse ist jetzt also durch eine Königsmacht und Aristokratie verkörpert, die nicht oder nicht mehr englisch sind, sondern fremder Herkunft. Zahllose anonyme Pamphlete wetterten gegen *that outlandish Norman Bastard,* und Lilburne, das Haupt der Levellers, höhnte im Verlauf seines Prozesses die Richter: »Ihr, die ihr euch Richter des Gesetzes nennt, seid nichts als normannische Eindringlinge.«[33] John Hare wollte, wie er in seinem Pamphlet *St. Edward's Ghost, or Anti-Normanisme* (1647) schrieb, die Skelette und Gebeine der normannischen Herzöge aus der englischen Erde entfernen; zu diesem Zweck schlug er vor, Wilhelm den Titel »Eroberer« abzuerkennen, seine Gesetze aufzuheben und die englische Sprache von allen Wörtern französischen Ursprungs zu reinigen.[34] Unter anderem wurde dem Eroberer vorgeworfen, die Juden, welche die angelsächsischen Könige sorgfältig auf Distanz gehalten hätten, nach Großbritannien geholt zu haben; diese These wurde 1656 von William Prynne in seinem *Short Demurrer* mit großem Aufwand an gelehrten Argumenten verfochten. Andere anschauliche Darstellungen der antinormannischen Kampagne finden sich in Christopher Hills Studie *The Norman Yoke*.[35]

Ein gemäßigterer und bedeutenderer Puritaner, Nathanael Bacon (ein Neffe von Francis Bacon), entwickelte in bezug auf den Ursprung der englischen Nation eine These, die unsere Aufmerksamkeit verdient. Unter Berufung auf Gildas den Weisen schrieb er, daß Gott, »als er den verzweifelten Zustand der anderen Nationen« bemerkte, »lange vor der Geburt des Gottessohnes, als die Vorsehung all ihre Wohltaten noch allein der jüdischen Nation vorzubehalten schien«, die britischen Inseln ausgezeichnet habe. Die göttliche Absicht sei es gewesen, »den Ruhm Gottes auf einer Insel erstrahlen zu lassen, zum Nutzen der europäischen Barbaren, und aus dem Abschaum der Nationen eine schöne Kirche zu bilden«. Dieser »Abschaum« sind – unterschiedslos – die Briten und Sachsen, Skandinavier und Normannen; in seiner puritanischen Demut ist Bacon sogar der Ansicht, daß »diese Insel als Gosse zur Entleerung des Abfalls der germanischen Nation gedient« habe. Er läßt aber durchblicken, daß alle am Völkergemisch Großbritanniens beteiligten Nationen germanischen Ursprungs seien; auch die Briten seien aus Germanien gekommen, im Gegensatz zu ihren gallischen Nachbarn, die den Briten blutsfremd seien; wie eng beisammen ihre Länder auch sein mochten. Bacon hebt im besonderen die Briten hervor, die dem römischen Joch besser widerstanden hätten als die anderen Nationen: »Sie waren die letzte aller europäischen Kirchen, die ihre Machtbefugnisse der römischen Bestie abtraten; und in der Person Heinrichs VIII. waren sie die ersten, die sie sich wieder zurückholten.« Nachdem die Briten lange Zeit gegen die Angelsachsen gekämpft hatten, schlossen sie sich mit ihnen zusammen: »Indem er den Hochmut der Briten durch die

Macht der Sachsen bezähmte und den Sachsen durch die Erleuchtung, die er den Briten hatte zuteil werden lassen, ebenfalls Licht brachte, machte Gott sich zum Herrn des einen wie des anderen Volkes.«[36] Bacon führte also – auf eine Art und Weise, die man als typisch für das Empfinden seiner Zeit ansehen kann – die Auserwählung der Engländer sowohl auf den unerforschlichen Ratschluß der Vorsehung als auch auf eine glückliche Mischung der Rassen zurück, die – und da waren die Franko-Normannen nicht ausgenommen – in seinen Augen alle germanisch waren.

Während die Französische Revolution den gallischen Mythos hervorbrachte, bestärkte die Englische Revolution die Engländer in ihrem Gefühl, Germanen zu sein. Nach 1688 sahen die meisten Autoren in der konstitutionellen Regierungsform die Bestätigung der germanischen oder gotischen Freiheit. Swift schrieb über den Ursprung der parlamentarischen Institutionen: »Seit undenklichen Zeiten [...] wurden von den Sachsenfürsten Ratsversammlungen einberufen, welche sie auf dieser Insel eingeführt hatten, zugleich mit anderen Formen des gotischen Regierungssystems, das in den meisten Gebieten Europas praktiziert wurde [...] Die alten Germanen kannten das gleiche Modell, und vielleicht haben es die Goten, ihre Nachbarn, von ihnen übernommen, ebenso wie andere nordische Völker.« (1719)[37] Lord Bolingbroke stellte eine originellere Ansicht zur Diskussion: Auch für ihn war der aus dem König, den Lords und den freien Sachsen bestehende Rat ein Vorläufer des britischen Parlaments; aber die englischen Freiheiten seien älter, gingen auf vorrömische Zeiten zurück: »Ich empfinde einen geheimen Stolz, wenn ich bedenke, daß ich als Brite geboren bin, und überlege, daß die Römer, diese Herren der Welt, ihre Freiheit nur sieben Jahrhunderte lang aufrecht erhielten; und daß das Land der Briten, das bereits vor 1700 Jahren ein freies Land war, es auch heute noch ist [...] Ihr langer Widerstand gegen die Sachsen zeugt von ihrer Liebe zu den bürgerlichen Freiheiten.« (1730)[38] Zweifellos aber drückte David Hume die Meinung des Durchschnittsengländers besser aus, als er in seiner berühmten *History of England* die »entarteten« und »nichtswürdigen« Briten den tapferen Angelsachsen gegenüberstellte.

Hume zufolge waren »die Sitten und Bräuche« der Angelsachsen als sie die Briten unterwarfen, »ganz und gar germanisch; und das Bild einer wilden und kühnen Freiheit, von Tacitus meisterlich gezeichnet, paßt auch auf jene Gründer des englischen Regierungssystems«. Die Kelten aber seien zur Freiheit dermaßen unfähig gewesen, daß, als die

Römer ihnen bei ihrem Abzug die Freiheit gaben, »die elenden Briten die ihnen gebotene Freiheit als ein Unglück ansahen«. Hume zeichnet auch Wilhelm den Eroberer in den schwärzesten Farben: Dieser Tyrann habe den Freiheiten der Engländer ein Ende gesetzt, »indem er sich ihre Güter aneignete und sie zur erbärmlichsten Sklaverei erniedrigte«. So begann »das Unglück, das die Engländer unter diesem und den späteren Herrschern erduldeten und das zwischen ihnen und den Normannen jene Eifersucht und Feindschaft hervorbrachte, die sich nie beruhigten«, bis die beiden Nationen zu einem Volk zusammenwuchsen. Wie allgemein üblich, schrieb Hume den nordischen oder germanischen Völkern »Freiheit, Ehre, Gerechtigkeit und Tapferkeit« zu, Eigenschaften, in denen sie »dem übrigen Menschengeschlecht überlegen« waren und welche die Größe Europas begründeten.[39]

Andere Autoren verbreiteten solche Auffassungen in den Vereinigten Staaten. Nehmen wir zum Beispiel Tom Paine: »Ein französischer Bastard, der mit einem Gefolge bewaffneter Banditen landet und sich gegen den Willen der Einheimischen zum König von England ausrufen läßt, ist, um es deutlich zu sagen, geradezu der Typus des niederträchtigen Schurken.«[40] Vor allem aber war es Walter Scott, der diesen Vorstellungen im geeigneten Moment ihre Dynamik verlieh, nämlich in der Zeit unmittelbar nach den Napoleonischen Kriegen, als ganz Europa in Rassebegriffen zu denken begann. In *Waverley, Rob Roy* und *Ivanhoe* schildert er die Kämpfe der englischen Geschichte als Zusammenstöße zwischen schottischem und englischem, englischem und französischem Blut, in einem Großbritannien mit zahllosen Rassen: »Meine Abkunft«, erwiderte Athelstane (auf eine Frage du Bracys), »entspringt einem reineren und älteren Quell als die eines bettelhaften Franzosen, der davon lebt, daß er das Blut der Diebe verkauft, die er unter seiner armseligen Fahne sammelt. Meine Ahnherren waren Könige, tapfer im Krieg und weise im Rat [...]«[41] Dialoge und Szenen dieser Art, gefolgt von persönlichen Betrachtungen Walters Scotts, popularisierten die neue Geschichtsphilosophie in ganz Europa; in Frankreich lobte Augustin Thierry Sir Walter als »den ersten Schriftsteller, der es unternahm, die Geschichte unter einem sowohl realen als auch poetischen Blickwinkel darzustellen [...] die durch moderne Phraseologie entstellten Ereignisse wirklichkeitsgetreu zu schildern«.[42]

In England gipfelte diese Strömung in den vierziger Jahren des vorigen Jahrhunderts in einer Welle von »Teutomanie«, charakterisiert durch den »Keltenhasser Dr. Arnold«, den Meister von Rugby, Carlyle, der Cromwells *Teutsch fathers* pries, Bulwer-Lytton und viele andere Denker und Romanciers.[43] Ganz wie auf dem Kontinent waren die Historiker die extremsten und aktivsten Propagandisten dieser Ansichten. Edward Freeman, der immerhin die Franko-Normannen als »heimliche Väter« der Engländer bezeichnete, verglich die Invasion Englands durch Wilhelm mit jener Deutschlands durch Napoleon und ging sogar so weit, dem alten Chronisten Layamon, der Geoffroy de Monmouths *Historia Brittonum* ins Englische übersetzt hatte, postum den Prozeß zu machen: »Indem Layamon diesen *Brut* ins Englische übersetzte, verriet er die Sprache und die Geschichte seiner Rasse.«[44] Sein Nacheiferer Charles Kingsley legte einem erfundenen Ahnen folgende an einen Slaven gerichtete Rede in den Mund:

> Der Held mit dem Goldhaar sagt zu seinem dunkelhaarigen Vasallen: »Ich bin ein Gentleman, ich besitze einen Stammbaum, eine Ahnenreihe, ein Pedigree, ich weiß, von wem ich abstamme. Ich bin ein Gaeding, ein Amalung, ein Skylding, ein Osing und was nicht noch alles! Das Blut der Asen rollt in meinen Adern. Siehst du das nicht? Bin ich denn nicht weiser, stärker, tugendhafter, schöner als du? Du mußt mir gehorchen, mir ergeben sein; und mir bis in den Tod folgen. Wenn du dich also als ein würdiger Vasall erweist, gebe ich dir Pferde, Waffen, Armreifen und Land; und vielleicht lasse ich dich meine Tochter oder meine Nichte heiraten. Sonst bleibst du ein Sohn der Erde und scharrst im Staub, aus dem du gemacht bist.« [...] Das ist meine Geschichte, Gentlemen; und diese Geschichte ist wahr.[45]

Die Abstammung der englischen Gentlemen von den Asen hielt sich jedoch nicht lange. Ende des neunzehnten Jahrhunderts kam sie aus der Mode, zur gleichen Zeit, als ein Gegenangriff der vorgeblichen oder tatsächlichen Normannen-Abkömmlinge einerseits, der schottischen und walisischen Kelten anderseits einsetzte. Das neue Klima wird in einer Bemerkung des Anthropologen John Beddoe aus dem Jahr 1885 gut wiedergegeben: »Vor kurzer Zeit noch galten die Schotten nach Ansicht gebildeter Leute als fast rein teutonischer Herkunft. Jetzt herrscht die gegenteilige Tendenz vor, und zwar dermaßen, daß ich gezwungen war, mich der Meinung eines Apologeten der ›sächsischen‹ Auffassung anzuschließen.«[46] Die Engländer kehrten also zu der traditionellen Ansicht zurück, wonach ihre Nation aus einer Kreuzung mehrerer Rassen entstanden sei. »Man sagt oft«, schrieb ein anderer Anthropologe, Sir Arthur Keith, zu Beginn des zwanzigsten Jahrhunderts, »daß wir Briten eine gemischte und gekreuzte Ansammlung von Typen und Rassen sind.«[47] Das aber hatte bereits Geoffroy de Monmouth im zwölften Jahrhundert gesagt: »Unser Land wird von fünf Menschenrassen bewohnt: den Normannen-Franzosen, den Briten, den Sachsen, den Pikten und den Schotten. Bevor die anderen kamen, hatten die Briten das ganze Land inne, von einem Meer zum anderen.«[48] Eine solche Vielfalt von Erinnerungen und Mythen vertrug sich schlecht mit der Teutomanie, die überdies nach der Einigung Deutschlands 1871 politisch kompromittiert war. Ein neues, mächtiges Reich trat von nun an als wichtigster Erbe und Hüter des germanischen Erbguts auf; und damit liefen die Engländer Gefahr, als die armen Verwandten zu erscheinen.

Schließlich fühlten sie sich auf ihre Weise ebenso vielrassig wie die Franzosen, wenn nicht noch mehr. Aber spielte in dieser komplexen Materie, die zugleich die Materie des quasi unfaßbaren »Nationalcharakters« ist, die althergebrachte alttestamentarische Affiliation nicht weiterhin ihre Rolle, indem sie die Auswüchse mäßigte und eine gewisse ironische Distanz aufrecht erhielt? So konnte der junge Disraeli inmitten der Teutomanie seine semitische Rasse rühmen und die Ahnen der Engländer als »plattnäsige Franken« und »Ostseepiraten« bezeichnen, ohne daß diese Unbotmäßigkeiten ihn daran hinderten, Premierminister und Lord Beaconsfield zu werden.[49] So konnte auch Kipling, der Sänger der »Bürde des weißen Mannes«, seine Mitbürger ermahnen, im Herzen demütig und reuig zu bleiben, die Bestrafung von Ninive und Tyrus nicht zu vergessen und sich gegen die Versuchung der heidnischen Tollheit zu wappnen. Er rief, um die Engländer zu warnen, Jehova an, den alten Herrn der Heerscharen:

[...] If, drunk with sight of power, we loose
Wild tongues that have not Thee in awe,
Such boastings as the Gentiles use,
Or lesser breeds without the Law –
Lord God of Hosts, be with us yet,
Lest we forget – lest we forget!

For heathen heart that puts her trust
In reeking tube and iron shard,
All valiant dust that builds on dust,

And guarding, calls not Thee to guard,
For frantic boast and foolish word –
Thy mercy on Thy People, Lord![50]

Nicht weniger britisch blieben die genealogischen Prätentionen der Familien, die sich eines Stammbaums rühmten, der bis zu Wilhelm dem Eroberer oder noch weiter zurückreichte. Neunhundert Jahre nach Hastings ist es in England immer noch »von Vorteil, Harcourt, Talbot oder Courtney zu heißen«.[51] Noch nach dem Zweiten Weltkrieg behaupteten manche Engländer, von Familien abzustammen, »die mit dem Eroberer übers Meer gekommen waren«.[52] Kein Snob in Spanien oder Frankreich rühmte sich noch 1946 einer Familie, die angeblich mit den Franken oder den Westgoten eingewandert war. »Übers Meer gekommen«: England bleibt eine Insel.

Viertes Kapitel

Italien

Die Nachkommen des Aeneas

Auch Italien sah im Lauf einer Geschichte, die länger war als die Geschichte anderer Länder, Volksstämme und Kulturen vorüberziehen: Griechen und Gallier, Goten und Langobarden, Byzantiner und Normannen, Franzosen, Deutsche und Spanier. Aber es hat sie niemals in seine Geschichte integriert; anders ausgedrückt: diese Erinnerungen haben an der Herausbildung einer *Italianità* mitgewirkt, deren Synonym gleichsam *Latinität* ist. Eine Interpretation hat vor allem nicht stattgefunden, weil die italienische Geschichte stets vom Vermächtnis der römischen Antike beherrscht war – der grandiose Mythos der Ewigen Stadt, der Herrin der Welt, stellte alle anderen genealogischen Verbindungen in den Schatten. Außerdem wurde dieser imperiale Mythos den Italienern fortwährend von ihren Nachbarn und Schülern streitig gemacht; er wurde zwar schließlich dem gesamteuropäischen Erbe einverleibt, jedoch als spezifisches Eigentum der Italiener. Für die französischen oder deutschen Gelehrten blieb die antike Kultur, die Bewahrerin von Kunst und Weisheit, eine fremde Kultur, ja die erloschene Kultur der »toten Sprachen«; in Italien jedoch war sie den Steinen eingemeißelt, der Landschaft eingeprägt; sie gehörte den Italienern kraft des Erstgeburtsrechts, und sie war lebendig unter ihnen wie am ersten Tag. Dieser Umstand beeinflußte in verschiedenen Formen, von Jahrhundert zu Jahrhundert wechselnd, die Vorstellung, die nicht nur die Italiener, sondern auch die anderen Völker sich von sich selber machten. So etwa entstand der germanische Ursprungsmythos zunächst auf der Grundlage der lateinischen Quellen: Um ihren Ansprüchen auf die Weltherrschaft Nachdruck zu verleihen, begannen die Deutschen, wie wir sehen werden, Argumente aus dem Tacitus und aus den Schriften der lateinischen Kirchenväter zu entlehnen. Die Russen hielten es, auf ihre Weise, ebenso: Als die moskowitischen Großfürsten ihr Reich zu bauen begannen, schmiedete Iwan der Schreckliche den politischen Mythos vom Dritten Rom und ließ sich Zar, also Caesar, nennen. In den Augen der neubekehrten Heiden erschien Rom so alt wie die Menschheit und dazu ausersehen, sie bis zum Jüngsten Gericht zu lenken: *Quando cadet Roma, cadet mundus* (Beda). Die trojanische Abstammung, welche die germanischen und fränkischen Könige für sich beanspruchten, ging auf Aeneas, den Sohn der Venus, den großen römischen Ahnherrn, zurück. Anderswo wurden obskure Schutzgottheiten an heiligen Orten verehrt; nur Italien durfte sich eines für alle maßgeblichen Propheten rühmen, nämlich Vergils, der, wohl mit derselben Berechtigung wie David und Jesaja, als Verkünder Christi galt.[1] Wie tief die Italiener in politischer Hinsicht auch gesunken waren – im Gegensatz zur Allmacht des kaiserlichen Roms –, in ihrer Eigenschaft als legitime Erben der Römer konnten sie auf die anderen Europäer hinabsehen.

Ist es verwunderlich, daß in Italien, trotz der Analogie der historischen Entwicklung, nie ein »lombardischer« Mythos entstand, ähnlich dem »fränkischen Mythos« oder dem »gotischen Mythos«? Die Deutschen der Moderne scheuten keine Mühe, die dynastische Rolle der Langobarden hervorzuheben oder die Meisterwerke der italienischen Kultur auf das germanische Blut zurückzuführen; wenngleich die Lombardei die Spuren einer Eroberung trägt, so ist »Lombard« doch nur ein Fachausdruck der Banksprache, dem Sinn nach dem »Jüdischen« viel näher als dem »Fränkischen« oder »Gotischen«. Und so hatte das neuzeitliche Italien nichts aufzuweisen, was dem germanischen Blutkult und den imaginären Rassenkämpfen glich, welche die Geschichte der anderen westlichen Ländern so tief geprägt haben. Außerdem trat der römische Mythos in seinem antiken Glanz dem biblischen Mythos als gleichrangig entgegen, da die Sagen der Ewigen Stadt ebenso alt und unvergänglich waren wie jene des »Ewigen Volkes«. Das könnte vielleicht auch einer der Gründe sein, weshalb das Land, das der Stellvertreter Christi sich zum Wohnsitz erkoren hatte, während seiner gesamten Geschichte das »heidnischste Land Europas« blieb. Dieser letzte Punkt verdient eine eingehendere Untersuchung.

Im Jahre 258, lange vor Konstantin und der offiziellen Christianisierung des Reichs, feierte Rom einen ersten Sieg über Jerusalem, als der Gedenktag Sankt Peters auf den 29. Juni festgelegt wurde, den Tag, der traditionell dem Kult des Romulus-Quirinus, des sagenhaften Gründers von Rom[2], geweiht war. Die Kirche der Metropole machte sich so zur römischen Kirche, noch bevor sie die katholische wurde. Wenn dieser Tribut an die Caesaren ihr die Vorherrschaft im Reich sicherte, dann also mit Hilfe einer Vergöttlichung Petri, der somit Quirinus, den Gott der Kurien, ersetzte. Man könnte auch von einem Synkretismus, ja von einer Christianisierung des Enkels der Venus sprechen, der nunmehr als »Apostelfürst« geheiligt war. Die römische Glorie Petri wuchs von Jahrhundert zu Jahrhundert. Papst Damasus machte St. Peter und St. Paul zu Römern. Für Leo den Großen waren sie die eigentlichen Gründer der Ewigen Stadt; daher wurden ihre Reliquien bald zu Objekten der Anbetung, zu stofflichen, greifbaren Symbolen, wobei sich die Anbetung im übrigen auf die Gebeine Petri beschränkte[3] (die Suche nach seiner irdischen Hülle wurde im zwanzigsten Jahrhundert – 1915, dann abermals 1939 – wieder aufgenommen). Die Exklusivität dieses Kults ist verständlich: sie galt dem Bewahrer der »Schlüssel des Himmelreichs«, dem Hüter des Jenseits, dessen Gnade die Sterblichen sich hienieden mit Schenkungen und Opfergaben zu erwerben suchten. Mit Hilfe dieses ersten Kapitals konstituierte sich das »Patrimonium Petri«, wurde das Papsttum nach und nach zum internationalen Finanzzentrum des Mittelalters. In jenen schweren, finsteren Zeiten verehrte die Kirche den Apostelfürsten sogar als »Gott auf Erden« (Gregor II.) oder auch als »Caesar« oder »Konsul« (Erzbischof von Salerno): als erster, legendärer Papst erschien Petrus als Dynastiegründer, dem Gott Wotan als Stammvater der germanischen Königsgeschlechter vergleichbar. In dieser Eigenschaft flößte er wohl auch den neubekehrten Barbaren Achtung ein, die einander in den Fußstapfen der Goten den italienischen Boden streitig machten.

Diese Rolle eines Schutzherrn und Quasi-Stammvaters wurde mit besonderer Deutlichkeit im achten Jahrhundert sichtbar, als sich das Papsttum, von dem geschwächten Byzanz im Stich gelassen, allein der Herrschsucht der Langobardenkönige ausgesetzt sah. Die Herrschaft der Goten war kurzlebig gewesen, und ihr Verschwinden zeugte auf seine Art vom Assimilierungsvermögen Italiens, das sich vor allem in der Anziehungskraft der römischen Stadtkultur äußerte. Die Langobarden, die 570 in Italien eindrangen, erschienen auf andere Weise fürchtenswert. Sie hatten ihre germanischen Sitten und Überlieferungen unversehrt erhalten; sie gedachten ihrer sagenhaften Mutter, Gambara, ihrer Götter Wotan und Freya und der langen Ahnenreihe ihrer Könige; ihr Stammesname »Langbärte« erinnerte an ein weit zurückliegendes, vorindogermanisches Matriarchat.[4] Sie hielten sich zunächst abseits von den Römern und befolgten weiterhin ihre alten Sitten und Gebräuche;

dagegen geben uns die päpstlichen Hirtenbriefe eine Vorstellung von den in Rom verbreiteten antigermanischen Vorurteilen: Die Langobarden seien Meineidige, Aussätzige, verbreiteten einen bestialischen Gestank, kurz, sie seien ein »Unvolk«.[5] Ihre Stammesfürsten aber hatten den italischen Boden unter sich aufgeteilt, und die Könige, die sich in Pavia niedergelassen hatten, beherrschten den größten Teil des Landes; daher setzte die soziale Entwicklung, welche die Geschichte der anderen westlichen Länder kennzeichnete, auch in Italien ein. Insbesondere Personennamen waren nahe daran, rein germanisch zu werden, ganz wie im merowingischen Gallien, und das Vokabular begann sich ebenfalls anzupassen (heute enthält die italienische Sprache noch etwa 300 Wörter langobardischen Ursprungs); in den Nachbarländern wurde die Halbinsel *regnum Langobardum,* das Langobardenreich, genannt.[6]

Die Halbinsel wurde jedoch kein germanisches Königreich, denn es gelang den Langobarden nicht, sich der Ewigen Stadt zu bemächtigen, obwohl sie sie von allen Seiten umzingelten. Mehrmals gelangten sie bis an ihre Tore, durchschritten diese aber nie. Als 739 ihr Druck besonders bedrohlich wurde, bat Papst Gregor III. erstmals Karl Martell, den König der Franken, um Hilfe, wobei er an den Schutz erinnerte, der dem »besonderen Volk der Kirche« zukomme.[7] Er ließ Karl Geschenke, Reliquien, die Ketten Petri und die Schlüssel zu dessen Grab überreichen. So begann die merkwürdige Beziehung zwischen der fränkischen Dynastie und den Nachfolgern des Apostelfürsten, eine Beziehung, die mehr als ein Jahrtausend lang das Schicksal Europas beeinflussen sollte. 754 knüpfte Papst Stephan II. persönliche Bande zu Pippin dem Kurzen, den er in Saint-Denis zum König weihte. Bei diesem Besuch dürfte die Idee der »Konstantinischen Schenkung« entstanden sein, durch die der erste christliche Kaiser zugunsten der Päpste auf »alle Provinzen, Orte und Städte der westlichen Regionen, anders gesagt, auf Italien« verzichtet haben soll. Dank dieser Fälschung sah sich der Kirchenstaat im Besitz eines formalen Geburtsscheins und konnte sich als Erbe des Weströmischen Reichs ausgeben.

Papst Stephan stellte noch andere Kontakte zu den Franken her: Sankt Peter richtete von seinem Grab aus einen Hilferuf an sie, der drohend ausklang: »Ego apostolus Dei Petrus, qui vos adoptivos habeo filios [...] Currite, currite [...] Coniuro vos, coniuro [...] sic non vos dispergat et proitat Dominus, sicut Israheliticus populus dispersus est«[8] (Ich, Petrus, Gottes Apostel, der ich euch zu Adoptivsöhnen habe [...] Eilt, eilt [...] Ich beschwöre euch, ich beschwöre [...] so daß der Herr euch nicht zerstreue und verschmähe, wie das israelitische Volk zerstreut wurde). Stephan führte den Kult einer imaginären Tochter des Apostels, der heiligen Petronilla, ein und stellte über diesen Umweg eine Verwandtschaft zwischen sich und seinem »Gevatter« Pippin her. Unter dem Pontifikat von Hadrian I., Stephans Nachfolger, kam Karl der Große nach seinem endgültigen Sieg über die Langobarden nach Rom und verpflichtete sich zu Ostern 774 schriftlich, die *Konstantinische Schenkung* zu respektieren: seine Unterschrift wurde »dem Leib St. Peters und den Evangelien, die man küßte, auferlegt«.[9] So kam es schließlich zu der berühmten Zeremonie von Weihnachten 800, als Leo III. Karl den Großen zum Kaiser krönte (spontan, wie es scheint, und gegen Karls Willen) und ihm das ganze Römische Reich, das »von den Griechen auf die Germanen übergegangen sei«, zum Geschenk machte; mit diesem freiwilligen Schenkungsakt inaugurierte er die Theorie von der päpstlichen Suprematie. So gelang es einigen Päpsten, deren Namen längst vergessen sind, trotz ihrer Schwäche und Schwierigkeiten und obwohl sie oft kein sehr rühmliches Leben[10] führten, in der Ewigen Stadt die stabilste, ja zeitweilig sogar die stärkste Macht des christlichen Abendlandes zu errichten. Daran können wir die Zauberkraft Roms ermessen, die nun auch die Kraft eines von allen anerkannten Heiligtums war.

Diese Abschweifung, die notwendig war, um verständlich zu machen, wie das Problem einer sich als römisch verstehenden Theokratie in den Mittelpunkt der europäischen Geschichte geriet, erfordert noch einige zusätzliche Bemerkungen. Dante, der mehr als irgendein anderer zur Bildung des italienischen Ursprungsmythos beigetragen hat, warf dem Kaiser Konstantin vor, sich in Konstantinopel niedergelassen und so die nahtlose Tunika des Römischen Reiches zerrissen zu haben, Grieche geworden zu sein, um dem Apostel (Petrus) Platz zu machen, in guter Absicht, die schlechte Früchte trug[11] – wobei mit der schlechten Frucht der Kirchenstaat gemeint war. Ein anderer großer Patriot, Machiavelli, haderte ebenfalls mit dem Papsttum, dessen »antinationale« Macht sich der Bildung einer nationalen italienischen Monarchie widersetzte. Der Kirchenstaat, der die Halbinsel zweiteilte und über die heiligen sieben Hügel herrschte, verhinderte tatsächlich die Einigung, sowohl in geographischer als auch in emotionaler Hinsicht; außerdem zogen die Päpste solcherart einen Teil der mystischen Kräfte an sich, die anderswo zugunsten der Könige und der Staaten frei wurden, während ein anderer Teil dieser Kräfte im entgegengesetzten Sinn wirkte und dem Kampf gegen die weltliche Macht des Papsttums diente. Der Konflikt verband sich im Mittelalter mit den Kämpfen zwischen Feudaladel und Bürgertum, wobei der Adel das kaiserliche Lager, die Ghibellinen, das Bürgertum die Papsttreuen, die Guelfen, für sich zu gewinnen trachtete. Diese Parteiungen erlebten im neunzehnten Jahrhundert in den Polemiken zwischen »neoghibellinischen« und »neoguelfischen« Ideologen eine Auferstehung. Die einen wie die anderen strebten gleichermaßen die Einigung Italiens an und leiteten ihre Herkunft von den Römern ab; dabei zeigte sich aber die Tendenz, entweder direkt an das alte, heidnische Rom anzuknüpfen oder den Umweg über das päpstliche, christliche Rom zu nehmen – das, wie wir eben gesehen haben, selbst den Anspruch erhob, Universalerbe des alten Roms zu sein. Diese beiden Tendenzen, die zur Zeit des *Risorgimento* aufeinanderprallten, führten nie die »rassischen« Argumente ins Feld, die damals jenseits der Alpen im Schwange waren. In Italien gab es keinerlei »Streit der zwei Rassen«, wohl aber wenn man so sagen kann, zwei Arten von Verehrung der »Romanität«, dieser typisch italienischen Form des Ahnenkults, nämlich eine katholische und eine weltliche. Diese Tradition scheint nach der Einigung des Landes nicht verschwunden zu sein, da die Italiener, je nachdem, ob sie der »Rechten« oder der »Linken« angehören, dazu neigen, für oder gegen das Papsttum (das ebenfalls ein italienisches bleibt) Partei zu ergreifen. In diesem Zusammenhang sprach die *Enciclopedia Italiana* der faschistischen Ära in ihrem Artikel *Italien* von »innerer Unruhe, Mißhelligkeit zwischen ziviler und religiöser Macht, die zu einem spezifisch italienischen Phänomen wurde und die Lösung aller Probleme des nationalen Lebens in Italien schwieriger und qualvoller machte«.[12] Und wo die deutschen Enzyklopädien jener Zeit den »Rassengedanken« abhandelten, erging sich die faschistische Enzyklopädie in einer historischen Studie über die *Idea di Roma* im Lauf der Jahrhunderte. Damit sind wir beim Kern unseres Themas angelangt.

Da kein einheimisches Königsgeschlecht vorhanden war, wurde die klassische Ahnenreihe der Römer, die des Aeneas, erst im zwölften Jahrhundert, als die italienischen Städte aufblühten, bis zum Stammvater Adam hin verlängert. Wie üblich, spielte dabei ein politisches Vorhaben mit: es ging darum, die Vormachtstellungen, die in Italien nicht dynastischer, sondern kommunaler oder munizipaler Art waren, zu rechtfertigen oder hervorzuheben und in diesem Rahmen Anciennitätsansprüche zu stellen, die gleichbedeutend mit Adelstiteln waren. Ein Beispiel dafür bot das Volk von Rom im Jahr 1140, als es sich, angestiftet von dem Reformator Arnold von Brescia, gegen den Papst und dessen Vasallen erhob. Der Papst wurde aus der Stadt vertrieben, der Senat wiederhergestellt und das ruhmreiche Zeichen »S.P.Q.R.« auf den Ruinen des Kapitols wieder aufgepflanzt. Das *populus Romanus* nahm erneut seine alten Rechte in Anspruch, welche sich die Mächtigen dieser Welt – wie es meinte – unrechtmäßig angeeignet hatten: »Rom ist souverän, es hat das Reich geschaffen, es ist die Mutter der Königreiche, die Hauptstadt der Welt, das Vorbild der Tugend, der Spiegel aller Städte [...]«[13] Eine zeitgenössische Beschreibung der »goldenen Stadt Rom«, die *Graphia aureae urbis Romae,* zählt dann die Generationen auf, die zwischen Aeneas und Noah liegen.[14] Sie tut dies jedoch anders, als es jenseits der Alpen üblich war, denn sie verbindet die Ewige Stadt direkt mit dem Patriarchen, ohne den Umweg über dessen Nachkommenschaft, ja sie läßt sogar die Überlebenden der Sintflut nach Rom kommen: unmittelbar nach der Sintflut – oder vielleicht noch vorher – seien Noah und seine drei Söhne mit einem Floß nach Italien gekommen, wo sie an der Stelle, an der jetzt Rom steht, eine Stadt gegründet hätten. Es folgen die üblichen Identifikationen und Verwandtschaftsverhältnisse: Japhet habe einen Sohn gezeugt, Janus, und der römische Gott wurde so zum Enkel Noahs; in einer volkstümlichen Variante waren Noah und Janus ein und dieselbe Person. Unter den in Europa gängigen genealogischen Spekulationen steht die der Römer einzig da: nur die Ewige Stadt konnte es sich erlauben, sich solcherart fast auf eine Stufe mit der Genesis zu stellen und ihre Gründung dem Erneuerer des Menschengeschlechts zuzuschreiben, *Noe, che si può dire un altro Adamo,* wie eine Version in der Volkssprache präzisierte.[15]

Im einzelnen verhalf der Stammbaum der *Graphia aureae urbis* auch manchen anderen mythologischen Gestalten, klassischen ebenso wie biblischen, zu neuer Blüte: Herkules, Saturnius, Nimrod und Ham. Andere italienische Städte fügten weitere Personen hinzu, darunter den Trojaner Antenor, den Ratgeber des Priamus, und den Riesen Atlas, den Sohn des Titanen Japet (der mit Japhet gleichgesetzt wurde); der eine wurde zum Gründer Venedigs, der andere zum Gründer von Florenz ernannt, während die biblischen Patriarchen sich geringerer Beliebtheit erfreuten: die Ahnenreihen gingen nicht über die heidnischen Stammväter hinaus. So legten sich die italienischen Städte im Lauf ihres Aufstiegs immer glorreichere und üppigere Stammbäume zu, wobei sie einander zu übertreffen suchten; alle aber griffen, über Rom, auf das mythologische Pantheon der Alten zurück. Zum Beispiel Florenz: Villani, sein großer Chronist, erwähnt wohl en passant die Ankunft Noahs in Italien, viel größere Bedeutung aber mißt er dem Eintreffen des Atlas zu, des Gründers von Fiesole, der alten Rivalin der Stadt Florenz. Dann geht er zur historischen Zeit über und schreibt die Gründung seiner Heimatstadt Julius Caesar zu. Wenn dieser florentinische Patriot auch vorgibt, sich für die Geschichte Roms nur im Zusammenhang mit der Gründung seiner Heimatstadt zu interessieren, wird sein Kirchturmpatriotismus doch zu einem italienischen Patriotismus, sobald er von den Völkern jenseits der Alpen, den »Barbaren«, spricht. Villanis Chronik ist sicherlich repräsentativ für den Gemütszustand der Florentiner: Als sie sich 1391 an die Römer wandten, rühmten sie sich, einst selbst Römer gewesen zu sein, und Dante bezeichnete seine Geburtsstadt als *»bellissima e famosissima figlia di Roma«*.[16]

Das römische Altertum faszinierte nicht nur die Gebildeten. Auch die italienische Folklore wurde im Mittelalter mit mythologischen Gestalten ausgestattet, deren Überbleibsel, die zur Landschaft gehörten, das Andenken verewigten.[17] Diese nationale Tradition blieb bis heute lebendig, was beispielsweise durch die Popularität von Filmen mit antiken Themen bezeugt wird, die von Italienern für Italiener gedreht werden.

Diese Altertumsbesessenheit läßt sich auch auf anderen Gebieten feststellen: man braucht nur an die Rolle zu erinnern, die Rom im Denken der italienischen Theologen spielt. Für Thomas von Aquin war Rom seit seiner Gründung dazu bestimmt, der Sitz der Christenheit zu werden; für Ptolemäus von Lucca und andere italienische Kanonisten rechtfertigte diese Vorbestimmung die päpstliche Allmacht, da Gott bald nach der Gründung des Weltreichs durch Augustus Mensch geworden sei und seinen irdischen Stellvertretern *omnes potestates in caelo et terra*[18] hinterlassen habe. Aus der Sicht dieser Theologen trat Rom zum Zeitpunkt von Christi Geburt die Nachfolge Jerusalems an. Die Ewige Stadt aber blieb das Wesentliche, die päpstliche Theokratie war nur Beiwerk, und Vorstellungen dieser Art konnten ebensogut zur Unterstützung der Sache der Kaiser dienen oder sogar ketzerische Bewegungen stützen: ein einfaches Auswechseln des Zeichens genügte, um den Haß gegen die Päpste durch deren Vergötzung zu ersetzen. Diesen umgekehrten Kult sollte die *Göttliche Komödie* propagieren.

Im zweiten Gesang des *Inferno* spricht Vergil, Dantes Führer, von der großartigen Mission des Aeneas, den Gott erwählt hatte:

»Er unwert nicht dem Manne von Bedacht;
Ward er doch ausersehn im höchsten Äther
Zum Ahnherrn Roms und seiner Kaisermacht;
Was ja, gibt man der Wahrheit Ehre, später
Zur heiligen Stätte auserkoren war,
In der der Erbe thront des größten Peter.«[19]

Das Papsttum jedoch habe diesen heiligen Ort »[...] zur Kloake voll Blut und Stank«[20] gemacht – eine Folge des tragischen Irrtums des Kaisers Konstantin, der zur Quelle aller Übel der Christenheit wird.[21] Der römische, also heidnische Adler bleibt für Dante das lebendige Symbol der göttlichen Gerechtigkeit: »Da fromm und recht mein Leben«, sagt der Adler, »So bin ich hier zu jenem Ruhm erhoben, Der höher ist als jedes Menschenleben.«[22] An anderer Stelle wird Christus für den Dichter zum Garanten der Gerechtigkeit der Römer, die das wahre heilige und auserwählte Volk sind; Cassius und Brutus, die Mörder Caesars, werden in den neunten Kreis der Hölle verwiesen, an des Judas Seite.[23] Dieser Rom-Kult scheint sein wahres Gesicht zu zeigen, als Dante, über das Unglück Italiens seufzend, den »erhabenen Zeus« anfleht, »Gekreuzigt du, daß wir das Heil erkennen«.[24] Kaum weniger heidnisch gibt sich Beatrice, die den Dichter, bevor sie ihn ins Paradies führt, folgendermaßen aufklärt: »[...] Doch endlos wirst du mit mir Bürger bleiben Von jenem Rom, wo Christus Römer ist.«[25]

Christus, römischer Bürger für alle Ewigkeit: wir verstehen, daß Dante, »der italienischste aller Italiener«, sich nicht für die Genealogien der Patriarchen interessierte, da in seinen Augen die Genealogien der *Aeneis* die einzig lebendigen und wirklichen waren.[26] Diese Bevorzugung des heidnischen Mythos gegenüber dem biblischen zeigt sich auch in der relativen Gleichgültigkeit gegenüber den Juden: auch hier scheint Dante für die Nachwelt Zeugnis abzulegen; in der *Göttlichen Komödie* ist kaum die Rede vom damaligen Verfall der Juden und überhaupt nicht von ihrer früheren Auserwählung, die völlig auf die Römer übertragen wird.

Die römische Glorie jedoch, die Weltherrschaft, deren Wiederherstellung der Dichter für die nächste Zukunft erwartet, stehen im Gegensatz zum Los der »Magd Italien, großen Leids Kastell! Schiff ohne Steuermann [...]«[27], des Bodens der Ahnen, um den päpstliche Usurpatoren und ausländische Tyrannen streiten.

Ähnliche Töne vernehmen wir bei den großen italienischen Humanisten, die sich mit den Römern verbunden fühlten und sich nach einem neuen Leben sehnten – wie auch der Begriff *Renaissance,* dessen Schöpfer sie waren, anschaulich zeigt. Wir erkennen sofort, daß die Italiener sich in dieser Hinsicht in einer privilegierten und außergewöhnlichen Stellung befanden: sie hatten nicht nur als erste jene Genealogie hergestellt, sondern diese bezog sich auch auf Ahnen, die auf italienischem Boden geboren waren. Wenngleich der Humanismus überall die Entstehung nationalistischer Gefühle entscheidend beeinflußte, so tat er dies nach dem Beispiel der Italiener, die als einzige behaupten konnten, Roms direkte Erben zu sein, ohne Umwege über Seitenlinien und auch ohne jede Widersprüchlichkeit. Und der Wert, der diesem Erbe international beigemessen wurde, die Ausstrahlung einer antiken Mythologie, die nun durch die Kunst popularisiert wurde, des römischen Rechts, von dem sämtliche Gesetzgeber Europas sich inspirieren ließen, des Latein, das als einziges einer Kirchensprache für würdig gehalten wurde, all diese Ruhmesblätter der Latinität mußten diese noch kostbarer machen in den Augen ihrer legitimen Erben, die noch dazu von den Barbaren, die Italien in das Schlachtfeld Europas verwandelt hatten, beraubt worden waren. Alle italienischen Humanisten träumten von der Größe Roms und huldigten den Ahnen. Das Pendant zu Petrarcas *De viris illustribus,* einem Pantheon großer Männer, zu dem griechische oder biblische Persönlichkeiten keinen Zutritt hatten, ist Boccaccios *De genealogia deorum,* eine Theogonie, in welcher der »Erdgott« Demogorgon als ein heidnischer Adam auftritt.

Verweilen wir einen Augenblick bei Petrarca, dem »ersten modernen Menschen«; alle seine Schriften scheinen den alten Traum widerzuspiegeln. Obwohl dieser Erneuerer des Studiums der Antike den Ruhm Roms auf lateinisch und die Liebe zu Italien in der Volkssprache besungen hat, waren diese beiden Gefühle in seiner Seele ein und dasselbe. Auch er war der Ansicht, Rom sei von Jupiter auserwählt worden, die heilige Stadt der Christen zu werden, und er ließ den obersten Gott der Römer verkünden: »Ich werde mich in Fleisch hüllen, die Last der Menschlichkeit auf mich nehmen und einen schimpflichen Tod erleiden [...]« Aber bei ihm wird Jupiter von einer Art wohllüstiger Eile getrieben: *»Placida sic Virgine captus, Iam rapior, sacri sic mulcent ubera lactis.«*[28] Petrarcas römischer Christus fürchtet nicht seine inzestuösen Wünsche, denen die wohlgestalten Madonnen der italienischen Renaissance bald zulächeln sollten. Anderswo beklagt der Dichter, ganz wie Dante, das Unglück der Mutter Heimat, *Italia mia,* »besudelt von Barbarenblut«. »Edler italienischer Stamm, befreie dich von der Unterdrückung und dem Aberglauben von der germanischen Unbesiegbarkeit!«

Virtù contre a furore
Prenderà l'arme; e fina el combatter certo:
Chè l'antico valore
Nell'italici cor non è ancor morte.

Hundertfünfzig Jahre später wiederholte Machiavelli am Schluß seines *Principe* diesen Vers von der *Italia mia,* und im achtzehnten Jahrhundert nochmals Alfieri; beide klingen noch vertraut in den Ohren der Italiener.

Petrarcas Name ist auch verbunden mit der abenteuerlichen Geschichte Rienzis, der, vom Dichter ermutigt, das Römische Reich wiederherzustellen versuchte.

Die Päpste residierten damals in Avignon; einige Patrizierfamilien regierten die Ewige Stadt. 1347 brachte das Volk Cola di Rienzi an die Macht, einen jungen Visionär, der erfüllt war von der Lektüre antiker Texte und den Prophezeiungen des Joachim de Fiore: der Traum vom Reich vermengte sich mit der Erwartung des Heiligen Geistes und der Eschatologie des irdischen Paradieses, des »dritten Reiches«. Sobald Rienzi der Herr Roms war, berief er die Abgesandten der italienischen Städte zu sich, um die Einigung des Vaterlandes zu erörtern; um den Anbruch eines neuen Zeitalters hervorzuheben, datierte er seine Urkunden vom *ersten Jahr der befreiten Römischen Republik;* damit gab er das erste Beispiel für einen symbolischen Bruch in der Zeit (aber seine Ära, die nur ein Jahr lang dauerte, war unblutig). Er nannte sich *Liberator Urbis, zelator Italiae, Spiritus Sancti miles* und oktroyierte allen Italienern das römische Bürgerrecht auf. Sein Unternehmen schlug fehl, die römischen Barone waren stärker als er; solange er jedoch an der Macht war, konnte er sich über das Fehlen von Ehrenbezeigungen ausländischer Könige und italienischer Städte nicht beklagen, und der päpstliche Hof in Avignon hielt, wenn man Petrarca glauben kann, seinen Erfolg für gesichert.[29]

Nach dem großen Schisma bekehrten sich die Päpste, nach Rom zurückgekehrt, selbst zu der neuen humanistischen Religion. Aeneas Piccolomini, der kultivierteste der »Renaissancepäpste«, wählte den Namen Pius II. nicht im Angedenken an Pius I., von dem man nichts weiß, sondern zu Ehren von Vergils *pius Aeneas,* denn der Familientradition zufolge stammten die Piccolomini direkt von Romulus ab. Zudem empfand Pius II. nur Verachtung für die Stammlinien, die bis auf Noah zurückgehen. Arno Borst sagt von ihm, er habe die mittelalterliche Konzeption der Genealogien zerstört, indem er die antiken Mythen verbreitete; tatsächlich verspottete er die Altweibergeschichten, die *anilia deliramenta* der Unwissenden, die glaubten, ihre Stammbäume bis zur Sintflut zurückverfolgen zu können. Warum denn nicht gleich bis zu Evas Schoß zurückgehen?, fügte er hinzu.[30] Vielleicht haben die erotischen Romane und Dichtungen dieses Schöngeists – denn ein solcher war Aeneas Piccolomini – ebensoviel zum Haß und zur Verachtung der italienischen Öffentlichkeit für das Papsttum beigetragen wie die Ausschweifungen Alexander Borgias oder die Vergnügungssucht Leos X.[31] Machiavelli warf dem Hof in Rom vor, in Italien alle Frömmigkeit und Religiosität vernichtet zu haben, und Guichardin sagte noch Schlimmeres: Päpsten so unsicheren Glauben gegenüber wurden diese Patrioten wieder zu guten Christen.[32]

Indessen wurde unter dem Pontifikat Alexander Borgias ein Versuch unternommen, der Abstammung von Noah zu neuen Ehren zu verhelfen, indem man diese Genealogie mit der klassischen Mythologie in Einklang brachte. Um 1498 behauptete der Dominikaner Giovanni di Viterbo, eine Chronik des babylonischen Historikers Berossos aufgefunden zu haben, die genaue Angaben über die politischen Konsequenzen der Sintflut enthalte. Danach habe Noah selbst die Erde unter seinen Söhnen aufgeteilt (deren tatsächliche Zahl an die zwanzig betragen habe: Moses hätte es für unnötig gehalten, sie alle anzuführen), und jeder von ihnen sei, unter einem heidnischen Namen, zum Stammvater eines christlichen Volkes geworden. Noah seinerseits habe sich in Italien niedergelassen, und zwar unter dem Namen Janus – wie dies bereits mehr als drei Jahrhunderte zuvor die »goldene Legende von Rom«[33] verkündet hatte. Diese Auffassung sollte die genealogischen Spekulationen zur Zeit der Gegenreformation und auch später beherrschen. Dies bezeugen Schriften wie *De primis Italianis colonis* (1606), *De Noe in Italia adventu* (1655) und zahlreiche »Origini« einzelner Städte.[34] Diese Chronik des Pseudo-Berossos erfreute sich bei den Deutschen noch größerer Beliebtheit, denn sie bot ihnen als Ahnherrn Noahs Sohn Tuiscon an (den Tuisto des Tacitus), der so seine ruhmreiche patriotische Karriere begann. Erst 1726 erklärte Johann Mascov, einer der ersten modernen Historiker Deutschlands, den beherrschenden Einfluß dieser Sage für beendet.[35]

In Italien wie auch anderswo brachte die Aufklärung die alten orientalischen Genealogien in Mißkredit. Um sie zu ersetzen, versuchten die Gelehrten, die Römer von den Etruskern abzuleiten. Diese waren stets hinter Romulus und Aeneas schattenhaft vorhanden gewesen, genauso wie die Gallier hinter der fränkischen Dynastie in Frankreich. Südlich der Alpen aber waren es nicht die neuen bürgerlichen Bestrebungen, die ans Licht drängten, sondern das nationale Selbstgefühl, das für Italien den Primat reklamierte, der nunmehr allgemein Griechenland als der Wiege der Künste und der Philosophie zugesprochen wurde. Für die gebildeten Italiener war es also verlockend, die Griechen als Schüler der geheimnisvollen Etrusker hinzustellen. Sogar Vico bei all seinem Spott über die »Eitelkeit der Nationen, die alle so alt sein möchten wie die Welt« *(Scienza nuova seconda)*, erlag einen Augenblick der Versuchung, als er den Geburtsort des Pythagoras und der Geometrie nach Etrurien verlegte *(De antiquissima Italorum sapientia)*. 1726 wurde eine etruskische Akademie gegründet; man untersuchte die Gräber. Piranesis berühmte Stiche machten die Ruinen der Öffentlichkeit bekannt; ein begeisterter Prälat, Mario Guarnacci, publizierte 1767 ein Werk *Origine Italiche o siano memorie istorico-Etrusche sopra l'antichissimo regno d'Italia*. Darin behauptete er, gestützt auf den Pseudo-Berossos, die Etrusker seien aus Ägypten gekommen, womit er die Griechen gewissermaßen übersprang, und klagte die Römer an, ein ehrwürdiges und weises Volk vernichtet zu haben.[36] Die Etruskomanie oder *etruscheria* erreichte ihren Höhepunkt zur Zeit der Napoleonischen Kriege, und zwar unter dem Einfluß eines eifrigen Vico-Fanatikers, Vicenze Cuoco, dessen Essay *Platone in Italia* in der italienischen Literatur Epoche machte. Die neue Zeit verlangte nach neuen Ahnen. Anstelle von Noah ließ dieser Patriot Platon nach Italien kommen und bekennen: Die Etrusker, nicht die Griechen seien einst »die Erfinder fast allen Wissens, das den Menschengeist ziert«, gewesen; Aristoteles und er, Platon, seien nur Usurpatoren, »bloße Epigonen«.[37] Das kurzlebige Königreich Toskana, 1801 von Napoleon gegründet, verdankte zumindest seinen Namen dieser Schwärmerei für die italienische Vorzeit, die im neunzehnten Jahrhundert zu noch viel extravaganteren Spekulationen anregte. Mit dem Fortschritt der Archäologie zeigte sich aber, daß die Etrusker anscheinend nicht alt genug waren: ein gewisser Mazzoldi entdeckte daher in Italien das sagenhafte Atlantis, und ein gewisser Iannelli leitete die Römer von den Ägyptern her.[38] Das Italien des *Risorgimento*, das junge, wiedererstandene Italien, wollte entschieden die älteste Nation der Erde sein. Betrachten wir den berühmten *Primate morale e civile degli Italiani* des Abbate Gioberti. Dieser Autor beruft sich, um den weltweiten Primat der Italiener besser zu begründen, auf die Weisheit der alten Pelasger, »der reichsten Rasse, die dank ihres harmonischen Temperaments imstande war, alle ethnographischen Verschiedenheiten und Gegensätze in sich zu vereinen, so wie im Höchsten Wesen alle Gegensätze vereint sind«. Als wohlmeinender Apostel der italienischen Überlegenheit suchte Gioberti die Tradition der Kirche mit jener der Mythologie, aber auch mit der Wissenschaft in Einklang zu bringen und rechtfertigte die Ungleichheit der Menschenrassen mit der babylonischen Sprachenverwirrung, welche die Einheit des Menschengeschlechts zerstört habe (»divisione falegica delle genti«[39]). Aber man kann ja nicht alles zitieren, nicht alles lesen (auch Mazzini scheint es mit den Etruskern gehalten zu haben[40]).

Solche Bestrebungen stellten, selbst wenn sie bezeichnend waren, nur eine Zerstreuung für Intellektuelle dar, und gewiß war keine Rede davon, für die Etrusker zu sterben: für Rom jedoch war die Blüte des italienischen Bürgertums bereit, ihr Leben zu opfern. Diese kultische Verehrung der Ewigen Stadt veranlaßte den Historiker Prezzolini zu der Bemerkung, daran lasse sich die Originalität der Italiener ermessen:

> Der tatsächliche Unterschied zwischen der italienischen Kultur und anderen Kulturen besteht in folgendem: Die italienischen Intellektuellen schlossen sich der Meinung an, daß ihr Volk nicht nur der natürliche, authentische, sondern in Wahrheit der einzige legitime Erbe Roms sei. Sie hofften auf eine Auferstehung der alten Macht Roms in Italien [...] Dieser Glaube gewann einen so starken Einfluß auf die gebildeten Schichten Italiens, daß er ihr Denken jahrhundertelang färbte. Er hat nicht wenig beigetragen zum Kampf um eine Größe, die in krassem Mißverhältnis zur politischen Stärke der Nation stand.[41]

In neuerer wie in älterer Zeit gab es nur wenige italienische Schriftsteller, bei denen dieser Kult keinen Niederschlag fand, und in vielen Fällen hat gerade dieser Teil ihres Werks überlebt – wie zum Beispiel Foscolos *I sepolcri* und Leopardis *Monumento di Dante.* Manzoni wurde Historiker, um zu zeigen, in welchem Maß die *romanità* von den Päpsten des Hochmittelalters geschützt und gerettet worden war.[42] Die Färbung der Glaubensbekenntnisse und der Polemiken unterscheidet sich kaum von jener der Zeiten eines Arnold von Brescia und eines Cola di Rienzi. Mazzini schrieb an seinem Lebensabend:

> Rom war der Traum meiner jungen Jahre, der Grundgedanke meiner geistigen Konzeption, die Religion meiner Seele; ich betrat es eines Abends, zu Fuß, Anfang März, zitternd und wie in Anbetung begriffen. Für mich war Rom – und bleibt es, trotz der gegenwärtigen Schmach – der Tempel der Menschheit [...] In seinen Mauern hatte die Einheit der Welt sich entwickelt. Während andere Völker nach der Erfüllung einer kurzlebigen Mission für immer verschwunden waren und keines von ihnen zweimal als Führer gedient hatte, war das Leben hier ewig, der Tod unbekannt [...][43]

Und Mazzini erinnerte an die ruhmreiche Vergangenheit, an die Größe des heidnischen Roms und an die des christlichen, die er in die Zukunft projizierte. Er träumte davon, ein *Drittes Rom* zu errichten, das der Mittelpunkt einer neuen, universellen Religion werden sollte: »Italien eine neue Krone aus erneuerten Völkern flechten, aus Rom das Gehirn der Erde machen: das Wort Gottes unter den Rassen.«[44] Ein wiederhergestellter Tempel für alle Menschen der Erde, von der dieser italienische Prophet als treuer Erbe Dantes und Machiavellis die weltliche Macht des Heiligen Stuhls verbannen wollte.

Der andere große Ideologe der Einigung, Gioberti, schlug vor, alle Völker der Welt unter der Ägide des Papstes und Roms zu vereinen. Die Römer seien ein Priestervolk gewesen, schrieb er, von der Vorsehung auserwählt zur Einführung des Katholizismus; und die Italiener seiner Zeit verglich er mit dem Stamm der Leviten. Um seine Ausführungen zu verdeutlichen, verwendete er das Bild von den konzentrischen Kreisen: Rom sei die Seele Italiens, Italien die Seele Europas, Europa die Seele der Welt; folglich sei die Ewige Stadt dazu bestimmt, die Hauptstadt der Weltrepublik unter der Führung der Heiligen Väter zu werden.[45] Rom war also beiden Lagern gleichermaßen teuer: die Antiklerikalen hatten sich Garibaldis Devise *Rom der Tod!* zu eigen gemacht.

Carducci bezeichnete Garibaldi als den neuen Romulus. Die patriotische Begeisterung durchdrang Kunst und Wissenschaft. Die Italiener, überzeugt, von den Römern abzustammen, und an dieser Verwandtschaft festhaltend, zeigten wenig Begeisterung für die historisch-philologischen Spekulationen, die den Europäern einen »arischen« Ursprung zuschrieben. Um 1840 spöttelte Carlo Cattaneo über »die Trefflichkeit und Vornehmheit des Nordens« und über »die magischen Wanderungen der Arier«. Carlo Troia fragte, warum die internationale Wissenschaft plötzlich Feuer und Flamme für Indien sei; er für seinen Teil ziehe die traditionelle Ansicht vor, wonach Europa vom Vorderen Orient aus bevölkert wurde.[46] Als die Philologie Ende des neunzehnten Jahrhunderts die Fackel an die Anthropologie weitergab, legten die italienischen Gelehrten die gleiche Zurückhaltung oder Verständnislosigkeit an den Tag. Nach Lombroso waren die Urmenschen Schwarze: infolge von tellurischen Katastrophen hätten sie sich nach und nach verwandelt, oder, wie er seltsamerweise schrieb, »konvertiert«, in eine gelbe, eine hamitisch-semitische und eine arische Rasse.[47] Die Arier stammen demnach letztlich von den Schwarzen ab. Die internationale Wissenschaft zeigte sich skeptisch und sprach von italienischem Dilettantismus, zumal Lombroso kein Einzelfall war. Der Anthropologe Giuseppe Sergi lobte in einer Abhandlung über die »Arier in Italien« die Etrusker, weil sie einst die Invasion dieser primitiven Analphabeten zurückgeschlagen und so die Mittelmeerkultur gerettet hätten. Diese sei das Werk der Italer und der Griechen gewesen; für Sergi verstand es sich von selbst, daß die Arier weder an der Entstehung der klassischen Kultur noch an der Gründung Roms teilgehabt hätten.[48] Immerhin jedoch glaubten Lombroso und Sergi auf ihre Art an die Arier. 1903 übte ein anderer italienischer Gelehrter, Enrico de Michelis, radikale Kritik an diesem Glauben, der wie er sagte, auf einer »Vermengung von Sprache, Blut und Leben« beruhe. Er verfolgte im Detail, wie sich zu Beginn des neunzehnten Jahrhunderts ein Mythos gebildet hatte, demzufolge die europäischen Völker von den asiatischen Hochebenen gekommen seien, nach dem Vorbild der biblischen Geschichte vom Paradies und von der Besiedlung der Erde. Dieser Gelehrte war der erste, der in diesem Zusammenhang von »wissenschaftlichen Mythen« sprach.[49]

Auf diesem Gebiet korrespondierten die archäologischen Hypothesen stets mit den kollektiven Gefühlen. Die Italiener hatten das Empfinden, von den Römern abzustammen und daher einer einzigen Rasse anzugehören. Eine ziemlich undeutliche Empfindung, die aber nichtsdestoweniger existierte; ohne sie wäre der italienische Faschismus nicht gewesen, was er war. Man muß sich sogar fragen, ob dieses Gefühl heutzutage völlig verschwunden ist.[50] Renzo de Felice, der Historiker des Faschismus, hat erst jüngst darauf hingewiesen, daß die von Mussolini verherrlichte *razza di Roma* nichts zu tun gehabt habe mit Anthropologie oder Biologie und daß der italienische Rassebegriff ein »schöpferischer«

und »vergeistigter« sei.[51] Das klingt jedoch recht vage und scheint sogar einen begrifflichen Widerspruch zu implizieren, denn das Zeitalter der Wissenschaft kennt nur biologische Rassen. Jedenfalls werden wir damit wieder auf den Gegensatz zwischen der italienischen Konzeption (»Romgedanke«) und der deutschen Auffassung (»Rassengedanke«) verwiesen. Die Italiener hatten insofern etwas gemeinsam mit den Deutschen, als sie glaubten, aus einem einzigen Stamm hervorgegangen zu sein (im gegebenen Fall aus dem »latinischen«), aber sie glaubten daran auf andere Weise: der Unterschied im Tonfall, so gewiß es ihn auch geben mag, scheint sich den historischen Erklärungen zu entziehen.

»Individualismus« und »Skeptizismus« bei den Italienern, »Herdentrieb« und »Fanatismus« bei den Deutschen; schauen wir, ob es möglich ist, diese sogenannten Nationaleigenschaften, die angeblich für Krieg und Politik maßgebend waren, in einen Zusammenhang mit jenen Genealogien zu bringen, die bei beiden Völkern die Betonung auf die Kollektivvorstellungen von *Alter* und *Jugend* legten. Tatsächlich haben wir gesehen, wie die großen italienischen Denker immer weiter und weiter in der Geschichte zurückgingen, um schließlich in der Vorgeschichte zu wühlen, wie ein Gioberti sich zugunsten des »Primats« auf einen kulturellen Vorrang berief, der auch ein zeitlicher war. Dagegen proklamierte die Arier-Doktrin nördlich der Alpen die Überlegenheit einer jungen Rasse von Eroberern, deren Frische und Reinheit sie der Degeneration der als »alt« bezeichneten Rassen gegenüberstellte. Diese Motive waren um so eindrucksvoller, als die Trennlinie der großen Zäsur zwischen der alten und der neuen Zeit, dem Jahr Null der abendländischen Geschichte, entsprach; von diesem Standpunkt aus gesehen, standen alle Völker nördlich der Alpen, die nachchristlichen Völker, »Tochter«-Völker, einem Volk gegenüber, das vorchristlichen Ursprungs, ein »Mutter«-Volk, war und deshalb mit dem anderen dreitausendjährigen Volk – den Juden – verglichen werden konnte.

Wie sollte man in diesem Zusammenhang nicht hervorheben, daß die italienische Geschichte nur ausnahmsweise die wütenden antijüdischen Kampagnen gekannt hat, von denen die Annalen der anderen europäischen Länder voll sind – so als wäre es den Nachkommen des Aeneas, ihres Erstgeburtsrechts sicher, nicht in den Sinn gekommen, mit den Kindern Moses darum zu streiten? Diese wohltuende Gleichgültigkeit beruhte also auf einem Verhältnis der Gleichheit, das sich, wie wir gesehen haben, im Ursprungsmythos widerspiegelte: Noah persönlich senkt seinen Samen in den Boden Italiens und zeugt ein Volk. Keine andere bedeutende mittelalterliche Tradition in Europa wagte es, auf einen ähnlichen patriarchalischen Rang Anspruch zu erheben. Wie ein Echo auf diese Einbürgerung Noahs klingen die Worte Mussolinis, der noch 1934 à l'italienne von den Juden sagte: »Die Juden sind seit der Zeit der Könige in Rom. Vielleicht haben sie nach dem Raub den Sabinerinnen Kleider geliefert. Sie beweinten die sterbliche Hülle Caesars, es gab fünfzigtausend von ihnen zur Zeit des Kaisers Augustus; sie wurden niemals belästigt.«[52] Dem Führer gegenüber berief sich der Duce damals ebenfalls auf die Kultur der Antike: »Dreißig Jahrhunderte Geschichte erlauben es uns, geringschätzig-mitleidig auf die transalpinen Doktrinen zu blicken, Doktrinen der Nachfahren von Menschen, die noch nicht einmal lesen und schreiben konnten, als Rom schon einen Caesar, einen Vergil und einen Augustus hatte.«[53] Wir werden im folgenden Kapitel auf diesen Gegensatz zwischen Deutschen und Italienern zurückkommen und dabei vielleicht sehen, was sich daraus im Sinn von »Alter« und »Jugend« ergibt. Wir wollen versuchen, das Problem mit der Frage nach der Bedeutung des Begriffs der »Reinheit« zu erörtern, der, in Verbindung mit dem Begriff der »Jugend«, für die germanischen Phantasmagorien charakteristisch war.

Auf alle Fälle ist dieser Gegensatz kein erst kürzlich entstandener. Um den Adel des Aeneas hervorzuheben, zählte Dante, gestützt auf Vergil, die erhabenen Ahnen des Trojaners auf: »Asien gibt ihm seine nächsten Verwandten, wie Assaracus [...] Europa dagegen gab ihm seinen ältesten Stammvater, Dardanus [...] Afrika seine älteste Stammutter, Elektra [...]« Um diesen Adel noch mehr zu betonen, erwähnte er auch noch die Frauen des Aeneas: Kreusa von Troja, Dido von Karthago, Lavinia von Italien, und zog folgenden Schluß: »Wer würde in der Vereinigung des edelsten Blutes aus jedem Teil der Welt in einem einzigen Menschen nicht das Zeichen einer göttlichen Bestimmung sehen?«[54]

Von der Warte der germanischen Doktrin aus gesehen, war dies ein Schandmal, eine Sünde wider die Rasse, da es Aeneas zu einem dreifachen Mischling machte. In diesem Punkt aber halten es die modernen Italiener wie Dante.

Fünftes Kapitel

Deutschland

Sprache und Rasse

Jede nationale Geschichte ist per definitionem eine besondere und nicht auf andere Nationen übertragbar. Die Eigenheiten der deutschen Geschichte jedoch stehen im Kontrast zu den historischen Besonderheiten der anderen europäischen Nationen; sie zeigen sich vor allem in den Anfängen und finden auch heute noch ihren Niederschlag. Ein englisches, italienisches oder russisches Geschichtsbuch beginnt mit den Ereignissen, die sich einst auf dem heimatlichen Boden abspielten; ein deutsches Geschichtsbuch behandelt zur Einführung fast immer die »Ausbreitung der Germanen«, das heißt die Geschehnisse, die sich vor fünfzehn bis zwanzig Jahrhunderten in Italien, Frankreich oder Spanien, jedenfalls aber außerhalb Deutschlands, zugetragen haben. Das ist zunächst eine Frage der Quellen, da man über die Wanderungen und Kriege der Goten, Franken und Langobarden weitaus mehr weiß als über die der Friesen oder der Sachsen (über deren Leben vor ihrer Bekehrung man so gut wie keine Kenntnisse besitzt); allein aus diesem Grund sahen sich die Deutschen veranlaßt, sich für die Ahnen der anderen Völker zu interessieren, ja ganz Europa gleichsam besitzergreifend zu betrachten. Dieser Internationalismus *sui generis,* dessen Gegenstück einst das aristokratische Ansehen des Germanentums bei den Völkern Europas bildete, spiegelt sich heute noch in der Vielfalt der Bezeichnungen für die Deutschen in den verschiedenen Sprachen wider. Man könnte von einem kleinen europäischen Kaleidoskop sprechen: »Allemands« sagen die Franzosen, »Germans« die Engländer, »Sachsen« sagten früher die Skandinavier und sagen heute noch die Finnen, »Niemcy« heißen sie bei den Russen und Polen (bei den letzteren manchmal aber auch »Schwaben«), »Tedeschi« bei den Italienern; sie selbst hielten sich an diese letztgenannte Wurzel, um – wir werden noch sehen, unter welchen Bedingungen – die »Deutschen« zu werden. Dieser Dialog zwischen

Deutschland und den Nachbarländern dauert seit dem Mittelalter an, und die in den Augen der Europäer nicht genau feststellbare Identität der Deutschen hat kaum dazu beigetragen, ihnen eine klare und deutliche Vorstellung von sich selbst zu geben.

Nietzsche hatte das bemerkt, als er schrieb, daß die Deutschen sich einer Definition entzögen: »Ein Deutscher, der sich erdreisten wollte, zu behaupten, ›Zwei Seelen wohnen, ach, in meiner Brust‹, würde sich an der Wahrheit vergreifen, richtiger, hinter der Wahrheit um viele Seelen zurückbleiben.«[1] Seinen Landsleuten zum Trotz, die die »reine Rasse« anbeteten, wies Nietzsche in diesem Zusammenhang auf »die Zusammenführung von Rassen« hin, aus der die Deutschen hervorgegangen seien, das heißt auf ihre rassische Heterogenität – womit er, im umgekehrten Sinn, gleich anderen großen Geistern des neunzehnten Jahrhunderts den Fehler machte, biologisch oder naturwissenschaftlich an dieses Problem heranzugehen. Vielleicht kommt man der Sache näher, wenn man auf das Fortbestehen der alten gentilen und tribalen Teilungen in Form von *Stämmen* oder *Ländern* hinweist.

Die Besonderheit der deutschen Geschichte kann auch noch auf andere Weise aufgezeigt werden. Die deutschen Historiker unterscheiden üblicherweise zwischen der *germanischen Frühzeit* und der darauf folgenden *deutschen Frühzeit.* Während die erste ganz Europa zum Schauplatz hatte, so ist die zweite noch paradoxer, da diese »deutsche Frühzeit« – soweit Quellen vorhanden sind – sich im wesentlichen außerhalb Deutschlands, nämlich in Frankreich, abspielte. Stellen wir uns einen Augenblick lang vor, man hätte – etwa im sechzehnten Jahrhundert – eine detaillierte Geschichte der Friesen oder der Thüringer entdeckt: die deutsche Geschichtsschreibung wäre dadurch verändert worden, und man ist versucht zu sagen, die europäische Geschichte hätte einen anderen Verlauf nehmen können [...] Man hält sich jedoch an das, was man hat. So wurden Chlodwig und Chilperich zu den großen Stammvätern der Deutschen, um so eher, als zu ihren Zeiten die feudale Schicht zwischen Rhein und Loire tatsächlich ein germanisches Idiom gesprochen zu haben scheint. Deutsch war noch die Karolingerdynastie der Hausmeier, mit Karl dem Großen, der viel mehr Hauptfigur der deutschen Geschichte war als der französischen, da der Reichsmythos sich Germanien und nicht Frankreich zum Wohnsitz erwählen sollte (das »Porträt« Karls des Großen ist von Dürer, nicht von Foucquet). Dennoch tritt das Bewußtsein einer kollektiven germanischen Identität, entgegen einer allgemein verbreiteten Auffassung, ziemlich spät auf, und es entsteht – und das ist eine weitere Besonderheit der deutschen Geschichte –, wie die Etymologie der Ausdrücke *deutsch, Deutsche* zeigt, nicht aus der Vorstellung von einer gemeinsamen Herkunft, sondern aus der Bewußtwerdung einer *sprachlichen* Gemeinschaft der verschiedenen Stämme. Es scheint erwiesen zu sein, daß diese Bewußtwerdung aus der Konfrontation mit der älteren lateinischen oder »welschen« Sprache und Kultur hervorgegangen ist; dies illustriert in vergrößertem Maßstab Hegels These vom Bewußtsein seiner selbst oder Nietzsches Aphorismus: »Das Du ist älter als das Ich.« Dieses Gefühl einer Gemeinschaft der Stämme gegenüber der Latinität zeigt sich zum Beispiel kurz nach der Gründung des »Ersten Reichs« (962) bei Bischof Liutprand von Cremona, einem Vertrauten Ottos des Großen. Es geht bei ihm Hand in Hand mit Haß und Verachtung für die »Welschen«: »Wir, die Lombarden, Sachsen, Franken, Lothringer, Bayern, Schwaben und Burgunder, haben eine solche Verachtung für die Römer, daß wir, wenn wir unseren Zorn auszudrücken suchen, keine beleidigendere Bezeichnung finden, um unsere Feinde zu beschimpfen, als das Wort Römer; es bezeichnet für uns alles, was gemein, feige, schmutzig, obszön ist [...]«[2] Noch zu Beginn des zwanzigsten Jahrhunderts wurde in manchen deutschen Schulbüchern *Welschland* im allgemeinen Sinn von »Fremdland« Deutschland gegenübergestellt.[3]

Der Philologe Leo Weisgerber zeigt bei der Untersuchung der Geschichte der Wörter *deutsch, Deutsche,* daß die Namen der europäischen Sprachen sich in etymologischer Hinsicht im allgemeinen von den Bezeichnungen der Länder oder der Völker ableiten (zum Beispiel: *Franken* → Francia-France → Franzosen → französisch usw.); im Fall der Deutschen aber verhalte es sich umgekehrt, da der Name der gemeinsamen Sprache *(theodiscus, diutisk)* zur Zeit Karls des Großen auftaucht, ein- oder zweihundert Jahre vor der Gattungsbezeichnung *tütsche* oder *Deutsche,* woraus dann noch später der Begriff *Deutschland* gebildet wird.[4] Somit sind die Ausdrücke *Deutsche, Deutschland* Ausnahmen nicht nur vom Standpunkt des europäischen Sprachgebrauchs, sondern auch in etymologischer Hinsicht. Die Entstehung eines neuen Wortes ist das Symptom einer Bewußtwerdung; bei den Deutschen aber entstand ausnahmsweise aus einem ideellen oder linguistischen Begriff ein Gefühl, das sich anderswo um etwas Greifbares, um eine »Sachbezeichnung« (Stamm oder Dynastie, Provinz oder Heimatboden) kristallisierte. Weisgerber schließt daraus, daß die deutsche Geschichte in ihren Anfängen »die Anerkennung des geistigen Prinzips als Grundlage der

Völkerordnung« aufweise[5] – eine Bemerkung, die sich gut in die Tradition des deutschen Idealismus einfügt. Seine Beobachtungen, aus denen sich vielleicht interessante Einblicke in die Hauptströmungen der deutschen Kultur und Philosophie gewinnen ließen, scheinen unsere Hauptthese von der Rolle der Ursprungsmythen oder der Vorstellungen von einer gemeinsamen Abstammung bei der Entstehung eines Nationalbewußtseins zu widerlegen. Tatsächlich wurde den Deutschen erst im sechzehnten Jahrhundert, zur Zeit der Reformation, ein gemeinsamer Ahnherr vorgeschlagen: der biblische Aschkenas oder Ascenas; er hatte diese Rolle zuvor nur beim Stamm der Sachsen innegehabt. Es bleibt jedoch die Frage, ob der »geistige« Begriff der Sprachgemeinschaft und der »biologische« Begriff der gemeinsamen Abstammung oder Rasse sich letztlich nicht in den gleichen kollektiven Bestrebungen ausdrücken. Wir werden sehen, wie – seit dem Mittelalter – Apologeten, die einmal die deutsche Sprache und einmal die germanische Rasse priesen, sich manchmal auf dieselben Zeugnisse oder Texte beriefen, und wir wollen in diesem Zusammenhang noch bei gewissen anderen Überlegungen verweilen.

Alle diese Probleme werfen die Frage nach der Art und Weise auf, in der Traditionen und Erinnerungen weitergegeben werden. Nach einer anderen weitverbreiteten Vorstellung soll der Kult der germanischen Rasse mit vorchristlichen Erinnerungen verbunden sein, ja, er werde sogar genährt von diesen Erinnerungen, die sich irgendwie in dem von Wotan oder Thor niemals verlassenen Heimatboden festgesetzt hätten. Sieht man jedoch genauer hin, dann erscheint das germanische Pantheon wie das Ergebnis einer mühevollen Rekonstruktion – nach einer Auslöschung, die beinahe ebenso total gewesen war wie die der keltischen oder der etruskischen Götter. In der Tat kann man feststellen, daß sich die germanische Mythologie – in den skandinavischen Überlieferungen oder in den Berichten der römischen Historiker – nur außerhalb Germaniens erhalten hat. Was nun die Ursprungsmythen *strictu sensu* betrifft, so kennt man durch direkte Überlieferung nur die der ausgewanderten und mehr oder weniger entgermanisierten Stämme (Goten, Langobarden, Burgunder, Angeln und Sachsen[6]). Die Besonderheit der deutschen Vergangenheit wird so in anderer Form sichtbar. Die Konservierung dieser vorchristlichen Relikte in der »Diaspora« der Germanen oder in einer fremden Umgebung erlaubt die Annahme, daß die Königsgeschlechter und die Lehnsherren sie als Zeichen ihrer Identität hochhielten, um sich deutlicher von den Einheimischen abzuheben. Ebenso haben wir gesehen, wie die Verschmelzung zweier Kulturen letztlich durch neue, »synkretistische« Genealogien, wie etwa die trojanische, besiegelt wurde. Anders verhielt es sich in den Gebieten mit homogener germanischer Kultur, wo, wie wir eben festgestellt haben, dem Gedanken einer gemeinsamen Abstammung die Idee einer gemeinsamen Sprache voranging, einer germanischen Sprache, welche die Geistlichen anderen Idiomen gegenüberstellten; so unterscheidet Notker Balbulus, Mönch in St. Gallen, am Anfang des zehnten Jahrhunderts klar zwischen »uns, die wir die theutische Sprache sprechen«, und jenen, welche sich romanischer oder slawischer Idiome bedienen.[7]

Die den Deutschen eigene Art der Unterscheidung, die sich hier ankündigt, ist um so bezeichnender, als man sie ein Jahrtausend später im Gewand der anthropologischen Theorie wiederfindet. Tatsächlich zog der deutsche Rassismus eine *geographische* oder *äußerliche* Trennlinie zwischen den von Germanen bevölkerten Territorien und jenen, wo »andersrassige« Menschen wohnten (daher die Bedeutung der inneren »Anti-Rasse« der Juden), während die Doktrin in den anderen europäischen Ländern eine *innere* oder *historische* Trennlinie zwischen den »germanischen Rassenelementen« und den anderen postulierte (die als minderwertig galten). Im wesentlichen reproduzierte eine solche Aufteilung nur die große sprachliche Zäsur, die in der Karolingerzeit entstanden war. Ein Jahrtausend später wurde nun ein Gemeinschaftsgefühl, das ursprünglich einer gemeinsamen Sprache entsprungen war, im Sinn von »Rasse« neu formuliert, ganz so, als wären diese beiden Begriffe austauschbar und bezeichneten dieselbe tiefe psychohistorische Wirklichkeit.

Es versteht sich andererseits von selbst, daß die Deutschen schon frühzeitig ihre eigenen genealogischen Traditionen pflegten, die in Deutschland selbst zunächst aus rein christlichen oder antiken Elementen gebildet wurden. In diesem Zusammenhang empfiehlt es sich, zwischen dem Reichsmythos, der an die Sage von Troja anknüpft, und den besonderen Überlieferungen der Stämme zu unterscheiden.

Was das Fürstengeschlecht der Franken betrifft, so herrscht nach der Teilung des Karolingerreiches zu beiden Seiten des Rheins die gleiche begriffliche Verwirrung. Germanien ist das fränkische *Ostreich* (ein Name, der in der Bezeichnung »Österreich« weiterlebt). Bei den Chronisten des neunten und zehnten Jahrhunderts heißt es *Francia,* unter Friedrich Barbarossa im zwölften Jahrhundert *Regnum francorum et teutonorum.* Dieses *Francia* wird jedoch von den ersten Chronisten des

Ostreiches bisweilen schon *Germania* genannt und damit *Gallia* jenseits des Rheins gegenübergestellt – lange Zeit, bevor französische Autoren von Gallien sprechen. Wie in Frankreich, sind auch in Deutschland die Franken das königliche oder edle Geschlecht. Über die Genealogie der Franken haben die Deutschen teil an der Ehre, von den Trojanern und durch sie von Japhet und Adam abzustammen. Und auf diese Genealogie gründen die Theoretiker der Reichsidee auch die Ansprüche auf das Heilige Reich, »das von den Griechen auf die Germanen« – das heißt auf die Franken – übergegangen sei.

Ende des dreizehnten Jahrhunderts, vor dem Auftreten der neuen Habsburger-Dynastie, unterschied der Kanonikus Alexander von Roes zwischen *Francia maior* (Deutschland) und *Francia minor* (Frankreich). Roes kannte bereits drei große europäische Nationen: die italienische, die französische und die deutsche. Den Italienern behielt er die Frömmigkeit vor, den Franzosen die Weisheit und den Deutschen die Macht. Diese galten ihm als die echten Franken, während die Franzosen nur »fränkischen Ursprungs« *(francigenae)* waren. Roes ließ sich nicht weiter darüber aus, aber einer seiner Nachfolger, Twinger von Königshofen (1346-1420), entwickelte diesen Gedanken folgendermaßen: Die Franken, die sich in *dütschen landen* niedergelassen hatten, zeugten, indem sie sich mit anderen *dütschen* vermischten, deutsche Kinder, während die *francigenae* oder Franzosen einem Gemisch aus Franken und »Welschen« entstammten. Es wäre jedoch falsch, gleich Paul Joachimsen den Kanonikus Alexander von Roes als »ersten deutschen Rassentheoretiker« zu bezeichnen, denn er verglich auch die von den Trojanern abstammenden Römer mit der *Wurzel,* die Deutschen mit dem Stamm (Roes meinte, Caesar hätte Germanien mit Römern bevölkert, und »Germane« käme von *germen)* und die Franzosen mit den *Zweigen.*[8] Das heißt also, für ihn – wie ganz allgemein für die Deutschen des Mittelalters – gab es eine kontinuierliche Verbindung zwischen Vergangenheit und Gegenwart, zwischen Altertum und Christenheit. Erst im fünfzehnten und sechzehnten Jahrhundert sollten die deutschen Humanisten, wie wir sehen werden, den *Stamm* von der *Wurzel* (oder die *Zweige* vom *Stamm)* lösen und so dem eigentlichen expliziten »Rassengedanken« den Boden bereiten. Anderseits konnte das germanische Heilige Reich, eben weil es universell und christlich war, kein Erbkönigtum haben, nur ein Wahlkönigtum – der Heilige Geist wollte es so. Man erkennt den paradoxen Gegensatz zwischen den »Königsgeschlechtern« germanischen Ursprungs, die in Spanien, Frankreich und England den Kristallisationspunkt eines zentralen Abstammungsmythos bildeten, und den Reichsdynastien, wählbar und universell, die, der Doktrin nach mit dem römischen Stamm verbunden, sich für diese Rolle nur schlecht eigneten.

Was die Genealogien der Stämme betrifft, so ist eine im elften Jahrhundert aufgetauchte Überlieferung zu erwähnen, derzufolge die Bayern aus Armenien stammen, das heißt von dort, »wo Noah die Arche verließ« (die Legende sagt nicht, ob Noah deutsch gesprochen hat). Die Sachsen leiteten sich gleichzeitig von Alexander dem Großen und (im Angedenken an ihre askanische Dynastie) von Askenas oder Aschkenas, dem Erstgeborenen Gomers und künftigen Stammvater aller Deutschen, her. Die Schwaben datierten ihre Ankunft in Deutschland mit der Zeit Julius Caesars, dem im übrigen die wichtigsten deutschen Städte, von Köln bis Regensburg, ihre Gründung zuschrieben. Wir finden hier also das übliche Gemisch von biblischen Überlieferungen und Erinnerungen aus dem klassischen Altertum; bezüglich näherer Details verweisen wir den Leser auf das unerschöpfliche Repertoire Arno Borsts.[9]

Arno Borst zitierte in seiner wertvollen Arbeit auch ein Dokument, das im zwölften Jahrhundert der »teutonischen Sprache« eine Sonderstellung zuschreibt, welche die vom Lateinischen herstammenden welschen Sprachen nicht für sich beanspruchen könnten. Eine Schülerin der gottesfürchtigen Rheinländerin Hildegard von Bingen (gestorben 1179) versicherte, Adam und Eva hätten deutsch gesprochen, und sie sagt auch, warum: *Adam et Eva Teutonica lingua loquebantur, quae in diversa non dividitur ut Romana.*[10] Im Gegensatz zu den weitverzweigten und vielfältigen romanischen Sprachen sei das Deutsche, dessen Ursprung radikal anders erscheint, eine *einheitliche* Sprache und daher die Ursprache des Menschengeschlechts. Sprache und Rasse, die in dieser Perspektive unauflöslich miteinander verschmolzen sind, konvergieren in Adam. Unter Berücksichtigung der Kenntnisse, über die jene Zeit verfügte, gewinnt man den Eindruck, daß nur Apologeten einer Sprache, deren Herkunft unbekannt war, einer Sprache, die gewissermaßen aus dem Dunkel der Zeiten emporgetaucht war, solche Ansprüche erheben konnten, da ihre französischen, englischen und anderen Rivalen allzuviel über die Ursprünge ihrer Idiome wußten. Dieser Eindruck wird durch die Entwicklungen bestätigt, die dieser Gegenstand vom sechzehnten Jahrhundert an erfuhr. Anschaulich sind die Argumente, die der elsässische Arzt Lorenz Fries 1518 vorbrachte, um die Überlegenheit des Deutschen gegenüber dem Französischen herauszustreichen:

»Sollt unser Sprach minder sein? Nein, ja wohl viel mehr, ursach daß sie ein *ursprünglich Sprach ist,* nit zusammengebettlet wie die französische, von Griechisch und Lateinisch, den Hunnen und Goten.«[11] Hier begann ein Kult der Reinheit der deutschen Sprache, dessen Überspanntheiten in der Zeit des Dreißigjährigen Krieges sichtbar werden sollten. Noch später schlug Fichte, um das deutsche Nationalbewußtsein zu heben, vor allem diese Saite an, während viele seiner Zeitgenossen bereits die Tugenden des deutschen Blutes rühmten. Man kann also die Verwechslung von »Sprache« und »Blut« als eine Konstante der deutschen Geschichte betrachten. Beide sind jedoch Quellen des Lebens und der Kraft, und alles deutet darauf hin, daß beide für das Unbewußte die gleiche Bedeutung haben.

Dennoch leiteten weder die anonyme Jüngerin der Hildegard von Bingen noch viele andere Autoren, welche die deutsche Sprache feierten (ohne sie jedoch Adam in den Mund zu legen), daraus ein Recht auf politische Vorherrschaft ab: Sie begnügten sich damit, die deutschen Idiome auf Kosten der anderen, insbesondere der »welschen«, zu preisen. Erst im fünfzehnten und sechzehnten Jahrhundert, mit dem Wiedererwachen des Studiums der Antike, wurden Ansprüche auf die universelle Hegemonie erhoben, die mit Vorstellungen dieser Art gerechtfertigt wurden (und nicht mit dem Rechtstitel des Kaisers, das heißt, mit der Abstammung vom kaiserlichen Rom). Innerhalb von zwei oder drei Generationen griffen neue Ursprungsmythen, eine neue Weltanschauung Platz.

In diesem Sinn entwickelt eine zwischen 1490 und 1510 verfaßte Schrift, das *Buch von den hundert Capiteln,* Gedanken, die, wie Norman Cohn bemerkt, auf seltsame Weise die Wahnideen Hitlers ankündigen.[12] Der anonyme Autor dieser Schrift (der »oberrheinische Revolutionär«) wollte ebenfalls die germanische Hegemonie sicherstellen, und zwar durch Gründung eines »tausendjährigen Reichs«; auch er berief sich auf Rechtstitel, die er aus einer mythischen Vorgeschichte herleitete – allerdings aus einer vor allem vom Alten Testament inspirierten. »Adam ist einer tuscher man gewesen«[13], verkündete er. Nach dieser Behauptung forderte er einerseits die Unterwerfung der nichtdeutschen Völker, anderseits die Abschlachtung des römisch-katholischen Klerus. Er setzte seine Hoffnungen in ein wirkliches oder legendäres Oberhaupt (in Kaiser Maximilian I. beziehungsweise in einen Kaiser »Friedrich«), das »mit Waffengewalt die ganze Welt beherrschen« sollte. Er berief sich auf eine Nationalreligion, in der die Zehn Gebote durch die »Sieben Gebott der Trierer« ersetzt waren und der Sonntag durch den Donnerstag, den Tag des Christus-Jupiter (der gute Mann scheint also nicht einmal den Namen des Gottes Thor gekannt zu haben); wir sehen, daß sein Christentum schon vor der Reformation eine spezifisch germanische Häresie war.

Die Deutschen, rief er aus, seien frei und edel, sie hätten dank ihrer Stärke die ganze Erde beherrscht und besessen, und binnen kurzem würden sie mit Gottes Hilfe die Erde wieder in den früheren Zustand versetzen. Der Primat der Deutschen lasse sich etymologisch belegen; war denn das Deutsche oder Alemannische nicht die Sprache »aller Mann« gewesen? Nach Adam habe der »kühne deutsche Mann Seth« diese Sprache gesprochen, wie die Schriften seines Sohnes Henoch bewiesen (unser Autor will die Originale dieser Schriften gesehen haben); nach der Sintflut habe Japhet sich in Deutschland niedergelassen und ein Kaisergeschlecht gegründet, aus dem alle großen Eroberer der Geschichte hervorgegangen seien, von Alexander dem Großen bis Tamerlan. Die Überlegenheit oder Auserwähltheit der Deutschen offenbare sich auch noch auf einem anderen Gebiet, und auch hier nimmt der »Revolutionär« gewisse Tendenzen des modernen deutschen Denkens vorweg: Der germanische Adam und seine ruhmreichen Nachkommen seien anscheinend frei von der Erbsünde, da Christus nur gekommen sei, um die ungläubigen Juden zu retten. Bemerkenswert ist, daß das *Buch von den hundert Capiteln* sich nicht weiter mit den Juden aufhält, nicht einmal an den Stellen, wo die Händler und Wucherer geschmäht werden. Die ganze Wut unseres »Revolutionärs« entlädt sich auf die Nachkommen Hams, das heißt also (in seinen Augen) auf die Slawen und insbesondere auf die Römer: Die Aufzählung der Übeltaten dieser Giftmischer, dieser geborenen Sklaven, die erneut in die Sklaverei gehörten, nimmt einen beträchtlichen Teil dieser abenteuerlichen Schrift ein.

Auch Männer, deren Namen auf die Nachwelt gekommen sind und von denen einige, wie wir sehen werden, zu den berühmtesten zählen, behaupteten, das Deutsche, nicht das Hebräische, sei die Ursprache der Menschheit gewesen. Obgleich man dem anonymen Revolutionär keinerlei Einfluß zuschreiben kann, weder auf seine Zeitgenossen noch auf spätere Generationen (das *Buch von den hundert Capiteln* ist erst 1893 aufgefunden und veröffentlicht worden), bleibt doch die Tatsache bestehen, daß seine pangermanistische Eschatologie nicht aus dem Nichts aufgetaucht ist; er trieb nur die Tendenzen, die sich im deutschen Kulturkreis im Lauf des sechzehnten Jahrhunderts entwickelten, bis zum Extrem. Wir wollen nun dieses neue geistige Klima beschreiben und versuchen, das Kulturmodell oder, besser gesagt, das Phantasma des »Idealgermanen«, wie es damals in großen Linien Gestalt annahm, zu analysieren.

Zum erstenmal, so scheint es, wurden die historischen Argumente des Pangermanismus auf dem Konzil von Basel (1434), kurz nach dem Großen Schisma des Westens, systematisch formuliert.[14] Wortführer war der Abgesandte des Königs von Schweden, der Bischof Ragvaldsson. Er forderte den absoluten Vorrang für seinen König, dessen Reich, wie er behauptete, älter und edler wäre als alle anderen Königreiche, und dessen Volk – im Gegensatz zu den anderen Völkern (die nach der babylonischen Sprachenverwirrung nach Europa ausgewandert seien) – ein autochthones Volk sei. Zur Stützung dieser Behauptungen berief sich Ragvaldsson auf die Chronik des Jordanes aus dem sechsten Jahrhundert, wonach Skandinavien »die Wiege des Menschengeschlechts und die Geburtsstätte der Nationen« gewesen sei. Damit beginnt, gestützt auf einen antiken Autor, eine imperialistische schwedische Tradition, die bis zum siebzehnten Jahrhundert Bestand haben sollte, das heißt so lange, wie die Schwedenkönige in der europäischen Politik eine führende Rolle spielen konnten.

In diesem Zusammenhang ist zu bemerken, daß die skandinavischen Länder durch die Goten und später durch die Wikinger historisch-genealogische Argumente von unvergleichlicher Überzeugungskraft besaßen. Im neunzehnten und zwanzigsten Jahrhundert aber beanspruchten die Deutschen diese Argumente für das ganze Germanentum; der nationalistische Größenwahn kann sich nur unter bestimmten Bedingungen – im Fall einer zugleich vergangenen und gegenwärtigen »Plausibilität«[15] – auf die Sagen der Ahnen berufen. Diese Bedingungen erfüllte Schweden nach den Niederlagen Karls XII. nicht mehr. Es blieb nur das besondere Interesse für die Goten übrig – wobei im übrigen durch nichts bewiesen ist, daß diese von der skandinavischen Halbinsel stammten; es ist sogar möglich, daß sie sich dort niemals aufgehalten haben.

Was Deutschland betrifft, so mehren sich auch dort im fünfzehnten Jahrhundert, genährt von der Unruhe und den Ketzerbewegungen, die Sagen und Weissagungen über das triumphale Reich des Kaisers »Friedrich«, das auch eines der Themen des *Buchs mit den hundert Capiteln* bildet. Diese Legenden sind jedoch Gegenstücke zu jenen, die damals in den anderen europäischen Ländern zirkulierten, und nichts läßt darauf schließen, daß sie besonders virulent gewesen wären; um so weniger, als das mittelalterliche Deutschland sogar den Namen Wotans vergessen hatte, ebenso wie es von den Wanderungen seiner alten Stämme durch Europa nichts wußte. Die deutschen Intellektuellen haben diese Erinnerungen ausgegraben oder wiederaufgefrischt, um sofort anmaßende Konsequenzen daraus zu ziehen. Tatsächlich war die Verherrlichung der vorchristlichen germanischen Vergangenheit zwischen 1450 und 1550 das Werk des jungen deutschen Humanismus; das Studium der antiken Texte inspirierte die deutschen Humanisten zu ganz anderen Schlußfolgerungen als jenen, die die italienischen Humanisten, von Petrarca bis Machiavelli, daraus zogen. Die Polemiken zwischen Schülern und Lehrern intensivierten sich nach der Wiederentdeckung der *Germania* des Tacitus. Dieser Text, der in den Augen der italienischen Gelehrten nur ein Beleg für die tiefverwurzelte germanische Barbarei war, verherrlichte nach Ansicht der deutschen Leser die schlichten Tugenden und die Unbesiegbarkeit ihrer Ahnen.[16] Aus zwei Bemerkungen, die Tacitus im übrigen nur im Konjunktiv formuliert, leiteten sie ab, daß die Germanen *bodenständig* und ihre Rasse *rein* gewesen sei:

> Die Germanen selbst würde ich für Eingeborene halten und glauben, daß sie in keiner Weise durch die Niederlassung fremder Völker oder durch Gastfreundschaft gemischt worden seien [...] Ich für meine Person schließe mich der Meinung jener an, die glauben, daß die Völker Germaniens niemals durch Verbindungen mit anderen Stämmen besudelt wurden und ein eigenes, von jeder Mischung freies Volk darstellen, das nur sich selbst gleicht.[17]

Die deutschen Humanisten hielten sich zunächst, wie wir sehen werden, an den Mythos der Bodenständigkeit oder der »Scholle«; erst in dem Maße, wie man die biblischen Genealogien fallen ließ, wurde die Betonung auf die Rasse oder auf das »Blut« gelegt. Psychoanalytisch ausgedrückt, könnte man sagen, das Zeugnis des Tacitus, das unbedenkliche Zeugnis eines Römers, stellte die wichtigste »Realitätsparzelle« dar, um die herum sich in neuerer Zeit der deutsche Größenwahn bildete.

Zur Verteidigung und Illustration der deutschen Überlegenheit wurden von der zweiten Hälfte des sechzehnten Jahrhunderts an noch eine Menge anderer Argumente herangezogen, vor allem zwei große Erfindungen jener Zeit: das Schwarzpulver und die Buchdruckerkunst. Neben Johann Gutenberg wird der sagenhafte Berthold Schwarz zum Stolz der Nation. Das Aufblühen der Städte und des Handels in Süddeutschland bringt Mäzene und ein Publikum für die ersten patriotischen Schriften hervor. Ja, noch mehr: Apologien dieser Art finden gegen Ende des Jahrhunderts einen mächtigen und ehrgeizigen Abnehmer in der Person Kaiser Maximilians I., des Begründers der österreichischen Großmacht.

1501 legte der Hofdichter Heinrich Bebel vor dem Kaiser die historischen Grundlagen der Ansprüche des Hauses Österreich dar, dessen Devise von da an A.E.I.O.U.[18] lautete. Hatten die Germanen nicht dereinst die ganze Welt erobert und Völker unterworfen, die sich manchmal nicht einmal mehr daran erinnerten, deutsch gewesen zu sein? Und waren sie nicht von den edelsten Bestrebungen getrieben, von christlichem Idealismus, der den nur nach Ruhm und Macht begierigen Römern unbekannt war? In diesem Zusammenhang warf Bebel den lateinischen Autoren – selbst jenen, auf deren Schriften er sich stützte – vor, aus Neid oder Haß gar manche Großtaten germanischer Helden des Altertums verheimlicht zu haben.[19]

Jeder der deutschen Humanisten wandelte dieses Thema von der germanischen Größe auf seine Art ab; sie wetteiferten miteinander in Vielfalt und Neuheit der Argumente. Der Elsässer Wimpheling hob bereits hervor, daß die »Neueren« den »Alten« nichts verdankten: Wir haben Karl den Großen, die Ottonen, die Friedriche, rief er aus, wir können den Römern ihre Helden lassen (zumal Trier 1250 Jahre vor Rom gegründet worden sei); nichtsdestoweniger rühmte er jene römischen Kaiser, etwa Diokletian oder Valentinian, denen er eine germanische Abkunft zuschrieb.[20] Der Schwabe Johann Naukler betonte in seiner Chronik als erster die *Bodenständigkeit* der alten Germanen, die er, nach dem Zeugnis des Tacitus, auf einen Ahnherrn Tuisto oder Tuisco zurückführte, allerdings ohne noch die Abstammung von Japhet für falsch zu erklären.[21] Der fromme Bayer Aventin-Thurmair grub den »askanischen« oder sächsischen Ursprungsmythos wieder aus, kombinierte den des Tacitus mit der Genesis und machte Aschkenas, den Sohn Gomers und Neffen Tuistos, zum Stammvater aller Deutschen.[22] Dagegen löste sich sein junger Landsmann Irenicus-Friedlieb entschlossen von den biblischen Genealogien, stimmte einen Triumphgesang auf den Fall Roms an und verkündete nach dem Vorbild des »oberrheinischen Revolutionärs«, daß das germanische Reich das älteste der Erde sei.[23] Der Rheinländer Beatus Rhenanus, bekannt für seinen kritischen Geist, hielt es mit den schmeichelhaften Etymologien: *Germane* bedeutete für ihn *Gar-Mann*, ganzer Mann, *totus seu robustus vir,* und er identifizierte sich auf besonders prägnante Weise mit den großen Ahnen: »Unser sind die Triumphe der Goten, der Vandalen und Franken! Unser ist ihr Ruhm in den Provinzen des römischen Reichs!«[24] Der Franke Celtis-Pickel, der weitgereiste Tacitus-Übersetzer, versah das alte »Germanien« mit Grenzen, die über die sarmatischen oder skythischen Ebenen verliefen.[25] Der lutherische Sektierer Sebastian Franck betonte den Vorteil der »Bodenständigkeit«, ohne ein Blatt vor den Mund zu nehmen: Das Privileg der Deutschen, schrieb er, habe darin bestanden, daß sie nicht aus irgendeiner anderen Gegend gekommen, hergefegt wie Unflat, sondern an Ort und Stelle von Tuisto, dem Enkel Noahs, gezeugt worden seien; folglich bilden für ihn das deutsche Land und der Ursprung der Deutschen eine untrennbare Einheit.[26] Niemand jedoch tat mehr für den entstehenden Germanenwahn als der berühmte Ritter Ulrich von Hutten, der Gründer des nationalen Hermann-Kults; für ihn waren die freien und edlen Deutschen ein *weltherrschendes Volk,* die natürlichen Beherrscher der Erde. Der *Mannhaftigkeit,* der Haupttugend der Deutschen, setzte Ulrich von Hutten die romantisch-welsche *Weibischkeit* entgegen: »Ein Frauen-Volk, eine verweichlichte Schar ohne Herz, ohne Mut, ohne Tugend. Keiner von ihnen hat je gekämpft, noch versteht er etwas von der Kriegskunst. Und diese Leute beherrschen uns! Dieser Hohn dringt mir ins Herz [...]«[27] So zeichnete sich allmählich ein Archetypus des germanischen Ahnherrn ab, zu dem jeder Autor das Seine beitrug; die Phantasmen des »Revolutionärs« scheinen nur das Extrem dieses Archetyps zu sein.

Luther fiel es schließlich zu, den Aufstieg eines Nationalismus, der in die Reformation einmündete und dem Luthertum die spezifisch germanische Färbung verlieh, zu fördern und zu mehren: »Ich bin für die Deutschen geboren und möchte ihnen dienen.«[28] Als Christ oder als Deutscher? Betrachten wir eine wichtige Schrift des Reformators, *An den christlichen Adel deutscher Nation...* (1520), »das Werk, das man gelesen haben muß, wenn man die Entwicklung des modernen Deutschlands verstehen will«.[29] Es ist zunächst einmal der Herzensschrei eines Christen: nur nebenbei stellt Luther an der Stelle, wo er es wagt, den Papst mit dem Antichrist zu vergleichen, diesem eine deutsche Nation gegenüber, deren edle Natur, Beständigkeit und Treue alle Historiker lobten.[30] Aber in einem kurzen Kapitel, das Luther nachträglich anfügte[31] (so als hätte er eine Lücke füllen wollen), »setzt der Deutsche seine Kriegstrompete an den Mund« und präsentiert Rom die Rechnung:

> Da nun der Papst [...] den Kaiser zu Konstantinopel nicht konnte nach seinem Mutwillen zwingen, hat er ein solches Fündlein erdacht, ihn desselben Reiches zu berauben und es den Deutschen, die zur Zeit streitbar und guten Ruhmes reich waren, damit sie des römischen Reichs Gewalt brächen und es von ihren Händen zu Lehen ginge. Und ist auch also geschehen Dem Kaiser zu Konstantinopel ist's genommen und uns Deutschen der Name und Titel desselben zugeschrieben; sind damit des Papstes Knechte geworden, und ist nun ein ander römisch Reich entstanden, das der Papst hat auf die Deutschen gebauet [...] Wir haben den Namen, und sie das Land und die Städte. Denn sie haben allezeit unsere Einfältigkeit mißbraucht zu ihrem Übermut und Tyrannei und heißen uns tolle Deutsche, die sich äffen und narren lassen, wie sie wollen [...] Also sind wir Deutsche hübsch deutsche gelehret: da wir vermeint, Herren zu werden, sind wir der allerheiligsten Tyrannen Knechte geworden [...]

Der Wahn, der sich hier abzeichnet – vom tapferen Germanen, der ins Netz der lateinischen Arglist geraten ist – gleicht dem eines Ulrich von Hutten; um so mehr, als Luther unter großem Aufwand an Bibelzitaten Deutschland empfiehlt, die von der Vorsehung geschaffene Verbindung zwischen Gottes Fügung und der Arglist böser Menschen auszunützen, ohne sich mit Gewissensskrupeln zu belasten. Da das Reich durch eine Fügung Gottes und die Machenschaften böser Menschen den Deutschen gegeben worden sei, sollten sie es nicht aufgeben. Das alles sei Gottes Wille. Gott wolle, daß dieses Reich von den christlichen Fürsten Deutschlands regiert werde. Der Reformator bewahrte sich diese Geisteshaltung durch die Jahre – so etwa, als er 1532 verkündete, keine Nation werde mehr verachtet als die deutsche. Italien nenne die deutschen Dummköpfe; Frankreich, England verspotteten sie, alle anderen desgleichen. Wie ein deutscher Historiker 1931 bemerkte, »blieben diese Anschauungen und Anklagen Luther sein ganzes Leben zu eigen, sie finden sich im *Christlichen Adel* von 1520 wie in dem *Papsttum zu Rom, vom Teufel gestiftet* von 1545. Sie zeigen seine innere Anteilnahme an dem Kaisertum als einem nationalen Besitz des deutschen Volkes, das durch die göttliche Übertragung dieser pflichtvollen Würde zum Vorvolk der Christenheit geworden ist. Dieses Kaisertum Luthers ist nicht mehr allein das einer Person übertragene Amt, es gehört der gesamten Nation an.«[32] Der Luther-Biograph Otto Scheel berichtet, sein Held habe am Ende seines Lebens von einem geeinten, mit einem unbesiegbaren Heer ausgerüsteten Deutschland geträumt.[33]

Aber bereits in seinen ersten Kämpfen pries Luther andächtig seine Muttersprache: Er danke Gott, daß er ihn in der deutschen Sprache hören und finden könne, den noch niemand jemals im Lateinischen, Griechischen oder Hebräischen habe finden können (1518). Das Deutsche wurde in den Rang einer vierten heiligen Sprache erhoben; es galt als bewunderungswürdiger als jede andere, nur das Hebräische vor der babylonischen Sprachenverwirrung, die Sprache Adams, ließ sich damit vergleichen; oder aber es wurde gar, wie bei Luthers Zeitgenossen Paracelsus, zu einer »adamischen Sprache«.[34]

Den Ursprung der Deutschen, so versteht es sich von selbst, suchte Luther im Licht des Genesis-Mythos zu erklären. In diesem Rahmen entschied er sich für die »japhetisch-aschkenasische« Genealogie und leitete daraus das Erstgeburtsrecht seines Volkes ab, da Aschkenas der Erstgeborene Gomers und dieser der älteste Sohn Japhets war. Halten wir noch fest, daß der Reformator, der die Religionsspaltung vollzog und zugleich die einheitliche Nationalsprache schuf, Aschkenas das Verdienst zuschrieb, die Deutschen diese Sprache gelehrt zu haben: »Assanas germanicam linguam docuit [...] Assanas est noster singularis heros.« Es ist nicht das letzte der historischen Verdienste Luthers, seine Landsleute sowohl mit einer gemeinsamen Sprache als auch mit einem gemeinsamen Ahnherrn bedacht zu haben – mit einem Ahnherrn, den er den besonderen Überlieferungen Sachsens, seines Geburtslandes, entnommen hatte.[35]

Luther, der vor allem um das Innenleben und Heil seiner Deutschen besorgt war, ging nicht über die Prätentionen der Humanisten hinaus; was er davon aber beibehielt, ist dann – und zwar mit besonderer Autorität – ins nationale Erbe eingegangen.

Einer der besten Kenner des deutschen Humanismus, Paul Joachimsen (1867-1930), hat die große Veränderung der Zeit von 1450 bis 1550 folgendermaßen zusammengefaßt:

> Es ist eine nationale Romantik mit scharf bestimmten Zügen, die wir hier aus dem deutschen Humanismus sich erheben sehen. Sie ruht nicht viel anders wie an der Wende des achtzehnten und neunzehnten Jahrhunderts auf dem Begriff dieses *deutschen Volkstums,* der nun alle gegebenen Lebensformen der Nation mit einem neuen Inhalt zu erfüllen versucht. Zunächst den Begriff »deutsche Na-

> tion« selbst [...] Wichtig aber ist, daß dieser Begriff des Volkstums durch die [...] Anknüpfung an die germanische Urzeit ein bestimmtes *Ideal des deutschen Menschen*[36] aus sich heraustreibt. Die »deutsche Einfalt«, von der man wohl schon vorher halb entschuldigend gegenüber den anderen Nationen gesprochen hatte, wird ein Stück nationaler Besonderheit, auf das man als Urvätererbe stolz ist. Man erfaßt den deutschen Nationalcharakter als eine ethische Forderung, an der man klagend oder preisend die Gegenwart mißt, und sucht von da aus einen deutschen Stil des neuen Lebens zu gewinnen. Ebenso werden auch die Vorstellungen von dem Imperium der deutschen Nation durch diese romantische Vergangenheitsbetrachtung verändert. Es soll seinen Rechtsgrund nicht mehr aus irgendeiner päpstlichen Übertragung herleiten, sondern aus dem Erbanspruch germanischer Volkskraft, die in der Völkerwanderung den römischen Koloß niedergeworfen hat.[37]

Wir können nun versuchen, das so skizzierte nationale »Kulturmodell« in seinen spezifischen Zügen zu interpretieren. Wir sehen, daß das neue »Ideal des deutschen Menschen« auf seine Art mit der mittelalterlichen Tradition bricht. Das Vermächtnis der Antike wird nicht mehr pietätvoll übernommen, sondern mit roher Gewalt geraubt, und die Germanen der Humanisten werden zu Erben ihrer eigenen Werke. Davon ausgehend, wird der Akzent auf die Bodenständigkeit gelegt. Die Nachwelt wird aufgefordert, sich von nun an mit diesen unbesiegbaren Germanen, die den »römischen Koloß zertrümmert« haben, zu identifizieren: Man versichert ihr, daß sie den Alten, den Vätern, deren Platz sie durch die Eroberung der ganzen Welt eingenommen hätte, nichts zu verdanken habe. Dieser Bruch der tatsächlichen historischen Abstammungsreihe oder diese Weigerung, sich mit den »kulturellen Vorfahren« zu identifizieren (was eine Ablehnung der Elternfunktion bedeuten kann) tritt in einer im Dritten Reich veröffentlichen Arbeit deutlich zutage; die Autorin war natürlich kaum darauf erpicht, psychoanalytische Interpretationen zu liefern – aber deshalb ist ihre Beobachtung nur um so wertvoller für uns:

> Aus der humanistischen Fragestellung nach dem Ursprung des einzelnen Volkes und damit nach seiner Stellung in der Ordnung der Welt wächst neben dem Maßstab des Alters ein neuer auf: – die *Abstammung aus sich selbst.*[38]

Bemerkenswert ist, daß der deutsche Ursprungsmythos mit seiner neuen Betonung der »Bodenständigkeit« oder der »Abstammung aus sich selbst« (eine Art »Selbstzeugung«) in Europa nicht einzig dasteht. Weiter im Osten hat die russische Kultur ebenfalls im Lauf der Jahrhunderte das *Kulturmodell* eines jungen Heldenvolkes hervorgebracht, das seiner eigenen Scholle entsprungen und aus diesem Grund den Völkern des »alten Westens« überlegen ist. Wir verweisen in diesem Zusammenhang auf die Arbeit Alain Besançons, der in diesem Punkt für uns richtungweisend war.[39] Aus seiner Untersuchung geht jedoch hervor, daß sich das in der russischen Kultur und Geschichte vorherrschende Modell am »leidenden Christus« inspirierte oder, wie vor allem die Geschichte der Dynastien zu beweisen scheint, am Sohn, der vom Vater geopfert wird (»der geopferte Zarewitsch«); daher kommt höchstwahrscheinlich der echt christliche Charakter dieses Modells. Die historischen Spekulationen der deutschen Humanisten gipfelten im Vorschlag einer genau umgekehrten Lösung: Hinter den Zügen des »römischen Kolosses« verbirgt sich der Vater in der Rolle des Vertriebenen oder sogar Vernichteten, und der Sohn eignet sich dessen Rechte und Macht, die »Weltherrschaft«, an — sei es, daß der »Boden« die Mutter symbolisiert oder daß die aus »Boden« und »Ursprung« gebildete Einheit (wie bei Sebastian Franck) auf eine präödipale narzißtische Verschmelzung hinweist; denn »das Ideal des deutschen Menschen« vermochte, wie jedes Ideal, seine Anhänger auf verschiedenerlei Art zu begeistern und je nach der individuellen Problematik unterschiedliche psychische Mechanismen in Gang zu setzen. Jedenfalls gehört nach Meinung der Humanisten dem Germanen die ganze Welt, kraft des Erobererrechtes. Ein solcher Archetyp, triumphierend und barbarisch, war natürlich unvereinbar mit dem christlichen Ideal, wie groß dessen Formbarkeit auch gewesen sein und welche historischen Wandlungen es auch durchgemacht haben mag. Diese Unvereinbarkeit kam ans Licht, sobald das geistige Klima des Abendlandes es erlaubte: im neunzehnten Jahrhundert entstanden in Deutschland und nur in Deutschland einerseits die »germanisch-christlichen« Häresien, anderseits mehrten sich dort die Versuche einer Wiederbelebung des vorchristlichen Heidentums.

Diese theologischen oder ideologischen Bestrebungen, die meist ein Aufbegehren gegen den »jüdisch-christlichen Sündenbegriff« implizieren, stehen wohl im Zusammenhang mit dem hervorstechenden Merkmal des archetypischen Germanen (oder des »idealen deutschen Menschen«): einem unerschütterlich reinen Gewissen oder vielmehr einem

Gewissen, das um jeden Preis ein reines sein will –, so daß wir schließlich ein Phantasma ohne jedes Gewissen vor uns haben (die »blonde Bestie« – ein Tier, kein Mensch). Der Preis jedoch, der in Form von Abwehr – und Projektionsmechanismen zu zahlen ist (wobei per definitionem »fremdländische Feinde« als Zielscheibe gewählt werden), ist sehr hoch; die politischen Konsequenzen sind ja bekannt. Im Zusammenhang mit der deutschen Geschichte hat man unter anderem oft auf die geographische oder geopolitische Schicksalhaftigkeit hingewiesen, die Deutschland zum »Land der Mitte« gemacht hat (wir könnten diesbezüglich Bemerkungen von Nietzsche und Max Weber zitieren). Man strich auch, insbesondere nach 1945, die autoritäre Erziehung in Deutschland heraus; es liegt jedoch nahe, daß diese die Anziehungskraft des »Ideals des deutschen Menschen« nur noch vermehrte, da die jugendliche Rebellion sich dadurch in eine patriotische Form gießen und nach außen ablenken ließ. Wir glauben daher, daß die wahre Bedeutung der deutschen Geschichte in dem über die Jahrhunderte hin kumulativ gewachsenen Einfluß eines Phantasmas von ganz bestimmter Art liegt.

Daraus entstehen von Zeit zu Zeit Schübe eines Verfolgungswahns, der sich gegen eine als nicht-deutsch, als fremd empfundene Bedrohung richtet (Rom, die Welschen, die Slawen, die Juden); der Wahn führt dazu, daß die Reihen dichter geschlossen werden. Er läßt den Plan aufkommen, Feinde anzugreifen und zu vernichten, die zugleich imaginär und real sind (der Anteil der Einbildung gewinnt dabei leicht die Oberhand); und zwar Feinde, deren bloße Existenz als Provokation empfunden werden kann (um wieder auf die von uns behandelte Zeit zurückzukommen): es reichte aus, daß Rom noch existierte, damit die »Welschen« fortwährend bereit waren, ihre kulturelle Überlegenheit und ihre Vorrangstellung zum Ausdruck zu bringen, ja sogar Siege auf dem Schlachtfeld zu erringen. Daher die in ihrer Übertriebenheit charakteristischen Anfälle eines flammenden deutschen Patriotismus, daher auch die Tradition – deren Entstehung man auf diese Weise datieren kann – der »nationalen Demütigungen«, die Deutschland zugefügt wurden. Was den französischen »Erbfeind« betrifft, so trat der deutsche Humanismus anläßlich des politisch-dynastischen Streits auf den Plan, der 1488-1492 um die Herzogin Anne de Bretagne tobte, die mit Maximilian ferngetraut worden war und schließlich Karl VIII. ehelichte (was den Anschluß der Bretagne an Frankreich zur Folge hatte). Von Wimpherling 1491 bis Sebastian Brant 1519 suchten die Humanisten diesen Schimpf literarisch zu rächen, gegen den natürlich auch der »oberrheinische Revolutionär« wetterte; und als Franz I. in der Schlacht von Pavia gefangengenommen wurde, rief ein Dichter aus: »Es scheint mir, daß sie heute fein gerächt worden ist, die Demoiselle aus der Bretagne!«[40] Als sich im zweiten Viertel des neunzehnten Jahrhunderts die »Germanomanie« in Deutschland bis in die gebildeten Kreise hinein ausbreitete, nahm sich Heinrich Heine, nachdem er nach Frankreich emigriert war, auf seine Weise dieser unversöhnlichen Rachegefühle an: »Einst im Bierkeller zu Göttingen äußerte ein junger Altdeutscher, daß man Rache an den Franzosen nehmen müsse, für Konradin von Staufen, den sie in Neapel enthauptet haben. Ihr habt das gewiß längst vergessen. Wir aber vergessen nichts. Ihr seht, wenn wir mal Lust bekommen, mit euch anzubinden, so wird es uns nicht an triftigen Gründen fehlen.«[41] Diese tiefverwurzelte Empfindsamkeit, die nach dem Kollektivtrauma von der nationalistischen Propaganda weidlich ausgeschlachtet wurde, wird vielleicht am besten durch die berühmten Versprecher Wilhelms II. in den Zeiten des deutschen Triumphs illustriert.

Es braucht nicht gesagt zu werden – aber es ist besser, wenn man es sagt –, daß die individuelle Paranoia oder Neurose, klinisch gesprochen, in Deutschland nicht häufiger auftrat als in den anderen europäischen Ländern (wenngleich die autoritäre Erziehung und die nationale Tradition der Disziplin bestimmte Neurosen tendenziell förderten.) Dennoch bleibt die Tatsache bestehen, daß das Ideal des deutschen Menschen, in der Zeit des Humanismus entworfen, im neunzehnten und zwanzigsten Jahrhundert einen wohl entscheidenden Einfluß ausgeübt hat, indem es sich auf zweierlei Weise auswirkte: Deutsche jedweden Charakters suchten in wachsender Zahl diesem patriotischen Modell ähnlich zu werden, und das Leben folgte dem Vorbild von Geschichte und Politik (die von diesem Standpunkt aus charakteristischste Zeit war jene der »Germanomanie« kurz nach den Napoleonischen Kriegen). Gebührend vorbereitete Deutsche mit Neigung zu Rachsucht oder Größenwahn – darin dem imaginären »Idealmenschen« ähnelnd – setzten sich infolge der Auslese in wachsender Zahl im öffentlichen Leben durch. (Beweis dafür ist die Geschichte des Zweiten Reiches und vor allem diejenige des Dritten!) Wir glauben, daß man bei jeder Reflexion über die deutsche Geschichte zwischen 1871 und 1945 in geradezu augenfälliger Weise auf die Bedeutung und das Funktionieren dieser soziologischen Mechanismen stößt, die einerseits eine Art Druck ausübten und anderseits selektiv wirkten. Jedes Erklärungsschema muß, um befriedigend zu sein, die sozialen Verstärkungen berücksichtigen, die zugleich mit den von der Wirtschaftsgeschichte bestimmten die geistige Kluft zwischen der psychiatrischen Interpretation und der politischen Tragödie Europas überbrücken.

Nehmen wir nun den Faden unserer Betrachtung wieder auf und beginnen wir mit einem charakteristischen Aspekt der deutschen Geschichte, der im neunzehnten Jahrhundert sichtbar wurde, sich aber bereits zu Luthers Zeiten abgezeichnet hatte. Es handelt sich um eine spezifisch germanische Form der angeborenen Religiosität, die man vor allem in den Schriften Eberlin von Günsburgs, des populärsten Propagandisten Luthers in den Jahren 1520-1530, findet.[42] Nach den Worten dieses ehemaligen Franziskaners seien die alten Germanen »brave und fromme Deutsche«, »christliche Leut« gewesen. Sie seien einst von Missionaren aus Rom, die ihnen ein verfälschtes und »beschnittenes« Evangelium predigten, vom rechten Weg abgebracht worden, und so sei das deutsche Volk auf betrügerische Weise vom christlichen Gesetz zum päpstlichen, von der Fülle zum Elend, von der Wahrheit zur Lüge, von der Mannhaftigkeit zum Weibertum gekommen. Luther aber und von Hutten, die Abgesandte Gottes seien, hätten sie wieder auf den rechten Weg zurückgeführt. Nun gefalle es Gott, durch die deutsche Nation den wahren christlichen Glauben über die ganze Welt zu verbreiten. Dieser Aufgabe werde sie nachkommen dank ihrer besonderen Eigenschaften, die Eberlin nach Art der Humanisten aufzählt, wobei er auch die Erfindung »der neuen und nützlichen Buchdruckerkunst« nicht vergißt.

Andere Autoren, katholische ebenso wie lutherische, entwickelten jeder auf seine Weise genealogische Theorien und korrigierten oder ergänzten die Bibel durch den Tacitus. Nach der am weitesten verbreiteten Ansicht, die bis ins achtzehnte Jahrhundert vertreten wurde und, was die Ursprünge oder die »Bodenständigkeit« der Deutschen angeht, den biblischen Mythos bevorzugt, sei der Ahnherr Askenas (der mit dem Tuisto des Tacitus gleichgesetzt wird) von Asien nach Europa gekommen und habe dort den Glauben der Patriarchen an einen einzigen, unsichtbaren Gott gepredigt. Seine Nachkommenschaft, die sowohl die Germanen als auch die Kelten (welche meist als ein germanischer Stamm angesehen wurden) umfaßt habe, sei das europäische *Urvolk* gewesen, und Deutsch die Ursprache des europäischen Kontinents.[43] Broschüren und Flugblätter wiederholten und vereinfachten diese Ansichten für die breite Öffentlichkeit und dehnten die Stammbäume bis zu Arminius-Hermann, Ariovist-Ehrenfest und Karl dem Großen aus. Bildliche Darstellungen zogen den letzten Schluß: So zeigte etwa eine

»Beschreibung altdeutscher Helden« unter der Überschrift *Germania domitrix gentium* eine geflügelte Frau, das kaiserliche Zepter und den Reichsapfel in Händen, den Fuß auf die Weltkugel gesetzt.[44] Wir erkennen »die Königin aller Provinzen, den Adler aller Reiche« des Coryat-Kircher (vgl. weiter oben S. 64) wieder. Auch die Musik wurde nun zu einer deutschen Erfindung; dem berühmten Johann Fischart zufolge habe Orpheus deutsch gesungen; nach Ansicht des lutherischen Musikographen Wolfgang Spangenberg verdankten die Deutschen auf diesem Gebiet nichts den Römern oder den Griechen, da sie die Kunst des Gesanges direkt von den Patriarchen Noah und Japhet übernommen hätten.[45]

Blieb noch die Schlußfolgerung, daß diese Patriarchen deutsch sprachen. Eine diesbezügliche gelehrte Theorie wurde in den Niederlanden ausgearbeitet – was uns daran erinnert, daß die Germanomanie erst spät, nach der Gründung des »Zweiten Reichs«, eine rein deutsche Angelegenheit wurde. Wir sprachen bereits von den schwedischen Bestrebungen, und auch manche Schweizer Humanisten verdienen in dieser Hinsicht Erwähnung.[46] In der zweiten Hälfte des sechzehnten Jahrhunderts sind es jedoch die reichen und unabhängigen Niederlande, die zum wichtigsten Zentrum des Kults der germanischen Sprache werden.

Unmittelbar nach der Erhebung der Niederlande gegen die spanische Herrschaft versuchte der Antwerpener Arzt Goropius Becanus zu beweisen, daß die biblischen Patriarchen, mit Adam an der Spitze, ein germanisches Idiom gesprochen hätten. Er fügte zu den bereits zitierten historischen oder historisch-genealogischen »Beweisen« noch andere, philologische hinzu, wobei er insbesondere auf die Einsilbigkeit zahlreicher deutscher Wörter hinwies, deren Klang das Wesen der Dinge selbst wiedergebe. Auch das Hebräische leite sich von der allgemeinen germanischen Ursprache her.

Die These des Goropius wurde mit Sympathie, wenn auch nicht vorbehaltslos aufgenommen. Tatsächlich klang der Vorrang des Deutschen vor dem Hebräischen nach Ketzerei. Goropius' Landsleute übernahmen von seinen Gedanken den vom Alter und von der »Authentizität« der germanischen Sprachen, denen sie das Lateinische und Griechische gern unterordneten; das Hebräische aber setzten sie wieder in den Rang der Sprache Adams und Evas ein.[47] Der Kult der Nationalsprache war in den Niederlanden – in ihrer Glanzzeit – eine ernste Angelegenheit. So lobt zum Beispiel Hugo Grotius sie in einem der *lingua germanica* gewidmetem Gedicht dafür, daß sie nicht (wie die lateinische Sprache) den unterworfenen Völkern vom Sieger aufgezwungen worden und daß sie von jeder ausländischen Ansteckung frei geblieben sei (offenbar eine Anspielung auf das Englische). *Lingua imperare nata,* rief er aus.[48]

Zu Beginn des siebzehnten Jahrhunderts war die Universität Leyden die geistige Hauptstadt Nordeuropas. Dort studierte und lehrte später der Danziger Philipp Clüver (1580-1622), der heute als einer der Begründer der historischen Geographie gilt; dieser fromme Lutheraner schenkte den Deutschen damals einen neuen Stammbaum, der noch viel glorreicher war als jener der Humanisten. Der Tuisto des Tacitus war nicht mehr Askenas: er wurde zum wahren, einzigen Gott selbst, der sich den Germanen geoffenbart hatte. Sein Sohn, der *Mannus* des Tacitus, wurde zu Adam, und dessen drei Söhne Inguo, Istio und Ermio wurden Sem, Ham und Japhet [...] Ferner tauchen bei Clüver, einem eifrigen Leser der alten skandinavischen Chroniken, zum erstenmal die Namen der germanischen Gottheiten Woden, Freya und Ostara auf; damit suchte jedoch auch er zu beweisen, daß die alten Germanen einige Rudimente des wahren Glaubens empfangen hätten.[49]

Einige andere deutsche Autoren des siebzehnten Jahrhunderts – der Chemiker Kirchemaier, der Polyhistor Conring, der Philologe Freinsheim – priesen bereits die Reinheit der germanischen *Rasse,* klagten die christlichen Sitten an, diese Reinheit angetastet zu haben, oder empfahlen sogar gesetzliche Maßnahmen, um diese Reinheit wiederherzustellen.[50] Doch ihre Schriften übten keine bleibende Wirkung aus, und ihre Namen sind (mit Ausnahme Conrings) völlig vergessen. Vielleicht war die Zeit noch nicht reif. Immerhin setzte bald ein eifriger Purismus ein, der aber nicht wie im Zeitalter der Wissenschaft, sozusagen vor unseren Augen, der *Rasse* galt, sondern damals, noch im Zeitalter des Glaubens, dem Schutz der *Muttersprache.*

Es ist richtig, daß diese Sprache in dem vom Dreißigjährigen Krieg verwüsteten Deutschland, durch das kreuz und quer fremde Truppen gezogen waren, ebenfalls überfremdet und »kolonisiert« erschien. Das französische Übergewicht machte sich auf allen Gebieten bemerkbar. Der »welsche« Einfluß wirkte in französischer Form noch widerwärtiger als in lateinischer. »Von einer fremden Sprache beherrscht und tyrannisiert zu werden, ist ein ebenso schweres Joch, wie von einer fremden Nation unterdrückt zu werden«, verkündete Martin Opitz, der »Vater der deutschen Dichtkunst«.[51] Die Reaktion war überaus heftig, und ihre Auswirkungen sind heute noch spürbar. Die deutsche Sprache, und nur sie, formt fortwährend eigenstämmige Komposita, um international übliche Ausdrücke mit griechischer oder lateinischer Etymologie zu ersetzen, wie etwa »Geographie« durch »Erdkunde« oder »Television« durch »Fernsehen«.[52] Drückt diese Fremdwörterphobie nicht die Weigerung des »deutschen Menschen« aus, anzuerkennen, daß er den Alten etwas verdankt? Festzustellen bleibt, daß die Sprachsäuberer des siebzehnten Jahrhunderts – im Gegensatz zu den biologischen Puristen des zwanzigsten – im großen und ganzen ihr Werk von Erfolg gekrönt sahen.

Die großen Vorkämpfer der Muttersprache sind zugleich die Autoren, deren Namen die Nachwelt für erinnernswert hielt. Fast alle von ihnen unterstreichen nicht nur die Qualitäten dieser Sprache, sondern auch die Tugenden der Ahnen, wie zum Beispiel der Satiriker Johann Michael Moscherosch, der seinen galloromanischen Zeitgenossen von dem legendären König Ariovist-Ehrenvest[53] die Leviten lesen läßt, oder der Dramatiker und Romancier Daniel Caspar von Lohenstein, bei dem die Germanen das *Postament* der gesamten Geschichte bilden (Adam und Eva werden bei ihm durch »Tuisto« und »Hertha« verkörpert[54]). Der interessanteste Fall ist jedoch zweifellos Johann Jacob von Grimmelshausen, der bedeutendste Name in der deutschen Literatur des siebzehnten Jahrhunderts. Sein großes volkstümliches Werk, der Schelmenroman *Simplicius Simplicissimus,* ist ein getreues Zeitdokument aus dem Dreißigjährigen Krieg. Eine seiner vielen Figuren ist ein Wahnsinniger, der sich für Jupiter hält und den Deutschen eine Epoche allgemeinen Friedens ankündigt, die er einzuführen verspricht. Hören wir, was der »Läusegott« weissagt:

> [...] Die griechische Sprach werde ich alsdenn verschwören und nur Teutsch reden, und mit einem Wort mich so gut teutsch erzeigen, daß ich ihnen auch endlich, wie vor diesem den Römern, die Beherrschung über die ganze Welt zukommen lassen werde [...] Ich will einen teutschen Helden erwecken, der soll alles mit der Schärfe des Schwertes vollenden [...] Ich fragte meinen Jovem, was dann die christliche Könige bei der Sach tun würden? Er antwortet: »Der in Engeland, Schweden und Dänemark werden, weil sie teutschen Geblüts und Herkommens: der in Hispania, Frankreich und Portugal aber, weil die alte Teutschen selbige Länder hiebevor auch eingenommen und regiert haben, ihre Kronen, Königreiche und inkorporierte Länder von der teutschen Nation aus freien Stücken zu Lehen empfahlen. Und alsdenn wird [...] ein ewiger, beständiger Fried zwischen allen Völkern in der ganzen Welt sein.«[55]

Unwichtig, ob Grimmelshausen, wie manche Exegeten glauben, sein Volk vor den falschen Messiasen[56] warnen wollte oder ob er, wie andere versichern, dem Narren seine eigenen geheimen Wünsche und Träume in den Mund legte.[57] Wir finden bei ihm den Messianismus des »oberrheinischen Revolutionärs« wieder und unter der Maske des »Edelmannes Jupiter« den Kaiser Friedrich, die erste Version des »Ideals des deutschen Menschen«. In einem weniger bekannten Werk Grimmelshausens, dem *Teutschen Michel,* stehen, auf wenigen Seiten zusammengedrängt, die meisten der bereits bekannten Argumente und Schlußfolgerungen: Die Germanen sind von reiner Rasse; sie haben sich vor undenklichen Zeiten, vor der babylonischen Sprachenverwirrung, in Europa niedergelassen; indem sie den römischen Adler bezwangen, unterjochten sie das gesamte Abendland, brachten Königs- und Adelsgeschlechter hervor. Der Kreis schließt sich mit einem Loblied auf die Sprache, die ebenfalls »rein« sei, eine *»in, an und für sich bestehende Heldensprache«,* im Gegensatz zu allen anderen, den »zusammengeflickten« Sprachen, den »Flicksprachen«.[58]

Andere ziehen es vor, von der »Bettelei« jener Sprachen zu reden, wie etwa Justus Georg Schottel, der größte Grammatiker seiner Zeit. Lutheraner wie fast alle zitierten Autoren, verfaßte er eine lange »Lobrede« auf die deutsche Sprache, die mit einer Genealogie beginnt:

> Nachdem nun also die einige allgemeyne Sprache zertrennet / und die Menschen über die gantze Welt her zerstreuet worden / ist Ascenas als ein Oberhaußvater seines Geschlechts mit seinem gantzen Geschlechte durch klein Asien in Europen gezogen / sich daselbst niedergelassen / die Länder ausgetheilet, dieselbe gebauet [...] ist ein Altvater der Teutschen / hat mit sich die alte Celtische oder Teutsche Sprache von Babel gebracht [...] wie den noch auf diesen Tag in allen Ländern Europens die Wurtzelen und Stammwörter der Teutschen Sprach verhanden sind / wiewohl durch allerhand Endungen Verwirrungen und Mundarten unterschieden / und durch Vermischung fremder Völker zerrüttet und verdorben [...][59]

Schottel fand diese Wurzeln in der europäischen Toponymie wieder, in den Berg-, Fluß-, Länder- und Städtenamen. Weiter unten sagt er:

> Wenn man die Europeischen Landschaften / samt den Enderungen / so denselben vielfaltiglich zugehangen / überdenken / und

das Sprachwesen zugleich mit beobachten wird / alsdann sol sich das freye uralte große Teutschland wol allein finden / welches von frömder Macht gäntzlich unbezwungen / und von frömden Sprachen unverworren geblieben. Welches denn / nemlich das unvermengte Eigenthum der Sprache / annoch die gewisseste Überzeugung ist dessen / was schon Tacitus vor 1500 Jahren von den Teutschen also gesagt: *Ipsos Germanos indigenos crediderim, minimeque aliarum adventibus & hospitiis mixtos.* Da es hingegen / wenn man Welschland / Spanien / Frankreich / Engeland / Griechenland / auch klein Asien und Africa betrachten würde / gar anders und ein verendertes Sprachwesen daselbst befindlich ist. Es haben unsere uralte Teutsche Vorfahren eiferig in acht genommen ihre Muttersprache / dieselbe frey und reinlich gebraucht / behalten / und ihre Kinder gelehrt / mit nichten [...] von ihren Feinden ihre Rede erbettelt [...] [60]

Leibniz stimmte Schottels Ansichten zu. Fasziniert vom Problem der Sprache wie kein anderer Philosoph vor ihm, studierte er alle Sprachen der bekannten Welt, suchte nach ihren gemeinsamen Wurzeln und sah sich danach in dem Gefühl bestätigt, daß die Nationen eine gemeinsame Ursprache hätten. Er tat den Schritt, den Schottel nicht zu tun gewagt hatte, und brachte diese Ursprache mit der *tütschen Haupt- und Heldensprache* in Verbindung; wenn er Goropius Becanus kritisierte, dann nicht wegen des Inhalts, sondern wegen der Methode seiner Beweisführung.

Welche Sprache konnte diese Ur- oder Wurzelsprache gewesen sein? Leibniz glaubte, sie sei verlorengegangen, ließ aber durchblicken, daß ihr das Deutsche näher stehe als das Hebräische: »Wenn das Hebräische oder Arabische ihr am nächsten kommt, so muß sie darin doch wenigstens schon stark verändert sein, und es scheint, daß der Deutsche mehr Natürliches und (um in der Sprache Jakob Böhmes zu reden) Adamitisches bewahrt hat.« Auch Becanus, so extravagant seine Argumente auch sein mochten, habe »nicht allzu unrecht«, wenn er behaupte, »daß die deutsche Sprache, die er die kimbrische nennt, ebensoviel und mehr Zeichen von etwas Ursprünglichem besitzt als selbst das Hebräische«.[61]

Man fragt sich, ob Leibniz diesen Gedanken von der Vorzeitigkeit des Deutschen gegenüber dem Hebräischen zu Ende gedacht hat. Möglicherweise wurde die Vorsicht des Gelehrten durch die Furcht vor dem kirchlichen Bann verstärkt. Zumindest für Europa behauptete Leibniz kategorisch, der Ursprung der europäischen Völker sei im »germanischen Altertum« zu suchen. Er polemisierte mit den französischen Gelehrten über den Ursprung der Franken und mit den schwedischen über die Herkunft der Goten; und er widmete der Herkunft aller europäischer Völker, die er im Lichte des Ursprungs der Sprachen interpretierte, eine eigene Schrift. Europa wurde so zur Wiege, wenn schon nicht des gesamten Menschengeschlechts, so doch der Weißen:

> So wie Gallien und Italien ihre ältesten Einwohner Germanien verdanken, hat dieses in der Folge Skandinavien auch die seinen gegeben; denn ich halte es für unzweifelhaft, daß die an der Ostsee siedelnden germanischen Stämme zuerst die dänischen Inseln und hierauf Skandinavien selbst kolonisiert haben [...] Mit Sicherheit kann man die Sprache der Dänen, Schweden und Norweger auf das Germanische zurückführen, so wie man die italienische, französische und spanische Sprache auf das Lateinische zurückführen kann; und das, obwohl diese Völker der römischen Herrschaft nur ihre Sprache, nicht aber ihren Ursprung verdanken, denn dieser ist bei den Germanen des Nordens zu suchen [...][62]

Leibniz nahm solcherart die von vielen Archäologen des wilhelminischen Deutschland leidenschaftlich vertretene These vorweg. Diese These aber verteidigte er auf lateinisch, in einer Sprache, die er gegen Ende seines Lebens ab und zu aufgab, aber nicht zugunsten der *Haupt- und Heldensprache,* sondern zugunsten des Französischen, um von den Mächtigen dieser Erde besser verstanden zu werden. In den Augen der Fanatiker gehörte er also zum »Lager der Modegelehrten, die man als Bastarde ihrer Urahnen ansehen kann«, wie in der Folge ein gewisser Pastor Gottfried Schütze erklärte. Diese beschränkten ihre Erkenntnisse auf die griechischen und römischen Wissenschaften und würden auf diese Art zu Fremden in ihrer eigenen Heimat. Sie versündigten sich damit gegen ihre Ahnen.[63]

Zwischen 1746 und 1776 veröffentlichte dieser Pastor, der die Korrespondenz Luthers herausgab, eine Reihe von Schriften zur Verteidigung der Kultur der alten Germanen; darin suchte er nachzuweisen, daß deren religiöse Ethik jener der Griechen und Römer überlegen war und daß sie, im Gegensatz zu diesen, das Menschenopfer nicht kannten.[64] Ein Blick auf die Register seiner Pamphlete mag eine Vorstellung von seinen Argumenten geben: *»Vielgötterei* der Römer, den Germanen verhaßt.« – »*Caesar,* römischer Kaiser, Kaiser geworden mit Hilfe der Germanen, die er zu Unrecht der Gottlosigkeit und Falschheit beschuldigte.« – »*Römer,* ein von den Deutschen verabscheuter Name.« – »*Barbaren,* wie die alten Germanen zu Unrecht genannt wurden.« Diese naive Apologetik zeigt, daß der von den deutschen Humanisten geführte patriotische Kampf unter dem Banner von Sprache und Rasse eine dritte Front zu ergreifen begann, nämlich die der Mythologie. Damals wurde auch der Stammvater Adam in Frankreich und England von den Aufklärern im Namen der Vernunft und der Wissenschaft bereits angezweifelt; in Deutschland wurde der biblische Mythos zunächst von der sogenannten rationalistischen Theologie des achtzehnten Jahrhunderts erschüttert, und diese Kritik fällt zeitlich mit den Versuchen einer Rehabilitierung der germanischen Götter zusammen.

Der naive Pastor Schütze war eine eher unbedeutende Persönlichkeit; der Dichter Klopstock war es, der der Ahnenmythologie zu großer Volkstümlichkeit verhalf. Der neue Kult erhielt sein erstes Heiligtum in Dänemark, wo soeben eine Übersetzung der isländischen *Edda* und Paul Mallets *Geschichte Dänemarks* erschienen waren.

Friedrich Gottlieb Klopstock, seit der Veröffentlichung des *Messias* im Jahr 1750 ein großer und gefeierter Dichter, behandelte zunächst weiterhin biblische oder antike Themen. Seine Bekehrung zur germanischen Mythologie erfolgte 1766-1768 anläßlich eines Aufenthalts in Kopenhagen. »Ich habe die griechische Mythologie hinausgeworfen!«, rief er damals aus.[65] In seinen Oden ersetzte er nun Jupiter durch Wotan, Aphrodite durch Freya und die Parzen durch die Nornen. Es handelte sich jedoch nicht um einen bloßen Austausch: Der erste große Dichter des neuzeitlichen Deutschlands stellte auch als erster deutscher Autor eine neue Weltanschauung zur Diskussion, die einzig mit Hilfe der nordischen Nebelschleier gebildet worden sei.[66] In der Folge verblaßten die griechischen Musen vor den germanischen Kriegsgöttern, und immer mehr Blut floß in den lyrischen und epischen Werken Klopstocks. Ein moderner Kommentator konnte folglich von einer »Empfänglichkeit für eine Art Blutrausch« sprechen: auf jeder Seite der Hermann-Trilogie stoße man auf das Wort Blut.[67]

Müssen wir hinzufügen, daß Klopstock den Kult der deutschen Sprache bis zum äußersten trieb, wobei er den Gebrauch von Fremdsprachen als Hochverrat ansah? In einer der Muttersprache gewidmeten Ode fehlt daher der Hinweis auf die Reinheit der deutschen Sprache nicht:

[...] die der Fremdling nicht entweiht
Teutonien erlag nur Siegen, unerobert [...]
und du bleibst
Die du warst [...].[68]

In seiner *Gelehrtenrepublik,* mit der er das Geistesleben regeln wollte, unterschied Klopstock nebenbei zwischen zwei Arten von Fremden: den »Ausländern« welscher Abstammung und den »Altfranken« aus deutschem Stamm. Er für seinen Teil freute sich bei der Vorstellung, daß das »Blut der alten Cherusker« in seinen Adern fließe; er ging verschwenderisch mit diesem germanischen Blut um, das er überall wiederentdeckte, bald im »Reich an der Rhône, oft im Land an der Themse [...] die Gallier heißen Franken, Engelländer die Briten«.[69] *Der Hainbund,* ein Kreis junger Dichter, der sich um Klopstock sammelte und eine Vereinigung derer sein wollte, die »am deutschesten dachten und fühlten in Deutschland«, versuchte, die patriotischen Regungen des Meisters noch zu übertreffen; aber ihre mittelmäßigen Produkte, pietätvoll ausgegraben von Gelehrten der Nazizeit, haben kaum Spuren in der literarischen Tradition Deutschlands hinterlassen.

Tatsächlich wurde die Fackel von einem unendlich feinfühligeren, viel subtileren und einflußreicheren Mythologen übernommen, von Herder; von ihm als einem bedeutenden Vorläufer des »arischen Mythos« werden wir im zweiten Teil dieser Arbeit ausführlicher zu sprechen haben. Sein Interesse galt allen Mythologien – der biblischen, der antiken und der indischen ebenso wie der nordischen, zu der er lediglich bemerkte, daß »sie uns näher steht als alle anderen«[70], und er war es bekanntlich, der in ganz Mittel- und Südeuropa nationale Traditionen und Gefühle erweckte. Aber bereits sein Schüler Friedrich Gräter (1768-1830), der Gründer der nordischen Zeitschrift *Bragur,* legte den Akzent auf die besonderen, »echt deutschen« Tugenden der Helden der Edda und des Nibelungenliedes.[71] Es sind also zunächst nur einige zaghafte Stimmen, die in Nachfolge und Nachahmung Klopstocks die Religion der alten Germanen preisen und sich Walhalla zuneigen; weit davon entfernt, »hinausgeworfen« worden zu sein, findet die antike Mythologie nach wie vor Verehrer wie Goethe und Winckelmann. Indem sich die erwähnten vergessenen Autoren aber jenen anschlossen, die die Nationalsprache und -rasse priesen, trugen sie dazu bei, der Suche nach einer »germanischen Religion« den Boden zu bereiten.

1780 erhielt die entstehende Germanomanie einen politischen, quasi offiziellen Segen. Der preußische Staatsmann Ewald von Hertzberg machte vor der Akademie der Wissenschaften in Berlin eine Mitteilung über *die Gründe der Überlegenheit der Germanen über die Römer;* darin wiederholte und modernisierte er die alte These der deutschen Humanisten, um zu beweisen, daß *die preußische Monarchie die ursprüngliche Heimat dieser heldenhaften Nationen* sei, welche *die bedeutendsten Monarchien Europas begründet und bevölkert* hätten. Auch verlegte Graf Hertzberg die Wiege der germanischen Stämme nach Brandenburg, *einem neuen Makedonien* – was ihm den schmeichelhaften Vergleich Friedrichs II. mit Alexander dem Großen ermöglichte.[72]

Diese gelehrte Mitteilung blieb nicht unbemerkt; noch 1808 bezog sich der friedliebende Jean-Paul (Johann Paul Richter) darauf, um daraus zu folgern, daß die europäischen Kriege nur Kriege zwischen Deutschen, also Bürgerkriege gewesen seien. Heute, so fügte er kurz nach der Niederlage Preußens hinzu, »teilen wir gerne den Namen der Franken und lassen uns durch die Geschichte daran erinnern, daß die Franzosen mehrheitlich keine Gallier, sondern verpflanzte Germanen sind«.[73]

Wir dürfen annehmen, daß ein solcher Appell, unmittelbar nach Jena und Austerlitz, als Trost dienen sollte und angesichts der Ohnmacht und Zerstückelung Deutschlands Träume von Größe und Macht stärker stimulierte als zu jeder anderen Zeit.

Wie weit waren Vorstellungen dieser Art damals verbreitet? Die Schriften der großen Generation der »Dichter und Denker« zeigen, daß solche Vorstellungen damals unter den Gebildeten üblich waren, aber eher unter den Dichtern als unter den Denkern, und daß jene es nicht versäumten, daraus Schlüsse zu ziehen, die dem Stolz der Deutschen schmeichelten. In diesem Zusammenhang sei nochmals Herder zitiert, der in einer Bemerkung von charakteristischer Zweideutigkeit seine Landsleute vor der Idee einer »deutschen Auserwähltheit« warnte:

> Nur hüte sich der Geschichtsschreiber der Menschheit hiebei, daß er keinen Völkerstamm anschließend zu seinem Lieblinge wähle und dadurch Stämme verkleinere, denen die Lage ihrer Umstände Glück und Ruhm versagte [...] Wir können sehr zufrieden seyn, daß Völker von so starker, schöner, edler Bildung, von so keuschen Sitten, biederm Verstande und redlicher Gemüthsart als die Deutschen waren [...] die Römische Welt besetzten; sie aber deswegen für das erwählte Gottesvolk in Europa zu halten [...], dies wäre der unedle Stolz eines Barbaren.[74]

Die Warnung ist nicht eindeutig formuliert und läßt erkennen, daß es für die Deutschen, die von Napoleon dazu verurteilt worden waren, Patrioten zu werden, nicht leicht war, die Falle zu vermeiden. Herders Ausspruch zeigt deutlich, daß die Wertvorstellungen oder -urteile bereits vorher existiert hatten und daß der neue Ton darin bestand, daraus militante Schlußfolgerungen eines leicht »barbarischen« Stolzes zu ziehen. Nur zwei oder drei illustre Namen bilden hier eine Ausnahme: allerdings sind es die größten, nämlich Goethe und Wilhelm von Humboldt. Dazu könnte man noch Hegel nennen, der damals in Napoleon den »Weltgeist zu Pferde« erblickte.

Im übrigen begannen die jungen Romantiker, ihres Genies bewußt, schon vor dem napoleonischem Wirbelsturm die weltweite Mission der Deutschen zu feiern, eine »Auserwähltheit«, die offenbar das Gefühl einer ursprünglichen Gemeinsamkeit implizierte, zunächst aber durchaus friedfertig war. Schiller bezeichnete 1801 das deutsche Volk als »Kern des Menschengeschlechts [...], erwählt vom Weltgeist, [...] an dem ewigen Bau der Menschenbildung zu arbeiten«; er äußerte die Hoffnung, die deutsche Sprache werde dereinst die ganze Welt beherrschen.[75] Heinrich von Kleist spricht mystisch von einer »Gemeinschaft, in deren Schoß die Götter das Urbild der Menschheit reiner als in irgendeiner anderen aufbewahrt hatten«.[76] Noch bezeichnender ist Novalis' politisch-moralischer Aufsatz *Die Christenheit oder Europa* aus dem Jahr 1799.[77] Nach dem Hauptgedanken dieser Schrift, die von den politischen und moralischen Wirren der Französischen Revolution inspiriert worden war, bestehe die Mission Deutschlands darin, eine Religion wiederherzustellen, die alle Nationen miteinander versöhnen und die Christenheit in ihrem alten Glanze erneuern sollte. Europa, schrieb Novalis, werde »am deutschen Wesen genesen«. Man könne in Deutschland mit Sicherheit die Vorzeichen einer neuen Welt erkennen. Deutschland gehe den anderen europäischen Völkern mit langsamem, aber sicherem Schritt voran. Während jene mit Krieg, Spekulation und Parteienstreit beschäftigt seien, erklimme Deutschland eine höhere Kulturstufe, und dieser Vorsprung werde ihm mit der Zeit die Überlegenheit sichern. Deutschlands moralische Größe gibt ihm also eine weltweite religiöse Mission, aber Novalis sagt nicht, mit welchen Mitteln es diese erfüllen sollte.

Bei einem anderen großen Dichter, Hölderlin, fehlt die christliche Sicht. In *Burg Tübingen* (um 1790 entstanden) stellt Hölderlin der traurigen Gegenwart den Traum von der glorreichen deutschen Vergangenheit gegenüber und sucht in den Ruinen der alten Türme nach Stärkung,

Freiheit und Mut unter den Seelen der Ahnen; er erinnert an »das Blut Thuiscons« und hofft, »im Schoß Walhallas« Frieden zu finden. Dasselbe Motiv trieb ihn in seinem *Gesang der Deutschen* (um 1800), seinem »Vaterland, dem Herzen der Völker«, vorzuwerfen, daß es sich von den Fremden ausplündern und ausbeuten lasse und »töricht seine Seele verleugne«. Hier ist also die seinerzeit von Martin Luther erhobene Forderung unter dem Deckmantel poetischer Träumerei bereits gänzlich paganisiert.

Die militärischen und politischen Ereignisse führten – vor allem zwischen 1805 und 1810 – ganz natürlich dazu, daß man aus solchen Vorstellungen praktische Schlüsse zog und konkrete Aktionsprogramme erstellte. Schon in jener Zeit lassen sich »Falken« und »Tauben« des neuen deutschen Nationalismus unterscheiden. Dabei ist die Gegenüberstellung der »Taube« Jean-Paul mit dem »Falken« Fichte sehr aufschlußreich.

Nach dem Zusammenbruch Preußens elektrisierte Fichte die deutsche Jugend durch seine *Reden an die deutsche Nation,* denen Jean-Paul sogleich einen bedeutenden Aufsatz widmete. Er lobte die Schrift sehr und wünschte ihr großen Erfolg. Die Dinge, mit denen er nicht übereinstimmte, waren scheinbar nur Details oder bezogen sich, wie er sich ausdrückte, auf das »Mehr oder Weniger«. Die ganze Subtilität Jean-Pauls war notwendig, um verständlich zu machen, daß Fichte, den er gleichzeitig mit blumigem Lob überhäufte, für das auserwählte deutsche Volk nicht weniger beanspruchte als die Weltherrschaft, und daß er vielleicht den Verstand verloren hätte gleich »jenen Narren, die, Pinel und Röschlaub zufolge«, unfreiwillig und instinktiv handelten wie Irre.[78]

Tatsächlich schloß Fichte sämtliche Völker Europas mit Ausnahme der Slawen dem germanischen Stamm an, unterschied jedoch unter diesen Völkern zwischen einem »Urvolk«, das heißt den Deutschen, und den »neulateinischen Völkern«, die infolge des Verlusts der Ursprache minderwertig, entgermanisiert und unfruchtbar geworden seien. Wenn es sich dabei um Verrücktheit handelte, so war es eine weniger liebenswerte als die des »Edelmanns Jupiter«, denn es mischten sich bedrohliche Visionen darunter, und Fichte warnte die Deutschen, daß es keinen Ausweg gebe; sollten sie unterliegen, so würde die ganze Menschheit mit ihnen untergehen, ohne die geringste Hoffnung auf Wiederherstellung. Das »Ideal des deutschen Menschen« wurde mit einem weiteren Pinselstrich versehen, einem apokalyptischen, den Hitler folgendermaßen umriß: »Man schalte ihn (den Arier) aus – und tiefe Dunkelheit wird sich [...] auf die Erde senken, die menschliche Kultur würde vergehen und die Welt veröden«.[79]

Ähnlich bezeichnete Friedrich Schlegel, der wichtigste Baumeister des arischen Mythos, den man allerdings zu den »Tauben« zählen muß, in jenen ersten Jahren des neunzehnten Jahrhunderts die romanischen Sprachen als »teilweise tote Sprachen«[80] und folglich als arm an schöpferischen Fähigkeiten.

Man beachte, wie ungenau jene Schriftsteller zwischen den Kriterien der *Sprache* und der *Rasse* unterschieden. Im Lager der »Falken« priesen Fanatiker der germanisch-christlichen Auserwähltheit wie Ernst Moritz Arndt und Friedrich Ludwig Jahn bereits ausdrücklich und systematisch das germanische »Blut«, indem sie der Reihe nach, ohne Widerspruch zu befürchten, Argumente vorbrachten, die sie einmal aus dem Alten Testament, dann wieder aus der neuen materialistischen Anthropologie der Aufklärung schöpften. Er glaube nicht zu irren, schrieb Arndt, als er behauptete, das kraftvolle und mutige Naturkind, Germane genannt, sei der gute Schlag, dem der göttliche Same eingepflanzt werden könne, um die edelsten Früchte hervorzubringen. Die Germanen seien die einzigen, die dank der Philosophie und der Theologie den göttlichen Keim zum Blühen bringen und als Herren begeistern und führen könnten, während die sie umgebenden Völker fremden Arten angehörten.[81] Jahn, für den die Griechen und die Deutschen die beiden »heiligen Völker« waren, drückte sich derber aus: Bastarde seien unfruchtbar, Mischvölker verlören die Fortpflanzungskraft.[82] Bei dem Versuch, etwas Licht in die verschiedenen Strömungen dieser Veterinärphilosophie zu bringen, kam Professor Ernst Weymar zu folgendem Schluß:

> [...] Bei den christlich-germanischen Sendungsgläubigen waren [...] die Begriffe von Volk und Nation [...] meist objektiv bestimmt durch die Merkmale Abstammung und Sprache. Diese Merkmale wurden bald mehr und bald weniger stark betont. Kräfte des Blutes und Kräfte des Geistes bedingten die Erwählung. Zwischen ihnen sah man eine Verbindung, die nicht näher bestimmt werden konnte.[83]

Vielleicht bestand dieses undefinierbare Band im gemeinsamen Attribut der *Reinheit*. Tatsächlich zeigten die als »rein« bezeichneten nationalen Begriffe Blut oder Geist, Herkunft, Stamm oder Volk, Rasse oder Religion, eine Tendenz zur Austauschbarkeit, selbst bei idealistischen Philosophen wie Fichte, der den Begriff der »Natur« heranzog, um die Aufrechterhaltung der Barrieren zwischen Völkern verschiedener »Herkunft« und »Sprache« zu rechtfertigen.[84] Auf diese Weise deckte er mit seiner metaphysischen Autorität den Germanenwahn der studentischen Jugend, der seine ersten politischen Früchte in der Frankfurter Nationalversammlung des Revolutionsjahrs 1848 trug. Diese Leidenschaften erreichten dort ein solches Ausmaß, daß ein Redner ohne Angst, lächerlich zu wirken, ausrufen konnte: »Wissen wir denn nicht, daß infolge des Verduner Vertrages die germanische Nationalität in Frankreich und England endgültig von den romanischen Nationalitäten unterjocht wurde?«[85] Solcherart begannen die deutschen Patrioten des neunzehnten Jahrhunderts ihre Zwiesprache mit der Karolingerzeit.

Fichte war in mancher Hinsicht ein erstaunlicher Vorläufer. Er stellte als erster die Frage über die ethnische Herkunft Jesu von Nazareth und kam zu dem Schluß, daß dieser vielleicht nicht »jüdischer Abstammung« gewesen sei.[86] Damit umging er das große Hindernis, das den Weg zu einer echt germanischen Religion versperrte. Ebenso wurden nun die Genealogien des Neuen Testaments in Frage gestellt. Was die des Alten Testaments betrifft, so hatten sich die lutherischen »Rationalisten« des achtzehnten Jahrhunderts als erste bemüht, sie in Mißkredit zu bringen, und niemand in Deutschland kümmerte sich noch um den nationalen Ahnherrn Askenas.

Die solchermaßen abgesetzten Patriarchen, mit Adam an der Spitze, hinterließen zwar eine Lücke, diese wurde aber rasch von den legendären Ariern ausgefüllt; und in diesem Rahmen sollte sich nun die Vorzugsstellung der Germanen innerhalb der Menschheit festigen.

Wir werden diese Hierarchien und Einteilungen im zweiten Teil des Buchs untersuchen und sehen, wie die Deutschen, deren anthropologische Homogenität als Tatsache angenommen wurde, gleichsam zur Quintessenz der europäischen oder weißen Rasse wurden – insbesondere bei den mehr oder weniger manichäischen Anthropologen, die eine »schöne« Rasse einer »häßlichen« gegenüberstellten (Meiners), eine »aktive« einer »passiven« (Klemm), eine »Tagrasse« einer »Nachtrasse« (Carus), eine »männliche« Rasse einer »weiblichen« (Menzel), eine »menschliche« einer »äffischen« (Oken), oder aber eine vor allem von den Negern verkörperte »Natur« einem vor allem von den Germanen verkörperten »Geist« (Hegel).

Bleibt noch die Gegenüberstellung von *Jugend und Alter* zu untersuchen. Es ist interessant, festzustellen, daß sich keines der verschiedenen anthropologischen Systeme, die wir unter die Lupe nehmen wollen, ein solches Klassifikationssystem explizit zu eigen gemacht hat. Der Vorrang, der den Germanen in ihrer Eigenschaft als »junge Rasse« eingeräumt wurde, schien entweder implizit oder am Rande und nur nebenbei auf. Sicherlich spielten dabei chronologische Schwierigkeiten eine Rolle (wir werden etwas weiter unten darauf zurückkommen); und außerdem, drohte nicht die Gefahr, daß in dieser großartigen Vision von einem Europa, das von aufeinanderfolgenden Wellen aus Indien zugewanderter Völker besiedelt worden war, die Siegespalme der Jugend den zuletzt gekommenen gebührte, d.h. also, wie man allgemein annahm, den Slaven?

Wahrscheinlich aber lag die große Schwierigkeit anderswo, und das eigentliche Problem war ein anderes: das allgemeine moderne Phänomen des »Jugendkultes« verdient als solches unsere Aufmerksamkeit. Dieser Kult trat im Westen zunächst in Deutschland auf, er war charakteristisch für die romantische Protestbewegung des *Sturm und Drang*. Von dieser Bewegung ausgehend, dringt die deutsche Literatur mit Herder, Goethe und Schiller in die Weltliteratur ein und beherrscht sie mehr als ein halbes Jahrhundert lang. Die Vermutung liegt nahe, daß das spezifische »Ideal des deutschen Menschen« etwas mit diesem besonderen Aspekt der romantischen Ideologien zu tun hat, deren Lieblingssitz und, wie manche meinen, Wiege Deutschland gewesen ist. Diese Vermutung verstärkt sich bei der Beobachtung, daß es im achtzehnten Jahrhundert in Frankreich und England zu einer weiteren Rebellion der Gegenwart gegen die Vergangenheit gekommen war, nämlich zum Aufstand der »Modernen« gegen die »Alten«. Die »Modernen« wurden mündig, sie wollten nicht länger »Kinder« der Antike sein; ihre ersten Wortführer enthüllten, indem sie für die Sache der Gegenwart eintraten, die Zweideutigkeit der bis dahin gültigen Vorstellungen. »Die Meinung, welche die Menschen vom Altertum haben«, bemerkt Francis Bacon, »ist sehr nachlässig zustande gekommen und verträgt sich kaum auch nur mit dem Ausdruck ›Altertum‹.« Und er ruft aus: »Das Alter der Welt, das ist die Zeit, in der wir leben, und nicht jene, in der die Alten lebten – denn das war die Jugend der Welt.«[87] Pascal formuliert den gleichen Gedanken folgendermaßen: »Jene, die wir Alte nennen, waren in Wahrheit Neue in allen Dingen, sie repräsentierten eigentlich das Kindesalter der Menschheit [...] in uns können wir das Alter finden, das wir in den anderen verehren.«[88]

Diese großen Herolde der Vernunft und der Wissenschaft hoben also als erste die Unstimmigkeit oder »Nachlässigkeit« der ahistorischen oder sogar zeitlosen, vom Mittelalter hinterlassenen Vorstellungen hervor; und unter diesen Bedingungen »wurde der moderne Mensch mündig«, ohne deshalb das Erbe der Vergangenheit zu verleugnen. Das Werturteil über das »Alter« bleibt positiv: aus psychoanalytischer Sicht kann man sagen, daß der Westen sich mit den antiken »Vätern« identifiziert, um sie zu übertreffen; Deutschland hingegen neigt dazu, auf verschiedene Weisen die Väter abzulehnen, indem es sich von ihnen lossagt.

Die von Bacon und Pascal skizzierten revolutionären Anschauungen lehren uns aber noch etwas anderes, indem sie den widersprüchlichen Aspekt der Begriffe »Alter« und »Jugend« erhellen. Tatsächlich kündigt ihre Polemik die großen zeitlich-räumlichen Umkehrungen der Neuzeit an, von denen wir weiter oben gesprochen haben. Kommen wir also nochmals auf den Sprachgebrauch zurück, der die irgendwie instinktive, im Wesen ambivalente Zeiterfahrung widerspiegelt; ambivalent deshalb, weil sie gleichzeitig die Erfahrung einer »Genese« und einer »Degeneration«, einer »Konstruktion« und einer »Destruktion« ist. Wir sehen also, daß der kollektive semantische Vektor im entgegengesetzten Sinn zum individuellen Vektor verlief, und es ist heute wohl noch genauso. Tatsächlich, es handelt sich um die Vergangenheit, die »gute alte Zeit«, die um so älter ist, je weiter sie von uns entfernt liegt, während die Zukunft sich verjüngt, je mehr sie sich ihrem Ende, dem *jüngsten Tag, dem jüngsten Gericht* nähert. Das war die Auffassung von einer archaischen, unveränderlichen Welt, in der die Semantik sich nach dem Gegensatz zwischen dem Vergangenen, der Zeit der Alten, und der Zukunft, der Zeit der Jungen, richtete. Es ist leicht zu erkennen, daß diese Art des kollektiven, dem Sprachgebrauch nach üblichen Zeiterlebnisses neben der modernen Zeitauffassung weiterbesteht (jene Auffassung, nach der, um nochmals Pascal zu zitieren, die neue Zeit begann, »die ganze Aufeinanderfolge der Menschen [...] wie einen einzigen Menschen« zu betrachten[89]); daher die Widersprüche und Unbestimmtheiten, die auch heute noch bestehen und deren Wurzeln nicht nur bis in die weit zurückliegende Urzeit, sondern zugleich auch in die grundlegende Zeitlosigkeit unbewußter seelischer Vorgänge reicht.

Nun sehen wir uns aber am Ende dieses Exkurses veranlaßt, weitere Bemerkungen über den Gegensatz zwischen der »alten lateinischen« und der »jungen germanischen« Rasse, den wir im vorhergehenden Kapitel angedeutet haben, einzufügen. Was die Kultur betrifft, so hat das Alter einer Kultur eine festumrissene Bedeutung, da chronologische Anhaltspunkte existieren. Als unbestreitbar »alte« Kultur verleitete daher die lateinische die italicnischen Patrioten zu allen Zeiten dazu, sich auf ihre traditionelle Überlegenheit zu berufen; und aller Wahrscheinlichkeit nach wurde selbst in der Zeit des Faschismus aus eben diesem Grund der kulturelle oder »geistige« Aspekt der *razza di Roma* betont. Nichtsdestoweniger bleibt die Tatsache bestehen, daß es die charakteristische Unbestimmtheit des Begriffs eines »Kollektivalters« der Neuzeit erlaubte, von einer »Verjüngung« Italiens zu sprechen, wobei Begriffe wie *Re-naissance* oder, besser noch, *Re-generation* verwendet wurden (auch sie lassen interessante psychoanalytische Interpretationen zu): Erinnern wir uns, daß »Jugend« eines der großen Schlagworte des Faschismus war, dessen Hymne *Giovinezza* hieß.[90]

Um so verständlicher ist es, daß das angebliche physiologische Alter einer Rasse (das, wie wir heute wissen, ein Unsinn ist) allen möglichen Spekulationen freie Bahn gab, da ernstzunehmende, allgemein akzeptierte Kriterien fehlten; und die grundlegende Ambivalenz konnte fast völlig sichtbar werden und ermöglichte es sogar den Verherrlichern der germanischen Rasse – vor allem jenen der Nazizeit –, auf beide Pferde zu setzen. Diese Rasse sei eine »Urrasse«, seit jeher vorhanden (die Intuitionen des »Blutes« waren auch die des »Bodens«), zugleich aber ewig jung. Der Widerspruch spiegelte sich seit etwa 1870 in den Polemiken zwischen den Verfechtern der »arischen Einwanderung« und den Anhängern einer neuen These der »Bodenständigkeit« wider. »Man muß zugeben«, schrieb im Jahr 1925 ein eifriger Vertreter der Bodenständigkeit, »daß die neue Lehre« das Bewußtsein, seit undenklichen Zeiten auf dem Heimatboden zu leben, jedem ein gesteigertes Gefühl unserer Kraft einflößt, das besondere Verpflichtungen mit sich bringt [...]« Dann folgte, wie zu erwarten, der Vergleich mit dem »Antäus der Muttererde«.[91]

Nach diesen Bemerkungen müssen wir eingestehen, daß diese Analyse uns unbefriedigt läßt, wenn wir auch glauben, daß sie sich auf interessante Weise fortsetzen ließe. So ist etwa die besonders stark ausgeprägte »Reinheits«-Besessenheit, die den Aufstieg des germanischen Rassismus im Lauf des neunzehnten Jahrhunderts kennzeichnet, zweifellos auf soziokulturelle Faktoren zurückzuführen, insbesondere auf die autoritären Traditionen der deutschen Erziehung, die wir in diesem Rahmen nicht behandeln konnten; und hätten wir es getan, wie viele Brücken hätten wir da schlagen, wie viele Umwege hätten wir machen müssen, nur um noch zu weiteren politischen und wirtschaftlichen Faktoren zu gelangen, von denen ein jeder dazu beigetragen hat, die Entwicklung Deutschlands und Europas auf seine Weise zu beeinflussen! Desgleichen haben wir den Eindruck, daß wir bei unseren Bemühungen, die tiefen Spuren, die das Kulturmuster des »deutschen Menschen« in der Geschichte Deutschlands hinterlassen hat, hervorzuheben, nur einen Zipfel des Schleiers lüften konnten, der das verwirrende Phänomen des nationalen, offen kultivierten oder öfter noch paradoxerweise als »germanisches Christentum« bezeichneten Neuheidentums bedeckt. Wir werden jedoch auf diese Fragen nochmals zurückkommen.

Erinnert sei aber noch daran, daß jene Theosophien und Häresien in der zweiten Hälfte des neunzehnten Jahrhunderts ihren obersten Propheten in Richard Wagner fanden, daß ihre wichtigsten Riten und Zeremonien während der alljährlich in Bayreuth gefeierten Mysterienspiele abgewickelt wurden, und daß sie ihre große Erlösergestalt in Parsifal hatten, dem germanischen Christus-Ritter, der von einem der kultischen Verehrer des »Gottes Richard Wagner«[92] auch als der »dritte Adam der Geschichte« bezeichnet wurde. Wir wollen aber auch darauf hinweisen, daß es von jener Zeit an in Deutschland auch nicht an hellsichtigen patriotischen Kritikern fehlte. In dieser Hinsicht ziehen wir den Bannflüchen Nietzsches gegen Wagner die trockenen Bemerkungen Theodor Mommsens vor, der von dem aggressiven Charakter des nationalen Sendungsbewußtseins der Deutschen gesprochen hat.[93]

Sechstes Kapitel

Rußland

Der eurasische Schmelztiegel

In der ehemaligen Sowjetunion blieb der nationale Ursprungsmythos eine Sache des Staates. Um 1965 wurde der junge Historiker Andrej Amalrik der Universität verwiesen, weil er die offizielle, sogenannte »anti-normannische« Theorie über die Ursprünge Rußlands kritisiert hatte.[1] »Anti-normannisch« – was soll das heißen? Es handelt sich dabei um den wohl längsten und erbittertsten Historikerstreit aller Zeiten. In seinem Verlauf standen sich zunächst die von Petersburg mit dem Studium der nationalen Geschichte betrauten deutschen Gelehrten und die ersten europäisch gebildeten russischen Intellektuellen unter Führung Michail Lomonosovs gegenüber. Der Streit setzte sich im 19. Jahrhundert mit der Weiterentwicklung einer spezifisch russischen Geschichtsforschung fort; die Polemik zwischen »Normannisten« und »Antinormannisten« schlug hohe Wellen, ohne daß freilich einer der Protagonisten deswegen im Gefängnis gelandet wäre.

Es ging dabei um die dem »Nestor« zugeschriebene Kiever Chronik. Sie vermittelt in der Tat den Eindruck, daß Rußland – die »Rus« – vom 9. bis 11. Jahrhundert von »Varägern«, das heißt Skandinaviern beherrscht worden sei; das Wort »Rus« selbst soll schwedischen Ursprungs sein. Diesen Eindruck bestätigen die unbestreitbar skandinavischen Namen der ersten Fürsten von Kiev, vor allem aber diverse isländische Sagas über die Heldentaten der Wikinger, die, getrieben von Raubgier oder Ruhmsucht, in den russischen Ebenen einfielen. Manche wurden in der Tat Fürsten, etwa der Schwede Rurik, dessen Dynastie Rußland bis zum 16. Jahrhundert beherrschte; die anderen wurden als Söldner engagiert, und bis zum Ende des 11. Jahrhunderts umgaben die »Rurikovitschi« sich mit einer schwedischen Garde und führten mit deren Hilfe Krieg. Eine bestimmte Stelle in der Kiever Chronik war für die Volks- oder Rassenehre besonders anstößig: die slavischen Stämme hatten sich aus freien Stücken an die Wikinger, an Rurik und seine Brüder gewandt, und zwar mit folgenden Worten: »Unsere Erde ist weit und fruchtbar, aber Verwirrung herrscht dort: kommt und werdet unsre Fürsten und Herrn.« Man begreift, wie eine derartige Einladung von interessierter Seite dazu benutzt werden konnte, die politische Unmündigkeit der Russen zu behaupten – um so mehr, als diese westlicher Herrschaft nur entronnen zu sein schienen, um sogleich unter östliche zu geraten, nämlich die der Mongolen. Vor 1935, als Stalin die Dinge richtigstellte, war besagter Satz allen russischen Schülern geläufig. Aber wohlgemerkt: die Chronik des Nestor bestand nicht aus ihm allein.

Ferner ist für den Leser befremdlich, daß dieser christliche Mönch, der so viel von der germanischen Herkunft der »Varäger« hermacht, im übrigen die autochthone Bevölkerung der russischen Ebene in Slaven und Nicht-Slaven einteilt, deren gemeinsamer Vorfahr der biblische Japhet sein soll, und sie global den Nomadenvölkern des Ostens gegenüberstellt, die von Sem abstammen sollen. Das überrascht zunächst deshalb, weil die Siedlungsgebiete der von ihm aufgezählten Nicht-Slaven zum Teil noch in der UdSSR bestanden, nämlich als »Föderative Republiken« oder »Autonome Gebiete«; aber vor allem auch darum, weil Nestor selbst zwar seine slavische Abstammung betont, von jenen Nachbarn aber, von den Finnen und Balten, die *inozemtzy* (Menschen anderer Erde) und nicht *tschujezemtzy* (Menschen fremder Erde) sind, ohne die Animosität spricht, die etwa die germanische Einstellung gegenüber den Welschen, den Nicht-Germanen, kennzeichnete. Trotzdem manifestiert sich die sprachliche Identifikation des Volkes bei den Slaven noch deutlicher als bei den Germanen; denn bis zum 16. (in der Volkssprache bis zum 19.) Jahrhundert dient ein und dasselbe Wort, *yazik,* zur unterschiedslosen Bezeichnung des einen wie des anderen. Doch beim Wort *Niemtzy,* »die Stummen«, taucht der Unterschied zwischen slavischem und germanischem Sprachgebrauch wieder auf: es ist das Antonym der Wurzel *slov-* oder *slav-,* die sowohl die »Rede« als auch den »Ruhm« und eben die »Slaven« bezeichnet; bevor es allein auf die Deutschen angewendet wurde, diente *Niemtzy* zur Bezeichnung aller *tschujezemtzy* – nicht aber der *inozemtzy.* Von letzteren spricht Nestor folgendermaßen:

> »Das sind die anderen Völker (Sprachen), die der ›Rus‹ Tribut zahlen: die Tschuden, die Meren, die Vesen, die Muromer, die Tscheremissen, die Mordvinen, die Pormier, die Petscheren, die Jamer, die Lirvanen, die Semgallen, die Kuren, die Liven. Sie spre-

chen ihre eigenen Sprachen, sie sind vom Stamme Japhets und bewohnen die Länder des Nordens. Sie alle folgen den Gebräuchen, Traditionen und Gesetzen der Väter und leben nach ihren eigenen Sitten [...]«

Dem Chronisten zufolge waren es Slaven, Tschuden und Vesen, die die berühmte Aufforderung an Rurik und seine Brüder richteten. Und Nestor kommt es ebensowenig in den Sinn, die Sitten dieser Götzenanbeter zu kritisieren, wie die der heidnischen Fürsten von Kiev, die er mit respektvoller Sympathie beschreibt.

Gewiß, die Chronik singt ausführlich das Lob des heiligen Vladimir, der als »neuer Konstantin« seinen Untertanen die christliche Erleuchtung brachte. In diesem Zusammenhang spricht sie, genau wie manche Predigten aus dem 11. Jahrhundert, von »neuen Menschen«, von »Arbeitern der elften Stunde« oder gar von einem »neuen Wein«, und diese Vorstellung von den neuen oder jungen russischen Menschen, denen eine glorreiche Zukunft verheißen ist, finden wir noch im Briefwechsel Leibniz' mit Peter dem Großen[2] ebenso wieder wie bei zahlreichen russischen Autoren des 19. Jahrhunderts. Gleichwohl bleibt festzuhalten, daß das Christentum lange Zeit, vielleicht Jahrhunderte brauchte, bevor es in Rußland wirklich Fuß faßte. Als Nestor beschreibt, wie der heilige Fürst Vladimir den Söhnen »seiner besten Männer« außer dem neuen Glauben auch das Alphabet beibringt, vermerkt er getreulich: »Die Mütter dieser Kinder beweinten sie; sie waren noch nicht im Glauben gefestigt und beweinten sie wie Tote.« In der Folgezeit, im 11. und 12. Jahrhundert, belegen zahlreiche Konflikte den Fortbestand des Heidentums, besonders bei der Landbevölkerung; aber auch die Fürsten praktizierten den »doppelten Glauben« *(dvoieverie)*. Im übrigen hielt sich der heidnische Kult der großen Muttergöttin in Formeln wie der von der »heiligen russischen Erde«, aus der das »Heilige Rußland« wurde, oder als »Bekenntnis zur Erde«, dessen Spuren man noch bei Dostojevskij findet.[3] Die blasphemische Obszönität, die sich in bestimmten Flüchen an das Wort Mutter heftet, ist ein weiteres Zeugnis dafür.[4] Dagegen wird der heilige Vladimir mit dem Sonnengott Djadbog identifiziert, weil er den Nachnamen »Rotsonne« oder »Schönsonne« trägt. Nestor selber berichtet von den Heiden, sie hielten den Himmel für ihren Vater und die Erde für ihre Mutter. Im berühmtesten russischen Epos, dem Igorslied (um 1200), geht es kaum um den biblischen Japhet oder Adam: man verehrt dort noch die alten heidnischen Gottheiten, sie sind »die Enkelkinder Djadbogs«. Vielleicht haben wir hier die Erklärung für eine merkwürdige Auffälligkeit in den ersten christlichen Genealogien Rußlands: im Gegensatz zu westlichen Chroniken versuchten die russischen nicht, die Kluft zwischen Japhet und Rurik zu überbrücken und letzteren mit den biblischen Patriarchen oder den Helden des klassischen Altertums in Verbindung zu bringen. Eine lückenlose Genealogie dieser Art wurde, wie wir noch hören werden, erst unter Ivan dem Schrecklichen im 16. Jahrhundert ausgearbeitet. Allenfalls findet man vorher, im 14. Jahrhundert, den Versuch einer »Naturalisierung« des Königs Salomon: eine obskure Legende einerseits und ein berühmtes Heldengedicht andererseits bezeugen, daß dieser weise König vor Zeiten in Rußland regiert hat.[5] In diesem Zusammenhang sei darauf hingewiesen, daß zu jener Zeit das Alte Testament von den Russen um so eher gekannt und gelesen wurde, als die Verkünder des Evangeliums ihre Missionsarbeit damit begonnen hatten, die Heilige Schrift ins Kirchenslavische zu übersetzen, was wiederum die Gebildeten der geistigen Mühe enthob, antike Sprachen und Kulturen zu studieren; hier liegt ohne Zweifel ein Hauptgrund für das Nichtvorhandensein einer »slavischen Renaissance«. Noch zu Beginn des 16. Jahrhunderts war es unmöglich, in Moskau einen guten Griechischkenner oder -übersetzer aufzutreiben, so daß man einen Humanisten (Maksim Grek) aus Italien kommen lassen mußte![6]

Trotzdem übernahm das Kiever Rußland, wiewohl verspätet und unvollkommen getauft, im 11. Jahrhundert ohne Schwierigkeiten seine Rolle im Zusammenspiel der europäischen Feudalnationen. Eine Tochter Jaroslavs des Weisen (dieser »Karl der Große« Rußlands, Sohn und Gatte skandinavischer Prinzessinnen, war vielleicht noch weniger »russifiziert«, als der Sohn Pippins des Kurzen »französisiert« war) wurde Königin von Frankreich[7], andere Heiratsbündnisse wurden mit den deutschen Ländern und mit England geknüpft. Der Handel florierte: nach dem Urteil Henri Pirennes waren die russischen Städte damals belebter und bevölkerungsreicher als die Städte Westeuropas[8], und bei den Skandinaviern war das Land als *Gardarikki,* »Reich der Städte«, bekannt. Die engsten Bande aber waren jene, die man zu Byzanz geknüpft hatte: aus dieser Stadt kamen die neue Religion und die neue Kultur, ihr blieb der Klerus hierarchisch unterworfen, und ihr Kaiser war in den Augen fast aller Slaven der legitime gesamtrömische Erbe, der Caesar, der »Zar«, der in seiner Hauptstadt Tsargrad residierte.[9] So war es jedenfalls bis 1240: danach erlebte Rußland (mit Ausnahme der freien Städte Novgorod und Pskov [Pleskau] am Rande der Ostsee) eine Fremdherrschaft und wurde zweieinhalb Jahrhunderte lang vom schrecklichsten »Zaren« beherrscht, den ein christliches Volk je kennengelernt hat.

Der Traum von einer Weltherrschaft war seiner Verwirklichung niemals so nahe wie um die Mitte des 13. Jahrhunderts, als sich die Macht der Mongolen von Vietnam bis zur Adria erstreckte. Dschingis-Khan und seine Nachfolger hatten ein Programm und eine Doktrin: die Mongolen waren beauftragt, auf der ganzen Erde eine Herrschaft der Ordnung und des Friedens zu errichten, und zwar kraft eines göttlichen Gebots, dem auch die Khane selbst unterworfen waren; ihr Anspruch beruhte nicht allein auf einem Recht, sondern auf einer Pflicht.[10] Als versierte Politiker regierten sie im Stil von Kolonialherren, indem sie überall die einheimischen Fürsten auf dem Thron beließen; durch deren Mittlerfunktion wurden die Völker ausgebeutet, die Tributleistungen eingesammelt und Hilfstruppen ausgehoben (Tausende von russischen Rekruten mußten nach China ziehen und fielen dort im Kampf[11]). 1240 wurde das feudal zersplitterte Rußland binnen weniger Monate erobert; einer nach dem anderen erklärten die »Rurikovitschi« ihre Unterwerfung und wurden zu Vasallen, die sich um die Belehnung durch den Großkhan bemühen und ihm in seiner asiatischen Hauptstadt ihre Aufwartung machen oder sich von ihm ihre Streitigkeiten schlichten lassen mußten. Dieser Khan also wurde zum ersten echten Zaren aller russischen Länder und findet sich in den Quellen auch mit diesem Titel bezeichnet.

Unter diesen Umständen waren die christlichen Fürsten, unter denen die Moskauer sich als besonders eifrige »Kollaborateure« erwiesen, bestenfalls Zwischeninstanzen oder Vermittler; die eigentliche Macht lag in den Händen der heidnischen Zaren, die mit der christlich-nationalen Gemeinschaft durch kein anderes Band als das der Unterdrückung und Gewalt verbunden waren. Diese tragische Beziehung zu den Inhabern der höchsten Macht, einer kalten, grausamen und ungläubigen Macht, spiegelt sich in den Epen oder »Bylinen« wieder, die von einem »Hund von Zaren« sprechen, der »so viel Leiden über die russische Erde gebracht hat«. Indessen machte auch der Volksheld Ilja Muronetz, bevor er den Aufstand wagte, ihm seine Aufwartung, als sei dieser »Hund« tatsächlich Träger legitimer Macht:

»Ilja zog zu ihm, dem Hundezaren Kalina,
Er hat sein Knie gebeugt vor ihm und ihn gegrüßt:
Friede und Gesundheit dir, Zar Kalina!

Und Zar Kalina befahl:
›Diene mir aufrichtig und treu!‹«[12]

In einer andersgearteten Quelle, der Hagiographie des heiligen Stephan (Verkünder des Evangeliums beim finnischen Stamm der Zyrianen), geht es um einen »falschen Zaren«, dessen Legitimität indessen gleichfalls nicht bestritten wird; Untreue oder Usurpation werden anscheinend als selbstverständlich akzeptiert.[13] Man kann sich vorstellen, daß jenes Mißtrauen gegen die als feindselig und fremd empfundenen politischen Autoritäten, welches das russische Volk während seiner langen Geschichte immer wieder bewiesen hat, in dieser Ambiguität wurzelte. Der Klerus, dem die mongolischen Zaren eine Fülle ungeheurer Privilegien einräumten[14], erkannte nicht als einziger ihre Legitimität an. So kommt es, daß Sergij von Radonez, der russische Nationalheilige, am Vorabend der Schlacht am Kulikover Feld (1380) von Fürst Dmitrij Donskoj um Rat befragt, diesen an seine Vasallenpflichten erinnerte:

»Die Pflicht, o Herr, verlangt von dir, daß du dein Volk beschützt. Sei bereit, deine Seele zu opfern und dein Blut zu vergießen. Doch tritt zuerst vor den Khan Mamai als sein Vasall und trachte, ihn durch deine Unterwürfigkeit aufzuhalten, indem du die Wahrheit erklärst. Die Heilige Schrift lehrt uns, daß wir unseren Feinden unseren Ruhm, unser Gold und unser Silber überlassen sollen, wenn sie danach begehren. Opfern wir unser Leben, vergießen wir unser Blut allein für den Glauben und im Namen Christi. Höre, Fürst, gib ihnen deinen Ruhm und deine Reichtümer, und Gott wird deine Niederlage nicht zulassen. Er wird dich erhöhen, wenn er deine Demut ansieht, und ihren unbezähmbaren Hochmut wird er zu Fall bringen [...]«[15]

Der Metropolit von Moskau, Zyprian, gab dem Fürsten Dmitrij dieselben Ratschläge und insistierte auf der Legitimität der Mongolenmacht.[16] Hier begegnet uns ein Geist, der völlig verschieden ist vom abendländischen Geist der Kreuzzüge; unnötig zu erwähnen, daß die russische Kirche nichts kannte, was den Ritterorden der Templer oder der Deutschritter geähnelt hätte, wie sie auch generell nichts kannte, was mit dem abendländischen Widerstand der Päpste gegen die Kaiser, der Bischöfe gegen die Fürsten und des Klerus gegen die Laien vergleichbar gewesen wäre. Der Gehorsam gegen die weltliche Obrigkeit wurde vom Klerus als Kardinaltugend gepredigt und reichte fort bis in die familiäre und private Moral, wie aus Weisheitsbüchern wie dem »Izmaragd« oder dem berühmten »Domostroj«[17] hervorgeht, das den Eltern empfiehlt, ihre Kinder »durch Schrecken zu retten«.

Wir wollen nun sehen, wie ein von den Mongolen unterjochtes Rußland sich im Lauf des 15. und 16. Jahrhunderts in eine europäische Großmacht verwandelte und dabei an das alte Rom anknüpfte, ohne jenen Lebensstil und jene politischen Sitten aufzugeben, die das Land – man darf wohl sagen: für immer – geprägt haben.

Der Sieg auf dem Kulikover Feld blieb zunächst folgenlos und ist nach dem Urteil der Historiker nur durch die momentane Zwietracht der Mongolen zu erklären. Zwei Jahre später wurde das wiedereroberte Moskau von Zar Tochtamysch verwüstet, und unter seinen inzwischen muslimischen Nachfolgern dauerte die mongolische Herrschaft bei allmählicher Abschwächung noch ein Jahrhundert an. Erst 1480 entbanden der Metropolit Gerontes und der Erzbischof Vasjan den Großfürsten Ivan von seinem Eid und schlugen einen neuen Ton an: »[...] wir erlauben dir, mit unserem Segen in den Kampf zu ziehen gegen Ahmed, nicht den Zaren, sondern den Wegelagerer und Feind Gottes; lieber einen Treueid brechen und das Leben retten als ihn halten und untergehen, indem man zuläßt, daß die Tataren die Christenheit zerstören und ausrotten.«[18] Ivan III. schlug Ahmed in die Flucht und stellte fortan die Tributzahlungen an die Goldene Horde ein: zum Zeichen seiner Unabhängigkeit legte er sich den Titel Selbstherrscher *(samoderjetz)* zu und ließ sich bei der Gelegenheit gleich selbst als Zar titulieren.

Der Klerus war um so eher bereit, solchen Widerstand zu unterstützen, als seine eigene spirituelle Unabhängigkeit der weltlichen des moskovitischen Rußlands unmittelbar vorangegangen war. 1453 hatten zur großen Erschütterung der ganzen Christenheit die Türken Byzanz eingenommen. In den Augen der Russen noch gravierender war, daß die griechische Kirche, in der Hoffnung, in letzter Sekunde der muslimischen Herrschaft zu entrinnen, kurz zuvor eingewilligt hatte, sich mit der römischen Kirche zu vereinigen und sich somit dem verhaßten »lateinischen« Papsttum unterzuordnen. Moskau mußte den Tatsachen ins Auge sehen; es war jetzt der einzige Hüter des wahren orthodoxen Glaubens auf der Welt. Der Untergang von Byzanz bezeugte die griechische Verderbtheit; der Versuch der Vereinigung mit dem sündigen Rom bekräftigte sie. Die heilige Metropole fand sich allein durch die Gewalt der

Ereignisse von Konstantinopel nach Moskau verlegt, und die Metropoliten waren nun ganz auf ihre Fürsten angewiesen, die sich wie die byzantinischen Kaiser bald mit quasi göttlichen Vollmachten ausstatten ließen, frei nach Justinian: »Der Kaiser gleicht allen Menschen, aber durch seine Macht gleicht er dem Allerhöchsten.« 1472 heiratete Ivan III. die griechische Prinzessin Zoe Palaiologos und etablierte so einen ersten, wenngleich vagen Anspruch auf die Nachfolge Byzanz'. In den folgenden Jahren begannen zu dessen Bekräftigung eine Reihe von Legenden und gefälschten Genealogen zu kursieren. Sie verkündeten, daß Moskaus künftiger Ruhm dem vergangenen byzantinischen in nichts nachstehen werde, und gaben sich alle Mühe, die Spuren der mongolischen oder asiatischen Vergangenheit schnellstmöglich auszulöschen.

Der Prozeß begann mit der Übernahme des byzantinischen Doppeladlers als nationales Emblem, gefolgt von der Zuschreibung der Herkunft jener dynastischen Insignien an Byzanz, die in Wahrheit einst die mongolischen Zaren ihren getreuen moskovitischen Vasallen überreicht hatten (namentlich die berühmte Krone, der sogenannte »Hut des Monomachos«).[19] Später entstand die Volkslegende von der »weißen Tiara« – von ihr sind mehr als 250 Handschriften bekannt –, wonach die legendäre Tiara des Papstes Sylvester, der Kaiser Konstantin bekehrt hatte, nach Byzanz und von dort nach Novgorod und Moskau gelangt war. Es gab auch die »Legende vom Kaiserreich Babylon«; darin verbindet eine kaiserliche Genealogie Moskau über Byzanz mit dem antiken Babylon. Derlei Vorstellungen wurden bald präzisiert und weiterentwickelt, ohne sich aber des Zuspruchs beim Volk zu erfreuen, den vergleichbare Behauptungen in neuerer Zeit in Italien oder Deutschland fanden. Die Art und Weise, wie sie in Rußland von Anfang an ausgebeutet wurden, läßt uns den Grund hierfür verstehen.

Als Basileios III. starb, war Ivan erst drei Jahre alt. Nach einer schwierigen Kindheit, in deren Verlauf der künftige Zar mitansehen mußte, wie rivalisierende Bojarencliquen um die Macht stritten und sich vor seinen Augen gegenseitig abschlachteten, erwählte er zu seinem Führer den neuen Metropoliten Makarios, der »sein Vater und sein Mittler« wurde.[20] 1547, zum Mann gereift, ließ Ivan sich von seinem Mentor feierlich zum Zaren krönen; Makarios setzte ihm die Krone des Monomachos aufs Haupt und segnete ihn mit einem Stück vom wahren Kreuz Christi. Doch begnügte Makarios sich nicht damit, den jungen Fürsten mit dem höchsten Titel zu schmücken: Um seinen Ruhm noch heller erstrahlen zu lassen, besorgte er eine kaiserliche Genealogie, die über Rurik, den Kaiser Augustus und diverse Sagengestalten bis zu Aeneas und Noah zurückreichte. Kein anderer Monarch Europas, nicht einmal Karl V., konnte sich auf solche Titel berufen.

So kam es zur offiziellen Bestätigung einer genealogischen Fabel, die bereits seit mehreren Jahren unter dem Namen »Legende von den Fürsten Vladimir« kursiert war.[21] Im Interesse der Sache hatte man den Stammvater Noah mit einem vierten Sohn oder Enkel namens Arpakschad ausgestattet, den römischen Kaiser aber mit sechs Brüdern, Patricius, Augustalis, Evlagerod, Ilirik, Pion und Prus, unter denen er vor seinem Tod die Erde aufgeteilt hatte. An Prus, den jüngsten Bruder, fielen die rings um Njemen gelegenen Länder, das heißt Preußen, und Rurik, vierzig Generationen später, galt als sein direkter Nachkomme. Demgemäß wurde aus dem Varäger Rurik ein Preuße oder Deutscher, aber Makarios und Ivan fanden daran nichts auszusetzen, im Gegenteil, die offizielle Herrschaftschronik (die sogenannte »Nikonsche« Chronik) präzisierte ausdrücklich: »Rurik und seine Brüder stammten von Deutschen ab.«[22] Diese germanisch-römische Genealogie wurde seither in der diplomatischen Korrespondenz herangezogen, um jeglichen Vorrang des russischen Zaren zu rechtfertigen, und fand sogar Eingang in den Menolog, den Heiligenkalender der orthodoxen Kirche.[23] In privatem Kreise verstieg sich Ivan sogar zu der Behauptung, daß generell der russische Adel »von Deutschen abstammt«: waren die *Bojaren* nicht aus *Bayern* gekommen?[24] Noch bemerkenswerter ist seine Belehrung des englischen Botschafters Giles Fletcher, zu dem er sagte, alle Russen seien Diebe; als Fletcher höflich abwehrte, fügte der Schreckliche hinzu: »Ich selber bin kein Russe, meine Vorfahren waren Deutsche.«[25] Die Genealogen versichern uns, daß Ivan durch seine Mutter vom Khan Mamaj abstammte, aber für diesen Zaren oder Caesaren hatte es das mongolische Joch schlicht nie gegeben. »Wir sind keine Moskoviter«, sagte er dem römischen Gesandten, dem Jesuiten Possevino, »Moskau wurde fast ein Jahrhundert nach der Errichtung unseres Reiches im russischen Staat gegründet, aber nach dem Willen Gottes hat dieses weltliche Reich in dieser Stadt sein Fundament gefunden.«[26] Dieser unerbittliche Monarch, der so viel für die russische Größe tat und darauf bestand, daß seine Untertanen die alten Bräuche pflegten, legte Wert darauf, sich durch seine Abstammung von ihnen zu distanzieren. Darüber hinaus wurde auch dem Durchschnittsrussen keine andere Genealogie angeboten.

Nur ein paar westliche Autoren suchten in der Liste der biblischen Patriarchen den Stammvater der »Moskoviter« oder fälschten Legenden wie die von den drei Brüdern Czech, Lech und Rus.[27] In Moskau selbst interessierte sich anscheinend niemand für die Abstammung der Russen, die sich in dieser Hinsicht wie enterbte Bastarde ausnahmen oder, wie im 19. Jahrhundert ein gewisser Tschaadaev schrieb, »illegitime Kinder, ohne Erbe, ohne Verbindung zu den Menschen, die ihnen auf dieser Erde vorangegangen sind.«[28] Als beim Ausgang des Interregnums, der »Zeit der Wirren«, die Dynastie Romanov auf die Ruriks folgte, machten auch diese sich die kaiserlich-römische Linie zunutze. Bei der Krönung des Zaren Aleksej (1645) versäumte Patriarch Joseph nicht, den Fürsten daran zu erinnern, daß seine fernen Vorfahren die Herren der Welt gewesen seien; im Kreml stellte eine zu diesem Anlaß in Auftrag gegebene Wandmalerei die Teilung der Erde zwischen Prus und seinen Brüdern dar.[29] Wenig später führte »der erste Slavophile der russischen Geschichte«, der Kroate Juraj Krizanic, auf diese *xénomanie* (ein von ihm geprägter Begriff) die großen Übel Rußlands zurück. »Ivan der Schreckliche«, schrieb er, »wollte Varäger oder Deutscher oder Römer sein, gleichgültig was, nur kein Russe und Slave. [...] Unser Volk hat zur Strafe für seine Sünden das tödliche Schicksal gehabt, dieser Schmach und dieser universalen Schande zu erliegen. Wenn die Varägerlegende Recht hat, hat die russische Erde in tausend Jahren nur vier Fürsten aus ihrem Schoß entlassen! [...] Ich bin der festen Überzeugung und stehe nicht an zu erklären, daß dieser eitle Stolz des Zaren Ivan nicht die geringste und nicht die letzte Ursache für die Verwüstung Moskaus und für all das Unglück gewesen ist, das unser Volk seit jener Zeit erlebt hat.«[30]

In Wirklichkeit stand das Problem auf der Tagesordnung der russischen Geschichte, von der es seither nicht mehr verschwunden ist. Zirkulierte die international anerkannte These von der deutschen Herkunft der Romanovs[31] in Rußland nicht noch Ende des 19. Jahrhunderts?[32] Im Westen und speziell in Deutschland unterschied man damals häufig zwischen der russischen Elite oder herrschenden Klasse, die arischer oder germanischer Abstammung sein sollte, und dem bastardisierten oder mongolisierten Volk: wie wir hören werden, neigte unter anderem auch Karl Marx einer solchen Vorstellung zu.[33] Denn das Problem betraf keineswegs nur die herrschenden Dynastien.

In der Tat behaupteten zur Zeit Ivans des Schrecklichen Dutzende von Familien zu Recht oder Unrecht, von Rurik abzustammen, und sahen sich quasi automatisch »germanisiert«. Nach ihrem Vorbild schrieben sich andere Bojaren ebenfalls westliche Vorfahren zu. Das war nicht nur eine Frage der Nachahmung oder des Prestiges; es erlaubte den Feudalherren eines »jungen« Volkes einen Zuwachs an Anciennität, die Erweiterung ihrer Genealogien um Generationen, ja um Jahrhunderte und gar Jahrtausende – so im Falle des *»namiestnik«* Eremeev, der sich nicht mit der Behauptung begnügte, sein Ahnherr sei zur Zeit Aleksandr Nevskijs aus Italien eingewandert, sondern sogar den römischen Geschichtsschreiber Sueton bemühte, um die Anciennität seiner Familie zu belegen.[34] Die Bestuevs, weniger ambitioniert, begnügten sich mit verwandtschaftlichen Beziehungen zur englischen Familie Best, deren Adel auf die Zeit der Kreuzzüge zurückging.[35] Etymologische Spielereien kamen hinzu: so glaubte man, daß der typisch moskovitische Name Kozodavlev von »Koss von Dahlen« herrühre; die russischen Razumovskis konstruierten sich ihre Verwandtschaft mit den polnischen Roginskis.[36] Als Fürst Kurbskij (selber ein »Rurikovitsch«) Ivan dem Schrecklichen die von ihm gemordeten Bojaren vorhielt, schrieb er den großen Familien Voronzov, Morozov, Tscheremetjev, Kolytschev und Tschejin eine deutsche Abstammung zu.[37] Umgekehrt kultivierten andere Familien beharrlich die Erinnerung an ihren tatarischen oder kaukasischen Ursprung (konvertierten orientalischen Fürsten wurden große Ehren zuteil; ein Extremfall war 1575 die Farce Ivans des Schrecklichen, als er so tat, als wolle er den Thron an einen eben bekehrten tatarischen Fürsten abtreten).[38] Andererseits brachte die russische Expansion nach Osten, nach Sibirien, neue heidnische *inozemtzy* unter die Fuchtel Moskaus; sie schuf eine Situation, die der einst von »Nestor« beschriebenen analog war, und so kamen neuerlich geographische oder geopolitische Imperative ins Spiel.

Als Folge all dieser Ein- oder Ausbürgerungen – wirklich schwer zu sagen, welcher Ausdruck passender ist – schien die »Rasse« des russischen Adels in neueren Zeiten so gemischt wie nur möglich zu sein: Ende des 19. Jahrhunderts stand für die Genealogen fest, daß 90 Prozent der Familien mit Adelstiteln nicht-slavischen, das heißt überwiegend westlichen und zu einem geringeren Teil asiatischen Ursprungs waren.[39]

Zunächst kündete das hier beschriebene Phänomen auf seine Weise von der beginnenden Trennung zwischen den oberen Schichten, die sich schon vor den Reformen Peters des Großen allen westlichen Einflüssen aufgeschlossen gezeigt hatten, und dem Volk, für das seit der ruhmreichen Errichtung eines orthodoxen moskovitischen Staates die Zeit stillzustehen schien. Ein Religionsschisma, der »Raskol«, sollte schon bald bezeugen, wie dieses Volk bis zur Selbstvernichtung an der Unveränderlichkeit seiner Riten, Überzeugungen und Gebräuche festhielt. Ein Zeugnis anderer Art bietet die epische oder historische Dichtung Rußlands. Diese kannte im Grunde nur zwei Fürstengestalten: den fernen Heiligen Vladimir von Kiev, umgeben vom Hof seiner »Bogatyren«, die diverse Erinnerungen an das mongolische Joch wachriefen[40], und — konkreter und näher — Ivan den Schrecklichen, bewundert trotz des von ihm vergossenen Blutes, der zum Haupt der moskovitischen oder großrussischen Geschichte wird. Dann verstummt die epische Schöpfung oder wendet sich anderen Gestalten wie dem Räuber Stenka Razin zu. Sie übergeht Peter den Großen; aus anderen Quellen erfahren wir, daß dieser Monarch, der alle Traditionen der Russen mit Füßen trat und ihre Kirche verhöhnte, in den Augen seines Volkes zu einem »falschen« — deutschen oder sogar jüdischen — Zaren wurde. Die Sympathien des Volkes galten damals dem Thronfolger Aleksej, dem Anwalt des traditionellen Rußlands, den sein Vater aburteilen und hinrichten ließ.[41]

Was die folgenden Epochen und Regierungszeiten betrifft, so sind wir kaum gerüstet, die Gefühle der leibeigenen, des Lesens und Schreibens unkundigen Bauern und speziell deren Vorstellungen über ihre Herkunft zu ergründen. Nur mühsam verbreiteten sich die diesbezüglichen Ideen russischer Intellektueller im 18. und vor allem im 19. Jahrhundert bei den Volksmassen, die ein kultureller Graben von ersteren trennte. So fanden Ideologen und Mythologen, mochten es nach westlichem Vorbild chauvinistische Patrioten oder, vielleicht ursprünglicher, christliche oder atheistische Humanisten sein, lange Zeit nur bei der nationalen Intelligenz Gehör. Der Tragödie dieser Intelligenz wollen wir uns jetzt zuwenden.

Das Wort *intelligentsia* ist eine der seltenen Prägungen des Russischen, die aus einer westlichen Sprache stammen; daß es Mitte des 19. Jahrhunderts in Rußland auftauchen konnte, beweist das Vorhandensein eines klar konturierten Milieus *sui generis,* das sich durch seine Kultur — eine importierte Kultur — vom russischen Volk unterschied. Die *intelligentsia* zerfiel durch das, was sie von diesem Volk hielt und mit ihm vorhatte, in zwei Gruppen: die »Westler« und die »Slavophilen«. Beide Begriffe belegen auf je eigene Weise, daß diese Menschen etwas sein wollten, was sie nicht waren; denn es hat niemals bei den Franzosen »Westler« oder »Frankophile« gegeben, und sogar bei den Deutschen keine »Germanophilen« (eine analoge Bemerkung ließe sich über die revolutionäre Bewegung der »Populisten« machen). Die Tragödie der russischen *intelligentsia:* das ist vor allem das in diesen Schlüsselworten zum Ausdruck kommende Gefühl einer tiefreichenden Entfremdung, einer kulturellen Entwurzelung, die bis zur Unkenntnis der Muttersprache geht (denken wir an Tatjana in *Eugen Onegin,* an die französischen Konversationen zu Beginn von *Krieg und Frieden,* an die Spötteleien Dostojevskijs).[42] In Rußland zeichnete sich die Kindererziehung in den gebildeten Ständen dadurch aus, daß man so früh wie möglich die *njanja* aus dem Volk durch eine ausländische Gouvernante oder einen ausländischen Hauslehrer ersetzte, die dem Kind das Alphabet und alles übrige beibringen mußten[43]; zweifellos war diese Dekulturation seit frühester Kindheit einer der Hauptgründe für jenes Gefühl der Schuld oder des Verrats gegenüber dem Volk, das die russische Literatur und das russische Denken so nachhaltig prägt und im 19. Jahrhundert die Vorstellung einer »russischen« oder »slavischen« Seele entstehen ließ, die – ganz zu Unrecht – dem russischen Volk in seiner Gesamtheit zugeschrieben wurde.

Am Ausgangspunkt dieser Phänomene finden wir den besonderen Stil der von Peter dem Großen gewollten Europäisierung mit ihrer Verleumdung und Verfolgung alles Russischen und ihrer Vergötterung und Nachahmung alles Fremden. Der Mann, der Rußland so seiner Vergangenheit entfremdete, wurde in den Augen der Nachwelt zum Halbgott, der die Nation aus dem Nichts gezogen hatte. Erzbischof Prokopovitsch erklärte in seiner Grabrede, Peter habe Rußland auferweckt, ja mehr noch, er habe es »gezeugt und mit seiner Milch genährt«, und verglich ihn mit Kaiser Konstantin, dem Propheten Moses und dem Patriarchen Japhet.[44] Noch weiter ging Michail Lomonosov, der 1740 versicherte, wenn man Peter schon mit irgend jemandem vergleichen müsse, dann könne es nur Gott der Allmächtige sein.[45] Diese überschwenglichen Elogen wurden, kaum abgeschwächt, von Generation zu Generation weitergegeben und stimmten die Beweihräucherer der Autokratie auf denselben Ton wie deren Kritiker: für den staatstragenden Historiker Pogodin war Peter »der Gott in Menschengestalt«; dem Kritiker Belinskij zufolge »hätte man ihm auf allen Straßen und Plätzen des russischen Reiches Altäre errichten müssen«.[46] Auch die klassische russische Kultur des 19. Jahrhunderts galt als Kind seines Geistes; denn einer berühmten Formel zufolge hatte Peter »Rußland vor eine Herausforderung gestellt, auf die Puschkin die Antwort war«. All diese Bilder suggerieren eine Schöpfung aus dem Nichts, die Befruchtung durch einen Gott – oder eine Ur-Vergewaltigung.

Alles kam also von Peter her; aber was hatte es vor ihm gegeben? Durch das Fenster, das er nach Europa öffnete, sah sich der Reformer-Zar zunächst bei westlichen Gelehrten nach Aufklärung über die Ursprünge seines Volkes um. Zu diesem Thema befragt, erwiderte Leibniz, für den Europa einzig und allein von Germanen bevölkert war[47], daß die Russen asiatischen Ursprungs und unter Führung Attilas nach Europa gekommen seien.[48] Diese wenig schmeichelhafte Genealogie nahm lediglich die Einsichten jener deutschen Gelehrten des 18. Jahrhunderts vorweg, die die ersten russischen Universitäten bevölkerten, und der gebildete Schlözer verglich die ersten Russen mit den Tieren und Vögeln des Waldes[49]; vor allem war es aber die »Berufung der Varäger«, die unfreundliche Bemerkungen über das Wesen oder den Charakter der Slaven erlaubte. Das war nur ein weiterer Grund für die ersten Historiker rein russischer Herkunft, nachdrücklich zu versichern, daß die Slaven keineswegs Wilde gewesen seien, sondern sich schon zur Zeit Alexanders des Großen, ja Herodots rühmlich hervorgetan hätten. In der Tat übertrafen die Russen ihre deutschen Lehrmeister mit den phantastischsten Vorstellungen aller Art sowie mit vieldeutigen Spekulationen über die Begriffe Jugend und Alter bei weitem. Schlözer fiel es nicht schwer, diese Patrioten mit den deutschen Humanisten der Renaissance zu vergleichen.

Der erste russische Historiker, Tatischtschev (1686-1750), der doch seinen kritischen Geist bewies, wenn es darum ging, die Genealogien der Bibel in Frage zu stellen, versicherte, daß die byzantinischen Kaiser Kirchenslavisch gesprochen hätten, und fragte sich sogar, ob nicht die Tochter Pharaos slavophon gewesen sei, da sie dem Kind, das sie im Nil treibend gefunden hatte, den Namen Moses (russisch »moj-sej« = er ist mein) gab.[50] Nachdem dieser Ton einmal vorgegeben war, behauptete der Grammatiker Tredjakovskij (1703-1769), die »slovenskische« Sprache sei die älteste Europas, von ihr stammten alle germanischen und keltischen Idiome ab (Kelten = »Jeltes« = Gelbe = Blonde).[51] Die Kelten waren also ein slavischer Stamm, schloß der Dichter Sumarokov (1717-1777), und die Römer mußten ebenfalls einer sein, denn die einsilbigen Wörter *dom, noss, oko, brat* konnten ja nur die Wurzeln von *domus, nasus, oculus* und *frater* sein.[52] (Der Gedanke, daß einsilbige Wörter die ältesten »Wurzelwörter« seien, kam, wie so viele andere, aus den germanischen Ländern[53]; je mehr die Russen Anspruch auf zeitlichen Vorrang, das heißt auf Originalität erhoben, desto mehr imitierten sie nach Lage der Dinge die Deutschen.) So weit ging der große Lomonosov

(1711-1765) nicht, aber er verglich den uralten Ruhm der Slaven mit dem der Römer und brachte sie nach deren Vorbild mit den Trojanern in Verbindung; vorsichtiger als Tatischtschev, schloß er die Möglichkeit nicht aus, daß sie darüber hinaus auf Meschek und Noah zurückgingen.[54] Solche vergangene Herrlichkeit war ihm das Unterpfand künftiger Herrlichkeit, und die Zeit schien ihm nahe, da die uralte und daher ewig junge »russische Erde ihren eigenen Platon und Newton hervorbringen wird mit beweglichem Geist«.[55] In der Physik gab der geniale Lomonosov selber ein leuchtendes Beispiel seines Satzes, aber in der Geschichte denunzierte er auf bösartige Weise das Akademiemitglied Gerhard-Friedrich Müller bei den Behörden, weil Müller es gewagt hatte, an der Reise des Apostels Andreas nach Rußland zu zweifeln, und den Varägern einen germanischen Ursprung zugeschrieben hatte (abgesehen vom Stil und vom Thema des heiligen Andreas hätte diese Denunziation auch aus dem Jahre 1950 statt 1750 stammen können).[56]

All diese großartigen russischen Prätentionen waren eher kultureller denn »rassischer« Art; es blieb Katharina der Großen vorbehalten – und es ist vielleicht nicht müßig, daran zu erinnern, daß sie deutscher Abstammung war –, die angeborene oder »rassische« Überlegenheit der Slaven zu proklamieren. Ja sie scheint sogar die erste gewesen zu sein, die sich in Rußland des Wortes »Rasse« bediente.[57] Katharina polemisierte in ihrer Zeitschrift gegen Sumarokov, dem zufolge Tugenden und Untugenden auf alle Völker gleichmäßig verteilt waren, und schrieb die Fehler, die die Russen etwa haben mochten, deren mittelasiatischer oder »sarmatischer« Abstammung zu. Die zahlreichen Qualitäten der Russen aber schienen ihr echt slavische zu sein; und auf ihre alten Tage bekannte sich auch die Kaiserin zu der Überzeugung, daß das Kirchenslavische die Ursprache des Menschengeschlechts gewesen sei. 1784 schrieb sie an Grimm: »Ich habe eine Fülle von Kenntnissen über die Urslaven gesammelt und könnte ohne weiteres zeigen, daß sie den meisten Flüssen, Bergen, Tälern, Kreisen und Gegenden in Frankreich, Spanien, Schottland und anderen Orten den Namen gegeben haben. [...] Die Salier und das salische Gesetz, Chilperich I., Chlodwig und die ganze Rasse der Merowinger waren Urslaven, ebenso wie alle Vandalenkönige Spaniens.« Es hätte wenig gefehlt, und die »Semiramis des Nordens« hätte diese Entdeckungen veröffentlicht, die gleichermaßen auch für Amerika und Indien galten und von der Philologie auf die frappierendste Weise gestützt wurden: waren nicht auch Osiris, Zoroaster und Odin Namen slavischer Herkunft? Glaubten ihrerseits nicht auch der

Astronom Bailly, Court de Gébelin und sogar der große Voltaire an die Existenz einer Urzivilisation in Asien als Wiege der europäischen und nahöstlichen Zivilisation? Noch wenige Monate vor ihrem Tode schrieb Katharina:

»Ich bleibe dabei, daß König Alfred und mancher andere der angelsächsischen Rasse Slave war, daß man noch heute in England einen Tribut entrichtet, der *saccage* heißt und von dem die Engländer wissen, daß er von den Sachsen eingeführt worden ist, die ein slavischer Stamm sind. Ich lese kein Buch und blättere in keinem, das nicht mindestens dreihundert Jahre alt ist; aus allen anderen lerne ich nichts, und von Vermutungen habe ich genug.«[58]

Wenn die kulturelle Armut Rußlands (vor allem an der europäischen Elle gemessen) die zitierten Autoren bewog, die jahrhundertealten germanischen Prätentionen durch deren Nachahmung zu übertreiben, so stellte sich doch noch nicht die Frage nach der Besonderheit der nationalen »Seele« oder des nationalen »Wesens«. Erst in dem Moment, wo sich eine echt russische literarische Kultur konstituiert, taucht die Frage nach dem Wert oder der Bedeutung dieser Kultur auf; immer aber ist es der Westen, der als Muster dient und den Wertmaßstab abgibt, selbst wenn es darum geht, sich gegen den Westen zu behaupten, indem man ihn ablehnt. Der erste, der um 1810 eine Reihe beunruhigender Fragen stellte, war Karamzin, ein Historiker, der zunächst Romancier und einer der Schöpfer des modernen literarischen Russisch war. Zwar erkannte er die ungeheuren Verdienste Peters des Großen an, fragte aber doch, ob der Zar durch die gewaltsame Ausrottung der uralten moskovitischen Bräuche »nicht die Russen in ihrem eigenen Herzen erniedrigt« habe. »Macht die Selbstverachtung den Menschen und Bürger zu großen Unternehmungen geneigt? [...] Die Elite hat sich von den unteren Schichten entfernt; für den russischen Bauern, Nichtadligen oder Händler sind die adligen Russen Deutsche geworden, zum großen Schaden für die brüderliche Einheit des Volks. [...] Wir sind Weltbürger geworden, aber in einigen Fällen haben wir aufgehört, Bürger Rußlands zu sein. Das ist die Schuld Peters.«[59]

Als gewissenhafter Historiker machte Karamzin in seiner Geschichte des russischen Staates nicht den Versuch, die Berufung auf die Waräger hinwegzueskamotieren. Er sah darin »eine erstaunliche Tatsache, schier ohne Beispiel in den Annalen des Menschengeschlechts«, und erklärte sie mit der russischen Volksweisheit: »Das Bedürfnis nach Ruhe und Ordnung ließ sie den nationalen Stolz vergessen.«[60] Wir werden hören, wie einige seiner Nachfolger diesen Gedanken aushöhlten oder ausbeuteten.

Puschkin, der sich gelegentlich ebenfalls als Historiker versuchte, stellte sich solche Fragen nicht. Er war bis auf den Grund seines Herzens »Westler« und bewunderte vorbehaltlos das Werk Peters des Großen. Die russische Gesellschaft seiner Zeit kritisierend, schrieb er 1836 in einem Brief, »daß die Regierung (Nikolaus' I.) bisher das einzig Europäische an Rußland ist; so brutal und zynisch sie ist, sie könnte es noch hundertmal mehr sein – es würde keinem Menschen auffallen.«[61] Man weiß, wie problematisch sein Verhältnis zu Nikolaus I. war. Als russischer Patriot billigte er die Annexion Polens, die für ihn eine innerslavische Angelegenheit war[62]; aber sein Denken war frei von jedem Rassismus, und er war stolz auf das »afrikanische Blut«, das in seinen Adern floß. In all dem war er sehr russisch. Im übrigen erlaubte ihm sein Genius, alle Gegensätze miteinander auszusöhnen, und er repräsentiert einen einzigartigen Augenblick der nationalen Geschichte, die Erfüllung einer langen Hoffnung – doch einer Hoffnung ohne Morgen, denn die harmonische Integration aller Elemente des russischen Lebens, des gegenwärtigen wie des vergangenen, bleibt sein unnachahmliches Geheimnis.

Puschkins Tod fiel mit dem Beginn einer Debatte zusammen, in deren Verlauf die Frage nach den Ursprüngen, das »Woher kommen wir«, in den Hintergrund gedrängt wurde von der Suche nach der nationalen Identität, von einem quälenden, echt russischen »Wer sind wir«. Diese Frage wurde fortan zum Hauptthema der russischen Philosophie, und zweifellos konnte es auch nicht anders sein.[63]

Den Anstoß dazu hatte ein Freund Puschkins gegeben, Pjotr Tschaadaev, ein Grandseigneur, der zum Katholizismus übergetreten war. In seinem ersten »Philosophischen Brief«, 1836 in dem makellosen Französisch des Grand Siècle verfaßt[64], erklärte er, daß die einzige Besonderheit Rußlands seine kulturelle Nichtigkeit sei:

> »Die universelle Erziehung des Menschengeschlechts hat uns nicht erreicht. [...] Fremd in der Welt, haben wir der Welt nichts gegeben; der Zahl der menschlichen Ideen haben wir keine einzige Idee hinzugefügt; wir haben zum Fortschritt des menschlichen Geistes nichts beigetragen. [...] Auf dem unfruchtbaren Boden unseres Vaterlandes ist keine einzige große Wahrheit aus unserer Mitte er-

wachsen; wir haben uns nicht die Mühe gemacht, selber einen Einfall zu haben, und von allem, was die anderen sich haben einfallen lassen, haben wir nur den trügerischen Schein und den unnützen Luxus übernommen.«[65]

In einer für derartige Aussagen typischen Weise überließ sich Tschaadaev, nachdem er sein Vaterland genüßlich heruntergemacht hatte, grandiosen Träumen. Nachdem Rußland nichts gewesen war, mußte es alles werden:

> »Ich hege die innige Überzeugung, daß wir berufen sind, die meisten Probleme der Gesellschaftsordnung zu lösen, die meisten in den alten Gesellschaften aufgekommenen Ideen uns anzueignen, auf die schwerwiegendsten Fragen, die das Menschengeschlecht beschäftigen, eine Antwort zu geben [...], als veritables Geschworenengericht in manchen Prozessen, die vor den großen Tribunalen der Welt anhängig sind.«[66]

Tschaadaevs »Brief«, dieser »Schuß in dunkler Nacht«, sorgte in Rußland für eine Sensation; Nikolaus I. ließ die Zeitschrift, in der er erschienen war, verbieten und seinen Verfasser für geisteskrank erklären. Wenig später sah sich Rußland einem anderen Angriff derselben Art ausgesetzt, gegen den die Regierung jedoch machtlos war: der Marquis de Custine veröffentlichte seinen Reisebericht aus Rußland, der eine Auflage von 200.000 Exemplaren erreichte und in alle großen europäischen Sprachen übersetzt wurde.[67] Die Quintessenz dieses ingrimmigen Buches ließe sich in der Formel zusammenfassen: »Kratzt am Russen, und der Tatar kommt zum Vorschein«, doch reichte Custine, über die Köpfe der Eliten hinweg, dem russischen Volk die Hand:

> »Die wahren, bärtigen Russen denken hierüber wie ich, und sie geloben, daß sie es eines Tages den Laffen zeigen werden, die den alten Bräuchen untreu geworden und gleichgültig gegen die wahren Interessen des Vaterlandes sind und ihr Land verraten, um es an Zivilisation mit dem Ausland aufzunehmen.«[68]

Das war der Hintergrund, vor dem die russische Intelligenz sich in zwei Lager spaltete, die einander scheinbar entgegengesetzt, in Wahrheit aber nach Beweggründen und Zielsetzungen verwandt waren; nach dem Eindruck Herzens waren »Westler« und »Slavophile« »wie der doppelgesichtige Janus – sie blickten in verschiedene Richtungen, aber ihr Herz schlug im Gleichklang«. Sollte Rußland, um seinen wahren Weg zu finden, seine europäischen Lehrjahre fortsetzen, oder sollte es seine lebendigen Quellen in seiner Vergangenheit und bei seinem Volk suchen? Aber auch in diesem letzteren Fall dienten die Deutschen als Vorläufer oder Lehrer: als der Slavophile Konstantin Aksakov sich den Bart wachsen ließ und den Russenkittel anlegte, um so durch die Straßen Moskaus zu laufen: was war das anderes als eine Nachahmung der »germanomanen« deutschen Studenten? Und außerdem wurde ihm dieser Aufzug bald von der Regierung Nikolaus I. verboten.

Auf dem Gebiet der Ursprungsmythen übertraf die treibende Kraft hinter der Slavophilenbewegung, Aleksej Chomjakov, schließlich die phantastischsten deutschen Prätentionen. Seine Geschichtsphilosophie enthielt den Gegensatz zweier Prinzipien, des iranischen oder arischen Prinzips, des Prinzips der sittlichen Freiheit, das seine Entfaltung in der orthodoxen Kirche fand (allerdings waren auch die Juden »Iranier«), und des kuschitischen oder namitischen Prinzips, des Prinzips der Magie und der wissenschaftlichen Notwendigkeit, dessen Inkarnation die Römer von einst oder die deutschen Metaphysiker der Gegenwart waren. Chomjakov, der vermutlich auf die geheimen Dossiers Katharinas II. zurückgreifen konnte[69], bevölkerte nun alle Länder mit Slaven; er fand sie in der Vendée (daher die Treue dieses Landstrichs zum monarchischen Prinzip), aber auch im Périgord, im Roussillon und in Arles. Mehr noch: Troja war eine slavische Stadt, die Angeln waren ein rein slavischer Stamm, die Sachsen waren es teilweise; Siegfried und Parsifal waren ebenso slavische Helden wie Attila.[70] So weit mochten die meisten anderen Slavophilen nicht gehen.[71] In einem anderen Punkt aber machte Chomjakov Schule: er drehte das berühmte Väräger-Argument um und wollte in ihrer Berufung einen Beweis für den grundsätzlichen Pazifismus und die sittliche Überlegenheit der Slaven sehen.[72] Diese Überlegenheit schien ihm auch der »Demokratismus« der Russen zu belegen, anders gesagt, das Fehlen jedes Rassismus: so war Puschkin, der von einem Schwarzen abstammte, »ihr Stolz und ihre Freude, während man ihm in den Vereinigten Staaten das Recht auf die Staatsbürgerschaft verweigert hätte, ja sogar das Recht, die Tochter einer deutschen Wäscherin oder eines englischen Metzgers zu heiraten.«[73]

Durch ein Paradoxon, das freilich nur scheinbar eines ist, erwiesen sich die Slavophilen gegenüber Rassentheorien als unzugänglicher als die Westler. Jene sahen für Rußland eine universelle Mission in einer Perspektive, die religiös blieb; diese beugten sich vor den Dekreten einer westlichen Wissenschaft, die sehr oft einen unüberbrückbaren Graben zwischen der weißen Rasse und den »farbigen Rassen« postulierte. So findet man 1868 bei einem Radikalen wie Dobroljubov die folgenden Sätze:

> »Wir halten es für zwecklos, uns über den Unterschied zu verbreiten, der zwischen dem Schädel der Neger und der anderen minderwertigen Menschenrassen und dem Schädel der kultivierten Völker besteht. Wer kennt bei diesen Rassen nicht die merkwürdige Entwicklung der oberen Schädelpartie, die in manchen Fällen, etwa in Australien, bis zum fast völligen Fehlen des oberen Hirnteils geführt hat? Und wer weiß nicht, daß in bezug auf die Entwicklung der geistigen Fähigkeiten diese Rassen weit unterhalb der Völker kaukasischer Rasse stehen?«[74]

Zwanzig Jahre später schrieb sein Freund Tschernischevskij: »Vom Standpunkt der Wissenschaft verflüchtigt sich die Bedeutung der Rassenunterschiede sehr schnell.« Doch bezweifelte er nicht, daß solche sittlichen und geistigen Unterschiede existierten, denn: »Jedem äußeren Unterschied muß ein Unterschied in der Organisation des Gehirns entsprechen.«[75] Ein anderer Radikaler (oder »Nihilist«), Zaitsev, der russische Marx-Übersetzer, war der Ansicht, daß diese Unterschiede hinreichend groß seien, um die Versklavung der Neger zu rechtfertigen, und machte sich über die Sentimentalität von *Onkel Toms Hütte* lustig.[76]

Man muß zwar noch bei den Autoren der zweiten und dritten Garde nach empörenden Äußerungen solcher Art suchen: das Fehlen rassistischer Themen (mit Ausnahme des Antisemitismus) bei den großen Romanciers und Denkern zeigt aber, daß Rußland auf diesem Gebiet hinter dem Westen herhinkte – man könnte auch sagen: ihm voraus war.

Freilich war auch die Konjunktur der Ausbildung eines russischen Nationalstolzes nicht günstig. Wir haben gehört, daß die nationalen genealogischen Traditionen sich kaum in diesem Sinne benutzen ließen. Auch das Verdikt der Anthropologen war nicht ermutigend; nach ihren einhelligen Schlußfolgerungen ist die »russische Rasse« das Ergebnis einer Kreuzung aus Slaven und diversen anderen Elementen. Diese Elemente waren vor allem die finnischen und »ural-altaischen« Ureinwohner, mit denen die Slaven sich vermischt hatten, als sie in ihre Länder kamen. In der Folge führten andere Invasionen und andere Eroberungen zu weiteren Vermischungen mit germanischem Blut (Waräger) und asiatischem Blut (Mongolen).[77] So konnte also nicht nur keine Rede sein von einer »reinen russischen Rasse«, vielmehr schienen deren konstituierende Elemente zu einem guten Teil aus Asien zu stammen und waren damit nach der Terminologie der Zeit »unarisch«. Unter diesen Umständen war es schwierig, in Rußland Rassist zu sein.

Gehörte Rußland ausschließlich zu Europa? Genau das bestritt um 1870 der Slavophile Danilevskij, lange vor Oswald Spengler Urheber einer Theorie der »historisch-kulturellen Typen« (von denen er ein Dutzend unterschied). Dem »romanisch-germanischen« oder europäischen Typus stellte Danilevskij in seinem Buch *Rußland und Europa* einen »slavischen Typus« gegenüber und erklärte anschließend, daß die um sich greifende europäische Kultur weder einzigartig noch unvergänglich sei; im Gegenteil glaubte er feststellen zu können, daß sie rapide verfiel oder daß, einer feststehenden Formel zufolge, »der Westen verfaulte«. Es obliege daher anderen Kulturen, in erster Linie der russischen Kultur, die Nachfolge Europas anzutreten und die »römisch-germanische Aggressivität« durch den echten christlichen Humanismus zu ersetzen, der den Slaven eigen sei. Diese Kritik der westlichen Zivilisation, mit der sich die Russen seit dem 19. Jahrhundert zum Wortführer aller von den Europäern beherrschten, versklavten oder zerstörten Kulturen machten, war vielleicht der originellste Beitrag der Slavophilie, und man erkennt, wie sie die Kritik vorwegnahm, die im folgenden Jahrhundert das Europa des Postkolonialismus an sich selber richtete.

Nach der russischen Revolution wurden diese slavophilen Thesen von einer Bewegung wieder aufgenommen, die in Kreisen der Emigration unter dem suggestiven Namen »eurasische Bewegung« entstand. Ganz wie ihre Vorgänger distanzierten sich die Eurasier vom Westen oder von den »Romano-Germanen«, doch gedachten sie, allein für die Russen zu sprechen, unter Ausschluß der übrigen Slaven, die sie Europa überließen. Eine Gruppe brillanter Intellektueller um den genialen Sprachwissenschaftler Nicolas Troubetzkoy glaubte, die überkommenen geographischen Einteilungen dahingehend ändern zu können, daß sie einen neuen Kontinent »Eurasien« definierten, der sich von Europa ebenso unterschied wie von Asien. Geographisch wie historisch schien dieser Kontinent ein zusammenhängendes Ganzes zu bilden, das einmal unter den Mongolen, ein zweites Mal unter den Zaren geeinigt worden war[78]; sprachlich sollten seine Bewohner gewisse »eurasische« phonologische

Merkmale aufweisen, die nur ihnen eigentümlich waren[79], rassisch sollten die Russen ohne falsche Scham zugeben, daß sie »Turanier« ebenso wie Slaven oder Arier seien. Die Verteidigung und Propagierung des von Europa verachteten turanischen Erbes veranlaßte den Fürsten Troubetzkoy seit 1920, allen Völkern der Erde einen Kreuzzug zu predigen, damit man sich von der »Hypnose der Wohltaten der Zivilisation« und vom »Alptraum der Europäisierung« befreie. »Man muß sich immer daran erinnern, daß nicht der Gegensatz zwischen Slaven und Germanen, oder zwischen Turaniern und Ariern, der Schlüssel zu dem Problem ist, und daß es nur einen einzigen wirklichen Gegensatz gibt: den zwischen Romano-Germanen und allen anderen Völkern der Erde, zwischen Europa und der Menschheit.«[80]

In der Folge machte Fürst Troubetzkoy bei einem Vergleich zwischen dem Mongolenjoch von 1240 bis 1480 und dem »römisch-germanischen Joch« von 1700 bis 1917 deutlich, daß es, nach der Bevölkerungsexplosion von 1917 zu urteilen, nicht das asiatische Joch war, das am unerträglichsten gewesen sei. Ein anderer Eurasier, Fürst Svjatopolk-Mirskij, präzisierte, daß die Oktoberrevolution nur die brutale Reaktion auf zwei Jahrhunderte erzwungener Europäisierung sei: »Auch wenn die Revolution nach ihrer bewußten Willenserklärung den Anspruch erhob, das europäische Ideal des atheistischen Kommunismus zu verwirklichen, entsprach sie nach ihrem unbewußten Wesen dem Aufstand der russischen Massen gegen die Herrschaft einer europäisierten und abtrünnigen führenden Klasse.«[81] Im übrigen waren solche Anschauungen in Rußland bereits in den turbulenten Jahren von 1917 bis 1920 vertreten worden, besonders im Werk des berühmten Dichters Aleksandr Blok, für den die Revolution die Abrechnung der russischen Massen – der »Skythen« – mit Europa war.

Die eurasische Bewegung erlosch am Vorabend des Zweiten Weltkriegs, zur Zeit der »Großen Säuberungen«, als die Dezimierung der alten Eliten derartigen Interpretationen eine gewisse Konsistenz zu verleihen schien. Aber wie es um diese Interpretationen auch bestellt sein mag, es ist interessant, die »eurasischen« Patrioten seit 1920 die westlichen Überlegenheitsansprüche mit Argumenten kritisieren zu sehen, welche ein halbes Jahrhundert später für westliche Intellektuelle zum Gemeinplatz werden sollten.[82] Noch interessanter ist die Feststellung, daß heutzutage das Problem teilweise eine Umkehrung erfahren zu haben scheint, und zwar insofern, als man bei den sowjetischen Anthropologen gewisse Akzentsetzungen hervorhebt, die einem westlichen Intellektuellen veraltet, ja fehl am Platze erscheinen könnten und die daran erinnern, bis zu welchem Grad der Ursprungsmythos in der Sowjetunion ein Problem geblieben ist.

So schreibt der Anthropologe V. P. Alekseev in seiner ausgezeichneten, 1972 erschienenen Synthese *Auf der Suche nach den Ahnen:*

> »Für die sowjetischen Forscher ist die Ethnogenese der Ostslaven ein zutiefst persönliches Anliegen; denn hinter den objektiven Fakten, die historische, archäologische, anthropologische und sonstige Forschungen ans Licht bringen, sieht er das Blut, das für die Verteidigung der Heimat vergossen wurde, das arbeitsame Leben der friedlichen Bauern und den Ruhm der russischen Kultur.«[83]

Auf der anderen Seite kritisiert er die westlichen Autoren, die das Vorhandensein eines gemeinsamen Bandes zwischen den Völkern, Sprachen und Rassen in Zweifel ziehen. Er räumt bereitwillig ein, daß heutzutage die rassischen Grenzen nicht mehr mit den ethnischen oder sprachlichen Grenzen zusammenfallen, betont aber, daß sie ursprünglich, in einer fernen Vergangenheit, sehr wohl zusammengefallen sind. Das Gegenteil zu behaupten zeugt für ihn von »Nihilismus«, ja von »bürgerlichem Liberalismus«.[84]

Hinkt die sowjetische Anthropologie hinter der westlichen her, oder war sie ihr voraus? Was den rassischen Ursprung der Russen betrifft, beharrt V. P. Alekseev ganz wie schon seine russischen Vorgänger im letzten Jahrhundert auf der Mischung der Slaven mit Nicht-Slaven: »Die Hypothese, die ich vertrete und die ich dem Leser unterbreite, besteht in der Anerkennung der bedeutenden Rolle der *inozemtzy,* der Nichtslaven, bei der Ethnogenese des russischen Volkes.« Es handelt sich um »Mongoliden«, vor allem aber um Finnen, und Alekseev gelangt zu der Vermutung, daß die mittelalterlichen Russen im wesentlichen »slavisierte Finnen« gewesen seien.[85] Welchen Schluß soll man daraus ziehen? Den unseres Autors, der im letzten Kapitel seines Buches die Frage stellt: »Wer sind wir?« und darauf die Antwort gibt: »Jawohl, wir sind Skythen, wir sind Asiaten, mit gierigen Schlitzaugen.« Seine Leser erkannten in dieser Prägung das berühmte Distichon wieder, mit dem *Die Skythen* von Aleksandr Blok beginnen.

Aber es gab in der Sowjetunion schließlich auch politisch-literarische Strömungen ganz anderer Art, die geprägt sind – von Hitlerdeutschland. Meistens zirkulierten diese sehr raren Produkte unter der Hand, im

Samizdat.[86] Ein solches »Manifest der russischen Patrioten« plädierte für ein »Bündnis der indo-europäischen Völker« und forderte Maßnahmen gegen die »Bastardierung, die in Rußland wütet«.[87] Die Möglichkeit, Glaubensbekenntnisse dieser Art offiziell drucken zu lassen, war ziemlich selten. Aber sie existierte; denn der ehemalige Marineoffizier Ivan Tschevtsov hat 1969 und 1970 seine Romane *Im Namen des Vaters und des Sohnes* und *Liebe und Haß* im Verlag des Kriegsministeriums der UdSSR veröffentlichen können. Im erstgenannten Buch ging es vor allem um eine zionistische Gruppe im Zentralkomitee Lenins (die Verschwörung wird schließlich von Stalin aufgedeckt); in dem anderen werden russische Frauen von verkappten, lüsternen Juden umschmeichelt, verführt und getötet.

Und so tötet der Drogenhändler Nahum Goltzer, ein Halbjude (Achtung, Bastardisierung!) nacheinander seine russische Mutter und Sonia Surovtseva, nachdem er diese »nordische Frau« mißbraucht hat:

> »Nahum war von Sinnen vor Begierde. Das wilde Ungeheuer und das Bauerntier wohnten in seiner Brust. Auf dem Bett sitzend und schnaufend wie ein Stier, berührte er Sonias zitternde Schultern. Wie von einem elektrischen Schlag durchzuckt, flüchtete sie an die Wand und schrie hysterisch: Wag nicht, mich anzurühren! Wag nicht, mich anzurühren!«

Aber von Goltzer unter Drogen gesetzt, erliegt Sonia ihm schließlich; danach bringt er sie um und zerstückelt systematisch ihre Leiche. Besser ergeht es Irina Pritschvina; sie flieht zu Assaf, genannt Arkadij Dubavin, nachdem sie eingewilligt hat, mit ihm die Nacht zu verbringen, und begibt sich mit ihm auf eine geologische Expedition in den Hohen Norden. Aber ihr »Rasseninstinkt« schützt sie, und sie flieht, wobei sie bis an den Rand des Eismeers gelangt. Dabei entdeckt sie, daß der Verräter Assaf Signale an ein amerikanisches U-Boot sendet. Unter anderem erfährt man in *Liebe und Haß* noch, daß Albert Einstein das Manuskript seiner Relativitätstheorie einem Russen gestohlen hat, und viele andere höchst interessante Dinge. Es handelt sich dabei um eine Art von Schrifttum, die – abgesehen von der Relativitätstheorie – im Dritten Reich weit verbreitet war und die – abgesehen vom Antisemitismus – in Form von Comics noch heute im Westen weit verbreitet ist. Abschließend sei erwähnt, daß *Liebe und Haß* es auf eine Auflage von 200000 Exemplaren gebracht hat...

Zweiter Teil

Der Mythos vom Ursprung der Arier

Erstes Kapitel

Vorspiel

Die Präadamiten

Nicht erst im achtzehnten Jahrhundert wurde die biblische Doktrin von der Einheit des Menschengeschlechts in Zweifel gezogen. Tatsächlich wird diese Theorie schon beinahe ebenso lange angefochten, wie es sie gibt. Beträchtliche Zeit vor Christi Geburt hatten manche Zeile, mancher Buchstabe der Genesis antike jüdische Exegeten zu dem Schluß veranlaßt, daß es möglicherweise eine frühere Weltschöpfung gegeben habe und daß von dieser Schöpfung vielleicht etwas übriggeblieben sei: Engel, Dämonen oder Menschen, die vielleicht besser, vielleicht schlechter gewesen seien als die Nachkommen Adams.[1] Vom jüdischen Mikrokosmos ausgehend, drangen diese Anschauungen auf klassische Weise in den sie umgebenden Makrokosmos ein und mündeten in die von Aristoteles entwickelten menschlichen Hierarchien (für Aristoteles waren die Barbaren ja bekanntlich dazu geboren, Sklaven zu sein).[2] Der Gedanke, daß nicht alle Menschen von einem gemeinsamen Vater abstammen, wurde im zehnten Jahrhundert von dem Historiker Al-Masudi übernommen. Er knüpfte nach jüdischem Vorbild Spekulationen an die achtundzwanzig Buchstaben des arabischen Alphabets und postulierte die Existenz von achtundzwanzig Nationen, die vor Adam gelebt hätten. Ein Zeitgenosse, der Perser Al-Maqdisi, zitierte als Beweis Vers II, 28 des Korans, in dem die Engel anscheinend Adam des Mordes anklagen.[3] In der Nachfolge Averroës' fand die Konzeption von den unabhängigen und sukzessiven Schöpfungen, die später von modernen Autoren mit einer ganz anderen Terminologie aufgegriffen wurde, im mittelalterlichen Europa Eingang. Der eigentliche Streitpunkt oder die eigentliche Häresie steckte in der Konzeption einer ewigen, »ungeschaffenen« Welt, und die sogenannte »präadamitische« Theorie wurde von dem spanischen Mönch Thomas Scotus (vierzehntes Jahrhundert) nur nebenbei und als Beleg angeführt: »Es hat Menschen gegeben vor

Adam«, behauptete er, »Adam wurde von diesen Menschen erzeugt, woraus hervorgeht, daß die Welt allezeit existiert hat und allezeit von Menschen bevölkert war.«[4] Im Mittelalter gab es unseres Wissens nur einen einzigen Nachfolger dieses Häretikers, den von Papst Pius II. gerügten italienischen Kanonisten Giannino di Solcia[5]; es ist aber interessant, daß bereits vor der Entdeckung neuer, exotischer Kontinente Stimmen laut wurden, die abstrakt und spekulativ den Mythos von der Bevölkerung der Erde durch Adam und Noah in Zweifel zogen.

Der kritische Geist der Humanisten einerseits, die protestantische Exegese anderseits, vor allem aber die Entdeckung der Neuen Welt vervielfachten die unlösbaren Probleme, die schließlich in der Neuzeit die Genealogien der Bibel in Mißkredit brachten. Jene, die man an ihrer Stelle zur Diskussion stellt, sind das Ergebnis der allgemeinen Revolutionierung der Vorstellungen und berufen sich auf die Wissenschaft; ihre Umrisse werden im achtzehnten Jahrhundert deutlicher, als die sogenannten Humanwissenschaften entstanden. Die Lehre vom Ariertum, die sich im neunzehnten Jahrhundert entwickelte, konnte nur auf der Grundlage der von der Aufklärungsphilosophie eingeführten Einteilung der Menschheit in Rassen entstehen. Bevor wir jedoch diese neue Anthropologie, Brennpunkt aller neuen Erkenntnisse, untersuchen, wollen wir die sukzessiven Wandlungen der »präadamitischen Theorie« betrachten, deren letzte, wie wir sehen werden, nicht die unbedeutendste ist.

Im sechzehnten Jahrhundert wurde diese Theorie von zwei großen Visionären gestützt. Zunächst von Paracelsus, der sich aber mit vorsichtigen Anspielungen und mit der Erklärung begnügte, die Eingeborenen der amerikanischen Inseln könnten nur von einem »anderen Adam« abstammen.[6] Dann von Giordano Bruno, der, etwas kühner, dem Menschengeschlecht drei große Ahnherren zuteilt: Henoch, Leviathan und Adam; letzterer allein wird bei ihm zum Stammvater der Juden, die solcherart die »jüngste« Rasse bilden.[7] Hier wird bereits die antibiblische oder antikirchliche Auffassung sichtbar. Diese gewagten Spekulationen des Märtyrers der Inquisition fanden Widerhall, vor allem im elisabethanischen England, wo sie zum erstenmal veröffentlicht wurden. Der Dichter Christopher Marlowe und der Mathematiker Thomas Harriot wurden zu Anhängern dieser Lehre[8], und Thomas Nashe, ein Freund Marlowes, schrieb: »Ich höre, es gibt im Ausland Mathematiker, die sich anheischig machen, zu beweisen, daß schon vor Adam Menschen gelebt hätten; und diese hochgestellten Leute sind bereit, bis zu ihrem Tod die Meinung zu vertreten, daß der Teufel nicht existiere.«[9]

Im rationalistischen siebzehnten Jahrhundert war das geistige Klima frei genug, daß die präadamitische Theorie in Frankreich vorgebracht werden konnte – nicht, um die etablierte Religion zu erschüttern, sondern um sie zu verteidigen. Ihr Vorkämpfer wurde Isaac de la Peyrère, ein getaufter Jude, Marrane aus Bordeaux; er polsterte die alten rabbinischen Häresien, die er kannte, mit Argumenten, die er dem Neuen Testament (insbesondere dem Römerbrief) entnahm, um im Namen der Vernunft die chronologischen Widersprüche des Alten Testamentes zu bereinigen. Er verglich sich auch mit Kopernikus, der die aus den astronomischen Berechnungen entstandenen Schwierigkeiten auf befriedigende Weise löste. Sein eigentlicher Ehrgeiz jedoch scheint ganz anderer Art gewesen zu sein.[10] La Peyrère war auch der Autor eines *Rappel des Juifs* (Zurückrufung der Juden, 1643), in dem er den König von Frankreich aufforderte, das einst auserwählte Volk in seinem Land zu sammeln, es – nachdem es sich zum Christentum bekehrt hätte – in das Land Kanaan zurückzuführen und den Thron Davids in all seinem Glanz wieder aufzurichten. Das Bemühen, seine verachtete Abstammung zu rehabilitieren, wird in fast allen seiner Schriften sichtbar: Die gesonderte Erschaffung Adams und Evas, der Stammeltern der Juden, am Tag vor der Ruhe, des siebenten Tages, schien ihm ebenfalls ein Zeichen dafür zu sein, daß der Allerhöchste zwischen den Rassen unterschieden hatte, woraus dann die Auserwählung Abrahams folgte.

Die Veröffentlichung des *Systema theologicum ex Praeadamitarum hypothesi* im Jahr 1655 wurde zur Sensation. Die Freidenker, die »starken Geister«, waren nicht die einzigen, die diese gewiß revolutionäre These, welche die Heilige Schrift mit der neuen Wissenschaft jenes Jahrhunderts in Einklang bringen wollte, wohlwollend aufnahmen. Auch Père Mersenne, ein Freund Descartes', stellte fest, daß »mehrere Stellen der Heiligen Schrift wahrscheinlich leichter zu verstehen wären, wenn diese Hypothese von der Existenz mehrerer von Adam unabhängiger Menschen angenommen werden könnte [...]«[11] Pascal jedoch war entrüstet und sprach von »Extravaganzen«; und die offiziellen Stellen ihrerseits hielten es für notwendig, Peyrère den Prozeß zu machen; er wurde zum Widerruf gezwungen. Die Polemiken um seine Theorie gingen jedoch in ganz Europa bis zum Beginn des achtzehnten Jahrhunderts weiter, und er wurde ständig neben Hobbes und Spinoza als drittes Glied eines teuflischen Triumvirats genannt. Schließlich geriet er in Vergessenheit, weil sich die Gegner der Einheit des Menschengeschlechts bald ganz anderer als theologischer Argumente bedienten und sich daher nicht mehr auf ihn berufen konnten. Die Theorie der »Polygenese«, deren prominentester Vertreter im Jahrhundert der Aufklärung Voltaire war, wollte als rein wissenschaftliche Doktrin anerkannt werden. Die polemischen Absichten kamen aber immer wieder durch – und Goethe verbarg dies nicht, als er an seinem Lebensabend seine polygenetischen Anschauungen darlegte.

Tatsächlich rechtfertigte Goethe seine Haltung zunächst damit, daß er die Natur personifizierte, deren *Geist,* wie er sagte, nicht sparsam, sondern im Gegenteil verschwenderisch sei:

> Dieser Meinung, sagte Goethe (nämlich, daß die Natur ökonomisch vorgehe – Anm.), muß ich widersprechen. Ich behaupte vielmehr, daß die Natur sich immer reichlich, ja verschwenderisch erweise, und daß es weit mehr in ihrem Sinne sei anzunehmen, sie habe, statt eines einzigen armseligen Paares, die Menschen gleich zu Dutzenden, ja zu Hunderten hervorgehen lassen. Als nämlich die Erde bis zu einem gewissen Punkt der Reife gediehen war, die Wasser sich verlaufen hatten und das Trockene genugsam grünete, trat die Epoche der Menschwerdung ein, und es entstanden die Menschen durch die Allmacht Gottes überall, wo der Boden es zuließ, und vielleicht auf den Höhen zuerst [...]

Goethe brachte dann, launig verpackt, ein zweites Argument vor, in dem sich bereits gewisse Motive der künftigen »Ariertheorie« abzeichneten:

> Die Heilige Schrift redet allerdings von *einem* Menschenpaare, das Gott am sechsten Tag erschaffen. Aber die begabten Männer, welche das Wort Gottes aufzeichneten, das uns die Bibel überliefert, hatten es zunächst mit ihrem auserwählten Volk zu tun, und so wollen wir auch diesem die Ehre seiner Abstammung von Adam keineswegs streitig machen. Wir andern aber, so wie auch die Neger und Lappländer [...] hatten gewiß auch andere Urväter; wie denn die werte Gesellschaft gewiß zugeben wird, daß wir uns von den echten Abkömmlingen Adams auf eine gar mannigfaltige Weise unterscheiden, und daß sie, besonders was das Geld betrifft, es uns allen zuvortun.[12]

Wir sehen, wie die von dem vergessenen Marranen postulierte separate Herkunft der Juden, die diesen zur Ehre gereichen sollte, von dem großen Deutschen herangezogen wird, um sich von jenen zu distanzieren. Wie auch immer das Werturteil ausfiel – Verachtung und Verherrlichung drückten beide das traditionelle, tief verwurzelte Gefühl einer »Andersartigkeit« der Juden aus. Die Geschichte des arischen Mythos beruht seit ihren Anfängen – denen wiederum eine lange, dunkle Vorgeschichte vorangeht – auf affektiven Optionen dieser Art; und es ist nicht sicher, ob die Humanwissenschaften in ihrem gegenwärtigen Stand völlig frei sind von ähnlichen Engagements.

Die großen Entdeckungen

Seit sich die ungenauen, aber vielsagenden Begriffe der Renaissance und des Mittelalters allgemein eingebürgert haben, befragen sich die Historiker und Philosophen ständig über die Begleiterscheinungen des großen Wandels, der im sechzehnten Jahrhundert im Westen eintrat. Entstammt die Dynamik des modernen Europa und folglich unsere heutige Welt zunächst der religiösen, der kosmologischen oder der geographischen Revolution? Die Diskussion, die seit mehr als fünfzig Jahren geführt wurde und wird, insbesondere unter der Ägide Max Webers, ist noch lange nicht abgeschlossen. Die Pluralität der Religionssysteme bewirkte die Entstehung eines Kreislaufs gegenseitiger Anfechtung, folgenschwer für jeden traditionellen Glauben, der seinerseits eben durch die kopernikanische Wende erschüttert worden war; es versteht sich jedoch von selbst, daß die großen geographischen Entdeckungen mit unserem Thema unmittelbar in Zusammenhang stehen.

In der ersten Hälfte des sechzehnten Jahrhunderts standen einander zum erstenmal zwei Denkweisen gegenüber. Spanien war der Schauplatz des Streites, in dem – in der Frage des Wesens der amerikanischen Eingeborenen – die christliche Anthropologie und eine von der Antike inspirierte Anthropologie aufeinanderprallten. Für die Humanisten, die von den Lehren des Aristoteles durchdrungen waren, wie etwa Juan Sepulveda, waren die Indianer Barbaren, der Doktrin des griechischen Philosophen gemäß also geborene Sklaven; in den Augen des Dominikaners Bartolomeo Las Casas zählten sie zu den Nachkommen Adams, mußten also christianisiert und als freie Menschen behandelt werden. Aber die Existenz ganzer Völker, die von der Patristik und der Überlieferung gar nicht vorgesehen waren und die ohne Taufe und ohne Hoffnung auf Erlösung gelebt hatten, stellte die Vorstellungskraft der Theologen auf eine harte Probe (Las Casas selbst verglich die Indianer mit unschuldigen, von der Erbsünde freien Wesen[13]). Die Entdeckung Amerikas warf dogmatische Probleme von höchster Bedeutung auf. Tatsächlich zögerte der Heilige Stuhl nicht, mit seiner Autorität die Ansichten von Las Casas zu decken, und verkündete 1537 (in der Bulle *Sublimis Deus),* die Indianer seien richtige Menschen, *veri homines,* befähigt, den katholischen Glauben und die Sakramente zu empfangen. Unter Philipp II. schloß sich die spanische Monarchie dieser Interpretation an. Der Dominikaner-Apostel aber, der in Südamerika verehrt wird, könnte heutzutage in Afrika Gefühle ganz anderer Art hervorrufen, weil er die Einfuhr afrikanischer Arbeitssklaven vorschlug, um seine geliebten Indianer zu schonen. So zeichnet sich eine Diskriminierung ab, die bereits im ersten Buch über die Neue Welt *(De Orbe Novo* von Pietro d'Anghiera, 1516) in Form eines Gegensatzes zwischen den »weißen« Indianern und den »schwarzen« Äthiopiern sichtbar wird, ebenso wie im ersten Versuch einer »Rasseneinteilung« (Francois Bernier, 1684), in der die Indianer der weißen Rasse zugeordnet wurden[14]; es handelt sich um eine Diskriminierung, die sich noch in allen europäischen Sprachen widerspiegelt: die Kontakte zwischen Europa und den anderen Kontinenten führten im Falle der Indianer zur Entstehung des Ausdrucks *Mestize,* der an sich keineswegs pejorativ ist, während *Mulatte* von *Muli, Maultier* kommt: Mulatten sind also Bastarde, die man bis ins neunzehnte Jahrhundert gerne für unfruchtbar, das heißt für impotent oder kastriert hielt.

Von der Verfluchung Hams angefangen, dem die rabbinische Exegese und in deren Folge die protestantische die Verbrechen der Entmannung und des Inzests[15] vorwarfen, bis zum Klassifikationssystem Linnés und zu den Beschreibungen so manches Philosophen der Aufklärung wurden die Schwarzen zur Zielscheibe unbarmherziger Kritik seitens der Weißen, wobei die schwarze Hautfarbe und damit das weite Spektrum der mit dem Begriff »schwarz« verbundenen böswilligen Assoziationen der weißen Hautfarbe gegenübergestellt wurden: das Verbrechen der Unschuld, das Laster der Tugend oder das Tierische dem Menschlichen. Die Härte der Verurteilung läßt auf die Stärke der Versuchungen schließen, der kulturelle Abscheu bestätigt die Strenge eines Tabus, das die verfemte biosexuelle Anziehung nur stimulieren konnte. Das klassische Altertum sprach ebenfalls von der Sinnlichkeit oder Schamlosigkeit der Schwarzen, denen die moderne Wissenschaft hartnäckig riesige Penisse anzudichten pflegte[16]; die Weltliteratur, vor allem aber die angelsächsische Literatur von Shakespeare bis Edgar A. Poe und Melville, diesen Nostalgikern der weißen Hautfarbe[17], unterrichtet uns besser über die Spiele der Phantasie, die die sogenannte schwarze Haut mit Bosheit oder Geilheit oder einfach mit dem Tierischen assoziieren. Professor W. D. Jordan, dessen meisterhafte Analysen wir hier in einigen Zeilen zusammengefaßt haben, weist auch darauf hin, daß die Phantasmen von der *Tierhaftigkeit* der Schwarzen auf diesem Gebiet, wo elementarste Leidenschaften in vorgeblich wissenschaftlicher Form ausgedrückt werden, sich mit Hilfe von Reiseberichten in anthropologische Theorien umwandeln ließen. Tatsächlich offenbarten die ersten Forschungsreisen auf dem Schwarzen Kontinent nicht nur die Existenz von Eingeborenenstämmen, sondern auch von Horden großer Menschenaffen, und die Beobachter konnten oder wollten die einen nicht von den anderen unterscheiden: Voltaires Irrtum (geläufiger als jener J. J. Rousseaus, der sich fragte, ob diese Affen nicht Menschen seien[18]), daß diese Schwarzen eher den Affen zugeordnet werden müßten[19], beruhte letztlich auf solchen phantastischen oder naiven Berichten. Die Indianer Nordamerikas dagegen dienten als Hauptfiguren in anders gearteten Darstellungen, die den noch nicht von der Zivilisation verdorbenen Menschen, den legendären *edlen Wilden,* idealisierten. Dieser Indianer, der »Karaibe« bei Bernardin de Saint-Pierre, der »Huron« bei Voltaire, wurde also zum positiven Abbild des rätselhaften »Naturmenschen«, des Nichteuropäers, der von nun an dem Europäer als Spiegel diente – dem Europäer, der im Schwarzen sein verborgenes, negatives Gesicht zu erkennen glaubte. Stellen wir noch fest, daß diese Ansichten und Urteile, die in den kosmopolitischen Salons des 18. Jahrhunderts diskutiert wurden, ihren Ursprung auf der iberischen Halbinsel hatten; von dort stammen auch die wichtigen Schlüsselwörter »Mestize«, »Mulatte«, »Neger«, »Indianer«, »Kaste« und aller Wahrscheinlichkeit nach auch »Rasse«.

Auf der iberischen Halbinsel sollte auch von der Renaissance an eine lehrreiche Auseinandersetzung darüber stattfinden, wie die Gesellschaften, gewisse Umstände ausnützend, ihre Hierarchien aufbauen und ihre Begriffe bilden. Die religiöse Einigung in Spanien (1492) hatte das Problem der Konvertiten beziehungsweise der »Morisken« und der »Marranen« hervorgebracht, also der Abkömmlinge der im Laufe des fünfzehnten Jahrhunderts mehr oder weniger »wirksam« getauften Muselmanen und Juden. Spanier aller Stände beriefen sich damals auf ihre »echt christliche« Herkunft, nannten sich »Altchristen« und zwangen den unglücklichen »Neuchristen« eine diskriminierende Gesetzgebung auf – die »Statuten der Blutreinheit« –, welche diese auf das untere Ende der sozialen Stufenleiter verwies. Die Doktrin besagte, die Andersgläubigkeit oder Ungläubigkeit der Vorfahren, welche jedoch ebenfalls von Adam und Eva abstammten, habe das Blut der Nachkommen verunreinigt, diese seien also gewissermaßen erblich verdorben (diese Vorstellung von einer »Entartung« finden wir später, allerdings von ganz anderen Argumenten gestützt, in der Anthropologie der Aufklärung wieder). Die Untersuchung der »Reinheitsstatuten« bietet daher den Vorteil, zu zeigen, wie eine unverhohlen rassistische Gesetzgebung mit Hilfe einer christlichen Terminologie ausgearbeitet werden kann. Fügen wir noch hinzu, daß die »Neuchristen« nach drei Jahrhunderten der Kämpfe, dezimiert durch die Vertreibungen und die Scheiterhaufen der Inquisition, mit der übrigen Bevölkerung verschmolzen. Diese wenig bekannte Geschichte stellt eine lehrreiche Einführung in das Studium des europäischen Rassismus dar.[20]

Die neuen Genealogien

Entgegen der Meinung von Christoph Kolumbus war Amerika nicht Indien. Aber da nun die Indianer dogmatisch als menschliche Wesen anerkannt worden waren, stellte sich die Frage, durch welche Stammlinie sie mit dem gemeinsamen Vater Adam verbunden seien und wie sie die Neue Welt bevölkert hätten. Daß sie keine Eingeborenen waren (und also nicht von einem amerikanischen »zweiten Adam« abstammten), hatte schon Cortez, der Eroberer Mexikos, sich von Kaiser Montezuma bestätigen lassen.[21] Der Hauskaplan der Familie Cortez, Lopez de Comera, fragte sich als erster, ob diese Völker, deren Existenz nun selbst die Ansichten der Kirchenväter, insbesondere jene des Heiligen Augustinus, widerlegte, nicht etwa die berühmten »verlorenen zehn Stämme« wären. Die Azteken und die Inkas seien daher Abkömmlinge Sems, schloß der große Gelehrte Arias Montano.[22] So tauchte eine Theorie auf, zu deren eifrigsten Verfechtern in der Folge die spanischen und portugiesischen Marranen wurden (denn die Zerstreuung der Juden über alle Länder der Erde sollte das Ende des Exils ankündigen). Diese Eschatologie, die von dem Rabbiner Manasse-ben-Israel[23] in den Niederlanden und in Großbritannien verbreitet wurde, regte gegen Ende des siebzehnten Jahrhunderts den Quäker William Penn zu seinen Unternehmungen an, und Mitte des neunzehnten Jahrhunderts die Mormonen Joseph Smith und Brigham Young zu den ihren. In Spanien selbst fand sie jedoch keinen Glauben: die Jesuiten, die in Lehre und Forschung ebenso dominierten wie in der Missionierung der überseeischen Heiden, zogen es vor, die Indianer mit Japhet in Verbindung zu bringen.

Dieser Gedanke wurde zunächst von dem Jesuiten José Acosta geäußert, dem Provinzial von Peru, einer jener großen Missionare, denen Ignatius von Loyola die Weisung erteilt hatte, sich Sprache und Sitten der Völker, zu denen sie geschickt worden waren, anzueignen, um sie besser bekehren zu können. In seiner *Natur- und Sittengeschichte Indiens* (1590), die in alle großen europäischen Sprachen übersetzt wurde, stellte Acosta die Frage, »wie die ersten Menschen nach Indien gekommen seien«. Für ihn verstand es sich von selbst, daß diese Menschen vom Alten Kontinent stammten, da »die Heilige Schrift uns lehrt, daß alle Menschen von einem einzigen Menschen abstammen«; daraus lasse sich ableiten, »daß die Menschen aus Europa, Asien oder Afrika nach Amerika gekommen sind«. Dies aber konnte nach Meinung des aufgeklärten Jesuiten nur auf natürlichem Weg geschehen sein: »Es ist nicht wahrscheinlich, daß es eine zweite Arche Noah gegeben hat [...] und noch weniger, daß der Engel die ersten Menschen dieser neuen Welt an den Haaren hierher getragen hätte, wie er es mit dem Propheten Habakuk getan hat, denn wir sprechen nicht von der Allmacht Gottes, sondern nur von dem, was der Vernunft und der Ordnung gemäß ist und den Menschen zur Verfügung steht [...]«[24]

Mit diesen gesunden Prinzipien gerüstet, wies Acosta die Unwahrscheinlichkeit der »semitischen Genealogie« und anderer phantastischer Hypothesen nach, wie zum Beispiel die Hypothese von einer Ozeanüberquerung via Atlantis; nach etwa hundert Seiten gedrängter Erörterung kam er zu dem Schluß, daß die Indianer auf dem Landweg oder über eine unbekannte Meerenge nach Amerika gelangt sein müßten: kurz, er entdeckte durch seine Beweisführung die Behringstraße – ein wenig wie Leverrier, der durch Berechnungen den Planeten Neptun entdeckte. Der Mythos von Noah gab also eine fruchtbare Arbeitshypothese ab und regte in der Folge, zu Beginn des zwanzigsten Jahrhunderts, gewisse Theorien über die Ausbreitung der Kulturen an[25]; beim gegenwärtigen Stand unserer Kenntnisse kann die Genesis (natürlich mit Ausnahme der Kosmogonie) in vielen Punkten dem Wissenschaftler mehr Aufschluß geben als die rationalistische Aufklärung. Solcherart hätten also die meisten der auf das präkolumbianische Amerika spezialisierten

Fachleute heutzutage nicht viel auszusetzen an der folgenden Hypothese Acostas:

> Ich glaube, daß die Menschen noch nicht seit mehreren tausend Jahren diese Neue Welt bewohnen und [...] daß die ersten Menschen, die sie betraten, eher Wilde und Jäger waren und nicht in einem zivilisierten und gesitteten Staatswesen erzogen wurden; und daß sie in die Neue Welt eher deshalb einwanderten, weil sie sich von ihrem Land verirrt hatten und gezwungen waren, ein anderes zu suchen; nachdem sie dieses gefunden hatten, begannen sie, es nach und nach zu besiedeln, mit keinem anderen Gesetz als ein bißchen natürlichem und noch ziemlich dunklem Instinkt und höchstens mit ein paar Bräuchen, die sie von ihrer alten Heimat mitgebracht hatten.[26]

Wenn wir uns ein wenig ausführlicher mit diesen Ideen Acostas beschäftigt haben, den sein französischer Übersetzer als »Plinius und Herodot der neu entdeckten Welt« bezeichnete, so weil die Entdeckung der Neuen Welt von da an mehr als alles andere die neuen anthropologischen Konzeptionen beeinflußte; aber auch, weil dieser Provinzial von Peru der erste in einer langen Reihe von Jesuitenmissionaren war, die »an Ort und Stelle lebten« wie die Anthropologen des zwanzigsten Jahrhunderts und gleich diesen versuchten, sich mit den amerikanischen oder asiatischen Eingeborenen zu identifizieren – und sei es auch nur, um sie zu bekehren; und sie waren es auch, die mit ihrer humanistischen Bildung die ersten vergleichenden Theorien entwickelten.[27] Die »Relationes«, welche die Mitglieder der Gesellschaft Jesu – Ricci, Duhalde, Lecomte, Lafitau – ihren Vorgesetzten sandten, bildeten für das gebildete Europa letztlich die beste Quelle von Informationen über die Bewohner der anderen Kontinente.

Die Hüter der katholischen Dogmen und Traditionen in Rom warfen den jesuitischen Gründungen jedoch bald vor, auf allzu billige Weise neue Christen anzuwerben, und der große »chinesische Ritenstreit« ist nach wie vor berühmt. Es ist eine Tatsache, daß die Sorge um die Verbreitung des Evangeliums viele Missionare dazu verführte, sich ihre Aufgabe einfacher zu machen, indem sie von ihren Schäfchen sagten, diesen seien die Tugenden und die göttliche Gnade angeboren, was ihre Taufe ungemein erleichterte. Ein Jesuit in China, Pater Lecomte, rechtfertigte eine solche Haltung theologisch folgendermaßen:

> Was die Verteilung der Gnaden anlangt, welche die göttliche Vorsehung unter den Nationen der Erde vornahm, so kann sich China nicht beklagen, da es kein Land gibt, das diesbezüglich mehr begünstigt worden wäre [...] China hat sich mehr als zweitausend Jahre lang das Wissen um den wahren Gott bewahrt und sich an die reinsten Maximen der Moral gehalten, während Europa und fast die gesamte übrige Welt in Irrtum und Verderbtheit verharrten [...][28]

Die chinesischen Jesuiten wurden vom Heiligen Stuhl verurteilt. Und doch hatten sie nichts anderes getan, als sich auf ihre Weise einer unwiderstehlichen Tendenz anzupassen, denn die Reformation ebenso wie die großen Entdeckungen zwangen das europäische Denken, aus der Pluralität der Kirchen und der Kontinente Konsequenzen zu ziehen. Da es offenkundig war, daß die Botschaft Jesu Christi die neuen Völker nicht erreicht haben konnte, entwickelten katholische Theologen vom sechzehnten Jahrhundert an die Doktrin von einer »zugleich natürlichen und übernatürlichen, Adam im Paradies zuteil gewordenen und an die folgenden Generationen weitergegebenen Offenbarung«.[29] Die gesamte Menschheit besaß also, nach den Worten des heiligen Paulus, im Herzen die gleichen Moralbegriffe, die gleiche »natürliche Religion«.

Angesichts der blutigen Religionskriege ließ sich dieser Gedanke aber in viel skeptischerer Weise weiterentwickeln. Herbert von Cherbury (1583-1648), ein englischer Diplomat und Vorläufer des Deismus, schlug vor, das Versagen des Christentums zuzugeben und nach einer neuen Universalreligion, die die wahre Religion sein sollte, zu suchen. Er stellte die Grundzüge einer solchen Religion auf, wonach es genügte, an die Existenz eines höchsten Gottes zu glauben und diesen in einem Kult zu verehren; das Wesen dieses Kultes sollten persönliche Tugend und Frömmigkeit sein. Worin aber bestanden und vor allem woher kamen diese Tugend und Frömmigkeit, so wie Cherbury sie auffaßte? Abbé Gassendi, ein kritischer Geist, hatte keine Mühe, ihm die Schwäche seines Systems vor Augen zu führen: »Wenngleich Ihr Euch zu alldem aufrichtig und ehrfürchtig bekennt, wäre es mir doch lieb, wenn Ihr Euch fragtet, ob Euch diese Dinge jemals in den Sinn gekommen wären, hätte man Euch nicht unter Christen aufgezogen [...]«[30]

Die Idee einer »natürlichen Religion« ließ sich also zur Untermauerung sehr verschiedenartiger Thesen verwenden. Manche wohlmeinende Apologeten fanden in den Sitten und Gebräuchen aller Menschen der Erde Spuren der Offenbarung vom Berg Sinai. Die Annahme, es gäbe eine allen Menschen gemeinsame Wahrheit, war aber nichts anderes als eine indirekte Folgerung aus dem Glauben an den gemeinsamen Ursprung aller Menschen: Wenn alle Adam zum Stammvater hatten, war dann nicht auch Moses ihrer aller Lehrmeister? (In Begriffen der modernen Anthropologie ausgedrückt, hieße dies, daß die *monogenetische* These ein Vorspiel zur *diffusionistischen* These war.) Der typischste Autor in diesem Zusammenhang war Pierre-Daniel Huet, Bischof von Avranches und einer der Erzieher des Dauphins. Huet, einer der gelehrtesten Männer seiner Zeit, behauptete, »allen Mythologien die Maske heruntergerissen« zu haben, indem er zeigte, daß sie nichts anderes seien als »einfache Nachahmungen der biblischen Geschichte«.[31] Für seine große *Démonstration évangélique* zog er alles Wissen seiner Zeit heran; eine Auseinandersetzung mit dem Rabbi Manasse-ben-Israel scheint ihn auf die Idee gebracht zu haben, dieses Werk zu verfassen; was die von Noah ausgehenden Genealogien betrifft, so übernahm er das System seines kalvinistischen Landsmannes Samuel Bochart, des Pastors von Caen. Der *Geographica Sacra* Bocharts zufolge waren die Franzosen die Söhne Dodanims, die Italiener jene Kittims, die Spanier die Kinder des Tarsis; Amerika sei von den Phönikern und Karthagern besiedelt worden; ferner war – immer nach Bochart – Japhet identisch mit Neptun, Sem mit Pluto und Ham mit Jupiter Ammon. Huet, der dieses System bis zum äußersten ausbaute, suchte Moses in allen seinen Verkleidungen zu entdecken: »Ich sage es nochmals, man kann es gar nicht oft genug wiederholen«, rief er aus, »was kann es für unsere Sache Nützlicheres geben, als ganz deutlich zu zeigen, daß die ältesten und beständigsten Staaten jenen als Gott verehrten, der auftrat als Diener des Gottes, den wir verehren?« Dieser Gott, der Gott Moses, war für Huet der phönikische Taatus, der ägyptische Theuth, der persische Zoroaster, er war auch Apollon oder Asklepios oder Prometheus (»die ganze griechische Mythologie entstammt den Büchern Israels«). Er war ferner Janus, Romulus und der gallische Teutates, der britische Liber, der mexikanische Teutlille, und Huet fand auch in China und Japan alle wesentlichen Dogmen, so zum Beispiel den Sintflut-Mythos. Kurz, alles kam von den Juden her: erleuchtet von der göttlichen Offenbarung, hatten sie alles weiterverbreitet, alles weitergegeben.

Wenn eine solche allgemeine Übereinstimmung heute nicht mehr gültig erscheint, wenn die katholischen Apologeten die ersten sind, die das System der *Démonstration évangélique* ignorieren, dann ganz offensichtlich unter anderem deshalb, weil diese Beweisführung sich leicht umkehren läßt: In den Augen der Enzyklopädisten, besonders Voltaires, war Moses keineswegs der Urheber der Religion und des Wissens, sondern hatte sie aus Ägypten mitgebracht; die Juden hätten nichts gegeben, sondern alles gestohlen. Die bedeutendsten Zeitgenossen Huets aber, ob sie nun Katholiken oder Protestanten waren, neigten einem anderen Urteil zu. Nach Ansicht Bossuets hatte Huet unbezwingbare Waffen zur Verteidigung und Illustration der wahren Religion geliefert; Richard Simon, Bossuets Feind und Opfer, wollte ein Resümee davon verfassen; in Deutschland verlieh Samuel Pufendorf seiner Bewunderung Ausdruck. Noch bemerkenswerter ist die Begeisterung von Leibniz: »Sie dürfen sich schmeicheln, eine unsterbliche Arbeit geschrieben zu haben«, schrieb er an Huet, »und Sie hätten diese Gelehrsamkeit, die Sie so viele Nachtwachen kostete, nicht weiser und herrlicher verwerten können: Sie haben den springenden Punkt richtig aufgezeigt, nämlich, daß die Prophezeiungen sich in unserem Herrn erfüllt haben. Wie hätte eine so wunderbare Übereinstimmung auch ein Werk des Zufalls sein können?«[32] So also urteilte der schärfste Verstand Europas, der Mann, der als erster die christliche Hoffnung auf Fortschritt und Vollkommenheit in ein System gebracht hat. Wir sollten auch noch auf Antoine Arnauld verweisen, der in seinem jansenistischen Pessimismus von »schrecklichen Dingen« sprach, »dazu geeignet, jungen Freigeistern einzugeben, man müsse wohl eine Religion haben, es seien aber alle Religionen gleich gut, und selbst das Heidentum könne gleichberechtigt neben dem Christentum stehen.« So sahen die Schlußfolgerungen aus, zu denen viele Autoren der folgenden Generationen gelangten.

Die Zitate zeigen deutlich, wie die Ausarbeitung neuer Genealogien trotz der Teilung Europas in zwei große religiöse Lager sich in einer allgemeinen Diskussion weiterentwickelte, einer Diskussion, in der Katholiken, Protestanten und sogar Juden ihre Ansichten vertraten. Das protestantische Lager aber geriet bald in Schwierigkeiten – da es nicht mehr über den Schutzschirm der Tradition verfügte, der die Offenbarung von der Vernunft trennte. Also mußte das unfehlbare Wort Gottes, so wie die Heilige Schrift es buchstäblich bewahrte, mit den neuen Erkenntnissen in Einklang gebracht werden, damit es mit dem Maß der Vernunft gemessen werden konnte.[33] Ganze Generationen von Exegeten waren damit beschäftigt, mit dem Ergebnis, daß es zu Fortschritten in allen Wissenszweigen kam, vor allem in der Philologie, und zwar bekanntlich vor allem in den protestantischen Ländern; aber auch mit Schlußfolgerungen, welche die Bibel völlig zu entwerten drohten, wie etwa der folgende Ausspruch Cameron Allens zeigt: »*If this book is the basis of faith, there is no basis, there is no faith.*«[34] Die Alternative bestand darin, im Namen des Glaubens und der Erfahrung die Vernunft über Bord zu werfen: dies war vielleicht, auf die kürzeste Formel gebracht, der Weg des englischen Empirismus.

In den protestantischen Ländern, vor allem in den Niederlanden, wurde vom Ende des sechzehnten Jahrhunderts an die Frage nach dem Ursprung der Menschen und der Völker diskutiert. Die Universität Leyden war damals eine Hochburg protestantischer Wissenschaft und Exegese. Das Problem der Herkunft der amerikanischen Indianer beschäftigte die Gemüter derart, daß eine junge Frau, die angeblich vom Teufel besessen war, unaufhörlich auf lateinisch wiederholt haben soll: »*Quomodo insulae animalia acceperint, et eo homines post Adam pervenerint?*«[35] (Wie sind die Tiere auf die Inseln gekommen, und wie konnten die Menschen nach Adam dorthin gelangen?). Hugo Grotius schlug eine eklektische Lösung des Problems vor: Nordamerika sei von den Germanen bevölkert worden, die von Island und Grönland zugewandert seien, Mittelamerika von den »Äthiopiern« und Südamerika von Chinesen und Javanern. Es fanden sich also auf dem neuen Kontinent alle Abkömmlinge Noahs wieder; Grotius machte jedoch keine genauen Angaben über ihre Stammbäume, obwohl auch er Japhet mit Japet und Ham mit Jupiter Ammon gleichsetzte.[36] Einen entscheidenden Schritt aber tat sein deutscher Kollege Georgius Hornius, Professor in Leyden und Autor von *Arca Noae, sive historia imperiorum et regnorum*... (1666). Nach Horn hat sich die Nachkommenschaft Noahs folgendermaßen aufgeteilt: Die Japhetiten wurden die *Weißen*, die Semiten die *Gelben*, die Hamiten die *Schwarzen*; zu Geschichte und Mythologie trat also ein neues Klassifikationsprinzip hinzu, dem sie dann nach und nach weichen sollten: das Prinzip der Hautfarbe.[37] Von dieser Seite her packte ein wenig später auch der französische Skeptiker François Bernier das Problem an. 1684 veröffentlichte er seine *Nouvelle Division de la terre, par les différentes espèces ou races d'hommes qui l'habitent.*[38] »Ich habe festgestellt«, schrieb er, »daß es vor allem vier oder fünf Menschenrassen gibt, deren Unterschiede so auffällig sind, daß sie als geeignete Grundlage für eine Einteilung dienen können.« Bei diesen Rassen handelte es sich um die Europäer, zu denen Bernier auch die Ägypter und die braunhäutigen Inder zählte (»sie haben nur zufällig diese Farbe, weil sie sich der Sonne aussetzen«), die Afrikaner (»die Schwärze ist ihr wesentliches Merkmal«), die Chinesen und die Japaner (»sie haben breite Schultern, ein flaches Gesicht, platte Nasen, kleine Schweinsaugen«), und die Lappen (»das sind häßliche Tiere«); die Indianer rückte Bernier, wie wir gesehen haben, in die Nähe der Europäer (»ich kann hier keinen genügend großen Unterschied feststellen, um daraus eine besondere, von der unseren verschiedene Gattung zu machen«). In dieser Einteilung aber, die auch, wie es scheint, die erste Schrift ist, in der der Ausdruck »Rasse« in seiner heutigen Bedeutung vorkommt, kümmerte sich unser Philosoph nicht um Genealogien und Ursprünge, mit anderen Worten, um die zeitliche Dimension: als moderner Mensch, Vertreter des bereits mechanistischen Denkens im fortschrittlichen Frankreich, teilte er die Menschen nach ihrer Hautfarbe und anderen physischen Merkmalen wie auch nach geographischen oder räumlichen Gegebenheiten ein.

Leibniz griff die polygenetischen Schlußfolgerungen, die sich aus diesem neuartigen Ansatz ableiten ließen, sofort auf. Berniers These zusammenfassend, schloß er: »All das ist kein Grund zur Annahme, daß nicht alle Menschen, die die Erde bewohnen, derselben Rasse angehören, die sich unter verschiedenen klimatischen Verhältnissen modifiziert hat [...]«[39]

Bemerkenswert ist, daß England, das die Niederlande in der zweiten Hälfte des siebzehnten Jahrhunderts auf allen Gebieten überflügelt hatte, damals keine nennenswerte universelle Abstammungstheorie hervorbrachte und sich damit begnügte, seine eigene Abkunft auf den Ahnherrn Sem zurückzuführen. Bezüglich der allgemeinen Geschichte empfahlen sowohl Cromwell als auch John Locke die Lektüre der Weltgeschichte von Walter Raleigh, die noch im achtzehnten Jahrhundert an der Universität Cambridge verwendet wurde.[40] Darin waren die Genealogien der Genesis peinlich genau wiedergegeben, aber die Versuche, sie bis in die Gegenwart zu verlängern oder sie an die antiken Mythologien anzuschließen, wurden als »lächerliche Fabeln« bezeichnet.[41] Indessen ist bekannt, welche Schätze an kostbarer Phantasie die größten Geister Englands – Isaac Newton, Robert Boyle, John Locke – darauf verwendeten, ihre Wissenschaft in den Dienst der religiösen Apologetik zu stellen und durch sie die Herrlichkeit Gottes zu erhöhen. Wenngleich aber die durch Adam begründete Einheit des Menschengeschlechts für diese Männer eine Wahrheit des Evangeliums blieb, so verzichteten sie doch auf die Konstruktion von Hypothesen über Einzelheiten, und Locke stellte sogar ausdrücklich fest, daß keine wie immer geartete Forschung die Abstammung von Noah oder von Sem nachweisen könnte.[42] Vielleicht kann man in dieser weisen Beschränkung eine Manifestation des britischen Empirismus erkennen – kurz, das Phänomen, das man üblicherweise »Nationalgeist« nennt.

Die Utopien der Vernunft

Als Galilei den Bericht über seine Entdeckungen stolz *Siderus Nuncius*[43] nannte, bezeichnete er im voraus das Hauptthema, das von nun an den abendländischen Bestrebungen jeder Art Nahrung geben sollte. Ebenso beeilten sich die in China tätigen Jesuiten, in Peking einen Bericht über die Leistungen »Kia-li-lios« zu veröffentlichen, um die stolzen Söhne des Himmels besser bekehren zu können; indem sie darin den staunenden Lesern mechanische Werkzeuge und astronomische Instrumente beschrieben, gelang es ihnen, sich in China Gehör zu verschaffen.[44] Die Glaubenswahrheiten des Abendlandes wurden durch diese ersten technischen Großtaten bestätigt, und der Himmel der Astronomen wurde als Zeuge angeführt; Argumente aber, die andere beeindrucken können, wirken geradezu unwiderstehlich überzeugend auf denjenigen, der sie vorbringt. Der Glaube an die absoluten Wahrheiten der Wissenschaft nahm dementsprechend zu.

Galilei selbst hielt sich an seine Physik, wenn er auch zugleich die »Aufmerksamkeit der Philosophen« für sich forderte.[45] Diese Philosophen aber, von Descartes angefangen, unterwarfen die im Entstehen begriffene Wissenschaft einer für unfehlbar geltenden Vernunft – einer geometrischen oder mechanistischen Vernunft, die bestrebt ist, souverän über Gott und die Menschen Gericht zu halten, und die von Triumph zu Triumph eilt. Wenn die Erde auch nicht mehr den Mittelpunkt des Weltalls bildet, so ist der europäische Stolz deswegen doch in keiner Weise gekränkt, und dieses eine Mal hat sich Freud als schlechter Psychologe erwiesen[46]; im Gegenteil, dieser maßlose Stolz wurde von nun an noch genährt durch den Gegensatz zwischen den Errungenschaften eines winzigen Halbkontinents und der Trägheit der Menschen und Dinge in den anderen Teilen der Erde. Die Errungenschaften führen zwar ab dem Ende des siebzehnten Jahrhunderts zur Entstehung des Fortschrittgedankens (der vielleicht nichts anderes ist als die Umkehrung der christlichen Vorstellung vom Sündenfall[47]), aber jener Gegensatz birgt die Keime der künftigen überzeugenden Argumentation der

Rassisten, da die Versuchung, den Weißen, den Trägern des Fortschritts, unter denen sich die *ratio triumphans* niedergelassen hat, eine angeborene, biologisch-wissenschaftliche Überlegenheit zuzuschreiben, unwiderstehlich ist. Zu dem diffusen Volksrassismus, den man als »natürlich« bezeichnen könnte, weil er gewiß ebenso alt ist wie die Menschheit, gesellte sich nun ein »rationaler« Rassismus, der sich auf wissenschaftliche Grundlagen zu stützen suchte. Einige Anzeichen dieses Prozesses kann man bei den großen Denkern im Zeitalter der Wissenschaft feststellen, etwa bei Locke, dem Urheber der Idee vom »unbeschriebenen Blatt« oder der tabula rasa des Menschenverstandes, der aus diesem Grund als der Herold des universellen Gleichheitsprinzips angesehen wird (wenn alle Ideen erworben werden, dann macht allein die Erziehung den Menschen zu dem, was er ist). Im übrigen sind die in Frage stehenden Manifestationen unbewußt: Oberflächlich betrachtet, will uns Locke von etwas ganz anderem überzeugen – aber wir müssen beachten, wie dieser Freund und Schüler François Berniers seine Beispiele wählt. Sehen wir uns seine Beweisführung an, derzufolge ein Schwarzer in den Augen eines englischen Kindes nicht als Mensch erscheinen kann, weil er nicht weiß ist:

> Hat sich ein Kind die Vorstellung von einem Menschen gebildet, dann setzt eine solche Verschlingung von Vorstellungen in seinem Verstand jene besondere komplexe Vorstellung zusammen, die es Mensch nennt; und da die weiße Farbe oder Fleischfarbe zu dieser Vorstellung gehört, kann das Kind dir beweisen, daß ein Neger kein Mensch ist, weil die weiße Farbe eine der einfachen Vorstellungen ist, die ständig hineinspielen in die zusammengesetzte Vorstellung, die es Mensch nennt. Es kann, sage ich, nach dem Grundsatz, daß etwas unmöglich zugleich sein und nicht sein kann, beweisen, daß ein Neger kein Mensch ist.[48]

Diese Beweisführung deutet auf das Vorhandensein eines Vorurteils hin, das in der englischen Gesellschaft bereits verwurzelt war; noch deutlicher belegt wird dieses Vorurteil an einer anderen Stelle, wo Locke versichert, daß das Kind, sowie es zu denken anfängt, zwischen der Amme, die es nährt, und dem Schwarzen, vor dem es sich fürchtet, zu unterscheiden wisse.[49] Wie auch immer es sich mit den ersten Gedanken eines englischen Kindes verhalten mag – die Gedankengänge Lockes spiegeln ein unbewußtes Vorurteil wider, das anscheinend seine logischen Fähigkeiten beeinträchtigt, denn er schreibt über die »Beziehungen zwischen Vorstellungen«:

> Wenn ich Caius als einen Menschen betrachte, so habe ich nur die zusammengesetzte Vorstellung von der Gattung: Mensch; und wenn ich den Caius einen weißen Menschen nenne, so denke ich nur an einen Menschen mit solcher weißer Farbe. Gebe ich aber dem Caius den Namen: Gatte, so deute ich auch auf eine andere Person; nämlich seine Frau.[50]

Für den unsicheren Logiker, der Locke war, wurde der »weiße Mensch« zum absoluten Begriff, genauso wie »Mensch« schlechthin.[51] In früheren Jahrhunderten wäre Caius in einer solchen scholastischen Perspektive ein Christ gewesen, und das Kind hätte vor dem Teufel Angst gehabt. Die Verweltlichung, die sich damals in Europa vollzog, zeigte sich auch in dieser Form.

Die Philosophen, die von nun an die Schlüssel zum gesamten Wissen der Neuzeit besaßen, waren meist – das sollte man nicht vergessen – Universalgelehrte, und sie waren notwendigerweise Anthropologen, da sie sich alle mit dem Menschen befaßten. Leibniz' Kritik an Locke anläßlich der Debatte über »erworbene Ideen« und »angeborene Ideen« zeigt, wie die neue Hierarchisierung unter den Menschen den Weg eines fast unausrottbaren moralischen Absolutismus nahm.

Tatsächlich setzt Leibniz die Existenz angeborener moralischer Wahrheiten voraus, oder das Vorhandensein von »Instinkten, die ihn sofort und ohne Vernunftüberlegung auf das bringen, was die Vernunft vorschreibt. Derart gehen wir gemäß den Gesetzen der Mechanik, ohne an diese Gesetze zu denken [...] Indessen stimmt man sehr oft in diesen Instinkten des Bewußtseins überein, und man folgt ihnen, wenn nicht größere Eindrücke sie übersteigen. Der größte und gesündeste Teil der Menschheit legt für sie Zeugnis ab [...] und man müßte ebenso vertiert sein wie die Wilden Amerikas, um ihre Sitten zu billigen, voll einer Grausamkeit, die selbst über die der Tiere hinausgeht.«[52]

Sämtliche abergläubischen Regungen des europäischen Zeitalters der Wissenschaft scheinen sich in diesen wenigen Worten vereint zu haben; und doch war Leibniz viel nuancierter, »relativistischer« als Locke, da er einige Seiten weiter schreibt:

Wir müssen indessen zugeben, daß es wichtige Dinge gibt, in denen die Barbaren uns übertreffen, vor allem an Körperkraft; und selbst in bezug auf die Seele kann man sagen, daß in gewissem Maße ihre praktische Moral besser ist als unsere, weil sie weder die Habsucht kennen, Reichtum anzuhäufen, noch den Ehrgeiz, zu beherrschen [...] Es gibt bei uns mehr Gutes und mehr Schlechtes als bei ihnen. Ein böser Europäer ist viel böser als ein Wilder; denn er verfeinert das Schlechte.[53]

Aber sofort greift Leibniz wieder nach seiner Krücke, der europäischen Vernunft, und fährt fort: »Indessen würde nichts die Menschen daran hindern, die Vorzüge, welche die Natur diesen Völkern gibt, mit denen zu vereinigen, die uns die Vernunft verleiht.«

Im Zusammenhang mit einer Moral, die in diese Vernunft mündet (und dieser Vernunft kommt auch die Aufgabe zu, die Moral zu rechtfertigen), zeigt sich die »Europäozentrik« der Philosophie – denn in diesem Punkt kann Leibniz für fast alle seine Kollegen stehen – am deutlichsten. So schreibt er etwa an einer grundlegenden Stelle, nach Bezugnahme auf Platon und den heiligen Paulus, um wie sie die Existenz eines »Naturgesetzes« und »notwendiger Wahrheiten« zu behaupten (und somit den »angeborenen Ideen« wieder zu ihrem Recht zu verhelfen): »Auch die Logik nebst der Metaphysik und der Moral, von denen die erste die natürliche Theologie, die zweite die natürliche Rechtswissenschaft ausbildet, sind voll solcher Wahrheiten, und folglich kann deren Beweis nur aus inneren oder, wie man zu sagen pflegt, eingeborenen Prinzipien stammen.«[54] Woraus sich klar ergibt, daß auch die Grundlagen der christlichen Theologie und der europäischen Rechtswissenschaft angeboren, allgemein angeboren sind; Leibniz selbst sagt ausdrücklich, daß derlei nur den Tieren mangelt: Die Tiere »sind bloß auf Erfahrung angewiesen und richten sich nur nach Beispielen, während die Menschen zu demonstrativen Wissenschaften fähig sind«. An anderer Stelle, wo er der Philosophie Lockes (sehr zu Unrecht!) eine Art moralischen Relativismus unterstellt, sagt Leibniz: »Ich für meinen Teil würde lieber die unveränderlichen Regeln der Vernunft als Maß des moralisch Guten und der Tugend betrachten, die aufrechtzuerhalten Gott sich angelegen sein läßt [...] Das Gute ist, was der allgemeinen Einrichtung Gottes gemäß und mit der Natur oder der Vernunft übereinstimmt.«[55]

Leibniz versuchte zumindest, die wechselseitigen Beziehungen dieser drei traditionellen Grundlagen der christlichen Moral genauer zu definieren. Andere, die darauf aufbauten, gaben sich nicht mehr solche Mühe; insbesondere trifft das auf die Deisten zu, denen Gassendi im voraus die richtige Frage stellte. Jeder große Name, jede moralische Abhandlung warf von nun an immer wieder die Frage auf: »Angenommen, ihr wärt nicht unter Christen aufgewachsen, wäre euch derlei jemals in den Sinn gekommen?« Die spontan »relativistische« Maxime Montaignes, wonach die Gesetze des Bewußtseins, von denen wir behaupten, sie kämen von der Natur, in Wirklichkeit der Gewohnheit entstammen, scheint so ziemlich vergessen zu sein.[56] Gewiß, Gassendis Frage müßte differenziert gestellt werden, je nach dem Autor; dies läßt sich aber im Rahmen der vorliegenden Arbeit nicht durchführen. Beschränken wir uns darauf, Diderot zu zitieren, zu seiner Zeit vielleicht der beste Kopf in Frankreich, für den »die Sittengesetze überall die gleichen« waren[57]; das ist bezeichnend und typisch für die Aufklärung; den Sinngehalt dieses Ausspruchs könnte man letztlich umschreiben mit: »Der Stärkere ist immer der Vernünftigere« – denn die sogenannte universelle europäische Vernunft war, die Lexika sagen es deutlich, Richter und Partei in einem, Urteil ohne Möglichkeit einer Berufung und zugleich zwingendes Plädoyer, voll von unterschwelligen Drohungen [...].«[58]

Die Parteilichkeit dieser Vernunft war um so folgenschwerer, als die Gefahr bestand, daß Vorläufer rassistischer Konzeptionen sich ebenfalls von den neuen wissenschaftlich-experimentellen Methoden leiten ließen. Wer Experiment sagte, meinte Beobachtung, aber auch Instrument, Lupe, Skalpell oder Waage; vor der Entwicklung der psychoanalytischen Methode erforschte die positive Wissenschaft nur das Greifbare, Meßbare oder Wägbare am Menschen; und innerhalb dieses Rahmens ließen sich die Gelehrten leicht verleiten, von physischen Merkmalen ausgehend – den einzigen, die für sie faßbar waren – geistige oder moralische Merkmale zu postulieren und so unbewußt und oft im Widerspruch zu ihrem Materialismus Schädelformen und Hautfarben zu spiritualisieren. Es versteht sich von selbst, daß diese Irrtümer nicht nur von wissenschaftlicher Notwendigkeit oder Beschränkung, sondern auch von einer philosophischen Option bestimmt waren. Voltaire nannte in seinem *Traité de Métaphysique* ein generelles Prinzip dafür: »Wenn wir uns nicht mit dem Kompaß der Mathematik und mit dem Licht der Erfahrung und der Physik helfen können, dann können wir ganz sicherlich keinen einzigen Schritt tun.«

In diesem Zusammenhang sollten wir uns zunächst mit den ersten Fortschritten der Anatomie beschäftigen. Die Entdeckung gewisser innerer Strukturen und Mechanismen des menschlichen Körpers, wenngleich sie weniger spektakulär waren als die kosmischen oder die geographischen Entdeckungen, übten einen ebenso entscheidenden Einfluß auf die Philosophie aus. Der Mensch – eine Maschine? Angeregt von Harveys Beschreibung des Blutkreislaufs, schilderte Descartes diesen Einfluß in einer berühmten Passage des *Discours de la Méthode:*

> »[...] daß diese dargelegte Bewegung notwendig aus der bloßen Stellung der Organe folgt, die man am Herzen mit den Augen sehen kann [...] wie die Bewegung in einer Uhr aus der Kraft, der Stellung und Gestalt ihrer Gewichte und Räder [...] Dies wird niemand wundern, der weiß, wie mancherlei Automaten oder sich bewegende Maschinen die menschliche Erfindungskraft mit Mitteln herstellen kann, die im Vergleich zu den Knochen, Muskeln, Nerven, Arterien, Venen und übrigen Teilen des tierischen Körpers nur geringfügig sind, und wie deshalb dieser Körper als eine von Gott gemachte Maschine unvergleichlich besser eingerichtet [...] sein wird als das, was die Menschen in dieser Beziehung erfinden können [...]« Oder: »Gott hat unseren Körper wie eine Maschine gemacht und gewollt, daß er wie ein universelles Werkzeug funktioniere, indem er stets auf die gleiche Weise, seinen eigenen Gesetzen gemäß arbeite.«[59]

Es handelt sich also um Gesetze der Mechanik, die gleichen, welche die Bewegungen der Gestirne bestimmen: Sie beherrschen den Lauf der Dinge in einem Universum, aus dem Gott, nachdem er einmal seine Schöpfung vollendet hatte, sich zurückgezogen hat. So sieht die mathematisch-technische Konzeption einer auf starre geometrische Ausdehnung reduzierten Natur aus, einer völlig flachen, »zweidimensionalen« Welt; dies ist auch der Preis, den der Sieg der klaren, einleuchtenden und durchschlagenden Ideen der cartesianischen Wissenschaft kostete – einer Wissenschaft, unter der eine terroristische und oberflächliche »Ingenieursphilosophie« steckte.

Wir haben den Eindruck, hier allgemeine, sehr banal gewordene Gedanken auszusprechen; doch glauben wir nicht, uns von unserem Thema zu entfernen, wenn wir daran erinnern – und sei es auch nur mit einigen kurzen Sätzen –, daß von Spinoza und seiner Ethik *more geometrico,* Leibniz und seinen juridischen Darlegungen *modo geometrico,* Samuel Pufendorf und seiner Sozialwissenschaft *ad analogiam systematis Co-*

pernicaei bis zu den Quantifizierungen der zeitgenössischen akademischen Soziologie oder Laboratoriumspsychologie das abendländische Denken von den Erfolgen der exakten Wissenschaften fasziniert war und ist; und die Vertreter dieses Denkens bemühten sich, die Geisteswissenschaften ebenso wie die Biologie den Normen dieser Wissenschaft zu unterwerfen. Dennoch (oder gerade deshalb?) richteten sich die Hypothesen dieser Wissenschaft der »belebten Materie«, die in so mancher Hinsicht die arme Verwandte der anderen geblieben ist, wie auch die Methoden dieses Determinismus jahrhundertelang nach den alten Mythologien und dem alten Aberglauben; und dies trifft ganz besonders auf die brennenden Probleme der Fortpflanzung und der Vermischung der Arten zu. Im neunzehnten Jahrhundert glaubte man zwar noch an die »Urzeugung«, im achtzehnten Jahrhundert hatte man aber immerhin schon willig eingeräumt, daß sich die verschiedensten Arten miteinander kreuzen können. So versicherte zum Beispiel in England John Locke, er habe mit eigenen Augen »ein Geschöpf gesehen, daß aus der Verbindung einer Katze und einer Ratte hervorgegangen sei und deutlich die Merkmale beider in sich vereinte«.[60] In Frankreich kreuzte Réamur mit Erfolg, wie man in der Gelehrtenwelt glaubte, ein Huhn mit einem Kaninchen[61], und Maupertuis schlug vor, in den Menagerien mehr dieser »künstlichen Vereinigungen« durchzuführen.[62] Der Tierarzt Bourgelat behauptete, einen Bastard aus einem Stier und einer Stute seziert zu haben.[63] Die Behauptungen Fortunio Licetis, wonach ein Mensch eine Kuh oder sogar ein Huhn befruchten könne, wurden noch bis Anfang des achtzehnten Jahrhundert diskutiert[64]; und am Ende jenes Jahrhunderts *demonstrierte* Johann Fabricius, ein Schüler Linnés, daß die Schwarzen einer Kreuzung aus Menschen und Affen entstammten (wir werden noch darauf zurückkommen). Diese Unbestimmtheit der Grenzen zwischen den Arten, zwischen Katze und Ratte, zwischen Mensch und Affe, die sich psychoanalytisch als mechanistischer Wunsch, die Trennlinie zwischen Belebtem und Unbelebtem zu verwischen, deuten ließe (hier aber führt die Assoziation zum Begriff des *Animismus*, der seltsamerweise eine antike und zugleich christliche Lebensphilosophie bezeichnete, bevor er von den Anthropologen auf die sogenannten primitiven Religionen angewandt wurde und sich in diesem Sinn durchsetzte) – diese romantische Unbestimmtheit, die den Menschen mit Mutter Natur verbindet, scheint überall zu herrschen, mit einer einzigen Ausnahme (wie aber kommt es, daß wir, während wir diese Feststellung machen, in uns so etwas wie Scham verspüren oder, schlimmer noch, das Gefühl, als röche das, was wir eben geschrieben haben nach Schwefel?) – mit der einzigen Ausnahme, fahren wir fort, der Bücher Moses. Oder vielmehr, sie scheint, wie unter dem Einfluß einer Zensur, aus diesen Büchern zu verschwinden: Es ist nämlich, als wären all diese legendären Kreuzungen und all die unmöglichen Stammlinien, die in sämtlichen Mythologien vorkommen, all diese göttlichen oder tierischen Ahnen durch die grausamen antisodomitischen Verbote und die rituellen Barrieren des Pentateuchs ersetzt worden.[65] Bemerken wir nur: Wenn sich die »Sünde wider die Natur« auch nicht bezahlt macht, so bleibt doch die Tatsache bestehen – Freud hat darauf hingewiesen –, daß hinter dem Verbot ein Wunder steht [...] Die Genesis ihrerseits berichtet, wie Gott, der alle Lebewesen *nach ihrer Art* geschaffen hat, später darauf Bedacht nimmt, auf dieselbe Weise die Arche Noah zu füllen (damit kein Lebewesen »vom Angesicht der Erde ausgelöscht« sei). Es versteht sich von selbst, daß diese gesamte wissenschaftlich korrekte Taxinomie nicht ausgesprochen wird und aus verschiedenen Kapiteln und Versen des Alten Testaments abgeleitet werden muß, denn wir haben es mit rein normativen oder erbaulichen Texten zu tun. Tatsächlich ist aber nirgends die Rede von jenen Bastardisierungen, Mischungen und biologisch unmöglichen Stammbäumen, welche die abendländische Wissenschaft noch lange nach Linnés Klassifikation zuließ. Das grundlegende epistemologische Problem, das sich hieraus ergab, scheint das Vorhandensein einer Beziehung zwischen den richtigeren biologischen Auffassungen der Bibel und der Strenge eines Monotheismus zu implizieren, der gegen den »Götzendienst« ankämpft und den »abscheulichen« Wunsch, die große Muttergöttin wiederzufinden, um sich mit ihr zu vereinigen, zensiert.[66] Kann man das Problem umgekehrt anpacken, das heißt versuchen, nicht die richtige Anschauung wiederzugeben, sondern von der Beharrlichkeit des mythologischen Irrtums zu berichten, indem man diesen mit dem wirren Animismus des Heidentums, mit der langen aristotelischen »Kette der Lebewesen« in Verbindung bringt?[67] Der Polytheismus, bemerkt Georges Gusdorf, setzt eine Theologie der Kontinuität voraus – einer Kontinuität nicht nur zwischen den Göttern selbst, sondern auch zwischen Göttern und Menschen, wie die Existenz von Halbgöttern und Heroen, jenen Vermittlern zwischen Gottheit und Menschheit, beweist.[68] Sollten die Zwitterwesen und Monstren, an welche die Gelehrten der Aufklärung, eifrige Leser des Aristoteles und des älteren Plinius, glaubten, letztlich doch aus der Vereinigung von Zeus und Leda hervorgegangen sein? Das Zwischenglied wäre dann das christliche Mittelalter, von dem ein Kenner der Materie[69] sagt:

[...] Der Gedanke einer gemeinsamen Abstammung von Mensch und Tier als Folge sündiger Liebe ist keineswegs ausgeschlossen. Auch hier sollte man wieder an die antiken Autoren erinnern – an Plinius zum Beispiel, der berichtet, daß in Indien aus den Beziehungen zwischen Indern und wilden Tieren »semiferos« (Halbwilde) entstünden, oder an Plutarch, der das Entstehen von Minotauren, Waldschratten, Satyrn, ja selbst von Sphinxen und Kentauren solchen Praktiken zuschrieb. Papst Alexander II. konnte später seinen Besuchern einen zwanzigjährigen »Jungen« vorstellen, der nicht sprechen konnte und merkwürdig seinem Vater ähnelte – einem Affen, den eine Contessa zum Geschenk erhalten und zu ihrem Geliebten gemacht hatte [...] Selbstverständlich war die Vorstellung einer gemeinsamen Abstammung von Männern – oder Frauen und Höllengeschöpfen (Succubi und Incubi) noch viel geläufiger [...] Weit davon entfernt, sich im Licht der christlichen Offenbarung in nichts aufzulösen, wurde dieser Rattenschwanz von anthropomorphen Vorstellungen, welche die Einöden des mythologischen Griechenlands bevölkerten, durch eine Schar von Dämonen und volkstümlichen Gestalten verstärkt, die um so schwieriger auseinanderzuhalten und einzuteilen sind, als sie sich gern und häufig verwandeln [...]

Wenn die experimentelle Biologie in der entscheidenden Frage der Zeugung und der Barrieren zwischen den einzelnen Arten erst im neunzehnten Jahrhundert mit den Auffassungen der Bibel zusammenfloß, wie verhielt es sich da mit der Psychologie? Um 1935, am Vorabend der allgemeinen Katastrophe, versuchte Edmund Husserl, Bilanz zu ziehen. Seine Kritik galt zunächst dem cartesianischen Dualismus:

So wurde die Psychologie vorweg mit der Aufgabe einer Parallelwissenschaft belastet und mit der Auffassung: die Seele – ihr Thema – sei Reales eines gleichen Sinnes wie die körperliche Natur, das Thema der Naturwissenschaft. Solange dieses Vorurteil der Jahrhunderte nicht in seinem Widersinn enthüllt wird, solange wird es keine Psychologie geben, welche Wissenschaft vom wirklich Seelischen ist [...] Die Neuzeit hatte sich von Anfang an den Dualismus der Substanzen und den Parallelismus der Methoden des *mos geometricus* [...] vorgezeichnet [...] Vorweg war also die Welt »naturalistisch« gesehen [...] demnach auch die Seelen als

> reale Annexe an ihren exakt-naturwissenschaftlich gedachten körperlichen Leibern [...] und in dieser Verbundenheit eben auch im gleichen Sinn zu erforschen: also in Theorien prinzipiell derselben Art wie die der vorbildlichen und zugleich fundierenden Physik.[70]

Die Wurzel des Übels war für Husserl neben dem Cartesianismus »Lokkes bildliche Rede vom *white paper,* der *tabula rasa,* auf der die seelischen Daten kommen und gehen, irgendwie geregelt, so wie in der Natur die körperlichen Vorgänge«.[71] Und doch scheint Locke in seinem Empirismus eine der Doppeldeutigkeiten erkannt zu haben, die der materialistischen und mechanistischen Orientierung der modernen Psychologie zugrunde liegen, da er den Begriff *consciousness* (Bewußtsein) prägte, zum Unterschied von *conscience* (Gewissen[72]). Seit Freud weiß man, was diese Unterscheidung alles impliziert: Der eine, von der Theologie entwickelte Begriff bezeichnet alles, was irgendwie mit dem Gefühlsleben, dem unbewußten wie dem bewußten, zu tun hat; der andere, Produkt der selbständig gewordenen Dienerin, der Philosophie, beschränkt sich streng auf den Bereich der bewußten Wahrnehmungen. Liefert diese semantische Entwicklung nicht den Schlüssel zu den psychologischen Verirrungen der Vergangenheit? Bedeutet das *»Cogito ergo sum«,* dieser Ausgangspunkt der modernen Philosophie, nicht etwa »Ich bin nur das, was ich denke«? Und wenn dem so wäre, wie erklärt sich dann das Auftauchen jener äußersten Utopie, der Vernunft, und was hat sie zu sagen? Warum dieser Wunsch der Philosophie, den Menschen auf sein bewußtes Denken zu reduzieren, warum diese ständige Verdrängung der Botschaften des Gefühlslebens, dieses Bestreben, nicht zur Kenntnis zu nehmen (was auch der Theologe Bossuet der cartesianischen Philosophie vorgeworfen hat), »daß es außer unseren klaren und distinkten Gedanken auch konfuse und allgemeine gibt, die immer wieder so wesentliche Wahrheiten einschließen, daß man, wollte man sie leugnen, alles umstürzen würde«?[73]

Gewiß, nach althergebrachter Methode hätten wir, bevor wir solche Fragen aufwerfen, zeigen müssen, wie und in welchem Maß die Theologie den Seelentiefen, welche die Psychoanalyse erforscht, Rechnung trug; und dabei hätten wir zunächst versuchen sollen, die Übereinstimmungen zwischen den »übernatürlichen Eingriffen« einerseits und den »unbewußten Trieben« andererseits festzustellen (indem wir zum Beispiel in groben Umrissen eine semantische Äquivalenz zwischen der »Erbsünde« und der »Dialektik des Schuldgefühls« postulierten); daraufhin hätten wir weitergehen und, unterstützt von Anthropologen und Mythologen, Wechselbeziehungen gleicher Art zwischen den Dämonologien und Spiritualismen der verschiedenen Kulturen suchen, vielleicht auch noch gewisse einschlägige philosophische Einsichten unserer Zeit aufzählen sollen[74], vor allem aber illustre Schatten befragen, etwa den Marranensproß Spinoza, wer denn dieser entpersonalisierte und eisige Gott sei, der »genau gesagt niemanden liebt und niemanden haßt«[75], oder jener Philosoph, der, auf diesen Gott eingestellt, »nicht lachen, nicht weinen, nicht hassen, sondern nur verstehen darf«.[76] So mußten wir, mit Léon Chestov, der im Bann der mechanistischen Vernunft stehenden abendländischen Philosophie neuerlich den Prozeß machen, einer Philosophie, die, vom Legalismus der wissenschaftlichen Notwendigkeit[77] terrorisiert, ihrerseits ihre Dienerin, die Psychologie vor Freud, insofern terrorisierte, als sie sie in eine Sackgasse drängte, wie Husserl es treffend geschildert hat. Heutzutage, da der Mensch immer beharrlicher von der Wissenschaft Rechenschaft fordert, könnten diese Untersuchungen die Auseinandersetzung nutzbringend auf ihre große historische Dimension hin orientieren: Wie war es möglich, daß die Kräfte des abendländischen Geistes, indem sie das Weltbild veränderten, das Menschenbild entstellten? War es nur die Folge der utopischen Extrapolation einer intellektuellen Strategie mit blendenden Erfolgen, daß die gelehrten Philosophen dieses Bild verflachten und verstümmelten, oder geschah es im Zuge ihres Kampfes gegen die sogenannten Offenbarungswahrheiten und kirchlichen Dogmen und gegen den Aberglauben? Oder schufen sich diese schrecklichen Vereinfacher den weißen Mann nach den Abstraktionen ihrer Moral, ihres »Ideal-Ichs« – einen Menschen, der von Natur aus gut und rein ist, unendlich vervollkommnungsfähig und potentiell allwissend –, oder gab es noch andere, dunkle Gründe für diesen Sündenfall der Humanwissenschaften?

Jetzt aber ist es an der Zeit, diese neue Anthropologie näher zu betrachten.

Zweites Kapitel

Die Anthropologie der Aufklärung

Die gemäßigten Anthropologen (Monogenetiker)

Max Weber hat uns gelehrt, über den Zusammenhang zwischen der protestantischen Ethik der Angelsachsen und der militant-kapitalistischen Einstellung im siebzehnten Jahrhundert nachzudenken. Weniger Aufmerksamkeit widmete man dem ungeheuren Aufschwung der wissenschaftlichen Forschung in England in der Zeit nach der puritanischen Revolution. Für die Zeitgenossen allerdings war die Überlegenheit der Engländer eine Selbstverständlichkeit. La Fontaine spricht in seiner Fabel *Der Fuchs und die Trauben* von den Engländern, die ihr »Imperium der Wissenschaften« überallhin ausdehnen.

Dieser »Imperialismus« schöpfte, wie der spätere, politisch einen Teil seiner Kraft aus dem religiösen Eifer. Wenn Religion und Wissenschaft sich in England gut vertrugen, so deshalb– sagen die Fachleute –, weil »die Erforschung der Natur in den Rang einer religiösen Handlung erhoben wurde«[1] und weil die Forscher »alle die aufrichtige Überzeugung hatten, daß die Werke des Herrn mit seinem Wissen und Willen von seinem Volk studiert« würden.[2] Aber überlassen wir das Wort einem von ihnen, dem Pastor John Ray (1628-1704), der oft als der Begründer der modernen Botanik und Zoologie angesehen wird und der die religiöse Begeisterung der Plejade von Gelehrten, die in Newton gipfelte, bewunderungswürdig ausdrückte:

> Es gibt Leute, die behaupten, das Studium der experimentellen Philosophie sei indiskrete Neugier, und die die leidenschaftliche Wißbegier anklagen als eine den Augen Gottes nicht wohlgefällige Beschäftigung. So, als wäre Gott der Allmächtige eifersüchtig auf das Wissen der Menschen. Als hätte Er, da Er uns schuf, nicht gewußt, bis wohin das Licht des menschlichen Verstandes dringen kann, oder als hätte Er nicht, wenn es Ihm so gefiel, sie in engeren

Grenzen halten können. Jene, welche das Wissen verachten und ablehnen, sollten bedenken, daß es dieses Wissen ist, was uns über die Tiere erhebt und uns der Tugend und des Glücks fähig macht.[3]

Im Lauf seiner Forschungen wandte John Ray die Methode der »Tabula rasa« auf seine Art an; er tat es aber, um die Klassifikation des Aristoteles zu widerlegen und um, nach seinen eigenen Worten, »die Hieroglyphen, die Embleme, die Sitten, die Märchen, die Weissagungen und alles, was nach Ethik, Grammatik oder jeder anderen derartigen menschlichen Lehre aussieht«[4], radikal auszumerzen. Mit anderen Worten, indem er die traditionelle Logik ebenso verschmähte wie die hergebrachten Vorstellungen, suchte er die Realität mit seinen eigenen Augen zu sehen und sich ihr anzupassen. Da gibt es keine vorgefaßten Begriffe oder Philosophien; und Ray lehnte die athenischen Epikuräer ebenso entschieden ab wie die Cartesianer, diese *mechanic theists*; die einzige von ihm anerkannte schriftliche Autorität, nämlich die Bibel, diente ihm als allgemeiner Bezugsrahmen. Dieser Pastor war also bestrebt, nicht »von Wundern zu sprechen, die über meinen Verstand gehen und die ich nicht begreife«.[5] Widerlegten die neuen Entdeckungen – etwa die Fossilien – die Genesis? Ray gestand, daß er es nicht wußte, und drückte die Hoffnung aus, daß andere eines Tages diese »Schwierigkeiten bereinigen« würden.[6]

»Wenn ich ganz ehrlich sein will«, bekannte er einmal, »so gibt es auf diesem Gebiet noch etliche zweifelhafte Punkte; es können Fragen gestellt werden, die zu lösen oder zu ordnen ich zugegebenermaßen nicht kompetent bin; es ist dies nicht deshalb so, weil man keine natürlichen Erklärungen dafür finden könnte, sondern weil ich diese nicht kenne«.[7]

In der Frage der Urzeugung und der Verwandlung der Arten aber zeigte sich Ray kategorisch: »Meine Beobachtungen veranlassen mich zu der Behauptung, daß es keine Urzeugung gibt, daß jedoch alle Tiere, kleine oder große, die niedrigsten und geringsten Insekten nicht ausgenommen, von Tiereltern derselben Art wie sie selbst gezeugt werden.«[8] Ray erwies sich auch als ein bedeutender Vorläufer, als er erklärte, ein schwarzer Mensch unterscheide sich von einem weißen nicht mehr und nicht weniger als eine schwarze Kuh von einer weißen:

Die Unterschiede in der Farbe der Blumen oder im Geschmack der Früchte sind ebensowenig spezifische Unterscheidungsmerkmale der Pflanzen, wie es die Unterschiede in Haaren, Fellen oder Fleischgeschmack bei Tieren sind; und man könnte ebensogut sagen, daß ein Neger und ein Europäer oder eine schwarze und eine weiße Kuh verschiedenen Arten angehören, wie behaupten, zwei Pflanzen, die sich nur durch die Farbe ihrer Blüten unterscheiden, gehörten verschiedenen Arten an.[9]

Die erste Ordnung der Säugetiere, die Ray anführte, ist diejenige der *Anthropomorpha* oder Affen; es kam ihm nicht in den Sinn, den Menschen hier einzugliedern. Sein Mitarbeiter und Schüler Edward Tyson (1650-1703) füllte indirekt diese Lücke, indem er eine strukturelle Analogie zwischen dem Menschen und dem Schimpansen feststellte; er verdient daher, der Gründer der vergleichenden Anatomie genannt zu werden. Seine Arbeit trug den Titel: *Orang-Outang, sive Homo Sylvestris: or the Anatomy of the Pygmie compared with that of a Monkey, an Ape and a Man.* Abgesehen von einer in unseren Augen verwirrenden Terminologie (Tyson bezeichnete nämlich den Schimpansen als »Pygmäen« oder »Orang-Utan, Waldmensch«), handelt es sich nach Aussage eines Fachmanns[10] um ein Meisterwerk peinlich genauer und präziser Beobachtung, das seinen Wert bis heute bewahrt hat. Auch Tyson distanzierte sich, nicht ohne Humor, von den cartesianischen Übertreibungen:

> Die Alten gefielen sich darin, in den Tieren menschliche Wesen zu sehen; heutzutage hingegen betrachtet man die Menschen als Tiere. Indessen ist der Mensch in Wahrheit halb Tier, halb Engel, und er bildet innerhalb der Schöpfung ein Band zwischen diesen beiden.

Im wesentlichen aber vermied es Tyson, zu philosophieren oder Werturteile abzugeben, und es ist interessant, festzustellen, daß er über die Schwarzen sagte, ihre Hautfarbe erkläre sich aus »besonderen Blutgefäßen, die sich zwischen der Haut und der Epidermis befinden und mit einer schwarzen Flüssigkeit gefüllt sind«; er fügte hinzu, das Klima könne »die Drüsen verändern und dadurch eine andere Hautfarbe hervorbringen«. Wir werden sehen, wie günstig dieser Gedanke aufgenommen wurde; besonders Maupertius und Buffon übernahmen ihn.

Wie Tysons Biograph Ashley Montagu sagte, bestand dessen »wichtigster Beitrag zum abendländischen Denken in der Hinwendung der Aufmerksamkeit auf die Beziehung zwischen Mensch und Affe [...] Die Bedeutung und die weitreichenden Konsequenzen der Revolutionierung unserer Vorstellungen von der Abstammung des Menschen, die er damit auslöste, können gar nicht hoch genug eingeschätzt werden. Ganz gewiß kann Tyson aufgrund der Rolle, die er in dieser Revolution gespielt hat, für sich beanspruchen, zu den Schöpfern unserer gegenwärtigen Kultur gezählt zu werden.«

Diese Lobrede scheint um so begründeter zu sein, als Tyson es streng vermied, von seinen »Pygmäen« ausgehend Hierarchien unter den Menschen festzulegen. Aber sein Zeitgenosse, der Arzt und Dichter Richard Blackmore, der Tysons »Orang-Utan« sofort unter dem Titel *The Lay Monk*[11] vulgarisierte, verglich die Affen mit den »niedrigsten Individuen unserer Gattung [...] wenn die Affen die Fähigkeit zu sprechen besäßen, dann könnten sie vielleicht Rang und Würde der menschlichen Rasse mit demselben guten Recht beanspruchen wie der wilde Hottentotte oder der stupide Eingeborene von Nowaja Semlja.«

Tatsächlich waren nach der Pionierarbeit Tysons zwei Positionen möglich, und beide fanden in Großbritannien illustre Vertreter. Die eine bestand darin, im Europäer einen vervollkommneten Affen oder Schwarzen zu sehen; diesen Standpunkt vertrat zum Beispiel der schottische Rousseauist Lord Monboddo (1714-1799), für den der Affe ein »Bruder« des Menschen war: »Denn es ist sicher, so wie auch Sie es feststellen«, schrieb er an einen Freund, »daß der Pavian Begehren für das Menschenweibchen verspürt und daß [...] sie miteinander kopulieren.« Auch rechnete er es dem Menschen zum Ruhm an, daß er »vom wilden Zustand, in dem der Orang-Utan lebt, und dank seiner Weisheit und seinem Fleiß seinen heutigen Stand erreicht hat«.[12] Eine so enge Verwandtschaft des Menschen mit dem Affen war nicht nach jedermanns Geschmack – so wenig, daß Herder, der es übernommen hatte, ein Vorwort zu der deutschen Übersetzung von Monboddos großem Werk zu verfassen, die folgende Feststellung für angebracht hielt: »Der wilde Mensch ist ein Mensch, der Affe ein Affe [...] Ich will mich hierüber nicht weitläufig einlassen, sondern nur anführen, daß selbst die Anatomie dieser Meinung entgegen sei [...]«[13]

Die Vertreter der anderen, häufigeren Position tendierten dazu, im Affen und im Schwarzen hoffnungslos zurückgebliebene Menschen zu sehen. Diese Ansicht wurde in England besonders von einem Chirurgen aus Manchester, Charles White (1728-1809), mit einem Eifer verfochten, der nichts Puritanisches mehr an sich hatte:

> Wenn wir die Stufenleiter wieder hinaufsteigen, gelangen wir endlich zum weißen Europäer, der, da er von der tierischen Schöpfung

am weitesten entfernt ist, als das schönste Erzeugnis der menschlichen Rasse betrachtet werden kann. Niemand wird die Überlegenheit seiner Verstandeskraft in Zweifel ziehen. Wo, wenn nicht beim Europäer, finden wir diese schöne Kopfform, dieses große Gehirn? Wo diese aufrechte Haltung, diese edle Statur? In welchem anderen Teil des Erdballs finden wir die köstliche Röte, die sich über die sanften Züge der schönen europäischen Frauen ausbreitet, dieses Zeichen von Bescheidenheit und feiner Empfindung? Wo solche Fähigkeit, liebenswerte und süße Leidenschaften auszudrücken, solche Eleganz der Formen, solche Zartheit der Haut? Wo, außer am Busen der europäischen Frau, solch schneeweiße Halbkugeln mit zinnoberfarbenen Spitzen?[14]

Von Konrad von Gesner (1516-1565) bis in unsere Zeit hat die reformierte Schweiz eine bemerkenswerte Anzahl guter Naturforscher hervorgebracht. Manche, die zu ihrer Zeit Autoritäten waren, sind vergessen – wie etwa Johann Scheuchzer, der durch die Entdeckung des Skeletts eines *Homo diluvii testis* (vorsintflutlichen Menschen) von sich reden machte; eine Anekdote, die uns daran erinnert, in welchem Maß die Gelehrten aller Richtungen bis zum Ende des achtzehnten Jahrhunderts – sei es aus religiöser Überzeugung, sei es aus Gewohnheit – Gefangene der »kurzen« Chronologie der Bibel blieben. Dies erklärt die Richtung, die andere Theoretiker einschlugen, darunter die Gründer der modernen Biologie, wie Albrecht von Haller aus Bern (1708-1777) und Charles Bonnet aus Genf (1720-1793).

Beide waren Philosophen und Universalgelehrte; ihre Namen sind vor allem mit dem großen Streit um die Entstehung des Lebens verbunden. Zwei Konzeptionen standen damals einander gegenüber: die der Dissemination oder »Epigenese«, welche von den Anhängern der Metamorphosen und der »Urzeugung« vertreten wurde, und die von der Präformation oder Präexistenz, die einen einmaligen Urakt des Schöpfers postulierte: »Alle Bäume sind im Keim ihres Samenkorns enthalten« (Malebranche); »in Adam also wurde das gesamte vergangene, gegenwärtige und künftige Menschengeschlecht geschaffen« (Vallisneri).[15] Die Frage konnte zwar nicht experimentell entschieden werden, wohl aber theologisch oder philosophisch: so beziehen sich Haller und Bonnet vor allem auf Leibniz, der sich in seinem *Système nouveau de la nature* seinerseits auf Gelehrte des vorhergegangenen Jahrhunderts beruft:

> Ich war gezwungen, anzuerkennen, daß die grundlegenden Formen der Substanzen zusammen mit der Welt geschaffen wurden und daß sie immer noch vorhanden sind [...] und diesbezüglich sind mir die Neugestaltungen der Herren Swammerdam, Malpighi und Leeuwenhoek, die zu den hervorragendsten Beobachtern unserer Zeit gehören, zu Hilfe gekommen. Durch sie fällt es mir leichter, zuzugeben, daß das Tier und jede andere organisierte Substanz keineswegs zu dem Zeitpunkt beginnt, den wir annehmen, und daß ihre scheinbare Zeugung nur eine Entwicklung und eine Art Vermehrung ist.[16]

Was im Klartext etwa heißt: »Die Welt ist als ganzes in der gegenwärtigen Welt enthalten und vorgeformt.« Bonnet begeisterte sich für die Ansichten »unseres modernen Platon«, der »die höchsten Ideen von der Weisheit und Güte des großen Wesens vermittelte, das für alle Ewigkeit die Schicksale aller Wesen bestimmt hat«.[17] Haller deduzierte daraus, daß Gott im Augenblick der Schöpfung die Keime sämtlicher künftigen Pflanzen, Tiere und Menschen in die Körper der »Ureltern« gelegt hätte. Diese ursprüngliche Verkapselung – Homonculus im Homonculus – implizierte eine wahrhaft außergewöhnliche menschliche Brüderschaft, da »die Keime von zweihundert Millionen Menschen einst vom Schöpfer in den Bauch unserer Urmutter Eva versenkt wurden, in einem so feinen und durchsichtigen Zustand, daß man sie unmöglich wahrnehmen kann«.[18] Indessen verdienen die beiden frommen Christen Haller und Bonnet nicht die ein wenig ironischen Bemerkungen, mit denen sie von manchen Biologen des zwanzigsten Jahrhunderts bedacht wurden[19]; im achtzehnten Jahrhundert ließ sich die unendliche Teilbarkeit der Materie mit ebenso vielen und guten Gründen verteidigen wie die umgekehrte Hypothese. Allerdings führte die Berufung auf die wundersame Lendenkraft des Stammvaters Adam gelegentlich zu seltsamen Fehlleistungen. »Adam hat alle Menschen in seiner Weiche getragen«, behauptete der populäre Leibniz-Anhänger G. F. Meier, »den Samenfaden, aus dem Abraham hervorging, inbegriffen. Und in diesem Samenfaden waren sämtliche Juden als Samenfäden enthalten. Und als Abraham den Isaak zeugte, trat Isaak aus dem Bauch seines Vaters hervor und trug, in sich verschlossen, seine gesamte Nachkommenschaft.«[20] Vom eigenen Schwung mitgerissen, wurde dieser Theologe, der Vater und Mutter verwechselte, anscheinend versehentlich zum Präadamiten!

Carl v. Linné, der Mann, der in der Naturwissenschaft des achtzehnten Jahrhunderts dominierte, war ein ebenso streng-gläubiger Protestant wie Bonnet, Haller und Meier. Wie sie glaubte er, daß jede Pflanzen- oder Tierart von einem einzigen Elternteil (bei den Pflanzen) oder von einem Elternpaar (bei den Tieren) abstamme, die vor fünfeinhalb Jahrtausenden von Gott erschaffen worden seien. Die Redensart: »Gott hat erschaffen, Linné hat klassifiziert« kommt vielleicht von der erstaunlichen Selbstgefälligkeit des berühmten Schweden her: schrieb er doch von sich selbst in der dritten Person: »Gott gestattete ihm, einen Blick in die Kammer seiner geheimen Pläne zu werfen [...] Der Herr war mit ihm überall, wo er sich aufhielt. Er hat seine Feinde vernichtet und seinen Namen zu einem großen Namen gemacht, wie bei den Großen dieser Erde.«[21] Vielleicht war es dieser Größenwahn, der Linné einen entscheidenden Schritt weiterführte, als er den Menschen in seinem *Systema naturae* ins Tierreich integrierte. Der *Homo sapiens* betrat dieses Reich jedoch nicht völlig nackt: Linné staffierte ihn mit allerlei Klamotten aus, mit dem ihn bereits Generationen von weißen Reisenden und Gelehrten ausgerüstet hatten. Die Abteilung der *Antropomorpha,* die später die der *Primaten* wurde und wie bei Ray auch die Affen umfaßt, wurde um folgende buntscheckige Spielarten bereichert:

Europaeus albus: [...] genial, erfinderisch [...] weiß, vollblütig [...] Er wird von Gesetzen geleitet.
Americanus rubesceus: zufrieden mit seinem Los, freiheitsliebend [...] sonngebräunt, jähzornig [...] Sitten und Bräuche leiten ihn.
Asiaticus luridus: [...] hochmütig, geizig [...] gelblich, melancholisch [...] Er läßt sich von der öffentlichen Meinung leiten.
Afer niger: [...] listig, faul, nachlässig [...] schwarz, phlegmatisch [...] Wird durch die Willkür seiner Herren regiert.[22]

In einem Spätwerk vertiefte Linné die Kluft zwischen den weißen Gesetzgebern und den schwarzen Sklaven noch mehr: »Nach dem Gegensatz zwischen dem Europäer und dem Hottentotten zu urteilen«, schrieb er, »kann man nur schwerlich zu der Überzeugung gelangen, daß sie desselben Ursprungs seien.«[23]

Wir sehen, vor welche Probleme die Konfrontation des Affen und des Schwarzen mit dem Weißen die Gelehrten des achtzehnten Jahrhunderts stellte. Es hat ganz den Anschein, als verlangte der europäische Narzißmus eine klare Abgrenzung zwischen dem »anderen« und dem

»Selbst«. Eine solche Grenzlinie schien aus psychologischen Gründen notwendig, für ihren Verlauf aber gab es mehrere Möglichkeiten. Und wir stellen (wie bei den Hypothesen über die Zeugung) eine Wechselbeziehung zwischen der christlichen Orthodoxie und der Art der Grenzziehung fest, wie die Vorbemerkung Herders, seines Zeichens Pastor, zum Buch Lord Monboddos bestätigt. Die Polemiken des berühmten holländischen Anatomen Petrus Camper (1722-1789) illustrieren diesen Zusammenhang zwischen religiöser Überzeugung und wissenschaftlichen Optionen noch schärfer.

Die erste Polemik brachte Camper in Gegensatz zu dem deutschen Chirurgen Johann Meckel, einem der Mitglieder der atheistischen Gruppe, die sich um Friedrich II. von Preußen gebildet hatte. Nachdem Meckel 1757 auch Leichen von Schwarzen seziert hatte, behauptete er, ihr Gehirn sei dunkler als das der Europäer, und ihr Blut sei schwarz, »so schwarz, daß es, anstatt ihre Leibwäsche zu röten, dieselbe schwarz einfärbt«. Daraus zog er den Schluß, daß die Neger »im Blick auf ihre innere Struktur fast eine andere Menschenart« bildeten. Diese Äußerungen erläuterte Camper folgendermaßen: »Der Umstand, daß er offenbar wenig daran gewöhnt ist, Neger zu sehen, hat ihm ohne Zweifel eine Art von Widerwillen und Schrecken ihrer Farbe gegenüber eingeflößt [...] Ich habe mich darum entschlossen, dieses interessante Thema zu behandeln, um womöglich etwas Licht in diese Wahrheit der christlichen Religion zu bringen, nämlich, daß am Anfang der Welt Gott nur einen einzigen Menschen geschaffen hat. Dieser Mensch war Adam; ihm verdanken wir unseren Ursprung, wie auch die Gesichtszüge und die Hautfarbe aussehen mögen, die uns unterscheiden [...]« Zur Stützung dieser These führte Camper den Fall der Juden an. In ihrer Mitte gibt es solche mit dunklerer (die »Portugiesen«) und solche mit hellerer Hautfarbe (die »Altdeutschen«); jedermann weiß aber, daß sie auf den gleichen Ahnherren zurückgehen. Nach diesen zunächst aufgestellten Schlußfolgerungen ermahnte er zum Abschluß seiner Beweisführung die Europäer, »den Negern brüderlich die Hand zu reichen und sie als die Nachkommen des ersten Menschen anzuerkennen, den wir alle als unseren gemeinsamen Vater ansehen«.[24]

Da die Schwarzen also vollgültige Menschen waren, ging es nun darum, diese Nachkommen Hams von den großen Affen streng zu unterscheiden. In diesem Zusammenhang schloß sich Camper der These an, wonach dem menschlichen Skelett der obere Zwischenkieferknochen fehle, den das Affenskelett aufweise. Um 1780 gelangte Goethe, der sich damals für Anatomie begeisterte, zu exakteren Ergebnissen und übersandte Camper eine diesbezügliche Abhandlung. Dieser lobte, wie Goethe berichtete, die Arbeit in liebenswürdigster Weise, blieb aber nichtsdestoweniger bei der Meinung, daß der Mensch keinen Zwischenkieferknochen habe und sich in dieser Hinsicht anatomisch vom Affen unterscheide.[25] In dieser Angelegenheit scheint also in Camper der Christ stärker gewesen zu sein als der Wissenschaftler.

Und doch war es dieser vorzügliche Christ, der als erster eine Beobachtung machte, aus der andere später schreckliche Schlüsse ziehen sollten. Beim Vergleich der Schädel eines Europäers, eines Kalmücken, eines Schwarzen und eines Affen glaubte er so etwas wie einen variablen »Gesichtswinkel« feststellen zu können, der in der genannten Reihenfolge abnahm; anders gesagt, beim Europäer war der Winkel am größten. Camper gründete praktisch also die »Schädelkunde« und »Schädelmeßkunde«, die fast bis zur Mitte des zwanzigsten Jahrhunderts bestehen sollten und die die einen dazu veranlaßten, die Intelligenz am Schädelvolumen zu »messen«, und die anderen, die Überlegenheit der »Dolichokephalen« (Langschädel) über die »Brachykephalen« (Kurzschädel) zu proklamieren. Fügen wir noch hinzu, daß Camper die »Philosophen« im voraus vor solchen Praktiken warnte, ohne selbstverständlich zu ahnen, zu welchem Wahnsinn diese einmal führen würden.[26]

Mit dem Tod des frommen alten Königs Ludwig XIV. begann die intellektuelle und literarische Vorherrschaft Frankreichs. Es gibt nichts oder nur sehr wenig im modernen Gedankengut, wofür sich in der französischen Aufklärung nicht ein mehr oder weniger abenteuerlicher Vorläufer finden ließe; manchmal hat man den Eindruck, als wäre in den Pariser Salons der damaligen Zeit bereits alles gesagt, alles vorhergesehen worden. Hätten wir einen Siegespreis für derlei geistige Kühnheiten und Antizipationen zuzuerkennen, so würde ihn Maupertuis gewiß am ehesten verdienen.

Der Name von Pierre-Louis de Maupertuis (1698-1759) bleibt in der Wissenschaftsgeschichte vor allem mit dessen Arbeiten über Geometrie und Astronomie verbunden; aber es gibt kein Wissensgebiet, zu dem er nicht beigetragen hätte, und ganz sicherlich gebührt ihm der Titel »eines Mitbegründers der Genetik«, wie Jean Rostand ihn nennt.[27] Träumte er doch davon, »die Experimente weiter voranzutreiben, bis zu den Arten, welche die Natur am wenigsten zur Vereinigung bestimmt hat, es würden daraus vielleicht allerlei Ungeheuer entstehen, neue Tiere, möglicherweise sogar ganze Arten, die die Natur noch nicht hervorgebracht hat«.[28] Versuche am lebenden Menschen lockten ihn aber noch mehr: »Vielleicht würde man über die wunderbaren Verbindungen von Seele und Körper so manches erfahren, wenn man es wagte, diese Verbindungen im Gehirn eines lebenden Menschen zu suchen« – vorzugsweise eines Kriminellen: »Ein Mensch ist nichts im Vergleich zum gesamten Menschengeschlecht; ein Verbrecher ist noch weniger als ein Mensch.«[29] So schienen ihm fast alle Experimente berechtigt zu sein: in der Rubrik *Zu verbietende Forschungen* erwähnte er nur den Stein der Weisen, die Quadratur des Kreises und das Perpetuum mobile. Unter der Rubrik *Metaphysische Versuche* schlug dieser Apostel der wissenschaftlichen Methode die Verwendung von Kindern als Versuchsobjekte vor: »Zwei oder drei Kinder, die vom zartesten Alter an gemeinsam aufgezogen werden, ohne mit anderen Menschen in Berührung zu kommen, würden sich gewiß selber eine Sprache schaffen [...] man müßte mehrere solche Gesellschaften aus Kindern verschiedener Nationen bilden [...] man müßte vor allem vermeiden, daß diese kleinen Völker irgendeine andere Sprache lernen [...]«[30]

Welche neue Sprache würde daraus entstehen? »Experimente, um zu sehen«, tollkühne und naive Gelehrtenträume! Bei Maupertuis war der Wissens- und Schaffensdrang gelegentlich leicht obszön gefärbt: »Warum beschränkt sich diese Kunst auf Tiere? Warum lassen sich diese blasierten Sultane in ihren Serails, in denen nur Frauen aller bekannten Arten eingesperrt sind, nicht neue Arten machen? Ich an ihrer Stelle würde diese Vielfalt bald in Anspruch nehmen.« Unser Philosoph meinte, der »Soldatenkönig« Friedrich Wilhelm II. von Preußen habe mit der Aufstellung seiner Grenadierregimenter von »langen Kerls« den richtigen Weg eingeschlagen: »Einem König aus dem Norden ist es gelungen, seine Nation zu erziehen und zu verschönern [...] Wir sehen heute ein einzigartiges Beispiel der Königsmacht. Diese Nation zeichnet sich durch vorteilhafteste Körpergröße und die regelmäßigsten Gesichter aus [...]«[31] Als Maupertuis Präsident der Berliner Akademie der Wissenschaften wurde, hoffte er, es noch viel besser machen zu können, aber sein erlauchter Protektor und Freund Friedrich II., so ungläubig er auch war, wagte es nicht, das Projekt, »eine Vielfalt edel gearteter Menschen heranzuziehen«[32], ausführen zu lassen. Erst zwei Jahrhunderte später wurde das Programm, das Maupertuis im Sinn gehabt hatte, unter den allseits bekannten Bedingungen in Deutschland experimentell erprobt.

Maupertuis' Genie wirkte sich auch auf dem Gebiet der Rassentheorien aus. Seine *Dissertation physique à l'occasion du Nègre blanc* (Abhandlung über einen Albino-Neger) gipfelte in folgendem Schluß:

> Aus dieser plötzlichen Geburt weißer Kinder bei schwarzen Völkern könnte man vielleicht schließen, daß Weiß die Urfarbe des Menschen sei und Schwarz nur eine seit mehreren Jahrhunderten erbliche Variante, welche die weiße Farbe nicht gänzlich ausgelöscht hat, so daß diese immer wieder zum Vorschein kommt. Denn das gegenteilige Phänomen tritt keineswegs auf: weiße Eltern haben niemals schwarze Kinder [...] Aus diesem Grund könnte man vielleicht denken, Weiß sei die Farbe der ersten Menschen gewesen und Schwarz nur zufällig die erbliche Hautfarbe großer Familien in den heißen Zonen geworden; doch ist bei ihnen die ursprüngliche Farbe nicht so völlig verschwunden, daß sie nicht manchmal wieder durchbricht. Die wohlbekannte Schwierigkeit in bezug auf den Ursprung der Schwarzen, die manche gegen die Schöpfungsgeschichte ins Treffen führen wollen — die Genesis lehrt uns ja, daß alle Völker der Erde von einem einzigen Vater und einer einzigen Mutter abstammen —, diese Schwierigkeit ist beseitigt, wenn man ein System annimmt, das zumindest ebenso wahrscheinlich ist wie alles, was man sich bisher ausgedacht hat, um die Zeugung zu erklären.[33]

Diese Theorie vom »rezessiven Charakter« der schwarzen Hautfarbe, so falsch sie auch war, ist eine Vorläuferin der Mendelschen Genetik und der Mutationstheorie. Sie wurde von Buffon übernommen und unter dem Namen »Degenerationstheorie« zu ungeahntem Erfolg geführt.

Buffon, auch er Universalgelehrter und Philosoph, verdient unsere Aufmerksamkeit in seiner Eigenschaft als erster großer Erforscher der zeitlichen Dimension, da er es wagte, öffentlich über die sechs Jahrtausende der Bibel hinauszugehen (seinen Berechnungen zufolge wäre die Erde 74.000 Jahre alt). Noch mehr verdient er sie als Ebenbürtiger Charles Darwins, wenn man bedenkt, welchen Einfluß seine Ideen über den Menschen und die Tiere fast ein Jahrhundert lang ausübten.

Tatsächlich fällt es schwer, im Falle Buffons diese beiden Bereiche — Mensch und Tier — voneinander zu trennen; denn sieht man näher hin, so interessierte ihn eigentlich nur der Mensch: daher die Tendenz in seiner berühmten *Naturgeschichte,* bei jeder möglichen und unmöglichen Gelegenheit entweder das Tier zu vermenschlichen oder vom Menschen zu sprechen. Nehmen wir zum Beispiel den Esel, der ein »niedriges« Tier sei, weil er »nur ein degeneriertes Pferd zu sein scheint [...] Man könnte die geringen Unterschiede zwischen diesen beiden Tieren [...] einer zufälligen Aufeinanderfolge mehrer halbdegenerierter Wildpferde zuschreiben, die allmählich noch mehr entarteten und schließlich vollends herabsanken«.[34] Buffon fragt sich dann, ob es legitim sei, von natürlichen »Familien« zu sprechen: »Erkennt man einmal an, daß es Pflanzen- und Tierfamilien gibt, daß der Esel zur Familie der Pferde gehört und sich von diesen nur deshalb unterscheidet, weil er degeneriert ist, dann könnte man gleichermaßen sagen, daß der Affe zur Familie der Menschen gehört, daß er ein degenerierter Mensch sei, daß Mensch und Affe einen gemeinsamen Ursprung haben [...]« Handelt es sich hier vielleicht um ein wohlweisliches Bemühen, eine klare Trennlinie zwischen Mensch und Tier zu ziehen? Später kommt Buffon nochmals auf die Menschen zu sprechen, um die Unterschiede zwischen ihnen zu betonen: »Die Menschen unterscheiden sich in der Hautfarbe, die von Weiß bis Schwarz geht, in Körpergröße, Gewicht, Beweglichkeit, Kraft usw., bis zum Verhältnis von eins zu zwei und in den Geistesgaben von Null bis Unendlich [...] Wäre da nicht der Umstand, daß Neger und Weißer miteinander Kinder zeugen können, dann könnte man von zwei ganz verschiedenen Arten sprechen; der Neger verhielte sich zum Menschen wie der Esel zum Pferd; oder vielmehr, wenn der Weiße der Mensch ist, dann wäre der Neger kein Mensch, sondern ein Tier für sich wie der Affe [...]« Buffons anthropomorphe Zoologie offenbart die unbewußten Empfindungen oder Vorurteile, auf denen sie beruht (Empfindungen und Vorurteile, die von seinen Lesern höchstwahrscheinlich geteilt wurden), wenn er vom »edelsten« aller Tiere spricht – womit natürlich der Löwe gemeint ist. Diese wichtige Stelle verdient einige Aufmerksamkeit. Nachdem Buffon den (»edlen«) Zorn des Löwen, seinen (»hochherzigen«) Mut, seine Großzügigkeit und Schönheit gerühmt hat, fährt er fort:

> Zu all diesen edlen individuellen Eigenschaften kommt beim Löwen noch das Edle der Art hinzu; unter edlen Arten in der Natur verstehe ich jene, die beständig, unveränderlich sind und keine Anzeichen von Degeneration erkennen lassen: diese Arten sind innerhalb ihrer Gattung gewöhnlich isoliert und einzig; sie zeichnen

sich durch so deutliche Merkmale aus, daß man sie weder verkennen noch mit irgendeiner anderen Art verwechseln kann. Vor allem der Mensch, das edelste Wesen der Schöpfung, ist einzigartig, da die Menschen aller Rassen, aller Klimazonen, aller Hautfarben sich miteinander vermischen und Nachkommen zeugen können; zugleich kann man sagen, daß kein Tier mit dem Menschen auf natürliche Weise verwandt ist. Beim Pferd ist die Art nicht so edel wie das Individuum, denn sein nächster Verwandter scheint der Esel zu sein; diese beiden Tiere bringen nämlich zusammen Individuen hervor, welche die Natur in Wahrheit wie Bastarde behandelt, unwert, eine eigene Rasse zu bilden, und nicht einmal fähig, eine der beiden Arten, aus der sie hervorgegangen sind, fortzupflanzen [...] Beim Hund ist die Art vielleicht noch weniger edel, da sie sehr viel vom Wolf, vom Fuchs und vom Schakal hat, die man als degenerierte Zweige ein und derselben Familie ansehen kann. Und wenn man in absteigender Reihenfolge die niedrigeren Arten betrachtet – Kaninchen, Wiesel, Ratten, usw. –, dann stellt man fest, daß man – da jede dieser Arten zahlreiche Nebenzweige aufweist – weder den gemeinsamen Stamm noch die direkte Herkunft jeder dieser zu zahlreich gewordenen Familien erkennen kann. Bei den Insekten schließlich, die man als die niedrigsten Arten der Natur ansehen muß, hat jede Art so viele verwandte Arten, daß man sie nicht mehr jede für sich betrachten kann, sondern in einem Block zusammenfassen muß, das heißt, in eine Gattung, wenn man sie klassifizieren will [...] stellt man den Menschen in eine Reihe mit dem Affen, dem Löwen, der Katze, oder sagt man, der Löwe sei eine »Katze mit Mähne und langem Schweif«[35], dann degradiert, dann entstellt man die Natur, anstatt sie zu beschreiben oder zu benennen.[36]

Erinnert diese zoologische Hierarchie nicht an ein Tierbuch der Feudalzeit? Der Löwe, der König der Tiere, wird hier mit dem Menschen, der Krone der Schöpfung, verglichen, die großen Säugetiere, Pferde oder Hunde, figurieren als Adel, während die kleinen, Kaninchen oder Wiesel, »bei denen man weder den gemeinsamen Stamm noch die direkte Herkunft erkennen kann«, wohl das gemeine Volk repräsentieren, das weder Stammbaum noch Ahnenreihe besitzt. Vertreten die »niedrigsten Arten«, die Insekten, etwa die farbigen Völker? Tatsächlich spricht Buffon den Insekten jedwede anthropomorphe Eigenschaft ab; so schreibt er zum Beispiel über die Bienen: »Diese Gesellschaft ist also nur eine von der Natur bestimmte, physische Ansammlung, bar jedweder Anschauung, jedweden Wissens und Denkens.«[37] Aber die Beschreibung der Hottentotten ist keineswegs schmeichelhafter. Buffon vergleicht sie mit den Affen – allerdings mit dem Unterschied, daß »der Schöpfer, während er (dem Hottentotten) die affenähnliche stoffliche Form zuteilte, diesem Tierleib seinen göttlichen Hauch einblies«.[38]

Der wirkliche Menschenleib, das heißt der Körper des Weißen, ist für Buffon etwas ganz anderes. Sichtlich von Aristoteles inspiriert, unterstreicht er in seiner klassischen *Description de l'homme* die äußeren Merkmale des menschlichen Adels: »Beim Menschen weist alles, auch das Äußere, auf seine Überlegenheit über alle anderen Lebewesen hin; er hält sich gerade und aufrecht, seine Haltung ist die des Befehlens, sein Haupt sieht zum Himmel empor und zeigt ein erhabenes Antlitz, geprägt von seiner Würde [...]«[39] Das ist ein ganz anderes Bild als jenes des auf dem Boden kauernden Hottentotten, dessen Kinder auf allen Vieren umherkriechen und sich im Schmutz wälzen. Ganz anders auch als das Bravourstück, mit dem die *Histoire naturelle de l'homme* beginnt, nämlich als das Porträt der Lappen. »Er teilt uns dann mit, daß das einzige Zeichen von Menschlichkeit der Lappen in ihrem Wissen um ihre Verworfenheit besteht.«[40]

Allerdings ermöglichte es die – zweifellos von Maupertuis übernommene – »Degenerationstheorie« Buffon, das Dogma von der Einheit des Menschengeschlechts zu retten (wenn Buffon von der Kirche zensiert wurde, dann wegen seiner Geologie, nicht wegen seiner Anthropologie). Übergeben wir ihm noch einmal das Wort, wobei wir aber seine Weitschweifigkeit soweit wie möglich eindämmen wollen:

> Sobald der Mensch begann, umherzuwandern und sich in den verschiedensten Klimazonen auszubreiten, erfuhr er Änderungen in seinem Wesen [...] Diese Änderungen sind so bedeutend und so fühlbar geworden, daß man annehmen könnte, der Neger, der Lappe und der Weiße gehörten verschiedenen Arten an – wüßte man einerseits nicht mit Gewißheit, daß nur ein Mensch erschaffen worden ist, und daß andrerseits dieser Weiße, dieser Lappe und dieser Neger sich miteinander paaren und fortpflanzen können [...] Es ist sicher, daß alle ein- und derselben Art angehören [...] Wäre der Mensch einmal gezwungen, die Klimazonen zu verlassen, in die er einst vorgedrungen ist, und sich auf sein Herkunfts-

land zu beschränken, dann nähme er mit der Zeit seine ursprünglichen Merkmale an, seine Urgestalt und natürliche Farbe [...] Es brauchte jedoch vielleicht viele Jahrhunderte, bis sich dieser Effekt einstellte [...][41]

Auch Buffon denkt an ein großangelegtes, schönes Experiment *in vivo,* um seine Hypothese zu verifizieren:

> [...] Man müßte, um diesen Farbenwechsel bei der Spezies Mensch experimentell festzustellen, einige Individuen der schwarzen senegalesischen Rasse nach Dänemark bringen, wo der Mensch gewöhnlich weißhäutig, blondhaarig und blauäugig ist und die Unterschiede in Blut und Hautfarbe am größten sind. Man müßte diese Neger mit ihren Familien einsperren und ihre Rasse sorgfältig reinhalten, ihnen nicht gestatten, sich mit andern zu kreuzen. Dies ist das einzige Mittel, um zu erfahren, wieviel Zeit es braucht, um die Natur des Menschen in dieser Hinsicht wiederherzustellen, und auch, wie lange es gebraucht hat, sie von Weiß in Schwarz zu verwandeln.

War Buffon ein verfrühter Rassist? Einerseits erklärt er die Degeneration der Schwarzen durch den »blutsmäßigen Unterschied«; anderseits scheint er davon überzeugt zu sein, daß diese Degeneration nicht unheilbar sei. Welchen Schluß soll man also ziehen? Tatsächlich ist es die zeitliche Dauer, das heißt, das der Erde zugeschriebene Alter (mit dem er sich viel beschäftigt hat), das diese Trennlinie anzuzeigen scheint. Es ist ja wirklich so, daß eine Degeneration jüngeren Datums weniger schwerwiegend ist als eine, die sich über einige zehntausend Jahre erstreckt und daher zu ihrer Behebung ebensoviel Zeit in Anspruch nehmen würde. Brauchen die Schwarzen, um »die Natur des Menschen wiederherzustellen«, »viele Jahrhunderte« – oder ewig?

Wir mußten Buffon so ausführlich zitieren, weil seine *Naturgeschichte* fast ein Jahrhundert lang für das gebildete Europa die wichtigste Informationsstelle über exotische Tiere und Menschen war und weil die Popularität eines Autors das geistige Klima beim Publikum widerspiegelt.[42] Wir werden auch von seinen großen französischen Zeitgenossen sprechen allerdings kürzer. Man findet ohne Schwierigkeit den Widerschein von Buffons Auffassungen bei einem so idyllischen – oder idealistischen – Autor wie Bernardin de Saint-Pierre, der im Zusammenhang mit den Schwarzen auf die Verfluchung Hams hinweist[43], oder wie Abbé Raynal, einem Gegner der Sklaverei, demzufolge »das Negerblut sich vielleicht mit jedem Sauerteig vermischt, der unsere Bevölkerung verändert, verdirbt und zerstört«.[44] Der Artikel »Neger« in der berühmten *Enzyklopädie* Diderots und d'Alemberts verrät kaum mehr Wohlwollen.[45] Was Diderot selbst betrifft, so verkündete er die Überlegenheit der Weißen, indem er diese Meinung seinem tahitianischen »edlen Wilden«[46] in den Mund legte und ihn folgendermaßen über die minderwertige Rasse der Lappen philosophieren ließ: »Wer weiß, ob dieser unförmige Zweibeiner, der nur vier Fuß groß ist, den man in der Umgebung des Pols noch Mensch nennt und der auf diese Bezeichnung wohl bald verzichten muß, wenn er noch ein bißchen mehr aus der Form gerät, nicht einer zum Aussterben verurteilten Art angehört?«[47] Andere Autoren, insbesondere Voltaire, mit dem wir uns ein wenig später auseinandersetzen werden, sprachen noch verächtlicher von den »exotischen Menschen«.

So legten einige der angesehensten Aufklärer die Fundamente für den wissenschaftlichen Rassismus des folgenden Jahrhunderts. Allerdings unterstützten andere berühmte französische Autoren zur gleichen Zeit entschieden universalistische Anschauungen. Von diesen wären etwa Montesquieu (trotz seines Hangs zum Germanenwahn[48]) und Helvetius zu nennen, denn für den einen wie den anderen ist es im wesentlichen die Erziehung im weiteren Sinn, die Gesamtheit der Umwelteinflüsse, die den Menschen zu dem macht, was er ist.[49] Nicht zu vergessen Condillac und vor allem Condorcet, dessen *Epître aux nègres esclaves* mit folgendem Glaubensbekenntnis beginnt: »Obwohl ich nicht dieselbe Farbe habe wie ihr, habe ich euch stets als meine Brüder betrachtet. Die Natur hat euch so gebildet, daß ihr den gleichen Geist, die gleiche Vernunft und die gleichen Tugenden besitzt wie die Weißen [...]«[50] In diesem Sinn könnte man auch die Schriften des viel verleumdeten und wenig verstandenen Autors des *Homme machine,* Julien de la Mettrie, anführen. Was Holbach betrifft, den man oft als Fortsetzer La Mettries bezeichnet, so wird sein *Système de la nature* diesem Ruf wohl gerecht; in seinen anderen Schriften jedoch verleiteten ihn sein heftiger Antiklerikalismus und sein summarischer Progressismus dazu, sich mit den Juden auf recht zweideutige Art und Weise auseinanderzusetzen:

> »Dieses in einer einzigartigen Weise von einem unwandelbaren Gott geliebte Volk ist sehr schwach und sehr elend geworden. Zu

allen Zeiten schon ist es das Opfer seines Fanatismus, seiner sich nirgends einordnenden Religion und seines unsinnigen Gesetzes gewesen; heute ist es unter alle Völker zerstreut, unter denen es als dauerhaftes Mahnmal der schrecklichen Auswirkungen seiner abergläubischen Verblendung gilt [...] Überlasse doch diesen stumpfsinnigen Hebräern, diesen dummen und verrückten Menschen, diesen kraftlosen und entarteten Asiaten diese ebenso erniedrigenden wie unsinnigen abergläubischen Überzeugungen! Diese sind nicht für die Bewohner deines Klimas gemacht [...] Schließe für immer deine Augen vor diesen unnützen Hirngespinsten, die seit so vielen Jahrhunderten nur dazu gedient haben, den Fortschritt zur wahren Wissenschaft zu verlangsamen und dich von der Straße des Glückes zu verdrängen!«[51]

Bleibt schließlich noch Jean-Jacques Rousseau. Gewiß, bei diesem unsteten, nach Gleichheit und Gerechtigkeit dürstenden Genie finden wir keine differenzierten Urteile über Menschen und Völker der Welt, und er verabsäumte nicht, die anmaßenden Urteile und Vorurteile eines Buffon und eines Voltaire zu kritisieren: »[...] Die ganze Erde ist bedeckt mit Völkern, von denen wir nur die Namen kennen: und wir maßen uns an, über die Menschheit zu urteilen!« Die wohlbekannte Stelle aus dem *Diskurs über den Ursprung der Ungleichheit,* dem dieser Aufschrei entstammt, endet mit einem Plan für anthropologische »Feldstudien«; solche scheint Rousseau als erster empfohlen zu haben »in einem Jahrhundert, in dem man so stolz ist auf schönes Wissen«.[52] Und doch kann man fragen, ob Rousseau wirklich die Bezeichnung eines Schutzpatrons der Anthropologie verdient, wie Claude Lévi-Strauss meint[53]: Beruht sein »Naturmensch« nicht auf »hypothetischen und bedingten Gedankengängen«, die dieser ehemalige Kalvinist mit seinem Glauben an die Erbsünde sehr bald wieder entkräftet?

Tatsächlich scheinen bei näherem Hinsehen alle Beweisführungen und Beschreibungen Rousseaus nur eine Übertragung, eine Verweltlichung dieser alten Vorstellung zu sein. Sein theoretischer »Naturmensch« steht, ethisch gesehen, am Scheitelpunkt einer Art glockenförmiger Kurve, »gleich weit entfernt von der Dummheit der Primitiven und der unheilvollen Aufgeklärtheit des Zivilisierten«; der Untergang beginnt in dem Augenblick, da der Mensch Bauer und Schmied wird (»Eisen und Getreide haben die Menschen zivilisiert und die Menschheit dem Untergang geweiht«); in diesem Zusammenhang gibt Rousseau neuerlich zu, daß der »Naturmensch« nicht existiert, da die bekannten exotischen Völkerstämme »schon weit entfernt sind vom ursprünglichen Naturzustand«. Sonst zeigt sich auch bei Rousseau die abergläubische Unsicherheit des Jahrhunderts der Aufklärung in bezug auf die Barrieren zwischen den einzelnen Arten. Als er sich fragte, ob der Orang-Utan ein Mensch sei, dachte auch er an das Experiment einer Kreuzung von Mensch und Affe; er verwarf diesen Gedanken aber sofort wieder, allerdings nicht aus wissenschaftlichen Gründen.[54]

Kommen wir nun zu den deutschen Autoren, deren Einfluß gegen Ende des achtzehnten Jahrhunderts allmählich zunimmt (bald sollten die deutschen Gelehrten in Europa das Feld beherrschen). Streifen wir rasch die Menge der Geographen und Naturforscher, etwa die beiden Forster, J.-P. Pallas, C. de Pauw, und E. A. W. Zimmermann, die sich in den meisten Fällen Buffons Ansichten über den Einfluß des Klimas oder des Milieus anschlossen, mit zwei Unterschieden: sie sprachen von den exotischen Völkern in viel weniger heftigem Ton, und sie zeigten sich – wohl eine Konsequenz dieses Verhaltens – viel optimistischer, was die Dauer einer »Regeneration« betrifft.

Immanuel Kant, der über die Frage der Menschenrassen viel nachgedacht und geschrieben hat, entwickelte diesbezüglich Prinzipien, die bis zur Mitte des zwanzigsten Jahrhunderts bei den Wissenschaftlern als maßgeblich galten; auch 1968 noch bezeichnete ihn ein namhafter deutscher Anthropologe, W. E. Mühlmann, als den »Begründer des modernen Rassenbegriffs«.[55] Man ist versucht, anzunehmen, daß dieser Begriff, wie logisch er auch untermauert sein mag, nicht ohne Fehl ist. Diese Annahme verstärkt sich, wenn man die praktische Anwendung dieses Begriffs durch den Philosophen selbst betrachtet. Man findet sie in seiner *Anthropologie in pragmatischer Hinsicht* (1798), in der Kant seine Vorlesungen aus dreißig Jahren zusammenfaßte, und ist betroffen angesichts der Platitüden und Gemeinplätze, die besonders im zweiten Teil (in der »Anthropologischen Charakteristik«) überreichlich vorhanden sind.

Quasi als Einführung in die Materie erörtert Kant die »Geschlechtsmerkmale«:

> Der Mann ist leicht zu erforschen, die Frau verräth ihr Geheimnis nicht, obgleich anderer ihres (wegen ihrer Redseligkeit) schlecht bei ihr verwahrt ist. Er liebt den *Hausfrieden* und unterwirft sich

gern ihrem Regiment, um sich nur in seinen Geschäften nicht behindert zu sehen; sie scheut den *Hauskrieg* nicht, den sie mit der Zunge führt [...][56]

Nach einem solchen Urteil des eingefleischten Junggesellen über das Geschlecht, dem er aus dem Weg ging, sind wir nicht allzusehr verwundert darüber, daß der Metaphysiker, der Königsberg niemals verließ, unter den Rubriken »Der Charakter des Volkes« und »Der Charakter der Rasse« nur von seiner, der *weißen Rasse* spricht. Wir wissen also nicht, was Kant über die Eskimos oder über die Schwarzen gesagt hätte. Wir glauben, es zu erahnen, wenn wir lesen: »Überhaupt da hier vom angebornen, natürlichen Charakter, der so zu sagen, in der Blutmischung der Menschen liegt [...] die Rede ist.«[57]

Auf die »Zusammensetzung des Blutes« also stützt sich Kant letztlich, wenn er in Form einer außergewöhnlich konventionellen Gegenüberstellung die jeweiligen Charaktereigenschaften des Engländers, des Franzosen, des Deutschen und des Italieners beschreibt. Seine Absicht wird deutlicher, wenn er auf den spanischen Volkscharakter zu sprechen kommt. Die betreffende Stelle beginnt mit der Behauptung: »Der aus der Mischung des europäischen mit arabischem (mohrischem) Blut entsprungene Spanier [...]«, und endet: »[...] wie das Stiergefecht, grausam, wie das ehemalige Auto da Fé beweiset, und zeigt in seinem Geschmack zum Teil außer-europäische Abstammung.«[58]

Noch deutlicher wird die anthropologische Konzeption, wenn Kant ein wenig später moralisiert:

> So viel ist wohl mit Wahrscheinlichkeit zu urtheilen: daß die Vermischung der Stämme (bei großen Eroberungen), welche nach und nach die Charaktere auslöscht, dem Menschengeschlecht, alles vorgeblichen Philanthropismus ungeachtet nicht zuträglich sei.[59]

Was sich so wahrscheinlich als zuträglich erweist, ist die Reinheit des »Stammes« – welchen Stammes aber? In diesem Zusammenhang zeigt ein weiterer zaghafter Ausflug an die Grenzen Europas auf andere, bedeutungsvolle Weise, in welchem Maß Kant bei der Beschreibung des konkreten Menschen die uralten Vorurteile des Volkes wiederkäute. Ganz zum Schluß lobt er die Armenier: »Unter einem anderen christlichen Volk, den Armeniern, herrscht ein gewisser Handelsgeist von besonderer Art [...] dieses vernünftigen und emsigen Volks [...] sich friedfertige Begegnung unter allen Völkern, auf die es trifft, zu verschaffen weiß [...]«[60]

Der friedliche Handel wird jedoch strafbar, wenn er von einem nichtchristlichen Volk, nämlich den Juden, ausgeübt wird; ein solches Volk wird sogar gewissermaßen philosophisch undenkbar: »Die unter uns lebenden Palästiner sind durch ihren Wuchergeist seit ihrem Exil, auch was die größte Menge betrifft, in den nicht unbegründeten Ruf des Betrugs gekommen. Es scheint nun zwar befremdlich, sich eine Nation von Betrügern zu denken; aber ebenso befremdlich ist es doch auch, eine Nation von Kaufleuten zu denken, deren bei weitem größter Teil durch einen alten, von dem Staat, darin sie leben, anerkannten Aberglauben verbunden, keine bürgerliche Ehre sucht, sondern diesen ihren Verlust durch die Vorteile der Überlistung des Volkes, unter dem sie Schutz finden und selbst ihrer untereinander, ersetzen wollen. Nun kann dieses bei einer ganzen Nation von lauter Kaufleuten, als nichtproduzierenden Gliedern der Gesellschaft (z. B. der Juden in Polen), auch nicht anders sein.«[61]

Die Sitten der »Palästinenser« sind also jüdische Sitten: handelt es sich bei der spanischen Grausamkeit nicht etwa um die sprichwörtliche »muselmanische Grausamkeit«? Gewiß bekannte sich Kant, aus philosophischen Gründen, zum Glauben an die Einheit des Menschengeschlechts; aber auch hierin folgte er alles in allem nur der vorherrschenden Meinung seiner Zeit.

Viel objektiver als Kants Anthropologie war die von Johann-Friedrich Blumenbach (1752-1840), Professor in Göttingen. Er wird allgemein als der Begründer der »physikalischen Anthropologie« bezeichnet, ein ebenso respektables Forschungsgebiet wie jedes andere, sofern die Forscher sich nicht auf die Abwege von Werturteilen und wertenden Schlußfolgerungen begeben. Dieser beinahe unwiderstehlichen Versuchung leistete Blumenbach lobenswerten Widerstand, und die fünf großen Rassen, die er beschrieb, waren als solche im Prinzip weder »gut« noch »schlecht«. Wenn er schließlich dennoch der Versuchung erlag, dann auf dem Umweg über das ästhetische Urteil; er pries die Gesichtszüge der Weißen, »dieses Gesicht, das ihnen im allgemeinen den schönsten und angenehmsten Anblick verleiht [...] Dieser Variante habe ich den Namen des Kaukasus-Gebirges gegeben, weil in dessen Nachbarschaft die schönste Menschenrasse lebt, die georgische; und wenn es möglich ist, die Wiege der Menschheit zu bestimmen, dann sprechen alle physiologischen Gründe für die Annahme, daß sie dort gestanden ist

[...] Nun, die Haut der Georgier ist weiß, und diese Hautfarbe scheint auch die ursprüngliche der Menschheit gewesen zu sein, aber sie entartet leicht zu einer schwärzlichen Farbe [...]«[62] Wir erkennen die »Degenerationstheorie« von Maupertuis und Buffon wieder. In vielleicht typisch professoraler Manier sang Blumenbach, nachdem er die schönen Gesichter der Georgier gebührend hervorgehoben hatte, ein Loblied auf deren Schädel, »diese schöne Schädelform, von der sich die anderen abzuleiten scheinen, bis sie am entferntesten Punkt angelangt sind, nämlich bei den Schädeln der Malaien und Neger«.[63] Die von Blumenfeld eingeführte Kategorie der »kaukasischen Rasse« diente in der ersten Hälfte des zwanzigsten Jahrhunderts als Auswahlkriterium für die Einwanderung in die Vereinigten Staaten; dieses Kriterium ermöglichte es einerseits, farbige Rassen, anderseits auch die »Hebrew race« auszuscheiden: die »kaukasische Rasse« war also, administrativ gesehen, das transatlantische Äquivalent der »arischen Rasse«, schon lange vor 1939-1945.

Mit Johann Gottfried Herder (1744-1803), dem wir sehr genau zuhören wollen, wenn von den deutschen Widersprüchlichkeiten die Rede ist (wir werden im nächsten Kapitel auf ihn zurückkommen), gelangen wir in eine ganz andere Atmosphäre. In seinem Hauptwerk, den *Ideen zur Philosophie der Geschichte der Menschheit,* wandte sich Herder sozusagen im voraus gegen die »Veterinärphilosophie« des Szientismus und bezeichnete allein den Ausdruck *Menschenrasse* als »unedel«.[64] Er suchte sich also von den europäischen Vorurteilen seiner Zeit zu distanzieren: mit gleicher Sympathie wie von den »Polarvölkern«, den Eskimos und den Lappen, sprach er nur noch von den »Äquatorialvölkern«. Der Neger, schrieb er, sei nicht weniger berechtigt, seine weißen Unterdrücker mit Bezeichnungen wie »Albinos« oder »weiße Satane« zu brandmarken, als wir, den Neger für den Inbegriff des Bösen und für einen Abkömmling Hams zu halten, der durch den Fluch seines Vaters entehrt sei.[65] Gleich Rousseau stellte Herder einen Plan für anthropologische Studien auf, wobei er die Betonung auf die Bedeutung der Umwelt legte (»[...] Ja, was unterscheidet in Afrika die Negerstämme selbst so gewaltig? Das Klima, im weitesten Verstande des Wortes, so daß auch Lebensart und Nahrungsmittel darunter gehören.«[66]) Am Ende des Kapitels über Afrika aber kam er auf das alte Märchen von der Geilheit der Schwarzen zurück, das ihn dann zu folgendem Schluß veranlaßte:

Die feinere Geistigkeit, die dem Geschöpf unter dieser glühenden Sonne, in dieser von Leidenschaften kochenden Brust versagt werden mußte, ward ihm durch einen Fibernbau, der an jene Gefühle nicht denken ließ, erstattet. Lasset uns also den Neger, da ihm in der Organisation seines Klimas kein edleres Geschenk werden konnte, bedauern, aber nicht verachten; und die Mutter ehren, die auch raubend zu erstatten weiß. Sorglos verlebt er sein Leben in einem Lande, das ihm mit überfließender Freigebigkeit seine Nahrung darbeut [...] er klettert und läuft, als ob jedes eine Lustübung wäre [...][67]

Die These von der Minderwertigkeit der Schwarzen kehrt wieder am Ende des Kapitels, das Herder den europäischen Eroberern widmet: »Der Neger hat für die Europäer nichts erfunden; er hat sich nie in den Sinn kommen lassen, Europa weder zu beglücken, noch zu bekriegen.«[68]

Noch weniger als Rousseau verdient Herder also den Titel eines Schutzpatrons der Anthropologie. Eine solche Auszeichnung gebührte, will man sie großen Vorläufern verleihen, den Brüdern Wilhelm und Alexander von Humboldt, die, einander ergänzend, fast alle Disziplinen der Humanwissenschaft erforschten, ohne sich jemals von der grassierenden Europäozentrik anstecken zu lassen.

»Indem wir die Einheit des Menschengeschlechts behaupten«, schrieb Alexander von Humboldt in *Kosmos,* »widerstreben wir auch jener unerfreulichen Annahme von höheren und niederen Menschenrassen [...] Alle sind gleichmäßig zur Freiheit bestimmt.«[69] Er seinerseits führte die Hierarchisierung, die so oft zur Rechtfertigung der Sklaverei gedient hatte, bis auf Aristoteles zurück.[70] Er wollte »die gesamte Menschheit, ohne Rücksicht auf Religion, Nation und Farbe, als einen großen, nahe verbrüderten Stamm betrachten, als ein zur Erreichung eines Zweckes, der freien Entwicklung innerlicher Kraft, bestehendes Ganzes«.

Die Brüder Humboldt wichen niemals von dieser Auffassung ab, die sie mehr und mehr von der allgemeinen Ideenentwicklung im neunzehnten Jahrhundert isolierte. Als Alexander von Humboldt sich 1856, im Alter von 88 Jahren, bei Gobineau höflich für die Zusendung von dessen Abhandlung über die *Ungleichheit der Menschenrassen* bedankte, schrieb er in seinem Brief, das Buch verstoße schon mit dem Titel gegen seine, Humboldts, »altmodische Überzeugung«, daß es falsch sei, zwischen höher- und minderwertigen Rassen zu unterscheiden.[71]

Die extremistischen Anthropologen (Polygenetik)

Die Lehre von der Einheit des Menschengeschlechts, schon in vorchristlicher Zeit aus kabbalistischen oder philosophischen Gründen angefochten, wurde im Jahrhundert der Aufklärung aufgrund vorgeblich wissenschaftlicher Überlegungen bekämpft; der genaue Verlauf der Trennlinie ist jedoch nicht leicht festzustellen. Einer der ersten Adepten der »Polygenetik«, der englische Arzt John Atkins (1685-1757), bekannte sich zu einer »Heterodoxie«, die wohl eher religiöser Natur gewesen sein dürfte: »Obwohl es ein wenig heterodox ist, bin ich überzeugt, daß die weiße und die schwarze Rasse sich *ab origine,* von Ureltern verschiedener Hautfarbe herleiten«, schrieb er.[72] Auch Atkins glaubte, daß die schwarze Rasse mit Affen gekreuzt werden könnte und daß aus solchen Verbindungen unfruchtbare Bastarde entstünden, ähnlich wie bei den Maultieren.[73] Kurze Zeit später fand diese Doktrin einen formidablen Vorkämpfer in der Person Voltaires.

Für den Historiker besteht das Paradoxon oder Rätsel Voltaires darin, daß er im Gedächtnis der Menschen als oberster Apostel der Toleranz weiterlebt — trotz einer unerbittlichen Exklusivität, die man nur als rassistisch bezeichnen kann und die sowohl in seinen Schriften als auch in seinem Leben zum Ausdruck kam. Was die Farbigen betrifft, so lieferte er gleich mit seiner ersten Attacke einen der Schlüssel zu seiner Manie. Was auch immer ein »in eine lange schwarze Soutane gekleideter Mann sagen mag«, schrieb er in seinem *Traité de métaphysique* (1734), »die bärtigen Weißen, die wolligen Neger, die haarigen Gelben und die Bartlosen stammen nicht von ein und demselben Menschen ab.« Der ehemalige Jesuitenzögling rebellierte also gegen die Lehren, die ihm zuteil wurden; er schloß sich jedoch der allgemeinen Auffassung an, indem er die Schwarzen an das untere Ende der Leiter versetzte: Die Weißen seien »diesen Negern überlegen wie die Neger den Affen und wie die Affen den Austern«.[74] Zwanzig Jahre später baute Voltaire seine anthropologische Vision in seinem berühmten *Essai sur les moeurs et l'esprit des nations* weiter aus. Nach der Behauptung, nur ein Blinder könne daran zweifeln, daß »Weiße, Neger, Albinos [...] gänzlich verschiedene Rassen sind«, verwendet er speziell für die Neger das Epitheton »Tiere«; dann spricht er, unter Berufung auf antike Autoren, von den »monströsen Arten, die aus diesen scheußlichen Liebschaften entstehen konnten« — womit er Paarungen zwischen Affen und schwarzen Frauen meinte.[75] An anderer Stelle lieferte ihm die Existenz der Neuen

Welt weitere Argumente zugunsten der Polygenetik, und diese wiederum erlaubte es ihm, eine »natürliche« Rechtfertigung für die Sklaverei vorzubringen.[76]

Voltaires anthropologisches Gebäude wird von einem Kapitel über Indien gekrönt; diesem Land schreibt er einen zeitlichen Vorrang zu, der es ihm ermöglicht, die jüdisch-christliche Lehre nach Belieben zu entmystifizieren, wobei er vor allem mit Etymologien spielt: Kommt nicht *Adam* von *Adimo* und *Abraham* von *Brama*?[77] Die postumen Herausgeber Voltaires (wahrscheinlich Condorcet) fühlten sich verpflichtet, diesem Kapitel eine ziemlich lange berichtigende Anmerkung beizufügen und zu sagen, es sei einem seriösen Autor unmöglich, zwischen Monogenetik und Polygenetik eine Trennlinie zu ziehen.[78] Voltaire jedenfalls praktizierte bis ans Ende seiner Tage solche polemische Methoden, ob es sich nun um die antijüdischen Ausfälle in seinem berühmten *Dictionnaire philosophique* (1764)[79] handelte oder um die Spitzen gegen die Jesuiten in seiner *Défense de mon oncle* (1767), wo er im Zusammenhang mit »Menschen verschiedener Hautfarbe« vor allem Père Lafiteau aufs Korn nimmt.[80] Wenn niemand so viel getan hat wie Voltaire, um die alten Idole zu stürzen und die Vorurteile der Vergangenheit zu beseitigen, so hat auch niemand die Irrlehren des neuen Zeitalters der Wissenschaft dermaßen verbreitet und erweitert wie er.

In diesem Zusammenhang sollte man vielleicht auch über David Hume nachdenken. Dieser Philosoph veröffentlichte 1742 einen Essay über die »Nationalcharaktere«, in dem er nebenbei behauptete, daß alle Nationen, die jenseits des Polarkreises oder in den Tropen leben, der übrigen Menschheit unterlegen seien.[81] Anläßlich der elften Auflage des Werkes, 1754, fügte Hume eine Anmerkung hinzu, in der er sich besonders mit den schwarzen Völkern auseinandersetzte:

> Ich neige zu der Vermutung, daß die Neger und überhaupt alle anderen Menschenarten (denn es gibt vier oder fünf verschiedene Gattungen) den Weißen von Natur unterlegen sind. Es hat nie eine zivilisierte Nation von anderer als weißer Hautfarbe gegeben, ja nicht einmal einen einzelnen, der sich in Handeln oder Denken auszeichnete. Bei ihnen sind weder die Industrie noch die Kunst und die Wissenschaft entwickelt. Andrerseits haben selbst noch die rohesten und barbarischsten Weißen, wie die alten Germanen oder die heutigen Tataren, etwas Hervorragendes vorzuweisen: an Tapferkeit, an Regierungsform oder an sonst einer Eigenschaft. Ein

derart konstanter und gleichbleibender Unterschied, der sich über so viele Länder und so viele Jahrhunderte erstreckt, könnte nicht existieren, hätte nicht die Natur von allem Anfang an die menschlichen Rassen unterschieden. Ganz abgesehen von unseren Kolonien, gibt es Negersklaven überall in Europa, und nie noch hat man bei ihnen Anzeichen von Begabung entdeckt, während Menschen niederer Herkunft und ohne Vorbildung sich bei uns in allen Berufen auszeichnen können.[82]

Wir sehen, daß Hume zwar einen harten Ton anschlug, seine Ansicht vom Ursprung der Menschheit aber nicht klar ausdrückte; erklärte Monogenetiker wie Buffon waren noch entschiedener als er; und manche Polygenetiker bekundeten gelegentlich einen vollkommenen humanistischen Universalismus. Die Interferenz der biblischen Lehre mit dem Fortschritt der Wissenschaft führte bei gewissen Autoren zu einem seltsamen Gemisch von Licht und Schatten. Der eigenartigste Fall in dieser Hinsicht ist wohl jener des schottischen Philosophen Lord Kames (1696-1782), der in seinen *Sketches of the History of Man* folgendes System vorschlug: auf der einen Seite, auf dem Alten Kontinent, seien die Rassenunterschiede zugleich mit der Sprachenverwirrung beim Turmbau von Babel entstanden; auf der anderen Seite sei Amerika dank einer unabhängigen »lokalen« Schöpfung bevölkert worden.[83] Wenn die Abstammungsgeschichte der Menschheit nach Kames auch recht kompliziert war, so war die Moral, die er daraus zog, doch einfach und ohne Umschweife. Unbefangen gestand er:

Wie ich weiter oben also bemerkt habe, erlaubt die Hautfarbe der Neger die Vermutung, daß sie einer anderen Art angehören als die Weißen; und ich glaubte einst, diese Vermutung würde durch die mindere Intelligenz der Neger bestätigt. Als ich aber eingehender darüber nachdachte schien es mir, als sei ihre Minderwertigkeit auf ihre Lebensbedingungen zurückzuführen. Ein Mensch gelangt niemals zu reifem Urteil und Verstand, wenn er seine Fähigkeiten nicht ausübt. Die Neger haben in ihrer Heimat wenig Gelegenheit dazu; sie nähren sich von Früchten und Wurzeln, die ohne menschliches Zutun wachsen; sie brauchen nur wenig Kleidung und bauen ihre Hütten ohne viel Mühe [...] Im Ausland sind sie elende Sklaven, die niemand zum Denken oder Handeln ermutigt. Wer vermöchte zu sagen, in welchem Maß sie sich bessern könnten, wenn sie, als freie Menschen lebend, wie die Europäer gezwungen wären, sich ihr Brot im Schweiße ihres Angesichts zu verdienen?[84]

Das bizarre System des guten Lord Kame hatte zwar einen gewissen Erfolg beim englischen Publikum (das Buch erlebte zwischen 1774 und 1825 zwölf Auflagen), fesselte aber nicht die Aufmerksamkeit der Gelehrtenwelt, im Gegensatz zu dem einfacheren System des Arztes Edward Long (1734-1813). Longs *History of Jamaica* (1774) galt lange Zeit als Standardwerk; noch 1857 zitierte Armand de Quatrefages, das Oberhaupt der französischen anthropologischen Schule, im Zusammenhang mit der angeblichen Unfruchtbarkeit der Mulatten diese Quelle.[85] Tatsächlich berichtet Long in seinem Buch von Beobachtungen, wonach die Mulatten ebenso steril seien wie die Maultiere. Demzufolge teilt er das *genus homo* in drei Arten: Europäer und Verwandte, Neger und Orang-Utans. Indessen scheinen die Neger, was die Intelligenz betrifft, den Orang-Utans näher zu stehen als den Menschen, da die Orangs, laut Long, »bezüglich ihrer intellektuellen Fähigkeiten zahlreichen Angehörigen der Negerrasse anscheinend keineswegs unterlegen sind; und wir dürfen annehmen, daß zwischen ihnen engste Blutsverwandtschaft besteht [...] Die Neger bezeugen selbst, daß es solche Paarungen gibt; und es ist sicher, daß die einen wie die anderen die gleiche wollüstige Veranlagung aufweisen [...]«

Da aber der allwissende Schöpfer der Welt die Monstrosität der solcherart gezeugten Wesen voraussah, errichtete er »eine unüberwindliche Barriere, die nichts anderes ist als die Unfruchtbarkeit, von der die Produkte solcher Paarungen gekennzeichnet sind«. Mit einem Wort, Long vermutete das Vorhandensein zweier Arten unfruchtbarer Mulatten, wobei die eine eine Mischung aus Weißen und Schwarzen, die andere eine aus Schwarzen und Orang-Utans sei; was die letztere betrifft, so fügte er noch hinzu, es sei seiner Meinung nach keine Schande für eine Schwarze, dem Liebeswerben eines Orang-Utans nachzugeben. Hat die Beschreibung dieser tropischen Liebeslust zum Erfolg von Longs Buch beigetragen? Halten wir ihm zugute, daß er neben anderen Anekdoten auch folgendes berichtete: »Die Neger sagen, Gott sei parteiisch, da er die Weißen wie seine eigenen Kinder behandle, während es ihm anscheinend Vergnügen bereite, die Schwarzen mit Tausenden Plagen zu quälen.«[86]

Die Universität Göttingen, 1737 von der deutsch-englischen Dynastie Hannover gegründet, wurde rasch zur Hochburg der deutschen Bildung. Wir werden noch von den Orientalisten Michaelis und Schlözer berichten, die hier lehrten; was Biologie und Anthropologie betrifft, so müssen wir den bereits genannten Namen von Haller und Blumenbach noch den des Philosophen Christoph Meiners (1745-1810) hinzufügen, der sich viel mit Anthropologie befaßte. Nach 1933 gelangte er in Deutschland zu neuen Ehren, sowohl in seiner Eigenschaft als »Gründer der Rassentheorie«, der den »Begriff des Ariers« vorwegnahm (Egon von Eickstedt, 1940[87]), wie auch als Vorläufer der Kulturanthropologie, deren Gedankengut vom Rassismus besudelt wurde (Wilhelm Mühlmann, 1968[88]).

Tatsächlich hoben sich Meiners' Ansichten von den gängigen Ideen seiner Zeit ab. So etwa bekämpfte er die damals vorherrschende Auffassung vom unilinearen Fortschritt der Kultur[89]; auch zweifelte er an der Möglichkeit, die Rassen streng auseinanderzuhalten, und kritisierte die Schemata seiner Kollegen; er war auch der erste moderne Wissenschaftler, der die Wiege der Menschheit in Afrika vermutete und die Bedeutung und Allgemeingültigkeit der Ursprungsmythen unterstrich. Er bewies seine geistige Unabhängigkeit vom damaligen Deutschland, indem er sich ironisch darüber ausließ, welchen Anklang »die alten Überlieferungen der Juden« fänden.[90] Seine Hauptidee aber, auf die er vor allem anderen Wert legte, war die Existenz zweier großer Stammlinien der Menschen: die »helle und schöne« Rasse und die »dunkle und häßliche« Rasse. Diese Trennung erlaubte es ihm, in das Geheimnis der »höheren Menschen« einzudringen, die nur bei edlen und hellen Völkern vorkämen:

> Nur die weißen und besonders die celtischen Völker hatten ächte Tapferkeit, Freyheitsliebe, und andere Leidenschaften und Tugenden großer Seelen [...] Endlich unterscheiden sich die schwarzen und häßlichen Völker [...] durch eine traurige Leerheit an Tugenden, und durch mehrere fürchterliche Unarten. Die meisten schwarzen und häßlichen Nationen vereinigen mit einer aus Schwäche entstehenden Reitzbarkeit [...] eine empörende Gefühllosigkeit gegen die Freuden und Leiden anderer, selbst ihrer nächsten Anverwandten: eine unerweichliche Härte [...] und einen fast gäntzlichen Mangel aller sympathetischen Triebe und Gefühle [...][91]

Nach Meiners erfolgte der Übergang vom Tier zum Menschen in Etappen, je nach Vorhandensein und Menge »menschlicher Verdienste.«[92]

Seine Skala beginnt mit den *Quatos* (Meerkatzen?), gefolgt von den Orang-Utans (»*Waldmenschen* genannt wegen ihrer Ähnlichkeit mit dem Menschen«) und den *Kimperzeys* (Schimpansen), die noch menschenähnlicher sind, so daß sie, wie Meiners versicherte, für den König von Dahomey eine Ehrengarde stellen konnten. Dann kommen die legendären *Waldneger,* die Hottentotten, die Buschmänner und die Eingeborenen der australischen Küstengebiete, die aber ebenfalls »so viele Tiermerkmale und so wenig menschliche Züge aufweisen, daß man sie nur schwer zu den Menschen zählen kann«. Von Etappe zu Etappe, über die Rothäute und die Gelben, gelangt Meiners schließlich zu den Slaven, die trotz ihrer hellen Hautfarbe doch Züge von Minderwertigkeit trügen; und zwar in einem Maß, daß die deutschen Herren gezwungen gewesen seien, ihre wendischen Leibeigenen viel härter zu behandeln als die anderen; denn die Erfahrung habe gelehrt, daß sie nur durch schärfste Überwachung und Strafen dem Guten zugeführt und »vom Bösen weggewandt« werden konnten.[93]

Andere Gedanken Meiners' — über die rasche Degeneration edler europäischer Völker in Amerika oder über die Gefahr von Rassenmischungen und -kreuzungen[94] — haben sich in Deutschland schließlich ebenfalls durchgesetzt. Zugegebenermaßen war dieser Philosoph tatsächlich, aus vielen verschiedenen Gründen, ein Vorläufer.

Die »Tierheit der Schwarzen« regte damals einen Schüler Linnés, J.-Chr. Fabricius (1745-1808), zu folgender Überlegung an: In Afrika, stellte er fest, findet man Neger und Menschenaffen; in Südamerika, wo das gleiche Klima herrscht, gibt es weder diese noch jene; geht daraus denn nicht hervor, daß die schwarzen Menschen einer Kreuzung zwischen Affen und weißen Menschen entsprungen sein müssen? So konnte dieser fromme Lutheraner seine Leser beruhigen: Die Haut des gemeinsamen Stammvaters Adam war zweifellos fleckenlos weiß gewesen.[95] Fabricius verdient auch in seiner Eigenschaft als Entomologe Erwähnung, denn er bestätigte den (anscheinend von Edward Long stammenden) Gedanken von der Existenz einer »Negerlaus«, *pediculus nigritarum,* die sich von der »Menschenlaus«, *pediculus humanus,* in Gestalt und Farbe unterscheide.[96]

Meiners' Ansichten fanden einen Verfechter im revolutionären Frankreich. Im Jahr IX publizierte der Militärapotheker Jean-Joseph Virey in Paris seine *Histoire naturelle du genre humain,* in der er verkündete:

> Wir wollen hier die allgemeinen Merkmale der Menschenrassen beschreiben, die man hauptsächlich in schöne und weiße und in häßliche und schwarze einteilen kann. Die keltischen, ja selbst die sarmatischen oder slawonischen Stammlinien weisen in der Tat ein ovales, gefälliges Antlitz auf [...] und einen sehr runden Kopf. Schließlich edle und stolze Formen, eine großmütige Seele, Tatkraft, Offenheit, Schönheit [...][97]

Wir erkennen hier die großen Ideen Meiners' wieder; sein französischer Schüler zog daraus eine militante Schlußfolgerung, die wie ein Echo des Trommelwirbels der Revolution klingt:

> Was wäre unsere Welt ohne die Europäer? Mächtige Völker, eine stolze, ungebändigte Rasse, unsterbliche Genies in Kunst und Wissenschaft, eine glückliche Zivilisation [...] Der Europäer, durch seine hohe Bestimmung zur Herrschaft über die Welt berufen, die er mit seinem Verstand erleuchtet und mit seinem Mut bezwingt, ist der Mensch schlechthin und das Haupt der Menschheit; die anderen, die gemeinen Barbaren, sind sozusagen nur der Embryo [...]

»Ich habe mich nicht von meinem Nationalstolz leiten lassen, als ich von all diesen fremden Rassen sprach« (das heißt, von den farbigen Völkern), schreibt Virey etwas weiter unten[98]; daraus ersieht man, daß für diesen Patrioten des Jahres IX Europäer und Franzosen ein und dasselbe waren. Fragen wir uns – ohne uns bei seinen Beschreibungen der Grausamkeit der Mongolen und der Dummheit der Schwarzen aufzuhalten –, was Vireys patriotischer Chauvinismus bedeuten könnte.

Eine gründlichere Untersuchung als die unsere würde vielleicht zeigen, daß in den Jahren nach 1815 die extremen Rassentheoretiker eher unter den Bonapartisten als unter den Anhängern der Bourbonen zu finden waren. Unter diesem Gesichtspunkt wäre es auch interessant, einen systematischen Vergleich zu ziehen zwischen zwei großen naturwissenschaftlichen Enzyklopädien, die beide nach 1816 in Paris herauskamen. Die eine, der *Dictionnaire des sciences naturelles,* wurde betreut von Baron de Cuvier (einer hochoffiziellen Persönlichkeit), dem »mehrere Naturforscher des Jardin du Roi« beigegeben waren; bei der anderen handelt es sich um den *Nouveau Dictionnaire d'histoire naturelle* von Jean-Joseph Virey (der eben seinen Abschied von der Armee genommen hatte), unterstützt von einer »Gesellschaft von Naturwissenschaftlern und Landwirten«. Gewiß, in beiden Enzyklopädien wurden die farbigen Rassen im Artikel »Homme« schlecht behandelt, aber dem relativ gemäßigten Ton des Comte de Lacépède im erstgenannten Lexikon standen im zweiten arge Übertreibungen gegenüber: dort findet man von Virey selbst gezeichnet, die Märchen vom Geschlechtsverkehr zwischen Schwarzen und Affen wieder, von ihrem schwarzen Blut und schwarzen Gehirn usw. Um zu betonen, daß der Schwarze kein Mensch sei, brachte Virey unter anderem das Argument vom *pediculus nigritarum* vor:

> Fügen wir einen induktiven Schluß hinzu, der nicht ohne Bedeutung ist und mir von unserem gelehrten Entomologen Latreille mitgeteilt wurde. Wie jede Säugetier-, Vogel- und andere Art oft Schmarotzerinsekten hat, die man nur bei ihr findet, so verhält es sich auch beim Neger; er hat eine Laus, die von jener des Weißen völlig verschieden ist. Der *pediculus nigritarum* (Fabricius, *Syst. antl.,* Braunschweig 1805, S. 340) hat einen dreieckigen Kopf, einen runzligen Körper und eine schwarze Färbung, so wie der Neger [...][99]

Dieses Argument Vireys wurde noch von Darwin ernsthaft in Betracht gezogen![100]

Fügen wir noch hinzu, daß die *Histoire naturelle du genre humain* aus dem Jahr IX 1837 in den Vereinigten Staaten übersetzt und unter dem neuen Titel *The Natural History of the Negro Race* herausgegeben wurde. »Das Buch wurde in England ebenso gelesen wie in Amerika, und die alten rassistischen Argumente zugunsten der Sklaverei wurden dadurch noch verstärkt«[101], berichtet Philip D. Curtin. So also reisten die Ideen von Göttingen nach Charleston, South Carolina.

Drittes Kapitel

Auf der Suche nach einem neuen Adam

Der Zauber Indiens

Als im achtzehnten Jahrhundert das abendländische Denken daran ging, den engen Horizont des jüdisch-christlichen Gedankenguts zu sprengen, rühmten viele Autoren die alte Weisheit der Chinesen und stellten sie den Europäern als Vorbild hin; aber keiner von ihnen kam auf die Idee, den Ursprung der Menschheit oder alle Weisheit im Reich der Mitte zu vermuten. Was die Weisheit betrifft, so wirkt sich die besondere geheimnisvolle Anziehungskraft Indiens, auf die sich zahlreiche esoterische Lehren berufen, auch heute noch aus. Im Mittelalter und in der Renaissance sah man nicht so weit, man kannte nur das hebräische und das griechisch-römische Altertum; und doch gab die Bibel selbst den Hinweis, daß die Wiege des Menschengeschlechts irgendwo östlich von Judäa zu suchen sei. Einen Fingerzeig in dieser Richtung lieferte die Beschreibung des »Gartens Eden«, der an vier Flüssen gelegen sein sollte, von denen einer der Euphrat war. Abrahams Herkunft aus Ur in Chaldäa deutete in die gleiche Richtung; noch anregender war die Geschichte von der Sintflut, derzufolge die Arche Noah auf dem Berg Ararat in Armenien gelandet sei. Dieses Gebirge gehörte auch bei den Griechen in den Bereich der Sage und diente als Szenerie für mehrere berühmte Mythen; und die pythagoreische Tradition richtete den Blick noch weiter nach Osten, da Pythagoras selbst seine Weisheit entweder aus Persien oder aus Indien geschöpft haben soll.

Als die Wissenschaft die sogenannten Offenbarungswahrheiten noch nicht endgültig verwarf, sondern sich ihnen zu fügen oder sich mit ihnen zu verbinden trachtete, suchte sie ebenfalls in jenen Gebieten den Ursprung des *Homo sapiens*. Buffon entwickelte in diesem Zusammenhang eine relativ kohärente Theorie, wonach »das erste Volk, das würdig war, diesen Namen zu tragen«, aufgetaucht sei, als die Erde genügend abgekühlt war (das heißt, nach seiner Meinung, vor dreißigtausend Jahren), und zwar irgendwo östlich vom Kaspischen Meer.[1] Dieses Volk verdiente »all unseren Respekt als Schöpfer der Wissenschaften, der Künste und aller nützlicher Einrichtungen«, außerdem war es »sehr glücklich, da es sehr gelehrt war«; in der Folge aber hätten andere, »noch unwissende, wilde und barbarische Menschen« diese Zivilisation Edens angegriffen und zerstört und die gesamte Menschheit »ins Dunkel der Unwissenheit« gestürzt: nur die »Bramen Indiens« hätten ein paar Fetzen des alten Wissens bewahrt. Diese auf gewisse Spekulationen der Astronomen Cassini und Bailly[2] gegründete Menschheitsgeschichte wirkte zugleich wie ein Echo auf die alten Mythologien vom Goldenen Zeitalter und vom Sündenfall.

Buffon, der zu einer allegorischen Interpretation der Bibel neigte, stellte eine phantastische, aber auf ihre Art kohärente Theorie auf; sein großer Rivale Linné brachte Anschauungen vor, die eher einer wörtlichen Interpretation nahekamen, aber jeder Logik zu widersprechen schienen. Angeregt von der Sintfluterzählung, entwickelte er die Hypothese, daß irgendwo in Äquatornähe ein sehr hoher Berg aus dem Wasser aufgetaucht sei; die arktischen Tiere hätten paarweise auf dem verschneiten Gipfel dieses Berges gelebt, die tropischen Tiere ebenso wie das erste Menschenpaar im weiteren Umkreis. In dem Maße, wie neues Land aus den Fluten aufgetaucht sei, hätten Tiere und Menschen es bevölkert und sich vermehrt; Linné erklärte jedoch nicht, wie Rentiere und Eisbären, ohne Schaden zu nehmen, die Tropen durchquert und schließlich die Polarzonen bevölkert hatten.[3]

Ohne so präzise Details anzubieten wie Linné, suchten die Gelehrten des Jahrhunderts der Aufklärung, zumeist Monogenetiker, die Wiege der Menschheit vorzugsweise in den Bergen. Vor allem die Geographen tendierten dazu: Das Vorhandensein von Muscheln in allen Breiten bestätigte in ihren Augen die Hypothese einer allgemeinen Überflutung und somit die Sintflut-Sage. Man wußte aber, daß die höchsten Berge des Erdballs in Indien liegen (und auch in China; aber die Tradition und vielleicht auch die Abneigung der »Weißen« gegen die »Gelben« bewirkten, daß man nicht über den Himalaja und über Kaschmir hinaussah).

Zu diesen vermeintlich wissenschaftlichen Überlegungen müssen wir – vor allem, was den Ursprung der Kultur und der Religion betrifft – eine ganz andere, zu polemischen Zwecken entwickelte Argumentation hinzufügen. Die deistische Schule, die die Bibel sozusagen mit deren eigenen Argumenten schlagen wollte, suchte anfangs zu beweisen, daß Moses sein Wissen in Ägypten gestohlen hätte. Für Thomas Morgan kam die Annahme, daß »eine Horde von armen und verachtungswürdigen, durch die Kultur Ägyptens geprägten Sklaven [...] durch die Weisheit und den Rat Gottes dazu bestimmt gewesen sein soll, den Heiden als Licht zu dienen«, der Vermutung gleich, daß »Gott einen ebenso verachtungswürdigen Zweck mit Hilfe von ebenso lasterhaften Mitteln zu erreichen suchte wie Moses selbst«.[4] Voltaire, der, wie wir gesehen haben, ein Schüler der englischen Deisten war, bog die These auf Indien zurecht. Als Polygenetiker sah er dort nicht »die Wiege der Menschheit«; aber er behauptete, Adam hätte alles von den Indern übernommen, angefangen mit seinem Namen.[5] Diderots *Enzyklopädie* räumt im Artikel »Indien« ebenfalls ein, daß »die Wissenschaften in Indien vielleicht älter sind als in Ägypten«. Vielen Zeitgenossen war es aber ganz klar, daß es sich um eine polemische Parteinahme handelte, um den »Wunsch, im alten Orient eine mit der hebräischen rivalisierende Gesellschaft zu finden«, zu befriedigen, wie Edgar Quinet in der Folge feststellen sollte.[6] Daher kommt dem Eintreten des berühmten Astronomen Jean Bailly für die Indien-Theorie einige Bedeutung zu; nach Bailly, der sich dabei auf seine Mathematik stützte, stammten die ersten Menschen aus der Gegend von Grönland oder Nowaja Semlja; sie seien dann ins Gangestal hinabgestiegen und hätten dort Wissenschaft und Kunst erfunden. Die arktische Herkunft geriet bald in Vergessenheit, und Voltaire konnte Bailly folgendermaßen seine Genugtuung ausdrücken:

> [...] Ich bin gänzlich Ihrer Meinung bezüglich Ihrer Ansicht, daß die verschiedenen Völker unmöglich in den gleichen Methoden, Kenntnissen, den gleichen Märchen und Aberglauben übereingestimmt haben könnten – wenn sie nicht all das von einer Urnation, welche die übrige Welt belehrt und irregeleitet hat, übernommen hätten. Lange Zeit indessen betrachtete ich die alte Dynastie der Brahmanen als diese Urnation. Sie kennen die Bücher von Holwell und Dow [...] Nun, Monsieur, ich bin überzeugt, daß alles von den Ufern des Ganges herkommt: Astronomie, Astrologie, Seelenwanderung, usw. [...]«[7]

John Holwell und Alexander Dow waren zwei englische Schriftsteller, die in ihren Werken über Indien von der hohen Kultur und der alten Weisheit der Brahmanen berichteten. Dows französischer Übersetzer

M. B.*** behauptete 1769, Dow überbietend, alle antiken Kulturen und Religionen seien indischen Ursprungs, Moses ein indischer Renegat und Mohammed ein Schwindler gewesen.[8] Zu erwähnen wäre hier auch der französische Naturforscher Pierre de Sonnerat, für den Indien »der Gesetzgeber aller Völker« war; da er zwischen den verschiedenen Mythologien und Religionen des Westens Analogien fand, vertrat er in *Voyage aux Indes orientales, 1782* die Auffassung, sie alle hätten ihren gemeinsamen Ursprung in Indien, der Wiege des Menschengeschlechts.

Je mehr Reiseberichte Kant las, desto mehr wurde er von diesen Konzeptionen gefangengenommen; er modifizierte Baillys astronomisch-arktische Theorie und verlegte den Ursprung der Menschheit nach Tibet. Es sei das höchstgelegene Land der Erde, argumentiert er; gewiß sei es vor allen anderen besiedelt worden, es könnte sogar der Ursprung allen Schaffens und Wissens sein. Die Kenntnisse der Inder kämen fast mit Sicherheit aus Tibet, zum Beispiel der Ackerbau, die Zahlen, das Schachspiel, usw. Kant drückte sich in der Möglichkeitsform aus; weniger vorsichtig war er, als er sich zu etymologischen Spielereien verlocken ließ und den Manichäismus mit der Formel »O mani padme hum« sowie Abraham mit Brama in Verbindung setzte.[9] Aber vor allem Johann Gottfried Herder war es, der den Anstoß zur Indomanie in den deutschen Landen gab und die Phantasie der Romantiker beflügelte, sich von »Mutter Indien« herzuleiten. Bezüglich der Einzelheiten dieser Abstammung variierten Herders Ansichten im Lauf der Zeit; im Prinzip aber bedeutete die indische »Wiege« für ihn eine Art »natürlicher Offenbarung« und zugleich die Geburt der Poesie (die Poesie war in seinen Augen die Ursprache der Menschheit), deren Urform verlorengegangen sei. Dieser lutherische Pastor nahm jedoch Rücksicht auf die Tradition, als er die Vermutung aussprach, die hebräische Bibel sei noch die getreueste Kopie jenes sagenhaften ersten Gedichtes gewesen: »Historisch gesehen, bleibt uns in der weiten Welt nur die schriftliche Überlieferung, die wir gemeinhin die mosaische nennen [...]«[10]

In ethnischer oder »rassischer« Hinsicht, glaubte Herder, seien die Deutschen mit den Persern verwandt, und er freute sich darüber[11]; in moralischer Hinsicht sprach er den Indern die Siegespalme zu, indem er ihre natürlichen Tugenden rühmte:

> Unleugbar ist's also, daß die Bramanen ihrem Volk eine Sanftmut, Höflichleit, Mäßigung und Keuschheit angebildet [...], daß die Europäer ihnen dagegen oft als unreine, Trunkene und Rasende

erscheinen. Ungezwungen-zierlich sind ihre Gebärden und Sprache, friedlich ihr Umgang, rein ihr Körper [...] und doch fehlt es ihnen nicht minder an stillem Fleiß und feinnachahmenden Künsten; selbst die niedrigeren Stämme lernen lesen, schreiben und rechnen [...][12]

Wogegen Herder in seinem *opus magnum,* den *Ideen zur Philosophie der Geschichte der Menschheit,* heftig Einspruch erhob, war die jüdische Genealogie oder die Stammlinie Noahs:

> Die vielfache Mühe, die man sich gegeben hat, sämtliche Nationen der Erde nach diesem Stammbaum zu Abkömmlingen der Hebräer und zu Halbbrüdern der Juden zu machen, widerspricht nicht nur der Zeitrechnung und der gesamten Völkergeschichte, sondern dem Standpunkt dieser Erzählung selbst [...] Allenthalben bilden sich nach der Überschwemmung Völker, Sprachen und Reiche, ohne auf die Gesandtschaft einer Familie aus Chaldäa zu warten [...] Genug! Der feste Mittelpunkt des größten Weltteils, das Urgebirge Asiens, hat dem Menschengeschlecht den ersten Wohnplatz bereitet [...][13]

Diese These von einem Urgebirge untermauerte er mit allen möglichen Theorien, mit Linnés Spekulationen über den »Berg der Schöpfung«, mit den geographischen Argumenten von Pallas und Zimmermann, mit Baillys astronomischen Berechnungen. Was seiner Vision zugrunde lag, enthüllte er in folgenden poetischen Worten:

> Und kommen ganz aus den Gegenden heraus, wo unsere löblichen Vorfahren, die Huets, Buxtorfs, Bocharts den Anfang der Welt suchten! In einem Winkel Arabiens und Judäas, am Schlamme Nils und Euphrats, an der Meerküste Phöniziens und Damaskus, wo ohne Zweifel das menschliche Geschlecht gleich Ratten und Mäusen entstanden ist – überall von da hinweg! Klettern mühsam den Berg, die Höhe Asiens hinan, wo werden wir hinkommen? Der Horizont dreht sich; die ganze Geschichte, die alles daher rechnet, bekommt anderen Anfang und Ende, der Blick schwindelt – wo kommen wir hin? Erwarte Leser, und gedulde![14]

Im Herderschen Stil könnten wir vielleicht sagen, daß Deutschland, ungeduldig, sich der jüdisch-christlichen Fesseln zu entledigen, nicht zögerte, diesem Wunsch zu entsprechen: Mit Schopenhauer sah es sich als Kind Indiens und buddhistisch; mit Nietzsche als Nachkomme Irans und Jünger Zarathustras. Nichtsdestoweniger bleibt die Tatsache bestehen, daß Herder mit seinen primitivistischen Bestrebungen, seinen Übertreibungen und auch mit seinen genialen Intuitionen die Widersprüche des Deutschlands der Romantik sowohl vorwegzunehmen als auch zuzuspitzen schien; und nicht nur Deutschlands – denn vielleicht hat der Orientalist Raymond Schwab guten Grund zu der Annahme, in Herder den Hauptverantwortlichen für die Vorurteile zu sehen, »auf denen auch heute noch unsere Vergötzung des Kindlichen und Primitiven beruht«.[15]

So wirkten also die verschiedensten Autoren und Disziplinen zusammen, um die Wiege des gesamten Menschengeschlechts zwischen Indus und Ganges anzusiedeln. Natürlich hatte noch die Linguistik ein Wörtlein mitzureden, und sie tat es auf zwar entschiedene, dennoch aber doppeldeutige Weise. Einerseits nämlich brachte sie ein wenig Gewißheit und etwas Licht in das Dunkel abenteuerlicher Vermutungen, stellte aber anderseits eine neue, ebenso hinfällige Vermutung auf: Nicht die ganze Menschheit, sondern eine besondere Rasse, eine weiße Rasse, die in der Folge christlich wurde, sei von den Gebirgen Asiens herabgestiegen, um das Abendland zu besiedeln und urbar zu machen. Es sah so aus, als wollten sich die Europäer des Zeitalters der Wissenschaft, nachdem sie den Glauben an die Abstammung von Noah abgeschüttelt und den Stammvater Adam ins Reich der Fabeln verwiesen hatten, neue, besondere Ahnen zulegen, ohne jedoch deshalb mit der Tradition zu brechen, die ihre Herkunft in ein sagenumwobenes Morgenland verlegte. Die Linguistik ermöglichte es, diese Ahnen namentlich zu bezeichnen: Sie stellte die Arier den Hamiten, den Mongolen und – den Semiten gegenüber.

Die Geburtsurkunde des arischen Mythos

Das Problem des Ursprungs der Menschheit war eng verbunden mit dem Problem des Ursprungs der Sprache, vermischte sich aber nicht damit. Wenn man sich auch traditionell darin einig war, daß alle Menschen von Adam abstammten, so erhellte das noch nicht die Frage, welche Sprache dieser Ahnherr gesprochen hatte; und wir haben gesehen, wie die Legende von einem deutschsprachigen Adam – vor allem in

Deutschland – im Mittelalter Gestalt angenommen hatte. Die These, wonach das Hebräische die Ursprache gewesen sei, blieb jedoch auch noch im achtzehnten Jahrhundert vorherrschend; dermaßen, daß sie zum Beispiel in der französischen *Enzyklopädie* vertreten wurde.[16] Noch geläufiger war sie in Deutschland, wo sich neue Ideen später und langsamer verbreiteten.

Wir haben indessen gesehen, daß Leibniz die Priorität des Hebräischen bereits in Zweifel zog. In dieser Beziehung trat Johann-David Michaelis (1717-1791) von der Universität Göttingen in Leibniz' Fußstapfen. Michaelis galt als der beste Hebraist seiner Zeit.[17] Auf politischem Gebiet verdient Michaelis Erwähnung wegen seiner Kampagnen gegen die Emanzipierung der Juden; was die Wissenschaft betrifft, war er einer der Gründer der Bibelkritik und lehnte es ab, die Noah-Genealogien ernst zu nehmen; und bezüglich der Sprachen, so schrieb er, es sei noch nicht erwiesen, daß sie alle von einer einzigen Ursprache herkämen, geschweige denn, daß diese Ursprache das Hebräische gewesen sei. Und man möge ja nicht die Bücher Moses als Beweis dafür anführen.

Dagegen hielt sich sein Kollege, der Historiker Gatterer (1727-1799), eng an die traditionellen und orthodoxen Anschauungen, denn seiner Meinung nach war das Alte Testament die beste Quelle für die Anfänge der Weltgeschichte: danach stammten die Deutschen von Aschkenas ab, und die Eingeborenen Amerikas waren unbestreitbar Abkömmlinge Noahs; was hingegen die Priorität des Hebräischen betraf, zeigte er sich nicht so bestimmt. Wie die Mehrheit seiner Landsleute folgte er noch der mosaischen Zeitrechnung, die die Jahre von der Erschaffung der Welt an zählte.

Eine dritte Göttinger Koryphäe, Ludwig von Schlözer (1735-1808), nahm eine Mittelstellung zwischen den beiden erwähnten Haltungen ein. Die Sintflut, so wie die Bibel darüber berichtet, war für ihn eine Gewißheit, aber die Erzählung von der babylonischen Sprachenverwirrung schien ihm zumindest unsicher. Der Name dieses Philologen bleibt mit zwei denkwürdigen Neuerungen verbunden. Erstens brachte er die deutschen Historiker dazu, die moderne Zeitrechnung zu verwenden, welche die Jahre von Christi Geburt an zählt[18]; zweitens schlug er, wie vor ihm schon Leibniz, vor, zwischen einer »semitischen« und einer »japhetitischen« Sprachenfamilie zu unterscheiden. Der erste Vorschlag wurde zwar sofort von den Wissenschaftlern angenommen, mit dem zweiten hingegen hatte Schlözer weniger Glück. Obwohl die Europäer sich keineswegs weigerten, die Verwandtschaft ihrer Sprachen anzuerkennen, gelang es ihnen nicht, sich über einen gemeinsamen Gattungsnamen für diese Sprachen zu einigen (als ob es leichter wäre, den anderen zu definieren als sich selbst). Wir können sagen, daß dieser Streit noch immer nicht gänzlich bereinigt ist, denn östlich des Rheins bedient man sich heute noch des Ausdrucks *indogermanisch,* um die Sprachen zu bezeichnen, die man anderswo *indoeuropäisch* nennt.

Bereits Schlözer zählte das Armenische und das Persische zu den »japhetitischen« Sprachen. Seit Indien den Europäern offenstand, zog die Verwandtschaft zwischen verschiedenen europäischen und asiatischen Vokabeln die Aufmerksamkeit auf sich. Der italienische Reisende Philippo Sassetti wies 1587 auf diese Verwandtschaft hin, ein französischer Jesuit, Père Coeurdoux, widmete 1767 dieser Frage eine lange Abhandlung.[19] Die Kenntnisse der asiatischen Sprachen blieben jedoch unvollkommen, und die Vorstellung, das Hebräische sei die Ursprache, von der die anderen Sprachen sich ableiteten, führte die Gelehrten in eine falsche Richtung.

Die eben entstehende Indomanie regte zu gründlicheren linguistischen Forschungen an. So reiste etwa der Franzose Anquetil du Peyron als einfacher Soldat nach Indien, um Zend, die Sprache der Parsen, zu lernen, und nach vielen Abenteuern gelang es ihm 1771, den Zend-Avesta (das heilige Buch der Parsen) ins Französiche zu übersetzen. Die Geheimnisse des Sanskrit wurden den Europäern auf weniger romantische Art enthüllt: Um 1780 erhielten die Brahmanen Bengalens den Befehl, die alten Gesetze und heiligen Bücher Indiens (zunächst aus dem Persischen) ins Englische zu übertragen. 1783 wurde der englische Dichter und Jurist William Jones zum Obersten Richter Bengalens ernannt. Er machte sich an das Studium des Sanskrit und stellte schnell dessen Verwandtschaft mit dem Griechischen und Lateinischen fest. In den folgenden Zeilen, die Jones 1788 publizierte, sieht man gemeinhin die »Entdeckung der indogermanischen Sprachenfamilie«:

> Das Sanskrit, so alt es auch sein mag, zeichnet sich durch eine wunderbare Struktur aus. Es ist vollkommener als das Griechische und reichhaltiger als das Lateinische und von viel ausgesuchterer Feinheit als diese beiden Sprachen; dennoch weist es eine stärkere Verwandtschaft mit ihnen auf, sowohl in den Wortwurzeln als auch in den grammatikalischen Formen – eine Verwandtschaft, die nicht allein auf Zufall beruhen kann. Sie ist so deutlich, daß kein Philologe sie untersuchen kann, ohne zu dem Schluß zu gelangen, daß

diese Sprachen aus einer gemeinsamen Quelle stammen, die es vielleicht nicht mehr gibt. Es besteht ein ähnlicher, wenn auch nicht so zwingender Grund zu der Annahme, daß sowohl das Gotische wie auch das Keltische – wenngleich sie mit einem andersartigen Idiom vermischt sind – denselben Ursprung haben wie das Sanskrit.[20]

Jones glaubte auch enge Analogien zwischen der griechisch-römischen und der indischen Mythologie feststellen zu können; es bestünden verblüffende Ähnlichkeiten zwischen den wichtigsten Kultgegenständen im alten Griechenland oder Italien und denen in Indien.

Der Sprachhistoriker Benfey weist darauf hin, daß William Jones Glück hatte oder daß er dank seines »Instinkts« das Richtige entdeckte, da die Angaben, über die man zu seiner Zeit verfügte, auch andere Analogien nahelegten (zum Beispiel zwischen dem Sanskrit und dem Hebräischen), und daß der eigentliche wissenschaftliche Beweis, das heißt, der Nachweis der strukturellen Verwandtschaft, erst dreißig Jahre später von dem Deutschen Franz Bopp erbracht wurde.[21] Tatsache ist, daß die Entdeckung angefochten wurde, insbesondere von dem berühmten deutschen Grammatiker Adelung, der bei der These von einer gemeinsamen Ursprache blieb, einer Sprache, die zur gleichen Zeit aufgetaucht sei wie das Menschengeschlecht, und zwar in Kaschmir (wo er den Garten Eden der Bibel ansiedelte[22]).

Die meisten Orientalisten aber nahmen Jones' Entdeckung wohlwollend auf. Zu Beginn des neunzehnten Jahrhunderts faßte sie unter den Gebildeten Fuß; zunächst dank Friedrich Schlegel, der ihr sofort einen anthropologischen Anstrich verlieh, indem er, von der Sprachverwandtschaft ausgehend, auf eine Rassenverwandtschaft schloß. Es war also dieser brillante Autor der ersten Romantikergeneration – jener, die glaubte, daß Kunst und Wissenschaft der Entwicklung und dem Fortschritt der Menschheit dienen müßten –, der im geeigneten Augenblick und eher durch Andeutungen als durch eindeutige Behauptungen das junge Deutschland für den Mythos einer arischen Rasse begeistern sollte. Als Romanschriftsteller, Historiker und Diplomat war Schlegel jedoch das genaue Gegenteil eines germanomanen Extremisten. Unter anderem setzte er sich aktiv für die Emanzipation der Juden ein; und die Gelehrten Nazideutschlands, in Unkenntnis dessen, was sie Schlegel verdankten, glaubten sich um so eher berechtigt, ihm seinen »Mangel an Rasseninstinkt«[23] vorwerfen zu können, als er eine Tochter des jüdischen Philosophen Moses Mendelssohn geheiratet hatte.

Anläßlich eines Aufenthaltes in Paris in den Jahren 1802-1803 hatte Schlegel Gelegenheit, Sanskrit zu lernen, und er verwertete die neuerworbenen Kenntnisse für eine Vorlesung über Universalgeschichte, die er 1805 in Köln hielt.[24] »Alles, absolut alles kommt aus Indien!«[25], rief er aus und war so sehr davon überzeugt, daß in seinen Augen sogar die ägyptische Kultur das Werk indischer Missionare war. Dank dieser Aufklärung, schrieb er, hätten die Ägypter ihrerseits eine Kolonie der Zivilisation in Judäa gegründet; die »tartarische Nation« Moses habe aber die indischen Wahrheiten nur unvollständig in sich aufgenommen, da sie die Seelenwanderung und vor allem die Unsterblichkeit der Seele nicht kannte (damit leistete Schlegel seinen Tribut an Voltaire[26]; einen Tribut, der deutlich macht, daß Schlegel auf halbem Wege zwischen der Aufklärung und der deutschen Romantik stehenblieb).

Schlegel setzte dann sein indisches Apostolat fort, indem er seinen berühmten Essay *Über die Sprache und Weisheit der Indier* (1808) veröffentlichte. Die beiden ersten Teile dieses Buches handeln von Schönheit und Alter des Sanskrit sowie von seiner Eignung zur Formulierung philosophischer Ideen. Im dritten Teil, betitelt »Historische Ideen«, wird Schlegel zum Anthropologen und malt ein kühnes Bild von Scharen hervorragender Menschen, die vom Dach der Welt herabstiegen, Reiche gründeten und dem Abendland die Kultur brachten.

Schlegel vermutete, daß sich im Norden Indiens durch Vermischung ein neues Volk gebildet hätte und daß dieses Volk, »von etwas Höherem als dem Drang des Bedürfnisses« getrieben[27], nach Westen ausgeschwärmt sei. Die Größe dieses Volkes schien ihm erwiesen durch die »Riesengröße und Festigkeit der Bauart in ägyptischen und indischen Denkmälern im Gegensatz zu der gebrechlichen Kleinheit moderner Gebäude«. »So finden wir«, fuhr er fort, »den Gedanken nicht zu ungeheuer, daß die größten Nationen von einem Stamme ausgegangen; daß sie Kolonien eines Volkes, wo nicht unmittelbar, so doch mittelbar indische Kolonien seien.«

Das ist also der Schlüsselsatz und zugleich auch die Idee, die bald in den Rang einer wissenschaftlichen Wahrheit erhoben werden sollte. Schlegel setzte seine Spekulationen fort und fragte sich dann, ob diese Kolonien aus Kriegern oder aus Priestern bestanden hätten, und neigte der zweiten Hypothese zu. Doch ob Priester oder Krieger, welches war wohl die Triebfeder, die sie in Bewegung gesetzt hatte, welche »ungeheure Veränderung, welche Unruhe im Bewußtsein des Menschen?«. Als Antwort darauf entwickelte er eine weitere, noch phantastischere

Hypothese (wobei er sich vielleicht von Ovids *Metamorphosen* inspirieren ließ[28]), nämlich die Hypothese von einem Urverbrechen, das die sanften Vegetarier Indiens in Fleischesser verwandelt habe, die nun von irgendeinem dunklen Instinkt getrieben wurden, weiter weg zu ziehen: »Hat nicht eben diese Unruhe den Fliehenden, gleich dem ersten mit Blut gezeichneten Mörder, noch weiter verfolgt und bis an die äußersten Enden der Erde getrieben?« Diese vegetarische Menschheitsgeschichte wurde später von Richard Wagner übernommen, weiterentwickelt und von jedem Zusammenhang mit dem biblischen Mythos gereinigt.[29]

Schlegel fügt vorsichtig hinzu, es handle sich um Tatsachen, »die älter sind als alle Geschichte«; und etwas weiter unten sagt er: »So kann zum Beispiel wohl nichts so viel Zweifel erregen, als wie eine Völkerschaft aus dem fruchtbarsten und gesegnetsten Erdstrich Asiens bis in den äußersten skandinavischen Norden hinauf habe wandern mögen [...]« Dennoch fand er in den indischen Legenden »[...] die Sage von dem wunderbaren Berge Meru [...] diese hohe Verehrung des [...] heiligen Berges im Norden«; und so habe »[...] irgendein wunderbarer Begriff von der hohen Würde und Herrlichkeit des Nordens« die »Germanen-Stämme« nordwärts geführt.

»Diese für unsere vaterländische Geschichte sehr wichtige Frage weiter zu verfolgen, ist hier der Ort nicht« – mit diesen Worten endet Schlegels Vision. Sie erinnern daran, daß das Buch *Über die Sprache und Weisheit der Indier* in einer Zeit der Unruhen und Wirren entstanden ist, im selben Jahr wie Fichtes *Reden an die deutsche Nation.* Sieht man näher hin, so stellt Schlegel keine eindeutigen Behauptungen auf, es wimmelt bei ihm von Konjunktiven, alles ist nur poetisch angedeutet. Im übrigen verwendet Schlegel nirgends die Ausdrücke *Arier* oder *Indogermanen:* aber gerade die verschwommenen Andeutungen dürften seine Leser zu den kühnsten Spekulationen angeregt haben.

Indomanie, Germanenwahn und Antisemitismus

Der erste, der Friedrich Schlegels Ideen übernahm und verbreitete, war dessen Bruder August-Wilhelm. Auch er zog daraus patriotische Schlußfolgerungen. Wenn der Orient das Gebiet sei, von dem die Regenerationen der Menschheit ausgingen, dann müsse man Deutschland als das Morgenland Europas ansehen, schrieb er 1804.[30] In diesen Jahren nationalistischer Gärung vermehrten sich verwegene oder geradezu irre

Konstruktionen rasch: 1810 legte Görres die seine vor (wobei uns seine Terminologie überrascht, da er die nachmaligen Arier als »Semiten des Fernen Ostens« bezeichnet, aber Abraham aus Kaschmir, der Wiege der Menschheit und der Religion, kommen läßt[31]); zwischen 1810 und 1812 erblickte die berühmteste von allen das Licht der Welt, nämlich die Hypothese Creuzers (der das Judentum auf einen »primitiven Brahmanismus«, die wahre Naturreligion, zurückführte: Abraham-Brama und Sara-Saravasdi waren Brahmanen[32]); 1808 und 1815 folgte Kanne (der noch mehr solcher Identifikationen anführte: Esau war Ahriman, Jakob war Ormuzd, und Joseph war Ganesa[33]). In denselben Jahren begann Schopenhauer sein System auszuarbeiten, das die in philosophischer Hinsicht gewiß einflußreichste Sammlung proindischer und proarischer – sowie antijüdischer und antisemitischer Argumente werden sollte. Kurz darauf begann sich das terminologische Arsenal zu bilden. Der Begriff *Arier,* den Anquetil du Peyron kurze Zeit zuvor von Herodot übernommen hatte, um damit die Perser und die Meder zu bezeichnen, wurde in diesem Sinn auch von mehreren deutschen Autoren verwendet. In erweitertem Sinn wurde er von Friedrich Schlegel 1819 eingebürgert[34] (Schlegel rechtfertigte seine Wahl, indem er die Wurzel *Ari* mit dem deutschen Wort *Ehre* in Verbindung brachte). Der Terminus *Indogermanen* wurde von den Orientalisten Julius von Klaproth 1823 gezimmert und sofort vom Großteil der deutschen Autoren übernommen[35], während man anderswo den von dem Engländer Thomas Young 1816 vorgeschlagenen Ausdruck *Indoeuropäer* bevorzugte.[36] Der Terminus *Indogermanen* wurde aber auch in Deutschland angefochten, selbst in seiner linguistischen Bedeutung: So fand der Gelehrte Franz Bopp im Jahr 1833 ausgezeichnete Gründe dafür, sich an *Indoeuropäer*[37] zu halten, und noch 1851 verwendete der Orientalist Boetticher-Lagarde, der zwar Antisemit, aber überzeugter Christ war, den Ausdruck »japhetitische Sprachen«.[38] All das ist bezeichnend, und diese linguistische Arbeit erwies sich als folgenschwer auf einem Gebiet, wo alles von Worten abhängt. Bleibt allerdings das Problem, wer diese Worte aussprach; und man weiß, daß sie, einmal in Umlauf gesetzt, den Sprachwissenschaftlern, die sie gedrechselt haben, schnell entgleiten.

Das Wesentliche war von nun an der Anschluß einer wirklichen und fruchtbaren Wissenschaft, der Linguistik, an eine phantastische, nämlich an die »Rassenanthropologie«, und in der Folge vor allem der Einfluß der politischen Leidenschaften auf den Lauf, den die anthropologischen Irrungen nahmen. Tatsächlich begann es damals, als gerade die

Judenfrage besonders erbittert diskutiert wurde, von neuen Theorien und Wörtern zu wimmeln. Hier ist eine kurze Abschweifung notwendig.

Zwischen 1789 und 1815 hatten sich die Juden in den meisten westlichen Ländern emanzipiert und strebten seither danach, Staatsbürger zu werden wie alle anderen; die christliche Gesellschaft aber empfand, vor allem in Deutschland, nur noch mehr Mißtrauen ihnen gegenüber, wie dies ja auch bei der Freilassung von Sklaven die Regel zu sein scheint. Im Zeitalter der Wissenschaft war das theologische Argument von der Verfluchung jedoch nicht mehr am Platz, um die Wiedererrichtung der Gettos zu fordern – und so verwandelte sich die Kaste der jüdischen »Gottesmörder« bald nach der Emanzipation in eine »minderwertige« semitische Rasse. Die neue Anthropologie der Aufklärung lieferte den allgemeinen Rahmen zu einem semantisch-sozialen Phänomen, das wir in unseren früheren Arbeiten ausführlich untersucht haben und das sich in wenigen Worten zusammenfassen läßt: *Unausrottbare Gefühle und Ressentiments des christlichen Abendlandes drückten sich von nun an in einem neuen Vokabular aus.* In Deutschland, wo die Emanzipation der Juden doppelt unpopulär war, weil sie unter der französischen Besetzung erfolgte, mußte der germanomane Patriotismus, wenn auch nur sekundär, eine »antisemitische« Färbung annehmen. Der Antisemitismus war also vor dem »Ariertum« da und förderte dessen Einfluß; wenngleich aber die Germanomanen sich fast immer als Antisemiten erwiesen, so waren sie deshalb nicht notwendig Anhänger der neuen indischen Genealogie: um so weniger, als diese mit der alten patriotischen Überlieferung kollidierte, wonach die Germanen nur von sich selber abstammten.[39] So sah auch die Konzeption aus, die später, in der ersten Hälfte des zwanzigsten Jahrhunderts, triumphieren sollte: Der Terminus *Arier* blieb erhalten, wurde aber seiner indischen Substanz entkleidet. Auch zu Beginn des neunzehnten Jahrhunderts ignorierten so repräsentative Germanomanen wie E. M. Arndt oder F. L. Jahn, ganz zu schweigen von Fichte mit seiner These vom deutschen »Urvolk«, die Verbindung zu Indien völlig: eine Verbindung, die man letztlich als eine Übergangsmythologie zwischen der biblischen Schöpfungsgeschichte und der evolutionistischen Genealogie Darwins ansehen kann.

In dieser Situation bestand die Rolle der Gelehrten vor allem darin, in dem Maße, wie der Szientismus des neunzehnten Jahrhunderts an Boden gewann, die philosophischen oder mystisch-philosophischen Bestrebungen, deren Entstehen wir insbesondere bei Herder – mitverfolgt haben, mit dem Siegel der wissenschaftlichen Wahrheit zu versehen. Drei große Namen illustrieren die außerordentliche Vielfalt der denkbaren Auffassungen, Optionen und Haltungen beim weiteren Fortschreiten dieser Bestrebungen oder Träumereien.

Der Philosoph Schelling zollte der Indomanie 1803 öffentlich Tribut, ohne sich jedoch auf die Sprach- oder Rassenverwandtschaft zu berufen. Wenn ihn die indische Religion anzog, so deshalb, weil er darin die Quelle des »ältesten Idealismus« sah; er war der Ansicht, daß die »sogenannten biblischen Bücher« der Vollkommenheit des Christentums entgegenstünden und daß man sie bezüglich »des eigentlich religiösen Inhalts« mit den heiligen Büchern Indiens nicht im entferntesten vergleichen könne.[40] »Was ist Europa denn als der unfruchtbare Stamm an sich, der alles morgenländischen Pfropfreisern zu verdanken hat?«[41], schrieb er 1805. Nachdem Schelling sich aber in der Folge dem orthodoxen Luthertum angenähert hatte, wurde er schließlich zu einem erklärten Gegner der Indomanie.[42]

Goethe nahm stets eine feindselige Haltung gegen die Indomanie ein. Er empfand eine Art physischer Antipathie gegen die indische Götterwelt und fand keine Worte, die stark genug waren, um seinen Abscheu vor den »indischen Monstren« und ihren Götzendienern auszudrücken; diese Religion erschien ihm tödlich für Kunst und Poesie. Allerdings entwickelte Goethe sich mit seiner Zeit: das ehrfürchtige Interesse, das er in seiner Jugend den biblischen Überlieferungen entgegengebracht hatte, übertrug sich, als er alt wurde, auf andere orientalische Mythologien; aber es widerstrebte ihm, den Indus zu überqueren. Aufgrund einer Art von persönlichem Kompromiß wurde er zum Anhänger der »edlen und reinen« Weisheit der Parsen, um solcherart »dem beschränkten hebräisch-rabbinischem Kreis zu entkommen und zur Tiefe und Weite des Sanskrit zu gelangen« (die alte indische Sprache entging also seinem Verdammungsurteil). Goethe hat die wichtigsten Orientalisten seiner Zeit aufmerksam studiert; um so interessanter ist es, daß er in dem langen gelehrten Nachwort, das er 1819 zum *West-östlichen Divan* schrieb und in dem er nirgends, nicht einmal in dem kurzen Abschnitt, der dem Lob Willam Jones' gewidmet ist, die Entdeckung der indoeuropäischen Sprachfamilie erwähnt. Noch weniger kann er eine »rassische« Verwandtschaft mit den Indern gefühlt haben; auch sonst zeigte er sich eher geringschätzig gegenüber den lärmenden patriotischen und germanomanen Umtrieben und paßte sich in dieser Hinsicht seinem Jahrhundert nur schlecht an.[43]

Hegel erwies sich da als weitaus »moderner«; er verglich zur selben Zeit die Entdeckung des Sanskrit mit jener eines neuen Kontinents, denn sie bewies in seinen Augen das Bestehen »historischer Bande zwischen den germanischen und den indischen Völkern mit aller Sicherheit, die man in einem solchen Fachgebiet verlangen kann«.[44] Folglich erhob er die große Vision von den Indern als Kolonisatoren Europas in den Rang eines »unwidersprechlichen Faktums«, im Gegensatz zu den üblichen »Erdichtungen«:

> In dem angeführten Zusammenhange der Sprachen so weit auseinanderliegender Völker [...] haben wir ein Resultat vor uns, welches uns die Verbreitung dieser Nationen von Asien aus und die zugleich so disparate Ausbildung einer uranfänglichen Verwandtschaft als ein unwidersprechliches Faktum zeigt, das nicht aus der beliebten räsonierenden Kombination von Umständen und Umständlichem hervorgeht, welche die Geschichte mit so vielen für Fakta angegebenen Erdichtungen bereichert hat und, da ebensosehr andere Kombinationen derselben Umstände und mit andern möglich sind, so immerfort bereichern wird.[45]

Das Orakel hatte gesprochen: Was die Herkunft der Völker betrifft, sei nur der linguistische Beweis wissenschaftlich gültig. Diese Vermischung von Rasse und Sprache ist bei Hegel um so bemerkenswerter, als Indien der *Philosophie der Geschichte* zufolge ein Land ist, das vor jeder Geschichte bestanden habe; außerdem empfand Hegel nur Verachtung für Denken, Charakter und Sitten der Inder.[46] Er äußerte sich, ironisch über die »heutzutage viel in Umlauf gesetzte Vorstellung« – wobei er Bailly, Schelling und Schlegel zitierte –, daß ein indisches Urvolk der Urheber aller Gelehrsamkeit und aller Künste gewesen sei. »Es ist in derselben der erste paradiesische Zustand der Menschen, der schon früher von Theologen in ihrer Weise, z. B. daß Gott mit Adam hebräisch gesprochen habe, ausgebildet wurde, aber andern Bedürfnissen entsprechend gestaltet worden [...]«[47], bemerkte er.

Jetzt sind noch einige Gelehrte zu nennen, die die pseudowissenschaftliche Form des arischen Mythos vervollkommneten; zu einer Zeit, als – wenn man Heinrich Heine glauben kann – der Teufel der Deutschen in Person sich an das Studium des Sanskrit und – Hegels machte.[48]

Chronologisch kommt als erster der Geograph Karl Ritter, der mit einer Unzahl von Details das Vordringen der indischen Kolonisten gegen

Westen beschrieb: Sie seien unter der Führung von Priestern oder buddhistischen Missionaren[49] zunächst in den Kaukasus, das »Land der Asen«, gelangt. Wenn Ritter auch Indien bevorzugte, stellte er es doch noch nicht in Gegensatz zu Judäa. Dieser Manichäismus, der sich im selben Jahr bei Johann Gottfried Rhode ankündigte (er behauptete, die Lehre Zarathustras sei älter als jene Moses und ihr überlegen[50]), sollte seine endgültige und moderne Form erst ein Vierteljahrhundert später finden, und zwar bei dem Indologen Christian Lassen. Dieser Schüler und Schützling der Brüder Schlegel schrieb um 1845:

> [...] unter den kaukasischen Völkern müssen wir entschieden den Indogermanen die Palme zuerkennen. Wir halten dieses nicht für zufällig, sondern glauben, es entspringe aus der höheren und vollständigeren Begabung der letzteren. Die Geschichte bezeugt, daß die Semiten nicht das harmonische Gleichmaß aller Seelenkräfte besitzen, durch welche die Indogermanen hervorragen.
>
> [...] Auch die Philosophie gehört den Semiten nicht, sie haben sich, und zwar nur die Araber, bei den Philosophen der Indogermanen eingemietet. Ihre Anschauungen und Vorstellungen beherrschen ihren Geist zu sehr, als daß er sich zum Festhalten des reinen Gedankens ruhig erheben [...] könnte [...] In seiner Religion ist der Semite selbstsüchtig und ausschließend [...][51]

Später stellt Lassen die indischen *Arier* dem Volk von Dekkan gegenüber und vergleicht dieses mit den von den Europäern unterworfenen Eingeborenen Australiens und Amerikas. Er versichert in diesem Zusammenhang, daß die höchsten indischen Kasten auch die »weißesten« seien. Die Arier, schloß er, bildeten also das am vollständigsten organisierte, unternehmungslustigste und schöpferischste Volk; deshalb sei es auch das jüngste, da die Erde die vollkommensten Tier- und Pflanzenarten erst spät hervorgebracht habe. Und dies werde letztlich in entsprechender Weise auch in der politischen Situation sichtbar.[52]

Da sind schon alle grundlegenden Elemente des Mythos vorhanden: Pseudobiologie, der verdiente Sieg des Stärkeren, Überlegenheit der Jugend und der weißen Hautfarbe. Nur war Lassens Terminologie noch unausgegoren, da er die »Semiten« unter die »kaukasischen« Völker einreihte. Sein Kollege August-Friedrich Pott »bewies« als Linguist die asiatische Herkunft der Europäer, doch um diesen Beweis zu untermauern, bediente er sich poetischer Bilder:

> *Ex oriente lux!* Der Gang der Kultur ist im Großen stets dem Laufe der Sonne gefolgt. An Asias Brüsten haben einst die Völker Europas gelegen und sie, die Mutter, als Kinder umspielt; dafür brauchen wir uns jetzt nicht mehr auf dunkle, fast verklungene Erinnerungen, wir können uns auf den faktischen, in europäischen und asiatischen Sprachen geschichtlich vorliegenden Beweis berufen [...] Dort [...] dort oder nirgends ist der Spielplatz, dort das Gymnasium der ersten leiblichen und geistigen Kräfte der Menschheit zu suchen [...][53]

Andere deutsche Professoren griffen noch energischer in die Saiten ihrer Leier – so etwa der Grammatiker K. F. O. Westphal, wenn er über die Redeformen spricht: »Unsere indogermanischen Vorfahren«, versicherte er, »hielten sich ebenso unbewußt daran wie damals, als sie, um ihr Leibliches zu erhalten, die erste Speise zu sich nahmen, oder als der Indogermane zum ersten Mal die Indogermanin umarmte, die, ohne daß er es wußte, einen Menschen zur Welt bringen sollte, der ihm gleich war [...]«[54]

Der bei weitem einflußreichste Propagandist des indogermanischen oder arischen Mythos aber war Jacob Grimm, der Verfasser des berühmten *Deutschen Wörterbuchs* und Mentor von Autoren literarischer oder historischer Lehrbücher; und durch diese Kanäle erreichte in der zweiten Hälfte des neunzehnten Jahrhunderts der Mythos auch zahllose Leser. Öffnen wir zum Beispiel die klassische *Geschichte der deutschen Sprache* (1848), von der Grimm im Vorwort selbst sagt, sie sei, da sie in einem entscheidenden Augenblick der Geschichte erscheine, ein durch und durch politisches Werk.[55] Wir finden darin ein Kapitel mit der Überschrift »Einwanderung«, in dem die aufeinanderfolgenden Wanderungen der Völker beschrieben und sogar datiert sind: zunächst die der Griechen (1800 vor Christus), dann die der Römer und der Kelten. Die Deutschen seien als vierte nach Europa vorgestoßen, und die deutsche Geschichte beginne üblicherweise, dem Bericht des Pytheas zufolge, zur Zeit Alexanders des Großen.[56] Sodann nennt Grimm die Litauer, Slawen, Thraker und Skythen; den Finnen und Iberern schreibt er ebenfalls asiatische Herkunft zu. Alle diese Völker seien von einem »unhemmbaren Trieb« in Bewegung gesetzt worden:

> Alle Völker Europas und voraus jene urverwandten, denen es beschieden war, sich durch Wechsel und Gefahr emporzuringen, sind in ferner Zeit aus Asien eingewandert, vom Osten nach dem Westen setzte sie ein unhemmbarer Trieb, dessen eigentliche Ursache uns verborgen liegt, in Bewegung [...] der urverwandten, zu weitem Auslauf ersehenen Völker entschiedener Beruf und vorragende Tüchtigkeit offenbart sich eben darin, daß ihnen fast allein die europäische Geschichte angehört.

Bemerkenswert ist, daß Grimm weder den Ausdruck *Arier* noch den Begriff *Indogermanen* verwendete (überhaupt zog er dem Terminus *Germanen* die Bezeichnung *Deutsche* vor, zu denen er auch die Franken, die Burgunder und die Langobarden rechnete[57]). In den Schriften des mythologischen Dilettanten Richard Wagner findet sich ebenfalls keiner dieser Ausdrücke; dennoch hat Wagner als erster – zwischen 1848 und 1850 – die wichtigsten Elemente der antisemitischen Apokalypse zusammengefügt und sowohl den schädlichen Juden, dieses »zersetzende Element«, evoziert als auch das tragische Los der höheren und edlen Menschheit, das er in der majestätischen Leidensgeschichte des »fränkischen Stammes«[58] verkörpert sah.

Einig hinsichtlich der großen Linien ihres neuen Ursprungsmythos, zögerte die neue deutsche Denkrichtung, die in der Folge das gesamte europäische Denken mit sich zog, noch bezüglich der zu ihrer Vervollkommnung notwendigen Begriffe. Und gerade in Deutschland war diese Unschlüssigkeit anscheinend besonders stark ausgeprägt. In diesem Zusammenhang ist der prominenteste Sanskritist des neunzehnten Jahrhunderts, Max Müller, zu erwähnen, der um 1860 schrieb, als Hauptverantwortlicher für die Verwendung des Ausdrucks *arisch* im Sinne von *indoeuropäisch* müsse er, weil dieser Begriff in Deutschland nicht so allgemein akzeptiert sei wie in England oder Frankreich, »dessen Gebrauch rechtfertigen[59]«. Zunächst zählt Max Müller die zur Debatte stehenden Termini auf: »indogermanisch«, »indoeuropäisch«, »japhetitisch«, »sanskritisch« und sogar »mittelländisch«. Bleibt festzustellen, warum England und Frankreich den Ausdruck »arisch« stärker bevorzugten als Deutschland. Zu diesem Zweck wollen wir uns nun vorerst Frankreich zuwenden.

Die in Deutschland entwickelte Kosmogonie breitete sich in Frankreich mit einzigartiger Geschwindigkeit aus. Schon 1817 beruft sich Cuvier zur Unterstützung seiner anthropologischen Klassifikation auf das sprachwissenschaftliche Argument und vergleicht den »Zweig«, dem er anzugehören glaubt, mit dem »aramäischen Zweig« des Nahen Ostens, wobei er die Überlegenheit des ersteren feststellt.[60] Etwa zehn Jahre später finden wir bei Michelet bereits die Schlüsselworte; in seiner *Histoire romaine* spricht er von »dem langen Kampf zwischen der semitischen Welt und der indogermanischen Welt«; daß Indien die Wiege der Menschheit ist, gilt ihm als sicher: »Man verfolge die Wanderungen des Menschengeschlechts vom Morgenland ins Abendland, auf der Straße der Sonne und der Magnetströme des Erdballs, man beobachte es auf diesem langen Weg von Asien nach Europa, von Indien nach Frankreich [...] Am Ausgangspunkt, in Indien, befindet sich die Wiege der Rassen und Religionen, *the womb of the world* [...]«[61]

Noch kategorischer klingen die Worte des Philologen Eichhoff aus dem Jahr 1836: »Alle Europäer sind aus dem Orient gekommen; diese durch das Zeugnis der Physiologie wie der Linguistik bestätigte Wahrheit bedarf keiner besonderen Beweisführung [...]«[62] Auf Michelet scheinen die indischen »Eingeweide« eine gewaltige Anziehung ausgeübt zu haben. In dem Tagebuch, das er führte, findet sich folgende Notiz: »Die kleinen Ruinen der mediterranen Welt genügen dem Bedürfnis nach Trümmern, das mein verwüstetes Gemüt empfindet, nicht mehr. Ich brauche die Trostlosigkeit, die Katastrophen des Orients, die gewaltige Vernichtung der Rassen, die Wüsten [...] Die Halle der Nibelungen genügt mir nicht mehr. Ich brauche die große Ebene der indischen Welt, wo die Gurus zu Hunderttausenden fallen [...]«[63] Michelets Genie, unfehlbar, wenn es um Michelet ging, diktierte ihm so in einer Periode der Melancholie ein Geständnis. Ein anderer Romantiker, Gérard de Nerval, wollte sich unmittelbar nach seinem ersten Wahnsinnsanfall einer Untersuchung über die europäischen Ursprungsmythen widmen: »Das Cantal der Auvergne entspricht dem Cantal des Himalaja-Gebirges. Die Merowinger sind Inder, Perser, Trojaner [...] Diese Zusammenhänge, diese Verwandtschaften – ist es nicht sehr wichtig, sie zu bestimmen, zumindest mit größerer Sorgfalt und Genauigkeit als bisher?«[64] Und auch in Balzacs *Louis Lambert,* für den »die Bücher Moses den Stempel des Schreckens tragen«, lauert der Wahnsinn. Die Figur spricht wie folgt zum Autor:

Es ist nicht zu bezweifeln, daß die asiatischen heiligen Bücher älter sind als unsere heiligen Schriften. Für den, der diese historische Tatsache guten Glaubens anerkennt, erweitert sich der Horizont auf seltsame Weise. Sind denn nicht die wenigen Menschen, welche die Katastrophe überlebt hatten, auf die Hochebenen Asiens geflüchtet? [...] Die Anthropogonie der Bibel ist also nichts anderes als die Genealogie eines Schwarmes, der, aus dem Bienenhaus der Menschheit ausgeflogen, sich an den Berghängen Tibets festsetzt, zwischen den Gipfeln des Kaukasus und des Himalajas [...] Eine große Geschichte ruht unter diesen Namen von Menschen und Orten, unter diesen Fiktionen, die uns unwiderstehlich anziehen, ohne daß wir wissen, warum. Vielleicht atmen wir dort die heimatliche Luft unserer neuen Menschheit.[65]

Tatsächlich ist Louis Lambert ein Held, in den Balzac viel von sich selbst hineingelegt hat, und der genealogische Mythos, dessen sein ausbrechender Wahnsinn (ebenso wie der Nervals) sich bemächtigte, war auch ein kollektiver Wahn. Ein Saint-Simonist, Pierre Leroux, unterrichtet uns in einem 1832 geschriebenen Artikel, welcher der Bedeutung der Orientalistik gewidmet ist, über die politischen und religiösen Implikationen dieses Wahnes.[66]

Für Leroux (wie für die meisten seiner Zeitgenossen) ist die neue indische Genealogie – oder, um seine eigenen Worte zu verwenden, »die lange Pilgerfahrt unserer Ahnen, die sie von den Hochebenen Asiens zu den Gletschern des Nordens führte, um sie dann wie eine fruchtbare Saat über Deutschland, England, Frankreich und Spanien zu verstreuen« – eine erwiesene Tatsache, die keiner Beweisführung bedarf. »All das haben wir vergessen, unsere Erbschaft abgetreten, die Mitgift zurückgewiesen, die uns die Natur gegeben hatte«, fährt er fort. Aber da die Orientalistik es der weißen Menschheit (Leroux scheint keine andere zu kennen) ermöglicht, ihren Stammbaum zurückzuverfolgen und sich ihrer Familienbande bewußt zu werden, kann uns unser Saint-Simonist eine neue, großzügige Reformation vorschlagen:

Da wir erleuchtet sind von diesem Licht, das über den ganzen Horizont zu strahlen beginnt, warum sollten wir uns nun auf das jüdische Pantheon beschränken? [...] Sollten wir denn in der Menschheit nur den abgetrennten Zweig sehen, der sich Christentum nennt, die Offenbarung Mosis und die Offenbarung Jesu? Nein,

> wir wollen ein größeres Pantheon, ein Pantheon, das der neu erfundenen MENSCHHEIT entspricht [...] Wir sind weder Söhne Jesu noch Söhne Mosis: Wir sind Söhne der Menschheit [...] Was wäre das für eine Gerechtigkeit, wollte man alle großen religiösen Gesetzgeber der Menschheit einem von ihnen zu Füßen legen, der aus noch nicht allzu lange zurückliegender Zeit stammt [...]

In der Folge stellte dann Proudhon dem *»jüdischen Polytheismus«* (sic) aus einer analogen Sicht (und ebenfalls unter Mißachtung der farbigen Völker) den *»indogermanischen Monotheismus«* gegenüber.[67] Wir werden aber sehen, daß diese Wiederentdeckung »älterer Ahnen«, wie Pierre Leroux sie nennt und von denen er als Freidenker Argumente gegen die überlieferte Religion ableitet, auch zugunsten dieser Religion verwendet werden konnte; vorerst jedoch wollen wir untersuchen, wie sich bald nach Waterloo die Elite der neuen Generation, von den Saint-Simonisten bis zu den Ultras, den Lehren Herders und Schlegels anschließen konnten.

Wie verbreiten sich Ideen? Das gesprochene Wort ist zugkräftiger als das geschriebene, und man kann seine Wirkungs- und Ansteckungsweise manchmal nachweisen. So erfahren wir dank eines publizierten und kommentierten Briefwechsels[68], daß ein gewisser Jacques Roux-Bordier aus Lyon sich in den letzten Jahren des achtzehnten Jahrhunderts zum Apostel der germanischen Überlegenheit aufgeschwungen hatte. Er fügte den Ansichten Klopstocks und Herders die antibiblische Einstellung Voltaires hinzu; zu dem Kreis, der sich um ihn gebildet hatte, gehörten zumindest zwei junge Männer, die eine große Zukunft vor sich hatten, nämlich der Physiker Ampère und der Dichter Ballanche. Zur Zeit der Restauration sehen wir Ballanche in der Umgebung eines anderen Propagandisten, des Barons Eckstein; aber wen finden wir nicht in der Nähe dieses halb jüdischen, halb deutschen Verbindungsmannes der Pariser Salons[69]? Victor Hugo, Lamartine, Saint-Beuve und Lamennais, ganz zu schweigen von den romantischen Historikern: Augustin Thierry, Henri Martin, Michelet. Ihnen allen offenbart er die Mysterien des Orients. Ein unruhiger Geist, aber von unbestritten hoher Bildung, gründete der »Sanskrit-Baron« Eckstein 1824 eine Ultra-Zeitschrift, *Le Catholique,* worin er eine »natürliche Offenbarung« der Inder propagierte, ergänzt durch das Bild eines Europas, das das Beste seines Blutes, seiner Kultur und seiner Institutionen den Germanen verdanke.[70] In seiner Umgebung finden wir auch noch den jungen Frédéric Ozanam, den

Gründer der Saint-Vincent-de-Paul-Gesellschaft, der die »katholische Religion aufgrund des Alters und der Universalität der Glaubensmeinungen der Menschheit« beweisen wollte[71]; diese »Bewegung zur Restauration des Christentums durch die Wissenschaft«[72] aber stützte ihren Glauben nicht auf Moses, wie einst Msgr. Huet, sondern neigte eher dazu, die spezielle Offenbarung Moses von der universellen indischen Offenbarung abzuleiten. So verbreitete Eckstein, Heines »Baron Buddha«, die Indomanie durch die unerschöpfliche Kraft seines Wortes und seine ungeschickte und pedantische Feder; eine eigenartige Bemerkung Hegels, der in ihm den Verteiler der Mittel für die neokatholische Regierungspropaganda sah, zeugt von dem Eindruck, den Eckstein bei seinen Zeitgenossen hinterließ.[73]

Im übrigen versteht es sich von selbst, daß ein engerer Kreis französischer Indologen nicht erst auf die Deutschen gewartet hatte. Jones' *Asiatic Researches* waren 1803 ins Französische übersetzt worden; und 1816 wurde in Paris der erste Sanskrit-Lehrstuhl in Europa eingerichtet. Von 1825 an aber begann man, die philosophischen Verallgemeinerungen von jenseits des Rheins zu übersetzen: 1825 Creuzers *Mythologie;* 1828 Herders *Ideen;* 1837 Schlegels *Weisheit der Indier.* Edgar Quinet übertrug Herder; Michelet übersetzte Grimm; und Heinrich Heine machte sich zum Vermittler für die Religionen und Philosophien Deutschlands. Allerdings waren diese Übersetzungen und Salongespräche nicht ausschlaggebend; bedeutsamer war, daß die gebildeten Franzosen sich davon durchdringen ließen; daß sie nach einem Schlüssel oder Code suchten, um die Welt auf neue Art deuten zu können; und daß diese Mischung aus spiritualistischem Nationalismus und materialistischem Szientismus, aus welcher der Rassendeterminismus hervorgehen sollte, allmählich Gestalt annahm.

Frankreich suchte nach Neuem. Die Eliten der neuen Generation wünschten sich nichts Besseres, als den Gott vom Sinai und die Göttin der Vernunft absetzen zu können. Wie Edmond Vermeil schreibt, »hatte die Romantik diesen feindlichen Brüdern, nämlich dem römischen Katholizismus und der Philosophie der Aufklärung, den Krieg erklärt«.[74] Im katholischen Lager gelangte Joseph de Maistre zu folgender Feststellung: »Jeder christliche Philosoph muß zwischen zwei Hypothesen wählen: entweder wird eine neue Religion über die Welt kommen, oder das Christentum wird sich auf wunderbare Weise verjüngen.«[75] Nun ermöglichte die indische Genealogie eine einzigartige Versöhnung zwischen einer erneuerten oder erweiterten Religion und dem universalistischen revolutionären Ideal. Und was dessen germanische Fortsätze betraf – knüpften nicht viele Franzosen, die sich zu den Prinzipien von 1789 bekannten, insgeheim an die edle fränkische Genealogie an? Die patriotische Gesinnung stand dem nicht entgegen: Ein besiegtes Frankreich konnte sich um so eher an das harmlose, zerstückelte Deutschland anschließen, als England, das perfide Albion, als der offizielle Sieger auftrat.

Wie wurde man in diesem Klima, unter dem Bürgerkönig, Indomane oder Germanomane, und wer waren diejenigen, die es vor allen anderen wurden? Kann man, wie der Historiker R. Schwab, selbst ein Dichter, der »weibischen« Indien-Begeisterung Lamartines und Michelets den »männlicheren« Skeptizismus eines Hugo gegenüberstellen? So schrieb Schwab namentlich: »Hugo hütet die griechisch-römische Tradition wie seinen Augapfel [...] Er hat etwas von einem Felsen, das der Weiblichkeit Lamartines und Michelets abgeht; ein rudimentärer Instinkt bewahrt ihn vor diesen weiblichen Kräften [...] Er weiß ganz genau, was er sagen will, wenn er Deutschland ein Indien nennt: In dem einen wie in dem anderen wittert er dieselbe Gefahr für den Geist.« Und in der von Deutschland herkommenden großen »orientalischen Flut« sah Schwab »einen Aufruf zur Sintflut, den ein Michelet und ein Lamartine mit ihrem Geschrei gegen die abendländische Enge unbewußt wiederholen«.[76]

Wenn man es recht bedenkt – waren die Auseinandersetzungen und Polemiken jener Zeit nicht in gewissen exemplarischen Gegensätzen verkörpert? Etwa im Gegensatz zwischen Tocqueville und seinem Freund Gobineau, wie sich aus ihrer Korrespondenz herauslesen läßt; oder auch im Gegensatz zwischen den beiden deutsch-französischen Vermittlern Heinrich Heine und Eckstein. »Weibliche« und »männliche« Kräfte – das ist auf den ersten Blick nur Geschwätz; letztlich jedoch, über vielfältige und komplexe Vermittlungen, lassen sich all diese Debatten und Gegensätze tatsächlich auf einen permanenten, jedem menschlichen Wesen innewohnenden Konflikt zurückführen.

Darunter verstehen wir den Kampf zwischen der regressiven Anziehung des »Mutterbildes« (fortgesetzt in der Mutter Natur) und der anderen Form der Umweltbeziehung, die sich beim Kind etwas später entwickelt und sich beim Erwachsenen weniger destruktiv und anarchisch manifestiert, nämlich der Identifizierung mit dem »Vaterbild« (das sich in den religiösen und kulturellen Institutionen fortsetzt). Aus dieser psychoanalytischen Sicht und in dem gegebenen historischen Zusammenhang wäre die Indomanie dann der literarische und politische Ausdruck des unbewußten Wunsches, das soziale Joch der Gesetze und der Kultur abzuschütteln mittels der Berufung auf Rechte, Forderungen oder Gebote einer in semantischer Hinsicht omnivalenten Natur – omnivalent, weil sie die Verschlüsselung einer archaischen Urabsicht mit Hilfe verschiedener, häufig widersprüchlicher Ideologien ermöglicht (von den anarchistischen Träumen eines Leroux und eines Proudhon bis zum szientistischen Fatalismus eines Gobineau). Sind sie nicht aufschlußreich, die vorhin zitierten Zeilen von Leroux und Michelet, welche die christlich-spirituelle, »männliche« Genealogie ablehnen (»Wir sind weder Söhne Jesu noch Mosis« – Leroux) und sich unter Berufung auf eine Wissenschaft, die zwar die Materie manipuliert, aber mit dem Geist nichts anzufangen weiß, rassisch von Indien herleiten, von einem »mütterlichen« oder »materiellen« Indien *(mater = materia,* Indien ist *the womb of the nations* – Michelet)?

Hinter den »Mutterbildern« verbergen sich vor allem die Träume von einer Rückkehr ins Goldene Zeitalter, ja von einer Verschmelzung mit dem Universum (= Rückkehr in den Mutterleib), während der Vater ein Modell ist, das man nachahmen (Identifikation) und übertreffen möchte; das Vaterbild ist insofern konstruktiver, als es realitäts- und zukunftsbezogen ist.

Nach diesen Feststellungen sollten wir die Art der Beziehungen zwischen den Individuen und dem Kollektiv im Lauf der Generationen erläutern, da diese Vorstellungsreihen einerseits bei jedem Menschen latent nebeneinander bestehen, sich aber schließlich in den manifesten »Charaktereigenschaften« vereinigen, und anderseits ihren globalen und endgültigen Ausdruck in den ebenfalls historisch fluktuierenden »Weltanschauungen« finden. Die Art und Weise, wie sich manche Autoren des achtzehnten Jahrhunderts (vor allem J.-J. Rousseau) auf die Natur beriefen, war bereits charakteristisch; im neunzehnten Jahrhundert verhalfen die romantischen Ideologien den regressiven Tendenzen zu freierem Ausdruck. Die Zeitgenossen sprachen vom »Mal du siècle« oder von der »Zeitkrankheit«; Tocqueville erklärte, Gobineau kritisierend, diesen Gedanken folgendermaßen:

> [...] Nachdem wir geglaubt hatten, uns verwandeln zu können, halten wir uns jetzt für unfähig, uns zu bessern; nachdem wir maßlos stolz gewesen waren, sind wir jetzt in eine Demut verfallen, die nicht weniger maßlos ist; wir glaubten, alles zu können, heute glau-

ben wir, nichts zu vermögen und möchten gerne glauben, daß Kampf und Anstrengung sinnlos seien und daß unser Blut, unsere Muskeln und Sehnen immer stärker sein werden als unsere Tugend. Das ist die große Krankheit der Zeit: eine Krankheit, die das genaue Gegenteil der Krankheit unserer Väter ist. Ihr Buch bekämpft sie nicht, sondern fördert sie, wie auch immer Sie es drehen und wenden [...][77]

Der Vorwurf scheint nicht nur Gobineau, sondern über ihn hinaus insbesondere den materialistischen Physiologen Cabanis, Broussais und Bichat zu gelten. In Deutschland indessen teilten damals volkstümliche – wenn man will, romantische – Anthropologen die Menschheit in »aktive« und »passive« oder »männliche« und »weibliche« Rassen ein, wie wir noch sehen werden; und selbstverständlich sprachen sie das Höchstmaß an Männlichkeit und Aktivität den »Germanen« oder »Ariern« zu – was daran erinnert, daß jeder Versuch, ein wenig Klarheit in diese Wirrnis zu bringen, auf ein Labyrinth verwischter Spuren und unbewußter Schliche stößt. In diesem Zusammenhang können wir auf eine interessante Unterscheidung zwischen der reinen Romantik und der Romantik »in Anführungsstrichen« verweisen. Sie stammt von Thomas Mann:

Novalis und Friedrich Schlegel sind Romantiker in Anführungsstrichen, achtzehntes Jahrhundert im Grunde, rational infiziert, verwerflich. Arndt, Görres, Grimm, endlich Bachofen sind die Wahren, denn nur sie sind zutiefst beherrscht und bestimmt von dem großen »Zurück«, von der mütterlich-mächtigen Idee der Vergangenheit, während bei jenen diejenige der Zukunft auf männlich-allzumännliche Art vorwalte [...][78]

Aus dieser Sicht ließe sich das Schema der »zeitlich-räumlichen Umkehrungen« von 1789-1815, das wir früher skizziert haben[79], aufgliedern in eine Umkehrung oder Projektion der Vergangenheit in die Zukunft, als Trägerin des »männlichen Gedankens«, und in eine Umkehrung von rechts und links, mit der die Schleusen für die archaischen oder »nächtlichen« Triebe geöffnet werden. Kurz, es würde sich um den massiven Einbruch regressiver, bis dahin besser gezügelter oder strenger zensierter regressiver Tendenzen, unter dem Banner der Romantik, in das politisch-soziale Leben handeln.

Wir brauchen hier wohl nicht hinzuzufügen, daß dieser kurze Überblick präzisiert, überprüft oder nuanciert werden muß, und zwar durch eine breit angelegte historisch-analytische Untersuchung, die, wie zu hoffen steht, eines Tages von beherzten und entsprechend gerüsteten Forschern unternommen werden wird. Wir für unseren Teil wollen unseren Weg wieder aufnehmen. Wir werden in diesem Kapitel nicht von dem glücklosen Gobineau sprechen, der von seinen Zeitgenossen entschieden ignoriert wurde, auch nicht von seinem wichtigsten Inspirator, dem Saint-Simonisten Courtet de l'Isle, der die »blonde Rasse« anbetete und den Nachruhm ebenso – oder ebenso wenig – verdient wie sein Schüler. Tatsächlich war der wahre wissenschaftliche Garant für den arischen Mythos in Frankreich ein Mann, der alle bedeutenden Strömungen seiner Zeit zusammenfaßte, um jedermann zu gefallen, und schließlich zum quasi-offiziellen Ideologen der Dritten Republik wurde – nämlich Ernest Renan.

Als Propagandist des Ariertums verdient Renan, an die Seite seines Freundes Max Müller gestellt zu werden: wenngleich der eine vor allem die romanischen Länder, der andere die angelsächsische und deutsche Welt beeinflußte, so genossen sie doch beide gleichermaßen Ansehen in der internationalen Gemeinde der Wissenschaftler. Es ist ihnen auch zugute zu halten, daß sie beide nach 1870/71 vor einer politischen Ausschlachtung der Verwechslung von Sprachen und Rassen zu warnen begannen.[80] Allerdings blieb diese implizite Selbstkritik ohne starken Widerhall, und ihre vor dem französisch-preußischen Krieg entstandenen Schriften bahnten sich weiterhin ihren Weg von Lexikon zu Lexikon, und ein Lehrbuch nach dem anderen geriet unter ihren Einfluß.

Wir wissen, welche Rolle die deutsche Philosophie und Philologie bei der intellektuellen Bildung des ehemaligen Seminaristen Renan gespielt hat; weniger bekannt ist aber seine bewunderungsvolle Freundschaft für Baron Eckstein, den er Müller 1855 als Schiedsrichter in ihrem wissenschaftlichen Streit vorschlug[81] und den er als »Seher der Wissenschaft« bezeichnete.[82] Die Liebe, die der junge Renan Deutschland entgegenbrachte, ging weit. »Deutschland, das seit einigen Jahren meine Geliebte ist, hat mich zu sehr nach seinem Ebenbild geformt«, gab er 1890 zu. 1856 rechtfertigte er diese Leidenschaft in einem Brief an Gobineau:

> Sie haben eines der bemerkenswertesten Bücher geschrieben, voll Kraft und Originalität; nur ist es leider kaum so beschaffen, daß es in Frankreich auf Verständnis stoßen wird; eher auf Mißverständ-

nisse. Der französische Geist ist schlecht gerüstet für ethnographische Betrachtungen: Frankreich glaubt nur sehr bedingt an die Rasse, und zwar genaugenommen deshalb, weil die Rasse als solche aus Frankreich fast verschwunden ist. Ich meinerseits begegne der gleichen Schwierigkeit in der Sprachwissenschaft: Daß die französische Sprache nur ein Abfallprodukt der vierten oder fünften Zone ist, bildet gewiß eine der Ursachen dafür, daß der französische Geist den wahren Prinzipien der vergleichenden Philologie nicht näher kam und sich für sie nur schlecht eignet. All das konnte nur bei einem Volk wie dem deutschen entstehen, das noch an seinen urzeitlichen Wurzeln festhält und eine Sprache spricht, deren Ursachen in ihr selbst liegen [...][83]

Renans Zustimmung zum Werk Gobineaus scheint hier ebenso für sich selbst zu sprechen wie die Mißbilligung Tocquevilles. Bemerkenswert ist die Idee einer Sprache, »deren Ursachen in ihr selbst liegen«, die Idee der *Abstammung aus sich selbst,* welche die deutschen Humanisten einst zum Ruhme Germaniens in Umlauf gebracht hatten.[84] Dagegen scheint es nicht der Umgang mit Schottel, Herder oder Grimm gewesen zu sein, der Renan die Verachtung für die farbigen oder »wilden« Rassen[85] eingegeben hat, da solche Urteile im Frankreich der damaligen Zeit üblich waren. Das Wesentliche seiner Lehre vom Ariertum hatte er jedoch sehr wohl von deutschen Denkern: er färbte sie höchstens mit theologischen Vorstellungen, von denen er im Grunde niemals abgegangen ist.

Wir dürfen tatsächlich annehmen, daß ihn jener »alte katholische Rest«[86] veranlaßte, den beiden »großen edlen Rassen, den Ariern und den Semiten«[87], einen gemeinsamen Ursprung zuzuschreiben, wobei er allerdings eine strenge zeitliche Trennlinie zwischen ihnen zog: »Die Semiten haben nichts Wesentliches mehr zu tun [...] Bleiben wir Germanen und Kelten; bewahren wir unser ›ewiges Evangelium‹, das Christentum [...] allein das Christentum bleibt also im Besitz einer Zukunft.«[88] Oder: »Nachdem diese Mission (der Monotheismus) einmal erfüllt war, verfällt die semitische Rasse rasch und läßt die arische Rasse allein das Schicksal der Menschheit maßgeblich bestimmen.« Die Semiten, ein herabgekommenes, die Arier, das auserwählte Volk: der Ex-Seminarist Renan führt uns besser als irgendein anderer die Vermischung von Rasse, Sprache und Religion, einem (christlichen) »neuen Israel« und dem Phantasiegebilde eines »Ariens« vor Augen. Aber als Nachfolger Schlegels und Grimms mit einer eigenen dichterischen Ader schlägt er uns folgende Anthropodizee vor, wobei er im Geist einen »Berg Imaus« (den Himalaja?) betrachtet, seiner Ansicht nach die Wiege der weißen Menschheit:

> Laßt uns diese heiligen Gipfel grüßen, wo die großen Rassen, welche die Zukunft der Menschheit in sich trugen, zum erstenmal die Unendlichkeit betrachteten und jene beiden Faktoren einführten, die das Angesicht der Erde veränderten: Moral und Vernunft. Wenn die arische Rasse, nach Tausenden Jahren der Mühsal, zur Herrin der Erde geworden sein wird, die sie bewohnt, dann wird es ihre erste Pflicht sein, dieses geheimnisvolle Gebiet zu erforschen [...] Kein Ort der Welt hat je eine Rolle gespielt, die vergleichbar wäre mit jener des namenlosen Berges oder Tales, wo der Mensch sich zuerst erkannte. Seien wir stolz auf die Patriarchen der Vorzeit, die am Fuße des Imaus den Grundstein legten zu dem, was wir sind und sein werden.[89]

Hier haben wir also eine Patriarchen-Genealogie, die jene von Chaldäa verdrängt. Die arische Rasse wird »zur Herrin der Erde« dank ihrer Vernunft und ihres Wissens, anders ausgedrückt, dank der »überlegten, unabhängigen, strengen und philosophischen Suche, mit einem Wort, dank der Suche nach der Wahrheit, die anscheinend das Erbteil dieser Rasse war«.[90] Diesem Erbgut der Arier stellte Renan »die entsetzliche Einfalt des semitischen Geistes, der das menschliche Gehirn schrumpfen macht und es jedem feinen Gedanken verschließt [...]«[91], gegenüber.

Renan, bereits eine anerkannte wissenschaftliche Autorität, wurde mit seinem *Leben Jesu,* das unmittelbar nach seinem Erscheinen in zehn Sprachen übersetzt wurde, ein international berühmter Autor. Mit der Thematik dieses Buches griff er erneut auf die Terminologie seiner Jugendjahre zurück; die »semitische Rasse« wurde alsbald wieder zum »jüdischen Volk«, das er auf die traditionellste Weise schilderte, so daß die ungläubigen Juden in die Proteste der frommen Katholiken einstimmten: »(Renan) bittet die Katholiken um Verzeihung, daß er Jesus, aus dem er einen Menschen macht, herabmindere, indem er die Juden beschimpft, die aus ihm einen Märtyrer gemacht haben« (Adolphe Crémieux[92]). Auch in seinen anderen Schriften wirkt Renan unsicher bei der Wahl seiner Ausdrücke: hier »semitische« oder »jüdische Rasse«, dort »indogermanische«, »indoeuropäische« oder »arische Rasse« (wobei er letzteren Terminus bevorzugte). Berücksichtigt man die damalige Lage in Frankreich, dann muß man sich fragen, ob diese Arier nicht eigentlich verschämte Germanen waren oder, in einem tieferen Sinn, die Germanen des armen Mannes.

Der ungeheure Erfolg des *Lebens Jesu* (100 000 verkaufte Exemplare in ein paar Monaten, 321 kritische oder ablehnende Schriften[93]) forderte zur Nachahmung heraus. Im folgenden Jahr trat der alte Michelet mit seiner *Bibel der Menschheit* auf den Plan:

> [...] Mein Buch entsteht unter der prallen Sonne, bei unseren Verwandten, den Söhnen des Lichts, den Arias, Indern, Persern und Griechen [...] Der Dreiheit des Lichts stellte sich in Memphis, Karthago, Tyros und Judäa ihr Gegenteil, das dunkle Genie des Südens, entgegen. Ägypten mit seinen Denkmälern, Judäa mit seinen Schriften haben beide ihre düsteren, nachhaltig wirkenden Bibeln geliefert [...] An dem Tag, als die uns verwandten Bibeln ans Licht kamen, erkannte man deutlicher, in welchem Maße doch die jüdische Bibel einer anderen Rasse angehört. Sie ist großartig, ganz gewiß, und wird es immer bleiben – aber sie ist dunkel und voll heikler Doppelsinnigkeiten –, sie ist schön und wenig sicher, wie der Tod [...][94]

In rascher Folge erschienen weitere arische Bibeln; so etwa 1868 die *Bible dans l'Inde* von Louis Jacolliot, einem Vielschreiber, der in den Lexika nicht aufscheint, aber zu seiner Zeit sehr populär wir, wie der Platz bezeugt, den Bibliographien und Kataloge ihm einräumen. Jacolliot begrüßt »Indien, die Wiege der Menschheit, alte Nährmutter mit mächtigen Brüsten«, und brachte dann eine neue Version der indo-arischen Universalreligion vor. Moses war Manu (Manu-Manès-Minos-Moses); Jesus war Zeus (Zeus-Jezeus-Isis-Jesus); diese kühnen Etymologien, bei denen Jacolliot sich auf angeblich von ihm wiederentdeckte apokryphe »Gesetze Manus« stützte, ermöglichten es ihm, »die Ursprünge der Bibel ins asiatische Hochland zu verlegen und zu beweisen, daß Jesus Christus die Welt erneuerte, indem er dem Beispiel des Jezeus Christna folgte, der die alte Welt erneuert hatte; denn der Einfluß der Erinnerung an diese Wiege der Menschheit hielt durch die Jahrhunderte hin an.« Tatsächlich war das Alte Testament für Jacolliot nur ein Wust von Aberglauben, die Juden waren ein herabgekommenes und dummes Volk, und Moses war »ein fanatischer Sklave, den man aus Barmherzigkeit am Pharaonenhof aufgezogen hatte«.[95]

Auch der arische Mythos wurde auf diese Weise verbreitet. Die *Bible dans l'Inde* wurde innerhalb weniger Jahre achtmal aufgelegt und gewann zumindest einen illustren Anhänger in der Person William E. Gladstones, der in dieser neuen Bibel Argumente gegen den Darwinismus zu finden glaubte – zum Schrecken Max Müllers, der, wie wir sehen werden, anscheinend einige Mühe hatte, den britischen Premierminister aufzuklären.

Indessen zog die Vorstellung von Indien als großer Stammutter die Briten nur in bescheidenem Ausmaß an. Gewiß, als »wissenschaftliche Wahrheit« wurde der arische Mythos schließlich auch jenseits des Ärmelkanals heimisch, aber als Max Müller von der Höhe seiner Oxforder Lehrkanzel herab erklärte, »daß in den Adern der englischen Soldaten und denen der braunen Bengalesen das gleiche Blut fließe«[96], schien er einen Nationalstolz zu kritisieren, der sich weigerte, eine solche Verwandtschaft anzuerkennen. Die klassische Verachtung für den *»native«*, die Verachtung des Kolonisators für den Kolonisierten, spielte bei dieser geringen Beliebtheit der indischen Stammlinie gewiß eine Rolle, und R. Schwab spricht sogar, gestützt auf Zitate aus Macaulay und Kipling[97], von einer britischen »Indophobie«; diese Einstellung läßt sich aber auch mit älteren, bedeutsameren Traditionen Großbritanniens in Verbindung bringen.

Wir glauben, bei der Erörterung der »neuen Genealogien« im Falle der Engländer die Verbindung zwischen ihrem Festhalten an der Bibel und der wissenschaftlichen Klugheit und Vorsicht eines Ray, Locke oder Newton – dessen Grundsatz lautete: »Hypotheses non fingo« – hergestellt zu haben. Diese Verbundenheit mit der Bibel, die in England auch in der viktorianischen Zeit noch sehr lebendig war und als »Bibliolatrie« bezeichnet wurde, bewirkte, daß allzu kühn scheinende Ideen oder Forschungen zensiert wurden; so wurde die Karriere von Edward Lawrence, einem brillanten Vorläufer Darwins, zerstört; Lyell, der Begründer der Geologie, fiel einem gesellschaftlichen Scherbengericht zum Opfer; der Philosoph Dugald Stewart weigerte sich zuzugeben, »daß die klassischen Sprachen mit einem Eingeborenendialekt eng verwandt seien«, und bestritt sogar die Existenz des Sanskrit; seiner Meinung nach war William Jones von brahmanischen Fälschern hereingelegt worden![98] Was den Ursprung der Menschheit betrifft, so blieb die Erzählung der Genesis sowohl für die große Masse als auch für die Gebildeten weiterhin maßgeblich; diese Geschichte oder »Hypothese« schien den

Stempel des gesunden Menschenverstandes zu tragen, der notfalls sogar einen zusätzlichen Grund lieferte, an den übernatürlichen Charakter der Bibel zu glauben.[99] Vielleicht aber sollten wir statt von einer »Hypothese der Genesis« mit Thomas Huxley von einer »Miltonschen Hypothese« sprechen – einer These, wie sie der Dichter in *Das verlorene Paradies*[100] entwickelt hatte:

> [...] der ew'ge Allmächt'ge Vater (denn wo wär er nicht
> Stets gegenwärtig?) hörbar so zum Sohn:
> »Laß uns als unser Bild den Menschen schaffen,
> Zu unserm Gleichnis; mög' er denn beherrschen
> Die Fisch' im Meer, die Vögel in der Luft,
> Des Feldes Tiere, wie die ganze Erde,
> Und das Gewürm, das auf dem Boden kriecht.«
> Er sprach's, und schuf dich, Adam, dich, o Mensch.

Die Überlegenheit über die restliche Schöpfung, die ihm zuerkannt worden war, dehnte der britische Adam ganz natürlich auf die farbigen Rassen – ja sogar auf die Rassen des europäischen Kontinents – aus, und die Phantasie der Romanautoren, vor allem Walter Scotts, trug in bedeutendem Maß zum Erfolg der Rassendoktrinen des neunzehnten Jahrhunderts bei. Diese Schriftsteller vermieden es jedoch, an die verbotene Frage der ersten Ursprünge zu rühren. Bulwer Lyttons *Zanoni* (1842) besingt den Ruhm der Normannen, dieser »Griechen der christlichen Welt [...], dazu geboren, die Herren der Welt zu sein«[101]; in *Sidonia* (1844) nimmt Disraeli den Fehdehandschuh auf und preist die Überlegenheit des »semitischen Geistes«[102], aber der eine wie der andere erwähnt nichts von Indien und seinen Urgebirgen. Die Gelehrten wiederum brachten noch bemerkenswertere Thesen vor. Der weitaus populärste englische Anthropologe in der ersten Hälfte des neunzehnten Jahrhunderts, James Cowles Prichard, – er war, wie er ausdrücklich feststellte, Monogenetiker und berief sich auf die Heilige Schrift[103] – hatte um 1810 eine Art evolutionistischer Theorie ausgearbeitet, derzufolge Adam und Eva schwarz gewesen seien; nur allmählich hätten ihre Nachkommen mit fortschreitender Zivilisation und veränderter Lebensweise die weiße Hautfarbe erlangt.

In den folgenden Ausgaben seines Werkes (1826, 1837) ergänzte Prichard unter dem Einfluß der deutschen Philosophie seine Theorie und gelangte so zu der klassischen Dreiteilung in eine hamitische oder

»ägyptische«, eine semitische oder »syro-arabische« und eine japhetitische oder »arianische« Rasse; letzterer erkannte er aber keinerlei moralischen oder sonstigen Vorrang zu; er zog eher die semitische Rasse vor, die, wie er schrieb, »vielleicht als die ursprüngliche und wichtigste Rasse der Menschenfamilie angesehen werden kann, da sie alle Zweige, insbesondere die Hebräer und die Phöniker, umfaßte«.[104] Als noch paradoxer in den Augen der damaligen europäischen Wissenschaftler erwies sich Robert Gordon Latham, ein Ethnologe, der Prichards Theorien weiterführte und es als erster wagte, die asiatische Herkunft der Europäer zu bezweifeln *(Man and his Migrations,* 1851).

Die Engländer wollten also entschieden nicht von der »Mutter Indien« abstammen. Aber vermutlich gerade aus diesem Grund, das heißt, in Ermangelung einer Übergangsmythologie zwischen der Bibel und Darwin, lösten *Die Entstehung der Arten* und *Die Abstammung des Menschen* einen solchen Skandal im alten England aus. »Lassen wir unsere Freunde, die Gelehrten, dem Volk predigen, daß Adam nicht existiert habe«, schrieb eine Zeitung im Jahr 1861, »und wir haben keine Gesetze, keine Religion, kein Eigentum mehr, da sich unsere menschlichen Gesetze auf die göttlichen Gesetze gründen.«[105] Nicht alle Antidarwinisten sprachen so: Disraeli zum Beispiel begnügte sich mit der Erklärung, er ergreife Partei für die Engel und gegen die Affen[106]; in dieser Form jedoch schloß das Problem natürlich die Dichotomie zwischen der arischen und der semitischen Art samt ihrem Rattenschwanz von Werturteilen aus. Die Evolutionslehre setzte sich schließlich gegen alle Widerstände durch, und im Kielwasser dieser moralischen und geistigen Revolution verbreitete sich in England der Begriff des Ariertums; er verband sich dort jedoch mit keinerlei ideologischem Ferment oder politischer Agitation, bot also dem Antisemitismus keine Nahrung. Als hartnäckiger Verfechter der »Miltonschen Hypothese« bemerkte Gladstone: »In diesem Land ist eine Agitation gegen die Juden ebenso unwahrscheinlich wie eine Agitation gegen die Anziehungskraft der Erde.« In diesem Punkt zumindest erwies er sich als guter Prophet.

In England wurde der alte Adam viel später ins Raritätenkabinett der Geschichte verbannt als auf dem Kontinent, und auf eine andere Art und Weise. Schlegels Vision wurde hier niemals ernst genommen; kein britischer Theoretiker »verfolgte mit Überzeugung den Weg der aufeinanderfolgenden Wellen von Auswanderern, so als hätte er Zutritt zum Generalstab der Urarier gehabt«, um eine hübsche Formulierung Thomas Huxleys zu zitieren.[107] Im gleichen Stil spöttelte dieser brillante

Anwalt des Darwinismus über die Streitigkeiten der physikalischen Anthropologie, die er »mit der heiteren Unparteilichkeit eines langschädeligen, aber braunhäutigen Mestizen«[108] schlichten zu können glaubte. Nicht, daß Huxley an der Existenz einer arischen und einer semitischen Rasse zweifelte, da doch die wissenschaftliche Internationale diese Einteilung gegen Ende des neunzehnten Jahrhunderts zum Axiom erhoben hatte; er bemühte sich jedoch, unparteiisch zu bleiben, und schrieb den Ariern »unsere Künste (vielleicht mit Ausnahme der Musik) und unsere Wissenschaft« zu, den Semiten aber »das Wesen unserer Religion«. Worauf dieser Vorkämpfer der agnostischen Wissenschaft mit Begeisterung die Propheten zitierte und im Namen des Urjudentums die religiösen Glaubensmeinungen seiner Zeitgenossen kritisierte.[109] Bei anderer Gelegenheit sagte er: »Wenn es jemanden gibt, der mehr zu tadeln wäre als der orthodoxe Bibelfanatiker, dann ist es, wie mir scheint, der heterodoxe Philister, dem eine Literatur, die in mancher Hinsicht nicht ihresgleichen hat, nur zu Spott Anlaß gibt [...]« Es folgte ein feuriges Plädoyer für die Bibel, »dieses britische Nationalepos«. »Gewiß«, schließt Huxley, »die Bibel schwätzt keinen Unsinn *(talks no trash)* über die Menschenrechte; aber sie unterstreicht die Gleichheit der Pflichten, die Freiheit der Rechtsprechung, was etwas ganz anderes ist als der Kampf für ›Rechte‹ und für Brüderlichkeit, die darin besteht, für den anderen zu sorgen wie für sich selbst [...]«[110]

Am anderen Ende des britischen Geistesspektrums suchte William Gladstone, Huxleys großer Gegner, in Louis Jacolliots *Bible dans l'Inde* neue Argumente zugunsten der Offenbarung. »Stellen Sie sich vor«, schrieb Max Müller an den Dekan von Westminster, »Gladstone las dieses Buch während der Debatte über die irische Frage. Diese Arbeit Jacolliots ist die dümmste, hohlste und unverschämteste Schrift, die ich kenne.«[111] (An Gladstone selbst schrieb Müller in einem diplomatischeren Stil.[112]) Die Entrüstung des Gelehrten ist um so verständlicher, als ihn der Staatsmann soeben mitten auf der Straße angesprochen und ihm vorgeworfen hatte, ihn über »die wunderbaren Entdeckungen in Indien«[113] nicht auf dem laufenden gehalten zu haben. Das war im Sommer 1869. Seit Jahren hatte Max Müller seine Version von der gemeinsamen Abstammung der Arier in der angelsächsischen Welt verbreitet: »Die Urahnen der Inder, Perser, Griechen, Römer, Slawen, Kelten und Germanen bewohnten dasselbe Gebiet, man kann sagen, daß sie unter demselben Dach lebten.«[114] Dann seien die Arier um den Preis ständiger Kämpfe die Herren der Welt geworden: »Da sie ständig untereinander und mit der semitischen und der turanischen Rasse kämpften, wurden die arischen Völker die Herren der Geschichte.«[115] Vielleicht hatte Gladstones Tadel unseren Philologen zunächst zum Nachdenken über die politische Verantwortung des Gelehrten angeregt. Sicher ist, daß er aus dem französisch-preußischen Krieg solche Konsequenzen zog. Im März 1871 schrieb er an seinen Freund Renan: »Ich weiß, daß Sie ein französischer Patriot sind, wie ich ein deutscher Patriot bin; ich denke aber, daß uns dies nicht daran hindert, zutiefst die Schmach und die Erniedrigung zu empfinden, die der Krieg der Rasse zufügte, der wir als menschliche Wesen angehören [...] Wir alle müssen uns das Antlitz verhüllen vor Scham und Schmerz [...]«[116] Ein Jahr später revidierte dieser wohlmeinende Mann öffentlich seine eigenen anthropologischen Konzeptionen.

Seine Selbstkritik war allerdings so zaghaft, daß man sie kaum vernahm. Es lohnt sich, über diese Episode, einen Beweis für die moralische Ohnmacht der Gelehrten, eingehender zu berichten. Kurz nach der Annexion des Elsaß wurde die Universität von Straßburg feierlich germanisiert, und man lud Max Müller ein, einen Vorlesungszyklus zu halten. Er erfreute sich bereits eines großen internationalen Rufs: Der Kaiser selbst hatte ihn zum Essen geladen.[117] Am 23. Mai 1872 hielt Müller seine Antrittsvorlesung. Er begann mit dem Hinweis auf die Größe der Stunde, erklärte, er habe in der Fremde sein deutsches Herz nicht vergessen, und berief sich auf seine patriotische Überzeugung. Hierauf stellte er die Frage, ob Deutschland nicht im Begriff sei, die schlichten und schönen Tugenden von einst zu verlieren, und warnte seine Zuhörer vor der Herrschaft des Geldes und übertriebenem Nationalismus. »Im Ausland, wissen Sie, sagt man uns keine schöne Zukunft voraus [...]« Der moralischen Lektion folgte ein Aufruf zur wissenschaftlichen Vorsicht; man möge nicht vergessen, daß die Linguistik eine Sache sei, die Ethnologie aber eine andere; es sei wichtig, diese beiden Disziplinen streng auseinanderzuhalten und zu vermeiden, »Rasse« und »Sprache« zu vermengen; es sei ebenso absurd, von einem »arischen Schädel« zu sprechen wie von einer »langschädeligen Sprache«. Wieviele Mißverständnisse, wieviele Streitigkeiten kämen daher, daß man von der Sprache auf das Blut oder vom Blut auf die Sprache schließe. Es gebe arische und semitische Sprachen, aber es sei unwissenschaftlich – außer man sei sich der Freiheit bewußt, die man sich da nehme –, von arischer Rasse, arischem Blut oder arischen Schädeln zu sprechen.[118]

Was Max Müller verschwieg, war, daß er selbst sich ein Vierteljahrhundert lang systematisch diese Freiheit genommen und unter seinen Hörern und Lesern im angelsächsischen Raum und auf dem Kontinent, die ihm bereitwillig gefolgt waren, Verwirrung gestiftet hatte. Müssen wir hinzufügen, daß sein vorsichtiger Rückzieher praktisch unbemerkt verhallte? Lehrbücher und Lexika zitierten weiterhin nur den alten Max Müller, so etwa das *Imperial dictionary of the English language* von 1883 oder die Enzyklopädie *The Americana* (1903-1906); oder, um ein anderes Beispiel aus Amerika zu nennen: John Fiske, ein Müller-Anhänger in Harvard, der in seinem arischen Manichäismus die australischen Eingeborenen »hinsichtlich ihrer mathematischen Begabung« mit Löwen und Wölfen und »hinsichtlich ihrer sittlichen Entwicklung« mit Hunden und Pavianen verglich.[119]

Zudem kamen die lautesten Gegenstimmen von Gelehrten, die in der öffentlichen Meinung vom semitischen Adam abstammten oder sich nur zum Teil vom germanischen Adam herleiten ließen. Deshalb fehlten jene Länder, die damals als rückständig galten – Rußland, Italien oder Spanien – in der großen arischen Gemeinschaft. Davon aber soll später die Rede sein.

Viertes Kapitel

Gobineau und seine Zeitgenossen

Revolution, Ideologie und Physiologie

Bertrand Russell hat darauf hingewiesen, daß Darwins Theorie im wesentlichen »die Ausdehnung der Volkswirtschaft des Laissez-faire auf die Tier- und Pflanzenwelt« gewesen sei. Fast ein halbes Jahrhundert früher, 1809, hatte in einem ganz anderen politischen Kontext die zweite große Koryphäe der Evolutionslehre, Lamarck, in seiner *Philosophie zoologique* folgende Hypothese zur Diskussion gestellt:

> Wenn man annimmt, daß eine vollkommenere Rasse [...] durch konstante Gewohnheiten bei allen ihren Individuen [...] zur Herrschaft über die anderen Tierrassen gelangt sei, so wird man einsehen:
>
> 1. daß diese, in ihren Fähigkeiten vollkommenere Rasse, der es dadurch gelang, die Oberherrschaft über die andern zu gewinnen, sich aller passenden Orte der Erdoberfläche bemächtigt haben wird;
> 2. daß sie die andern hervorragenden Rassen verdrängt haben würde [...] und daß sie dieselben gezwungen haben würde, an Orten Zuflucht zu suchen, die sie nicht inne hält;
> 3. daß sie dadurch, [...] daß sie sie gezwungen hätte, sich in Wälder oder andere verlassene Orte zurückzuziehen, sie in der Vervollkommnung der Fähigkeiten gehemmt haben wird, [...] während sie selbst [...] sich fortschreitend neue Bedürfnisse geschaffen haben wird, welche ihre Industrie hervorgerufen und ihre Mittel und Fähigkeiten stufenweise ausgebildet haben;
> 4. daß endlich [...] diese hervorragende Rasse [...] eine absolute Oberherrschaft über alle andern erlangt hat [...][1]

Die so beschriebene überlegene Rasse war jedoch nicht eigentlich die europäische oder weiße Rasse. Lamarck stellte unter dem Titel »Einige Bemerkungen zum Menschen« die Rasse der *Bimanen* jener der *Quadrumanen* gegenüber – die Menschen den Affen. Aber aufgrund der Art und Weise, wie Lamarck 1809 seine Vision von einer Erobererrasse, die alle anderen beherrscht, formulierte, läßt sich leicht eine Verbindung zur französischen Expansion in Europa herstellen. Halten wir im übrigen fest, daß Lamarck sich auf die Philosophie Cabanis, berief und wie dieser die Manifestationen des Lebens und der Intelligenz anscheinend auf »physikalische Fakten« zurückführte.[2]

Nehmen wir nun einen anderen Propheten der neuen Zeit, den Gründer der »Wissenschaftsreligion« oder des »Physizismus«, nämlich Saint-Simon. Sein *Mémoire sur la science de l'homme*, aus demselben Jahr wie die *Philosophie zoologique*, enthält Überlegungen, mit welchen Mitteln man den Kriegen ein Ende bereiten könnte:

> Die gesamte Masse der Bevölkerung Europas findet sich in den schrecklichsten Krieg verwickelt, den es jemals gab. Die Gelehrten, die sich mit der Wissenschaft vom Menschen befassen, die Physiologen, sind als einzige imstande, die Ursachen dieses Krieges zu analysieren und Mittel zu finden, ihm Einhalt zu gebieten, indem sie aufzeigen, auf welche Weise die Interessen aller in Einklang gebracht werden können.[3]

Verschiedene Autoren des achtzehnten Jahrhunderts, von Abbé de Saint-Pierre bis Kant, hatten Pläne für einen ewigen Frieden entworfen, aber keinem von ihnen war der Einfall gekommen, diese Projekte auf einer experimentellen und positiven Wissenschaft wie der Physiologie aufzubauen. Aber sind die Wissenschaftler für ein solches Vorhaben genügend gerüstet? Saint-Simon räumte ein, daß die Physiologie es noch nicht verdiene, unter die positiven Wissenschaften eingereiht zu werden, aber nur mehr einen Schritt bis dorthin habe. Dank der Arbeiten von Cabanis, Bichat und Vicq d'Azyr gründe sich die Physiologie, die lange Zeit eher Scharlatanerie gewesen sei, auf beobachtete und überprüfte Fakten; »die Psychologie beginnt nun auf die Physiologie zu bauen und sich von den religiösen Vorurteilen zu befreien, auf denen sie beruhte«; damit folge sie dem Beispiel der Astronomie und der Chemie.[4]

Die antiklerikale und szientistische Spitze ist bezeichnend. Auch sie läßt sich in Zusammenhang bringen mit den gewaltigen Ereignissen, deren Schauplatz Europa seit zwanzig Jahren war und die ein völlig neues Erklärungsprinzip erforderten, »die größte Ursache, die zu wirken vermag«, wie Saint-Simon schrieb. Bei seinem Versuch, das »theologische System« zu widerlegen, folgte er der großen Tradition der Aufklärung; aber die Attacke wurde schärfer, zur selben Zeit, als die Verbindung zwischen naivem Szientismus und militantem Rassismus sich ankündigte. So versicherte der phantasievolle Saint-Simon nebenbei, das dem Menschen am nächsten stehende Wesen sei nicht der Affe, sondern der Biber, das fleißigste aller Tiere. Woher kam also der traditionelle Irrtum der Gelehrten? Ganz einfach vom religiösen Obskurantismus. Tatsächlich sei dieser Irrtum »auf den Glauben zurückzuführen, daß die Welt für den Menschen gemacht und der Mensch nach dem Abbild Gottes geschaffen sei; daher sei das, was ihm nach dem Menschen am ähnlichsten sei, das Vollkommenste nächst diesem. Wie die anderen haben auch die Physiologen diese erste Lehre beherzigt [...] Die mit vergleichender Anatomie befaßten Gelehrten gehorchten diesem in der Kindheit erworbenen Glauben eher als dem Antrieb der Vernunft, indem sie auf der Stufenleiter der Organisation den Affen gleich hinter den Menschen setzten.«[5]

Angesichts dieser Art von Beweisführung bei einem Mann, der als einer der Gründer der modernen Soziologie gilt, kommt man ins Träumen. Nun wollen wir sehen, inwiefern die Weigerung, im Menschen das Ebenbild Gottes zu sehen, der deterministischen und rassistischen Philosophie des neunzehnten Jahrhunderts zugrunde liegt.

Diese Weigerung haben wir bereits bei einigen großen Schriftstellern der Aufklärung – inbesondere in Form von polygenetischen Theorien – festgestellt; das Neue, das die revolutionäre Erfahrung beigetragen hat, scheint die Tendenz zu sein, daraus konkrete politische Schlüsse zu ziehen. So kritisiert Saint-Simon im Jahr 1803 das Gleichheitsprinzip, welches, auf die Schwarzen angewandt, in den Kolonien Katastrophen ausgelöst habe; die Revolutionäre hätten einen großen Fehler begangen, als sie eine minderwertige Rasse befreiten:

> Die Revolutionäre haben Gleichheitsprinzipien auch auf die Neger angewandt; hätten sie die Physiologen zu Rate gezogen, dann hätten sie erfahren, daß der Neger infolge seiner Organisation bei gleichen Ausbildungsbedingungen nicht auf das gleiche Intelligenzniveau wie die Europäer gebracht werden kann.[6]

Man glaubt, darin das Echo der Antiemanzipations-Propaganda der Plantagenbesitzer zu vernehmen, die sich von 1790-91 auf offen »rassistische« Argumente stützte.[7] Ein wenig später vergleicht Saint-Simon in einer seiner »Visionen« von der neuen wissenschaftlichen Religion die Europäer mit den Kindern Abels und die farbigen Völker mit der Nachkommenschaft Kains. »Sieh, wie blutgierig die Afrikaner sind; beachte die Schlaffheit der Asiaten.« Der Stifter der neuen Religion aber (das heißt – in der Phantasie Saint-Simon selbst) werde ein Heer versammeln, das die »Kinder Kains der Religion unterwerfen wird«. Wir haben gesehen, wie ein Sohn des revolutionären Frankreichs, Virey, diese Mission der Europäer, »des Hauptes der Menschheit«, auf andere Weise darstellte; und einen Widerschein dieses Zeitklimas glauben wir im biologischen Denken Lamarcks zu entdecken.

Wir wollen nun die anthropologischen Doktrinen der »Physiologen«, auf die Lamarck und Saint-Simon sich beriefen, näher untersuchen. Unter den von ihnen zitierten Autoren ist Pierre Cabanis der repräsentativste der neuen, revolutionären Generation. Höchstwahrscheinlich war er auch der einflußreichste jener »Ideologen« (das Wort *Ideologie* wurde damals von Destutt de Tracy, dem Freund und Nachlaßverwalter von Pierre Cabanis, geprägt), die unter dem Direktorium und dem Konsulat den neuen Eliten als philosophische Vorbilder dienten und gewisse intellektuelle Traditionen in Frankreich, besonders die des militanten Laizismus, so nachhaltig geformt haben. Vor dem eben gegründeten Institut der Akademie erklärte Cabanis: »Ich verlange, daß der Name Gottes in diesen Mauern niemals ausgesprochen werde.« Besser bekannt ist sein Ausspruch, das Gehirn scheide Gedanken aus wie die Milz die Galle; an einer anderen Stelle, auf die sich die Materialisten des neunzehnten Jahrhunderts oft beriefen, sagt er, das Gehirn »verdaue« sozusagen die Eindrücke und erzeuge daraus »auf organischem Weg« die Gedanken.[8]

Cabanis entwickelte diese Konzeption in einem zwischen 1795 und 1798 verfaßten Werk mit dem Titel *Rapports du physique et du moral de l'homme* (Beziehungen zwischen Physis und Moral des Menschen), und wir sehen, wie bei ihm das »Physische« das »Moralische« bestimmte. In der Biologie war er ein Vorläufer Lamarcks, da er die Erblichkeit erworbener Merkmale annahm: »Wenn die bestimmenden Ursachen der ersten Gewohnheit während mehrerer Generationen fortwirken«, schrieb er, »dann bildet sich eine neue, erworbene Eigenschaft.«[9] Er kombinierte diesen Gedanken mit den alten Lehren des Hippokrates über Klima und Temperamente, von denen es seiner Meinung nach sechs gibt: das glücklichste, das »sanguinisch-cholerische«, herrsche bei den Franzosen vor; daraus erklärte er auch die führende Rolle Frankreichs beim »Fortschritt der Vernunft«, der am klarsten durch die Revolution illustriert worden sei.[10] Um die Wohltaten der Revolution der ganzen Welt zuteil werden zu lassen, schlug er vor, man möge es wagen, »das Werk der Natur zu revidieren und zu korrigieren«, indem man die Rassen derart mische, daß eine »neue Art« entstehe, ausgestattet mit gleichen Fähigkeiten, eine Art, die in der ursprünglichen Organisation nicht vorhanden gewesen sei und ähnlich der Rechtsgleichheit eine Schöpfung der Aufklärung und der vervollkommneten Vernunft wäre.[11]

Cabanis macht keine genaueren Angaben über die jeweiligen Eigenschaften der verschiedenen Rassen, sondern begnügt sich damit, auf das Projekt eines gewissen Draparnaud hinzuweisen, das dazu bestimmt sei, »den jeweiligen Grad der Intelligenz oder der Empfindsamkeit bei den einzelnen Rassen festzustellen und sozusagen ihren ideologischen Maßstab zu bilden«.[12] Das ist jedenfalls eine revolutionäre und optimistische Anschauung: Selbst wenn die Rassen nicht gleichwertig sind, kann die Vernunft Abhilfe schaffen und die wahre Gleichheit herstellen. In der Ausgabe von 1824 indessen schien es dem Herausgeber zweckmäßig, folgende enttäuschte und kritische Anmerkung hinzuzufügen:

> Abgesehen davon, daß diese Gleichheit wahrscheinlich immer Chimäre sein wird – muß man nicht daran zweifeln, daß sie wünschenswert ist? Gibt es die Gesellschaft, das heißt, den Austausch von Dienstleistungen unter den Menschen, nicht nur überhaupt deshalb, weil die Menschen verschieden und ungleich sind?[13]

Die Kritik galt nicht der anthropologischen Doktrin, sondern den politischen Schlußfolgerungen; unter der Restauration schien dem Herausgeber die natürliche Ungleichheit der Gesellschaftsordnung zu entsprechen. Dieser Standpunkt wurde 1832 von dem damals kaum zwanzigjährigen nachmaligen Sekretär der Pariser Ethnologischen Gesellschaft, Victor Courtet de l'Isle, auf originellere Weise weiterentwickelt. Er bemerkte, die europäischen Völker erhitzten sich für »eine mit einem abstrakten Gleichheitsbegriff verbundene Freiheit«, und schlug als Gegenmittel eine Betonung der Rassenunterschiede vor, damit man sich nicht mehr auf die Gleichheit berufen könne. Er formulierte diese Idee folgendermaßen:

> [...] Ich behaupte, daß die europäische Krise erst an dem Tag enden wird, an dem die verschiedenen Gesellschaften so umgestaltet sein werden, daß sie natürliche Ungleichheiten, mehr oder weniger deutliche Rassenunterschiede, aufweisen. Ich verkünde da keine Meinung, die das Gefühl der Menschenwürde verletzt; ich verkünde eine Tatsache, die in den Annalen aller Völker der Welt Bestätigung findet.[14]

Wir werden später auf diesen jungen rassistischen Extremisten zurückkommen. Man beachte, daß seine theoretische Konzeption im Grunde der von Cabanis nahekommt; der Unterschied liegt in den praktischen Folgerungen. Der Übergang vom Optimismus der Revolution zum Pessimismus der Restauration drückte sich auch in der Entwicklung der anthropologischen Ideen aus. Dies gilt auch für Cuvier, den Schöpfer der vergleichenden Anatomie. 1790, in seiner Jugend, kritisierte er die Autoren, die von angeborener Minderwertigkeit der Schwarzen sprachen und diese neben die Menschenaffen stellten. Ein Vierteljahrhundert später befleißigte er sich in seinem *Règne animal* selbst dieses klassischen Vergleichs:

> [...] Die schwarze Rasse ist auf das Gebiet südlich des Atlas beschränkt; ihre Gesichtsfarbe ist schwarz, die Haare sind gekräuselt, der Schädel ist abgeflacht, die Nase platt; die vorspringende Mundpartie und die wulstigen Lippen zeigen eine deutliche Ähnlichkeit mit den Affen; die Stämme, aus denen diese Rasse sich zusammensetzt, sind stets barbarisch geblieben [...][15]

Die gelbe Rasse wird von Cuvier günstiger beurteilt: sie habe große Reiche gegründet, ihre Zivilisation sei aber »stets stationär geblieben«. Folglich sei der Fortschritt der Zivilisation das Erbteil »der kaukasischen Rasse, der wir angehören; sie zeichnet sich durch eine schöne ovale Kopfform aus«. Es hatte sich also aus dem vorangegangenen Jahrhundert die Vorstellung erhalten, daß der Fortschritt im Abendland zu Hause und ein Vorrecht der weißen Rasse sei; der Pessimismus der nachrevolutionären Zeit aber vertiefte noch die Kluft zwischen dieser Rasse und den anderen, die stagnierten oder in Barbarei befangen blieben.

Cuvier, ein überzeugter Gläubiger, führte die verschiedenen Menschenrassen noch auf eine gemeinsamen Stamm zurück (vielleicht war es seine Treue zur biblischen Dreiteilung, was ihn zwischen drei großen Rassen – der weißen, der gelben und der schwarzen – unterscheiden ließ). Dennoch hinderte die Religion die Autoren nicht mehr daran, sich in wachsender Zahl für die Polygenetik auszusprechen. Einer der populärsten Anthropologen dieser Zeit, Bory de Saint-Vincent, behauptete, die Offenbarung verlange nirgends, daß man ausschließlich an Adam und Eva glauben müsse; der »erleuchtete« Autor habe offenbar nur die Hebräer gemeint; und als er von den anderen Arten sprach, wollte er deren Geschichte anscheinend dem Naturforscher überlassen. Bory setzte also die biblische Geschichte fort und unterschied zwischen fünfzehn separat erschaffenen Menschenarten, die er nach einer absteigenden Wertskala einteilte. Den ersten Platz erhielt die weiße oder »japhetitische« Spezies, bei der »die größten Genies leuchteten, deren das Menschengeschlecht sich rühmen kann«. An zweiter Stelle folgte die »arabische Spezies«, einschließlich der »adamischen Rasse«, bei der einst die Offenbarung stattgefunden hatte. Wie Christoph Meiners setzte Bory die Menschen »der australischen Spezies, die zuletzt aus den Händen der Natur hervorgegangen sind, keine Religion, keine Gesetze, keine Kunst kannten« und überdies völlig schamlos waren, an die letzte Stelle: »Die Australier sind sich ihrer Nacktheit nicht im geringsten bewußt und denken überhaupt nicht daran, die Fortpflanzungsorgane zu bedekken.«[16]

Auch ein anderer Polygenetiker, Desmoulins, nannte die Australier als Beispiel dafür, wie schwierig die sogenannten wilden Rassen zu erziehen und zu vervollkommnen seien. Er behauptete, man hätte diesbezüglich in Sydney ein überzeugendes Experiment angestellt: Säuglinge seien ihren eingeborenen Eltern weggenommen und zusammen mit gleichaltrigen englischen Kindern aufgezogen worden, unter Bedingungen, die den »Erziehungserfolg« zu garantieren schienen. Das Ergebnis sei jedoch katastrophal gewesen: »Sobald sie kräftig genug waren, daß ihr Naturell in Erscheinung treten konnte, machte ihre störrische Unbelehrbarkeit jeden Unterricht zunichte. Bevor sie noch der Kindheit entwachsen waren, liefen sie davon und wurden nicht wieder gesehen.« Und Desmoulins, der dennoch überzeugt war, daß man – mit Hilfe der Naturwissenschaften – den Menschen vervollkommnen könne, schloß: »Es ist eine instinktive Neigung, analog jener, die den Vogelzug lenkt.«[17]

Selbst unter den militanten Sklavereigegnern traten gelegentlich solche Vorstellungen zutage. Victor Schoelcher behauptete zwar, daß die Fähigkeiten der Schwarzen und der Weißen völlig gleich seien[18], aber sein Mitkämpfer, der Saint-Simonist Gustave d'Eichthal, schien anderer Meinung zu sein. Dem Physiologen Flourens folgend, sprach er von einem »veranlagungsmäßigen, grundlegenden Unterschied« zwischen den beiden Rassen; folglich bildeten sie in seinen Augen ein »Paar«, in dem die weiße Rasse das männliche Element darstellte und die schwarze das weibliche – eine Formel, die bei den deutschen Romantikern Anklang finden sollte.[19]

Armand de Quatrefages (1810-1892), Doyen der französischen Schule der physikalischen Anthropologie, auch er ein Sklavereigegner, unterschied sorgfältig zwischen dem prinzipiellen und dem anthropologischen Argument. »Wenn man sich, um die Sklaverei zu bekämpfen, auf eine nichtexistente Gleichheit stützt«, schrieb er, »dann spielt man gerade mit dieser Übertreibung den Anhängern jener Anschauung in die Hände, die man bekämpft.« Er wünschte die Abschaffung der Sklaverei wegen der »Sittenlosigkeit, die sei bei den Weißen zwangsläufig mit sich bringt«, und nicht »aus Sympathie für die schwarze Rasse«. Seine Antipathie gegen diese Rasse ging so weit, daß er sie nach einer Reise in die Vereinigten Staaten 1842 als wissenschaftlich monströs, als eine »bizarre Laune der Natur« bezeichnete:

> Der Neger ist eine intellektuelle Monstrosität, um das Wort in seiner wissenschaftlichen Bedeutung zu gebauchen. Um ihn zu erzeugen, gebrauchte die Natur die gleichen Mittel wie bei der Hervorbringung jener physischen Mißbildungen, von denen in unseren Kabinetten so viele Beispiele vorhanden sind [...] Um zu einem solchen Ergebnis zu gelangen, genügt es, daß gewisse Teile des Wesens auf einer bestimmten Entwicklungsstufe stehenbleiben. So entstehen Embryos ohne Kopf oder Gliedmaßen, Kinder, die das Märchen vom Zyklopen wahr werden lassen [...] Nun wohl! Der Neger ist ein Weißer, dessen Körper die artgemäße Form erreicht, dessen Verstand aber auf halbem Wege stehen geblieben ist.[20]

So urteilte Quatrefages als auf das Physiologische spezialisierter Anthropologe; als Philosoph, als welcher er Spiritualist und daher Monogenetiker war, versicherte er, daß bei den Negern »die tierischen Funktionen alle edlen Begriffe des Geistes ersetzen«. Solche Eindrücke also hatte er auf seiner Reise nach Florida gewonnen, höchstwahrscheinlich aufgrund der Berichte von Pflanzern; auch Wissenschaftler sind vor solchen primitiven Reaktionen nicht gefeit.

Die Korrespondenz eines anderen berühmten Naturforschers, des Schweizers Agassiz (1807-1873), zeigt, auf welche Weise ihn die Kontakte mit schwarzen Sklaven in Boston in einen Anhänger der jungen amerikanischen Anthropologenschule verwandelten.[21] Aus einsichtigen Gründen entwickelten sich damals gerade in den Vereinigten Staaten die extrem rassistischen, schwarzenfeindlichen Theorien, deren bekannteste Repräsentanten Morton, Giddon und Nott waren; alle drei waren Anhänger der neuen Methoden zur Untersuchung des Schädelinhalts oder Schädelindex. Diese Schule wurde schließlich in Europa bekannt und übte hier einen gewissen Einfluß aus: So stützte sich der Deutsche Carus auf Mortons Schädelkunde, um die Ungleichheit der Menschenrassen zu beweisen, und Renan erklärte sein Einverständnis mit der Rasseneinteilung, die Nott und Giddon in ihrem Werk *Indigenous Races of the Earth* vorgenommen hatten.[22]

In Großbritannien dagegen stießen Anschauungen dieser Art in der ersten Hälfte des neunzehnten Jahrhunderts auf starke Widerstände. Die Feindseligkeit gegenüber einem vom Kontinent, speziell aus Frankreich, kommenden Materialismus verband sich hier mit der »bibliolatrischen« Zensur, die wir im vorigen Kapitel beschrieben haben. Gewiß, die Suprematie der Weißen war allgemein anerkannt; aber man nahm an, daß die Exoten dank der christlichen Religion allgemein vervollkommnet und sittlich gebessert werden könnten. Der Anthropologe William Lawrence (1783-1867) wurde buchstäblich verfolgt, weil er von 1819 an in seinen *Lectures on physiology, zoology and the natural history of man* Ansichten entwickelte, die den Darwinismus vorwegnahmen. Seine Kritiker warfen ihm nicht vor, den Schwarzen abzusprechen, »was wir unter höheren Gefühlen, männlichen Tugenden und Moral verstehen«, sondern beschuldigten ihn, den Menschen dem Tier gleichzusetzen, indem er behaupte, bei beiden würden die moralischen und geistigen Eigenschaften durch dieselben Gesetze bestimmt, und ganz allgemein auf der Allmacht der Vererbung zu bestehen.[23] Seine Vorgesetzten in dem Krankenhaus, wo er arbeitete, erklärten sein Buch für unmoralisch und gesellschaftsgefährdend, und er mußte es aus dem Verkehr ziehen.[24]

In diesem Klima wurde ein auch für damalige Zeiten so gemäßigter Autor wie der Franzose Cuvier 1827 von seinen eigenen Übersetzern implizit kritisiert; es lag ihnen sehr viel an der Klarstellung, daß es vor allem die Erziehung sei, die den Menschen mache.[25] Die Anthropologie Prichards, die mit der Heiligen Schrift im Einklang steht, kann als typisch für die englischen Prinzipien jener Zeit angesehen werden.

Die frommen Gegner des Rassendeterminismus bewiesen im übrigen manchmal bemerkenswerten Scharfblick. So beklagte 1834 der Pastor Richard Watson die stillschweigende Allianz zwischen Plantagenbesitzern und »Philosophen« folgendermaßen:

> Die erste Klasse besteht aus jenen, welche die Leidenschaften und Laster des Negers in seinem rein heidnischen Zustand bekämpfen müssen und, um ihn zu bessern, als einzige Mittel die Peitsche und die strenge Stimme der Autorität gewählt haben. Die zweite Klasse besteht aus unseren Philosophen, welche die intellektuellen Fähigkeiten nach der Beschaffenheit der Schädelknochen beurteilen, den Geist mit Hilfe von Rechenschieber und Kompaß messen, die Sittlichkeit von den Umrissen des Kopfes abhängig machen und auf diese Weise über die Veranlagungen für Erkenntnis und Seelenheil bestimmen.

Philip D. Curtin, von dem wir dieses Zitat übernehmen[26], schreibt in seinem Buch, daß der Rassendeterminismus erst um die Mitte des vorigen Jahrhunderts zur herrschenden theoretischen Meinung in Großbritannien geworden sei. Etwa 1850-1860 verkündeten so vielgelesene und einflußreiche Autoren wie die Utilitaristen John Stuart Mill und Thomas Buckle, Apostel der Vernunft und des Fortschritts, die Lehre der integralen »Umweltabhängigkeit« und schrieben sämtliche ethnisch-kulturellen Unterschiede der Verschiedenheit von Klima und Lebensweise zu.[27] Anderseits erklärte 1863 der Arzt James Hunt, der Gründer der *Anthropological Society,* daß »die Fakten hinsichtlich der physischen, geistigen und moralischen Eigenschaften der Neger in London niemals Gegenstand einer wissenschaftlichen Diskussion waren, während diese Fragen in Frankreich, Amerika und Deutschland freimütig und ausführlich erörtert wurden«.[28] In dieser »wissenschaftlichen Verspätung« kann man einen weiteren Hinweis auf die Eigenheiten des geistigen Klimas in England sehen.

Kehren wir daher zurück zur kontinentalen Wiege des Rassismus. Die in Frankreich im zweiten Viertel des neunzehnten Jahrhunderts allgemein verbreiteten Ansichten spiegeln sich sehr deutlich in den Schriften Auguste Comtes wider.[29] Für den Vater der positivistischen Philosophie verstand es sich ebenfalls von selbst, daß sich die Elite oder Avantgarde der Menschheit aus Angehörigen der weißen Rasse zusammensetze, insbesondere aus Westeuropäern. Folglich meinte er, einzig das Studium der Geschichte der »Vorfahren dieser privilegierten Völker« sei von Interesse; die orientalischen Forschungen, die zu seiner Zeit so populär waren, erschienen ihm nutzlos und sogar schädlich.[30] Außerdem wollte er nur drei große Rassen anerkennen, die weiße, die gelbe und die schwarze, »die einzigen, die sich wirklich positiv unterscheiden lassen«. Der ersten wies er das Prinzip der Intelligenz zu, der zweiten das Prinzip der Aktivität und der dritten das Prinzip des Gefühls. Diese Unterschiede sollten jedoch anscheinend im Zeitalter der allgemeinen Harmonie unter den Menschen, das Comte prophezeite, verschwinden: Denn »die totale Harmonie des Großen Seins erfordert ein enges Zusammenwirken dieser drei Rassen – der spekulativen, der aktiven und der affektiven«. Auch sollten alle Nationen und alle Rassen in dem Höchsten Rat vertreten sein, den Comte in seinem Plan einer »Menschheitsreligion« vorsah; »auch die schwarze Rasse, obwohl wir in unserer Arroganz glauben, sie sei zu unabänderlicher Stagnation verurteilt«.

Comte hatte auch einiges zu der alten Diskussion über die relative Rolle von Umwelt und Vererbung zu sagen. In seinen Augen war die Vererbung, das heißt die Rasse, ein stärkerer »Sozialmodifikator« als das Klima. Er hielt sie jedoch nicht für den dominierenden Faktor und kritisierte vehement die Autoren, die anderer Ansicht waren. Man kann es als Übertreibung ansehen, wenn er um 1850 schreibt, daß »unsere sogenannten Denker allgemein dieser seltsamen Erklärung zuneigen«.[31] Dennoch verdient diese Aussage Beachtung. Tatsächlich gab es in Frankreich damals schon zahlreiche Autoren, die in den Rassen eine teilweise oder sogar globale Erklärung für die geschichtliche Entwicklung sahen, was so viel bedeutete, wie die theologische Interpretation durch eine wissenschaftliche oder die Vorsehung durch die »Physiologie« zu ersetzen. Es ging also nicht mehr darum, herauszufinden, ob die Rassen ungleichwertig seien (wie beinahe jedermann damals annahm), sondern – wie Gobineau und manche andere es taten – aus dieser Ungleichheit historisch-philosophische Schlußfolgerungen zu ziehen. Wenden wir uns nun den ersten Autoren zu, die dieser Meinung Ausdruck verliehen.

Die Rasse als Motor der Geschichte

Wir haben in den vorigen Kapiteln gesehen, welche grundlegende Bedeutung die europäischen Völker zu allen Zeiten ihrer Herkunft oder »Rasse« beimaßen und wie in der Restaurationszeit gewisse politische Polemiker und Historiker in Frankreich durch die Kombination der alten Überlieferungen mit den neuen anthropologischen oder »physiologischen« Konzeptionen den revolutionären Umsturz als »Rassenkampf« interpretierten, ohne jedoch zu präzisieren, was sie unter »Rasse« verstanden. Einer von ihnen, Charles Comte (1782-1837), dessen Name zu Unrecht vergessen ist, gab dem »Rassenstolz« die Schuld für die wichtigsten politischen Konflikte in Europa. In Deutschland verliehen die Napoleonischen Kriege der alten Auffassung von der »rassischen« Überlegenheit der Germanen einen neuen und militanten Anstrich; allerdings blieb diese Auffassung noch christlichen Wertvorstellungen untergeordnet und auf die eine oder andere Weise mit der religiösen Überlieferung verbunden: die Mission des deutschen Volkes – wie auch die des englischen jenseits des Ärmelkanals – wurde als eine gottgewollte Sendung verstanden. So gesehen, war die erste Heimat des Rassendeterminismus Frankreich, wo unter den vorhin beschriebenen »ideologischen« Einflüssen die Gesetze der Wissenschaft, welche angeblich die Entwicklung des Menschen bestimmen, sich zu Beginn des neunzehnten Jahrhunderts von der göttlichen Kontrolle emanzipierten. Als Augustin Thierry schrieb, sowohl die Physiologie als auch die Geschichte bewiesen den dominierenden Einfluß der Rasse, schien er in dieser bereits den primären Motor zu sehen. Doch mußte erst eine Brücke geschlagen werden von den alten, imaginären Rassen der europäischen Mythologien und Überlieferungen zu jenen, die soeben von den Anthropologen im Weltmaßstab registriert worden waren.

Diese unlösbare Aufgabe führte in zahllose geistige Sackgassen. Die »historischen« Rassen, die im allgemeinen von einem mythischen Ahnen abstammen, waren nichts anderes als die alten Völker Europas; und die großen Klassifikatoren des achtzehnten Jahrhunderts begnügten sich damit, sie der weißen Rasse zuzuordnen. Die neue Geschichtsbetrachtung, vom aufkeimenden Nationalismus stimuliert und durch die Polemiken der Zeitungen popularisiert, zwang zur Suche nach »physiologischen« Unterteilungen innerhalb dieser Rasse; diese Unterteilungen führten aber meist zur Verwechslung der Rassen mit den alten »Völkern« oder der alten Kulturen mit den europäischen Sprachen. Die französischen und englischen Autoren kamen so zu dem Schluß, daß es auf ihrem Boden zwei oder mehrere »Rassen« geben müsse; zweifellos ist es in dieser Hinsicht bezeichnend, daß die deutsche Anthropologie des neunzehnten Jahrhunderts, die sich zumindest nicht mit diesem falschen Problem auseinandersetzen mußte, theoretisch kohärentere Begriffe auszuarbeiten vermochte.[32]

Der anglofranzösische Naturforscher und spätere Gründer der Pariser Ethnologischen Gesellschaft, W. F. Edwards, ahnte diesen Zwiespalt. In einem programmatischen Brief, den er 1829 an Amédée Thierry schrieb, warf er das Problem der Entsprechung zwischen »historischen« und »physiologischen« Rassen auf.[33] »Sie behaupten«, schrieb er, »das Vorhandensein historischer Rassen, die ganz und gar unabhängig sein können von jenen, welche die Naturwissenschaft kennt. Sie haben das Recht dazu, denn jede Wissenschaft hat ihre Prinzipien; es kann aber auch sein, daß Sie, wenn Sie diesen Prinzipien folgen, zu demselben Resultat gelangen, das man erhält, wenn man eine andere Wissenschaft anwendet.«

Tatsächlich entstand sofort Verwirrung: In demselben Augenblick nämlich, in dem der Naturforscher die Hoffnung ausdrückte, sich mit dem Historiker zu »treffen«, schlug er vor, nachzuforschen, »bis zu welchem Grad die Unterscheidungen, welche die Geschichte zwischen den *Völkern* trifft, mit den natürlichen Unterschieden übereinstimmen können.«

Edwards stellte anderseits fest, daß »Völker, die sich in verschiedenen Klimazonen niedergelassen haben, ihre Eigenart durch Jahrhunderte bewahren können«; und indem er den Kritiken an der alten »Klimatheorie« neue hinzufügte (er glaubte, daß diese vor allem durch die Sprachwissenschaft widerlegt werde), warf er ein doppeltes Problem auf: das Problem der dauernden Erblichkeit von Rassenmerkmalen und das Problem der strengen Korrelation von Physis und Moral, die von Autoritäten wie Cabanis und Broussais postuliert wurden. Er selbst aber suchte Unterscheidungen je nach dem einzelnen Fall zu treffen. Das Beispiel der Juden schien ihm für eine absolute »rassische Beständigkeit«[34] zu sprechen; er war jedoch nicht sicher, ob es sich immer so verhalten habe: »Nicht alle Völker wären gleichermaßen widerstandsfähig.«

Interessant ist, daß Edwards die Juden als eine Rasse ansah. Auch das war ein Zeichen der Zeit. Im Jahrhundert davor hatte man sich damit begnügt, die »jüdische Nation« der weißen Rasse zuzuzählen, und ihr besonderes Schicksal wurde entweder der Vorsehung oder der Verkommenheit der Juden zugeschrieben. Nun also wurde diese Kaste oder »historische Rasse« in den Rang einer »physiologischen Rasse« erhoben und bald allgemein »semitisch« genannt. Auch andere Autoren hoben den Fall der Juden hervor (wie wir gesehen haben, glaubte Michelet, die Juden seien eine »reine Rasse«, und sah darin die Ursache ihrer historischen Leiden).

Edwards hatte also – interdisziplinär, wie wir heute sagen würden – das Problem des Rassendeterminismus aufgeworfen. Gleichzeitig versuchten einige heute vergessene zeitgenössische Autoren, ohne Rücksicht auf seine Skrupel und Fragen, daraus ein universelles Erklärungsprinzip zu machen. Ein solches scheint auf den ersten Blick das von Charles Comte, einem militanten Republikaner, im Jahr 1827 vorgelegte System zu sein, das die allgemeine Ausbeutung des Menschen durch den Menschen, des Sklaven durch seinen Besitzer, des Leibeigenen durch seinen Feudalherrn erklären sollte. Wenn man jedoch näher hinsieht, so waren die »Rassen«, so wie er sie auffaßte, eher Gesellschaftsklassen, die ebenso durch ihre gemeinsame Lage wie durch ihre gemeinsame Abstammung zusammengehalten wurden. »Wenn nach einer Eroberung Völker verschiedener Rassen auf demselben Boden leben«, schrieb er, »dann bewahrt jede dieser Rassen die Sitten und Vorurteile, die aus Herrschaft und Knechtschaft entstanden sind, und gibt sie an ihre Nachkommen weiter.« In seinen Augen war die physiologische Zusammengehörigkeit dieser Völker oder »Kasten« nicht allzu bedeutsam: »Wenn die beiden Kasten derselben Art angehören und sich folglich nicht durch physische Merkmale unterscheiden, dann unterscheiden sie sich durch künstliche Zeichen [...] der Europäer schätzt nicht so sehr diese Namen oder jenes Zeichen an sich, sondern daß er einen Angehörigen der Erobererrasse unter seinen Vorfahren hat.«

Das hieß in Frankreich den »Streit der zwei Rassen« heraufbeschwören; Comte meinte jedoch, die ganze Weltgeschichte werde von solchen Gegensätzen bestimmt. »Auf den Archipelen des Ozeans [...] ebenso wie in allen Ländern Europas«, überall fand er diese beiden antagonistischen Gruppen vor: »Diejenige, die das Land als erste besaß, es urbar machte und heute noch bebaut; und jene, die später kam und sich des Bodens und seiner Bebauer bemächtigte.« Seine Sympathien galten sichtlich ersteren, den »Galliern aller Länder« gewissermaßen, die in »Werkzeuge« verwandelt worden waren: »[...] Unter einem solchen Regime werden die Personen der unterworfenen Klassen zu Gegenständen degradiert.« Dies läßt eher an Karl Marx denken als an Gobineau; Comte zeigte sich sehr skeptisch hinsichtlich der Wertunterschiede zwischen den Rassen, wenn er auch zögerte, sich diesbezüglich deutlich auszudrücken, und sich auf den unvollkommenen Stand des Wissens seiner Zeit berief. Originell in seiner Denkweise, unterschied er jedenfalls zwischen der Realität der Rasse und ihrem phantasmagorischen Abbild (man könnte auch sagen: zwischen »Natur« und »Kultur«), und er beschrieb die Beständigkeit der Rassenmythen unter ihren jeweiligen Verkleidungen in seiner eigentümlichen Sprache:

> Die Art von Stolz, die im Menschen als letztes erlischt, ist der Rassenstolz; ein Mensch kann auf seinen individuellen Stolz, auf den Familienstolz, ja selbst auf den Nationalstolz, verzichten; der Artenstolz wird aber nicht so leicht aufgegeben; auf dieses Gefühl müssen wir unsere Systeme der Bildung und Gliederung der Völker zurückführen [...][35]

Sein Freund dagegen, der Nationalökonom Barthélemy Dunoyer, bestand auf der Ungleichheit der Rassen und schrieb als echter Sohn seines Jahrhunderts der Physiologie eine erstrangige Rolle zu. Diese Rolle wurde, wie er glaubte, durch die politische Realität bestätigt: »Wieso herrscht nicht die schwarze Rasse? Warum dient nicht die weiße Rasse?« Liberal in seinen Überzeugungen wie Charles Comte, beklagt Dunoyer jedoch diese allgemeine Ungleichheit: »Es bleibt die Tatsache bestehen, daß die Menschen ungleich sind; das gleiche gilt für die Rassen, man kann davor nicht die Augen verschließen[...] Aus der ungleichen Vervollkommnungsfähigkeit dieser Rassen können sehr traurige Dinge entstehen, zum Beispiel die Unmöglichkeit, daß alle gleichermaßen fleißig, reich, aufgeklärt, moralisch und glücklich werden.« Und diese Überlegungen veranlaßten ihn – allerdings ohne große Begeisterung –, den Germanen den Siegespreis als überlegene Rasse zuzusprechen. Habe denn die Geschichte nicht gezeigt, daß man sie »als die einzigen und ersten Gründer der modernen Gesellschaften betrachten« müsse? Die Gesetze der Ästhetik – in der alten wie auch in der neuen Kunst – schienen ihm ebenfalls die Überlegenheit des »teutonischen Typs« gegenüber dem »keltischen« zu bestätigen –, ein Urteil, das wir auch bei Balzac finden, in Form eines Kontrasts zwischen der »franken« aristokratischen Haltung des Lucien de Rubempré und den »welschen« Plattfüßen und dem Pferdehals seines Freundes David Séchard.[36] Es folgte eine Polemik zwischen Dunoyer und Charles Comte; auf recht bezeichnende Weise warf der erste dem zweiten vor, die Ungleichheit der Menschenrassen zu leugnen, trotz des Richtspruchs der Wissenschaft; Charles Comte verbat sich den Vorwurf, ein endgültiges Urteil über einen so ungewissen Punkt abgegeben zu haben.[37]

Auch der Saint-Simonist Victor Courtet de l'Isle sah in den Germanen die höchste Rasse, als er nach den primären Ursachen forschte, welche die Geschichte der menschlichen Gesellschaften bestimmen, »organische Ursachen, die der Existenz des Menschen inhärent sind«, schrieb er.[38] Diese Rasse habe sich einst über Europa ergossen »als das Öl der Nationen«; sie sei »groß, stark, schön« gewesen, habe das »natürliche Schönheitsideal des Menschen repräsentiert« und sei deshalb von der Natur ausersehen gewesen, die Rassen zu unterjochen, die das Römische Reich bildeten. Dies aber habe sich in der fernen Vergangenheit ereignet; im Westen habe eine Rassenverschmelzung stattgefunden und einen »Geist der Gleichheit« hervorgebracht, den sowohl das Christentum als auch die Revolution bezeuge. Wir haben gesehen, wie Courtet sich eine »Auflösung« dieses Rassengemisches im Namen der Befriedung Europas vorstellte; auch in seinem Hauptwerk, der *Science politique fondée sur la sience de l'homme* (1837), kam er von neuem auf dieses Projekt zurück. Das Buch war realistisch gemeint; Hauptindiz für die Qualität der Rassen sei ihre Befähigung zur Herrschaft; daher seien – per definitionem – die Herren den Sklaven überlegen; in diesem Sinn hätten die Europäer, so gemischt sie auch seien, ihre Überlegenheit reichlich und im Weltmaßstab bewiesen. Dasselbe Kriterium veranlaßte Courtet, die Überlegenheit nicht nur der Asiaten, sondern auch der amerikanischen Indianer über die Neger zu postulieren. Die Schwarzen siedelte er, wie damals fast jedermann, ganz unten auf der sozialen Stufenleiter an, da ihre absolute Minderwertigkeit durch das Faktum bewiesen werde, daß »sie niemals eine fremde Rasse unterworfen haben; sie haben einander gegenseitig unterjocht«.

Ein origineller Einfall Courtets war der Gedanke, daß die Menschheitsgeschichte nicht nur »physikalisch«, durch die Kämpfe zwischen den Rassen, bestimmt worden sei, sondern auch auf intimere Art durch die fluktuierenden Blutmischungen oder -dosierungen, folglich also auch »chemisch«. Courtet scheint der erste gewesen zu sein, der diese Idee »wissenschaftlich« formulierte; sie sollte über Gobineau zu einem Dogma des modernen Rassismus werden. Es ist bezeichnend, daß Courtet sie im Vergleich zu den alten Vorstellungen für »fortschrittlich« hielt. Dies geht auch aus seiner Kritik an Thierry hervor:

> Thierrys Methode hat leider einen reaktionären, exklusiven Charakter. Er kümmert sich nur um die Urkonflikte der Rassen und sucht in der Erinnerung an diese früheren Gewalttaten, das heißt, in der Verewigung des dadurch hervorgerufenen Hasses, die Ursache für alle gegenwärtigen Konflikte [...] Die Blutmischung aber,

die schrittweise Angleichung der Interessen, hat diese antagonistischen Elemente allmählich vernichtet, und die späteren Revolutionen, die heutigen Revolutionen werden nicht mehr von jenem Haß, jenen Erinnerungen verursacht [...][39]

Für den Saint-Simonisten Courtet war diese Mischung vom Standpunkt der Industrie und des Fortschritts aus heilsam, da »nichts vorteilhafter ist für die Arbeitsteilung, die ja die erste Quelle allgemeinen Wohlstands ist. Die sozialen Funktionen sind notwendigerweise stets abgestuft und werden es immer sein; die Rangunterschiede sind jetzt und immer die Folge der Unterschiedlichkeit der Funktionen. Wenn die Natur also durch die Ungleichheit der Rassen ganz allgemein die Befriedigung dieses doppelten Bedürfnisses vorgesehen hat, dann müssen wir den Schöpfer aller Dinge dafür preisen.«[40]

In seiner Schlußfolgerung jedoch kehrte Courtet den objektiven Wissenschaftler hervor, der sich damit begnügt, seine Zeitgenossen über die Gesetze der Rasse aufzuklären, und sie daher auffordert, zu wählen zwischen der Ordnung der Diktatur einer Rasse über eine andere und den Zwistigkeiten und Rebellionen gerechter, egalitärer Gesellschaften, in denen die Rassenindividualität völlig ausgelöscht ist. Geht man von dem Schlußwort aus: »Ihr werdet die Freiheit im Schoß der Sklaverei und die Sklaverei im Schoß der Freiheit finden«, dann sollten in moralischer Hinsicht die Vor- und Nachteile sich die Waage halten, welche der beiden Formeln die Menschheit auch wählen möge.

Durch die Ausarbeitung pseudowissenschaftlicher Systeme mit monistischer Tendenz trieben obskure Vorläufer auf verschiedene Weise die Ansichten, welche die Atmosphäre der damaligen Zeit durchdrangen, bis zum Extrem; am Rande finden sie sich bei mehr als einem illustren Autor. Selbst ein so unbeugsamer Katholik wie Joseph de Maistre zollte ihnen unerwarteten Tribut. Als er nach einer Erklärung für den »Zustand höchster Verdummung bei den Wilden«, diesen »geborenen, völlig unverbesserlichen Verbrechern«, suchte[41], nahm er an, ihre Vorfahren müßten irgendeine beispiellose Untat begangen haben, eine zweite »Erbsünde«; diese hätte den Ausschluß der Wilden aus dem Menschengeschlecht zur Folge gehabt, dessen Einheit solcherart zerstört worden sei. Die Überzeugung, daß die Rassen von Grund auf ungleich seien, schlug sich also auch in de Maistres Vorstellung vom göttlichen Ratschluß nieder und veranlaßte ihn, eine völlig neue Theologie zur Diskussion zu stellen: Die Menschen seien nicht mehr gleich vor

Gott, da die »Wilden«, gebeugt unter der Last zweier Erbsünden, doppelt entartet seien; und der »Laientheologe der Vorsehung« warf der etablierten Theologie vor, »dem schrecklichen Zustand der Wilden ein Deckmäntelchen umgehängt zu haben; die unermeßliche Nächstenliebe der katholischen Priesterschaft setzte oft, wenn sie von diesen Menschen sprach, den Wunsch an die Stelle der Realität.«

Mit dieser Auffassung steht Joseph de Maistre allein da; im allgemeinen kamen diejenigen, die an die Wichtigkeit des rassischen Faktors glaubten, ohne solche theologischen Umwege aus. Dagegen wurde jener Glauben im liberalen Lager manchmal als eine unbequeme Wahrheit empfunden. Benjamin Constant lobte Dunoyers Buch und schrieb: »Dieses System enthält einen Teil Wahrheit: es ist interessant und stellt eine Bereicherung für die Wissenschaft dar, aber wir meinen, daß man es sorgfältig von der Politik trennen sollte [...] Mögen die Physiologen sich mit den ursprünglichen Unterschieden beschäftigen, welche die Fähigkeit zur Vervollkommnung, die jeder Gattung eignet, früher oder später überwindet, aber hüten wir uns davor, der Politik damit einen neuen Vorwand für Ungleichheit und Unterdrückung zu liefern.«[42] Dazu können wir auch folgenden Gedanken Lamartines zitieren: »Je mehr ich gereist bin, desto mehr bin ich überzeugt, daß die Rassen das große Geheimnis der Geschichte und der Sitten sind.«[43] Die vorherrschende Strömung tendierte zu einer Art pluralistischer Interpretation, die später Hippolyte Taine zum System erhob mit seiner Theorie von den drei Faktoren: Rasse, Milieu und Umstände, wobei der wichtigste Faktor die Rasse sei; »die erste und reichste jener Kräfte, aus denen sich die historischen Ereignisse herleiten«.[44]

Auch in Großbritannien begannen um 1840 »rassische« Geschichtsinterpretationen aufzutauchen. Die Konzeption Thomas Arnolds, des berühmten Pädagogen von Rugby, hatte einen moralisierenden und spiritualistischen Akzent: Arnold entwarf ein Panorama der Weltgeschichte, in dem der teutonischen Rasse die Rolle eines speziellen Werkzeugs der Vorsehung zukam. Die Fackel der Zivilisation sei von einer Rasse zur anderen weitergereicht worden, worauf jede dieser Rassen, die ihre Aufgabe erfüllt hatte, von der historischen Bühne abgetreten sei. Die Griechen hätten ihre Sternstunde gehabt, dann seien die Römer an der Reihe gewesen; die Hochblüte der christlich-abendländischen Kultur sei jedoch zur Gänze den Germanen zu verdanken. Sie hätten das Vermächtnis der Antike bewahrt und die mittelalterliche Zivilisation entwickelt; und dank ihnen habe die europäische Zivilisation sich über die ganze Welt ausgedehnt (damit wurde der besondere Beitrag der angelsächsischen Nation hervorgehoben). Arnold verriet nicht, wer die Nachfolge der Germanen antreten sollte; ein wenig wie bei Hegel bildeten die Germanen für Arnold die Krönung der Geschichte. Für ihn war Deutschland »das Land unserer Ahnen, der Sachsen und Teutonen, die durch keinerlei Mischung, weder mit den Römern noch mit anderen, verdorben waren; der Geburtsort der sittlichsten Rasse, die die Welt jemals gesehen hat; der gesündesten Gesetze, der geringsten Leidenschaften und der schönsten häuslichen und anderen Tugenden.«[45]

Die christliche Gesinnung hinderte Arnold jedoch nicht, der polygenetischen Hypothese zuzuneigen: Er halte es nicht für unwahrscheinlich, schrieb er, daß der Hellene und der Australier keinen gemeinsamen Stammvater hätten. Seine Spekulationen ebenso kühn wie Joseph de Maistre, wenn auch in anderer Richtung, vorantreibend, meinte er, der Allmächtige könnte seinerzeit neben dem Volk Israels auch das Volk von Hellas zu seinem Werkzeug erwählt haben, »indem er der Menschheit alles religiöse Wissen durch die Vermittlung des jüdischen Volkes und alle intellektuelle Zivilisation durch die Vermittlung der Griechen zukommen ließ«.[46] Die Griechen besaßen »die Fähigkeit des Nachdenkens und des Fragens«; daher hätten selbst im Lager der Frommen die alten Glaubensdogmen sich entwickelt und schließlich aufgelöst, da sie sich der Wissenschaft beugen mußten. Nichtsdestoweniger blieb für Thomas Arnold die göttliche Vorsehung die treibende Kraft; ihr habe es gefallen, zuletzt die germanische Rasse zum Werkzeug ihrer Absichten zu machen.

Wenig später aber übernahm der junge Disraeli die Rassenthese, ließ jedoch die Vorsehung in der Versenkung verschwinden und legte die Schlüssel des Schicksals kaltblütig wieder in die Hände der Juden. Kurz nach seinem Eintritt in die Politik legte Disraeli seine Weltanschauung und seine Ideen in seiner großen Romantrilogie *(Coningsby,* 1844; *Sybil,* 1845; *Tancred,* 1847) dar. Seine ganze Geschichtsphilosophie ist enthalten in dem Satz: *»All is race; there is no other truth.«* Den anthropologischen Ansichten seiner Zeit entsprechend, reihte er die Juden in die »kaukasische Rasse« ein; und er beschrieb ihre geheime Macht folgendermaßen:

> In diesem Augenblick übt der jüdische Geist trotz einer jahrhundertelangen, ja Dutzender von Jahrhunderten währenden Erniedrigung einen weiten Einfluß auf die europäischen Angelegenheiten

aus. Ich will damit nicht reden von ihren Gesetzen, denen Sie noch gehorchen, noch von ihrer Literatur, mit der Sie Ihren Geist gesättigt haben, sondern nur von dem lebendigen hebräischen Verstand. Es gibt keine bedeutende intellektuelle Bewegung in Europa, an der die Juden nicht einen großen Anteil haben. Die ersten Jesuiten waren Juden. Die geheimnisvolle russische Diplomatie, die Westeuropa derartig in Unruhe versetzt, wird in der Hauptsache von Juden geleitet. Jene mächtige Revolution, die in diesem Augenblick in Deutschland sich vorbereitet und die – so wenig sie in England bekannt ist – zu einer zweiten und viel umfassenderen Reformation werden wird, entwickelt sich in ihrer Gänze unter dem Einfluß der Juden, die ein Monopol auf alle Lehrstühle der Professoren in Deutschland innehaben [...][47]

Während in England der künftige Lord Beaconsfield als erster den Streit auf politisches Gebiet verlagerte, fanden seine Mystifikationen das stärkste Echo auf dem Kontinent, wo sie den Propagandisten des Vulgär-Antisemitismus vorzügliche Argumente lieferten (in einer späteren Schrift gab Disraeli den Wühlereien der Juden die Schuld an den Revolutionen von 1848!). Die Briten ihrerseits betrachteten diese Großsprechereien als eine harmlose Schrulle; im übrigen behielt Disraeli den zweiten Platz in seiner Hierarchie den Sachsen vor, der Rasse, die sich am besten durch die »Spiritualität der Semiten« erleuchten ließe.[48]

Bei dem Chirurgen Robert Knox, den Ph. D. Curtin »als Begründer des britischen Rassismus«[49] bezeichnet, war keine Rede mehr von Spiritualität, weder von semitischer noch von sonstiger. In seiner 1850 publizierten »philosophischen Untersuchung« über die Menschenrassen beschrieb er die Juden als nutzlose Parasiten, übernahm jedoch Disraelis Formulierung und baute sie folgendermaßen aus:

Daß die Rasse in den Angelegenheiten des Menschen über alles bestimmt, ist einfach eine Tatsache, die bemerkenswerteste, allgemeinste Tatsache, welche die Philosophie je verkündet hat. Die Rasse ist alles: Literatur, Wissenschaft, Kunst – mit einem Wort, die Zivilisation hängt von ihr ab.[50]

Knox taufte sein System »transzendentale Anatomie«, obwohl es frei war von jeglicher Transzendenz. Seiner Meinung nach waren die begabtesten Rassen, besonders in philosophischer Hinsicht, die Goten und die

Slaven, gefolgt von den Sachsen und den Kelten (er scheute sich nicht, die »übermäßige Selbstgefälligkeit des Sachsen« zu kritisieren). Am entgegengesetzten Ende befanden sich die Neger, denen Knox jedoch so viel kriegerische Qualitäten zusprach, daß sie die Oberhoheit der Weißen in Afrika gefährden könnten. Alle diese Akzente waren neu. Großbritannien begann sich dem Kontinent anzupassen, und das Buch erregte Aufsehen. Darwin zitierte es beifällig; und die Historiker der Anthropologie sehen in Knox einen Vorläufer der Evolutionslehre, der Darwins und Spencers Gedanken über die natürliche Auslese und das »Überleben der Tüchtigsten«[51] vorwegnahm. Nicht weniger neu für sein Land und seine Zeit war seine antijüdische Argumentation (die sich teilweise gegen Disraeli richtete), da er den Juden nur das Schmarotzertum und die kulturelle Sterilität der »Hebräer« zuschrieb – Fehler, die seiner Meinung nach auf das graueste Altertum zurückgingen –, ohne ihren Glauben zu erwähnen, und weil die Art seiner Vorwürfe den modernen Antisemitismus vorwegnahm. Dennoch neigte er, im Gegensatz zu den Antisemiten auf dem Kontinent, zu der Vermutung, daß bei Halbjuden das sächsische oder keltische Blut stärker sei als das jüdische, und vielleicht blieb er hierin Engländer.[52]

Die historisch-literarischen Arbeiten, die sich seit der Jahrhundertwende mit Gobineau befassen, werfen oft die Frage nach dessen Quellen auf. Einer merkwürdigen Hypothese eines deutschen Autors aus dem Jahr 1926 zufolge soll Gobineau von Disraeli in die Mysterien der Rasse eingeführt worden sein, und zwar im Lauf von Gesprächen, die in Paris stattgefunden haben könnten.[53] Eine etwas solidere Beweisführung, die wir Jean Boissel verdanken, verweist auf eine gewisse Verwandtschaft der Hauptgedanken des *Versuchs über die Ungleichheit der Menschenrassen* mit den Anschauungen Courtet de l'Isles. Welcher Art jedoch auch die Filiationen sein mochten, Gobineau hat praktisch nichts anderes getan, als Ansichten, die damals bereits fest verwurzelt waren, auf sehr persönliche Art zu systematisieren; was er an Neuem beitrug, war die pessimistische Schlußfolgerung, das Totengeläut für die Zivilisation. Unter dem Deckmantel der Wissenschaft reagierte er Ressentiments oder Enttäuschungen aller Art ab; er bekannte übrigens selbst, daß die Wissenschaft für ihn nur ein Mittel sei, seinen »Haß gegen die Demokratie und die Revolution zu befriedigen«.[54]

Was genau er seinen Zeitgenossen zu sagen hatte, drückte er 1856 (kurz nach dem Erscheinen seines Buches) in einem Brief an Tocqueville folgendermaßen aus: »Ich sage den Leuten nicht: *Ihr seid entschuldbar oder verurteilenswert,* ich sage ihnen: *Ihr sterbt.*«[55] Es ist wichtig, Gobineaus Anschauungen näher zu untersuchen; sie haben wenig gemein mit seiner Legende: wegen seiner Rassenhierarchie hätte sein Versuch logischerweise auf den Scheiterhaufen des Dritten Reichs landen müssen.

Gobineau, der ungeheuer belesen war, zog die gesamte anthropologische Literatur seiner Zeit sowie die Werke des bedeutendsten »Physiologen« für seine These heran; was aber die eigentlich historischen Quellen betrifft, so kommt gewiß der Bibel der erste Platz zu. Tatsächlich hielt sich Gobineau an die biblische Chronologie (die Menschheit, wenn nicht sogar das Universum, sei fünf- oder sechstausend Jahre alt), und den roten Faden seiner Schöpfungsgeschichte entlehnte er der Genesis, in der seiner Ansicht nach nur von den Weißen die Rede ist; sie allein hätten das »Monopol auf Schönheit, Intelligenz und Kraft«.[56] Diese Rasse, seit ihrer Geburt von der Vorsehung geleitet, sei in Nordasien entstanden und habe sich dann in drei Stämme geteilt: in die Stämme Ham, Sem und Japhet (die späteren »Arier«). Alle drei waren gleichermaßen mit Gaben und Tugenden ausgestattet. Nach Gobineau, wiederholen wir es, verfügte die weiße Rasse seit ihren ersten Tagen über »die beiden wichtigsten Elemente jeder Zivilisation: über eine Religion und eine Geschichte«.

Bezüglich des Ursprungs der minderwertigen oder »sekundären« farbigen Rassen flüchtete sich Gobineau, der der alten Tradition der Kirche anscheinend nicht widersprechen, diese Rassen aber auch nicht mit der auserwählten weißen Rasse in Verbindung bringen wollte, in Inkohärenz. Nebenbei gab er die Existenz eines »Urmenschen, des Adamiten«, zu, zog es aber vor, dieses geheimnisvolle Wesen »außer Streit zu stellen«.[57] Zwischen dem »Adamiten« und der schwarzen und der gelben Rasse, deren Ursprung Gobineau in Afrika beziehungsweise Asien vermutete, blieb eine Kluft bestehen. Kurz, wir können sagen, daß er in der Theorie Monogenetiker, in der Praxis Polygenetiker war.

Anderseits behauptete er, in allen Zweigen des Menschengeschlechts gebe es einen »Rasseninstinkt«, der sich Kreuzungen widersetze (»Gesetz der Abstoßung«). Aber die Qualitäten der weißen Rasse, ihre zivilisatorische Sozialität und ihre Expansion durch Eroberungszüge hätten bei ihr schließlich eine entgegengesetzte Tendenz hervorgebracht (»Gesetz der Anziehung«). Daher sei die weiße Rasse und folglich auch die Zivilisation zerbrechlich, ephemer; denn selbstverständlich hätten die

»Beimischungen minderwertigen Bluts«, die durch das »Gesetz der Anziehung« unvermeidlich geworden seien, bald verheerende Folgen: nach den Gesetzen der »historischen Chemie« seien die »ternären« und »quaternären« gemischten Unterrassen degenerierte Rassen.[58] So sei zunächst das Blut der Hamiten infolge ihrer Expansion und ihrer Eroberungen »mit schwarzem Blut gesättigt«[59], sie selbst tief herabgewürdigt worden. Eine ähnliche, aber bei weitem nicht so stark ausgeprägte Entwicklung habe das Los der Semiten bestimmt; nur die Söhne Japhets, die »Arianer«, seien bis zur Zeitenwende fast völlig rein geblieben. Dann seien auch sie, je weiter sie sich ausbreiteten, auf die schiefe Bahn geraten.

Dennoch wäre es ein Irrtum, anzunehmen, daß die Farbigen für Gobineau verachtenswert oder nicht besser als Vieh gewesen wären; im Gegenteil, es ist überraschend, wie gemäßigt er über sie urteilt. Er unterstreicht, welche Kluft zwischen ihnen und den Menschenaffen liegt[60], und wirft den Anthropologen seiner Zeit Übertreibungen vor:

> Die meisten wissenschaftlichen Beobachter haben bis jetzt einen entschiedenen Hang besessen, die niedrigsten Typen tiefer herabzusetzen, als sich mit der Wahrheit verträgt. Fast alle ersten Nachrichten über einen wilden Stamm schildern ihn fälschlich in schauderhaften Farben.[61]

Den Schwarzen vor allem schrieb er eine »universelle Phantasie« zu, die der zivilisatorischen weißen Rasse fehle und in der er die Quelle aller Künste sah:

> Gewiß ist das schwarze Element unentbehrlich, um das künstlerische Genie bei einer Rasse zu entwickeln; haben wir doch gesehen, welch verschwenderische Fülle von Feuern, Flammen, Funken, von Hingerissenheit und Unüberlegtheit in seinem Wesen liegt, und wie sehr die Phantasie, dieser Reflex der Sinnlichkeit, und all das Begehren nach der Materie es geeignet machen, die Eindrücke, welche die Künste hervorbringen, [...] zu erleiden.[62]

Bezüglich der Juden, deren Blut Gobineau für relativ unverfälscht hält, könnte wirklich Disreali ihn zu folgender Beschreibung angeregt haben, die an eine Lobeshymne auf diese »auserwählte Rasse« grenzt:

Die Juden befanden sich in einer ähnlichen Lage, sie waren von Stämmen umgeben, welche Dialekte einer der ihren verwandten Sprache sprachen und von welchen die meisten ihnen ziemlich nahe blutsverwandt waren; sie überholten jedoch alle diese Gruppen. Wir finden sie als Krieger, als Ackerbauern, als Kaufleute; wir sehen sie unter der eigentümlich verwickelten Regierungsform, bei der Monarchie und Theokratie, die patriarchalische Macht der Familienhäupter und die demokratische Volksgewalt, vertreten durch die Volksversammlungen und Propheten, sich auf eine höchst wunderliche Weise das Gleichgewicht hielten, lange Jahrhunderte des Wohlstandes und Ruhmes durchleben und vermöge eines äußerst einsichtsvollen Auswanderungssystems die Schwierigkeiten überwinden, welche die engen Grenzen ihres Gebietes ihrer Ausbreitung entgegenstellten. Und was war dies noch dazu für ein Gebiet? Die neueren Forschungsreisenden wissen, mit welch erfinderischen Anstrengungen die israelitischen Landwirte seine künstliche Fruchtbarkeit aufrechterhielten. Seitdem diese auserwählte Rasse ihre Berge und Ebenen nicht mehr bewohnt, ist der Brunnen, aus dem Jakobs Herden tranken, vom Sande verschüttet, Naboths Weinberg hat die Wüste verheert, gerade wie die Dornen die Stätte von Ahabs Palast. Und was waren die Juden in diesem elenden Winkel der Welt? Ich wiederhole es, ein Volk, geschickt in allem, was es unternahm, ein freies, ein starkes, ein kluges Volk, das, ehe es tapfer, die Waffen in der Hand, den Ehrennamen einer unabhängigen Nation verlor, der Welt fast ebenso viele weise Meister wie Kaufleute geliefert hatte.[63]

Dies alles deshalb, sagt Gobineau später, weil »der Hebräer bei den Mischungen, der seine Rasse unterzogen wurde, mehr Anteil an der weißen Essenz erhielt als seine Nachbarn«.[64] Im übrigen beschäftigt er sich mit endlosen »Rassen-Dosierungen«, die den Lauf der Menschheitsgeschichte widerspiegeln sollen. So sei zum Beispiel das griechische Wunder, das Aufblühen von Kunst und Wissenschaft, aber auch die nachfolgende Dekadenz auf die Rassenmischung zurückzuführen:

1. Hellenen – Arier, die durch Mischungen mit gelben Bestandteilen, aber unter starkem Überwiegen des weißen Grundelements, und einige semitische Verwandtschaften Umwandlungen erlitten haben.

2. Eingeborene – slavo-keltische Völkerschaften, durchtränkt mit gelben Elementen.
3. Thraker – Arier, mit Kelten und Slaven gemischt.
4. Phönizier – schwarzgemischte Hamiten.
5. Araber und Hebräer – sehr gemischte Semiten.
6. Philister – vielleicht reinere Semiten.
7. Libyer – fast schwarze Hamiten.
8. Kreter und andere Inselbewohner – den Philistern ziemlich ähnliche Semiten.[65]

Es versteht sich von selbst, daß sich Rassenkreuzungen dieser Art im Lauf der Jahrhunderte nur noch verschlimmerten; wenngleich die germanischen Invasionen zu Beginn unserer Zeitrechnung Europa einen Aufschub gewährten, so löste sich die Front der Arier doch bald auf in den alten Mischungen römischen, hellenischen und semitischen Bluts.[66] Erstaunlich, daß wir bei Gobineau nicht die genaue Dosierung finden, welche die Französische Revolution nach sich zog; allerdings war seiner Ansicht nach alles Blut in Europa gleichermaßen heillos vermischt. Die letzten Kapitel seines Buches widmet er daher der Bastardisierung der Arier, ohne (entgegen der üblichen Annahme) die Deutschen davon auszunehmen, die von Rückständen sowohl europäischen als auch »finnischen« Bluts infiziert seien. Tragischer noch sah Gobineau das Schicksal der Einwohner der Neuen Welt, die »Abfallprodukte aller Zeiten sind; oftmals gekreuzte Iren, Deutsche, ein paar Franzosen, die es nicht weniger sind, Italiener, die darin alle übertreffen«; darüber hinaus würde sich dieses Gemisch sehr bald mit schwarzem und indianischem Blut verbinden, woraus »nur ein Nebeneinander niedrigster Wesen entstehen könne«.[67]

Dieses Los drohe der ganzen Erde; und der *Versuch* endet so:

> Die weiße Rasse, an und für sich betrachtet, ist hinfort vom Angesicht der Erde verschwunden. Nachdem sie durch das Zeitalter der Götter hindurchgegangen, in dem sie unbedingt rein war, dann durch das Heroenzeitalter, in welchem die Mischungen an Stärke und Zahl noch mäßig waren, durch das Adelszeitalter, während dessen immer noch gewaltige Kräfte aus versiegelten Quellen keine Auffrischung mehr erhielten, steuert sie [...] je nach den Stätten mehr oder minder schnell, der endgültigen Verschmelzung aller ihrer Elemente zu [...] Der bereits so oft geteilte und immer

wieder geteilte Bestand an arischem Blut, der in unseren Ländern noch vorhanden ist und allein das Gebäude unserer Gesellschaft noch stützt, steuert mit jedem Tage mehr dem Endziel seiner Aufsaugung zu [...] Ist dieses Ergebnis erst erreicht, so beginnt die Ära der Einheit [...] dieser Zustand der Verschmelzung, weit entfernt, das Ergebnis der unmittelbaren Verbindung der drei Haupttypen im reinen Zustande zu sein, wird nur das *caput mortuum* einer unendlichen Reihe von Mischungen und folglich von Brandmarkungen sein, der äußerste Grad der Mittelmäßigkeit auf allen Gebieten, Mittelmäßigkeit, man kann fast sagen Null an Leibeskraft, an Schönheit, an Geistesgaben.[68]

Gobineau glaubte sogar, die Dauer dieser Schlußetappe bestimmen zu können: Da die Blüte der Zivilisation fünf- oder sechstausend Jahre gedauert habe, müsse der Verfall, der vor mehreren Jahrhunderten begonnen habe, ungefähr ebenso lang dauern: es liegen also noch drei oder vier Jahrtausende vor dem Augenblick, der »dem letzten Seufzer unserer Gattung vorangeht, Zeiten, in denen der stumm gewordene Erdball – doch ohne uns! – seine Bahnen fühllos fortschreibt [...]«[69]

In Gobineaus Briefen stoßen wir auf die gleiche düstere Poesie: »Ich sage den Leuten nicht: *Ihr seid entschuldbar oder verurteilenswert«* (und er fügte hinzu: »Ich bin ebensowenig ein Mörder wie der Arzt, der das nahende Ende ankündigt«), »ich sage ihnen: *Ihr sterbt«* (und da fügte er hinzu: »Der Winter kommt, und ihr habt keine Söhne«[70]). Visionäre wie Saint-Simon und Auguste Comte – und, eher in versteckten Anspielungen, Ernest Renan – hofften, daß die allgemeine Rassenverschmelzung das Zeitalter der Glückseligkeit und der Harmonie, des ewigen Lebens der Menschheit bringen würde, womit sie gewissermaßen die alte christliche Hoffnung auf die Parusie verwirklichten. Bei Gobineau, der sich für einen guten Katholiken hielt, war die Hoffnung auf die Wiederkunft Christi, des Messias, endgültig verschwunden, und es gab keine andere Zukunft für die Spezies Mensch als das Nichts. In diesem Sinn hat sich die Nachwelt nicht in ihm geirrt: er ist tatsächlich der große Herold des biologisch gefärbten Rassismus, dessen Regressivität unterschwellig von dem Wunsch bestimmt zu sein scheint, die Menschheitsgeschichte zum Ausgangspunkt zurückzuführen.

Metaphysiker und Megalomanen

Als Tocqueville und Renan den Grafen Gobineau über den Mißerfolg seines Buches in Frankreich trösten wollten, verhießen sie ihm bessere Chancen in deutschen Landen. Tocqueville sprach von der Fähigkeit der Deutschen, »sich für das zu begeistern, was sie für die abstrakte Wahrheit halten«, und versprach Gobineau, daß sein Buch »vor allem über Deutschland nach Frankreich zurückkehren« werde.[71] Renan sprach von dem Verständnis der Deutschen für Rassenprobleme, von ihrem Festhalten an »ihren ursprünglichen Wurzeln«.[72]

Die Zukunft sollte beiden recht geben. Immer öfter werden uns die Fäden dieser Untersuchung nun nach Deutschland führen, ins Gelobte Land der europäischen Rassenphantasien, die Hochburg des Reinheitsgedankens, dem die Napoleonischen Kriege nationalistische und militante Töne hinzugefügt hatten. Nichts illustriert dieses neue Klima besser als die Wahnideen Fichtes, der, wir wir gesehen haben, die nichtdeutschen Völker weißer Rasse in den ersten Kreis der Hölle verbannte; dies entsprach letzlich der ständigen Vermengung von »historischer Rasse« und »physiologischer Rasse«. Nichtsdestoweniger hielt sich Fichte an das Kriterium der Sprache und schlug folglich einen Umweg ein; auch fand die biologisch-materialistische Philosophie der französischen Autoren östlich des Rheins eigentlich niemals eine große Anhängerschaft. Die verschwommene Sprache des deutschen Idealismus erlaubte es jedoch, die germanische Rasse als Quintessenz der weißen Rasse zu glorifizieren oder andere Menschengruppen unwiderruflich zu verurteilen (wie es Fichte im Fall der Juden tat[73]); im Land der Dichter und Denker aber war das metaphysische Urteil auf allen Gebieten und für die meisten Menschen ausschlaggebend.

Die deutschen Philosophen behandelten das »Verhältnis von Physis und Moral« weiterhin vom Standpunkt des »Moralischen«: Das »Unsichtbare« sollte Aufschluß geben über das Sichtbare, die Materie wurde in gewisser Weise vom Denken »ausgeschieden«. Der Gegensatz zur französischen Ideologie drückte sich am schärfsten in einer *Naturphilosophie* aus, für die alle natürlichen Phänomene nur ein Symbol, ein Zeichen der »Idee« waren. Es mußten nur die besonderen Formen der allgemeinen Beziehung festgestellt, die geheimen Bedeutungen dieser Naturphänomene aufgedeckt werden – wodurch die romantische Phantasie freien Lauf erhielt und sich den extravagantesten Fieberträumen hingeben konnte, die hie und da von Genieblitzen durchzuckt wurden.

Friedrich Wilhelm Schelling (1775-1854), oft als der Vater der *Naturphilosophie* bezeichnet, scheint die verschiedenen Menschenrassen zunächst im klassischen Geist der Aufklärung beurteilt zu haben. Gewiß, die weiße Rasse war die edelste von allen: aber wie war sie es geworden? Vielleicht deshalb, weil sie, im Gegensatz zu den farbigen Rassen, ihre ursprüngliche Würde völlig bewahrt hatte (wie Buffon annahm); oder mußte man eine allgemeine Degeneration vermuten, die nur die Weißen überwinden konnten, um so zu einer »höheren Geistigkeit« zu gelangen? Jedenfalls galt es als selbstverständlich, daß die europäischen Völker in keiner Weise als »Rasse« zu bezeichnen seien.[74] In Schellings erster Periode findet man auch den Gedanken, daß die Unterschiede zwischen den Völkern keine Rassenunterschiede seien; bei manchen Völkern gebe es zwischen den einzelnen Klassen Unterschiede, die mindestens ebenso groß seien wie die rassischen Unterschiede. So gelangte der Philosoph zu der Frage, ob die physischen Unterschiede nicht eine Begleiterscheinung der großen geistigen Bewegungen in Verbindung mit der ursprünglichen Entstehung der Völker seien.

Dieser Anschein einer »Kulturanthropologie« wich im Lauf der Jahre jedoch ganz anderen Konzeptionen. Im zweiten Teil seiner *Philosophie der Mythologie* teilte Schelling die gesamte Menschheit in »zwei große Massen«, und zwar so, daß das Menschliche nur auf einer Seite zu existieren scheint. Auf der anderen Seite siedelte er nicht nur die afrikanischen und amerikanischen Stämme an, die »dem Tierischen nahe kommen«, sondern auch die asiatischen »Zwischentypen«. Bei dem Versuch, Blumenbach und die Heilige Schrift innerhalb des Rahmens seiner eigenen Philosophie miteinander zu versöhnen, schloß er, daß nur der Stammvater dieser Rasse, die alles zu tragen bereit war, der japhetitischen, prometheischen, kaukasischen Rasse, der Mensch an sich gewesen sein könne, der kraft seiner Tat in die Welt der Ideen eingedrungen sei. Was alle anderen Rassen betraf, so meinte Schelling, daß sie entweder zur Sklaverei oder aber sogar zum Aussterben verurteilt seien. Diese Ansicht, die er durch die damaligen Praktiken in den Kolonien bestätigt sah, ließ sich metaphysisch rechtfertigen: Für den ersten Menschen, den eigentlichen Menschen, seien die Rassenunterschiede nur Stoff, so daß die höhere Rasse eine doppelte Wirkung habe: die einen zum Göttlichen emporzuheben, die anderen unter das Menschliche absinken zu lassen. Es scheint, daß Schelling im Handel mit Negersklaven ein Mittel des Aufstiegs zum Göttlichen gesehen hat.

Ein Wohlwollender, schrieb er, könnte darin das einzige Mittel sehen, jene verworfene Menschenrasse der schrecklichen Barbarei und die verlorenen Seelen der ewigen Verdammnis zu entreißen. So wollte es die Vorsehung – oder der philosophische Idealismus; und wenn das Los der Sklaven in der Tat schrecklich war, dann deshalb, weil alles, was die Hand des Menschen berühre, verderbe. Es handle sich nicht darum, das Wirkliche, sondern das Mögliche zu sehen.[75]

Wir wollen die theosophischen Spekulationen über die Weltseele oder die Identität zwischen dem *Einzigen Menschen* und dem Ganzen, mit deren Hilfe Schelling seine Anschauungen untermauerte, beiseite lassen. Seine Anthropologie verdient Beachtung wegen eines anderen Aspekts, in dem er sich radikal von der Anthropologie seiner Rivalen oder Kollegen unterschied. Bei ihm haben nämlich alle Weißen gleichermaßen Zugang zur Ideenwelt; und die Juden, die er als »Nicht-Volk« oder »Vertreter der reinen Menschheit« bezeichnete, anscheinend noch leichter als die anderen[76]. Dagegen nahm dieser Studienkollege und Jugendfreund Hegels, mit Hilfe, wie wir wohl annehmen dürfen, der gleichen intimen physiologischen Methode, davon Abstand, den Germanen beim Aufstieg der Menschheit zu ihrer wahren Heimat, das heißt zum Himmel, eine Sondermission zuzuschreiben.

Lorenz Oken (1779-1851), ein weiterer Anhänger der Naturphilosophie, war der Pionier dieser deutschen Natursymbolik, in der alle Bizarrerien und Wahnideen, welche die mystisch-philosophische Phantasie hervorzubringen vermag, vereint zu sein scheinen. Für Oken besteht die Natur aus einem einzigen Körper, dessen Organe die Lebewesen sind; der Mensch als höchstes Wesen der Schöpfung *symbolisiert* die Natur, er vereint in einem einzigen Körper alle Tierleiber. Folglich läßt sich der menschliche Körper in gleicher Weise aufgliedern wie das Tierreich, dessen große Klassen den fünf Sinnesorganen »entsprechen«: die Säugetiere, als höchste Klasse, »entsprechen« dem Gesichtssinn, die Vögel dem Gehör und so weiter bis zu den Insekten, die mit dem Tastsinn gleichgesetzt werden. Die Menschenrassen symbolisiert Oken durch die vier Elemente: die schwarze Rasse ist irdisch oder affenartig, die weiße ist die Rasse des Feuers oder die menschliche, den Mongolen und den Indianern werden die Luft beziehungsweise das Wasser zugeteilt. Zum Beweis führt Oken insbesondere die »Undurchsichtigkeit« der Schwarzen an, die unfähig seien, zu erröten, und folglich auch kein Innenleben ausdrücken könnten: wer erröten kann, ist ein Mensch; wer nicht, ist ein Neger.[77] Im übrigen rühmte Oken, den seine Landsleute für ein Genie hielten[78], »die göttliche Kriegskunst«, die seiner Meinung nach im Einklang mit den Naturgesetzen geübt werden müsse; und er warf den Deutschen seiner Zeit vor, daß sie sich noch auf die Philosophie verließen.

Solche phantastische Verbindungen und Ideen werden wir in den volkstümlichsten anthropologischen Schriften der folgenden Generation in Deutschland wiederfinden und dann später untersuchen. Kommen wir nun zur Anthropologie desjenigen Autors, dessen Denken zum philosophischen Leuchtfeuer des zwanzigsten Jahrhunderts wurde, nachdem es schon das neunzehnte Jahrhundert erhellt hatte.

An sich und als philosophisches System steht der Hegelsche Idealismus am Gegenpol des biologisch-materialistischen Denkens; und tatsächlich mied Hegel, wenngleich er sich, wie wir gesehen haben der These vom indo-arischen Ursprung anschloß, voll Verachtung die Bestrebungen der »Physiognomiker« oder »Cranioskopen«, die durch das Studium der Physiologie die Geheimnisse der menschlichen Seele zu entschleiern hofften.[79] Diese Position Hegels zeigte sich auch in einem konkreten Fall, nämlich im Fall der Juden, über den man damals heftig diskutierte: Im Gegensatz zu Fichte plädierte Hegel für die Emanzipation, gerade weil er nicht wußte, wie sonst man die Juden dazu bewegen könnte, auf ihren abscheulichen Glauben zu verzichten; er dachte also keineswegs, daß dieser Glaube den Juden angeboren sei.[80]

Nichtsdestoweniger bleibt die Tatsache bestehen, daß Hegel die farbigen Rassen, vor allem die Schwarzen, so beschreibt, daß sich daraus zwangsläufig die Vorstellung einer angeborenen Minderwertigkeit ergibt. »Der Neger«, sagt er, »stellt den natürlichen Menschen in seiner ganzen Wildheit [...] dar; von aller Ehrfurcht und Sittlichkeit [...] muß man abstrahieren, wenn man ihn richtig auffassen will; es ist nichts an das Menschliche Anklingende in diesem Charakter zu finden [...]« Nach Beweisen für die Niedrigkeit des Schwarzen brauchte er nicht lange zu suchen: »[...] es wird als etwas ganz [...] Erlaubtes betrachtet, Menschenfleisch zu essen [...] Es ist auch kein Wissen von der Unsterblichkeit der Seele vorhanden.« Ein solches Wesen ist um nichts besser als Okens *Affing*, »der Mensch, der nicht zu erröten weiß«; er ist anscheinend ein hoffnungsloser Fall: »Dieser Zustand ist keiner Entwicklung und Bildung fähig, und wie wir sie heute sehen, so sind sie immer gewesen.«[81] Afrika blieb für Hegel außerhalb der Weltgeschichte, deren Beginn er in Asien und deren Ende er in Europa vermutete. Der Satz, in dem er diesen »Marsch Gottes auf Erden« zusammenfaßte, ist bekannt: »Die Orientalen wissen nur, daß *Einer* frei ist [...] Griechen und Römer wußten nur, daß *Einige* frei sind [...] Erst *wir* (d.h. die germanischen Nationen) aber wissen: alle Menschen an sich, d.h., der Mensch als Mensch sei frei [...]« Diesem Fortschritt zur allgemeinen Freiheit hin entsprechen bei Hegel die Entwicklung von der Despotie über die Zweiheit Demokratie-Aristokratie zur Monarchie.

Eine andere Einteilung der Weltgeschichte, die Hegel vorschlägt, ist die der drei großen germanisch-abendländischen Etappen: von den Anfängen bis zu Karl dem Großen, von Karl dem Großen bis zur Reformation, von der Reformation bis zum Ende der Geschichte, die ihre Erfüllung in Hegels Philosophie findet. Diese drei Perioden entsprechen zugleich den drei Reichen des Vaters, des Sohnes und des Heiligen Geistes. Was die beiden ersten Reiche betrifft, so läßt sich diese joachimitische Eschatologie auf verschiedene Arten interpretieren; beim dritten aber, bei dem Hegel von seinem Hauptprinzip abweicht, entrichtet er seinen Tribut an die Rassenalchimie seiner Zeit. Die Klippe, an der er zu scheitern drohte, war die Reformation: Warum nämlich hat der Geist sein Reich nur bei Germanen errichtet, unter Ausschluß der Slawen und der Romanen? Die Slawen, bemerkt Hegel, seien Ackerbauern, Leibeigene geblieben und hätten deshalb an der eben entstehenden Freiheit nicht teilhaben können. Den romanischen Nationen hingegen, fährt er fort, mangelte es nicht an Kultur; im Gegenteil, in dieser Hinsicht seien sie den Deutschen vielleicht sogar voraus gewesen. Es bedurfte also einer anderen Erklärung; und so brachte Hegel, in kaum versteckten Anspielungen, die Reinheit des germanischen Bluts aufs Tapet. »Die reine Innigkeit der germanischen Nation«, schreibt er, »war der eigentliche Boden für die Befreiung des Geistes; die romanischen Nationen dagegen haben im innersten Grunde der Seele, im Bewußtsein des Geistes die *Entzweiung* beibehalten; sie sind aus der Vermischung des römischen und germanischen Blutes hervorgegangen und behalten diese Heterogenie immer noch in sich [...] Bei den romanischen Völkern zeigt sich diese Trennung, das Festhalten eines Abstrakten, und damit nicht diese Totalität des Geistes, des Empfindens, die wir Gemüt heißen, nicht dies Sinnen über den Geist selbst in sich – sondern sie sind im Innersten außer sich.«[82]

Diese Beurteilung der »Welschen« läßt sich mit Hegels Jugendschriften in Verbindung setzen, die in eine seltsame mystische Welt führen.[83] Die unerhört heftige Verurteilung der Juden in den *Theologischen Jugendschriften*[84] enthalten eine Passage, wo er beklagt, daß die Deutschen ihre eigenen Überlieferungen und Legenden vergessen hätten. An ihrer Stelle dränge man ihnen die Märchen eines Volkes auf, »[...] dessen Klima, dessen Gesetzgebung, dessen Kultur, dessen Interesse uns fremd, dessen Geschichte mit uns in ganz und gar keiner Verbindung ist. In der Einbildungskraft unseres Volkes lebt ein David, ein Salomon, aber die Helden unseres Vaterlandes schlummern in den Geschichtsbüchern der Gelehrten [...] Seine Phantasie, sein Gedächtnis sind mit der Urgeschichte der Menschheit, mit der Geschichte eines fremden Volkes, den Taten und Untaten ihrer Könige angefüllt, die uns nichts angehen [...] Ist denn Judäa der Tuiskonen Vaterland? [...] Das Christentum hat Walhalla entvölkert, die heiligen Haine umgehauen und die Phantasie des Volkes als schändlichen Aberglauben, als ein teuflisches Gift ausgerottet [...]« Hegel meinte aber, das Spiel für die germanischen Götter sei auf immer verloren: »Es war von jeher vergeblich, die verlorene Phantasie einer Nation wiederherzustellen, und konnte im ganzen noch weniger Glück machen als Julians Versuch, der Mythologie seiner Voreltern ihre vorige Stärke zu geben [...]«[85]

Wenn ein Denker vom Format eines Hegel in vielerlei Beziehung solcherart der grassierenden Germanomanie verfiel, um wieviel leichter ließen sich erst Leute geringeren Kalibers noch weiter hinreißen! In den Augen des katholischen Publizisten Görres (1776-1848) hat die germanische Kraft die todgeweihte Latinität biologisch wiederbelebt:

> Indem immer neue Ströme nordischen Blutes sich in die Adern des italienischen Volkes ergossen, wurde in dieser Transfusion das alte, angesteckte, abgestorbene ausgespült, und an die Stelle neue plastische Lymphe eingefüllt; und so ward der welke, hinfällige Körper in der Wiedergeburt mehrere Jahrhunderte aufs neue verjüngt und lebenskräftig.[86]

Auffassungen dieser Art fanden bei den Hegelianern besonders bei den jungen Revolutionären, die ihren Lehrmeister zu »überwinden« trachteten, unterschiedliche Aufnahme. Der atheistische Humanist Ludwig Feuerbach (1804-1872), dem Marx vorwarf, nur vom »abstrakten Menschen« zu sprechen, vermied es, »rassische« oder »blutmäßige« Unterscheidungen vorzunehmen wie auch zwischen »Wilden« und »Zivilisierten« zu differenzieren (selbst der menschliche Magen war für ihn eine nichttierische »universelle Wesenheit«; den Beweis dafür sah er darin, daß der Mensch im Gegensatz zu den Tieren ein Allesfresser ist[87]). Der einstige germanomanische Student in ihm scheint höchstens dann zu erwachen, wenn er in versöhnlicher Absicht ein männliches philosophisches Prinzip, das dem Wesen nach germanisch sei, einem dem Wesen nach französischen weiblichen Prinzip gegenüberstellt[88] – ein Thema, das, wie wir sehen werden, auf die Deutschen größte Anziehungskraft ausübte.

Dagegen rief der Anarchist Max Stirner (1806-1856) seine Zeitgenossen zur Erstürmung eines einzig den »Kaukasiern« vorbehaltenen Himmels auf. Seine strategische Analyse bleibt in der Nachbarschaft Hegels:

> Die Weltgeschichte, deren Gestaltung dem kaukasischen Menschenstamm angehört, scheint bis jetzt zwei kaukasische Weltalter durchlaufen zu haben, in deren erstem wir unsere angeborene *Negerhaftigkeit* aus- und abzuarbeiten hatten, worauf im zweiten die *Mongolenhaftigkeit* (das Chinesentum) folgte, dem gleichfalls endlich ein Ende mit Schrecken gemacht werden muß.

Dieser Schrecken, erläuterte Stirner in *Der Einzige und sein Eigentum,* müsse sich zunächst gegen den etablierten Glauben richten. Sie habe »alle Menschensatzungen zu unterwühlen, um über dem aufgeräumten Bauplatz eine neue zu schaffen [...] sie stürmt den Himmel nur, um wieder einen Himmel zu machen«. Dies ließe sich aber nur realisieren, »wenn die himmelstürmenden Menschen ihre Mongolenhaut abstreifen«, da die »Sünde und das Sündenbewußtsein unsere Jahrtausende alte mongolische Plage war«.[89]

Nun kommen wir zum lehrreichen Fall von Karl Marx und Friedrich Engels, die den Hegelianismus wieder »vom Kopf auf die Füße stellen« wollten. Sogleich atmet man eine andere Luft; und doch konnten die Gründer des wissenschaftlichen Sozialismus nichts anderes tun, als die »Zivilisierten« in moralischer und intellektueller Hinsicht über die »Wilden« zu stellen, aus dem einfachen Grund, weil sie sich dem praktischen Urteil der Wissenschaft ihrer Zeit beugten. Überdies zog jeder von ihnen andere Schlußfolgerungen aus dieser Wissenschaft, was Anlaß zu gelegentlichen Polemiken zwischen ihnen gab; deshalb erscheint uns ihr Fall in zweifacher Beziehung lehrreich.

Für Engels wie für Marx war selbstverständlich die weiße Rasse, die Trägerin des Fortschritts, begabter als alle anderen Rassen. In seiner *Dialektik der Natur* zum Beispiel schrieb Engels, daß »die niedrigsten Wilden« in einen Zustand zurückverfallen könnten, der dem des Tieres sehr nahe sei; etwas später schließt er nach genauerer Überlegung, unter Berufung auf Hegel und Lamarck, daß die Neger biologisch unfähig seien, die Mathematik zu verstehen.[90] Zumindest aber konstruierte Engels keine Hierarchie der europäischen Völker und stellte »Semiten« und »Arier«, in denen er die beiden am weitesten fortgeschrittenen Menschenrassen sah, auf eine Stufe.[91] Dagegen blieb Marxens Gedankengut von den germanischen Hierarchien beeinflußt – womit er unter den deutschen Juden jener Zeit kein Einzelfall war. 1865 interessierte sich Marx für die Ansichten eines gewissen Duchinski, demzufolge die Russen mongolischer Herkunft seien, und er folgerte: »Sie sind keine Slawen, gehören überhaupt nicht zur indogermanischen Rasse, sind *des intrus,* die wieder über den Dnjepr gejagt werden müssen.«[92] Im folgenden Jahr glaubte er die wissenschaftliche Erklärung für die Überlegenheit der Europäer über die Russen im Buch des französischen Reisenden Pierre Trémaux gefunden zu haben. Er empfahl es Engels mit folgenden Worten: »In der geschichtlichen und politischen Anwendung viel bedeutender und reichhaltiger als Darwin. Für gewisse Fragen, wie Nationalität etc., hier allein Naturbasis gefunden [...] sondern daß auf der in Rußland vorherrschenden Bodenformation sich der Slaw tartarisiert und mongolisiert.«[93]

Diese »Naturbasis« oder das »Milieu« war die geologische Beschaffenheit des Bodens; Trémaux erklärte kurz und bündig, daß der weiße Mann in Afrika schwarz werde »und umgekehrt«.[94] »Daher«, rief dieser Forscher aus, »vermischt euch, Völker, es wird immer, wenn sich das Milieu nicht ändert, Engländer an der Themse, Franzosen in Frankreich Römer am Tiber, Ägypter in Ägypten und Neger im Sudan, Rothäute in Amerika usw. geben. Der Umfang der Veränderung braucht mehr oder weniger Zeit, das ist alles.«[95]

Marx glaubte nun verstanden zu haben, daß »auf der in Rußland vorherrschenden Bodenformation sich der Slaw tartarisiert und mongolisiert«.[96] Engels aber, der sich lieber an Darwin hielt, sprach Trémaux' Theorie jeglichen Wert ab und machte sich darüber lustig: »Wie erklärt sich der Mann, daß wir Rheinländer auf unserem devonischen Übergangsgebirge (das seit lange vor der Kohlenformation nicht wieder unter dem Meere war), nicht längst Idioten und Nigger geworden sind?« In seiner Antwort schritt Marx zum Gegenangriff: was zählen denn schon Tatsachenirrtümer, wenn das philosophische Prinzip richtig ist? »Trémaux' Grundidee über den *Einfluß des Bodens* (obgleich er natürlich historische Modifikationen dieses Einflusses nicht veranschlagt, und zu diesen historischen Modifikationen rechne ich selbst auch die chemische Veränderung der Bodendecke durch Agrikultur etc.) ist nach meiner Ansicht eine Idee, die nur *ausgesprochen* zu werden braucht, um sich ein für allemal Bürgerrecht in der Wissenschaft zu erwerben, und dies ganz unabhängig von Trémaux' Darstellung.«[98]

Dieser geo-rassische Determinismus, der in Marxens Augen die Minderwertigkeit der Schwarzen oder der Russen begründet, ließ sich nur mühsam auf das über die ganze Erde verstreute Volk der Juden anwenden. Marx jedoch, im Gegensatz zu Engels, der sich auch darin als der bessere Marxist erwies, teilte die aufkommende Voreingenommenheit seines Jahrhunderts gegen die »semitische Rasse«. In seiner Schrift *Die Judenfrage* ist diese Intoleranz noch durch Hegelsche Dialektik verhüllt; in dem Porträt aber, das er von seinem Freund und Rivalen Ferdinand Lassalle zeichnet, scheinen sich alle Vorurteile des Vulgärrassismus vereint zu haben:

> Es ist mir jetzt völlig klar, daß er, wie auch seine Kopfbildung und sein Haarwuchs beweist, von den Negern abstammt, die sich dem Zug des Moses aus Ägypten anschlossen (wenn nicht seine Mutter oder Großmutter von väterlicher Seite sich mit einem nigger kreuzten). Nun, diese Verbindung von Judentum und Germanentum mit der negerhaften Grundsubstanz müssen ein sonderbares Produkt hervorbringen. Die Zudringlichkeit des Burschen ist auch niggerhaft [...] Eine der großen Entdeckungen unseres niggers – die er aber nur den »vertrautesten Freunden« noch mitteilt – ist, daß die Pelasger von den Semiten abstammen. Hauptbeweis: Im Buch der Makkabäer schicken die Juden Gesandte nach Griechenland um Hilfe, sich berufend auf Stammverwandtschaft [...][99]

Zumindest versuchte Lassalle dem Wappen seiner semitischen Ahnen neuen Glanz zu verleihen, indem er sie mit den Pelasgern verwandt sein ließ... Über die antisemitische Besessenheit von Karl Marx kann zweifellos die Psychoanalyse befriedigend Aufschluß geben[100]; es ist jedoch interessant, daß uns in seinem Fall auch die Ideengeschichte zur alten Verwechslung von »Gesellschaftsklassen« und »historischen Rassen« führt, da der Begriff des Klassenkampfes und die Idee von der Rolle des Proletariats ja von Marx entwickelt wurden, zumindest was seine Geschichtsauffassung betrifft; dabei stand er unter dem Einfluß französischer Historiker, vor allem Augustin Thierrys.[101] Indem Marx in der *Ju-*

denfrage das Judentum mit der Bourgeoisie seiner Zeit gleichsetzte, reagierte er ganz andere Ressentiments ab als die romantischen Vorkämpfer der »galloromanischen Rasse«, aber er beging einen ähnlichen methodologischen Fehler.

Im übrigen gibt das Marxsche Denken prinzipiell der Existenzweise (der »Kultur«) den Vorrang vor dem biologischen Wesen (der »Natur«). Man könnte auch den rassistischen Marx, wie er sich in seinen Briefen darstellt, in denen er als Mensch, als Kind seiner Zeit sein Herz ausschüttet (so spricht er in einem seiner Briefe an Engels von den »Geschlechtsschweinereien der Wilden«[102]), dem universalistischen Marx der philosophischen und soziologischen Schriften gegenüberstellen; für diesen sollten im sozialistischen Gemeinwesen der Zukunft sämtliche natürlichen Unterschiede der Arten verschwinden.[103]

Rein theoretisch könnte es ebenso irrig erscheinen, im Falle Schopenhauers von Rassismus zu sprechen, und doch hat kein anderer Autor so sehr zur Popularisierung des manichäischen Kontrastes zwischen »Ariern« und »Semiten« in Deutschland beigetragen. Natürlich verwendet der Zeitgenosse Hegels und Okens noch nicht diese Ausdrücke und betont im wesentlichen den Gegensatz zwischen den beiden Arten des religiösen Denkens, so wie er es interpretiert. Ansonsten verlegt er den Ursprung der weißen Rasse nach Indien und erkennt nur den Indern Wissen und wahre Weisheit zu, womit er nichts anderes sagt als die romantischen Mythologen, die wir zitiert haben; allerdings trennt er auf andere, radikale Weise das Alte Testament vom Neuen, indem er diesem kurz entschlossen einen indischen Ursprung zuschreibt. Er verwendet die verlockendsten Bilder:

> Wie eine Efeuranke, da sie der Stütze und des Anhalts bedarf, sich um einen roh behauenen Pfahl schlingt, seiner Ungestalt sich überall anbequemend, sie wiedergebend, aber mit ihrem Leben und Liebreiz bekleidet, wodurch statt seines ein erfreulicher Anblick sich uns darstellt; so hat die aus indischer Weisheit entsprungene Christuslehre den alten, ihr ganz heterogenen Stamm des rohen Judentums überzogen, und was von seiner Grundgestalt hat beibehalten werden müssen, ist in etwas ganz anderes, etwas Lebendiges und Wahres, durch sie verwandelt: es scheint dasselbe, ist aber ein wirklich anderes.
>
> Der von der Welt gesonderte Schöpfer aus nichts ist nämlich identifiziert mit dem Heiland und durch ihn mit der Menschheit,

als deren Stellvertreter dieser dasteht, da sie in ihm erlöst wird, wie sie im Adam gefallen war und seitdem in den Banden der Sünde, des Verderbens, des Leidens und des Todes verstrickt lag. Denn als alles dieses stellt hier, so gut wie im Buddhismus, die Welt sich dar; – nicht mehr im Licht des jüdischen Optimismus, welcher »alles sehr schön« gefunden hatte: vielmehr heißt jetzt der Teufel selbst »Fürst dieser Welt« [...][104]

Schopenhauer hält es mit dem spanischen Sprichwort: *»Detras de la cruz està el Diablo.«* Diese Theologie erlebte in Deutschland einen einzigartigen Erfolg. Der Teufel hatte also die Partie gewonnen; und Schopenhauer führte seine Leser in die antisemitische Mystik ein, indem er den Einfluß jüdischer Ideen auf ein am *foetor judaicus,* dem jüdischen Gestank – worunter er den Glauben an das Gute und Vernünftige der Schöpfung sowie an den freien Willen verstand – erstickendes Abendland verfluchte.[105] Er schlug deshalb vor, diese Anschauungen »den Synagogen und philosophischen Auditorien« zu überlassen, »welche im Wesentlichen gar nicht so sehr voneinander verschieden sind«[106]; die Juden aber, versicherte er, seien noch viel schlimmer als die Hegelianer.[107] Insofern die alten Inder, deren hohe Tugenden er seinen dekadenten Zeitgenossen als Beispiel hinstellt, für ihn »das edelste und älteste Volk«[108] waren, läßt sich seine Eschatologie mit jener Gobineaus vergleichen; außerdem war in den Augen Schopenhauers, wie in denen Gobineaus, der Mensch »das böse Tier schlechthin«.[109] Trotz seines metaphysischen Pessimismus schloß er die Möglichkeit einer Regenerierung des Abendlandes nicht aus: »Wir dürfen aber hoffen, daß einst auch Europa von aller jüdischen Mythologie gereinigt sein wird. Das Jahrhundert ist vielleicht herangerückt, in welchem die aus Asien stammenden Völker japhetischen Sprachstammes auch die *heiligen Religionen der Heimat* wieder erhalten werden: denn sie sind, nach langer Verirrung, für dieselben wieder reif geworden.«[110]

Bestrebungen und Ansichten dieser Art fanden bald Anhänger; von 1850 an verlieh ihnen Richard Wagner Widerhall.[111] Der Gedanke einer germanisch-christlichen Sendung spezifizierte sich immer mehr und brachte nach und nach esoterische Sekten mit »arischen« Kulten aller Art hervor. Dieses für Deutschland charakteristische Phänomen knüpft, wie wir im ersten Teil dieses Buches gezeigt haben, an eine jahrhundertealte Tradition an; nun aber entwickelte es sich weiter vor einem soziopolitischen Hintergrund, der dem Mythos vom Einfluß der Juden oder des jüdischen Denkens auf die Volksgemeinschaft bessere Konsistenz gab. Das patriotische Hochgefühl der Zeit der Napoleonischen Kriege, die Verherrlichung der Sprache, der Religion oder des Bluts der Germanen fanden den besten Nährboden an den Universitäten und in revolutionären Kreisen. Dort träumte man von einem geeinten Deutschland, aus dem alle Fremdstämmigen, das heißt die Welschen und die Juden, ausgeschlossen sein sollten; jene also, die bereits von den meisten studentischen Korporationen boykottiert wurden. In der Folge kamen zu den Verdächtigungen und Repressionen der Behörden gegen diese studentische Agitation noch die Kritik und die ironischen Bemerkungen der Juden hinzu, die kurz nach ihrer Emanzipation abermals von Diskriminierung bedroht waren. 1817 verbrannten die Studenten und Professoren, die sich zur Feier des dreihundertsten Jahrestages der Reformation versammelt hatten, zwei Symbole des angeblichen feindlichen Bündnisses: einen Korporalstab und die Broschüre *Der Germanenwahn* von einem gewissen Saul Ascher.[112] Kurz darauf traten zwei wortgewaltige Polemiker in die Schranken, Ludwig Börne und Heinrich Heine, und spöttelten über die Deutschen, die aus den Wäldern des Tacitus hervorgekommen seien, über die Kraft des Weihwassers und andere geheiligte Vorstellungen; aus diesem Grund zählten sie zu den bedeutendsten Animatoren einer politisch-literarischen Fronde, die sich »Junges Deutschland« nannte, von ihren Gegnern aber als »Junges Palästina« bezeichnet wurde.[113] Die germanisch-christliche Exklusivität stimulierte die oppositionellen und kritischen Tendenzen einer kleinen Randgruppe, die dazu verurteilt war, im pazifistischen, internationalistischen und »antirassistischen« Lager zu kämpfen; und bald verkörperte diese Gruppe in den Augen der Gegner, für welche die »semitische Rasse« schließlich zur »Gegenrasse« wurde, ganz natürlich jenes Lager, das sie ja tatsächlich zum Teil führte. Aufgrund dieser Tatsache verlangten viele während des ganzen neunzehnten Jahrhunderts, daß man den Juden die Bürgerrechte entziehe. Dieser Streit, der vor allem zwischen 1815 und 1830 wütete, war auf seine Art ein Gegenstück zum französischen »Streit der zwei Rassen«; wie dieser hatte er wirtschaftliche Gründe (oder Vorwände). Wenn, wie Saint-Simon sagte, in Frankreich die »Macht des Geldes« sich in den Händen der Gallier befand[114], so erhob sich in Deutschland ein ganzer Chor der Entrüstung darüber, daß die Juden diese Macht für sich in Anspruch nähmen; und in diesem Sinn gab Karl Marx in seiner *Judenfrage* nur eine weitverbreitete Meinung wieder. Diese Situation wirkte sich auf die historischen und anthropologischen

Doktrinen aus: den Juden, die man hier noch mit den »Galliern« vergleichen darf, insofern, als sie es waren, die in Deutschland einmütig für die Gleichheit der Rechte kämpften, wurde nun ein besonders wichtiger Platz auf allen Gebieten des deutschen Denkens eingeräumt. So schrieb Ludwig Börne um 1830: »Die einen werfen mir vor, daß ich ein Jude sei; die anderen verzeihen es mir: der dritte lobt mich gar dafür; aber alle denken daran. Sie sind wie gebannt in diesem magischen Judenkreise, es kann keiner hinaus.«[115]

Nun wollen wir noch kurz einige anthropologische Systeme streifen, die Mitte des neunzehnten Jahrhunderts in Deutschland entwickelt wurden; Systeme, die vom Komplizierten bis zum Einfachen, von abstrakten Spekulationen bis zur Vulgarisierung gehen.

Okens Symbolik wurde von dem hochgebildeten Arzt und Philosophen Carl Gustav Carus (1789-1869) übernommen und weiter ausgebaut. Carus behandelte in seinen Schriften die verschiedensten Themen, von der Gynäkologie (er war es, der diesen Begriff in Deutschland einführte) bis zur Malerei (in seinen Mußestunden war er auch Maler). In seiner *Psyche* (1846) entwickelte er eine Theorie des Unbewußten, so daß wir in ihm einen Vorläufer der Psychoanalyse sehen dürfen (genauer gesagt, der »analytischen Psychologie« C. G. Jungs). Im Werk dieses Spätromantikers stehen bemerkenswerte Antizipationen neben einer Theosophie des Unbewußten, in dem er den Ort vermutete, wo die Idee in den Lebewesen Wurzeln schlug, und dem er eine göttliche Natur zuschrieb. In diesem Zusammenhang unterschied Carus zwischen einem »objektiven« oder »göttlichen« Standpunkt, demzufolge das Infusorium ein ebenso vollkommenes Wesen sei wie der Mensch, sowie einem »subjektiven« oder »menschlichen« Blickwinkel, von dem aus gesehen der Mensch über dem Infusorium und allen anderen Lebewesen stehe.[116]

Kurz darauf veröffentlichte Carus einen Essay *Über die ungleiche Befähigung der verschiedenen Menschheitsstämme,* dem andere Schriften zum gleichen Thema folgten[117], in denen er einen entschieden humanen Standpunkt vertrat. Bei der Behandlung dieser Frage erklärte er seine Symbolik näher. Das Weltall war für ihn ein beseelter Organismus, während der Mensch »das Symbol der göttlichen Idee dieser Weltseele« darstellte. Am Anfang war also die Seele oder die Idee, die sich nach und nach materialisierte und den intersideralen Äther hervorbrachte, hierauf das Sonnensystem und den Planeten Erde. Dieser Planet wiederum erfüllte, von Metamorphose zu Metamorphose eilend, seine Bestimmung und bewies seinen Wert, indem er den Menschen hervorbrachte, den Endpunkt und Gipfel aller Metamorphosen in der Entwicklung der Erde.[118] Bekanntlich aber gibt es verschiedenartige Menschen, die einen sind heller, die anderen dunkler, je nach ihrem, wie Carus glaubte, »inneren Licht«; anderseits wechselt ja auch das Licht auf der Erde; da also jedes Phänomen notwendigerweise einen symbolischen Sinn hat, folgerte er, daß die vier großen Rassen die *Rasse des Morgenrots* (gelb), die *Tagrasse* (weiß), die *Rasse der Dämmerung* (rot) und die *Nachtrasse* (schwarz) seien. Ähnlich wie bei Oken, allerdings auf andere Art, brachte Carus die Rassen auch mit den Organen in Verbindung: die Gelben waren für ihn die Rasse des Magens, die Weißen die des Gehirns, die Roten die der Lunge und die Schwarzen die der Genitalien. Er suchte diese Zusammenhänge zu untermauern, indem er insbesondere die größere Fruchtbarkeit der Schwarzen (die er diesbezüglich mit den Proletariern verglich) sowie das besser entwickelte Gehirn der aristokratischen weißen Rasse ins Treffen führte.

Für das Gehirn stellte Carus anhand vergleichender Tabellen eine weitere Symbolik, die eine Hierarchie der Europäer etablierte, zur Diskussion: Haben die Germanen nicht das größte Schädelvolumen? Carus überließ den Italienern die Künste, den Franzosen die Beredsamkeit; den Engländern hingegen erkannte er die Gabe der Aktivität zu und seinen Landsleuten das höchste Talent, das Denken.[119] Diese Überlegenheit ließ sich ebenso durch die Zahl der berühmten Deutschen beweisen – von Luther bis Goethe und Hegel – wie durch den Fall eines Georges Cuvier, dessen deutsche Herkunft, besser als durch seinen Namen (der von Küfer in Cuvier geändert wurde), durch die bemerkenswerte Größe seines Kopfes bezeugt werde und dessen deutsche Gesinnung aus seinen Arbeiten hervorgehe.

Carus, der für die Elite schrieb, zog aus seinem System keinerlei politische Konklusionen. Anders verhielt es sich mit einem populären Autor, Wolfgang Menzel (1799-1873), einem jener ehemaligen germanomanischen Studenten, die, »wenn sie auch keine altdeutschen Röcke mehr tragen, so doch altdeutsche Unterhosen (tragen)«, wie Heine ätzend feststellte.[120] In seinem *Geist der Geschichte* geht Menzel von der Dialektik der Sklaverei und der Freiheit aus, zu der er kosmische Entsprechungen findet.[121] Ist nicht die Erde die »Sklavin« der Sonne, während sie frei ist gegenüber den Sternen? In Menzels Augen hat der Mensch, der Sklave und Freier zugleich ist, teil an dieser Beziehung, und zwar insofern, als er im Norden, wo sein Haupt unter dem Polarstern steht, freier ist als im Süden, wo es sich in der Sonnenachse befindet. Die Schlußfolgerungen bezüglich der Tropenbewohner sind klar; die Gelben, eine Mittelrasse, hält Menzel für alt und »siech« und ordnet sie dem Mond, einem toten Gestirn, zu. Dabei nahm er es nicht so genau. Wenn es ihm gerade ins Konzept paßte, bezeichnete er auch die romanischen Völker und vor allem die Franzosen, die er nicht mochte, als Sklaven der Sonne; ebenso schwankte seine Meinung hinsichtlich der Juden, die er zunächst den Germanen annäherte[122], schließlich aber als zersetzendes Element schlechthin ansah. Ansonsten gefiel sich Menzel in mystisch-tragischen Visionen: Der Mensch durchbreche »den horizontalen Verlauf der Naturgeschichte« und orientiere sich »vertikal« auf eine »Idealwelt«. Daraus entstehe der nie endende Kampf zwischen Ewigem und Zeitlichem, der immer »grandioser« werde. Die Menschen aber würden in diesem Kampf auf der Strecke bleiben – nicht hienieden, sondern erst im Jenseits »werden wir den Sieg feiern«.

Allmählich gab er seine kosmischen Spekulationen auf, um sich ausschließlich einem militanten Germanenwahn zu widmen. 1853 warf er Carus vor, geschrieben zu haben, daß die Deutschen ein Volk von Denkern seien. Nein, sie seien Besseres; Carus behauptet, die Engländer seien das Volk der Tat, die Deutschen das Volk des Denkens. Alles Aktive in den Engländern wie in den Franzosen, meinte Menzel dagegen, beruhe nicht auf ihren »keltischen, sondern auf ihren germanischen Elementen«; im christlichen Mittelalter wie im heidnischen Altertum habe es kein praktischer veranlagtes Volk gegeben als das deutsche.[123] Diese Tatkraft werde durch die Ausbreitung der Germanen bestätigt. Menzel stimmt sodann ein Loblied auf die militärische Tüchtigkeit der Germanen an und stellt sie schließlich der ganzen übrigen Welt gegenüber; wenn Franzosen, Engländer oder Italiener fähig waren, ihnen die Stirn zu bieten, dann dank ihrem fränkischen, sächsischen oder langobardischen Blut: die Deutschen seien einst das herrschende Volk in Europa gewesen, das kriegerischste, das es jemals auf Erden gegeben habe. Die Deutschen hätten das Römische Weltreich zerschmettert, ganz Europa erobert, neue Reiche gegründet und die mohammedanischen Horden zurückgedrängt, sie seien die Gründer des germanischen Heiligen Reiches, ihr Kaiser habe den ersten Rang in der ganzen Welt eingenommen, usw. In diesem Ton bemühte sich Menzel 1868 um die Widerlegung der »gelehrten Lüge, wir Deutschen seien nur ein Volk von Denkern«.[124]

Gustav Klemm (1802-1867) entwickelte das bipolare Prinzip in ganz anderer Form. Dieser für seine Gelehrtheit berühmte Autor, dessen *Allgemeine Kulturgeschichte* vor einem Jahrhundert für alle gebildeten Deutschen maßgeblich war, hielt sich aus politischen Kämpfen heraus. Ohne sich auf langatmige Spekulationen einzulassen, postulierte er, daß »die ganze große Menschheit ein Wesen sei wie der Mensch selbst, geschieden in zwei zusammengehörige Hälften, eine aktive und eine passive, eine männliche und eine weibliche«.[125] Seiner Meinung nach waren diese Teile gleichwertig und strebten teleologisch nach Verschmelzung:

> Ich aber sehe in dieser Verschmelzung der ursprünglich getrennten aktiven und passiven Rasse die Erfüllung des Zweckes, den die Natur in allen Zweigen ihrer organischen Schöpfung verfolgt. Wie das einzelne männliche oder weibliche Individuum, wenn es allein steht, dem Zwecke der Natur nicht nachkommt, eben so ist ein Volk, das nur aus Mitgliedern der aktiven oder passiven Rasse besteht, etwas Unvollkommenes, etwas Halbes [...] Erst durch die Vermischung beider Rassen, der aktiven und passiven, ich möchte sagen durch die Völkerehe, wird die Menschheit vollständig, erst dadurch tritt sie ins Leben und treibt die Blüten der Kultur [...][126]

Die Welt ist aber so beschaffen, daß die Männer von sich selbst eine bessere Meinung haben als von den Frauen, und im neunzehnten Jahrhundert ging diese Tendenz bis zum Extrem. Aus Gustav Klemms Beschreibungen ist zu entnehmen, daß »der Charakter der passiven Menschheit sanft und geduldig, nachgebend aus Schwäche und ausharrend aus Faulheit«[127] sei und daß diese aus dem Tiefland stammende Menschheit zu ihrer Zeit von der »aktiven Menschheit« unterjocht worden sei, nachdem diese von den Bergen herabgestiegen war, um der anderen Gewalt anzutun. »Wie die starre Erdrinde [...] durch vulkanische Kräfte [...] durchbrochen und bewegt wird [...], ebenso mußte auch die über die Erde verbreitete ruhige passive Urbevölkerung durch die kühn heranstürmenden Helden der aktiven Rasse aufgescheucht werden.«[128] Die aktiven Völker unterschieden sich von den passiven durch »Liebe zur Freiheit, hohe Tapferkeit, das Bewußtsein ihrer Menschenwürde, poetischen Sinn und Streben nach Ruhm [...]«[129]

Zu diesen männlichen Attributen kommen Körperformen, deren Ideal der Apollon von Belvedere ist; im Fall der weiblichen und passiven Rasse ist hingegen keine Rede von irgendeiner Venus. Zu dieser Rasse zählt Klemm nicht nur die farbigen Völker, sondern auch die Slawen, insbesondere die Russen, ausgenommen deren »herrschende Klasse«; was die »dienende Volksmasse anlangt, so kommt sie den Negern nahe [...] Der leibeigene Bauer trägt die Kennzeichen seines passiven Ursprungs in den breiten Backenknochen, den kleinen, tiefliegenden, zum Teil schief stehenden Augen, [...] der grobgebildeten, abgestumpften Nase, sowie in der dunkel gefärbten oder fahlen Haut an sich«.[130]

Die Romanen werden von Klemm zur aktiven Rasse gerechnet; nichtsdestoweniger blieb die Tatsache, daß die germanischen Stämme, wenngleich zahlenmäßig unterlegen, »[...] ihnen auch überall Bahn gebrochen, dennoch ein geistiges und sittliches Übergewicht über jene gehabt haben und daß ihnen die Pflege des Fortschritts der Menschheit vorzugsweise von der Vorsehung anvertraut zu sein scheint, wie sie auch sämtliche christlichen Throne von Europa besetzt haben«.[131] (Ein häufiges Argument, das Heine folgendermaßen parodierte: »Wir Deutschen sind das stärkste und klügste Volk. Unsere Fürstengeschlechter sitzen auf allen Thronen Europas, unsere Rothschilde beherrschen alle Börsen der Welt, unsere Gelehrten regieren in allen Wissenschaften, wir haben das Pulver erfunden und die Buchdruckerei [...]«[132])

Letztlich wurde dieses System von der deutschen Öffentlichkeit einfach deshalb angenommen, weil diese Symbolik stets in der Welt verbreitet war und weil das neunzehnte Jahrhundert sie zu einem Eckpfeiler seiner Anthropologie machte. So konnte 1866 ein gewisser Julius Lippert in seiner *Kulturgeschichte* sagen, die Unterscheidung zwischen aktiven und passiven Rassen sei »allgemein akzeptiert«, weil sie ganz einfach »den Tatsachen entspricht«.[133] Diese Zweiteilung in ein »männliches« und ein »weibliches Prinzip« finden wir ja auch bei Carlyle, der so die Germanen den Romanen gegenüberstellt; oder auch bei Bismarck, der sie zu den Slawen und Kelten in Gegensatz bringt. Den Gipfel des Raffinements erreichte diese Auffassung jedoch bei dem jungen Wiener Philosophen Otto Weininger (1880-1904), der auf diese Weise die Arier und die Semiten einander gegenüberstellte und sich anschließend umbrachte. Er sei als einziger Jude des Lebens würdig gewesen, sagte Hitler später von ihm.[134]

Fünftes Kapitel

Das arische Zeitalter

Die Tyrannei der Sprachwissenschaftler

Zwar bewirkten die großen Entdeckungen zu Beginn des sechzehnten Jahrhunderts, daß man an der biblischen Schöpfungsgeschichte zu zweifeln begann; aber erst im neunzehnten Jahrhundert entdeckte man, daß das Universum anscheinend nicht nur im Raum, sondern auch in der Zeit unendlich ist. Noch um 1835 wurde Charles Lyell – wie vor ihm Buffon um 1760 – kritisiert, weil er behauptet hatte, daß die Erde älter als sechstausend Jahre sei. Aber die parallelen Fortschritte in sehr verschiedenartigen Disziplinen, von der Geologie bis zur Archäologie, vermochten sehr schnell fast jedermann zu überzeugen. Nachdem der Ursprung der Menschheit solcherart in unbestimmte Ferne gerückt war, konnte das Studium des Menschen auf ganz anderen Grundlagen fortgesetzt werden. Etwa 1860 erhielt die Anthropologie den Status einer autonomen Wissenschaft. Den ersten Schritt tat Frankreich, wo 1859 Geoffray Saint-Hilaire, Quatrefages und Paul Broca die *Société d'anthropologie de Paris* gründeten. Gelehrte in anderen Hauptstädten, angefangen mit London, Moskau und Madrid im Jahr 1863, folgten diesem Vorbild; allerdings nicht immer ganz problemlos, wie die Polemiken in England oder die rasche Auflösung der Madrider Anthropologischen Gesellschaft beweisen (der Präsident der *Anthropological Society of London,* der Mediziner John Hunt, erklärte, die Anthropologie werde gefürchtet und verfolgt, weil sie den theologisch-politischen Utopien von Gleichheit und Brüderlichkeit widerspreche[1]). Die neue Wissenschaft erhob nämlich, vor allem in Frankreich, den Anspruch, mit experimentellen und quantitativen Methoden zu arbeiten, und erschien daher materialistisch, ja antichristlich; sieht man jedoch näher hin, so entlehnte sie, wenngleich sie Waagen, Kompasse und andere Meßinstrumente zu Hilfe nahm, ihre wichtigsten Grundelemente von bereits etablierten Wissenschaften, insbesondere von der Linguistik; die Zweiteilung in Arier und Semiten wurde daher von sämtlichen Forschern gleichsam als Dogma akzeptiert. Um 1860 gehörte dieser Glaube bereits zum geistigen Rüstzeug aller gebildeten Europäer.

So erwähnt zum Beispiel Marcelin Berthelot 1863 im Zusammenhang mit den Methoden der Wissenschaft »die bildhafte Sprache unserer Vorfahren, der Arier und Hellenen«.[2] Im selben Jahr rühmte Hippolyte Taine »das alte arische Volk [...], das in seinen Sprachen, in seinen Religionen, seinen Literaturen und in seinen Philosophien die Gemeinschaft des Bluts und des Geistes offenbart, die alle seine Nachkommen verbindet«.[3] Die Debatten der *Anthropological Society of London* zeigen, daß der Begriff »Arier« seit dem Jahr ihrer Gründung in aller Munde war. 1871 akzeptierte Darwin in der *Abstammung des Menschen* jene Einteilung, wenn er auch einige Zweifel bezüglich der »rassischen Einheitlichkeit« sowohl der Arier als auch der Semiten äußerte. In Deutschland unterschied Nietzsche in seinem ersten Werk, der *Geburt der Tragödie,* die ebenfalls 1871 erschien, zwischen einem arischen und einem semitischen Wesen, wobei das erste durch den Mythos von Prometheus, das zweite durch den Mythos von Adams Sündenfall gekennzeichnet sei. Sicher aber ist, daß der Ausdruck »Arier« von den deutschen Autoren weniger oft gebraucht wurde, weil er sich durch »Germane« oder »Indogermane« vorteilhaft ersetzen ließ – wie zum Beispiel in Gustav Freytags Romanwerk *Die Ahnen* oder in Felix Dahns Romanreihe *Die Könige der Germanen;* auch die antisemitische Propaganda stellte, wenn sie sich wissenschaftlich gab, den Semiten mit Vorliebe »die indogermanische Rasse« gegenüber. In den großen volkstümlichen Lexika *Brockhaus* und *Meyer* ist das Stichwort »Arier« seit 1864 beziehungsweise 1867 verzeichnet, und »Arier« wird mit »Indogermane« definiert. Die 14. Auflage des Brockhaus stellt ausdrücklich fest, daß man »Arier« nur für die Bezeichnung der »asiatischen Arier« verwenden und zur Benennung der »europäischen Arier« die Ausdrücke »Indogermane« oder »Indoeuropäer« verwenden sollte.

Bemerkenswert ist, daß der Glaube an die »arische Herkunft« in seiner Urform einen zweifachen Glaubenssatz enthielt: Die Europäer gehören der arischen Rasse an; und diese Rasse stammt aus dem asiatischen Hochland. Der erste Gedanke, nämlich anderen Ursprungs zu sein als die Juden, erwies sich als viel zählebiger, »resistenter« (im psychoanalytischen Sinn) denn der zweite, der von der asiatischen Herkunft; der nämlich wurde seit der Jahrhundertwende von den meisten Gelehrten in Zweifel gezogen. Einer dieser Kritiker, der englische Philologe Isaac Taylor, äußerte in diesem Zusammenhang am Schluß seines Buches *The Origin of the Aryans* seine Freude darüber, »die alte Tyrannei der Sanskritisten«[4] gestürzt zu haben. Damit kommen wir wieder auf die faktische Tyrannei der Linguistik über die Anthropologie zurück: denn nicht nur um die Mitte des zwanzigsten Jahrhunderts, in der Zeit der strukturellen Anthropologie, sondern auch während des ganzen neunzehnten Jahrhunderts diente die Linguistik im Kielwasser der romantischen Orientalistik als Leitwissenschaft und zwang ihre Methoden oder ihre Autorität anderen Zweigen der Humanwissenschaft auf. Die einen Anthropologen nehmen diese Unterwerfung bedauernd zur Kenntnis, die anderen finden sie legitim, und ihre Kommentare sind nicht uninteressant – und sei es nur deshalb, weil sie zeigen, daß die Schwierigkeiten oder Mißverständnisse in den Beziehungen zwischen den einzelnen Disziplinen nicht erst von gestern sind.

1862 stellte Paul Broca, der prominenteste der französischen »physikalischen« Anthropologen, in der Nachfolge von Cabanis und Bichat fest, daß »die Linguisten uns gegenüber einen großen Vorteil haben: Sie können ohne uns auskommen, wir aber nicht ohne sie [...] Wir sind also Vasallen der Linguistik, und sogar dankbare Vasallen; aber wir dürfen und wir können nicht ihre Sklaven sein.« Der »Arier-Theorie« gestand Broca den Status einer Wahrscheinlichkeit, nicht einer Gewißheit zu:

> Bei dem Versuch, unsere Rassen und Sprachen bis an ihre Ursprünge zurückzuverfolgen, sind die Philologen bis jetzt auf Wahrscheinlichkeiten, nicht aber auf Gewißheit gestoßen; und wie die Dinge heute liegen, fürchte ich, daß die Bezeichnungen, durch die man jetzt den Terminus »Indoeuropäer« ersetzt, eher Ausdruck einer Theorie als eines erwiesenen Faktums sind.

Dennoch hielt Broca den Ausdruck »arische Rassen« für völlig wissenschaftlich, bezeichnete aber das Gegenstück dazu, das heißt, den Begriff »semitische Rassen«, als groben Irrtum; und er fand ausgezeichnete Gründe, den Neologismus »Hebroïde« vorzuschlagen zur Bezeichnung »jener Völker, die sich aufgrund ihres Körperbaus, ihrer Sprache, ihrer geistigen und sittlichen Eigentümlichkeiten, ihrer Traditionen und ihrer Geschichte ganz natürlich um das hebräische Volk gruppieren lassen«.[5] Sein Einfluß reichte aber nicht aus, um auch die arabischen Völker unter die »Hebroïden« einzureihen.

Ähnlich reserviert gegenüber den Dekreten der Sprachwissenschaftler verhielt sich Edward B. Tylor (1832-1917), ein bedeutender Vorläufer der kulturellen Anthropologie. »Die Sprache eines Menschen ist kein sicherer und stichhaltiger Beweis für seine Abstammung«, schrieb er. »Die Anthropologie hat sich viel zuschulden kommen lassen, als sie Sprachen und Rassen so behandelte, als würden sie sich immer genau decken.« Diese Vorsicht hinderte Tylor jedoch nicht, in den allgemeinen Fehler zu verfallen und — bei der Beschreibung der Zigeuner — von »unseren arischen Vorfahren«[6] zu sprechen. Man hat den Eindruck, daß Tylor im ersten Fall die Gelehrtensprache, im zweiten Fall aber die Umgangssprache seiner Zeit verwendete. Das gleiche gilt für Paul Topinards (1830-1911) anthropologisches Handbuch. Topinard, ein Schüler Brocas, war der erste einflußreiche Autor, der in bezug auf die Franzosen die Vermutung aussprach, sie seien »blutmäßig keine Arier, sondern eine Überlagerung mehrerer verschiedener Rassen«. Vorher aber sprach Topinard von der angeborenen oder »physiologischen« Unfähigkeit der farbigen Völker, »weiter als bis 2, 3 oder 5 zu zählen«, und stellte ihnen »die sogenannten arischen Rassen« gegenüber, die über »eine große Begabung für Mathematik« verfügen[7]; es versteht sich von selbst, daß in diesem Kontext die Franzosen kollektiv wieder zu Ariern wurden.

Bei einem deutschen Anthropologen, Theodor Waitz (1821-1864), dessen *Anthropologie der Naturvölker* die für damalige Zeiten zweifache Originalität aufweist, daß darin nicht nur der Ausdruck »arische Rasse« vermieden, sondern den europäischen Völkern auch jedwede Überlegenheit über die exotischen Völker abgesprochen wird, finden wir die interessantesten Kommentare zum Einfluß der Linguistik auf die Anthropologie. Waitz rechtfertigte diesen Einfluß aus zweierlei Gründen. Einerseits, sagte er, seien die Eigenheiten einer Sprache beständiger als die rassischen oder ethnisch-rassichen Eigenheiten und gäben daher einen besseren historischen Leitfaden ab. Anderseits meinte er, die Methoden der vergleichenden Sprachwissenschaft hätten einen höheren Grad der Bestimmtheit erreicht als die der physikalischen Anthropologie, insbesondere der »Craniologie«. Dies sah er durch die relative Einmütigkeit bestätigt, die unter den Linguisten bezüglich der wichtigsten Ergebnisse ihrer Wissenschaft herrschte; dagegen lägen die »Naturforscher«, die sich mit den Menschenrassen befaßten, einander stets in den Haaren. Kurz, die Stärke der Sprachwissenschaftler sei ihre Einigkeit.[8]

Adolf Bastian (1826-1905), ein anderer deutscher Anthropologe, begrüßte die »Tyrannei der Sanskritisten«. Teilhard de Chardin vorwegnehmend, schrieb er:

> Indem sich die Kulturvölker auf der Bahn geistiger Entwicklung finden, die einem unmeßbaren Ziel entgegenstrebt, müssen sich auch alle nur dem Körperlichen entnommenen Einteilungen unfruchtbar und widersprüchlich erweisen [...] An die Stelle der (für die Naturvölker verwendbaren) Craniologie tritt jetzt die Philologie mit allen ihren Hilfszweigen.

Bastian ließ sich weitschweifig über die arischen Nomaden, die »Ahnen der zivilisierten Völker« aus, aber die Suche nach der »Wiege ihres Ursprungs« schien ihm von einer Mythologie herzukommen, »die um nichts besser ist als die Ansicht der Amakosa und anderer Zulu-Völker, daß die südafrikanischen Nomaden nacheinander aus einer Höhle emporgestiegen seien«.[9]

Dagegen betonte Bastians berühmter Landsmann Rudolf Virchow die Nützlichkeit der Craniologie und anderer physischer Merkmale. Ohne diese Anhaltspunkte, schrieb er nach dem Krieg von 1870-71, würde »die Entscheidung über die ethnische Zugehörigkeit der Völker widerstandslos in die Hände der Sprachwissenschaftler gelegt«. Diese hätten, wie er meinte, in ihrem Purismus zunächst »reine« Rassen postuliert, was sich vom anthropologischen Standpunkt aus schlecht aufrechterhalten ließe; und dann hätten sie den Streit politisiert, indem sie der »lateinischen Rasse« Arier (wie die Kelten) und Nichtarier (wie die Sarden und die Iberer) zuordneten und somit Rassen, Nationen und Sprachen vermischten. »Die Sprache nationalisiert und entnationalisiert, aber sie ist kein Beweis für die Blutsverwandtschaft«, schloß er.[10]

Wir müssen nun den Rohstoff, den die Linguisten ihren »Tributpflichtigen« – den Anthropologen, Prähistorikern und Archäologen – lieferten, näher untersuchen. Wir haben bereits gesehen, wie es sich diesbezüglich mit Ernest Renan und Max Müller, den beiden bedeutenden Propagandisten der Arier-Theorie, verhielt. In ihrem Kielwasser stellte eine Unzahl anderer Autoren ihren linguistischen »Imperialismus« auf naivere Weise zur Schau. Nennen wir den Philologen F. G. Bergmann (1812-1895), nach dessen Ansicht die Herkunft der »Urvölker der Rasse Japhets« mit Hilfe »halb physikalischer, halb philosophischer Wissenschaften« erforscht werden müsse – darunter verstand er natürlich die Sprachwissenschaften[11]; oder seinen belgischen Kollegen Honoré Chavée (1815-1877), der glaubte, »aufgrund von Fakten der Sprachgeschichte die natürliche Verschiedenheit der geistigen Konstitution und folglich des Gehirnaufbaus« von Ariern und Semiten »wissenschaftlich« bewiesen zu haben.[12] Der bereits erwähnte Philologe A. Fr. Pott fühlte sich durch die Lektüre Gobineaus veranlaßt, einen Essay über *Die Ungleichheit menschlicher Rassen, hauptsächlich vom sprachwissenschaftlichen Standpunkte, unter besonderer Berücksichtigung von des Grafen von Gobineau gleichnamigem Werke* zu verfassen, und trug so zum postumen Ruhm Gobineaus bei.[13] Andere Gelehrte, die sich für die Frage der Rassen und des Ursprungs der Menschen nicht zu interessieren schienen, bewiesen ebenfalls, daß sie kritiklos eine Meinung übernommen hatten. So begnügte sich der bedeutende Sprachwissenschaftler August Schleicher (1821-1868) damit, Jacob Grimms These von den aufeinanderfolgenden Einwanderungswellen in sieben oder acht Zeilen zusammenzufassen und den Schluß zu ziehen, daß die Heimat des indogermanischen Urvolkes im zentralasiatischen Hochland zu suchen sei.[14] Aber auch diese lakonische Feststellung gehörte zu den »Behauptungen der Linguisten, die da wie dort auf den Urteilen der Anthropologen lasteten; Urteile, die, kaum formuliert, von den Linguisten ihrerseits in Anspruch genommen wurden« – um einen treffenden Satz des Archäologen Joseph Reinach über die Art des Zustandekommens dieser »orientalischen Fata Morgana« abzuwandeln.[15]

Ganz anders gelagert ist der Fall des Genfer Sprachforschers Adolphe Pictet, der sichtlich von Renan beeinflußt war; auf Pictet wiederum berief sich Max Müller.[16] In seinem umfangreichen *Essai de paléontologie linguistique* erwies sich Pictet als besonders gut unterrichtet über die »Urarier«, deren Wiege er im Iran ansiedelte:

> In einer Epoche, die vor jedem historischen Zeugnis liegt und sich in der Nacht der Zeiten verbirgt, wuchs in der Urwiege eine ganze Rasse, die von der Vorsehung zur Herrschaft über die ganze Welt bestimmt war, langsam ihrer glänzenden Zukunft entgegen. Ausgezeichnet vor allen anderen durch die Güte des Blutes und die Gaben des Verstandes, inmitten einer grandiosen, aber herben Natur, die ihre Schätze verteilte, ohne sie zu verschwenden, war diese Rasse von Anfang an dazu berufen, durch Arbeit die materiellen Vorbedingungen einer beständigen Industrie zu schaffen, die sie dann über die Beschaffung des unbedingt Lebensnotwen-

> digen hinaus erhob. Daher auch die frühzeitige Entwicklung des Denkens [...]

Nach mehreren hundert Seiten philosophischer Spekulationen erläutert Pictet seine Vorstellungen dann folgendermaßen:

> [...] Diese Rasse war die der Arier, von Anfang an ausgestattet mit Gaben, welche den Hebräern fehlten, um die Zivilisatoren der Welt zu werden; und nirgends wird der Plan der Vorsehung deutlicher sichtbar als in der Parallele dieser beiden nebeneinander verlaufenden Strömungen, von denen die eine die andere aufnehmen und absorbieren sollte. Der Gegensatz zwischen den beiden Rassen ist so scharf wie nur möglich [...] Diese Religion Christi, dazu ausersehen, die Fackel der Menschheit zu bleiben, wird vom griechischen Genie aufgenommen, von der römischen Macht weit verbreitet; die germanische Energie gibt ihr neue Kraft, und die ganze Rasse der europäischen Arier steigt unter ihrem wohltätigen Einfluß, durch tausend Kämpfe hindurch, allmählich bis zur modernen Zivilisation empor [...] So wird die Rasse der Arier, auserwählt vor allen anderen, zum wichtigsten Werkzeug der Pläne Gottes für das Schicksal des Erdenmenschen.[17]

In ihrer Eigenschaft als Werkzeug der Pläne Gottes neigt die sogenannte arische Rasse bei Pictet dazu, mit dem sogenannten Christenvolk zusammenzufallen. Dieser Gedanke wurde 1867 vom Schatzmeister der *Anthropological Society of London*, Reverend Dunbar Heath, direkter und naiver weiterentwickelt. In einer Arbeit unter dem Titel *On the Great Race-Elements in Christianity* suchte dieser Geistliche zu zeigen, daß »alle arischen Mythologien schildern, wie die Götter auf die Erde herabsteigen, um das Böse zu bekämpfen [...] Der arische Geist hält das Gesetz für schlecht und verteidigt die Rechte des Gewissens [...]«. Die »semitische Rasse« habe seinerzeit verkündet, daß Jesus der Teufel sei, die »arische Rasse« sehe in ihm einen Gott. Die »arische Rasse« habe die Lehre von der Dreifaltigkeit entwickelt, und es gebe keinen anderen Begriff, der »allen Instinkten der Semiten« fremder wäre. Zum Schluß erklärt Heath, das Christentum sei eine im wesentlichen aus arischen Quellen stammende Religion, die von Ariern und nicht von Semiten gelehrt werde und daher in jeder Beziehung eine arische Religion sei.[18]

Wie das Kind in Andersens Märchen legte dieser obskure Kirchenmann im Jahr 1867 den Grund des Problems frei. Die Berufswissenschaftler brauchten noch etliche Jahrzehnte, um zu erkennen, daß der Kaiser nackt war; und noch ist nicht sicher, ob sie es wenigstens heute schon alle wissen.

Das Ariertum und der französisch-preußische Krieg

Der Doyen der französischen anthropologischen Schule, Armand de Quatrefages, teilte die allgemeine Überzeugung vom arischen Ursprung der Europäer.[19] Während der Belagerung von Paris sah er, wie die preußische Armee die Zivilbevölkerung und wissenschaftliche Institute unter Feuer nahm. Sogleich versuchte er das unwürdige Verhalten eines zivilisierten Volkes auf anthropologische Weise zu erklären. Eine solche Barbarei, schrieb er im Februar 1871[20], könne nur das Werk der schon vor den Ariern ansässigen Ureinwohnern Nordosteuropas gewesen sein, deren Existenz soeben von schwedischen Gelehrten behauptet worden war. Vom anthropologischen Standpunkt seien die Preußen keine echten Germanen, sondern *Finnen* oder *Slawo-Finnen,* das heißt »vorgeschichtliche Menschen«, die Europa zur selben Zeit bevölkerten »wie das Nashorn und der Elefant, das Ren und der Moschusochse«. Aus dieser Zeit hatten sie sich einen »wahrhaft nationalen Wesenszug« bewahrt:

> Der Finne verzeiht niemals eine tatsächliche oder vermeintliche Beleidigung, rächt sich bei der ersten Gelegenheit und ist in den Mitteln nicht wählerisch. So erklärt sich die Häufigkeit von Morden unter den Bauern Finnlands, die dieser Rasse angehören.

Nun war alles klar. »Nicht zufrieden damit, die Germanen den Slawo-Finnen unterzuordnen, übernahm Deutschland den Haß jener, die sich an seine Spitze stellten, und wurde zum Diener ihrer Instinkte.« Damit ließ sich vor allem die Beschießung des Pariser Museums und die Niederbrennung der Straßburger Bibliothek erklären: »Nirgendwo traten die dunklen Rachegefühle der Finnen, der eifersüchtige Haß des Halbbarbaren gegenüber einer höheren Kultur deutlicher zutage.« Folglich müsse sich Europa auf eine düstere Zukunft gefaßt machen: »Werden die slawo-finnischen Rassen über Germanen und Romanen zugleich herrschen wollen? Und wird sich dic solchermaßen geteilte Welt stillschweigend unterwerfen?«

Nach dem Krieg erzielte Quatrefages' These in Frankreich einen gewissen Erfolg. *Les Races humaines,* ein illustriertes Lehrbuch von Louis Figuier, gab 1872 diese Theorie wieder. In den Augen des Autors hatte Quatrefages »wissenschaftlich bewiesen«, daß die Preußen nicht zur »teutonischen Familie« gehörten, die für ihn weiterhin die Elite der weißen Rasse bildete. »Diese Finnen oder Urbewohner der Ostseeküste sind gekennzeichnet durch List und Gewalttätigkeit, gepaart mit bemerkenswerter Zähigkeit. Die modernen Preußen lassen alle diese Fehler ihrer Vorfahren wieder aufleben.«[21]

Jenseits des Rheins rief die »finnische These« natürlich Empörung hervor. Die bedeutenden Zeitungen mischten sich ein (die *Kölnische Zeitung* nannte Quatrefages einen »ungebildeten Naturkundler« und »gelehrten Lügner«). Die internationale Wissenschaftlergemeinde hingegen spaltete sich in zwei Lager. Frankreich allerdings blieb isoliert; italienische und englische Gelehrte widersprachen Quatrefages, der nur von seinen Kollegen Broca und Hamy unterstützt wurde (Broca zahlte es den Deutschen in gleicher Münze heim: Sie hätten als erste einen »Rassenpatriotismus erregt, der virulenter sei als der gewöhnliche Patriotismus«[22]). Quatrefages war gezwungen, einige Aussagen zurückzunehmen. In einer Vorlesung im Jahr 1872 versicherte er, ein rein wissenschaftliches Ziel verfolgt zu haben: »Natürlich war es mir nicht unangenehm, den Deutschen in Erinnerung zu rufen, daß die Preußen nicht ihre Brüder sind [...] Aber selbst wenn Preußen Frankreich gegenüber eine ebenso ergebene Freundschaft bewiesen hätte, wie es unerbittliche Feindschaft an den Tag legte, hätte ich genauso gehandelt.«[23] In seiner klassischen *Histoire des races humaines* war Quatrefages dann bemüht, die »finnische Rasse« zu rehabilitieren:

> [...] In verschiedener Hinsicht gewannen die finnischen Rassen besondere Bedeutung. Da sie zeitlich viel weiter zurückreichen als die Arier und die Semiten und wahrscheinlich Zeitgenossen der Prä-Semiten waren, hat sich ihr Blut wohl mit dem vieler anderer vermischt, die nach ihnen kamen. Jedenfalls darf man ihnen nicht – und wäre es auch nur, weil sie die älteren sind – einen Platz an der Seite ihrer Schwesterrassen verwehren, wenn diese auch in der Geschichte größeren Ruhm erlangten.[24]

Der wissenschaftliche Gegenangriff wurde von den beiden größten deutschen Anthropologen jener Zeit, Adolf Bastian und Rudolf Virchow, geleitet. Ersterer machte sich ironischerweise zum Verteidiger der Finnen, dieser »armen Waisenkinder der Anthropologie«, die bereits Gobineau in seinem *Versuch über die Ungleichheit der Menschenrassen* ziemlich schlecht behandelt hatte. In Preußen, so versicherte er, gebe es weder Finnen noch Slawen; durch die Ausbreitung der Germanen seien sie fast gänzlich absorbiert oder verschmolzen worden; gleich den Indianern seien sie verschwunden »wie Schnee unter der aufgehenden Sonne der Geschichte«; und dann verwendete Bastian bereits das darwinistische Argument: Die Flut der Deutschen auf dem Vormarsch nach Osten habe die schwächere Rasse unbarmherzig zurückgedrängt, »gemäß dem Gesetz des Stärkeren, dem Gesetz des *struggle for existence*«. Man dürfe sich also nicht von dem »keltisch-lateinischen Geschwätz« benebeln lassen, vor allem nicht im neunzehnten Jahrhundert, in dem die germanischen Völker zu den Trägern der wissenschaftlichen Kultur Europas geworden seien. In den Ostgebieten, schloß Bastian, hätten die Deutschen sich eine neue Heimat geschaffen, und was die Väter erobert hätten, würden die Söhne zu wahren wissen. Preußen sei ein Staat von Kriegern, sei es in der Vergangenheit gewesen und werde es in Zukunft sein, solange die Ostmarken und vor allem die Westmarken gegen Unruhestifter geschützt werden müßten.[25]

Diese martialischen Töne scheinen die nationale Begeisterung widerzuspiegeln, die sich Deutschlands nach seiner Einigung bemächtigt hatte. Die alten germanomanischen Strömungen mündeten nun in die neue patriotische Gesinnung und bestimmten gewisse Imperative. Erinnern wir uns an die schüchterne Mahnung, die Max Müller 1872 in Straßburg aussprach[26]; bezeichnender noch ist der Widerruf des jüdischen Historikers Heinrich Grätz, der 1868 das deutsche Volk als »deutschen Michel« bezeichnet hatte und sich 1879 mit folgenden Worten entschuldigte: »Die glorreichen Siege, die durch geniale Führung entstandene Einheit und der Aufschwung Deutschlands erfolgten später. Vor diesen Ereignissen galt das deutsche Volk im allgemeinen als deutscher Michel [...] Jetzt, nach 1870, stimmt das nicht mehr.«[27] Ein noch deutlicheres Symptom für die Änderung des geistigen Klimas könnte der Blondheitskult gewesen sein; eine sorgfältige Untersuchung zeigt, daß dieses Phänomen jüngeren Datums und ab 1870-1871[28] in die deutsche Literatur eingedrungen ist.

Der zweite Kritiker Quatrefages' war Rudolf Virchow (1821-1902), ein Gelehrter mit zahllosen Interessen und Reichstagsabgeordneter. In seiner Eigenschaft als Anatom und Schädelforscher nahm er die Frage viel ernster als Bastian. Was aber war diese Wissenschaft der Schädelforschung, die »Craniologie«, im neunzehnten Jahrhundert? Genauer besehen, läßt sie sich mit Lavaters und Galls »Phrenologie« in Verbindung bringen. Tatsächlich hatte der schwedische Gelehrte Andreas Retzius, als er deren Ansichten kritisierte, um 1845 den Begriff des *Schädelindex* eingeführt. Dabei glaubte er feststellen zu können, daß die »langschädeligen« Völker – Skandinavier, Deutsche, Engländer und Franzosen »mit besseren seelischen Eigenschaften« ausgestattet seien. Der »Kurzschädel« sei das Zeichen eines anderen, des »turanischen« Ursprungs und nicht des »iranischen« oder »arischen« und charakteristisch für weniger entwickelte Völker wie Lappen, Finnen oder Finno-Slawen und Bretonen.[29] Zu diesem »Schädelindex« gesellten sich bald noch verschiedene andere Indices, woraus sich dann die craniologische Theorie bildete; sie wurde von der Pariser Schule in hohem Maße verfeinert. Man entwickelte bizarre Meßinstrumente, wobei vor allem Broca überaus erfinderisch war. Alle möglichen Merkmale, insbesondere die »Verzahnung der Schädelnaht«, bestätigten angeblich die Überlegenheit europäischer Schädel gegenüber denen »minderwertiger Rassen«; und der allgemeinen Meinung zufolge konnten die großen Zauberer von Paris schon beim bloßen Anblick eines Schädels sagen, ob er römisch, fränkisch oder sarrazenisch sei.[30] Innerhalb von zehn Jahren war das gesamte gebildete Europa von der Idee durchdrungen, daß man anhand der Schädel die Menschenrassen – und deren jeweilige Eigenschaften – besser definieren könne als mit Hilfe der Sprachen.

Virchow dürfte von all dem um so mehr berührt gewesen sein, als er aus Pommern stammte, einem Gebiet, das erst im zwölften und dreizehnten Jahrhundert germanisiert worden ist. So warf er Quatrefages zwar Exklusivdenken und Preußenfeindlichkeit vor, kritisierte ihn aber mehr wegen der Form als wegen des Inhalts und schien die »finnische Hypothese« keineswegs »unsinnig« zu finden.[31] Tatsache ist, daß er völlige Klarheit haben wollte: Die Tinte auf dem Friedensvertrag von Frankfurt war noch nicht getrocknet, als dieser gewissenhafte Gelehrte seine Kollegen in einer Kommission versammelte, um nach einer von dieser Kommission auszuarbeitenden Methode eine Statistik der Schädelformen in ganz Deutschland herzustellen.[32] Ursprünglich sollten die Schädel der Soldaten vermessen werden; aber die Armeeführung versagte Virchow und seinen Freunden ihre Hilfe. Sie mußten sich also mit

»sekundären« Merkmalen wie Haar-, Augen- und auch Hautfarbe begnügen. Solchermaßen orientiert, fand die Untersuchung nicht nur bei den Schulbehörden in Deutschland Unterstützung, sondern auch in Österreich, in der Schweiz und in Belgien.[33]

Alle Volksschullehrer dieser Länder erhielten Fragebogen, in denen erklärt wurde, daß die Theorie, wonach alle europäischen Völker aus einer gemeinsamen Heimat in Asien stammten, sich nun in Zweifel ziehen ließe. Nach einer neuen Hypothese seien die indogermanischen oder arischen Einwanderer in Europa auf eine Urbevölkerung gestoßen, mit der sie sich vermischt hätten. Die Arier seien, der vorherrschenden Meinung zufolge, blond und langschädelig gewesen, die Ureinwohner dunkel und kurzschädelig. Die Angaben über die geographische Verteilung von Augen- und Haarfarben in Europa würden vielleicht klarstellen, wie es sich tatsächlich verhalte. Die wissenschaftliche Exaktheit verlange die genaue Untersuchung aller Kinder, mit Ausnahme der jüdischen und ausländischen. Die Lehrer würden sicherlich nicht zögern, hieß es zum Schluß in diesem Fragebogen, einer wissenschaftlichen Unternehmung ihre Unterstützung zu gewähren, deren Ziel schließlich dasselbe sei wie das der Schule, nämlich die Selbsterkenntnis; das Wissen um die eigene Herkunft sei ein wesentliches Element des Studiums der menschlichen Natur.[34]

Die Untersuchung nahm gigantische Ausmaße an. Sie dauerte mehr als zehn Jahre und erfaßte fast fünfzehn Millionen Schüler. In der Zwischenzeit hatte sich der unermüdliche Virchow nach Finnland begeben, wo er feststellen konnte, daß die Finnen, entgegen der üblichen Annahme, in der großen Mehrzahl blond waren.[35] Im Jahr 1885 teilte er der Preußischen Akademie der Wissenschaften die allgemeinen Resultate der Untersuchung mit. Diese seien »ebenso maßgeblich wie überraschend«; die sogenannte französische Theorie sei völlig entkräftet worden; das Überwiegen von blondem Haar und blauen Augen in Norddeutschland, die Gebiete östlich der Elbe inbegriffen, zeige, daß die Bewohner dieser Gebiete im wesentlichen germanischer Abstammung seien. Im Gegensatz zu den germanischen Wanderungen nach Westen und Süden – den Zügen der Goten, Franken und Burgunder, die letztlich von den autochthonen Völkern absorbiert worden seien – hätten die Wanderungen nach Osten zu einer endgültigen Germanisierung geführt, zur Bildung eines neuen, rein deutschen »Volkstums«; die Tatsache, daß sowohl die Habsburger als auch die Hohenzollern dort ihre wahren Fundamente fanden, sei sicherlich nicht ohne Bedeutung.[36]

Die germanisch-arische Ehre Preußens war gerettet; außerdem konnten jene Patrioten, die sich damals wegen der »slawischen Invasion« Sorgen machten, beruhigt sein.

Bemerkenswert ist, daß Virchow das genaue Gegenteil eines rabiaten Nationalisten war. Als Politiker kämpfte er gegen das Anwachsen von Pangermanismus und Antisemitismus; als Gelehrter beklagte er den Mißbrauch der Wissenschaft zu Zwecken der politischen Agitation und warnte seine Kollegen, die Fragen, die sie nun behandelten, würden im Volk rasch zu nationalen Fragen werden.[37] Bei vielen Gelegenheiten dämpfte er den rassischen Eifer seiner Kollegen. Mehr noch, Virchow scheint der erste bedeutende Gelehrte gewesen zu sein, der den Verdacht hegte, daß der »Langschädel«, dieser neue Fetisch der Germanomanen, ein variables und veränderliches Merkmal und infolgedessen ohne jeden historisch-anthropologischen Wert sei.[38] Daher wurde sein Glaube an die Craniologie im Lauf der Jahre erschüttert; er gab sie jedoch nicht völlig auf, wie eine Äußerung beweist, die er 1891 anläßlich einer Ausgrabung von Schädeln in Ungarn machte. Er sagte, sie seien arischen Schädeln sehr ähnlich; nichts weise darauf hin, daß es sich nicht um ein arisches Volk handle; jedenfalls könne er mit Gewißheit sagen, daß diese Schädel nicht von Mongolen oder Australiern stammten.[39]

Die französische Wissenschaft hatte an der finno-slawischen Front zwar eine Niederlage erlitten, aber der Kampf ging an anderen Fronten weiter. 1890 beschrieb der englische Philologe Isaac Taylor diese Auseinandersetzung:

> Die Frage wurde mit unnötiger Schärfe diskutiert. Die deutschen Gelehrten, vor allem Pösche, Penka, Hehn und Lindenschmidt, behaupteten, daß der physische Typus der Urarier jener der Norddeutschen sei, das heißt, daß sie einer hochgewachsenen, langschädeligen Rasse mit blonden Haaren und blauen Augen angehörten. Anderseits blieben französische Autoren wie Chavée, Mortillet und Ujvalfy bei der Ansicht, die Urarier seien kurzschädelig gewesen, und der echte arische Typus werde von den Galliern verkörpert.
>
> Die Deutschen reklamieren die Urarier als Vorfahren der germanischen Rasse; diese hätte Frankreich arisiert. Die Franzosen dagegen reklamieren dieselben Urarier als Ahnherren ihrer Rasse, die Deutschland arianisiert habe. Beide Parteien behaupten, daß ihre eigenen Ahnen die reine, edle Rasse der arischen Eroberer ge-

bildet habe und daß ihr Erbfeind einer Rasse wilder Eingeborener angehöre, die unterworfen und geknechtet worden sei und die ersten Saatkörner der Zivilisation von den ›Erbsiegern‹ erhalten hätte. Jedes Lager beschuldigt das andere, die wissenschaftlichen Resultate chauvinistischen Gefühlen dienstbar zu machen.

So schreibt Pöschl in etwas schwülstigem Ton: »Die wahre wissenschaftliche Theorie, die sich ruhig und klar wie der Gipfel des Olymp über die vorüberziehenden Gewitterwolken erhebt, besagt, daß eine edle Rasse blonder und blauäugiger Männer eine ältere, kleiner gewachsene, dunkelhaarige Rasse besiegt und unterworfen hat. Gegen diese These richtet sich die neue französische Theorie, die keine wissenschaftliche Grundlage hat und politischem Haß entsprungen ist; sie behauptet, die Urarier seien ein kleingewachsenes, dunkelhaariges Volk gewesen, welches die hochgewachsene, blonde Rasse arianisiert habe.«

Anderseits erklärt Monsieur Chavée mit Nachdruck, die andere Rasse sei die geistig überlegene. »Man beachte«, sagt er, »den vollkommen geformten Kopf der Iranier und Hindus, so intelligent und so wohlgebildet. Man bedenke die Vollkommenheit dieser wunderbaren Sprachen, Sanskrit und Zend. Die Deutschen haben die schöne Struktur der arischen Ursprache nur entstellt und verdorben.«

Ujvalfy sagt, daß »die blonde langschädelige Rasse den Titel der führenden Rasse der Welt für sich beanspruchen könnte, wenn Überlegenheit nur in Körperkraft, Unternehmungsgeist, Erfindungen und Eroberungen bestünde. Wenn wir aber die geistigen Eigenschaften, die künstlerischen und intellektuellen Fähigkeiten in Betracht ziehen, dann gebührt der kurzschädeligen Rasse der Vorrang.«

Auch de Motiller unterstützt nachdrücklich diese Argumentation. Die Zivilisation Europas sei, so versichert er, der kurzschädeligen Rasse zu danken.[40]

Taylor seinerseits verlieh den Titel des »Urariers« den »kurzschädeligen Uralo-Altaiern«, zu denen er, eine weitere Hypothese aufstellend, die Finnen und die Kelten zählte – ein Beweis von Originalität. Die einzige Hypothese, an die er nicht dachte, war die, daß die Arier nur eine gedankliche Konstruktion sein könnten. Diesen Schritt tat 1892 der Archäologe Salomon Reinach. »Wer von einer arischen Rasse spricht, die vor dreitausend Jahren gelebt haben soll«, schrieb er, »stellt eine willkürliche Hypothese auf; zu sagen, eine solche Rasse existiere heute noch, ist schlicht und einfach absurd.«[41] Dieser Ausspruch jedoch wurde ebensowenig beachtet wie die Kritiken der italienischen Gelehrten (die von einem »wissenschaftlichen Mythos« sprachen) oder die Überlegungen eines anderen jüdischen Forschers, Siegmund Feist, der diesen Gedanken 1915 weiter ausbaute: Die angebliche arische Herkunft könne ruhig mit der Fabel von der trojanischen Abstammung verglichen werden, die im zweiten Jahrhundert vor Christus in Rom entstanden sei. Dieser Mythos hatte ein bemerkenswert langes Leben, denn er wurde von den Franken übernommen, die sich auf diese Weise als Verwandte der Trojaner betrachteten. Es sei zu hoffen, daß der arische Mythos, so wie er heute verstanden werde, bald einer wissenschaftlicheren Konzeption von der Vergangenheit der europäischen Völker Platz machen werde.[42]

Der Vergleich, den Feist anstellte, könnte mit voller Berechtigung weiterentwickelt werden, da der arische Mythos, genauso wie der trojanische, schließlich zu einem Zankapfel zwischen Frankreich und Deutschland wurde. In Deutschland gingen zwischen 1871 und 1914 die Bemühungen hauptsächlich dahin, die Arier in Germanien oder in Skandinavien anzusiedeln. Die Operation, unter dem Deckmantel der Wissenschaft durchgeführt, wurde durch die natürliche Vorsicht wirklicher Gelehrter wie Virchow, Kollmann, Luschan und anderer begünstigt, die sich Ende des vorigen Jahrhunderts darin einig waren, daß sie weniger wüßten, als sie zwanzig Jahre zuvor geglaubt hatten, und daß die Hoffnung, die Vorfahren der europäischen Völker in Indien zu finden, zunichte geworden sei, ja, daß die arische Rasse überhaupt nicht mehr existiere.[43] Ihre Zweifel und Skrupel wurden von den Donnerstimmen Pöschls, Penkas und Kosinnas übertönt, die, wie Virchow sarkastisch feststellte, »alle zivilisierten Völker auf die vorgeschichtlichen Germanen zurückführten – die Griechen, Italiener usw. und, wie könnte es auch anders sein, die alten Trojaner«.[44] Diese Denkrichtung sollte sich im zwanzigsten Jahrhundert in Deutschland durchsetzen und mit dem Hitlerismus auf die Vorspiegelung »wissenschaftlicher Objektivität« verzichten. Hören wir uns an, was der berühmteste Repräsentant dieser Schule, der Anthropologe Georg Heberer, über prähistorische Funde in Thüringen zu sagen hatte:

> Diese Bausteine beziehen sich auf eines der bedeutendsten Phänomene der Geschichte überhaupt, auf die Entstehung des Indoger-

manentums! Daß der mittel- und norddeutsche Raum, daß Deutschland das Heimatland der Indogermanen ist, kann uns, die wir Nachfahren dieses zu höchster kulturschöpferischer Leistung berufenen Volkstums sind, nicht gleichgültig sein. Wir pflegen ein eigenes, ureingesessenes Erbe, es kam uns nicht von außen, nicht vom Osten! Hier wurde es geboren und durch die Jahrtausende geformt. Diese Erkenntnis bedeutet uns zugleich Verpflichtung! [...] Heute gestaltet sich in einem ungeheuren Werden im Herzen Europas wiederum eine neue Menschheit.[45]

So lebte die alte deutsche Tradition der »Zeugung aus sich selbst durch sich selbst« wieder auf. Halten wir im übrigen fest, daß im Dritten Reich vor allem der Begriff des »Nordischen« Anhänger gewann, zum Schaden der Begriffe »Ariertum« und »Germanentum«; das ging so weit, daß der Parteiführung die Überschätzung der Langschädel inopportun erschien und sie durch Rundschreiben anordnete, die Gefühle der dunkelhaarigen, rundköpfigen Deutschen zu schonen.[46]

In Frankreich begann Ende des neunzehnten Jahrhunderts ein viel komplexerer anthropologischer Kampf, der den alten »Streit der zwei Rassen« fortzusetzen schien. Gewiß, die Dritte Republik war endgültig »gallisch« geworden; aber waren es nicht die verleugneten Germanen, als »blonde Langschädel« getarnt, die sich wieder zur Stelle meldeten? Dies scheint Paul Topinard, der Nachfolger Brocas und Stab und Stütze der friedliebenden bürgerlichen Republik, uneingestandenermaßen empfunden zu haben:

Die Wahrheit ist folgendes: Die Gallier, von denen die Geschichte spricht, die Gallier von Brennus bis Vercingetorix, bestanden aus zwei Elementen: aus den blonden, hochgewachsenen, langschädeligen, leptoprosopen Führern oder Eroberern und der Masse des Volkes, die dunkel, kleinwüchsig, kurzschädelig, chamäoprosop war [...] Die Kurzschädeligen waren stets die Unterdrückten, die Opfer der Langschädeligen, die sie von ihren Feldern wegholten und zwangen, ihnen auf ihren Fahrten zu folgen, wie zum Beispiel nach Delphi. Die glücklicheren unter den Armen fanden in den Bergen Zuflucht. Nach und nach änderte sich ihr Los: Aus den blonden Kriegern wurden Kaufleute und Handwerker. Die Kurzschädeligen atmeten auf; von Natur aus fruchtbar, nahmen sie an Zahl zu, während die Langschädeligen auf ebenso natürliche

Weise weniger wurden. Heute bilden sie unter anderem in Frankreich, Süddeutschland usw. die fleißige, nüchterne, vorsorgliche Bevölkerung, die die Ruhe, den Frieden, den Heimatboden liebt. Muß man daraus nicht schließen, daß ihnen die Zukunft gehört?[47]

Lassen wir nun den bedeutendsten Vorkämpfer der langschädeligen, blonden Franken, Georges Vacher de Lapouge (1854-1936), zu Wort kommen, der die Zukunft des Vaterlandes ziemlich düster zeichnete:

Die gedankliche Verwirrung ist tiefgreifend. Der Mißerfolg der Revolution ist eklatant [...] Sie war in erster Linie ein Machtwechsel: Die Kurzschädel übernahmen die Macht von den blonden Langschädeln [...] Der Kurzschädelige gelangte durch die Revolution an die Macht, und aufgrund einer demokratischen Entwicklung neigt diese Macht dazu, sich bei den unteren, kurzschädeligen Klassen zu konzentrieren [...] Der Arier, wie ich ihn definiert habe, ist ganz anders, er ist der *Homo Europaeus,* eine Rasse, welche Frankreich groß gemacht hat und heute bei uns selten geworden und beinahe ausgestorben ist.[48]

Müssen wir noch eigens darauf hinweisen, daß Lapouge alles Unglück Frankreichs mit dem Aussterben der Arier erklärte? Im Lauf der Jahre erhielt seine Craniologie, die er *Anthroposoziologie* nannte, eine grausamere Note:

Es ist schon eine ernste Sache, daß der Fluch des Index aus den Kurzschädeln, aus allen kurzschädeligen Rassen heutzutage geborene Sklaven macht, die sich auf die Suche nach einem neuen Herren begeben, wenn sie den ihren verloren haben — ein Instinkt, den nur Kurzschädelige und Hunde besitzen. Es ist eine sehr schwerwiegende Tatsache, daß sie überall, wo es solche gibt, unter der Herrschaft der blonden Langschädel leben, und wenn keine Arier vorhanden sind, unter der Herrschaft von Chinesen und Juden [...][49]

»Die Vorfahren der Arier bauten bereits Getreide an«, fuhr Lapouge fort, »als jene der Kurzschädel wahrscheinlich noch wie die Affen lebten.«[50] Wenn dies auch Wahnideen waren, so ahnte Lapouge in seinem Wahn doch andere, weltweit verbreitete Wahnideen voraus: »Der

Kampf der Rassen beginnt offen innerhalb der Nationen und zwischen den Nationen, und man fragt sich, ob die Ideen von Brüderlichkeit und Gleichheit unter den Menschen nicht den Naturgesetzen zuwiderlaufen [...] *Ich bin überzeugt, daß man sich im nächsten Jahrhundert millionenweise umbringen wird wegen eines Grades Schädelindex mehr oder weniger. An diesem Zeichen, das das Schibboleth der Bibel und die Sprachverwandschaften ersetzt, wird man sich in Zukunft erkennen [...] Die letzten Sentimentalen werden einer Völkerausrottung in großem Stil beiwohnen können.*«[51]

Wenn man in wissenschaftlichen Zeitschriften und Publikationen von damals blättert, stellt man fest, daß die »Anthroposoziologie«, ein Echo der sogenannten sozialdarwinistischen Theorien, ziemlich ernst genommen wurde. Gewiß, Lapouge machte vor allem in Deutschland Schule – Wilhelm II. sah in ihm den »einzigen großen Franzosen«[52]; aber er hatte auch in anderen europäischen Ländern Anhänger. Sein wissenschaftlicher Apparat bestand insbesondere aus Tabellen, in denen Schädelindex, Konfession, Verstädterungsgrad und Steuerleistung verzeichnet waren, und zwar nach Regionen gegliedert[53] (betrachtet man sie genauer, dann waren manche dieser Korrelationen die gleichen, die auch Max Weber zu denken gaben, aber Lapouge wollte den Schädeln, und nur ihnen, die Geheimnisse der Verhaltensweisen entreißen). In Frankreich zeigte sich Célestin Bouglé davon beeindruckt, und er griff Lapouge nur in der Frage der Grundsätze, nicht aber bezüglich der wissenschaftlichen Wahrheit an.[54] Ein anderer Philosoph jener Zeit, Alfred Fouillée, meinte angesichts der »Abnahme der blonden Langschädel«:

> Wir werden also wieder mehr und mehr keltisch-slawisch und »turanisch«, wie wir es vor der Ankunft der Gallier waren, während das sogenannte arische Element bei uns allmählich an Bedeutung und Einfluß verliert. Dies ist das Phänomen, das manche Anthropologen beunruhigt. Es tritt im übrigen auch bei den anderen Völkern Europas auf, wenngleich es sich dort weniger rasch auswirkt [...] Es ist sozusagen eine allgemeine und allmähliche Russifizierung Europas, Deutschland selbst inbegriffen, ein spontaner Pankeltismus oder Panslawismus. Es ist noch nicht möglich, die günstigen oder ungünstigen Folgen dieses Wandels abzuschätzen; sicher aber ist, daß das Gleichgewicht der drei Rassen, aus denen wir uns zusammensetzen, gefährdet ist.[55]

Tatsächlich sah Fouillée in der wohlabgestimmten Dosierung von germanischem, keltischem und lateinischem Blut das Geheimnis von Frankreichs spezifischem Charakter. Diese Auffassung, die unter der Restauration von den romantischen Historikern entwickelt worden war, hatte zur Zeit der Dreyfus-Affäre bereits feste Wurzeln geschlagen, und zwar so sehr, daß sie im Lager der Dreyfus-Gegner zu einer Trennung von Nationalismus und Rassismus führte.

In diesem Zusammenhang verdienen die Widersprüche der *Action française* Beachtung. Diese Partei, aus der Dreyfus-Affäre hervorgegangen und oft mit der NSDAP verglichen, mit der sie die Idealisierung einer archaischen Vergangenheit, den Appell an die »Instinkte« und die Verherrlichung von Haß und Gewalt[56] gemeinsam hatte, legte, was den Ahnenkult betrifft, einen Ökumenismus an den Tag, der erst vor der sogenannten jüdischen Rasse halt machte. Die *Action française* nahm Kelten, Ligurer und Galater ebenso in ihr Pantheon auf wie Griechen, Germanen und Römer, und man darf sich mit Recht fragen, ob das Fehlen eines Mythos von einer einheitlichen Abstammung (für die der Kunstgriff des Treuebekenntnisses zu den französischen Königen, den »Vätern der Nation«, kein Ersatz war) nicht mit ihrer relativen politischen Schwäche, die sie während ihrer ganzen Existenz kennzeichnete, zusammenhängt. Ferner stoßen wir hier wieder auf den Gegensatz zwischen einer echt abendländischen französischen Tradition und der angeblichen »Bodenständigkeit« der Germanen oder der Slawen, den wir im ersten Teil dieses Buches hervorgehoben haben. Charles Maurras ging sogar so weit, von einer »Latinität« der Engländer zu sprechen; bei einer anderen Gelegenheit rühmte dieser verhinderte Rassist die Ahnenreihe des Sonnenkönigs folgendermaßen:

> Man darf die spanischen und italienischen Ahnen des »großen Franzosen« Ludwig XIV. weder ignorieren noch ihnen allzu große Bedeutung beimessen. Sie existieren. Vielleicht haben sie einige der deutlichsten und beständigsten Grundmerkmale eines reinen Kelto-Galaters weniger abgeschwächt als verstärkt. Louis Bertrand schreibt: »eines Lateiners«. Man könnte noch weiter zurückgehen, bis zu jenem gallischen Prälatinismus, der unsere alten hellenisch-römischen Affinitäten zum Teil erklärt.[57]

Man beachte, daß Maurras die traditionelle und offizielle »fränkische« Abstammung des Königs verschwinden läßt. Diese Widersprüche oder

Paradoxa der *Action française* finden wir auch in den folgenden Zeilen; man könnte meinen, sie stammten von Michelet, aber sie stehen am Anfang der *Histoire de France* von Jacques Bainville:

> [...] Die dunkelhaarigen und mittelgroßen Ligurer und Iberer bilden heute noch den Grundstock der französischen Bevölkerung. Die druidische Überlieferung lehrt, daß ein Teil der Gallier bodenständig und der andere Teil aus dem Norden oder von jenseits des Rheins gekommen war. Die Rassenvermischung hat also bereits in prähistorischen Zeiten eingesetzt. Das französische Volk ist ein Gemisch. Das ist besser als eine Rasse. Es ist eine Nation [...] Man kann sagen, daß Frankreich in jenem Augenblick beginnt. Seine Zivilisation ist stark genug, um den neuen Zustrom der Franken zu verkraften, um diesen Barbaren die materielle Macht zu überlassen. Und es braucht die fränkische Kraft. Die Menschen wird es schon assimilieren, abschleifen. Wie seine Zivilisation ist auch seine Religion römisch [...][58]

Ist es verwunderlich, daß die Hitlerfreunde unter den Pariser Anthropologen zwischen 1940 und 1944 die *Action française* als »Action Marrane« bezeichneten und daß Maurras für den hitlerfreundlichen Anthropologen Montandon zum Prototyp des Latino-Semiten wurde?[59]

Der Rassen-Manichäismus

In der zweiten Hälfte des neunzehnten Jahrhunderts waren sämtliche Wissenschaften so komplex geworden, daß die meisten Gelehrten gezwungen waren, sich auf ihre jeweilige Disziplin zu beschränken. Die Verfasser von populärwissenschaftlichen und Lehrbüchern dienten als Vermittler zwischen den akademischen Hochburgen und dem Publikum, und sie waren es in erster Linie, die es nicht nur über die arische Rasse, sondern auch über deren Antonyme, das heißt vor allem über die semitische Rasse unterrichteten. Es gab jedoch noch andere »Rassen«: Näher besehen, war der echte Arier ein Abendländer männlichen Geschlechts, der den »oberen« oder bürgerlichen Klassen angehörte und sich ebenso durch den Unterschied zu Farbigen, Proletariern und Frauen definieren ließ. Ein so aufgeschlossener Wissenschaftler wie Thomas Huxley war überzeugt von der angeborenen Minderwertigkeit der Schwarzen und der Frauen, obwohl er für ihre Emanzipation eintrat.[60] Andere Gelehrte gingen noch weiter; begnügen wir uns damit, den französischen Orientalisten Emile Burnouf zu zitieren, der behauptete, Chinesen und Semiten seien aufgrund der Beschaffenheit ihrer Schädel unfähig, die Schönheiten der Metaphysik – und des Christentums zu verstehen.[61] Renan kam, als er sich 1890 mit dem Stand des wissenschaftlichen Fortschritts befaßte, zu folgendem Schluß: »Der Zivilisationsprozeß wird in seinen allgemeinen Gesetzen erkannt. Die Ungleichheit der Rassen steht fest [...]«[62]

All diese Vorstellungen des späten neunzehnten Jahrhunderts spiegeln sich in dem historischen Lexikon wider, das damals im deutschsprachigen Gebiet maßgebend war, nämlich in Hellwalds großer *Kulturgeschichte,* die von etwa zwanzig hervorragenden Fachleuten verfaßt worden war. Der namhafteste unter ihnen war Ludwig Büchner (1824-1899), der Autor des materialistischen Manifestes *Kraft und Stoff;* er schrieb das einleitende Kapitel »Volkstum und Geschichte«. Bei dem Versuch, die angeborene Unfähigkeit der »Primitiven« zur Erfassung allgemeiner Ideen zu illustrieren, traf er gleichsam zwei Fliegen mit einem Schlag, indem er als Beispiel nicht den Australier wählte, sondern dessen Gefährtin, »die von der Arbeit entkräftete Frau eines herabgekommenen Australiers«, die nur sehr wenige abstrakte Wörter verwende, nicht weiter als bis vier zählen, sich ihrer selbst nicht bewußt werden und nicht über ihre Existenzweise nachdenken könne.[63] Ferner behauptete Büchner, erfüllt vom Fortschrittsgedanken, der geistige Abstand zwischen Weißen und Schwarzen könne nur zunehmen, weil die ersteren stets schneller vorwärtskommen würden als die letzteren[64] (der Darwinist Carl Vogt dehnte dieses Gesetz auf die Frauen aus; was das Schädelvolumen betreffe, so wachse der Unterschied zwischen den Geschlechtern mit der fortschreitenden Entwicklung der Rasse, so daß der »europäische Mann der europäischen Frau« weiter voraus sei als »der männliche Neger der Negerin«[65]). Nach Büchner ließen sich die »unteren Klassen«, ungesittet und brutal, in mancher Hinsicht mit den primitiven Völkern vergleichen.[66] Das wesentliche in seinen Augen war aber die »Blutsverwandtschaft«; sie bedeutete für ihn »das wahre und unauflösliche Band«, das den Zusammenhalt der einzelnen Zellen bilde, aus denen der soziale Organismus bestehe; und in dieser Verwandtschaft zwischen den Generationen sei die »Vererbung physischer und geistiger Fähigkeiten, Strebungen und Bedürfnisse« begründet.[67] Daher die Kluft zwischen den Rassen; nicht nur zwei verschiedene Rassen, wie die arische und die semitische, dürfen sich nicht miteinander verschmelzen, sondern »Gleichartiges darf sich nur mit Gleichartigem verbinden, im menschlichen Völker- wie im Tier- und Pflanzenleben; die Natur ist und bleibt die größte Aristokratin, welche jedes Vergehen gegen die Reinheit des Blutes nachsichtslos straft.«[68]

Bemerkenswert ist, daß Hellwald in seine *Kulturgeschichte* verschiedene Meinungen aufnahm. Ein anderer seiner Mitarbeiter, Professor Otto Henne am Rhyn, beauftragt mit der allgemeinen Einleitung, drückte die Hoffnung auf eine harmonische Verschmelzung aller Menschenrassen aus.[69] Der Eklektiker Hellwald scheute nicht einmal davor zurück, dem Professor Salomon Lefmann das Kapitel über die »Arier in der Antike« anzuvertrauen, während er selbst und Friedrich Schwally den Leser über die Geschichte und Sitten der Semiten unterrichteten. Für Hellwald ließ sich der Gegensatz jüdisch-christlich auf den Gegensatz semitisch-arisch reduzieren; immer und überall bleibe der Jude ein Fremder, ein Eindringling, und seine Bekehrung ändere nichts an der Feindseligkeit, die er errege. Das Vorurteil gegen die Juden sei »eine Art instinktiven, natürlichen Gefühls, das sich allenthalben geltend macht, wo Völker verschiedener Rassen miteinander in Berührung kommen«.[70] Schwally erklärt, die jüdische Rasse habe fast zweitausend Jahre nach der Vernichtung der jüdischen Nation »die Welt überflutet«, und er verbreitet sich über die Arroganz und den Hochmut dieser »unerschöpflichen Rasse«.[71] Selbst wenn er es gewollt hätte wie hätte Salomon Lefmann dies seinen lieblosen Kollegen mit gleicher Münze heimzahlen können? Er hätte es um so weniger vermocht, als die antisemitische Agitation unter der Schirmherrschaft des berühmten Historikers Heinrich von Treitschke, des Urhebers des Satzes; »Die Juden sind unser Unglück«, seit 1879 in die Universitäten vorgedrungen war. Eine andere, weniger ambitionierte deutsche *Kulturgeschichte,* verfaßt von Julius Lippert, stellt den arischen Ackerbauern die semitischen Hirten gegenüber; das Fehlen eines Mythos von der Muttergöttin im Judentum bestätigt seiner Meinung nach die Unfähigkeit der Semiten, den Ackerbau zu erfinden, und er bezeichnet sie als »völlig verdorrten Zweig« der weißen Rasse.[72] Die Minderwertigkeit der Semiten wurde auf mannigfaltige Art und Weise demonstriert. Selbstverständlich beschränkte man sich nicht nur auf Deutschland. Der französische Verleger, der eine Übersetzung von *Brehms Tierleben* herausbrachte, kam auf den Einfall, das Werk dieses populären deutschen Naturforschers durch einen Band über die Menschenrassen zu ergänzen. Diese Arbeit vertraute er dem Anthropologen René Verneau an. Die Familie der Hebräer, dieser Zweig des »semitischen Astes« vom »weißen Stamm«, kam dabei nicht gut weg:

> Insbesondere bei uns führt der Israelit nach außen hin ein Leben wie alle anderen. Er unterscheidet sich von der Allgemeinheit nur durch seine Unsauberkeit, seine Geldgier, seinen kriecherischen Charakter, durch die Einhaltung des Sabbat, seinen Brauch, nur bestimmte Fleischsorten zu essen [...] Das eben Gesagte mag größtenteils für die Israeliten in aller Welt gelten; überall kann man ihre Moral so formulieren: Die ganze Erde gehört dem Volk Gottes. Was die Ungläubigen besitzen, haben sie den Juden genommen; diese haben daher das Recht, es ihnen wieder wegzunehmen, mit List, da sie über keine Gewalt verfügen. Gelingt es ihnen, dann holen sie sich nur zurück, was man ihnen geraubt hat.[73]

Im Zusammenhang mit der französischen Wissenschaft könnte man auch das Original Gustave Le Bon anführen. Seine antijüdischen Schmähreden entbehrten hingegen jeglicher Originalität, da alles, was er sagte, fast wörtlich und mit viel mehr Leidenschaft bereits von Voltaire gesagt worden war — bis auf den Terminus »Arier«.[74]

Es ist schon oft festgestellt worden, daß der französische Antisemitismus als Blitzableiter für die nationale Demütigung von 1871 diente. Ein banaler Artikel des *Figaro* aus dem Jahr 1883 illustriert diesen Mechanismus in bemerkenswerter Weise. Der Autor, René Lagrange, wollte den triumphalen Einzug der preußischen Truppen in Paris schildern. Weit davon entfernt, ihr »Ariertum« zu bestreiten, scheint er, wenn er sie beschreibt, den Geistern Chlodwigs und seiner Gefährten zu huldigen:

> Die meisten von ihnen trugen die glänzende Uniform der Kürassiere. Mit Fabeltieren als Helmzier, in Panzer gehüllt, die mit Wappen in getriebener Arbeit und metallenen Regimentsabzeichen geschmückt waren, funkelten diese Reiter in den ersten Strahlen der Märzsonne. Die Physiognomie dieser aristokratischen Haudegen paßte harmonisch zu ihrer männlichen Rüstung. Alles zusammen wirkte grandios. Ihre rotblonden Haare, die starken, keck aufgezwirbelten Schnurrbärte, die helle und zugleich rosige Gesichtsfarbe, die himmelblauen, wild leuchtenden Augen waren dem Bild, das einst der Griffel des Tacitus gezeichnet hat, täuschend ähnlich [...]

Die Ressentiments des Besiegten drückt René Lagrange ein wenig weiter unten in folgender Schilderung aus:

> Dieser Gruppe von Soldaten folgte unmittelbar eine andere, Zivilisten diesmal. Die zweite Gruppe war ganz gewiß noch seltsamer als die erste. Hinter den ganz in Eisen gepanzerten, stahlfunkelnden Kentauren kamen, krampfhaft auf ihre Pferde geklemmt, merkwürdige, in lange, weite, braune wattierte Mäntel gekleidete Gestalten dahergeritten. Längliche Gesichter, goldgefaßte Brillen, langes Haar, rote, schmutzige Bärte, in Korkenzieherlocken gekräuselt, breitkrempige Hüte – es waren israelitische Bankiers, die wie Geier der deutschen Armee folgten. An dieser Tracht konnte man leicht ihren Beruf erkennen. Es waren offenkundig jüdische Buchhalter oder Finanzleute, die den Auftrag hatten, unsere Milliarden einzukassieren.[75]

In *La France juive* erklärt Edouard Drumont, ebenfalls Augenzeuge dieses Défilés von Adlern und Geiern gewesen zu sein. Fügen wir noch hinzu, daß der Einzug der deutschen Armee in Paris im Jahr 1940 in ungefähr dem gleichen Stil beschrieben worden ist – allerdings ohne das Phantasiegemälde von den Juden.[76]

Im Jahr 1873 schilderte ein Schweizer Gelehrter, Alphonse de Candolle, einen anderen, noch eigenartigeren Traum: den Traum von einem Europa, das nur von Juden bevölkert – und daher friedlich und glücklich ist:

> Was für ein einzigartiges Bild böte doch Europa, wenn es nur von Israeliten bevölkert wäre! Es gäbe keine Kriege mehr, infolgedessen würde das Moralgefühl nicht so oft beleidigt, Millionen Menschen würden nicht von nützlichen Arbeiten aller Art weggerissen, und die Staatsschulden und die Steuern würden sinken. Entsprechend den bekannten Neigungen der Israeliten käme es zu sehr bedeutenden Fortschritten in der Pflege der Literatur, der Wissenschaften, der Künste, vor allem der Musik. Industrie und Handel würden aufblühen. Es gäbe nur wenige Anschläge auf Personen, und die Eigentumsdelikte wären nur selten gewaltsamer Art. Der Reichtum würde dank intelligenter und regelmäßiger Arbeit, verbunden mit Sparsamkeit, gewaltig zunehmen und in großzügiger Wohltätigkeit Niederschlag finden. Kirche und Staat würden nicht

in Konflikt geraten, oder höchstens in minder wichtigen Fragen. Leider gäbe es Veruntreuungen und wenig Gediegenheit unter den öffentlichen Beamten. Die Eheschließungen würden früh erfolgen, in großer Zahl, und man würde die Ehe allgemein in Ehren halten; folglich käme es selten zu den Übelständen, die aus Liederlichkeit entstehen. Dies, in Verbindung mit einigen nützlichen Hygiene-Regeln, würde die Bevölkerung schön und gesund machen [...]

Dieser jüdische Idealstaat, fährt Candolle fort, könnte aber nicht lange Bestand haben, denn die Arier würden ihm bald den Todesstoß versetzen: »Wenn in Europa oder in den angrenzenden Ländern auch nur einige wenige Nachkommen der alten Griechen oder Römer, der Kantabrer oder Kelten, der Germanen, Slawen oder Hunnen übrig geblieben wären, dann wäre die von uns angenommene riesige Bevölkerung bald unterworfen, geschändet und geplündert [...] Und wenn es in Europa keine Barbaren gäbe, dann kämen sie von jenseits des Meers [...] Dies sind die Gesetze der Naturgeschichte.«[77]

Was aber hatte diese philosemitische Utopie in einem Werk zu suchen, das sich *Histoire de la science et des savants* (Geschichte der Wissenschaft und der Wissenschaftler) nannte? In Wirklichkeit ging es Candolle darum, die Allmacht der »Atavismen«, mit anderen Worten der Erblichkeit, zu verdeutlichen. Im weiteren Verlauf seiner Apologie hebt er auch den paradoxen Gegensatz zwischen der Sanftmut der Juden und der Roheit der Christen oder Arier hervor:

Das Alte Testament [...] hält es mit dem harten Recht der Vergeltung: Auge um Auge, Zahn um Zahn. Das Neue Testament dagegen ist geprägt von Milde, Nächstenliebe und Demut [...] Hätten nur die religiösen Lehren die Völker geformt, dann könnten die Israeliten wohl gewalttätig sein, die Christen aber müßten demütig sein, während sie doch, wie jedermann weiß, das genaue Gegenteil davon sind [...] Die jüdische Rasse ist eine der ältesten zivilisierten Rassen, und zugleich hat sie sich mit keiner anderen vermischt [...] Die relative Sanftmut der Israeliten hängt also weder mit ihrer Religion zusammen noch mit der Art und Weise, wie sie behandelt wurden. Die Naturgeschichte gibt dafür viel eher eine Erklärung.

Dieser wohlmeinende Mann suchte also, wenngleich unter umgekehrten Vorzeichen, den Generalschlüssel zur Geschichte ebenfalls in der Natur oder »Rasse«. Dieser Rassendeterminismus sollte in der Gelehrtenwelt bis zum Ende des neunzehnten Jahrhunderts das Feld beherrschen. Und gerade zu dem Zeitpunkt, als er dort anderen Auffassungen zu weichen begann, wurde er für die große Allgemeinheit zum Dogma. 1904 stellte der kritische Franzose Jean Finot fest:

> Diese blind und kritiklos aufgenommenen Produkte der wissenschaftlichen Phantasie scheinen überdies auch in den Lehrbüchern für Geschichte und Erziehung auf. Heute sind 999 von 1000 gebildeten Europäern überzeugt, der Herkunft nach echte Arier zu sein [...] Dies ist beinahe zu einem Axiom geworden. Als Folge dieser im Bewußtsein der Europäer so tief verwurzelten Lehre werden in der modernen Literatur und Politik unaufhörlich die Arier den anderen, semitischen oder mongolischen Völkern gegenübergestellt. Der arische Ursprung ist so etwas wie eine wundertätige Quelle geworden, aus der Europas hohe Moral und die Tugenden seiner wichtigsten Bewohner hervorströmen [...] Wenn man im gegenwärtigen soziologischen Jargon zwei Arten von Mentalität oder Moral vergleichen will, dann sagt man üblicherweise »arisch« und »nichtarisch«. Und glaubt, damit alles gesagt zu haben.[78]

Von den Präadamiten bis zur Psychoanalyse

Wir haben gesehen, wie zu Beginn des neunzehnten Jahrhunderts ein Polygenetiker wie Bory de Saint-Vincent zu zeigen versuchte, daß seine wissenschaftlichen Überzeugungen in keiner Weise der christlichen Tradition widersprächen. Ein halbes Jahrhundert später hatte sich das Bild stark gewandelt: Angesichts des Triumphs der Evolutionslehre wurde die polygenetische Theorie – die sich, auf das Tierreich ausgedehnt, zugunsten der biblischen Schöpfungslehre (die Arten wurden »paarweise« erschaffen) anführen ließ – zum letzten Strohhalm für jene, die am traditionellen Glauben festhielten. Die ersten Autoren, welche die alte »präadamitische Theorie« zu diesem Zweck ausgruben, waren die amerikanischen Sklavereianhänger Nott und Gliddon. Unter Berufung auf die Wissenschaft wiesen sie in ihren *Types of Mankind* der jüdischen Rasse entschlossen eine Sonderstellung zu; die Juden hätten, »entsprechend einem organischen Gesetz des Tierreichs, die Merkmale, die der Allmächtige dem ersten hebräischen Paar seiner Schöpfung aufgedrückt hat, ohne die geringste Veränderung bewahrt«. Selbstverständlich seien auch die anderen Rassen, vor allem die Schwarzen, gesondert erschaffen worden: »Ganz gewiß hat der Allmächtige alle Menschenrassen von Anfang an unterschieden.«[79] Im Fall von Nott und Gliddon versteht sich die politische Schlußfolgerung von selbst.

Ihr wichtigster wissenschaftlicher Gewährsmann und Verfasser des Vorworts war der berühmte Naturwissenschaftler Louis Agassiz, der versuchte, die Evolutionslehre mit Hilfe seiner Theorie der »getrennten Schöpfungen« zu bekämpfen. Agassiz erläutert selbst, daß es ihm darum ging, die Kluft zwischen Mensch und Affen, Mensch und Tier aufrechtzuerhalten, entsprechend den alten Anschauungen[80]; und bei näherem Hinsehen zeigt sich, daß die Sache, die er verteidigte, nur halb verloren war: denn die Evolutionisten, die diese Kluft zu überbrücken trachteten und sich bemühten, das berühmte »fehlende Kettenglied« zu finden, rissen unter den verschiedensten wissenschaftlichen Vorwänden neue Gräben zwischen den einzelnen Menschenrassen auf. Eine Rede des Anatomen Schaafhausen (in dem Darwin einen seiner Vorläufer sah[81]) hilft uns verstehen, welche psychologische Befriedigung die weißen Europäer daraus zu ziehen vermochten.

1866 verkündete Schaafhausen, »die Trennmauer zwischen der primitiven und der gegenwärtigen Welt, zwischen Mensch und Tier, sei gefallen«, und präzisierte, daß »der Abgrund, der sie trennt, uns weniger tief erscheint, seitdem wir Affen höherer Ordnung kennen [...] Diese Kluft wird immer seichter, seit der Körperbau der niedrigen Rassen und, was sehr bezeichnend ist, selbst der des fossilen Menschen es ermöglicht haben, Merkmale festzustellen, die unstreitig sehr viel von der tierischen Natur an sich haben.« Die Tatsache, daß manche Eingeborene »den höheren Ideen der Religion nicht zugänglich« seien, gehöre zu diesen Merkmalen; auch war Schaafhausen ein Anhänger der »These von den mehrfachen Ursprüngen des Menschen [...] Diese Ansicht wird noch durch gewisse Ähnlichkeiten afrikanischer und asiatischer Affen mit den Menschenrassen, welche diese Landstriche bewohnen, gestützt. Unsere Wissenschaft«, betonte dieser fromme Anatom ferner, »steht nicht im Widerspruch zur Moral; sie bestreitet weder den Geist im Menschen noch Gott in der Natur; sie hat keineswegs die Absicht, dem Menschen den Trost zu rauben, den er im Glauben an die Unsterblichkeit der Seele findet.«[82]

Es sah also ganz so aus, als könnte das durch die Ableitung des Menschen vom Tier gestörte Gleichgewicht durch die Unterscheidung zwischen solchen Menschen, die den höheren Ideen der Religion oder der Moral zugänglich sind, und jenen, »die sehr viel von der tierischen Natur an sich haben«, wiederhergestellt werden. Kurz darauf legte der materialistische Darwinist Carl Vogt, dem die moralischen Prinzipien ebenso am Herzen lagen wie den Spiritualisten Agassiz oder Schaafhausen und in dessen Augen die »Reihe der menschlichen Formen« mit dem Schwarzen begann und im Germanen gipfelte[83], die Fundamente zur »polyphyletischen Theorie« der Entwicklung des Menschen.[84] Diese modifizierte Polygenetik, die von verschiedenen Forschern weiterentwickelt wurde und jede große Menschenrasse von einer anderen Art der großen Menschenaffen ableitete, läßt sich in folgendem Stammbaum zusammenfassen[85]:

	GORILLA	SCHIMPANSE	GIBBON	ORANG-UTAN
Theorie von Klaatsch	Schwarze		Mongolen (?)	Malayen (?) Europäer
Sergi	Schwarze		Gelbe im weiten Sinn	
Sera	Andamaner	Schwarze		Mongolen
Arldt	Schwarze	Weiße		Gelbe

Anscheinend neigten diese Autoren dazu, den Weißen von einem Affen abzuleiten, der als intelligenter galt als die anderen (so leitete der Anatom Klaatsch den »Indogermanen« über den Aurignac-Menschen vom Orang-Utan her und den Schwarzen über den Neandertaler vom Gorilla[86]). Parallel zu diesen Spekulationen gab es andere, womöglich noch weniger fundierte (zuletzt jene des Biologen Lecomte du Noüy[87]), die neue polygenetische Theorien durch die Bibel-Exegese abstützten. So versuchten mehrere englische Autoren auf dem Höhepunkt des Darwinismus-Streits die alte »präadamitische« Theorie neu zu beleben. Die einen, so etwa der Arzt Vivian auf dem anthropologischen Kongreß von Dundee (1867), beriefen sich auf Agassiz und nahmen mehrere voneinander unabhängige »Adams« an, von denen der jüdische Adam nur der chronologisch letzte gewesen sei.[88] Andere, wie Reverend Dunbar Heath oder ein gewisser George Harris, F.S.A., ließen Agassiz und die Naturgeschichte beiseite und begnügten sich mit der Bibelexegese (denn stand nicht geschrieben, daß Kain, nachdem er Abel getötet hatte, die anderen Menschen zu fliehen suchte? — was die Existenz einer Bevölkerung vor Kain und seinen Eltern beweise — und so weiter[89]). Ein solcher

»Präadamitismus« aber, welcher der wissenschaftlichen Einstellung jener Zeit allzusehr zuwiderlief, gewann nur einige wenige Anhänger unter den Angelsachsen, während eine andere Theorie, die auf eine neue Art einen radikalen Wesensunterschied zwischen den Juden und den übrigen Menschen postulierte, weitaus erfolgreicher war.

Da der Gegensatz jüdisch-christlich, wissenschaftlich interpretiert, nun »durch die Natur« oder durch den Kontrast semitisch-arisch erklärt werden mußte, zog man eher die Physiologie heran als die Genealogien. Der Arzt Jean-Christian Boudin (1803-1867), Präsident der anthropologischen Gesellschaft von Paris und einer der Schöpfer der medizinischen Statistik, stellte als erster folgendes lakonisches Prinzip auf: »Nirgendwo verlaufen beim Juden Geburt, Leben und Sterben so wie bei den anderen Menschen, in deren Mitte er wohnt. Dies ist ein Punkt der vergleichenden Anthropologie, den wir außer Streit gestellt haben.«

Näher erläutert Boudin diese Behauptung in seinem großen *Traité de géographie et de statistique médicales* (worin er sich vor allem auf preußische Statistiken stützte.) Nach allgemeiner Meinung vermehrten sich die Juden schneller als die anderen Menschen; dies sei aber eher auf eine geringere Sterblichkeit zurückzuführen als auf eine höhere Geburtenrate (was diese betreffe, so liege die Besonderheit darin, daß es bei den Juden kaum außereheliche Kinder gebe). Mehr noch als wegen ihrer erstaunlichen Langlebigkeit hätten die Juden wegen ihrer widerstandsfähigen Konstitution eine Sonderstellung inne; sie könnten sich in jeder Gegend, in jedem Klima eingewöhnen; sie seien »das einzige wirklich kosmopolitische Volk [...] Ist dieser Kosmopolitismus, der nur ihnen allein eigen ist und die menschliche Vernunft verwirrt, nicht eher ein Zeichen einer großen, von der Vorsehung bestimmten Mission als ein Werk des Zufalls?«[90]

Das »Zeugen-Volk« schien Boudin entschieden auch biologisch für seine theologische Funktion gerüstet. Boudins Bemerkung wurde von Gelehrten übernommen, die sich um die Theologie überhaupt nicht kümmerten. Carl Vogt bezog sich darauf in seinen *Leçons sur l'homme* und sagte, »nur eine einzige menschliche Rasse, nämlich die jüdische, könne sich in beiden Hemisphären, in den heißen und in den gemäßigten Zonen, mit der gleichen Leichtigkeit akklimatisieren und ohne Hilfe der eingeborenen Rasse überleben«.[91] Im Zeitalter der kolonialen Expansion wurde dieses Problem sehr stark diskutiert; Virchow zum Beispiel meinte definitiv festgestellt zu haben, daß die »germanische Rasse« von Geburt aus unfähig sei, sich in den Tropen zu akklimatisieren.[92] So griff die Vorstellung, daß die Juden anders beschaffen seien als die übrigen Menschen, insbesondere als die Christen – nachdem sie so viele mittelalterliche Legenden inspiriert hatte[93] –, ins wissenschaftliche Denken ein. Ein jüdischer Soziologe in Wien, Ludwig Gumplowicz, warf dem jüdischen Volk vor, »nicht verschwinden zu können«[94]; ein antisemitischer französischer Arzt, Georges Vitoux, suchte statistisch zu beweisen, daß die Tage dieses Volkes gezählt seien.[95] Autoren wie Vacher de Lapouge in Frankreich und Karl Pearson in Großbritannien, die über die »Arier-Dämmerung« beunruhigt waren, hielten dagegen die Juden für bestens gerüstet, um die Nachfolge der Arier anzutreten.

Auch der wichtigste Propagandist der »arischen Idee« in Frankreich, Edouard Drumont, versäumte nicht, auf die Einzigartigkeit des Falles hinzuweisen: »Als einzige unter den menschlichen Rassen hat sie (die jüdische Rasse) das Privileg, in jedem Klima leben zu können, und zugleich kann sie nicht bestehen, ohne den anderen zu schaden [...]«[96] Drumont, der die wissenschaftlichen Arbeiten seiner Zeit aufmerksam verfolgte und korrekt zitierte, stützte sich auf eine 1881 in der *Revue scientifique* veröffentlichte Studie, die sämtliche verfügbaren Angaben über die jüdische Demographie in der Welt zusammenfaßte. Für den anonymen Autor dieser Arbeit deuteten die physiologischen Besonderheiten und die Immunitäten der Juden »entweder auf eine spezielle, angeborene Vitalität hin oder auf eine wunderbare Fähigkeit, ihre Gesundheitspflege den klimatischen Bedingungen jedes Landes anzupassen [...] Diese Immunitäten sprechen gegen den allgemein elenden Zustand, den ihnen die Beobachter zuschreiben.« Auf der Suche nach einer Erklärung führt unser Autor abwechselnd die Vorzüge der Rassenreinheit oder eine gesündere Lebensweise und ein gesünderes Familienleben an, oder auch materiellen Wohlstand, der allerdings »unter scheinbarem Elend« verborgen werde. »Alle diese Hypothesen sind zulässig«, schließt er.[97]

Im selben Jahr wollte der deutsche Geograph Richard Andree nur eine von diesen Hypothesen gelten lassen: diejenige von der Kraft des jüdischen Blutes, das immer und überall die Beimischungen fremden Bluts überwunden und »den alten monumentalen Judenkörper« sowie den alten jüdischen Geist, der von diesem Körper weitervererbt werde, intakt und sich selber treu erhalten habe.[98] »In anthropologischer Beziehung sind die Juden eines der interessantesten Objekte«, schreibt Andree, »denn mit gleicher Sicherheit läßt sich kein anderer Rassentypus durch Jahrtausende so zurückverfolgen, wie gerade die Juden, und kein zweiter zeigt eine solche Konstanz der Formen, keiner hat so der Zeit und den Einwirkungen des Lebensraums widerstanden als dieser.« Wie man sieht, wird hier in wissenschaftlichem Jargon ein Hauptthema der antisemitischen Literatur — von *La France juive* bis zu *Victoire du judaisme sur le germanisme* und *Mein Kampf* — angeschnitten.

Wissenschaftliche Transposition alter Ängste des Menschen: noch um 1900 widmeten Naturgeschichtsbücher und Lexika dem Phänomen der nachwirkenden Zeugung oder *Telegonie* beachtlichen Raum. Beweise für dieses imaginäre Phänomen ließen sich angeblich bei Pferden und Hunden beobachten, den treuen Gefährten des Menschen und bevorzugten Empfängern seiner Angstprojektionen. Nach dieser Überzeugung war ein reinblütiges Weibchen, das mit einem männlichen Bastard gekreuzt wurde, für immer besudelt, dazu verurteilt, stets unreine Jungen zu werfen, so unrein wie das »erste Männchen« (dieser Aberglaube war also gewissermaßen das Negativ zum *ius primae noctis)*. Darwin hat unter der Rubrik »anomale Fortpflanzungsarten« eine Liste solcher angeblich beobachteter Fälle zusammengestellt; Claude Bernard erklärte sie durch eine »unvollständige Befruchtung«; und Spencer vermutete, daß »der Foetus die Mutter nach seinem Abbild verändert«.[99] Dergestalt mit dem Prestige von Wissenschaft und Philosophie ausgestattet, kehrte die *Telegonie* in die Menschenwelt zurück; eine arische Frau, hieß es, die nur ein einziges Mal von einem Juden »befleckt« worden sei, könne deshalb fortan nur mehr jüdische (oder »hebroide«) Kinder zur Welt bringen. In den Vereinigten Staaten schrieb man dem Blut oder dem Sperma der Schwarzen eine ähnliche Virulenz zu; immerhin wurde dieses Thema dort nie in einem Erfolgsroman behandelt wie in Deutschland.[100]

Das war die Extremform der Idee von der »Durchschlagkraft« oder besonderen Art des jüdischen und, allgemeiner, des »nichtarischen« Bluts, eine Vorstellung, die sich in der Gesetzgebung des Dritten Reichs widerspiegelte. Es gab auch abgeschwächte Formen oder Varianten (etwa den Glauben an die Unfruchtbarkeit oder geringere Fruchtbarkeit von »Mischehen« oder an den unvermeidlichen Sieg des »minderwertigen Bluts«), die auf die gesamte Menschheit ausgedehnt wurden. In Frankreich sagte Vacher de Lapouge diesbezüglich in Anlehnung an das für die Nationalökonomie geltende Greshamsche Gesetz: »Das schlechte Blut verdirbt das gute, wie schlechtes Geld gutes verdirbt.« Aber schon Broca hatte Untersuchungen über »Kreuzungsphänomene bei Menschen« (wie er als braver Polygenetiker die Mischehen nannte) angestellt, wobei er zu dem Schluß kam, daß die Resultate in fast allen Fällen katastrophal seien.[101] Dies war die herrschende Meinung, und selbst Darwin schloß sich ihr an, nachdem er zwischen Für und Wider geschwankt hatte.[102]

Es ist richtig, daß dieser Aberglaube sich gegen Ende des neunzehnten Jahrhunderts (teilweise unter dem Einfluß der Evolutionslehre, die eher der monogenetischen Auffassung entspricht) in der wissenschaftlichen Welt aufzulösen begann. Was die Juden anbelangt, so muß man auch die Errungenschaften der sogenannten physikalischen Anthropologie berücksichtigen. Tatsächlich ermöglichte diese Disziplin – bevor sie in ihren wichtigsten Bestrebungen scheiterte – dank ihren minuziösen Untersuchungen die Feststellung, daß die Juden sich keinerlei physiologischen Privilegs erfreuen.[103] Was die geringere Kindersterblichkeit bei ihnen und ihre Widerstandsfähigkeit gegen manche Krankheiten betrifft, so liefern die Vorschriften Moses eine Erklärung dafür; 1893 stellte Anatole Leroy-Beaulieu bedauernd fest, »daß die Streitigkeiten der Urkirche über die rituellen Vorschriften nicht mit einem Triumph des Gesetzes und der Judenchristen geendet haben«, und er fragte sich, »ob der Verfasser des Pentateuch nicht Louis Pasteur vorhergeahnt hat«.[104]

Vom Ende des neunzehnten Jahrhunderts an zeigen jedoch die jüdische und die christliche Demographie konvergierende Tendenzen: Der Fortschritt der Medizin und die allgemeine Entwicklung der Sitten beseitigten allmählich die Ursachen der statistischen Anomalien, die den Arzt Boudin und seine Zeitgenossen so sehr verblüfft hatten. Dennoch wurde die These von der »jüdischen Besonderheit« nicht aufgegeben; sie wurde nur durch andere Argumente und von Vertretern anderer Disziplinen gestützt. In diesem Zusammenhang ist zu bemerken, daß die Entwicklung der Ideen und der wissenschaftlichen Methoden gegen Ende des neunzehnten Jahrhunderts von einer zweifachen und widersprüchlichen Tendenz gekennzeichnet war. Einerseits vervielfachten und erweiterten Vermehrung und Spezialisierung der Wissenszweige die Gräben zwischen den einzelnen Disziplinen, und die neuen Humanwissenschaften, die sich unabhängig konstituierten, neigten aus diesem Grund zur Betonung der Spezifizität, andererseits verband die darwinistische Revolution den Menschen auf spektakuläre und gleichsam körperliche Art und Weise mit der Natur; man könnte fast sagen, daß diese Natur, die so oft zum Fenster hinausgejagt worden war, nun durch die weitgeöffnete Tür des Glaubens an die Allmacht der Vererbung wieder hereinkam.

Von den Begriffen des Atavismus und des Instinkts untermauert, wurde dieser alte Glaube von manchen in den Rang eines allgemeingültigen kosmischen Gesetzes erhoben. Der Philosoph Th. Ribot (1839-1911), Autor einer klassischen Abhandlung über die psychologische Vererbung, beschreibt dieses »Gesetz« folgendermaßen:

> Vom philosophischen Standpunkt aus erscheint uns die Vererbung wie ein Bruchstück von einem viel allgemeineren Gesetz, einem Gesetz des Universums, und ihre Ursache ist wohl im Mechanismus des Universums zu suchen [...] Sie ist nur ein Fall jenes höchstens Gesetzes, das die Physiker die Erhaltung der Energie nennen und die Metaphysiker die universelle Kausalität.[105]

Gemäß diesem allgemeinen Prinzip »bewahren die Rassen innerhalb einer Tier- oder Menschenart ihre psychischen Merkmale ebenso wie ihre physiologischen«. Halten wir fest, daß sich Ribot bezüglich der Charakterzüge und Sitten der »jüdischen Rasse« dem Lobspruch Candolles anschloß und die sonst gegen die Juden gerichteten Vorwürfe auf die »Rasse der Zigeuner« ummünzte: »Voll Haß gegen die zivilisierten Völker, hat diese Rasse gewisse Laster, denen sie wie einem erblichen Kult huldigt; sie liebt und verteidigt sie wie eine Religion. So besteht ihr höchster Ehrgeiz darin, die Christen zu bestehlen [...]«[106]

Kombiniert mit dem Axiom »Nichts entsteht, nichts vergeht« zeitigte die evolutionistische Konzeption der Vererbung manchmal erstaunliche Ergebnisse. So war für Ernst Haeckel, der sich zum Apostel einer neuen »monistischen Religion« aufwarf, die menschliche Seele nichts als eine graduelle Weiterentwicklung der »Einzellerseele«.[107] Aber lassen wir diese Abwandlung der *Naturphilosophie* vorläufig beiseite und wenden wir uns jenen Ideen und Menschen zu, die dem Studium der menschlichen Seele eine völlig neue Richtung gaben.

Am Anfang stand die Vorliebe der französischen Psychiater für therapeutische Methoden, die sich auf die unverständlichen Phänomene der Hypnose und der Suggestion konzentrierten. Die beiden Schulen, die es Ende des neunzehnten Jahrhunderts gab – die von Nancy und die von Paris –, legten den Akzent ebenfalls auf die (familialen und rassischen) Genealogien der »Neuropathen«, waren jedoch über die Art und Weise der Weitervererbung der Krankheit verschiedener Meinung. Die

Schule von Nancy vermutete eine rein psychische Weitergabe (Dr. Liébault, ihr Begründer, ging sogar so weit, die Telegonie »psychisch« zu begründen, nämlich mit dem Einfluß des Denkens der Mutter auf die Anatomie des Embryos[108]). Die Pariser Schule hielt sich mehr an die klassischen Vorstellungen und somit an die Physiologie; ihr berühmtes Oberhaupt, Dr. J.-M. Charcot (1825-1893), nahm an, daß die Juden von Grund auf für »neuropathische« Wanderlust oder Nomadentum prädisponiert seien; der legendäre Ewige Jude sei nur eine Verkörperung dieses »unwiderstehlichen Dranges, den Ort zu wechseln, zu reisen, ohne irgendwo auf Dauer bleiben zu können«.[109] In der Folge beauftragte Charcot einen seiner Assistenten, Henry Meige, das Phänomen des Ewigen Juden unter seiner Leitung systematisch zu untersuchen.

In seiner Doktorarbeit bezeichnete Meige den Ewigen Juden als »Prototyp der neuropathischen Israeliten, die durch die ganze Welt wandern«. Und er fuhr fort: »Vergessen wir nicht, daß sie Juden sind und daß es dem Charakter ihrer Rasse entspricht, zu reisen [...]« Anhand der Beschreibung der von ihm und seinen Kollegen beobachteten klinischen Fälle versuchte er dann zwischen charakterlichem und ätiologischem Gebiet zu unterscheiden:

> Was hat nun diese krankhafte Reiselust verursacht? Traumata wie im Fall K [...] Heftige Emotionen wie bei S [...] Das ist die eigentliche Erklärung ihrer Anfälle. Und ist denn nicht Cartophilus infolge einer heftigen Emotion – des Anblicks Jesu Christi unter der Folter des Kreuzweges – aus seinem Haus geflohen und auf die Wanderschaft gegangen?

Hin und her gerissen zwischen dem christlichen Aberglauben und dem Aberglauben der positivistischen Medizin schloß Meige: »Der Ewige Jude existiert also heute noch; er existiert in der Gestalt, die er in den vergangenen Jahrhunderten angenommen hat [...] Cartophilus, Ahasver, Isaak Lakedem waren ebensolche Neuropathen wie die Kranken deren Geschichte wir eben erzählt haben.«[110]

Die populären Bücher Gustave Le Bons über Massenpsychologie und Rassenseele beweisen, wie schnell diese »jüngsten Entdeckungen der Physiologie«[111] bekannt wurden und wie gut sie sich zur Unterstützung des extremsten Rassismus verwenden ließen.[112] Ein noch besseres Beispiel dafür ist Drumonts *France juive*, wo von den schrecklichen Enthüllungen Dr. Charcots über die jüdische Neurose und den Gefahren der Ansteckung mit dieser Krankheit die Rede ist. »Diese Neurose hat der Jude schließlich seltsamerweise auf unsere ganze Generation übertragen [...]«[113]

Allerdings ließen sich die jüdischen Wanderungen ebensogut auch mit Hilfe anderer Wissenszweige erklären. So schrieb etwa der deutsche Orientalist Adolf Wahrmung die Gefahren des »vorherrschenden semitischen Nomadentums« der rassischen Reife der Juden zu, die mit den jungen arischen Völkern spielten »wie die Katze mit der Maus«; und er betonte noch besonders den Gegensatz zwischen den Wüstenvölkern, die die Natur plünderten, und den Waldvölkern, die sie heilig hielten.[114] Diese Gegenüberstellung wurde verallgemeinert in den einflußreichen »anthropogeographischen« Theorien Friedrich Ratzels, demzufolge die Volksseele die Landschaft widerspiegle.[115] Popularisiert wurde sie dann von Werner Sombart. Das Buch *Die Juden und das Wirtschaftsleben* (1911) dieses Freundes und Rivalen von Max Weber beginnt mit einer Lobrede auf die Kinder Israels, die als Schöpfer des kapitalistischen Systems bezeichnet und in dieser Eigenschaft mit der Sonne verglichen werden[116], und endet mit den üblichen Charakterisierungen: hier berechnende Talmudisten und Nomaden, Söhne der orientalischen Wüste, dort Söhne der großzügigen germanischen Natur und ihrer feuchten Wälder. Schwer zu sagen, welches dieser beiden Themen für den Antisemitismus bedeutsamer war, aber bekanntlich hat Hitler bei der Abfassung von *Mein Kampf* Sombarts *Die Juden und das Wirtschaftsleben* als dokumentarische Quelle verwendet.[117]

Dieses Kapitel scheint zwar endgültig abgeschlossen, aber ein anderes begann am Anfang des zwanzigsten Jahrhunderts; damals nämlich, als sich der Streit auf das neue Gebiet der Psychoanalyse verlagerte – ein Gebiet, auf dem ihn manche Eingeweihte auch heute noch fortsetzen –, in versteckten Anspielungen, aber mit all der Leidenschaft, die Erbstreitigkeiten und Rivalitäten um die Erstgeburt zu begleiten pflegt.

Von Anfang an wurde die theoretische Diskussion durch biographische Schwierigkeiten entstellt. Muß man daran erinnern, daß alle Kämpfe Freuds unter dem Zeichen des arischen Mythos stattfanden? Was das Persönliche betrifft, so denke man nur an seine dramatischen Beziehungen zu C.G. Jung, seinen genialen »ältesten Sohn« und präsumptiven Thronerben. Auch dieser Schüler träumte, kurz nach seinem ersten Besuch beim Meister, ein unbewohnbares Getto verlassen zu haben[118]; ebenso vielsagend sind die Ohnmachtsanfälle des Meisters während seiner Gespräche mit dem Schüler.[119] Aber überlassen wir die Interpretationen den Analytikern und wenden wir uns den Lehren und Konzeptionen zu.

Freud suchte die Spannung zwischen den Juden und ihren Nachbarn (oder in seinen Worten, »wie der Jude geworden ist und warum er sich diesen unsterblichen Haß zugezogen hat«[120]) im Licht der Geschichte des hebräischen Monotheismus zu erklären, der im Kampf lag mit verdrängten archaischen Phantasmen, welche aber im Christentum zum Teil wieder aufgetaucht seien.[121] Für Freud handelte es sich also um eine Folge »religiöser Illusionen« und um ein rein kulturbedingtes Problem: Erinnern wir uns, daß er in seinem großen anthropologischen Mythos *Totem und Tabu* Moral, Religion und Kunst – alles, was die Menschheit ausmacht – auf eine einzige Quelle zurückführte (den urzeitlichen Vatermord, aus dem der Ödipus-Komplex entstanden sei[122]). So sei es zu einem radikalen Bruch mit der »Natur« gekommen. Diese These ist um so bemerkenswerter, als Freud hoffte, daß die Kühnheiten der Psychoanalyse es erlauben würden, die Breite der »Kluft, die der menschliche Hochmut einst zwischen Mensch und Tier aufgerissen hatte«, zu verringern.[123] Anderseits zeigen manche Stellen in Freuds Briefwechsel, daß er einen Unterschied konstitutioneller oder erblicher Natur zwischen »Semiten« und »Ariern« annahm (»Die talmudische Denkweise kann ja nicht plötzlich aus uns verschwunden sein«, schrieb ihm 1908 Karl Abraham, nachdem Freud ihn vor ihrer gemeinsamen Neigung zu »rassischen Präferenzen« gewarnt hatte[124]). Dreißig Jahre später schrieb Freud in *Moses und der Monotheismus* den Juden des Altertums »besondere psychische Eignung« zu, die es ihnen gestattete, »die Beschwerden der Moses-Religion auf sich zu nehmen«.[125] Solche Konzeptionen entsprachen dem »neolamarckschen« Glauben an die Erblichkeit erworbener geistiger Eigenschaften (Hypothese von den »mnesischen Spuren«), die Freud noch an seinem Lebensabend, kühn dem Verdikt der »biologischen Wissenschaft« trotzend, verteidigte.[126]

Im übrigen dehnte er diese Hypothese nicht auf das Tierreich aus, ebensowenig wie seine anderen Theorien; so war das »Es« für ihn der Träger eines Geheimnisses, das sich in den dunklen Tiefen des von den Vorfahren übernommenen oder phylogenetischen Erbguts verlor.[127] Die gleiche wissenschaftliche Vorsicht legte er an den Tag, wenn er in ganz charakteristischer Weise vor Problemen, die ihn irgendwie persönlich berührten, haltmachte. Er erläuterte dies nebenbei, als er 1931 die kulturschöpferischen Fähigkeiten der Frau behandelte (als Kind seines Jahrhunderts hielt er die Fähigkeiten der Frau für geringer als die des Mannes): In einer Frage, die so reich sei an polemischen Implikationen, schrieb er am Schluß, gemahne die psychoanalytische Argumentation »an den berühmten ›Stock mit zwei Enden‹ Dostojewskis.«[128] Die ganze Größe Freuds wird sichtbar, wenn er, nachdem er einen kühnen Vorstoß unternommen hat, innehält, zurückweicht und demütig bekennt: Da komme ich nicht weiter.[129] Und so begnügte er sich, als er sich in seiner Eigenschaft als Jude zu definieren suchte, mit der Feststellung des klaren Bewußtseins einer inneren Identität, des innigen Gefühls einer gleichartigen psychischen Konstruktion und »dunklen Gefühlsmächten, die um so gewaltiger sind, je weniger sie sich in Worten erfassen ließen«.[130]

Jung dagegen begann, noch vor seinem Bruch mit Freud, nach einem Vokabular zu suchen, das nach seinen eigenen Worten »jener tieferen Schicht des allgemein Menschlichen, in die Freud nicht vorgedrungen ist«[131], gerecht werden könnte. In dem Werk, das der Trennung voranging, postulierte er bereits »das Allgemeinverbreitete, das nicht nur die Individuen unter sich zum Volke, sondern auch rückwärts mit den Menschen der Vergangenheit und ihrer Psychologie verbindet«.[132] So zeichnete sich schon seine große Konzeption vom *kollektiven Unbewußten* ab, die er 1917 definierte als »den Niederschlag aller Welterfahrung aller Zeiten, daher also ein Bild der Welt, das seit Äonen sich gebildet hat«.[133] Jung glaubte eine Manifestation dieses Bildes in der Universalität der Religionen zu erkennen – was an die Theologien der »natürlichen Offenbarung« erinnert[134]; es handelte sich jedoch um etwas ganz anderes, da das kollektive Unbewußte sich per definitionem jeder Bewußtmachung entzieht und vor allem sich keineswegs auf die Menschheit beschränkt, sondern zumindest bis zu den Dinosauriern zurückreicht. So wurde der Baum der biologischen Entwicklung mit einem geistigen Überbau versehen; wir trügen, erklärte Jung, in der Struktur unseres Körpers und unseres Nervensystems unsere gesamte Stammesgeschichte mit uns; und dies gelte auch für unsere Seele, die ebenfalls die Spuren ihrer Vergangenheit und ihrer Ahnen bewahre; alles, was einmal existiert habe, sei in uns vorhanden und lebendig. Von diesem Gedanken ging Jung zu seiner Theorie von den *Archetypen* über. So sei der Archetyp des Drachen auf zwei große Versuche der Natur zurückzuführen, bei denen sie nacheinander die wirbellosen und die Wirbeltiere hervorbrachte. Aus diesem Grund seien wir Krebs (durch den Sympathicus) und Saurier (durch das Rückenmark) zugleich.[135]

Wir sind hier also, unter dem Anschein des Spiritualismus, mitten in der *Naturphilosophie,* auf der Jagd nach Haeckels »Einzellerseele«, ja nach der »Weltseele«. Ein kollektives Unbewußtes aber, das, phylogenetisch gesehen, bis zum Ursprung allen Lebens zurückreicht, muß sich den Gesetzen der Evolution unterwerfen und sich von Etappe zu Etappe verändern. Was die letzte Etappe betrifft, das heißt nach Jung den Menschen, kann man seine Kritik an Freuds Neurosenpsychologie, der mit seinem »Über-Ich« das alte, düstere Bild Jehovahs in die Psychologie einzuschmuggeln versucht[136], als warnendes Zeichen ansehen. Diese Kritik stammt aus dem Jahr 1929. Vier Jahre später, kurz nach Hitlers Machtergreifung, ging Jung zu einem systematischen Vergleich zwischen »germanischer« und »jüdischer« Psychologie über, wobei er auf allen Ebenen das »arische Unbewußte« einem »jüdischen Unbewußten« gegenüberstellte.[137] Mit einem Mal tauchten in seinen Schriften die Kategorien oder Gegensätze auf, die sich seit den Zeiten Fichtes, Schlegels und Renans im europäischen Denken entwickelt hatten: Männlichkeit und Weiblichkeit, Nomadentum und Verwurzelung, Kreativität und Sterilität, Jugend und Alter. Nur der Schluß scheint neu: »Er (Freud) kannte die germanische Seele nicht, so wenig wie alle seine germanischen Nachbeter sie kannten. Hat sie die gewaltige Erscheinung des Nationalsozialismus, auf den eine ganze Welt mit erstaunten Augen blickt, eines Besseren belehrt?«[138]

Halten wir aber sogleich fest, daß Jungs arische Mythologie durchaus Nuancen aufweist, und als er 1934 den Nazis solche Komplimente machte, hoffte er, seine Schule schützen und seinen deutschen wie auch seinen jüdischen Kollegen helfen zu können; dazu kam noch die naive Ambition des Therapeuten, einen mäßigenden Einfluß auszuüben und die aufsteigenden Dämonen zu vertreiben.[139] Aber die Konzeption der Kollektiv- oder Rassenseele, die im Zeitlosen verwurzelt ist, hat ihre eigene Logik: Als Dr. Cahen, der französische Apostel Jungs, 1948 in einer Würdigung seines Lehrers schrieb, Jung sei »aufgrund seiner biologischen und noch mehr seiner psychischen Eigenart ein Germane geblieben«[140], wandte er korrekt eine Lehre an, auf deren wissenschaftlichen Wert ihre Anhänger nach wie vor schworen.[141]

Es ist interessant, daß die erste kritische Stimme, die gebieterische Stimme von Freud selbst, uns die aggressive, zugleich wissenschaftliche und jüdische Absicht offenbart, die der Entwicklung von Freuds eigenem anthropologischen Mythos zugrunde lag. Im Mai 1913, kurz nach Jungs Abfall, schrieb er an Abraham: »Die Totemarbeit ist fertig, bis auf

Korrekturen und Nachträge aus der Literatur. Vor dem Kongreß (in München) [...] soll die Sache erscheinen und dazu dienen, alles, was arisch-religiös ist, reinlich abzuschneiden. Das wird nämlich die Folge davon sein.«[142] Wieder einmal sah Freud richtig voraus, denn auf jenem Kongreß sagte Jung, erstaunt darüber, daß der englische Psychoanalytiker Jones sich Freud anschloß, zu diesem: »Ich dachte, Sie sind ein Christ!«[143]

Was die jeweiligen Methoden betrifft, so scheint ein Anhänger Jungs, Dr. Frey-Rohn, recht gehabt zu haben, als er bemerkte, daß Freud »im entscheidenden Moment jeweils ins Individuelle und Konkrete abglitt, während Jung das Unpersönliche und Allgemeine ins Auge faßte«.[144] Was die Wertbegriffe betrifft, so lassen sich Jungs Fehltritte vielleicht als eine Illustration der Dialektik betrachten, die von einem pantheistischen oder anderen Universalismus zum Rassismus führt; man denkt dabei an das alte Sprichwort *summum ius, summa iniuria.* Das sind aber gefährliche Wege; nehmen wir uns also Freud zum Beispiel und erinnern uns daran, daß die philosophische Dialektik noch leichter als die psychoanalytische zu einem »Stock mit zwei Enden« werden kann.

Das Überleben des Tüchtigsten

Entgegen der allgemeinen Ansicht stammen die berühmten Formeln *survival of the fittest* und *struggle for existence* nicht von Darwin, sondern von Herbert Spencer. Dieses Detail ruft uns in Erinnerung zurück, daß der Autor von *The Origin of Species* nur das Sprachrohr seiner Generation war. Aber ob die Entwicklungstheorie nun ein Kollektivwerk war oder nicht – sie ermöglichte es, sowohl die alte Vorstellung von der Überlegenheit der sogenannten höherentwickelten Rassen als auch den Gedanken vom Fortschritt der Menschheit in ein grandioses System zu integrieren, das die aufsteigende Genealogie der Lebewesen vom Infusorium bis zum Menschen darstellte. Was im besonderen die Idee eines unbegrenzten Fortschritts betrifft, so wurde sie bereits um die Mitte des Jahrhunderts von Spencer verkündet. Indem der englische Philosoph, dem szientistischen Zeitgeist entsprechend, das Gesetz von der Erhaltung der Energie mit dem Evolutionsgesetz kombinierte, glaubte er bewiesen zu haben, daß der Fortschritt der Menschen auf eine bessere Zukunft zu auf einem allgemeingültigen Gesetz beruhe und die Entwicklung nur mit der Herstellung der größten Vollkommenheit und des vollständigen Glücks enden könne.[145] Anderseits bedeutete es für Spencer eine Selbstverständlichkeit, daß dieser Fortschritt von der weißen Rasse getragen werde und die anderen weit zurückblieben, in einem primitiven oder infantilen Stadium; auch stand er, in Erwartung der fernen Schlußapotheose der Spezies *Homo sapiens,* einer Vermischung ihrer »stark divergierenden Spielarten« entschieden feindselig gegenüber.[146] So wurde der Zusammenhang zwischen dem Fortschrittsgedanken und der Idee einer Rassenhierarchie, den wir schon bei so vielen Autoren der Vergangenheit festgestellt haben, bei diesem für das viktorianische Zeitalter typischen Denker besonders deutlich sichtbar.

Im großen und ganzen teilte Darwin diesen Optimismus, und auch die Teilung des Menschengeschlechts in »höhere« und »niedrigere« Rassen war für ihn eine Selbstverständlichkeit. Diese Vorstellungen finden sich verstreut in der *Abstammung des Menschen* und bilden, ohne je im Vordergrund zu stehen, gewissermaßen ein Leitmotiv dieses Werkes: So glaubte Darwin, der Unterschied im geistigen Niveau sei zwischen den einzelnen Rassen größer als zwischen Menschen derselben Rasse.[147] In einer seltsamen, der Energie der englischen Kolonisatoren gewidmeten Passage schloß er sich sogar der Idee von Reverend Zincke, einem obskuren Geistlichen, an, wonach die Geschichte des Abendlandes auf ein bestimmtes Ziel hin ausgerichtet sei – nämlich auf die Weltherrschaft der angelsächsischen Rasse.[148] Etwas weiter unten, wo er über das Aussterben von Menschenrassen durch natürliche Auslese spricht, ist er vorsichtig und beschreibt nur die damals wohlbekannten Fälle der Tasmanier und einiger anderer Volksstämme im Pazifik, ohne daraus für die ganze Welt gültige Schlüsse zu ziehen.[149]

Diesen Schritt tat 1862 Darwins Mitarbeiter, Alfred R. Wallace. Im malaiischen Dschungel dachte dieser Naturforscher darüber nach, wie die großen Gesetze der Art »die bewundernswerte Intelligenz der germanischen Rassen« (worunter er zweifellos die weißen Rassen verstand) entwickelt hätten. Die Erfahrung habe gezeigt, daß diese Rassen bereits eine Anzahl »geistig unterentwickelter Rassen« eliminiert hätten, und Wallace schloß daraus, daß diese Entwicklung bis zum Verschwinden oder allmählichen Aussterben aller farbigen Rassen weitergehen würde; die Gesetze des *struggle for existence* bestimmten, daß am Ende die germanischen Rassen alle anderen in sich aufnähmen oder »verdrängten«.[150]

Blieb die Frage, ob die milden Sitten und die ethischen Prinzipien der zivilisierten Völker nicht die natürliche Auslese verfälschen würden.

Darwin räumte als erster ein, daß sie dies tun könnten, indem sie das Leben und die Nachkommenschaft von Menschen, die der rauhe Existenzkampf zum Aussterben verurteilt hätte, schützten. Aber wenn dies den Qualitäten der zivilisierten Rassen vielleicht auch schadete, so bewahrte Darwin doch vorsichtigen Optimismus und wies auf die größere Fruchtbarkeit der stärkeren und gesünderen Elemente hin.[151] Trotzdem wurden schon vor Erscheinen der *Abstammung des Menschen* Stimmen laut, die sagten, die zivilisierten Sitten könnten die »schlechtesten« Stämme oder Rassen begünstigen. So stellte zum Beispiel ein gewisser W. R. Greg, der im Jahr 1868 die Demographie der Iren mit jener der Schotten verglich, fest, daß die »zügellosen Kelten« sich schneller vermehrten als die »tugendhaften Sachsen«; er schloß daraus, daß »die minderwertige Rasse obsiegt – nicht dank ihren Qualitäten, sondern aufgrund ihrer Fehler.[152] Dies war wohl der erste Warnruf der künftigen Eugenik.

Im folgenden Jahr trat der Begründer dieser Wissenschaft, Francis Galton (1822-1911), ein Cousin Darwins, mit seinem Buch *Hereditary Genius* in die Schranken. Er versuchte darin zu zeigen, daß geistige Eigenschaften, vor allem Intelligenz, genauso erblich seien wie körperliche. Er konstatierte, daß Gaben und Talente je nach Familie oder Stammlinie ungleich verteilt seien, und arbeitete zur Berechnung dieser Eigenschaften ein System von Zahlenfaktoren aus, das er auf die großen Menschenrassen ausdehnen zu können glaubte; so liege, nach seiner Aussage, das Durchschnittsniveau der schwarzen Rasse um »zwei Grad« niedriger als das der weißen Rasse, das durchschnittliche Niveau der australischen Rasse um »drei Grad« niedriger.[153] Die Kenntnis dieser Gegebenheiten, gefolgt von wohldurchdachten Maßnahmen, müßte es nach Galton ermöglichen, »eine Rasse hochbegabter Menschen« heranzuzüchten. »Ich werde zeigen«, fährt er fort, »daß ganz banale soziale Faktoren, deren Einfluß man kaum vermuten würde, vor unseren Augen im Begriff sind, die menschliche Natur zu degradieren, während andere Faktoren zu ihrer Verbesserung führen können.« Die Untersuchung dieser Faktoren sei eine Pflicht der gegenwärtigen Generation gegenüber der Nachwelt.[154]

Galton beschuldigt die katholische Kirche, der Hauptfaktor der »Degradierung der menschlichen Natur« in Europa gewesen zu sein. Hatte sie denn nicht, als sie den Priestern den Zölibat aufzwang, jene Stammlinien unterbrochen, die das moralisch und intellektuell beste Erbgut versprachen? Und hatte die Inquisition nicht das gleiche Resultat erzielt, indem sie gegen die Ketzer wütete, also gegen die in geistiger Hinsicht kühnste Saat? »Die Kirche mißhandelte die Rasse unserer Ahnen. Sie handelte so, als hätte sie die feste Absicht gehabt, die gemeinsten Elemente der Bevölkerung auszuwählen, um sie zu Stammeltern der künftigen Generationen zu machen.« In Frankreich habe Ludwig XIV. dieses unheilvolle Werk fortgesetzt, indem er die Protestanten verfolgte; dafür aber hätten andere Länder, insbesondere England, aus der Einwanderung von Protestanten Nutzen gezogen.[155] Auf seine alten Tage äußerte sich Galton ebenso gnädig über die jüdischen Immigranten, die vor der zaristischen Verfolgung flohen.[156] Doch begann er damals einen gewissen Pessimismus hinsichtlich der Zukunft seines Landes zu bekunden:

> Als Nation sind wir weniger fruchtbar an Intelligenz, als wir es vor fünfzig oder hundert Jahren waren. Die in geistiger Hinsicht besten Linien vermehren sich nicht mehr so stark wie einst; die weniger fähigen und weniger energischen sind viel fortpflanzungsfreudiger [...] Wenn es ein Mittel dagegen gibt, dann besteht es darin, die Fruchtbarkeit der guten Linien unserer Gemeinschaft zu fördern und die der schlechten zu bremsen.

Wie wäre das zu bewerkstelligen? Nicht nur interessierte sich die Öffentlichkeit nicht für diese Probleme – sogar die Gelehrten, bekannte Galton, wüßten noch nicht genug über die Vererbungsgesetze. »Wenn unsere Kenntnisse den wünschenswerten Umfang erreicht haben werden, erst dann wird der Zeitpunkt gekommen sein, einen ›Dschihad‹, einen Heiligen Krieg gegen jene Bräuche und Vorurteile zu erklären, welche die physischen und moralischen Fähigkeiten unserer Rasse schwächen.«[157]

In den angelsächsischen Ländern aber war die Stimmung nicht gerade günstig für einen Kreuzzug, der nicht nur mit den Traditionen der Kirche, sondern auch mit dem Kult der individuellen Freiheit unvereinbar war. Man konnte die Gesetze der natürlichen Auslese drehen und wenden, wie man wollte; hatte nicht Spencer in seinem Optimismus behauptet, daß man die menschliche Rasse verbessere, indem man der freien Konkurrenz Raum gebe?[158] Alfred Wallace, ebenso optimistisch wie Spencer, war der Ansicht, die Menschheit werde spontan zu einer Lebensweise übergehen, die den Triumph der besten Linien gewährleisten und massenhaft Super-Shakespeares und Super-Goethes hervorbringen werde.[159] William Graham Summer, der einflußreichste »Sozial-Darwinist« der Vereinigten Staaten, setzte sein Vertrauen ebenfalls in das freie Spiel der natürlichen Auslese (allerdings sah er deren nützlichstes Produkt in den Millionären, die er anscheinend den Dichtern vorzog[160]). Folglich hatten die angelsächsischen Anhänger Galtons einige zusätzliche Gründe, in bezug auf die Zukunft der sogenannten höheren Rassen pessimistisch zu sein. Der aktivste unter ihnen, der Mathematiker Karl Pearson, hörte bereits 1893 die Totenglocke für die arisch-christliche Zivilisation läuten:

> Wir stritten um die Vorherrschaft in einer Welt, von der wir glaubten, daß sie den arischen Rassen und dem christlichen Glauben sowie den Bräuchen, Wissenschaften und Künsten, die uns eine ruhmvolle Vergangenheit hinterlassen hat, vorbehalten sei. Wir werden erwachen – gestoßen, gedrängt und vielleicht verdrängt von Völkern, die wir von oben herab als knechtisch anzusehen pflegten und von denen wir dachten, sie würden für immer unseren Bedürfnissen dienen müssen. Der einzige Trost wird sein, daß diese Veränderungen unvermeidlich sind. Unsere Aufgabe war es, zu organisieren und zu schaffen, Frieden, Gesetz und Ordnung in die Welt zu bringen, damit andere ihren Anteil daran hätten und daraus Nutzen zögen. Indessen ist bei manchen von uns der Kastengeist so stark, daß wir keinerlei Bedauern empfinden bei dem Gedanken, daß wir diesen Tag nicht mehr erleben werden.[161]

In Deutschland, wo man traditionsgemäß der Weisheit der Obrigkeit vertraute und parallel dazu den Gelehrten große Ehrerbietung entgegenbrachte, scheinen die Voraussetzungen für die eugenische Bewegung günstiger gewesen zu sein. Die deutsche Öffentlichkeit nahm die Lehre von der natürlichen Auslese enthusiastisch auf, so sehr, daß verschiedene politische Parteien daraus Argumente zu ziehen suchten. Die Sozialdemokratie berief sich darauf, und Engels wollte sie dialektisch interpretieren[162]; wogegen der berühmte Darwinist Haeckel, der nichts von Dialektik hielt, einwandte, daß die natürliche Auslese weder sozialistisch noch demokratisch, sondern aristokratisch sei.[163] Kaum war die *Abstammung des Menschen* erschienen, wurde der Darwinismus schon von der antisemitischen Propaganda in Anspruch genommen: Ein gewisser O. Beta forderte in einer Schrift mit dem Titel *Darwin, Deutschland und die Juden* (1876) die Obrigkeit auf, »die Enthüllungen der darwinistischen Lehre« in Betracht zu ziehen, zur Kenntnis zu nehmen, daß ein »Kampf ums Dasein« zwischen einer germanisch-arischen und einer semitisch-parasitären Rasse stattfinde, und folglich für eine antijüdische, wissenschaftlich gerechtfertigte Gesetzgebung zu sorgen.[164] Ein bekannterer Agitator, Professor Eugen Dühring, war der Ansicht, die Judenfrage könne im Rahmen der bürgerlichen Gesellschaft nicht gelöst werden, und setzte seine Hoffnungen auf ein sozialistisches System; nur ein solches, schrieb er unter Verwendung einer Formulierung von Karl Marx, wäre imstande, »die Gesellschaft vom Juden zu emanzipieren«.[165] Aber vom Standpunkt der politischen Konsequenzen, die sich daraus ziehen ließen, eröffnete die Lehre von der natürlichen Auslese, die besagte, daß der Sieg dem Tüchtigsten gehöre, den Theoretikern scheinbar unbegrenzte Möglichkeiten, die »Tüchtigsten« ihrer Wahl zu benennen, über den Ausgang des Wettstreits zwischen den »Fruchtbarsten« und »den Besten« innerhalb der zivilisierten Gesellschaft zu spekulieren, zu entscheiden, welche – das heißt, welche arische Stammlinie oder Klasse oder Subrasse – die »Beste« sei, Werturteile über »Rassenmischungen« abzugeben, und so weiter. So stellte beispielsweise der Gründer der eugenischen Bewegung in Deutschland, der Arzt Alfred Ploetz (1860-1940), der dem Christentum und der Demokratie vorwarf, den »Rassensinn« im Volk abgestumpft zu haben, an das obere Ende seiner Rassenskala die »Westarier« – und die Juden, denen er ebenfalls arischen Ursprung zuschrieb (1895).[166] Gewiß, in der Folge schwenkte er um, beschränkte in der von ihm geleiteten Zeitschrift sein Interesse allein auf die Germanen und gründete sogar eine »nordische« Geheimgesellschaft *Ring der Norda* oder *Nordischer Ring*. 1936 erfüllte Hitler seinen Lebenstraum, indem er ihn zum Universitätsprofessor ernannte.[167]

Das Aufblühen der Eugenik – die in Deutschland von Ploetz den Namen »Rassenhygiene« erhielt –, wurde stark stimuliert von der Familie Krupp, die 1900 »im Interesse des Vaterlandes und zur Förderung der Wissenschaft« einen Wettbewerb zu folgendem Thema ausschrieb: »Was lehren uns die Prinzipien der Abstammungstheorie hinsichtlich der innenpolitischen Entwicklung und der staatlichen Gesetzgebung?« Der Sieger sollte als Preis 50000 Mark erhalten; die Jury bestand aus sechs namhaften Gelehrten, darunter Ernst Haeckel; sechzig Arbeiten wurden eingereicht, von denen die besten auf Krupps Kosten veröffentlicht wurden. Die Jury selbst betonte in ihrem Bericht die Bedeutung der Vererbungsgesetze, welche die »alten Gleichheitstheorien« widerlegten, und stellte die Frage, ob die Zivilisation nicht eine Verschlechterung oder Entartung der natürlichen Eigenschaften des Menschen nach sich zu ziehen drohe. In diesem Dokument wird anderseits festgestellt, daß alle Autoren – bis auf ein oder zwei – ihre Hoffnung auf ein Eingreifen des Staates setzten; dies sei damit zu erklären, daß »unsere Epoche eine Politik des sozialen Fortschritts« erfordere, und eine solche sei nur möglich, wenn es eine starke Staatsmacht gebe; eine Staatsmacht, welche den Mut aufbringe, die individuelle Freiheit im Namen des Gemeinwohls einzuschränken, und die in den Wirtschaftsmechanismus eingreifen könne.[168]

Der erste Preis wurde dem Arzt Wilhelm Schallmayer zuerkannt, der empfahl, den Ärzten Beamtenstatus zu geben, so daß sie mit der ständigen eugenischen Kontrolle der deutschen Bevölkerung beauftragt werden könnten. In politisch-rassischer Hinsicht legte Dr. Schallmayer beachtliche Mäßigung an den Tag: zwar hierarchisierte er die Rassen nach üblicher Manier, das heißt, er sprach der »nordischen« Rasse eine gewisse Überlegenheit zu, doch übte er strenge Kritik an den Auswüchsen des Pangermanismus; diese könnten Kriege hervorrufen, die, wie er meinte, sich auf die Eugenik schlecht auswirken würden. Er ging so weit, die Einigung Europas zu fordern; bis diese erreicht sei, empfahl er den deutschen Staatsmännern eine vorsichtige, auf lange Sicht ausgerichtete Politik: der Staatsmann, dessen Sinnen nicht einzig auf kurzlebige Erfolge fixiert sei und dessen geistiger Horizont durch die Abstammungstheorie erhellt und erweitert werde, würde erkennen, daß die Zukunft des Volkes von einer zweckmäßigen Lenkung seiner Zeugungskraft abhänge.[169]

Eine andere preisgekrönte Arbeit, jene des Arztes Ludwig Woltmann (1871-1907), war in einem ganz anderen Geist verfaßt. Dieser Anhänger Vachers de Lapouge trieb den Glauben an die Überlegenheit der »Nordischen« oder blonden Langschädel, zu denen er ohne Zögern sämtliche bedeutende Männer der Vergangenheit – von Dante bis Napoleon und von Renan bis Wagner – zählte, auf die Spitze (er widmete diesem Thema noch zwei weitere Bücher[170]). Die Vermischung mit minderwertigen Rassen wie der alpinen, der mittelländischen und der semitischen, ganz zu schweigen von Kreuzungen mit Mongolen oder gar Schwarzen, verderbe die Qualität der höheren Rasse. Für Woltmann sah die Zukunft noch aus einem anderen Grund düster aus: Ihre kämpferische Natur dränge die Germanen dazu, andauernd untereinander Krieg zu führen und sich gegenseitig zu vernichten, »denn der Germane ist des Germanen schlimmster Feind«. Dieses Massaker müsse sich einfach fortsetzen, weil das Gesetz des Fortschritts es so wolle; diese Feindseligkeit unterdrücken, hieße eine fundamentale Voraussetzung der Kulturentwicklung unterdrücken; und es wäre ein kindisches Unterfangen, den Naturgesetzen eitle Träume entgegenzustellen. (Dieser Widerspruch zwischen den »Gesetzen der Auslese« und den »Gesetzen des Fortschritts« beschäftigte viele Gelehrte. Wie sollte man letztlich den Krieg beurteilen? »Ohne Krieg würde jedermann verschlagen, hart und feige werden, wie es die Juden heute sind«, schrieb ein anderer deutscher Eugeniker, der Arzt S. R. Steinmetz.[171])

Woltmann glaubte jedoch, daß ein breitangelegtes Programm sozialer Reformen die Situation verbessern könnte. Insbesondere empfahl er die Aufteilung der Rittergüter und die Zuweisung dieser Ländereien an Bauern von guter Rasse, damit »die organische Quelle der städtischen Kultur und des Geistesadels« erhalten bleibe. Noch wichtiger erschien ihm der Schutz der Arbeiter gegen die »antiselektionistischen Tendenzen des Kapitalismus«. Ihr Aufrücken schien ihm auch vom politischen Standpunkt aus vorteilhaft: die Beteiligung der Arbeiterklasse an der Macht würde diese vielleicht von der Illusion heilen, »daß die Welt durch friedlichen Wettbewerb erobert werden könne«.[172]

Die Eugeniker der folgenden Generation, die im Dritten Reich florierten – wie Eugen Fischer, Fritz Lenz, Otmar von Verschuer –, beriefen sich vor allem auf Woltmann und Ploetz. Der bekannteste von ihnen, Fischer, der als erster die Mendelschen Gesetze auf die »Rassenhygiene« anwandte, behauptete 1934, als erster von einer Lehrkanzel herab Woltmanns Ideen verkündet und »die jungen Herzen für die Rassenwissenschaft begeistert« zu haben.[173] Und tatsächlich hatte er bereits 1913 »mit absoluter Sicherheit« vorhergesagt, daß die europäischen Völker mangels einer konsequenten Rassenpolitik aussterben würden.[174] Auch Fischers Kollege Fritz Lenz berief sich auf Ploetz, als seinen »geistigen Führer«.[175] Er war einer der wichtigsten Mitarbeiter des *Archivs für Rassen- und Gesellschaftsbiologie,* das Ploetz 1904 gegründet hatte. Diese Zeitschrift nahm Arbeiten aller Richtungen entgegen, aber Ploetz machte kein Hehl aus seiner Vorliebe für die Germanomanen und floß über von Komplimenten für Schriften, welche aus der Feder von Leuten stammten, die als die geistigen Vorbilder Hitlers gelten – etwa Theodor Fritsch in Deutschland oder Lanz von Liebenfels in Österreich.[176]

Am Vorabend des Ersten Weltkriegs war diese Zeitschrift, nachdem sie Woltmanns *Politisch-anthropologische Revue* in den Schatten gestellt hatte, zum Hauptorgan der aggressiven »biologischen Philosophie« geworden, die damals in Deutschland in Mode war.[177] Max Weber verschmähte es nicht, mit Ploetz zu polemisieren; er warf ihm vor, nicht zu wissen, daß die biologischen Merkmale im historisch sozialen Bereich nur als Symbole wirken, also »Rasse« mit »Rassenidee« zu verwechseln.[178] In diesem Zusammenhang ist zu bemerken, daß die Gelehrten leicht der Versuchung erliegen, die Tragweite ihrer jeweiligen Disziplin zu übertreiben; der alte Streit: Vererbung oder Erziehung? biologische Faktoren oder psychologische Faktoren? wurde im Zeitalter der Spezialisierung auch zu einem Streit zwischen Spezialisten. Doch ist es eine Tatsache, daß der Glaube an die Allmacht der Vererbung oder des »rassischen Faktors«, die vorherrschende Überzeugung in jener Epoche, in Deutschland ein eifrigeres und aktiveres Publikum fand als anderswo.

In Deutschland wimmelte es von Studien zur wissenschaftlichen Verbesserung der Spezies Mensch. So stellte der Psychiater August Forel, einer von Jungs Lehrern in Zürich, im *Archiv* Betrachtungen über den relativen Wert der arischen und der mongolischen Rasse sowie über die Ergebnisse einer Kreuzung dieser Rassen an. Um klarer zu sehen, schlug er vor, ein paar Dutzend japanischer Waisen in deutschen Kinderheimen unterzubringen, und umgekehrt, und ihre Entwicklung zu verfolgen; er hoffte, daß sich wohl ein Millionär finden würde, um diesen in seinen Augen entscheidenden Versuch zu finanzieren.[179] Ein anderer Mitarbeiter des *Archivs,* Professor Christian von Ehrenfels (der Urheber der *Gestalttheorie*), machte Reklame für die Polygamie, von der er gute eugenische Resultate erwartete.[180] Das noch kühnere Projekt eines gewissen Dr. Müller-Lyer wollte das Recht der Fortpflanzung auf 20 Prozent der Männer, und auf 75 Prozent der Frauen beschränken; und schon predigten Sozialisten, zu denen sich die ersten »wilden« Freudianer gesellten, die freie Liebe – immer im biologischen Interesse der Art.[181]

1905 gründete der unermüdliche Ploetz eine »Internationale Gesellschaft für Rassenhygiene«, dazu bestimmt, die Qualität der weißen Rasse zu verbessern; das Ehrenkomitee zierten bald Namen wie E. Haeckel, A. Weismann, Fr. Galton, und die Mitglieder gingen in die Hunderte. Im Vergleich dazu wirkten die britische »Eugenics Education Society« (1908) und das amerikanische »Eugenics Record Office« (1910), die beiden einzigen Organisationen dieser Art außerhalb Deutschlands, eher kümmerlich. 1908 kündigte Ploetz die Gründung einer Schwestergesellschaft an, die von dem antisemitischen Agitator Theodor Fritsch angeregt worden war: die »Deutsche Erneuerungsgemeinde«, welche die Rückkehr aufs Land als wichtigstes Mittel zur Regeneration predigte und der selbstverständlich nur Arier angehören durften. 1913 entstand eine dritte Gesellschaft, der »Deutschbund«, der sich speziell der »Ausrottung minderwertiger Bevölkerungselemente« und dem »Kampf gegen jüdisches und slawisches Blut«[182] widmen wollte.

Die Eugenik, in Großbritannien entstanden, fand also in Deutschland ihre Wahlheimat – zunächst in ideologischer Hinsicht. G. K. Chesterton verurteilte sie 1922 in einem zornigen Pamphlet mit dem Titel *Eugenics and other evils* und beschrieb sie als eine diabolische deutsche, genauer preußische Wissenschaft, da Preußen »der Modellstaat all jener rationalistischen Moralisten ist, die in der Wissenschaft das wohlgeordnete Heil der Moral sehen.« Und er erinnerte daran, daß die ganze Welt die Anwendung der preußischen Theorien in der Praxis erleben konnte, als Großbritannien 1914 gegen das »Herkunftsland von neun Zehntel der Professoren, die die Propheten der neuen Menschheitshoffnung sind«, in den Krieg zog.[183] Wie polemisch oder übertrieben diese Argumente damals vielleicht gewesen sein mögen – heute hat man das Gefühl, als hätte Chesterton sich nur um einen Krieg geirrt. Zu Beginn des Zweiten Weltkriegs konnte Professor Otmar von Verschuer endlich den Anbruch des neuen eugenischen Zeitalters verkünden, das die Möglichkeit biete, »das biologische Geschick unserer Kinder« zu beeinflussen. Denn nun war es den Eugenikern endlich gelungen, die deutschen Machthaber für ihre Ideen zu gewinnen. »Die Geschichte unserer Wissenschaft«, schrieb Verschuer, »ist aufs engste mit der jüngsten deutschen Geschichte verbunden.« Der Führer des Deutschen Reiches sei der erste Staatsmann, der die Gegebenheiten der Erbbiologie und der Eugenik zu einem Leitsatz der Staatsführung gemacht habe.[184]

Während die Gelehrten versuchten, mit Hilfe der Theorie von der natürlichen Auslese die Zukunft der Menschheit zu entschlüsseln, und über die Art und Weise diskutierten, wie diese Zukunft einzurichten sei, zogen zahlreiche Praktiker den Darwinismus zur Unterstützung ihrer politischen Philosophie heran. Es ist richtig, daß das »Überleben des Tüchtigsten« sehr stark an das seit Jahrtausenden unter den Völkern bekannte »Recht des Stärkeren« erinnert; die Theorie von der Auslese, so wie sie allgemein verstanden wurde, gestattete es jedoch, die aggressiven Triebe oder imperialistische Absichten mit dem Ansehen der wissenschaftlichen Wahrheit auszustatten. 1889 bemerkte Max Nordau, Darwin sei auf dem besten Wege, bei den Militaristen aller europäischen Länder zur höchsten Autorität zu werden. Seit der Verkündung der

Evolutionstheorie könnten sie ihre natürliche Barbarei mit Darwins Namen decken und ihren blutrünstigen Trieben, die ja sozusagen das letzte Wort der Wissenschaft seien, freien Lauf lassen.[185]

Nehmen wir die Reden zweier Staatsoberhäupter, welche die nationale Macht in besonders vehementem Ton feierten – nämlich Theodore Roosevelt und Wilhelm II. –, dann stellen wir fest, daß der erstere andauernd die Gesetze des Kampfes ums Dasein und andere »Naturgesetze« im Mund führte[186], während der andere von der göttlichen Auserwählung seines Volkes sprach und sich dabei auf die alte Lutherbibel berief.[187] Aber wenn der Kaiser es auch vorzog, seine Untertanen als Salz der Erde zu bezeichnen, anstatt Darwin zu zitieren, so taten dies viele dieser Untertanen an seiner Stelle. Ganz allgemein gesehen, sind die Parallelen zwischen der Orientierung des wissenschaftlichen Denkens und dem Stil der politischen Deklarationen offenkundig: Die Evangelien der Macht wurden vor allem im deutschen Kaiserreich und in den angelsächsischen Ländern gepredigt. Auch dort ließ sich der »Sozialdarwinismus« gut mit dem germanisch arischen Gedanken, auch »Theorie des teutonischen Ursprungs« genannt, kombinieren.

Wem gebührt letztlich die Siegespalme? J. A. Cramb (1862-1913), ein englischer Historiker, der Vaterland und Krieg idealisierte wie so viele europäische Intellektuelle seiner Generation, sagte einen tragischen Endkampf zwischen den beiden Zweigen des Germanentums voraus, einen Kampf unter den Augen des alten Gottes der Teutonen, der seinen in einen Krieg auf Leben und Tod verwickelten »Lieblingskindern, den Engländern und Deutschen«, ungerührt zusehe.[188] Sein berühmter älterer Kollege Edward A. Freeman war mit seiner Teutomanie 1881 in ein ganz anderes Dilemma geraten. Im Laufe einer Vortragstournee in den Vereinigten Staaten hatte er öffentlich die Hoffnung geäußert, daß jeder Ire einen Schwarzen umbringen und dafür, zum höheren Wohl der germanischen Rasse, gehenkt werden würde; der Skandal, der daraufhin ausbrach, zwang ihn, zu erklären: »Wenn uns alle Teutonen nahestehen, dann steht uns kein europäischer Arier sehr fern.«[189] Hier wäre auch der populäre englische Psychologe MacDougall (1871–1938) zu erwähnen, der der »großen nordischen Rasse« Weihrauch streute.[190] Für die britische Mentalität am repräsentativsten war jedoch letztlich der Stil eines Joseph Chamberlain, der sich weigerte, den Teutonen irgendeinen Vorrang zuzuerkennen, und ein Bündnis von gleich und gleich zwischen »den beiden angelsächsischen Rassen« und der »teutonischen Rasse« empfahl.[191]

Diese Beispiele zeigen die Unterschiedlichkeit der Abstammungsvorstellungen in den Ländern der englischen Kultur. Die Söhne der alten »Mutter Deutschland« verfügten über bessere Voraussetzungen, um für die Rechte ihrer Rasse einzutreten, und über einen Wortführer ganz anderen Formats. Tatsächlich erwiesen sich nicht die Galionsfiguren der neuen Philosophie, sondern ein paar obskure, vergessene Autoren als die besten Künder des Dritten Reiches.

Und doch, wie könnten wir in diesem Zusammenhang Nietzsche unerwähnt lassen? Es ist bekannt, wie das Gedankengut des Autors der *Fröhlichen Wissenschaft* von den faschistischen und rassistischen Propagandisten ausgeschlachtet wurde. Nietzsche forderte einmal eine Untersuchung über die Gegenden, wo die menschliche Pflanze am kräftigsten wachse[192], und verlangte ein andermal, man möge sterben lassen, was reif sei für den Tod, und jene, die fallen, nicht stützen, sondern stoßen, damit sie schneller fallen – »denn was gibt es Schlimmeres als die Entartung?« (sprach Zarathustra). Wahrscheinlich bezeichnete Rickert seinerzeit Nietzsche mit Recht als den »interessantesten Biologen, der auch der einflußreichste bleibt[193]«. Man muß aber hinzufügen, daß dieser »Biologe« als Visionär die praktischen Folgerungen vorausahnte, die man aus seinen Lehren ziehen würde; Lehren, von denen er sagte, sie seien »wahr – aber tödlich«:

> Wenn dagegen die Lehren vom souveränen Werden, von der evolutionistischen Flüssigkeit aller Begriffe, Typen und Arten, von dem Mangel aller kardinalen Verschiedenheit zwischen Mensch und Tier – Lehren, die ich für wahr, aber für tödlich halte – in der jetzt üblichen Belehrungswut noch ein Menschenalter hindurch in das Volk geschleudert werden, so soll es niemanden wunder nehmen, wenn dann vielleicht Systeme von Einzelegoismen, Verbrüderungen zum Zweck raubsüchtiger Ausbeutung der Nicht-Brüder [...] auf dem Schauplatz der Zukunft auftreten werden.[194]

Allerdings sind Nietzsches anthropologische Hierarchien verwirrend, denn anscheinend sprach er der jüdischen Rasse den obersten Rang zu. Auch wünschte er seinen deutschen Zeitgenossen, denen er so viel Böses nachsagte, eine möglichst kräftige Injektion jüdischen Bluts. Das ist nämlich der wahre Sinn des wohlbekannten Aphorismus, wonach die Zukunft der Zivilisation auf den Söhnen preußischer Offiziere ruhe[195]; die »blonde Bestie« und die »Herrenrasse« sind nicht die einzigen Formulierungen Nietzsches, die sich, aus dem Zusammenhang gerissen, sämtlichen Rassenkatechismen einverleiben ließen. Im übrigen ließen sich manche erfahrene Antisemiten da nicht täuschen (Eugen Dühring deutete an, daß Nietzsche möglicherweise ein Jude sei, Theodor Fritsch warnte die Jugend vor diesem »unverschämten Polen«[196]). Fügen wir hinzu, daß es einen Nietzsche gab, der, Francis Galtons *Hereditary Genius* unter dem Arm, die Möglichkeit einer Regenerierung der polnischen Juden durch den Zionismus erwog; und einen anderen, der sich, vor allem aufgrund seines Hasses gegen die Religion Jesu Christi, auf sein Ariertum berief; und noch einen dritten, der – wie es heißt, bereits in geistiger Umnachtung – mit zitternder Hand hinkritzelte, daß er alle Antisemiten erschießen lassen möchte.[197] Aber mit Nietzsche kommt man zu keinem Ende.

Hingegen war im Denken Heinrichs von Treitschke (1834-1896), des deutschen Patrioten, der unter der studentischen Jugend das größte Echo fand, kein Raum für Zweideutigkeiten. Für ihn war die weiße Rasse die Aristokratie der Menschheit, dazu berufen, die Erde unter sich aufzuteilen; und der Teil, den jedes weißes Volk sich zu sichern vermöge, sei zugleich ein Maßstab für seinen Wert.[198] Die Rivalitäten unter den Ariern seien notwendig, denn die Nationen könnten nur blühen und gedeihen in einem intensiven Konkurrenzkampf, der mit Darwins Kampf ums Dasein vergleichbar sei.[199] In der Folge sang Treitschke ein fast religiöses Loblied auf den Krieg:

> Wer die Geschichte kennt, der weiß auch, es wäre geradezu eine Verstümmelung der menschlichen Natur, wenn man den Krieg aus der Welt schaffen wollte [...] Wir haben die sittliche Majestät des Krieges kennengelernt [...]

Der Krieg sei ein »Heiltrunk«; er bringe jedem in Erinnerung, welch geringen Wert sein Leben habe im Vergleich mit dem Ruhm des Staates; daher stamme die »religiöse Tiefe« jedes ernsthaften Krieges.[200]

Treitschke hat auch berühmte Formeln geprägt oder populär gemacht, wie etwa die vom »perfiden Albion«, oder »Die Juden sind unser Unglück«, oder auch die von der Invasion der »strebsamen, hosenverkaufenden Jünglinge«.[201] Dennoch war er eher religiös als rassistisch gesinnt, und er wünschte, daß das deutsche Volk durch die Assimilation der »israelitischen Mitbürger« geeint werde, ohne diese mit drastischeren Maßnahmen zu bedrohen.

Sein international bekanntester Fortsetzer, General Friedrich von Bernhardi (1849-1930), glaubte ebenfalls, nur ein ausgedehntes Kolonialreich könnte der deutschen Nation und dem deutschen Geist den »schuldigen Respekt in der Welt« sichern; und auch in seinen Augen war der Krieg ein unerläßlicher Faktor der Zivilisation sowie »eine biologische Notwendigkeit ersten Ranges«. Die Weisen der Antike hätten dies lange vor Darwin erkannt, fügte er, auf Heraklit anspielend, hinzu.[202]

Zum Unterschied von diesen Schriften, die, so militant sie auch waren, die imperialistischen oder bio-imperialistischen Bestrebungen mit der christlichen Tradition in Einklang zu bringen versuchten (in diesem Zusammenhang erinnerte Bernhardi an das Wort Jesu: »Ich bin nicht gekommen, euch Frieden zu bringen, sondern das Schwert«), betonten andere vor allem die neuen rassischen Werte. Allerdings ist die Grenzlinie oft schwer zu ziehen. Steigen wir noch eine Etage weiter hinunter: In *Krieg* (1906) berief sich ein gewisser Klaus Wagner ebenfalls auf die Religion Jesu – eines »germanoiden Jesus« oder »Siegfried Jesus«, dessen Lehre von der Auslese am Tag des Jüngsten Gerichts in seinen Augen den selektiven Wert des Krieges symbolisierte. Danach empfahl Wagner eine »rassische Machtpolitik« zwecks Erweiterung des deutschen »Lebensraums«, Vertreibung der »Fremdlinge« und Verschmelzung aller verwandten germanischen Stämme zu einer einzigen politisch rassischen Einheit. »Sollten Gobineau, Darwin, Chamberlain vergeblich gelebt haben?« rief er aus.[203]

Neben diesem völlig vergessenen Buch zeichnete ein anderes, ebenso vergessenes, viel präziser die künftige Rassenpolitik des Dritten Reiches vor. In *Ein pangermanistisches Deutschland* begann Josef Reimer mit einer Huldigung an seine Inspiratoren: zunächst Gobineau, Klemm und Carus; dann Darwin, Lapouge und Woltmann. Hierauf beschrieb er, wie ein den ganzen europäischen Kontinent und Sibirien beherrschendes Deutschland organisiert sein müßte. Die Bevölkerung dieses Raums wäre einzuteilen in Germanen und germanisierbare Elemente einerseits und in nichtgermanisierbare oder »Agermanen« anderseits. Die Aussortierung von Untermenschen und Menschen sollte Kommissionen anvertraut werden (wie sie dann zwischen 1939 und 1945 tatsächlich eingesetzt wurden[204]), denen Anthropologen, Ärzte und spezielle »Züchter« anzugehören hätten. Juden und Slawen sollten a priori und ausnahmslos als nicht germanisierbar gelten, während den Franzosen viel bessere Chancen eingeräumt wurden. Der Status der »Agermanen«

sollte mit gewissen begrenzten Rechten verbunden sein, aber auf dem fundamentalen Prinzip ihres Ausschlusses aus der (germanischen) Fortpflanzungsgemeinschaft *(extra connubio)* beruhen; dieser sollte, je nach dem, bis zum totalen Fortpflanzungsverbot *(extirpatio)* gehen.

Fügen wir hinzu, daß dies in Reimers Augen die einzige Möglichkeit darstellte, ein echt sozialistisches und internationalistisches Programm zu verwirklichen, da die germanische Rasse das treibende und entscheidende Element unter jenen europäischen Nationen sei, die unter den gegenwärtigen kapitalistischen Bedingungen für eine Verbesserung ihres Loses kämpften; nur auf diejenigen Nationen also, die germanische Rassenelemente enthielten, sollte sich der sozialistische Internationalismus erstrecken. »Vorwärts, germanische Proletarier aller Völker Europas!«[205] Im Zusammenhang mit dieser Nachäffung von Losungen der Arbeiter-Internationale sind auch gewisse Hoffnungen zu erwähnen, welche die Sozialdemokratische Partei nährte: Hoffnungen auf die Erweiterung des Lebensraums der Deutschen zum Wohl der deutschen Arbeiter – und dazu gewisse Reden und Artikel von Bebel und Kautsky, die ebenfalls von der »zivilisatorischen Überlegenheit« der Weißen überzeugt waren.[206]

Da es zahllose potentielle Väter des Nationalsozialismus gibt, nennen wir nur noch zwei Persönlichkeiten, die ihren Einfluß mehr auf organisatorischem und politischem Gebiet als mit der Feder ausübten.

Im Sommer 1890 trat Wilhelm II. im Austausch gegen Helgoland die Insel Sansibar und deren Hinterland an Großbritannien ab. Diese Operation verstärkte die Welle der Entrüstung, die die kurz zuvor erfolgte Entlassung Bismarcks hervorgerufen hatte, und regte einen jungen Mitarbeiter Krupps, Alfred Hugenberg, zur Gründung des berüchtigten *Alldeutschen Verbandes* an. Das expansionistische Programm dieser Organisation fand bald Zehntausende Anhänger in allen Volksschichten, von denen manche sich auf verschiedenen Gebieten auszeichneten (Ernst Haeckel, Max Weber, Gustav Stresemann), während andere nur als Rassenideologen bekannt waren (H. St. Chamberlain, Ludwig Schemann, Ludwig Wilser). Die Strömung der letzteren gewann 1908 die Oberhand, als der Anwalt Heinrich Class, ein Freund Hugenbergs, die Führung des Verbandes übernahm. 1912 erläuterte er in einer Schrift mit dem ehrgeizigen Titel *Wenn ich der Kaiser wär* sein politisches Programm.[207]

Auf innenpolitischem Gebiet trat er in erster Linie für einen unerbittlichen Kampf gegen die Sozialdemokratie ein, ohne dabei vor der Möglichkeit eines Staatsstreichs zurückzuschrecken. Jedenfalls müßten die Juden, diese zersetzenden marxistischen Elemente, der Bürgerrechte verlustig erklärt und von den Ariern isoliert werden. Ganz allgemein verlange die Reinhaltung der Rasse heroische Maßnahmen:

> Ein Mischmaschvolk als Nutznießer der Schöpfung Bismarcks ist ein unerträglicher Gedanke – lieber ein Ende mit Schrecken, aber in Ehren, als ein Fortbestehen, das den deutschen Namen entweiht [...] Die sogenannte »Humanität« [...] mag wieder gelten, wenn wir politisch, sittlich, gesundheitlich und kulturell reformiert sind – bis dahin heißt es, aus Liebe hart sein, und danach wird sie ihre Grenzen immer finden müssen an dem Gesetze, daß der Gesundheit des Volkes jedes Opfer gebracht werden muß.[208]

Außenpolitisch stellten Projekte wie großangelegte Umsiedlungen (»Heimführung der Auslandsdeutschen«; Vertreibung der Juden nach Palästina usw.), die Annexion aller Gebiete westlich des Dnjepr oder der Gedanke, Toulon als Pfand zu nehmen, ebenfalls Vorgriffe auf die Politik Hitlers dar. Zur Verwirklichung dieser Pläne hoffte Class zwischen 1914 und 1918 auf die Errichtung einer Militärdiktatur: vergeblich trat er zu diesem Zweck zuerst an General von Bernhardi, dann an General Ludendorff heran. In der Weimarer Republik wurde der *Alldeutsche Verband* dank Class' und Hugenbergs Verbindungen zur Großindustrie zum wichtigsten »stillen Teilhaber« der Werkstätten der antisemitischen Propaganda und der Verbreitung der »Protokolle der Weisen von Zion«. Eine Beschreibung dieser Aktivitäten findet sich in dem ausgezeichneten Buch von Norman Cohn[209]; in diesem Zusammenhang müssen wir aber unbedingt an die Zusammenkunft erinnern, die Class 1920 Hitler gewährte, an den respektvollen Handkuß des jungen Agitators und seine schüchternen Einwände gegen eine allzu aggressive und offene antisemitische Propaganda.[210]

Die arische Mystik

Die Unbestimmtheit des Begriffs »Religion« macht es manchmal schwierig, rückblickend zwischen Religion und Nationalismus einerseits und Szientismus anderseits klar zu unterscheiden, wie vor allem die vorhin angeführten deutschen Doktrinen beweisen (Max Weber spricht von einer haarfeinen Trennlinie zwischen Glauben und Wissenschaft). Diese Schwierigkeit beschränkt sich natürlich nicht auf das deutsche Denken; und wenn ebenso unklassifizierbare Doktrinen und Bewegungen vor allem in den angelsächsischen Ländern überreichlich vorhanden waren, so weil der Protestantismus ein idealer Nährboden für Sekten aller Art ist. Diese Zersplitterung wiederum kann mit der religiösen oder pseudoreligiösen Verherrlichung der weißen Rasse in Zusammenhang gebracht werden; die Schriften protestantischer Autoren bieten viele Beispiele dafür. Die theologische Exegese strapazierte zu diesem Zweck die Bibel, ganz besonders die Verfluchung Hams; im übrigen weigerte sich auf dem Höhepunkt des rassistischen Europäozentrismus, das heißt in der zweiten Hälfte des neunzehnten Jahrhunderts, auch das Vatikanische Konzil, diesen Fluch aufzuheben, und Kardinal Lavigerie, der Apostel der Sklavereigegner, war der Ansicht, die schwarze Rasse könnte ihm nur durch Bekehrung entgehen.[211] Allerdings gestattete es das protestantische Sektierertum, in theologischen Spekulationen dieser Art noch viel weiter zu gehen. Zwischen den angelsächsischen Sekten und den deutschen bestand jedoch ein grundlegender Unterschied.

In diesem Zusammenhang müssen wir auf die im ersten Teil dieser Arbeit bereits untersuchten nationalen Besonderheiten zurückkommen. Bei den englischen oder amerikanischen Sekten, von den Puritanern bis zu den Zeugen Jehovas, bestand die Tendenz, an alttestamentarische Quellen anzuknüpfen, während die deutschen – zumindest seit der Aufklärung – sich davon auf verschiedene Weise zu entfernen trachteten. Im übrigen ist alles in dem unendlich reichen Gewebe der Geschichte enthalten: wahrscheinlich gab es irgendeine Beziehung zwischen dem wirtschaftlichen Aufstieg der deutschen Juden und gewissen theologischen Wutausbrüchen (ebenso wie die Exegese der Verfluchung Hams kolonialistische Sorgen zum Hintergrund hatte) – aber die germanisch-arische Mystik läßt sich nicht mit den Rothschilds erklären.

Wir glauben, daß hier eine bestimmte Vorstellung von Christus bedeutsam und bezeichnend ist: Keine angelsächsische Bewegung hat je daran gedacht, die Frage der »Rassenzugehörigkeit« des Menschensohns aufzuwerfen, während dieses Problem in Deutschland, wie wir gesehen haben, bereits in Fichtes Philosophie angeschnitten wurde.[212] Einen weiteren Hinweis liefert die Semantik: Wenn man von den akzeptierten Begriffen ausgeht, dann ist »englische« oder »angelsächsische« Religion nur eine Nebeneinanderstellung von Wörtern, ebenso willkürlich wie »französische Religion« oder »schweizerische Religion«; hingegen widmeten sich mehrere Generationen der Entwicklung einer deutschen Religion oder eines deutschen Glaubens. Für unsere Betrachtung empfiehlt es sich, mit den beiden Autoren zu beginnen, auf die sich Richard Wagner, der wortgewaltige Propagandist des arischen Mythos, 1878 berief, um die Begriffe »Deutschland« und »deutsch« zu definieren.[213] Tatsächlich umrissen Frantz und de Lagarde das unbestimmte Gebiet, das auf der einen Seite von der christlichen Religion begrenzt ist und auf der anderen Seite vom germanischen Rassismus, auf dessen Grundlage sich der »deutsche Glaube« entwickelte.

Der ältere von ihnen, der Föderalist Constantin Frantz (1817-1891), geriet nach seinem Tod bald in Vergessenheit; erst nach 1945 wurden seine Schriften von einigen wohlmeinenden Leuten ausgegraben, die glaubten, Deutschland in der Zeit nach Hitler damit ein friedliches Denkvorbild zu schenken.[214] Tatsächlich kämpfte Frantz ohne Unterlaß, besonders nach 1870-1871, gegen die preußische Hegemonie und den Militarismus. »Ruhm haben wir dadurch erworben, daß alle Völker unsere Militäreinrichtungen studieren und Krupp zu einer Weltfirma wurde«, schrieb er 1874. »Wäre das der Weltberuf Deutschlands, so wären wir glücklich am Ziel [...]«[215] Er hatte für sein Vaterland einen ganz anderen Ehrgeiz: Es sollte zum Zentrum einer europäisch-christlichen Föderation werden, die der Welt immerwährenden Frieden sichern würde.

Frantz glaubte an eine solche Bestimmung Deutschlands, weil das Heilige Römische Reich deutscher Nation einst die Nachfolge Roms angetreten und in seiner Eigenschaft als »internationale Institution, deren Trägerin die deutsche Nation war«, als einigendes weltliches Band für das ganze christliche Abendland gedient habe.[216] Deutschlands gegenwärtige Berufung sei es, an diese Tradition anzuknüpfen und anstelle von Bismarcks »Pseudo-Reich« ein wirkliches Reich zu gründen; denn Deutschland sei kein Staat wie die anderen:

> Und doch war Deutschland nie ein »Staat« gewesen, noch kann es jemals ein solcher werden, oder es hörte auf, Deutschland zu sein. Man muß schlechtweg über die Staatsidee hinausgehen und die Idee eines ganz anders gearteten und auf viel höhere Zwecke gerichteten Gemeinwesens fassen – darin liegt die Vorbedingung zur Lösung der deutschen Aufgabe, weil Deutschland an und für sich selbst ein überstaatliches Wesen ist. Von dem politischen Standpunkt muß man sich auf den metaphysischen erheben.[217]

Frantz illustrierte diesen Gedanken mit einem wissenschaftlichen Vergleich: Gebe es nicht neben der gewöhnlichen Mathematik auch noch eine transzendentale Mathematik? Ein Blick auf die Karte genüge, um klar zu erkennen: Das Vaterland der Deutschen lasse sich nicht geographisch umgrenzen wie zum Beispiel Frankreich. Es greife überall auf die »Nachbarschaft« über: beherberge Preußen nicht eine gemischte Bevölkerung mit starkem slawischen Einschlag? (In diesem Punkt, wie man sieht, kommt Frantz mit seiner Diagnose in die Nähe von Quatrefages.[218]) Kurz, Deutschland sei kraft seines Charakters dazu bestimmt, zur Basis der internationalen Organisation der christlichen Völker zu werden oder es neuerlich zu werden. Denn für die modernen christlichen Völker sei die Nationalität nur von sekundärer Bedeutung; daher seien sie in erster Linie nicht deutsch oder französisch, sondern *christlich*, wie ja auch die christliche Religion selbst sie auffordere, sich vor allem als Christen zu betrachten.[219] Doch das europäische Christentum bedürfe, um »übernational« und »überkonfessionell« zu werden, einer Läuterung und Modernisierung. Frantz zitierte in diesem Zusammenhang einige große Denker seiner Zeit, vor allem Schelling. Nicht eine »Staatsreligion oder Hochkirche« sollte es geben, sondern eine Menschheitsreligion, die mit einem solchen Christentum zugleich im Besitz der höchsten Wissenschaft wäre. Er berief sich auch auf Saint-Simon und die Brüder Humboldt.[220]

Deutschland könne jedoch seiner christlichen Berufung nur dann nachkommen, wenn es sich vom jüdischen Einfluß befreie; und nun entwickelte Frantz unter Berufung auf andere Autoritäten wie Kant, Fichte und Schopenhauer seine eigene Geschichtsphilosophie, die sich folgendermaßen zusammenfassen läßt[221]:

Das Judentum, dem einst die Offenbarung zuteil wurde, weise die Besonderheit auf, sich zunächst auf eine Religion, dann auf eine Rasse zu stützen und sich solcherart fortzusetzen, entgegen dem normalen Verlauf der Dinge (Frantz betonte, daß selbst der Islam sich unter Völkern aller Rassen – semitischen, arischen und negroiden – verbreitet hat). Nach der Tötung des Messias sei das jüdische Volk durch den Fluch Gottes zum Wandervolk geworden und zugleich zum göttlichen Werkzeug der Bestrafung anderer Völker. Die Kriege zwischen den christlichen Völkern stärkten seine dominierende Rolle; eine christliche Föderation würde diesen Bruderkriegen ein Ende setzen, vorausgesetzt, daß ein wahrer Fortschritt den »jüdischen Fortschritt« ersetze. Zu diesem Zweck müsse die verhängnisvolle Bismarcksche Politik aufgegeben werden, die zur Gründung eines »deutschen Reichs jüdischer Nation« führe. Man müsse den Deutschen die Augen öffnen, damit sie sich endlich als christliche Nation erkennen und dementsprechend handeln. Auch noch ein anderer Kampf sei auszufechten: eine neue »Hermannsschlacht« müsse gewonnen werden, um Deutschland vom römischen Recht zu befreien. Erst dann sei an eine echte Wiedergeburt des deutschen Volkes zu denken. Sei dieser Sieg einmal errungen, dann würden seine Folgen weit über die Grenzen Deutschlands hinaus reichen. »Es wird ein Akt der Befreiung für ganz Westeuropa sein [...]«[222] Das römische Recht, meinte Frantz, sei ein Ausfluß des »Staatssozialismus der Eroberernation Rom«, und er stellte ihm das deutsche Recht gegenüber, das auf dem Wunsch freier Männer nach Frieden beruhe.[223]

Frantz faßte auf seine Weise eine allgemein verbreitete Strömung des deutschen Denkens zusammen, die, wie wir gesehen haben, bis auf den Humanismus und die Reformation zurückgeht. Sein jüngerer Kollege Paul de Lagarde (1827-1891) nahm das gleiche Werk unter einem etwas anderem Blickwinkel in Angriff, wurde zum Propheten einer »neuen deutschen Religion« und im Dritten Reich geziemend heiliggesprochen.

Dieser außergewöhnlich gebildete Orientalist war der Sohn eines Pastors namens Boetticher; familiäre Gründe bewogen ihn dazu, den Namen eines Onkels lothringischer Abstammung anzunehmen; er rechtfertigte sich mit der Behauptung, daß die Lothringer Germanen seien.[224] Was die anderen Rassen betrifft, so erwies er sich als recht blutdürstig – 1871 etwa drückte er die Hoffnung aus, Paris möge in Grund und Boden zerstört werden[225]; und das politische Programm, das er im Auftrag der preußischen Konservativen ausarbeitete, sah die Vernichtung mehrerer slawischer Völker vor, dieser »Bürde der Geschichte«, die nur zur Bildung neuer Generationen von Germanen gut sei; je schneller sie verschwänden, desto besser wäre es »für sie und für uns«. Das gleiche wünschte er dem ungarischen Volk, das auch deshalb zum Aussterben verurteilt sei, weil es ein altes Volk »turanischer« Rasse und daher kaum mehr wert sei als die Türken oder die Lappen; die Ungarn würden zugrunde gehen, wie einst die Kelten zugrunde gegangen seien.[226]

Lagarde steht jedoch in dem Ruf, in philosophischer Hinsicht ein Idealist gewesen zu sein, und oft zitiert man seinen Ausspruch: »Das Deutschtum liegt nicht im Geblüte, sondern im Gemüte.«[227] In diesem Zusammenhang erinnerte er daran, daß Leibniz und Lessing slawischer Abstammung waren. In vielen Punkten läßt er sich mit Fichte vergleichen – aber mit einem durch die Anthropologie der zweiten Hälfte des neunzehnten Jahrhunderts revidierten und korrigierten Fichte. Auf theologischem Gebiet war er, gleich Fichte, radikal »antipaulinisch« eingestellt; er verehrte Jesus, aber den Menschen Jesus (wie sein Freund Ernst Renan[228]), einen Jesus, der durch den geheimnisvollen Ratschluß Gottes im Schoß der besonders verstockten Rasse der Semiten geboren wurde und dessen Genius sich in seinem »Ich-will-kein-Jude-sein« geäußert habe.[229] Ohne sich klar über die Abstammung Jesu auszudrükken, behauptete Lagarde, die christliche Dogmatik selbst lehne »die Verwurzelung der Existenz und des Wesens Jesu im jüdischen Volke« ab.[230] Noch deutlicher wird er, wenn es darum geht, die Konfessionen und religiösen Institutionen seiner Zeit zu kritisieren. Die lutherische Kirche schleppe nur die »verrotteten Spuren des Christentums« mit sich fort[231]; die katholische Kirche sei »die geborene Gegnerin aller Staaten und aller Nationen«[232]; und was die Synagogen und ihre Gläubigen betraf, so verstand es sich von selbst, daß sie schleunigst liquidiert werden müßten.

Lagarde wollte der Künder einer neuen deutschen Religion sein und der Herold eines Mannes mit »großem, festem, reinem Willen«, der sie gründen würde.[233] Im übrigen sollten seiner Meinung nach alle Religionen national sein, weil alle Nationen durch den Willen Gottes geschaffen worden seien.[234] Der deutsche Glaube, schreibt er in *Die Religion der Zukunft,* sollte es seinen Landsleuten ermöglichen, den Weg der wahren Freiheit zu finden:

> Wir wollen die Freiheit, aber nicht Liberalismus: Deutschland, aber nicht jüdisch-keltische Theoreme über Deutschland; Frömmigkeit, aber nicht Dogmatik [...] Wir wollen die Anerkennung, Erziehung, Verklärung unserer eigenen Natur, wir wollen aber nicht von einem russischen Kutscher an einer französischen Leine gefahren und mit einer jüdischen Geißel geschlagen werden.[235]

Lagarde, der solcherart die Unechtheit des Deutschlands seiner Zeit verkündete und es aufforderte, seine wahre Natur wiederzufinden, ließ sich manchmal zu ungewöhnlichen Geständnissen hinreißen. Nachdem er wieder einmal die »Vernichtung des Judentums« in ganz Europa gefordert hatte – andernfalls sich Europa in einen riesigen Friedhof verwandeln werde –, fuhr er fort: »In dem Maß, in dem wir wir selbst werden, hören die Juden auf, Juden zu sein.«[236] Der Aufruf zum Massaker steht hier neben der Feststellung eines geistigen oder moralischen Mangels; ähnliches meint Lagarde auch, wenn er sagt, daß jeder Jude ein Beweis der Schwäche »unseres nationalen Lebens« und des »geringen Werts« dessen sei, »was wir christliche Religion nennen«.[237]

Lagarde träumte auch davon, die Juden nach Madagaskar auszusiedeln[238]; in diesem Zusammenhang schrieb er, daß man mit Bazillen und Trichinen nicht verhandle, sondern sie vertilge[239] (1942 griff Hitler diese Idee auf, indem er bemerkte, der Kampf der Nationalsozialisten sei von derselben Art wie jener, den Pasteur und Koch im vorigen Jahrhundert geführt hätten.[240]) Auch Lagardes *Deutsche Schriften* jagen einem kalte Schauer über den Rücken, wenn der Autor, nachdem er die Hoffnung ausgedrückt hat, daß die nichtdeutschen Völker bald aus Mitteleuropa verschwinden würden, hinzufügt, daß »ein Königreich Lodomerien oder ein Herzogtum Oswieczym (Auschwitz) oder ein Großherzogtum Ruthenien« nicht denkbar sei.[241]

Lagarde hatte noch vor Hitler und Rosenberg etliche Bewunderer, von Thomas Carlyle bis Thomas Mann (der ihn als *praeceptor Germaniae* bezeichnete) und von Paul Natorp bis Thomas Masaryk (der jedoch mit Lagardes Urteil über die Tschechen nicht einverstanden war[242]). Wir erkennen hier ein für das endende neunzehnte Jahrhundert typisches Geistesklima, das einer näheren Untersuchung wert wäre. In Deutschland war die Suche nach einer neuen Religion zu einem endemischen Phänomen geworden, und man kann in diesem Zusammenhang von einer wahren philosophischen Psychose sprechen. Einige Titel genügen, um diese Atmosphäre wiederzugeben: *Die Selbstzersetzung des Christentums und die Religion der Zukunft* von dem Philosophen Eduard von Hartmann (1874), *Die Religion als Selbst-Bewußtsein Gottes* von dessen Schüler Arthur Drews (1906), oder, noch besser, *Der Ersatz der Religion durch Vollkommeneres und die Ausscheidung alles Judäertums durch den modernen Völkergeist* von Eugen Dühring (1885). Der Erste Weltkrieg brachte pessimistischere Töne in diese Suche. Als der Philosoph Helmut Groos 1927 Bilanz zog, beklagte er den Widerspruch zwischen germanisch-arischem Geist und dem Christentum und fragte sich, ob das deutsche Volk die Erkenntnis dieser tragischen Wahrheit überleben werde: Wenn es unterläge, dann wäre seiner nichts würdiger als ein solches Ende, schrieb er pathetisch in seiner Schlußfolgerung.[243]

Die deutschen Theologen des neunzehnten Jahrhunderts erleichterten den Philosophen die Aufgabe, indem sie den Keil vergrößerten, den ihre Vorgänger in der Aufklärung zwischen das Alte und das Neue Testament getrieben hatten[244], und die Väter bereiteten den Boden für die

Häresien der Söhne – manchmal im buchstäblichen Sinn. So schloß sich der lutherische Apostel der Judenbekehrung, Franz Delitsch (1813-1890), nach einigem Zögern der Kritik Wellhausens an; sein Sohn, der Assyrologe Friedrich Delitsch (1850-1922), bezeichnete das Judentum vom christlichen Standpunkt als »heidnische Religion« und »riesigen Betrug«.[245] Der gelehrte Diplomat Christian von Bunsen, der Protektor Max Müllers und Lagardes, suchte mit Hilfe einer Theologie der »natürlichen Offenbarung« die Religion mit der Wissenschaft zu versöhnen[246]; sein Sohn, Ernst von Bunsen (1817-1893), fand einen Weg, aus der biblischen Überlieferung eine arische Sonnenreligion abzuleiten (Adam war Arier, die Schlange semitisch[247]). Führen wir auch dazu einige bezeichnende Titel an: *Wotan oder Jesus, Baldur und Bibel* von einem gewissen Friedrich Döllinger, einem Namensvetter (oder Verwandten?) des großen katholischen Theologen Ignaz Döllinger (1799-1890[248]). Werke wie *Die Armanenschaft der Ario-Germanen* von Guido von List (vielleicht ein esoterischer Inspirator Hitlers[249]), die *Germanenbibel* von Wilm Schwaner (einem Freund Walter Rathenaus[250]) und daneben stellten »Offenbarungen« aller Art (die »entdeckten Geheimnisse« der Heiligen Schrift oder der Runen oder sogar des Paradieses[251]) damals einen nicht unbeträchtlichen Teil der deutschen Druckproduktion dar. Gewiß, die Versuche dieser Art lassen sich unter die okkulten, theosophischen und spiritistischen Forschungen und Spekulationen einreihen, die, bevor die Psychoanalyse einen Teil der Bedürfnisse, auf denen sie beruhten, aufsaugte und ihre Motivationen freilegte, in allen westlichen Ländern viel ernster genommen wurden als heute; aber nur in Deutschland wiesen sie jenen aggressiv neoheidnischen und zugleich patriotischen oder »völkischen« Anstrich auf. Die unvermeidlichen Schwindler machten sich die Konjunktur zunutze und verdienten sich ihren Lebensunterhalt, indem sie sich für Reinkarnationen der Germanen des Tacitus[252] ausgaben oder Dokumente fabrizierten, die beweisen sollten, daß Jesus ein Arier war.[253]

Bemerkenswerterweise trat Richard Wagner auf diesem Gebiet zunächst als ein unbekannter junger Schriftsteller hervor, der 1850 Christus mit dem obersten Germanengott Wotan gleichsetzte[254]. Erst später, nachdem er sein Programm einer »neuen Kunst« entworfen hatte, vertonte er es und machte damit die germanischen Sagen in ganz Europa populär. Sein Werk, eine Mischung aus musikalischen und ideologischen, dramatischen und religiösen Motiven, entsprach haargenau den diffusen Bedürfnissen seiner Zeit und begeisterte eine Gesellschaft, die nach neuen Mythen und Erregungsschauern suchte. Thomas Mann, ein leidenschaftlicher Wagnerianer, beschrieb 1932 das Mysterium dieser Musik, das etwas anderes sei und mehr als diese Musik selbst, folgendermaßen: »Wenn man Wagner lauscht, möchte man glauben, die Musik sei zu nichts anderem geschaffen [...] als dem Mythos zu dienen«; einem Mythos, von dem er einige Jahre später bemerken sollte, er habe die Entfesselung der Nazi-Barbarei angekündigt.[255] Schon 1860 aber pries Baudelaire Wagners Zauberklänge: »Letzter Schrei der bis zum Paroxysmus verzückten Seele [...] Es war mir, als wäre dies meine Musik [...] Da ist überall etwas Erhabenes und Erhebendes, etwas, das höher steigen möchte, etwas Grenzenloses, über alle Grenzen Hinausgehendes.«[256]

In Frankreich übte die wagnerianische Bewegung zwei, drei Generationen hindurch ihre Anziehungskraft aus; in der Literatur wurden die Symbolisten ebenso wie die Naturalisten zutiefst von ihr geprägt; Mallarmé schrieb sein berühmtes Sonett auf den »Gott Wagner«[257], und Maurice Barrès schwärmte für den Propheten einer neuen »universalen Ethik«.[258] Catulle Mendès, der in der *Revue wagnérienne* über die Botschaft Parsifals meditierte, sah »Schatten von früher« aus der alten arischen Vergangenheit mit ihren »riesenhaften, funkelnden Gottheiten«[259] emporsteigen. Baron Hans von Wolzogen unternahm es, in dieser Zeitschrift das Wesen der *arischen Kunst* zu erklären, und streckte den Franzosen seine brüderliche Hand entgegen: »Diese Rasse, die uns verbindet, ist die arische Rasse [...] die edelste Gattung der Natur [...] alle können Göttersöhne genannt werden.«[260] Die Begeisterung Édouard Dujardins, des Chefredakteurs der Zeitschrift, schlug noch höhere Wellen: Wagner habe eine »Religion ersonnen und sie wie ein Evangelium verbreitet, in einer auf der ganzen Welt gelesenen neuen Bibel«; seine Partituren seien eine Art himmlisches Jerusalem; für die breite Masse habe er Bayreuth errichtet, »das irdische Jerusalem, den Vorläufer des anderen«.[261] In den Augen eines katholischen Wagnerianers aus Barcelona war Parsifal »der dritte Mensch der Geschichte, der dritte Adam [...] die Gestalt, in der Jesus Christus am Ende der Welt erscheinen wird«.[262]

Gewiß, die Extravaganzen der *Révue wagnérienne* waren das Werk eines Häufleins von Musiknarren; aber sie spiegelten auf ihre Art den allgemeinen Glauben an die arische oder christlich-arische Überlegenheit wider; auch das Werk Marcel Prousts, eines anderen Wagnerianers, zeugt dafür an vielen Stellen.[263] Noch deutlicher wird dieser Glaube durch eine Rede illustriert, die Alfred Naquet 1895 vor dem Abgeordnetenhaus hielt: »Ich, der ich Jude bin und kein Antisemit, glaube [...] daß es bei den Juden, verglichen mit der arischen Rasse, eine gewisse Unterlegenheit gegeben hat[...] Die Juden sind vom Arier geistig befruchtet worden [...]«[264]

In Deutschland übernahm Wagner selbst die Aufgabe, seine Botschaft oder seine Religion näher zu erläutern, deren wichtigste Fundamente die Anthropodizee Schlegels und die antijüdische Metaphysik Schopenhauers bildeten; diese Grundlagen wurden im Lauf der Jahre durch andere Autoren ergänzt, zuletzt durch Gobineau. Wagners Vision läßt sich in Kürze ungefähr so zusammenfassen[265]:

> Einst, im goldenen Zeitalter, lebten die Menschen in primitiver Unschuld und als Vegetarier auf den Hochebenen Asiens. Dann aber kam der Sündenfall, als das erste Tier getötet wurde; seither hat der Blutdurst das Menschengeschlecht gepackt, es mehrten sich die Morde und Kriege und in ihrem Gefolge die Eroberungen, Verbannungen und Irrfahrten. Christus, ein indischer oder arischer Christus, versuchte die Menschen zu retten, indem er ihnen den Weg zurück zur früheren vegetarischen Unschuld wies – das äußere Zeichen dafür war die Verwandlung von Blut in Wein und von Fleisch in Brot beim letzten Abendmahl; schließlich gab er sein Leben hin, um das Blut zu sühnen, das von den fleischessenden Menschen seit dem Anbeginn der Welt vergossen worden war. Aber eine verjudete Kirche hat den Sinn dieser Botschaft verdreht, so daß die Menschheit weiter entartete, besudelt von Tierfleisch einerseits, vom Gift des jüdischen Blutes anderseits. Der Jude ist die dämonische Verkörperung der Entartung der Menschheit und die abendländische Zivilisation ein jüdisch-barbarischer Mischmasch, daher ist nun das apokalyptische Ende nahe. Es gibt nur noch eine Hoffnung auf Rettung: eine neue Läuterung, ein neuerlicher Empfang des heiligen Blutes nach den mystischen Riten Parsifals, des germanischen Erlösers.

Wagner entwickelte diese Theologie in Schriften, die nach wie vor ein menschliches und historisches Dokument ersten Ranges sind[266], wenngleich die darin enthaltenen Gedanken wirr sind und der Stil miserabel ist; außerdem hatten zwar die Aufrufe zum Antisemitismus ein weites und starkes Echo, die Appelle zum Vegetarismus hingegen überhaupt nicht. Auch schöpften die meisten von Wagners Bewunderern aus anderen philosophischen oder ideologischen Quellen: es mangelt nicht an Exegesen des Kults von Bayreuth (die Wagner-Bibliographie umfaßt mehr als fünfundvierzigtausend Titel ...).

Die Exegese des Indologen Leopold von Schröder, Professor in Wien, zeichnet sich durch die Besonderheit aus, daß sie dem Judentum neben dem Ariertum einen Ehrenplatz einräumt. In *Die arische Religion* (1914) und *Die Vollendung des arischen Mysteriums in Bayreuth* (1911) beschreibt Schröder die Naturkulte der »Urarier«, denen er die Fähigkeit zu kontemplativem und philosophischem Denken zuschreibt. Diese alten Kulte hätten sich vergeistigt, nachdem die Juden gekommen seien und die Arier durch die monotheistische Ethik erleuchtet hätten; die Besonderheit dieser Ethik läge darin, daß sie die Naturkulte ignorierte und die Neigung zeigte, sie zu verfolgen. Wagners Genie habe es verstanden, diese heterogenen Elemente auszudrücken und zusammenzufügen; so habe er im *Ring der Nibelungen* die Tragödie der Begehrlichkeit und des Machthungers, diesen Fluch des arischen Schicksals, geschildert; noch höher zu stellen sei *Parsifal,* wo die indische Ethik des Mitleids sich mit dem christlichen Erlösungsgedanken vereine, vor dem Hintergrund des altarischen Naturkults, den der Magier von Bayreuth wiederbelebt habe. »Erlösung durch Liebe! Erlösung durch Mitleid!« rief Schröder pathetisch aus. Zum erstenmal seit ihrer Zerstreuung vor mehr als fünftausend Jahren könnten sich arische Stämme an einem bestimmten Ort treffen, um ihre alten Mysterien in einer neuen und vollendeten Form zu betrachten. Dank Wagner sei Bayreuth zum Zentrum aller arischen Völker geworden, und dies gebe Deutschland und den Deutschen eine ganz außergewöhnliche Überlegenheit.[267]

Trotz dieser patriotischen Schlußfolgerung war Schröders Exegese in keiner Weise erfolgreich; man kann sagen, daß dieser Gelehrte vom arischen Mythos der Neuzeit nichts verstand. Sein berühmter Freund Houston Stewart Chamberlain (1855-1927), der ihm half, einen Verleger zu finden, warf ihm vor, gewisse begabte Juden öffentlich zu loben; solche Urteile, schrieb er, dürften nur im vertrauten Kreis vorgebracht werden, wolle man die arische Sache nicht verraten (als ob die Arier unaussprechliche Schwächen zu verbergen hätten[268]). Dieser Schwiegersohn Richard Wagners wurde, von seinen inneren Dämonen gepackt, wie er selbst es ausdrückte, 1900 zum Propheten des Ariertums.

Sohn eines englischen Admirals, in Frankreich erzogen, bereits in seiner Jugend in Deutschland verliebt, war Chamberlain der »kosmopolitischste« aller Wagnerianer. Er war auch stets kränklich, und geheimnisvolle Leiden hinderten ihn, sein Biologiestudium abzuschließen; nur die polemische Begeisterung, die Verteidigung und Erläuterung des Germanentums verschafften ihm einige Erleichterung.[269] So entstanden nacheinander Studien über Wagner, Kant, Goethe und vor allem *Die Grundlagen des 19. Jahrhunderts,* ein Werk, das insgesamt etwa fünfzehnhundert Seiten umfaßt und in dem er aus dem gesamten Wissen seiner Zeit Bilanz zu ziehen suchte.

Das Buch bot einiges, das die Aufmerksamkeit der Gebildeten zu fesseln vermochte. In brillantem Stil klagte Chamberlain zunächst die Pedanterie und die wissenschaftliche Spezialisierung an, wobei er zeigte, daß jeder Spezialist, ob er will oder nicht, Anleihen bei anderen Disziplinen als seiner eigenen macht. Chamberlain nahm sich also das Recht, ebenso zu verfahren; als Dilettant zwar, aber als einer, der sich dessen bewußt ist und alles gelesen zu haben scheint. So erwähnte er in der Abhandlung über die exakten Wissenschaften bereits die nichteuklidische Geometrie und stützte sich auf Henri Poincarés Wissenschaftsphilosophie. Dieses Weltbild schien seine arische Mystik zu bestätigen: war die moderne Wissenschaft etwa nicht ausschließlich das Werk von »Kelto-Slawo-Teutonen«, kürzer »Germanen« genannt?

»Durch die Entdeckung«, schreibt er im Kapitel »Entdeckung«, »hat sich eine lückenlos mechanische Deutung der Natur als unabweislich, als einzig wahr ergeben. Sage ich ›einzig wahr‹, so meine ich einzig wahr für uns Germanen; andere Menschen mögen – in Zukunft wie in der Vergangenheit – anders denken [...] solange der Germane vorherrscht, wird er diese seine Auffassung auch dem Nichtgermanen aufzwingen [...] Dadurch – und nur dadurch – haben wir eine Menge der Erkenntnis und eine Herrschaft über die Natur erworben, wie nie eine andere Menschenart.«[270]

Nach Chamberlain wurde dieses selbständige Wissen aus der unmittelbaren Erkenntnis der Gesetze der wissenschaftlichen Notwendigkeit gewonnen, vom religiösen Instinkt der Arier erfaßt. Darüber spricht er im Kapitel »Religion«:

> So zum Beispiel die Vorstellung der Gottheit: hier Jahwe, dort die altarische Dreieinigkeit [...] Die Dogmenbildung der christlichen Kirche ist um jene gefährliche Klippe, den semitischen Monotheismus, glücklich vorbeigesteuert und hat in ihrem sonst bedenklich »verjudeten« Gottesbegriff die heilige Dreizahl der Arier hinüber-

> gerettet [...] Alle menschliche Erkenntnis beruht auf drei Grundformen – Zeit, Raum, Ursächlichkeit [...] Kurz, die Dreifaltigkeit als Einheit umringt uns auf allen Seiten als ein Urphänomen der Erfahrung und spiegelt sich bis ins einzelne wider.[271]

Es handelt sich also um die intuitive und spontane Gestaltung einer allgemeinen kosmischen, physischen wie metaphysischen Erfahrung einer »Natursymbolik«. Deshalb hat jeder, »der die mit den Sinnen wahrgenommene, empirische Natur mechanisch deutet, eine ideale Religion oder gar keine; alles übrige ist bewußter oder unbewußter Selbstbetrug. Der Jude kannte keinerlei Mechanismus; von der Schöpfung *ex nihilo* bis zu seinen Träumen von einer mechanischen Zukunft ist bei ihm alles freiwaltende, allvermögende Willkür; darum hat er auch nie etwas entdeckt.«[272]

Dieser rassischen Wissenschaftsphilosophie folgen umfangreiche Fortsetzungen: Chamberlain brach solcherart einen Streit vom Zaun, der sich bald darauf im Zusammenhang mit der Relativitätstheorie zuspitzte; und dem Prozeß, der im Dritten Reich der »jüdischen Psychologie« gemacht wurde, schloß sich der Prozeß gegen die »jüdische Physik« an. Die vom Regime beglaubigten Gelehrten – unter ihnen auch einige Nobelpreisträger – warfen Einstein und seinen »germanischen Offizianten« (um einen Ausdruck C. G. Jungs zu gebrauchen) vor, das Modell eines willkürlichen und künstlichen Universums entworfen zu haben, dem sie eine »deutsche Physik« mit einem natürlichen dreidimensionalen All entgegenstellten.[273]

Wenn schon die exakten Wissenschaften Chamberlain Argumente für die arische Überlegenheit lieferten, kann man sich vorstellen, wie es sich diesbezüglich mit den damaligen Geisteswissenschaften verhielt. Chamberlain klang um so überzeugender, als er ohne Unterlaß auf die Unbestimmtheiten dieser Wissenschaften hinwies und einerseits den szientistischen, anderseits den antisemitischen Fanatismus kritisierte; wie viele andere bedeutende Persönlichkeiten erklärte er, daß er im Grunde kein Antisemit sei, da er zahlreiche Juden zu seinen Freunden zähle.[274] Weil er jedoch »hauptberuflich« Biologe war, hatte er sich auf diesem Gebiet einen »unvergleichlichen Lehrer« gewählt, nämlich Charles Darwin. Wohin immer er diesem großen Naturforscher folge – in einen Pferdestall, in einen Hühnerhof, zum Gärtner –, stets werde ihm deutlich, was dem Wort »Rasse« erst wahren Inhalt verleihe: eine unbestreitbare Realität, die jedem Menschen ins Auge springe. Er erwähnt auch Descartes; dieser habe erklärt, daß kein Gelehrter der Welt die weiße Farbe definieren könne; er selbst aber brauche nur die Augen zu öffnen, um »weiß« zu sehen; mit der »Rasse« verhalte es sich ebenso.[275]

Dann zitiert Chamberlain Robertson Smith bezüglich der religiösen Sterilität der Semiten[276]; August Forel ist sein Bürge, was das »Untermenschentum der Neger« betrifft[277]; wir können hinzufügen, daß er der erste einflußreiche Autor war, der Freud lobend erwähnte (und ihn völlig falsch verstand[278]). Unter dem Deckmantel seiner universellen Bildung war genügend Raum für seine beiden großen Zwangsvorstellungen: einerseits »Rom«, anderseits »Juda«. Die katholische Kirche griff Chamberlain an, indem er nach altbewährter Manier das Gespenst der jesuitischen Gefahr an die Wand malte. In diesem Zusammenhang bezog er jedoch ein völlig neues Argument aus seiner Rassentheorie: War Ignatius von Loyola nicht Baske und folglich »Nichtarier«? Und war es nicht seine primitive Rasse, die sich in der Person ihres stärksten Sohns an ihren Überwindern rächen wollte? Oder die »Tiernatur«, welche die »geistige Natur« zu besiegen suchte? Die Hypothese klang um so wahrscheinlicher, als der von dem großen Basken gegründete Orden »den bestdurchdachten und daher gefährlichsten Ansturm, der je auf germanisches Wesen – oder vielmehr auf arisches Wesen überhaupt – unternommen wurde«, durchführe. Man müsse auch bedenken, daß Loyola nicht unbedingt der einzige seiner Art sei:

> Europa zählt Hunderttausende von Menschen, die unsere indoeuropäischen Sprachen reden, unsere Kleider tragen, an unserem Leben sich beteiligen, sehr tüchtige Leute sind, doch von unseren Germanen ebenso geschieden, als bewohnten sie ein anderes Gestirn; hier handelt es sich nicht um eine Kluft wie die, welche uns in so vielen Beziehungen vom Juden scheidet, über die aber mancher Steg hinüber und herüber führt, sondern um eine Mauer, welche, unübersteigbar, ein Land vom andern trennt.[279]

Selbstverständlich war es die »Kluft«, die ihm Schwindel verursachte, und die jüdische Rasse schien ihm viel gefährlicher als die baskische oder finnische. Im Zusammenhang mit den Juden werden die Symptome seiner Neurose, die krankhafte Furcht vor heimtückischer Beschmutzung und Ansteckung, besonders deutlich. An der Stelle, wo Chamberlain unter dem Titel »Rassenschuldbewußtsein« die »physische Genesis«

der Juden behandelt, wird das besonders klar erkennbar. Seiner Ansicht nach sei die jüdische Rasse aus einer widernatürlichen Kreuzung zwischen Beduinen der semitischen Wüste, Hethitern, Syrern und arischen Amoritern entstanden; aber sie sei sich ihres Urmakels bewußt geworden, der Tatsache, daß ihre Existenz sündhaft sei und gegen die heiligen Gesetze des Lebens verstoße; zumindest empfinde dies der Jude selbst so in Zeiten, wenn »das Schicksal hart an seine Türe poche. Nicht das Individuum, sondern das ganze Volk müßte rein gewaschen werden, doch nicht von einem bewußt, sondern von einem unbewußt begangenen Vergehen.«[280] Und deshalb hätten die Juden einst den heroischen Plan gefaßt, eine künstlich reine Rasse heranzuziehen; dieser Entschluß, an dem die Juden durch Jahrtausende festhielten, mache ihre Stärke und Größe aus. Im Kapitel »Die Juden in der abendländischen Geschichte«, dem längsten des Buches, erklärte Chamberlain, wie ihre Charakterstärke es den Juden ermöglicht habe, trotz ihrer offenkundigen Unterlegenheit an Intelligenz und Zahl die »Kelto-Slawo-Teutonen« zu beherrschen. Sie hätten ihr Werk zur Zeit der Wiedererrichtung des Tempels unter König Cyrus begonnen:

> Doch nicht lange nach Hesekiels Tod eroberte der edle Perserkönig Cyrus die babylonischen Gebiete; mit der Naivität des wenig gewitzten Indoeuropäers gestattete er die Rückkehr der Juden und gewährte ihnen Unterstützung für den Wiederaufbau ihres Tempels; unter dem Schutz arischer Toleranz wurde der Herd aufgerichtet, aus dem semitische Intoleranz jahrtausendelang, allem Edelsten zum Fluche, dem Christentum zu ewiger Schmach, sich wie ein Gift über die Erde ergießen sollte.

Trotz aller Verfolgungen, trotz der Scheiterhaufen hätten es die Juden verstanden, Europa ihren schrecklichen Willen aufzuzwingen; der Olymp und Walhalla hätten sich entvölkert, weil es die Juden so wollten; Jahwe wurde zum Gott der Indoeuropäer.[282] Im neunzehnten Jahrhundert habe ihr Einfluß alle Bereiche erfaßt:

> Der Geldbesitz an und für sich ist aber das wenigste: unsere Regierungen, unsere Justizpflege, unsere Wissenschaft, unser Handel, unsere Literatur, unsere Kunst – so ziemlich alle Lebenszweige sind mehr oder weniger freiwillige Sklaven der Juden geworden [...] Von idealen Beweggründen bestimmt, öffnete der Indoeuro-

päer in Freundschaft die Tore: wie ein Feind stürzte der Jude hinein, stürmte alle Positionen und pflanzte – ich will nicht sagen auf den Trümmern, doch auf den Breschen unserer echten Eigenart die Fahne seines ewig fremden Wesens auf.[283]

Wie kann diesem Elend abgeholfen, wie die wahre arische Natur wiedergefunden werden? Auch bei Chamberlain steht Jesus im Mittelpunkt, und der Autor widmete der Beweisführung, daß Christus nichtjüdischer Herkunft gewesen sei, an die hundert Seiten.[284] Um die arischen Seelen von ihrer Qual zu befreien, sei es zunächst notwendig, das Christentum auf die eine oder andere Weise zu entjudaisieren. Robert Godet, der das Vorwort zur französischen Ausgabe von Chamberlains Buch schrieb, faßte dieses Vorhaben folgendermaßen zusammen:

Wenn Chamberlain richtig sieht, so haben wir uns also die »jüdische Gefahr« selbst geschaffen, indem wir es hinnahmen, daß sich unserem Organismus ein Prinzip einverleibte, dem er sich nicht anpassen konnte; dies um so weniger, als im indoeuropäischen Bewußtsein bereits die Umrisse jener Offenbarung vorgebildet waren, die ihm dann in der Lehre und im Beispiel Jesu als volle Wirklichkeit erschien. Die Erlösung, eine rein geistige Erlösung vom semitischen Joch, muß also in unserem Inneren erfolgen; sie hängt von uns selbst ab, und sie wird eintreten, wenn wir das Evangelium von den Banden befreien, die es mit dem Alten Testament verknüpfen, wenn wir den Knoten lösen, durch den zwei antagonistische Ideale, zwei unvereinbare Weltanschauungen miteinander verknüpft sind. Dies ist, sehr knapp zusammengefaßt, die Aufgabe, die zu übernehmen Chamberlain uns auffordert.[285]

In den Jahren 1903-1904 dachte Chamberain selbst daran, das neue arische Evangelium auszuarbeiten. Er schrieb darüber an seinen Herausgeber:

Bei der Behandlung derartiger Probleme scheint mir vor allem nötig, daß man ein sehr weites und tiefes Gefühl für die Bedürfnisse der großen Masse der Menschen besitze [...] Es ist ein Wahn, zu vermeinen, man könne als erstes ein Glaubensbekenntnis feststellen und würde daraus dann eine Religion entstehen sehen; umgekehrt geht es zu und ist es immer in der Weltgeschichte zugegangen; erst ist die Religion da, und dann bildet sich daraus das Bekenntnis, oder es bilden sich mehrere Bekenntnisse, den verschiedenen Bedürfnissen verschiedener Geister angepaßt.[286]

So besehen, erscheinen die *Grundlagen des 19. Jahrhunderts* tatsächlich als ein sehr persönliches Bekenntnis, das aber mehr als jedes andere den Bedürfnissen unzähliger Geister in der ersten Hälfte des zwanzigsten Jahrhunderts angepaßt war. Nicht ohne Grund nannte Alfred Rosenberg, der Philosoph der Nazipartei, sein Hauptwerk *Mythos des 20. Jahrhunderts,* und die Verbindungen aller Art zwischen Chamberlain, dem Bayreuther Kreis und Hitlers Aufstieg sind wohlbekannt; den ungeheuren und unmitteibaren Erfolg der *Grundlagen des 19. Jahrhunderts* aber hat man vergessen. Vom Augenblick der Veröffentlichung an wurde das Werk zur neuen Bibel von Hunderttausenden Deutschen. Was fanden sie darin? Vielleicht sprach Kaiser Wilhelm II. für die meisten, als er Chamberlain in einem überschwenglichen Brief dafür dankte, daß er ihn vom falschen Glauben seiner Jugend befreit und ihm den Weg des Heils gezeigt habe:

[...] da hätten wir Jungen, das fühlte ich instinktiv, einen anderen Lauf unserer Vorbereitung bedurft, um nun die Arbeit in dem neuen Reich fortzusetzen, da wäre unserer schwer bedrückten Jugend ein Befreier wie Sie vonnöten gewesen! Der die indo-arische Quelle uns erschloß, aber niemand kannte sie! Und nun mußte all das Urarische-Germanische, was in mir mächtig geschichtet schlief, sich allmählich in schwerem Kampf hervorarbeiten. Kam in offene Gegnerschaft zum »Althergebrachten«, äußerte sich oft in bizarrer Form, oft formlos, weil es mehr als dunkle Ahnung oft unbewußt in mir sich regte und sich Bahn brechen wollte! Da kommen Sie, mit einem Zauberschlage bringen Sie Ordnung in den Wirrwarr, Licht in die Dunkelheit [...] Erklärung für dunkel Geahntes, Wege, die verfolgt werden sollen zum Heil der Deutschen und damit zum Heil der Menschheit [...][287]

Der solcherart eingeleitete Briefwechsel dauerte mehr als zwanzig Jahre, und es wurde bald offenbar, daß Wilhelm II. sich bei so mancher Rede und so manchem Projekt von Chamberlain inspirieren ließ; gewisse Friedensinitiativen und -beteuerungen dieses wirrköpfigen Kaisers lassen sich vielleicht im Licht seines neuen arischen Glaubens interpretieren. Doch wie immer es sich damit in der hohen Politik verhalten haben mag – jedenfalls erklärte Wilhelm noch 1924, das Christentum sei aus dem Heidentum und nicht aus dem Judentum hervorgegangen, von den Persern und nicht von den Hebräern gekommen.[288]

In den angelsächsischen Ländern wurden die *Grundlagen des 19. Jahrhunderts* mehr als ehrenvoll aufgenommen. In Großbritannien schrieben die meisten Zeitungen darüber und lobten dieses »Denkmal der Gelehrtheit« *(The Spectator),* »voll Leben, erfüllt vom frischen, starken Gedanken« *(The Birmingham Post),* »von einem Ideenreichtum sondergleichen« *(The Glasgow Herald).* Die *Times* als traditionelle Auguren bezeichneten das Buch als Meisterwerk und sahen darin »eines der wenigen Bücher von Bedeutung«.[289] Noch enthusiastischer war das Lob Bernard Shaws in den *Fabian News:* »Ein Meisterwerk wahrhaft wissenschaftlicher Geschichtsschreibung! Chamberlain ist weit davon entfernt Verwirrung zu stiften, im Gegenteil, er beseitigt sie [...] Wer immer es unterläßt, sein Buch zu lesen, wird sich damit abfinden müssen, den politischen und soziologischen Diskussionen eine Zeitlang nicht folgen zu können.«[290] In den Vereinigten Staaten gab Theodore Roosevelt ein etwas zurückhaltenderes Urteil ab, in dem er auf die extreme Parteilichkeit des Autors hinwies; aber alles in allem sah er darin keinen Nachteil, da es darum gehe, ebenso falsche wie gefährliche egalitäre Doktrinen zu bekämpfen, die von zwar wohlmeinenden, aber recht einfältigen Leuten von Generation zu Generation weitergegeben würden.[291]

In Frankreich war es anders. Gewiß, die französische Übersetzung der *Grundlagen des 19. Jahrhunderts* erschien erst im Herbst 1913, und das Werk wurde erst während des Ersten Weltkriegs in den Zeitungen ausführlich kommentiert, und zwar im Rahmen der Polemik gegen den Pangermanismus. Manches jedoch deutet darauf hin, daß das Buch unter anderen Umständen auch in Frankreich viele Bewunderer gefunden hätte. So beklagte der Musikwissenschaftler Maurice Kufferath »diese unergründliche Verirrung eines hochintelligenten Menschen [...] diesen geistigen Niedergang eines Mannes, der bei so mancher Gelegenheit die Fähigkeit durchdringenden und unabhängigen Denkens bewiesen hat«.[292]

Seltsamer war ein anderer Artikel der *Revue bleue:* fünfzig Seiten weiter sprach der Illuminat und Romancier Josèphin Peladan vom Bankrott des Christentums in Deutschland. Zunächst erinnerte er an seine frühere Schwärmerei für den »Wagnerschen Feuerzauber« und an seine einstige Schwäche für Oberammergau und Bayreuth. Wie sei die Barbarei zu erklären, in welche die »teutonische Rasse« zurückgefallen sei? »Wie konnte das Kreuz zerbrechen?« Der »Mystagoge« Péladan kannte die Antwort: »In der dunklen Seele des Deutschen hat der asiatische Jehovah den göttlichen Meister der Bergpredigt ersetzt [...] Die deutsche Geistlichkeit ist nach wie vor sehr stark hierarchisiert; aber in den Predigten ist nur mehr von der jüdischen Thora die Rede.« Schlimmer noch: Die Deutschen begnügten sich, leider!, nicht damit, das alte Gesetz Moses zu befolgen; sie nähmen sich die Rabbiner zu Lehrmeistern und wendeten die noch viel grausameren Lehren des Talmud an: »Die Gemara, ein wahrer Kodex des Hasses, lehrt, [...] daß es legitim sei, den Mord an *akums* zu gestatten und ihn als gottgefälliges Werk zu qualifizieren.« Nicht der »böse Glaube an Wotan« sei schuld an der Entchristianisierung Deutschlands, denn die Worte »Deutschland über alles« entstammten dem Talmud; sei es da verwunderlich, wenn die deutschen Soldaten, solchermaßen inspiriert, Verwundete mit Küchenmessern erledigten, Sterbenden Kehle und Bauch aufschlitzten? Zum Schluß bringt Péladan auch noch Allah und den islamischen Militarismus mit ins Spiel: »Man beginnt zu erkennen, daß dieser Krieg gegen Christus und sein Wort geführt wird [...] Das nennt sich ›Kultur‹, dieser Rassenkult, in dem man das Artbewußtsein zusammen mit den Grundsätzen der wahren Zivilisation den Staatsinteressen opfert.« Die Gattung Mensch und die Gattung Christ waren für Péladan ganz entschieden ein und dasselbe.[293]

Mitten im Krieg projizierte dieser Illuminat seinen patriotischen Grimm also auf den alten Sündenbock. Wir könnten die Geschichte des arischen Mythos hier abschließen; sie wäre jedoch unvollständig, würden wir nicht ein paar Worte darüber sagen, wie einige seiner künftigen Opfer – die ihm geistig bereits erlegen waren – noch eigene Versionen dazu entwickelten und verbreiteten. Charakteristischerweise nahmen die Träume der Juden von einer totalen Assimilierung oder die patriotischen Beteuerungen nur in deutschsprachigen Ländern solche Formen an.

Im Fall des Philosophen Hermann Cohen (1842-1918), des Gründers der neukantianischen Schule, begünstigte die verschwommene Sprache des deutschen Idealismus solche intellektuelle Gewalttouren. In religiöser und philosophischer Hinsicht blieb Cohen ein Anhänger des hebräischen Monotheismus, aber er war der Ansicht, daß »der vollständigen Eindeutschung der israelitischen Religion« nichts entgegenstehe. Einerseits forderte er die Juden auf, dem Glauben ihrer Väter treu zu bleiben; anderseits versprach er den Deutschen eine integrale Assimilierung; prinzipielle Erwägungen, ja ihr heiligstes Verlangen müßten die Juden veranlassen, sich in allen Punkten dem »Naturton« des Volkes anzupassen, mit dem sie verschmelzen wollten. Als wäre das noch nicht deutlich genug, fügte er hinzu:

> Wir Juden [...] müssen anerkennen, daß der Rassen-Instinkt mitnichten simple Barbarei ist, sondern ein natürliches, national berechtigtes Verlangen [...] Ich behaupte getrost: Wir wünschen alle, wir hätten schlechtweg das deutsche, germanische Aussehen [...] In dieser Frage haben wir also einfach zu sagen: Habet Geduld.[294]

So lebten also der mosaische und der germanische Glaube in Cohens Seele Seite an Seite; in einer anderen Schrift aus der Zeit des Ersten Weltkriegs versuchte er, das Amalgam dieses doppelten Bekenntnisses philosophisch zu rechtfertigen, indem er das Vorhandensein einer »tiefen Verwandtschaft« zwischen Judentum und Germanentum behauptete, einer Verwandtschaft, die eine zentrale Eigenheit des deutschen Geistes darstelle. Er entwickelte diese Idee weiter und stützte sich dabei schließlich auf Fichtes Anthropologie, die er auf die... Juden ausdehnte: Sei denn Jiddisch nicht wirklich ein deutsches Idiom? Und werde es nicht von Millionen Juden in Rußland und Amerika gesprochen, haben nicht die Vorfahren der meisten französischen und englischen Juden sich seiner bedient? Daher seien alle Juden verpflichtet, Deutschland, ihre geistige Heimat, treulich zu achten; denn aus der Sprache, so verstümmelt sie auch sein möge, schöpfe der Mensch die Kräfte der Vernunft und des Geistes...

Es liege daher an den Juden der deutschsprachigen Länder, dem internationalen Judentum diese Verbundenheit und die sich daraus ergebenden geistigen Hoheitsrechte Deutschlands über die anderen Juden in Erinnerung zu rufen. Um seinen Teil dieser Aufgabe zu leisten, griff Cohen Henri Bergson an, der sich »für einen originalen Philosophen« halte. Er sei »der Sohn eines polnischen Juden, der jiddisch gesprochen hat«. Was gehe wohl vor in Bergsons Seele, wenn er an seinen Vater denke?[295]

Wenn schon ein gläubiger Jude seinen Patriotismus so weit trieb, was konnte man dann von der wachsenden Zahl jener erwarten, die ihr Schicksal verfluchten, das sie als Juden auf die Welt hatte kommen lassen? Aus diesem Grund bekannten sich schließlich einige offen und rückhaltlos zum arischen Glauben.

Dies gilt für den Wiener Philosophen Otto Weininger (1880-1904), den wir bereits erwähnt haben. Sein kurzes Leben kann als exemplarisch gelten: indem er es durch Selbstmord beendete, setzte er den Schlußpunkt hinter den Prozeß, den er in seinen Schriften gegen die Juden und somit gegen sich selbst geführt hatte. Nicht, daß er öffentlich als Antisemit aufgetreten wäre; im Gegenteil, er versicherte, daß die wahren Arier keine Antisemiten sein könnten.[296] Sein masochistischer Wahn bildete sich vor allem um den manichäischen Gegensatz zwischen Frauen und Juden auf der einen und Männern und Ariern auf der anderen Seite. Der größte Teil seines Buchs *Geschlecht und Charakter* ist der Verunglimpfung der Frau gewidmet, und seine Thesen über diesen Punkt sind in folgendem Satz zusammengefaßt: »Das höchststehende Weib steht noch unendlich tief unter dem tiefststehenden Mann.«[297] Es gab also menschliche Wesen, die noch unter den Juden standen, von denen Weininger annahm, daß sie irgendwie mit den bezopften Chinesen und den Schwarzen verwandt seien, die ebenfalls unfähig wären, Genies hervorzubringen. In gewisser Hinsicht sei der Jude sogar der Frau unterlegen, da die Frau an den Mann glaube, der Jude aber glaube an nichts und sei daher auch nichts. Dieser negative Mensch, unfähig, das ewige Leben des Geistes zu begreifen, verkörpere die materialistische Dekadenz des Jahrhunderts. In seiner Verzweiflung prophezeite er einen unmittelbar bevorstehenden Endkampf zwischen dem Geist und dem Fleisch:

> Die Menschheit harrt des neuen Religionsstifters, und der Kampf drängt zur Entscheidung wie im Jahre eins. Zwischen Judentum und Christentum, zwischen Geschäft und Kultur, zwischen Weib und Mann, zwischen Gattung und Persönlichkeit, zwischen Unwert und Wert, zwischen irdischem und höherem Leben, zwischen dem Nichts und der Gottheit [...] es gibt kein drittes Reich [...][298]

Bleibt hinzuzufügen, daß Weininger als idealistischer Philosoph in der »Rasse« ein halb biologisches, halb geistiges Faktum sah. Das Judentum war für ihn »eine Geistesrichtung, eine psychische Konstitution, welche für alle Menschen eine Möglichkeit bildet und im historischen Judentum bloß die grandioseste Verwirklichung gefunden hat«[299]; und es versteht sich von selbst, daß dementsprechend das Ariertum sich in der Rasse der Germanen am schönsten offenbart.

»Der Verfasser hat hier zu bemerken, daß er selbst jüdischer Abstammung ist«, schreibt Weininger an dieser Stelle. Kurz nach der Veröffentlichung seines Buches vollendete er seine Philosophie durch den Selbstmord.

Er war nicht der einzige jüdische Prophet des arischen Mythos, der sich für seine Herkunft »entschuldigte«. 1909 stellte sich Walther Rathenau (1867-1922) dem Reichskanzler Bülow folgendermaßen vor: »Exzellenz, bevor ich von Ihnen empfangen werde, muß ich eine Erklärung abgeben, die gleichzeitig ein Bekenntnis ist. Exzellenz, ich bin Jude!« 1897 bezeichnete der künftige Staatsmann, als er sich erstmals in der Literatur versuchte, seine Glaubensbrüder als »orientalische Horde«, die auf germanischem Sand lagere:

> Seltsame Vision! Inmitten deutschen Lebens ein abgesondert fremdartiger Menschenstamm, von heißblütig beweglichem Gebaren [...] Die ganze gezwungene Heiterkeit dieser Menschen verrät nicht, wieviel alter, ungesättigter Haß auf ihren Schultern lastet. Sie ahnen nicht, daß nur ein Zeitalter, das alle natürlichen Gewalten gefesselt hält, sie vor dem zu beschützen vermag, was ihre Väter erlitten haben [...] sie leben in einem halb freiwilligen, unsichtbaren Getto, kein lebendes Glied des deutschen Volkes, sondern ein fremder Organismus in seinem Leibe [...] Seht euch im Spiegel! Das ist der erste Schritt zur Selbstkritik. Leider ist nichts daran zu ändern, daß ihr einander zum Erschrecken ähnlich seht und daß daher jedes einzelnen Unart auf die Rechnung aller gesetzt wird. Auch hilft es nicht, festzustellen, daß eure südöstlich gestimmte Erscheinung an sich für die nördlichen Stämme nichts Sympathisches hat [...][300]

Folglich ermahnte Rathenau die Juden, sich im preußischen Stil zu üben, sich soweit wie möglich umzuerziehen, um nicht länger von den Deutschen verspottet zu werden. Wenn er in der Folge seine Vorwürfe selbst als zu grausam beurteilte, so vertrat er doch auch in seinen späteren Schriften stets die Auffassung, daß es zwei Rassen gebe, zwischen denen der gleiche Unterschied bestehe wie zwischen Deutschen und Ariern. In dem Essay *Von Schwachheit, Furcht und Zweck* (1904) unterscheidet er zwischen einer mutigen, aggressiven und einer furchtsamen, defensiven Rasse (aber diese letztere trägt bei ihm das Kainszeichen[301]). Aus seiner *Kritik der Zeit* (1912)[302] geht hervor, daß die germanische Rasse die

Rasse des Muts und der Mannhaftigkeit sei. Diese Schrift behandelt Probleme der neuen industriellen Zivilisation, der Rathenau eine freud- und poesielose Zukunft vorhersagt; in einer Zwischenbemerkung aber nennt er diese Ära der Mechanisierung und Nivellierung das Zeitalter der *Entgermanisierung*. In diesem Zusammenhang schreibt er, die südeuropäischen Länder, in denen das germanische Blut schon seit langem verdünnt sei, wären unfähig geworden, kulturellen Fortschritt herbeizuführen; die westlichen Länder, insbesondere Deutschland, wo dieses Blut sich besser erhalten habe, hätten sich daher zum Mittelpunkt der Welt und zur Schule kultureller Qualitäten[303] entwickelt. Schließlich schildert Rathenau in seinen zum Teil unveröffentlicht gebliebenen Aphorismen die »Tragödie der arischen Rasse« noch exaltierter als Chamberlain:

> Ein blondes, wundervolles Volk erwächst im Norden. In überquellender Fruchtbarkeit sendet es Welle auf Welle in die südliche Welt. Jede Wanderung wird zur Eroberung, die Eroberung zur Befruchtung der Kultur und Gesinnung [...] Endlich ein Triumph des Südens: eine orientalische Religion ergreift die Nordländer. Sie wehren sich, indem sie die alte Ethik des Mutes wahren. Zuletzt die höchste Gefahr: die technische Kultur erringt sich die Welt, mit ihr entsteht die Macht der Furcht, der Klugheit, der Vergangenheit, verkörpert durch Demokratie und Kapital.[304]

Wie in seinem Werk ließ sich Rathenau auch in seinem Leben – dem privaten wie dem öffentlichen – vom arischen Mythos faszinieren. Gegen die antisemitischen Attacken verteidigte sich dieser so kämpferische Mensch schwächlich und ungeschickt, so, als könnte er seinen Gegnern nicht unrecht geben – und wie hätte er das auch vermocht, da ihre Lehren eine verwirrende Anziehungskraft auf ihn ausübten. Einen von ihnen, Wilm Schwaner, den Autor der *Germanenbibel*, machte er zu seinem Freund und Vertrauten. Im Briefwechsel mit ihm beteuerte er sein »Germanentum«:

> Die Juden sind für mich ein deutscher Stamm, wie Sachsen, Bayern oder Wenden. Du lächelst, denn Du kennst ja alle Rassenlehren. Diese Wissenschaft ist mir aber ganz gleichgültig [...] für mich entscheidet über die Zugehörigkeit zu Volk und Nation nichts anderes als Herz, Geist, Gesinnung und Seele.[305]

Diese deutsche Seele, die ihm sein Freund im Namen der Rassenwissenschaft absprach, glaubte Rathenau im Lauf der Jahre dank seiner Hingabe und seinem Patriotismus erworben zu haben. »Vielen ist eine Seele geboren«, schreibt er in seinem *Breviarium mysticum,* »alle können sie erringen. Die Seele wird jedem zuteil, der *bonae voluntatis* ist.«[306]

In seinen Bemühungen, seinem Vaterland nach besten Kräften zu dienen, scheute er sich 1914 nicht, die Rolle der Kassandra zu spielen und einen langen und erschöpfenden Krieg vorauszusagen. Er gab dann Deutschland die Mittel, der gegnerischen Allianz wirtschaftlich trotzen zu können: auf seine Initiative hin wurde die »Kriegsrohstoffabteilung« gegründet, die er zunächst auch selbst leitete. Patriot bis zum bitteren Ende, rief er noch im Herbst 1918 das deutsche Volk zu einer heroischen »levée en masse« auf. Nach der Kapitulation übernahm er in der Weimarer Republik den gefährlichen Posten des Außenministers. Mit einem Male wurde er zum Symbol einer Versöhnungspolitik; mehr brauchte dieser Jude nicht, um zu einem Weisen von Zion zu werden, der beseitigt werden mußte. Im Frühjahr 1922 wurde er von einem terroristischen Attentäter ermordet – das erste, symbolträchtige Opfer des arischen Mythos.[307]

Schlußbemerkung

Wir sind am Ende unserer Untersuchung, in deren Verlauf wir viele, vielleicht zu viele Probleme angeschnitten und viel, vielleicht zuviel zitiert haben; was haben wir gelernt? Einleitend haben wir gesagt, daß die Suche nach den Ursprüngen, die Selbstidentifizierung durch die Vorfahren in allen Kulturen und zu allen Zeiten eine beständige Sorge menschlicher Gemeinschaften gewesen sei. Das besagt die theoretische Schlußfolgerung aus der Analogie mit dem Individuum, und das sagen auch die Anthropologen, die wir in der Einführung zitiert haben; wir selbst haben nicht versucht, die unendliche Vielfalt menschlicher Kulturen Revue passieren zu lassen, sondern uns darauf beschränkt, die Ursprungsmythen der großen europäischen Nationen zu interpretieren. Man kann diese Mythen als Kompromisse zwischen Erinnerungen aus der heidnischen Zeit, dynastischen Bestrebungen und der Lehre der Kirche bezeichnen; Kompromisse, die sich je nach dem Erhaltungszustand der Erinnerungen und den historischen Umständen entwickelten und wohl den verschiedensten Kombinationen Raum gaben, meist aber dem germanischen Stamm oder Blut einen Vorzugsplatz zuwiesen. Wir haben auch gesehen, wie die in den Dynastien verkörperte Tendenz, eine besondere und höhere Abstammung zu beanspruchen, in Widerspruch geriet zum Mythos vom allgemeinen Stammvater Adam, einem Mythos, der einem rabbinischen Interpreten zufolge allen Menschen ihre grundsätzliche Gleichheit vor Augen führen sollte.[1] Die jüdisch-christliche Tradition war »antirassistisch«, wie sie auch antinationalistisch war, und höchstwahrscheinlich begünstigten die sozialen Stratifikationen und Barrieren des Mittelalters, die feudale und horizontale Hierarchisierung den Einfluß, den die Kirche im Sinne ihres Ideals ausübte: Da alle Menschen vor Gott gleich seien, dürften vertikale und geographische Differenzierungen keine Grundlage für eine Wertordnung bilden. Und doch zeigt ein abweichender Fall, den man gewiß näher untersuchen sollte[2], die engen Grenzen, die diesem Universalismus gesetzt sind: die spanischen Bestimmungen über die »Blutreinheit« aus der Renaissancezeit führten zu einer Segregation, wie sie auch die nazistischen oder faschistischen Rassengesetze des zwanzigsten Jahrhunderts bewirkten. Diese Feststellung ist lehrreich, denn sie erklärt, wie unter bestimmten Umständen der religiöse Gegensatz unter dem Deckmantel einer pervertierten Theologie eine Diskriminierung von Christen herbeiführen kann, die angeblich einem biologisch minderwertigen Stamm angehören. Allerdings wurde die »minderwertige Rasse« der *conversos,* die von der Inquisition verfolgt oder wie im Fall der Maurisken mit Kind und Kegel vertrieben wurde, nicht ausgerottet, und es ist anzunehmen, daß die kirchliche Anthropologie diese letzte Konsequenz verhindert und so die Ehre des Christentums gerettet hat.

Die Lehre von der Einheit des Menschengeschlechts, die zu allen Zeiten insgeheim angezweifelt worden ist, wurde von einigen großen Denkern der europäischen Aufklärung offen angegriffen. Wir haben uns ausführlich mit den anthropologischen Vorstellungen des achtzehnten Jahrhunderts beschäftigt, denn ein Buffon, ein Voltaire, ein Hume und ein Kant bereiteten – jeder auf seine Weise – den Boden für die Rassenhierarchien des folgenden Jahrhunderts. Wir glauben, damit die heutzutage allgemein akzeptierte historische Perspektive in den meisten Punkten berichtigt zu haben. Während der Stammvater Adam unter den Trümmern des Ancien Régime stirbt, verbinden die Gelehrten, gefolgt von den Philosophen, die christlichen Völker mit anderen Patriarchen, mit Helden, die nicht mehr biblisch, sondern indisch sind. Dazu ist zu bemerken, daß diese Genealogie, zumindest anfänglich, nicht ausschließlich politischen Charakter hatte; zufällig war sogar der erste Urheber des arischen Mythos, Friedrich Schlegel, ein Verfechter der Emanzipation der Juden. Von deutschen Orientalisten und Mythologen vorgebracht, wurde die neue Theorie auch im internationalen Maßstab schnell heimisch und war in der zweiten Hälfte des Jahrhunderts beinahe ebenso anerkannt wie die vom intersideralen Äther. Sie verbreitete sich dann unter den Massen, vor allem getragen vom Antisemitismus; aber auch andere politische Leidenschaften, wie etwa die Rivalität zwischen Deutschland und Frankreich, trugen dazu bei, daß sie diskutiert und propagiert wurde. Etwa von 1890 an, wohl auch infolge der breiten Diskussionen, die sie hervorgerufen hatte, begann man sie anzuzweifeln. Nun übernahmen Demagogen die Theorie, die schließlich zur offiziellen Doktrin des Dritten Reichs wurde, wo man den Göttern der Rasse zu »Nichtariern« erklärte Menschen millionenweise zum Opfer brachte.

Bevor die Arier-Theorie soweit entartet war, stand sie zumindest ein Jahrhundert lang, bis zu jenem unsäglichen Tiefpunkt – in direkter Verbindung mit dem Fortschritt der Wissenschaft; sie schien durch sprachwissenschaftliche Fakten erhärtet zu sein, und nichts zeigt besser, wie sehr sie die bedeutendsten Gelehrten der Vergangenheit zu überzeugen vermochte, als das Beispiel Hegels. Unsere Annahme war, daß ihre Anziehungskraft teilweise auf dem Wunsch beruhte, sich von der biblischen Schöpfungsgeschichte, den »jüdischen Fabeln«, zu distanzieren, und wir haben gesehen, mit welch souveräner Verachtung Goethe die Abstammung von Adam den Juden überließ, ihnen allein. Die »indischen« Fabeln aber, die sogar schon vor der Entdeckung der Sprachverwandtschaft zwischen Indien und Europa populär waren, boten sich als Beweis an, wie die Schriften Voltaires und Herders zeigen. Die Arier-Theorie fügte sich also gut in die antiklerikale und antiobskurantistische Tradition ein und bildete einen Teil der ersten tastenden Versuche der Humanwissenschaften, die in dem Bestreben, es den exakten Wissenschaften gleichzutun, damals in ihre säkuläre mechanistische und deterministische Sackgasse gerieten. Bei der Behandlung dieser Fragen haben wir die seltsame Tatsache aufgezeigt, daß die Bibel in bezug auf die Biologie und die Anthropologie gewissermaßen Prinzipien und Unterscheidungen Rechnung trägt, welche die Wissenschaft erst im neunzehnten oder zwanzigsten Jahrhundert anerkannt hat. Fügen wir hinzu, daß die Forscher oft Anthropologie betrieben, während sie Biologie zu betreiben meinten; als Linné erfuhr, daß es Réaumur angeblich gelungen sei, ein Huhn von einem Kaninchen befruchten zu lassen, rief er aus, dies werfe ein trübes Licht auf den Ursprung der Schwarzen; aber als guter Christ weigerte er sich, den Menschen eine tierische Abkunft zuzuschreiben.[3] Weniger gute Christen hatten später keine solchen Skrupel, und sie bekannten sich, insbesondere unter dem Panier der Polygenetik, in Massen zu legendären Auffassungen, die schon die antiken Autoren mit zahllosen Varianten ausgeschmückt hatten und welche die christliche Kirche als Erbin der jüdischen Überlieferung nicht gänzlich hatte ausrotten können.

Auf welche Weise aber hat die Bibel der modernen Wissenschaft vorgegriffen? Der Kluft zwischen Gott und seiner Schöpfung entspricht die Kluft zwischen Mensch und Tier oder zwischen Mensch und Natur, ebenso wie die Intervalle oder Diskontinuitäten zwischen den einzelnen Arten. Die einzige Stelle, wo diese Ordnung überschritten wird, scheint Spuren eines heidnischen Mythos zu tragen: es handelt sich um das VI. Kapitel der Genesis, die Sintfluterzählung; darin heißt es, daß die »Söhne der Götter« (Bne-Elohim) sich zu den »Töchtern der Menschen« gesellten und Kinder zeugten; aus diesen wurden dann die »Helden, die in alten Zeiten berühmt waren«. Man denkt dabei an die Nachkommen von Wotan oder Zeus; aber die Rasse von Halbgöttern, die da heraufdämmerte, wurde alsbald vernichtet – man könnte sagen, »zensiert« –, gleichzeitig mit allem Leben auf der Erde, und nur die Arche Noah setzte die Schöpfung fort. In der Folge erstreckt sich die Zensur auf den gesamten Text und die Kommentare; dem Talmud zufolge schworen die einzelnen Arten beim Verlassen der Arche einen Eid, sich untereinander nicht zu paaren, und sie vermischten sich nie mehr; bei näherer Betrachtung erkennt man, daß die religiöse Exklusivität des mosaischen Gesetzes den Menschen in allen Lebenslagen an seine einzigartige Stellung in der Welt erinnern soll.

Wir glauben, daß es vergebliche Mühe wäre, zu fragen, warum die Bibel nie von so phantastischen Verbindungen berichtet wie andere Mythologien; oder warum die Bibel den Menschen solcherart von allen anderen Geschöpfen isoliert und anscheinend die Erkenntnis impliziert, daß er ein besonderes Wesen ist, ein »kulturelles« und kein »natürliches«, ein Wesen, das gewisse biologische Bande zerrissen und sich auf eine abenteuerliche Reise ohne Wiederkehr begeben hat. Man könnte diese biblische Anthropologie höchstens mit den Anschauungen gewisser griechischer Autoren vergleichen (wie der Gräzist Pierre Vidal-Naquet vorschlägt). Daher scheint es uns nutzbringender, wie schon gesagt, nicht zu versuchen, »die richtige Anschauung wiederzugeben, sondern von der Beharrlichkeit des mythologischen Irrtums zu berichten, indem man diesen mit dem wirren Animismus des Heidentums, mit der langen aristotelischen ›Kette der Lebewesen‹ in Verbindung bringt«.[4] So betrachtet, liegt das Problem in der anscheinend immer und überall feststellbaren Tendenz, den Menschen mit seiner Umwelt, mit der »Natur« zu identifizieren. Aber diese Neigung, die jede Gesellschaft in ihre eigene pseudowissenschaftliche oder poetische Sprache übertragen hat – worauf beruht sie denn, welche allgemeine Bestrebung liegt ihr zugrunde? Heute gibt uns die Psychoanalyse die Mittel, dies zu erforschen, und sie bringt jenen Traum in Verbindung mit der Sehnsucht nach der Euphorie des archaischen Stadiums vor der Individuation, des Stadiums des »primitiven Narzißmus«, in dem, wie die Erforscher dieser dunklen Lebensphase lehren, das menschliche Wesen das Gefühl hat, eins zu sein mit der Umwelt, organisch mit allem verwachsen, auf pantheistische Weise Gott zu sein[5]. Das kindliche Paradies vollkommener Glückseligkeit wäre in letzter Analyse das vorbewußte Leben im Mutterleib, das dem Sturz in die Welt vorangeht; extrapoliert man diese Auffassung der Ontogenese der menschlichen Psyche auf ihre Phylogenese, indem man die beiden Formen der Bewußtseinsentstehung, die Individuation und die Menschwerdung, parallel setzt, kann man dann nicht das gleiche sagen über die archaischen Wünsche nach einer Verschmelzung mit der Mutter Natur, nach einem großen Schritt zurück zu den Anfängen – Wünsche, die sich in allen Mythologien nachweisen lassen?

Die mosaische Überlieferung aber, die einzige, die den Menschen von der Natur loslöst, die hölzerne und steinerne Götzenbilder grimmig bekämpft, erklärte den unsterblichen Traum für trügerisch, ja für frevelhaft; auf diese Weise rief sie einen andauernden Widerstand hervor – Widerstände und Haß, die sich gleichzeitig gegen die Juden richteten, welche ja in den Augen der Welt die lebende Verkörperung des Alten Testaments waren, was immer sie auch sagen oder tun mochten. Wir haben in einem anderen Buch gezeigt, wie die Schmähungen gegen dieses törichte und barbarische Volk, dessen Aberglauben das Abendland überflutete, einst einen Bestandteil der antireligiösen Polemik bildete.[6]

Dieser Kampf gegen die alten entmythifizierenden Bücher begann unter dem Deckmantel der tastenden Wissenschaft der Aufklärung und führte schließlich, über historische und soziale Vermittlungen aller Art, zu einem Vernichtungskrieg gegen Menschen: dies ist das Band, das die Entstehung des arischen Mythos am Anfang des neunzehnten Jahrhunderts, als er zur Widerlegung der biblischen Genealogien antrat, mit seinen mörderischen Folgen im zwanzigsten Jahrhundert verknüpft.

Anhang

Anmerkungen

Einleitung

1 A. Hitler, *Mein Kampf,* München 1943, S. 333-357.
2 Ebd., S. 317f.
3 Paul Mercier, *Histoire de l'anthropologie,* Paris 1966, S. 15.
4 »Die Suche nach dem Geheimnis des Ursprungs und die komplexen Gefühle, auf welche diese Suche sich gründet, sind zweifellos zusammen mit dem ersten Schimmer des Denkens entstanden [...]« (André Leroi-Gourhan, *Le geste et la Parole,* Paris 1964, S. 9).
5 »Das Du ist älter als das Ich« (Nietzsche). Nach den Vorstellungen der Psychoanalyse und nach gewissen Anschauungen Hegels ist es die Existenz des anderen, des Nächsten, in erster Linie die meines Vaters, die bewirkt, daß ich mir meiner selbst als eigenes Individuum bewußt werde.
6 Ist das Tabu, welches in der westlichen Gesellschaft das Geheimnis der Empfängnis umgab — »Die Kinder bringt der Storch« —, vielleicht kein Indiz dafür?
7 A. Borst, *Der Turmbau von Babel, Geschichte der Meinungen über Ursprung und Vielfalt der Sprachen und Völker,* Stuttgart 1957-1963, 6 Bände. Diese Arbeit ist eine wahre Enzyklopädie der genealogischen Sagen der abendländischen Geschichte.
8 »In the race relation field more than in many others, social science theory is little more than a wheathercock shifting with ideological winds« (P. L. van den Berghe, *Race and Racism. A comparative perspective,* New York 1967, S. 8).
9 »Wo ein Verbot vorliegt, muß ein Begehren dahinter sein« (S. Freud, *Totem und Tabu).*
10 Vgl. die französische Presse vom 23. Mai 1968.
11 Vgl. A. Borst, a. a. O., Bd. I, S. 126.
12 *Sanhedrin,* 59b; Hans Kohn, *The Idea of Nationalism,* New York 1951, S. 585.
13 »Évangile arabe de l'enfance«, *Évangiles apocryphes,* Übers. Peeters, Paris 1914, Bd. II; vgl. F. Lovsky, *L'antisémitisme chrétien, Textes choisis et présentés ...,* Paris 1970, S. 351.

Erster Teil

Erstes Kapitel

1 A. Borst, a. a. O., Bd.II/1, S. 445-456, und Hans Messmer, *Hispania-Idee und Gotenmythos,* Zürich 1960, insbesondere S. 103ff.
2 Vgl. E. F. Hertzberg, *Politische Schriften,* Berichte 1795, S. 9ff.

3 *Editorial note, The Anthropological Review,* Januar 1868, S. 37 (Artikel »Broca on Anthropology«).
4 Vgl. A. Castro, *La realidad historica de España,* Mexico 1954, S. 69-88.
5 Bezüglich des Problems der »Reinheit des Blutes« im modernen Spanien siehe meine Arbeit *De Mahomet aux Marranes,* Paris 1961, sowie A. Sicroff, *Les controverses de statuts de »pureté de sang« en Espagne du XVe au XVIIe siècle,* Paris 1960.
6 B. de Saint-Vincent, *L'homme, essai zoologique sur le genre humain,* Paris 1827, S. 161.
7 Diese Angaben wurden uns liebenswürdigerweise von Marcel Bataillon mitgeteilt.
8 A. Morel-Fatio, *Études sur l'Espagne,* Paris 1923, S. 169.
9 Dieser Satz findet sich in einem dem »Sonnenritter« (Caballero del fecho) zugeschriebenen Sonett, das am Beginn des *Don Quijote* steht.
10 J. A. Maravall, *El concepto de España et la edad media,* Madrid 1954, S. 320 und 354.
11 Vgl. A. Borst, a. a. O., Bd. III/1, S. 985.
12 Vgl. Hanno Helbing, *Goten und Wandalen,* Zürich 1954, S. 3-52.
13 Vgl. Samuel Kliger, *The Goths in England,* Harvard 1952, und John Haslag, *»Gothic« im 17. und 18. Jahrhundert,* Köln-Graz 1963.
14 Vgl. Th. Bieder, *Geschichte der Germanenforschung,* Bd. I, Leipzig 1921, S. 61.

Zweites Kapitel

1 *Des désordres de la France et des moyens d'y remédier,* par M. le comte de Montlosier, Paris 1815, S. 7.
2 Vgl. den Artikel »Esclave«, in: *Dictionnaire historique de l'ancien langage français* von La Curne de Sainte-Palaye (Bd. VI, Paris 1879).
3 Vgl. G. Fournier, *Les Mérovingiens,* Paris 1966, S. 78.
4 Die sogenannte Fredegar-Chronik; Gregor von Tours kannte den trojanischen Stammbaum noch nicht.
5 Vgl. O. Dippe, *Die fränkischen Trojanersagen,* Wandsbek 1896.
6 Marc Bloch, »Sur les grandes invasions. Quelques positions de problèmes«, *Revue de synthèse,* 1940-1945, S. 56.
7 Vgl. Robert Fols, *Le souvenir et la légende de Charlemagne dans l'empire germanique médiéval,* Paris 1950, S. 191.
8 Ebd., S. 567.
9 *Die Nibelungen,* Insel-Bücherei, Leipzig 1914, S. 8.
10 Man könnte sich fragen, welche Bedeutung die Verbindung eines solchen Namens mit einem solchen Vornamen für die Träume und das Schicksal Charles de Gaulles hatte.
11 »Ich habe meine *Franciade* zusammengebaut, ohne mir allzu große Sorgen zu machen, ob das wahr ist oder nicht« (Vorwort von 1587).
12 »Nichts ist berühmter als der trojanische Ursprung, dessen sich die Franken rühmen [...] Alle Zeugnisse der Antike, sämtliche Erinnerungen der Germanen stimmen dahingehend überein, daß sie aus jenen Gegenden stammen, wohin die allgemeine

Überlieferung die Wiege der Menschenfamilie verlegt« (A. F. Ozanam, *Les Germains avant le christianisme,* Paris 1872, S. 41).

13 Vgl. Don Cameron Allen, *The legend of Noah, Renaissance Rationalism in Art, Science and Letters,* Urbana, Ill., 1949.

14 Jean du Tillet (gest. 1570), *Recueil des Roys de France, leur Couronne et Maison,* 1618.

15 François de Belleforest, *Les Grandes Annales et Histoires générales de France, de la venue des Francs en Gaule,* 1579, Bd. I, fol. 364.

16 J. Caesar, *De bello Gallico,* VI, 24, 1.

17 J. Bodin, *Methodus ad facilem historiarum cognitionem,* 1566.

18 Audigier, *De l'origine des Français et de leur empire,* 1676, Bd. I, Vorwort.

19 Vgl. Roland Mousnier, *Fureurs paysannes ...,* Paris 1967, S. 32.

20 Fr. de Mézéray, *Histoire de France, depuis Faramond jusqu'à maintenant ...,* 1646, Bd. I, S. 3.

21 Vgl. Henri Martin, *Histoire de France,* Bd. I, Vorwort, S. VI (Ausg. von 1874).

22 Bossuet, *Discours sur l'histoire universelle;* Pascal, *Pensées* (Nr. 623).

23 *Antiquités de la nation et de la langue des Celtes, autrement appelés Gaulois,* von dem R. P. Dom P. Pezron, Doktor der Theologie der Universität von Paris, 1703, Vorwort und S. 1-24.

24 Henri Martin, *Histoire de France,* Bd. I, S. 2, Anmerkung.

25 Die bemerkenswerteste: Pierre-Daniel Huet, Lehrer des Dauphin und Bischof von Avranches.

26 *Histoire de la pairie de France et du Parlament de Paris,* von D. B., London 1740, S. 88ff.

27 *Histoire de l'ancien gouvernement de la France ...,* von dem verewigten Comte de Boulainvilliers, Amsterdam 1727, Bd. I, S. 26f; Bd. III, S. 84.

28 Nach Marc Bloch *(Sur les grandes invasions ...,* a. a. O.) sei Fréret unter dem Vorwand, die »trojanische Theorie« bekämpft zu haben, 1714 eingekerkert worden.

29 *Histoire critique de l'établissement de la monarchie française dans les Gaules* von Abbé Dubos (1734).

30 Montesquieu, *Der Geist der Gesetze,* XIV, 14, XXVIII, 20, XXVIII, 23, XXX, 17, und passim.

31 Kommentar zum *Geist der Gesetze.*

32 Artikel »Franc ou franq; France, François, Français«, in: *Dictionnaire philosophique.*

33 »Dieses Werk ist in anderer Hinsicht von Interesse für uns: Es schildert die Sitten unserer Ahnen« (Burnouf, Einführung zu den *Annales* des Tacitus, Paris 1965).

34 *Observations sur l'histoire de France,* von Abbé Mably, 1765, S. 398.

35 Fr. Furet und D. Richet, *La Révolution,* Paris 1965, Bd. I, S. 60.

36 Ebd., S. 151.

37 Vgl. Diderots *Enzyklopädie,* Artikel *Noblesse.*

38 Comte Fr. de Montlosier, *Des désordres actuels de la France ...,* a. a. O., S. 9.

39 Abbé Brizard, *Observations ...,* »Éloge historique de l'abbé de Mably«, S. 23.

40 *Origines gauloises, celles des plus anciens peuples d'Europe,* von La Tour d'Auvergne-Corret (1972); 3. Aufl. Hamburg 1801, S. IV, S. 221.

41 Zitiert bei Marc Bloch, *Sur les grandes invasions ...,* a. a. O., S. 61.

42 *Mémoire et plan de travail sur l'histoire des Celtes et des Gaulois,* von M. de Fortia d'Urban, Paris 1807, S. 10.

43 Jules Michelet, *Journal de mes idées,* 15. 3. 1826 (*Mon journal,* Paris 1888, S. 304).

44 Comte Fr. de Montlosier, *De la monarchie française,* Paris 1814, Bd. I, S. 136f; *Des désordres actuels de la France ...,* a. a. O., S. 6f.

45 A. de Tocqueville, *Souvenirs,* Paris 1893, S. 235.

46 Chateaubriand, *Les Martyrs,* VI und VII, vor allem aber *Analyse raisonnée de l'histoire de France,* 1845, S. 129ff.

47 Augustin Thierry, *Sur l'histoire d'Écosse ...* (1824); vgl. *Dix ans d'études historiques,* Ausg. v. 1883, S. 14.

48 Thierry, *Sur l'antipathie de race qui divise la nation française* (1820); ebd., S. 261f.

49 Ebd., S. 258; vgl. auch *Histoire véritable de Jacques Bonhomme* (1820): »[...] es gab Krieg, und Jacques wurde Sieger, weil mehrere Freunde seiner ehemaligen Herren für seine Sache Partei ergriffen [...]« (ebd., S. 271).

50 *Du gouvernement de la France depuis la Restauration et du ministère actuel,* von F. Guizot, 2. Aufl., Paris 1820, S. 1f.

51 C. Jullian, »L'ancienneté de l'idée de nation«, *Revue bleue,* LI (1913), S. 66.

52 Honoré de Balzac, *Die Menschliche Komödie,* in: *Gesamtausgabe,* Bd. 5, *Die Nebenbuhler,* 2. Das Antikenkabinett, S. 326.

53 Saint-Simon, »Catéchisme des industriels«, 1. Heft; vgl. *L'œuvre de Henri de Saint-Simon,* hrsg. v. C. Douglé, Paris 1925, S. 171f. Ich danke Roger Errera, der mich auf diese Stelle hingewiesen hat.

54 So etwa Friedrich List um 1835 oder 1840 (vgl. *Gesammelte Schriften,* Bd. II, S. 110). Kurz nach dem Waffenstillstand vom Januar 1871 sagte Bismarck, diese Ansicht zusammenfassend, die Revolution von 1789 sei der Sturz des germanischen Elements durch das keltische gewesen (vgl. P. Dehn, *Bismarck als Erzieher,* München 1903, S. 205).

55 Jules Michelet, *Histoire de France, Introduction,* 1869.

56 J. Michelet, *Histoire de France,* 2. Aufl., 1835, S. VII, 133, 431.

57 Ebd., S. III, 150, 170.

58 »Nichts war mir mehr von Nutzen als das kolossale Buch von Grimm« *(Deutsche Reichsaltertümer).* »Ich werde eines Tages von der unglaublichen Leidenschaft erzählen, mit der ich dieses Buch zu verstehen und zu übersetzen versuchte« *(Introduction,* 1869).

59 C. Jullian, a. a. O.

60 *Histoire de France depuis les temps les plus réculés jusqu'en 1789,* von Henri Martin, Bd. I (1837); 4. Aufl. Paris 1874, passim.

61 Michelet, *Histoire de France ...,* a. a. O., Bd. I, S. 2, S. VII (Hervorhebungen von Henri Martin).

62 »Ich war stets frappiert von der überlegenen Intelligenz und Arbeit der Deutschen. Es ist nicht verwunderlich, daß sie sich in der Kriegskunst, die schließlich eine niedrige, aber komplizierte Kunst ist, diese Überlegenheit erworben haben, die ich, ich wiederhole es, in allen Dingen feststelle, die ich studiert habe, die ich kenne [...] Ja, meine Herren, die Deutschen sind eine überlegene Rasse!« (Vgl. das *Journal* der Brüder Goncourt, 6. September 1870). Bezüglich der Germanophilie Renans, vor allem zwischen 1855 und 1870, siehe die von Ernest Seillière gesammelten Texte,

L'impérialisme germaniste dans l'œuvre de Renan, Revue des Deux Mondes, 135/5 und 135/6 (1906), S. 836-858 und 323-352.

Wir könnten auch verschiedene Textstellen bei Taine anführen. So zum Beispiel: »Solcherart ist diese Rasse, die, als letzte gekommen, während des Verfalls ihrer Schwestern, der griechischen und der lateinischen, eine neue Zivilisation neuer Art und neuen Geistes in die Welt brachte [...] Männliche und sittliche Instinkte sind erstarkt, darunter das Bedürfnis nach Unabhängigkeit, der Sinn für ernste und strenge Sitten, die Fähigkeit zu Ergebenheit und Ehrfurcht, die Heldenverehrung. Dies sind Bruchstücke und Elemente einer etwas späten, aber gesünderen Zivilisation, die weniger den Vergnügungen und der Eleganz zuneigt und fester auf Gerechtigkeit und Wahrheit gegründet ist« *(Histoire de la littérature anglaise,* Paris 1905, S. 63).

Drittes Kapitel

1 Vgl. L. Poliakov, *Geschichte des Antisemitismus,* Bd. II, *Die Marranen im Schatten der Inquisition,* Worms 1977-88, Teil VI.

2 Vgl. Kenneth Sisam, *Anglo-Saxon royal genealogies, Proceedings of the British Academy,* XXXIX (1953), S. 287-398.

3 Vgl. E. Wingfield-Stratford, *The History of English Patriotism,* London 1913, Bd. I, S. 9.

4 Ebd., S. 49.

5 Vgl. Gilbert Chinard, *Thomas Jefferson: The Apostle of Americanism,* Boston 1929, S. 86.

6 Vgl. A. Borst, a. a. O., I, S. 473.

7 *De exidio et conquestu Britanniae,* c. XXVI.

8 Hosea, I, 9.

9 E. Faral, *La légende arthurienne, études et documents,* Paris 1929, Bd. I, S. 53.

10 Beda, *Historia ecclesiastica gentis Anglorum,* II, 2; I, 15; V, 9.

11 Vgl. Christopher Hill, *Puritanism and Revolution, Studies in Interpretation of the English Revolution of the 17th Century,* London 1958, S. 117.

12 Vgl. Erna Hackenberg, *Die Stammtafeln der angelsächsischen Königreiche,* Berlin 1918, S. 49ff.

13 Vgl. A. Borst, a. a. O., S. 910, und Hans Matter, *Englische Gründungssagen von Geoffrey bis zur Renaissance,* Heidelberg 1922, S. 530.

14 So auch Kenneth Sisam, a. a. O., S. 316, und Denys Hay, *Europe, the emergence of an idea,* Edinburgh 1957, S. 47f.

15 Zitiert nach E. Hackenberg, a. a. O., S. 59.

16 Bezüglich der Könige Egbert von Mercia (8. Jahrhundert) und Heinrich II. (12. Jahrhundert) vgl. Marc Bloch, *Les rois thaumaturges,* Paris 1961, S. 464ff. und S. 41; bezüglich König Georgs VI. (20. Jahrhundert) vgl. *The Times,* 13. Mai 1937: »George VI., anointed, crowned, and enthroned, is become a sacramental, even a sacrificial man, in one sense set apart from his fellows, but in a far deeper and more ancient sense made one with them as never before [...] he has become the mortal vessel of an

immortal idea, and the idea is the life of his people [...] that is the truth upon which the Christian Faith is built; and in the Coronation, where the king becomes the Lord's Anointed, Christus Domini, its two expressions, religious and secular, are visibly fused into one.«
Hierzu ist zu bemerken, daß – etymologisch gesehen – das griechische Adjektiv *christos* nichts anderes heißt als »gesalbt, einer, der die Salbung empfangen hat«; in diesem sakramentalen Sinn aber kam es im Mittelalter außer Gebrauch, und nur in England hat sich das Beiwort *christus domini* für den König bis heute erhalten (diese Information erhielten wir von Abbé Louis Grégoire).

17 Bezüglich Chilperich vgl. H. Leclerq, Artikel »Sacre impérial et royal«, *Dictionnaire d'archéologie chrétienne et de liturgie,* Bd. XV/1, Paris 1950, c. 319; bezüglich Karls des Großen vgl. Marc Bloch, a. a. O., S. 69, Anm.

18 »Heinrich erklärt, daß er in seinem Königreich König, Kaiser und Papst ist«, berichtete im Juli 1531 Chapuis, kaiserlicher Botschafter in England, an Karl V. (vgl. G. Constant, *La Réforme en Angleterre,* Paris 1930, Bd. I, S. 67). Es scheint auch, daß Heinrich VIII. nach der Promulgation der Suprematsakte daran dachte, sich eine Tonsur schneiden zu lassen (vgl. Dixon, *History of the Church of England,* London 1878).

19 Zitiert nach Hans Kohn, *The Idea of Nationalism,* New York 1951, S. 176.

20 Ebd., S. 173.

21 *Busy:* »Ja, um die Schwachen zu trösten, werde ich essen, unmäßig essen und weissagen! Und jetzt, da ich daran denke, fällt mir auf, daß dies als nützliches und verdienstvolles Werk angesehen werden kann. Wenn wir öffentlich Schweinefleisch essen, dann bekennen wir unseren Haß und Abscheu gegen das Judentum, dessen man die Brüder bisweilen anklagt. Ich werde also davon essen, unmäßig davon essen« *(Bartholomew Fair,* 1. Akt, 2. Szene).

22 John Sadler, *Rights of the Kingdom; or Customs of our Ancestors ...*, London 1649.

23 Toland nimmt an, daß bei der Austreibung der Juden aus England im Jahr 1290 ein Teil von ihnen auf der Insel verblieben sei; sei es infolge von Bekehrung, sei es durch eine Flucht nach Schottland.

24 Vgl. Werner Sombart, *Die Juden und das Wirtschaftsleben,* Leipzig 1911, S. 99.

25 Vgl. Herbert Schöffler, *Wirkungen der Reformation, Religionssoziologische Folgerungen für England und Deutschland,* Frankfurt 1960, S. 69.

26 Rev. E. L. Hebden Taylor, *The Crown and the Common Market* (reprinted from *The National Message).*

27 *An Harborewe for Faithfull and Trewe Subjects ...*; zitiert nach Hans Kohn, a. a. O., S.625.

28 *Coryat's Crudities,* Glasgow 1905, Bd. II, S. 70. Folgt dem Einschub von »An Oration made by Hermannus Kircherius in praise of Travell«.

29 Richard Verstegen, *Restitution of Decayed Intelligence,* 1605, S. 187.

30 Chr. Hill, *Puritanism and Revolution,* London 1958, S. 69.

31 Vgl. Chr. Hill, a. a. O., S. 61.

32 Ebd., S. 80.

33 Ebd., S. 77.

34 Ebd., S. 73.

35 Ebd., (Kap. II).

36 Nathana el Bacon, *An historical and political discourse of the laws and governement of England,* 1649, London 1782, S. 2, 70, 10, 8, 13, 11.
37 *An abstract of the History of England …,* Prose works of Jonathan Swift, London 1897-1908, Bd. X. S. 225f.
38 *Remarks on the History of England,* The works of Lord Viscount Bolingbroke, London 1754, Bd. I, S. 314.
39 David Hume, *The history of England from the invasion of Julius Caesar …,* London 1762, Bd. I, S. 141ff., S. 9 (Anm.), 170ff.
40 Chr. Hill, a. a. O., S. 99, beim Zitieren von Tom Paines *Common Sense.*
41 *Ivanhoe,* Kap. XXVII, nach der Ausgabe von Paul Ernst, Insel-Bücherei, Leipzig 1920, S. 322.
42 Augustin Thierry, *Dix ans d'études historiques,* Paris 1883, S. 142, 131.
43 Vgl. F. E. Faverty, *Matthew Arnold the ethnologist,* Evanstone 1951, Kap. II (»The Teutomaniacs«).
44 E. Freeman, *The history of the Norman conquest of England,* Bd. V, Oxford 1876, S. 335.
45 Ch. Kingsley, *The Roman and the Teuton,* London 1889, S. 49.
46 J. Beddoe, *The Races of Britain, A Contribution to the Anthropology of Western Europe,* Bristol 1885, S. 269.
47 A. Keith, *Nationality and Race …,* Robert Boyle Lectures, 1919, S. 10.
48 *The History of the Kings of Britain,* Hrsg. L. Thorpe, London 1966, S. 54.
49 Vgl. L. Poliakov, a. a. O., Bd. IV: *Emanzipation und Rassenwahn,* S. 128f.
50 »Recessional« (1897), in: *Verse,* inclusive edition, London 1927, S. 325.
51 André Siegfried, *L'âme des peuples,* Paris 1950, S. 83.
52 D. Douglas, *The Norman Conquest and British Historians,* Glasgow 1946, S. 9.

Viertes Kapitel

1 Die Kommentatoren bezogen sich vor allem auf Vergils Vierte Eloge (Vers. 4-10):
Angebrochen ist schon der Menschheit das letzte Alter,
das die Sibylle geweissagt von Cumae: ein Weltjahr, ein neues,
ist im Werden, ein großes, das Heil uns bringt und Errettung.
Schon kehrt die Jungfrau zurück, Saturn beginnt wieder zu herrschen,
und ein neuer Sproß von himmlischer Abkunft erscheint uns.
Keusche Lucina, beschütze den Knaben, laß die Geburt ihm
glücklich verlaufen, auf daß er das eherne Zeitalter ende
und, soweit sich die Erde erstreckt, das goldne beginne –
schon hat Apoll, dein Bruder, das Szepter glücklich ergriffen.
(Übersetzung von Alfons Etz)
2 Vgl. O. Cullmann, *Saint Pierre, Disciple-Apôtre-Martyr,* Neuchâtel 1952, S. 116.
3 Ebd., S. 116, Anm. 1, S. 118.
4 Nach ihrer eigenen Tradition ist den Langobarden der Stammesname von Wotan gegeben worden: Um auf den feindlichen Stamm der Vandalen Eindruck zu machen,

hätten die langobardischen Frauen auf den Rat Freyas hin mit Hilfe ihrer Haare eine Prozession bärtiger Krieger vorgetäuscht und den Feind auf diese Weise in die Flucht geschlagen.

5 »Quae in numero gentium nequequam conputator« – Brief Stephans II. an Karl den Großen, 769. Vgl. Ph. Jaffé, *Monumenta Carolina,* Berlin 1867, S. 158-164.

6 Vgl. L. Musset, *Les invasions; les vagues germaniques,* Paris 1965, S. 205.

7 Als Grundlage für das folgende diente L. Duchesne, *Les premiers temps de l'État pontifical,* Paris 1911, und H. Hubert, »Étude sur la formation des États de l'Église«, *Revue historique,* LXIX (1899), S. 1-38 und 241-272.

8 Brief des Apostels Petrus an Pippin und das Volk der Franken, Februar/März 756. Vgl. Ph. Jaffé, a. a. O., S. 55-60.

9 Artikel »Saint Pierre« des *Dictionnaire d'archéologie chrétienne et de liturgie,* Bd. XIV/1, c. 906.

10 Das neunte und das zehnte Jahrhundert werden in der Geschichte der Päpste manchmal als »Zeitalter der Pornokratie« bezeichnet.

11 Dante Alighieri, *Göttliche Komödie,* Paradies, XX, München 1990, 2. Auflage, S. 396-401.

12 *Enciclopedia Italiana,* Bd. XIX, 1933, S. 805.

13 *Romanorum epistola de electionis senatoria,* 1261; vgl. Nancy Lenkeith, *Dante and the legend of Rome,* London 1954, S. 17.

14 Vgl. P. E. Schramm, *Kaiser, Rom und Renovatio ...,* Leipzig 1929, Bd. II, S. 53ff., S. 73ff.

15 Fazio degli Uberto, *Dittamento ...*; vgl. A. Graf, *Roma nella memoria e nello imaginazioni del Medio Evo,* Bd. I, Turin 1882, S. 84.

16 G. Villani, *Istorie fiorentine,* I. Buch, Kap. V, VI und VII. Vgl. auch Ernst Mehl, *Die Weltanschauung des Giovanni Villani ...,* Leipzig 1927, S. 101ff.

17 Vgl. das klassische Werk von Comparetti, *Vergilio nel medio evo,* dessen zweiter Teil der italienischen Folklore gewidmet ist.

18 St. Thomas von Aquin, *De regimine principorum,* I, 14, und die Fortsetzung durch Ptolemäus von Lucca, III, passim.

19 Dante, a. a. O., *Hölle,* II, S. 12.

20 Ebd., *Paradies,* XXVII, S. 429.

21 Nach einer jüngeren Exegese der *Göttlichen Komödie* habe für Dante die Erbsünde des Christentums in der »Konstantinischen Schenkung« bestanden; vgl. B. Nardi, »La donatio constantini e Dante«, *Studi danteschi,* XXVI (1940), S. 47-95.

22 Dante, a. a. O., *Paradies,* XIX, S. 392.

23 Ebd., *De monarchia,* Buch II, und *Inferno,* XXXIV, S. 152f.

24 Ebd., *Läuterungsberg,* VI, S. 184.

25 Ebd., *Läuterungsberg,* XXXII, S. 301.

26 Ebd., passim, und auch *De la monarchia,* Buch II, Kap. 3, in dem Dante, diesmal auf Titus Livius gestützt, sich lange mit dem Adel der Ahnen des Aeneas und seiner Familie befaßt.

27 Dante, a. a. O., *Läuterungsberg,* VI, S. 183.

28 Petrarcas *Africa,* Buch VII, 723-724.

29 Vgl. Paul Piur, *Cola di Rienzi, Darstellung seines Lebens und seines Geistes,* Wien 1931.

30 *Aenae Sylvii Piccelominei... opera,* Helmstedt 1707, *Historia Bohemica ...,* Kap. II, S. 186; Arno Borst, a. a. O., III/1, S. 971; C. Paparelli, *Enea Silvio Piccolomini,* Bari 1950; C. Burck, *Selbstdarstellung und Personenbildnis bei Enea Silvio Piccolomini,* Basel 1956, S. 29ff.

31 Vgl. Henry Marc-Bonnet, *Les papes de la Renaissance,* Paris 1953, S. 5.

32 Machiavelli, *Discorsi sopra la prima decade di Tito Livio,* 1. Buch, Kap. XII; Guichardin, *Histoire d'Italie,* Paris 1837, Bd. II, S. 179.

33 Vgl. A. Borst, a. a. O., Bd. III/1, S. 975ff.

34 Vgl. die (anonyme) Studie *Storia degli studi sulle origine italiche, Rivista Europea,* Milano 1846, S. 731ff.

35 Borst, a. a. O., Bd. III/2, S. 1480, Zitat J. Mascov, *Die Geschichte der Teutschen...*

36 *Storia degli studi sulle origine italiche,* a. a. O., S. 102.

37 V. Cuoco, *Platone in Italia,* Hrsg. Nicolini, Bari 1916-1924, Bd. I, S. 3; Bd. II, S. 297.

38 A. Mazzoldi, *Delle origine italiche e della diffusione dell'incivilmento italiano all'Egitto, alla Fenicia, alla Grecia e a tutte le nazioni asiatiche poste sul Mediterraneo,* (1840); G. Iannelli, *Tentamina hiero glyphica, Tabulae rosettanae,* usw. (1840-1841); vgl. B. Croce, *Storia della storiografia italiana ...,* Bd. I, Bari 1921, S. 55ff.

39 V. Gioberti, *Del primate morale e civile degli italiani,* Milano 1938, Bd. II, S. 251, S. 214.

40 Vgl. die von Maurice Vaussard, *De Pétrarque à Mussolini, Évolution du sentiment nationaliste italien,* Paris 1961, S. 46, zitierten Texte Mazzinis.

41 G. Prezzolini, *Le legs de l'Italie,* Paris 1949, S. 9.

42 Manzoni hat diese These in seinem *Discorso sopra alcuni punti della storia longobardica in Italia* (1822) entwickelt.

43 Mazzinis autobiographische Anmerkungen zitiert nach M. Vaussard, a. a. O., S. 46f.

44 *Epistolario* von Mazzini (ebd., S. 44).

45 *Primato ...,* a. a. O., Bd. II, S. 247.

46 Vgl. B. Croce, *Storia della storiografia ...,* a. a. O., Bd. II, S. 15; Bd.I, S. 60f.

47 Cesare Lombroso, *L'uomo bianco e l'uomo di colore, Letture su l'origine e la varietà delle razze umane,* Turin 1892, passim, insbesondere S. 203 (»le razze gialle, le camite e le semite se convertirono in arie«).

48 G. Sergi, »Der Arier in Italien«, in: *Ursprung und Verbreitung des mittelländischen Stammes,* Leipzig 1897, S. 137-160.

49 E. de Michelis, *L'Origine degli Indo-Europei,* Turin 1903, S. 84ff.

50 Nach dem Zusammenbruch von Faschismus und Hitlerismus hielt es der große Historiker G. P. Bognetti für nützlich, daran zu erinnern, daß die italienische Kultur nicht rein latinischen Ursprungs war, und betonte die Beiträge der Germanen (»gli uomini del nord hanno avuto in essa una funzione essenziale«). Vgl. Bognetti, *L'età lombarda,* Mailand 1966, Bd. III, S. 187ff.

51 Vgl. Renzo de Felice, *Storia degli ebrei italiani sotto il fascismo,* Turin 1962, S. 278.

52 Renzo de Felice, a. a. O., S. 114.

53 Ebd., S. 159.

54 Dante, *De Monarchia,* II., 3.

Fünftes Kapitel

1 »Die deutsche Seele ist vor allem vielfach, verschiedenen Ursprungs, mehr zusammen- und übereinandergesetzt, als wirklich gebaut: das liegt an ihrer Herkunft. Ein Deutscher, der sich erdreisten wollte, zu behaupten, ›zwei Seelen wohnen, ach! in meiner Brust‹, würde sich an der Wahrheit arg vergreifen, richtiger, hinter der Wahrheit um viele Seelen zurückbleiben. Als ein Volk der ungeheuerlichsten Mischung und Zusammenrührung von Rassen [...] als ›Volk der Mitte‹ in jedem Verstande, sind die Deutschen unfaßbarer, umfänglicher, widerspruchsvoller, unbekannter, unberechenbarer, überraschender, selbst erschrecklicher, als es andere Völker sich selber sind: – sie entschlüpfen der Definition und sind damit schon die Verzweiflung der Franzosen.« F. Nietzsche, *Jenseits von Gut und Böse,* 4. Aufl., Leipzig 1895, S. 213.

2 *Relatio de legatione Constantinopolitana,* c. 12; vgl. *Die Werke Liutprands,* Hannover 1915.

3 So Dr. V. Steinecke, *Deutsche Erdkunde für höhere Anstalten,* Leipzig-Wien 1910, S. 5.

4 Leo Weisgerber, *Die geschichtliche Kraft der deutschen Sprache,* Düsseldorf 1959, S. 35-95.

5 Ebd., S. 77

6 Vgl. Kenneth Sisam, *Anglo-Saxon royal genealogies,* »Proceedings of the British Academy«, 1953, S. 323.

7 »Nos vero, qui Teutonica sive Theutisca lingua loquimur« (vgl. M. Hessler, *Die Anfänge des deutschen Nationalgefühls in der ostfränkischen Geschichtsschreibung des neunten Jahrhunderts,* Berlin 1943, S. 110).

8 Vgl. Borst, a.a.O., II/2, S. 824ff., und III/1, S. 1017f.

9 Borst, a.a.O., II/2, S. 665ff., sowie A. Daube, *Der Aufstieg der Muttersprache im deutschen Denken des 15. und 16. Jahrhunderts,* Frankfurt/Main 1940, S. 8ff. (»askanische« Genealogie), und A. Grau, *Der Gedanke der Herkunft in der deutschen Geschichtsschreibung des Mittelalters,* Leipzig 1938, S. 21 (von Julius Caesar gegründete Städte).

10 Borst, a.a.O., II/2, S. 659.

11 Zitiert nach L. Weisgerber, a.a.O., S. 137.

12 »Alles zusammen erinnert seltsam an die zentralen Themen der nationalsozialistischen Ideologie. Es genügt, einen Blick auf die bereits fast vergessenen Pamphlete der ›Ideologen‹ wie Rosenberg oder Darré zu werfen, um von dieser Ähnlichkeit verblüfft zu sein. Man findet dort den gleichen Glauben an eine germanische Urkultur, die, als Verkörperung der wahren Absichten Gottes, am Anfang aller Errungenschaften der Geschichte steht, die jedoch von einer Verschwörung von Kapitalisten und minderwertigen, nichtgermanischen Völkern, die sich auf die römische Kirche stützen, unterminiert wurde. Diese Urkultur gilt es nun mit Hilfe einer neuen, rein arischen Aristokratie plebeischen Ursprungs unter der Führung eines göttlichen Heilands, der die Qualitäten eines politischen Führers mit denen des neuen Christus in sich vereint, wiederherzustellen. Alles ist da [...]« (N. Cohn, *Les fanatiques de l'Apocalypse,* Paris 1962, S. 119).

13 Vgl. die Analyse des »Buchs der hundert Capitel« von Hermann Haupt, »Ein Oberrheinischer Revolutionär aus dem Zeitalter Kaiser Maximilians I.«, *West-*

deutsche Zeitschrift für Geschichte und Kunst, Ergänzungsheft VIII, Trier 1893, S. 141.

14 Vgl. Borst, a. a. O., Bd. III/1, S. 1012.

15 Unter »vergangener Plausibilität« verstehen wir die Glaubwürdigkeit des Ursprungsmythos, entsprechend der modernen Mentalität; und unter »gegenwärtiger Plausibilität« die Chancen einer Nation, kraft ihrer »Großmacht-Stellung« den anderen ihre Hegemonie aufzuzwingen. Die eine wie die andere dienten vor kurzem, kollektiv gesehen, als »Realitätsteilchen«, um die herum sich nach und nach größenwahnsinnige Vorstellungen bildeten.

16 Wir fassen eine komplexe Entwicklung zusammen: Sieht man näher hin, so stellt man fest, daß gewisse italienische Gelehrte die ersten waren, die, auf Tacitus und andere antike Historiker gestützt, die germanischen Kriegertugenden verherrlichten, um die deutschen Fürsten für den geplanten Kreuzzug des Papstes gegen die Türken zu gewinnen. Dies traf vor allem auf Aeneas Piccolomini, den künftigen Papst Pius II., zu.

17 »Ipsos Germanos idigenas crediderim minimeque aliarum gentium adventibus et hospitiis mixtos [...] Ipse eorum opinio accedo, qui Germaniae populos nullis aliis aliarum nationum conubiis infectos propriam et sinceram et tantum sui similem gentem extitisse arbitrantur« *(Germania,* II, 1, und IV, 1).

18 *Austriae Est Imperare Orbi Universo* – Österreich kommt es zu, über den gesamten Erdkreis zu herrschen.

19 *Oratio ad regem Maximilianum de laudibus atque amplitudine Germaniae.* Anläßlich der Veröffentlichung dieser Rede fügte Bebel ein Kapitel mit dem charakteristischen Titel *Germani sunt indigenae* hinzu (vgl. Paul Joachimsen, *Geschichtsauffassung und Geschichtsschreibung in Deutschland unter dem Einfluß des Humanismus,* Leipzig 1910, S. 97f.).

20 *Epithoma rerum germanicarum,* Straßburg 1505 (vgl. Joachimsen, a. a. O., S. 64-79).

21 *Memorabilium omnis aetatis et omnium gentium chronici commentarii,* 1516 (vgl. Borst, a. a. O., Bd. III/1, S. 1051f.).

22 Ebd., S. 1058f., und A. Daube, *Der Aufstieg der Muttersprache ...,* a. a. O.

23 *Germaniae exegeseos ...,* vgl. Borst, a. a. O., III/1, S. 1058, und Joachimsen, a. a. O., S. 169-183.

24 »Nostri enim sunt Gotorum Vandalorum Francorum triumphi, nobis gloriam sunt illorum imperia in clarissimis Romanorum provinciis.« Vgl. Joachimsen, a. a. O., S. 125-146.

25 Joachimsen, a. a. O., S. 110ff., und Borst, a. a. O., S. 1053f.

26 Sebastian Franck, *Chronica des gantzen Teutschen Lands* (1583).

27 Zitiert nach Hans Kohn, *The idea of Nationalism,* New York 1951, S. 621.

28 *Germanis meis natus sum, quibus et serviam* (Brief an Gerbel, 1521).

29 Maurice Gravier, Einführung zu Luther *(An den christlichen Adel deutscher Nation),* Paris 1945, S. 48.

30 *An den christlichen Adel ...,* Schriften des Vereins für Reformationsgeschichte, IV, Halle 1884, S. 74f.

31 Kap. XXVI (vgl. die Einführung von M. Gravier, S. 42).

32 Werner Fritzemeyer, *Christenheit und Europa,* München 1931, S. 55.

33 Otto Scheel, »Der Volksglaube bei Luther«, *Historische Zeitschrift,* 1940, S. 477ff.

34 Borst, a. a. O., III/1, S. 1062-1069, und L. Weisgerber, a. a. O., S. 151f.
35 Borst, ebd.
36 Im Text hervorgehoben von Joachimsen.
37 Paul Joachimsen, *Die Reformation als Epoche der deutschen Geschichte,* München 1951, S. 56.
38 Anna Daube, *Der Aufstieg der Muttersprache im deutschen Denken des 15. und 16. Jahrhunderts,* a. a. O., S. 15.
39 Alain Besançon, *Le Tzarévitch immolé,* Paris 1967.
40 Vgl. P. Joachimsen, *Geschichtsauffassung* ..., a. a. O., S. 64, und Émile Gabory, *Anne de Bretagne, duchesse et reine,* Paris 1941, S. 85f.
41 H. Heine, *Zur Geschichte der Religion und Philosophie in Deutschland,* Schluß, Reclam, Leipzig 1945, S. 223.
42 Vgl. H. H. Ahrens, *Die nationalen religiösen, nationalen und sozialen Gedanken Johann Eberlin von Günsburgs* ..., Hamburg 1939, insbesondere S. 38ff.
43 Vgl. Friedrich Gotthelf, *Das deutsche Altertum in den Anschauungen des sechzehnten und siebzehnten Jahrhunderts,* Berlin 1900.
44 1573, Matthias Holtzwart; vgl. E. Picot, »Le pangermanisme au XVIe siècle«, *La Revue hebdomadaire,* Paris 1916, S. 462-471.
45 *Johann Fischarts Geschichts-Klitterung,* Halle 1891, S. 54; Wolfgang Spangenberg, *Sämtliche Werke,* Berlin 1969 (»I. Singschul: Von der Musica«).
46 So der berühmte Chronist Tschudi (vgl. Fr. Gundolf, *Anfänge deutscher Geschichtsschreibung,* Amsterdam 1938).
47 Vgl. Borst, a. a. O., Bd. III/1, S. 1215-1226.
48 Gedicht »Ad linguam germanicam«, zitiert in: *Teutsche Poemata* von Martin Opitz, Halle 1902, S. 13.
49 Fr. Gotthelf, *Das deutsche Altertum* ..., a. a. O., S. 39-43, und Borst, a. a. O., III/1, S. 1225f.
50 Vgl. die von Th. Bieder gesammelten Texte, *Geschichte der Germanenforschung,* Leipzig 1921, Bd. I, S. 53ff. Conrings Schrift trug den Titel *De habitus corporum Germanicarum antiqui ac novi causis* (1645).
51 Opitz, *Aristarchus sive de contemptu linguae Teutonicae,* »Dedicatio«; vgl. *Teutsche poemata,* a. a. O., S. 150ff.
52 Unter den großen europäischen Sprachen zeigt das Russische ebenfalls diese Tendenz; allerdings in einem viel geringeren Ausmaß, und höchstwahrscheinlich handelt es sich um eine Nachahmung des deutschen Vorbilds.
53 J. M. Moscheros, *Satyrische Geschichte Philanders von Sittewald,* 1644.
54 D. C. von Lohenstein, *Großmütiger Feldherr Arminius oder Hermann,* 1689.
55 J. J. von Grimmelshausen, *Die Abenteuer des Simplicius Simplicissimus,* Köln-Berlin 1961, 3. Buch, Das Vierte Capitel, S. 203, 205 u. 207.
56 So Paul Gutzwiller, *Der Narr bei Grimmelshausen,* Basel 1959.
57 So Josef Wilhelm Schafer, *Das Nationalgefühl Grimmelshausens,* Würzburg 1936.
58 *Teutscher Michel,* vgl. *Grimmelshausens Werke,* Ausg. Bochardt, Bd. IV, S. 256.
59 Schottel, *Ausführliche Arbeit Von der Teutschen Haubt Sprache,* 1663 hrsg. von Wolfgang Hecht, I, Braunschweig 1651 (»Dritte Lobrede«, S. 34).
60 Ebd., (»Achte Lobrede«), S. 123.
61 G. W. Leibniz, *Neue Abhandlungen über den menschlichen Verstand,* III, II, 1; vgl.

Y. Belaval, »Leibniz et la langue allemande«, *Etudes germaniques,* Paris, II (1947), und Borst, a. a. O., Bd. III/2, S. 1475-1478.

62 *Brevis designatio meditationum de originibus gentium ductis potissimum ex iudicio linguarum* (1710).

63 *Beweis, daß die alten deutschen und nordischen Völker weit vernünftigere Grundsätze in der Religion gehabt haben als die alten Griechen und Römer,* S. 5f.

64 *Beweis, daß die alten Deutschen keine Kannibalen waren.*

65 Vgl. J. Murat, *Klopstock, les thèmes principaux de son œuvre,* Paris 1959, S. 286.

66 Vgl. Kommerell, *Der Dichter als Führer in der deutschen Klassik,* 1928, S. 59, und Strich, *Die Mythologie in der deutschen Literatur von Klopstock bis Wagner,* 1910, Bd. I, S. 60ff.

67 Vgl. J. Murat, *Klopstock,* a. a. O., ebenso H. Kindermann, *Klopstocks Entdeckung der Nation,* Berlin 1935.

68 Friedrich Gottlieb Klopstock, *Oden,* Hamburg 1771 *(Unsere Sprache),* S. 241-244.

69 Ebd. *(Mein Vaterland),* S. 272.

70 Vgl. F. Strich, *Die Mythologie in der deutschen Literatur ...,* a. a. O., Bd. I, S. 173-181.

71 Ebd., S. 180.

72 »Dissertation tendant à expliquer les causes de la supériorité des Germains sur les Romains, et à prouver que le nord de la Germanie ou Teutonie entre le Rhin et la Vistule, et principalement la présente monarchie prussienne, est la patrie originaire de ces nations héroiques, qui ont fondé et peuplé les principales monarchies de l'Europe.« Vgl. *Huit dissertations ...,* von M. le comte de Hertzberg, Paris 1787, S. 1-38.

73 Jean Paul, (Richter), *Friedenspredigt an Deutschland,* Heidelberg 1808, S. 17: »Herzberg bewies in einer gelehrten Abhandlung, daß die Deutschen alle bloß europäischen Reiche gestiftet und bevölkert haben [...]« Und er schloß, »daß die deutschen Kriege in Europa immer Bürgerkriege sind, wiewohl in höherem Sinne jeder auf der Menschen Erde immer einer zwischen Landes-Leuten ist.«

74 *Ideen zur Philosophie der Geschichte der Menschheit* (1784-1791), Buch XVI, Kap. VI, Riga 1784, Bd. IV, S. 47.

75 Vgl. die von L. Schemann in *Die Rasse in den Geisteswissenschaften,* München 1938, Bd. III, S. 100-105 zitierten Schriften Schillers; und L. Weisberger, *Die geschichtliche Kraft der deutschen Sprache,* a. a. O., S. 208.

76 Vgl. L. Schemann, a. a. O., Bd. II, S. 95 *(Von den Deutschen* von Heinrich v. Kleist).

77 Vgl. Jacques Droz, *L'Allemagne et la Révolution française,* Paris 1949, S. 469-473.

78 Kleine Bücherschau, *Reden an die deutsche Nation;* vgl. Jean Paul, *Sämtliche Werke,* Weimar 1938, I, Bd. XVI, S. 338-352.

79 Hitler, *Mein Kampf,* a. a. O., S. 325.

80 Zitiert nach L. Weisgerber, *Die geschichtliche Kraft der deutschen Sprache,* a. a. O., S. 237.

81 Vgl. E. Weymar, *Das Selbstverständnis der Deutschen,* Stuttgart 1961, S. 322.

82 Vgl. L. Poliakov, a. a. O., Bd. VI, *Emanzipation und Rassenwahn;* dort findet man eine Analyse der Gedanken von E. M. Arndt und F. L. Jahn.

83 E. Weymar, a. a. O., S. 125.

84 Fichte, *Reden an die deutsche Nation,* XIII. Rede.

85 Vgl. Michael Freund, *Deutsche Geschichte,* Gütersloh 1960, S. 304.

86 Fichte bezog das Argument aus dem Johannes-Evangelium, das einzige, das den

(»davidischen«) Stammbaum Jesu nicht angibt; vgl. L. Poliakov, a. a. O., Bd. V, *Die Aufklärung und ihre judenfeindliche Tendenz,* S. 204ff.

87 Bacon, *Novum Organum;* vgl. auch Robert Lenoble, *Histoire de l'idée de nature,* Paris 1969, Kap. I, »La révolution mécaniste du XVIIe siècle«, insbesondere S. 322f; diese Arbeit diente als Ausgangspunkt für unsere Überlegungen.

88 Blaise Pascal, *Fragment d'un traité du vide* (1647); vgl. *Œuvres ...,* Hrsg. Massis, Paris 1927, Bd. VI, S. 14f.

89 Pascal, a. a. O.

90 Es versteht sich von selbst, daß sich diese Analyse auf andere Länder ausdehnen ließe. Heute bezeichnet die israelische Propaganda den Staat Israel als das »jüngste« und »älteste« Land zugleich, »wunderbarerweise« oder »paradoxerweise« – was bereits eine Art darstellt, die Problematik der »kollektiven Zeit« auf unklare Weise zu berücksichtigen.

91 Th. Bieder, *Geschichte der Germanenforschung,* a. a. O., Bd. III, S. 63.

92 Vgl. L. Poliakov, a. a. O., Bd. VI, *Emanzipation und Rassenwahn,* S. 237-265, insbesondere S. 253ff. und Anmerkung 191, S. 317.

93 Vgl. Th. Mommsen, »Ninive und Sedan«, *Die Nation,* 25. August 1900, und »Deutschland und England«, ebd., 10. August 1903.

Sechstes Kapitel

1 Vgl. A. Amalrik, *L'Union Soviétique survivra-t-elle en 1984,* Vorwort von A. Besançon, Paris 1970, S. 103.

2 Leibniz an Peter den Großen, 16. Dezember 1712: »[...] Da in Ihrem Reiche fast alles, was die Studien betrifft, neu ist, gleichsam auf jungfräulichem Papier, so werden die zahllosen Irrtümer, die sich unmerklich in Europa eingeschlichen haben, vermieden werden können, so wie ein neu erbauter Palast aus einem Stück schöner ist als einer, an dem man durch Jahrhunderte hindurch baut und verändert. [...]« (Vgl. D. Tschizewskij und D. Gzoh, *Europa und Rußland,* Darmstadt 1959, S. 15f.)

3 Vgl. *Schuld und Sühne,* VI, 8: »Er hatte sich plötzlich der Worte Sonjas erinnert: ›Stell' dich auf eine Wegkreuzung, verneige dich vor allen Menschen, küsse die Erde, weil du auch vor ihr gesündigt hast, und sage laut der ganzen Welt: Ich bin ein Mörder!‹.« (Übs. S. Geyer.)

4 Wer »bei der Mutter« *(po matuschkie)* flucht, versündigt sich einer mittelalterlichen russischen Predigtsammlung zufolge gleich dreifach, nämlich gegen die Mutter Gottes, gegen seine eigene Mutter und gegen die allgemeine Mutter Erde (vgl. Alain Besançon, *Le tsarévitch immolé,* Paris 1967, S. 43f.).

5 Vgl. C. M. Corlin, »Salomon et Ptolémé: la légende de Volot Volotovic« in: *Revue des Études Slaves,* XVIII (1938), S. 41ff. Derselbe Gedanke findet sich in dem Gedicht *Zadonschtina,* das den Sieg des moskovitischen Fürsten Dmitrij Donskojs über die Tataren 1380 feierte.

6 Vgl. A. Kartatschev, *Abriß der russischen Kirchengeschichte* (auf russisch), Paris 1959, Bd. I, S. 460.

7 Königin Anne, die 1501 König Heinrich I. heiratete und nach seinem Tod die Regentschaft für ihren minderjährigen Sohn Philipp I. innehatte.

8 Vgl. H. Pirenne, *The Medieval City.*

9 In Rußland war dies bis ins zwanzigste Jahrhundert hinein die gängige Bezeichnung für Konstantinopel.

10 Vgl. G. Vernadsky, *A History of Russia,* Bd. III, »The Mongols and Russia«, Yale 1955, S. 153ff., und E. Voegelin, »The Mogol Order«, *Byzantion,* XV (1941).

11 Siehe die von Vernadsky, a. a. O., S. 87f. zitierten chinesischen Chroniken und Quellen.

12 Vgl. O. Jensen (R. Jakobson), »Le chien-tsar Kalina«, *Slavia,* XVII (1939), S. 82-98.

13 Vgl. D. Cizevskij, *History of Russian Literature [...],* s'Gravenhage 1960, S. 167.

14 Befreiung von Tributzahlungen, Steuern und Abgaben aller Art, ausschließliches Recht der Jurisdiktion über alle Kirchenleute, Todesstrafe auf die Verunglimpfung des christlichen Glaubens usw. Infolgedessen war der hohe russische Klerus Bestandteil der »Mongolenfraktion« (vgl. G. P. Fedotov, *The Russian Religious Mind,* Bd. II, Harvard 1966, S. 185).

15 Zitiert in Kovalevsky, *Saint Serge et la spiritualité russe,* Paris 1958, S. 110.

16 Vgl. Fedotov, a. a. O., S. 227.

17 *Le Domostroï,* franz. Übersetzung E. Duchesne, Paris 1910, S. 47 (Kap. XVII: »Seine Kinder zu erziehen und durch Schrecken zu retten«).

18 Zitiert in Kartachev, a. a. O., Bd. I, S. 386.

19 Höchstwahrscheinlich wurde diese Krone zu Beginn des 14. Jahrhunderts von »Zar« Usbeg dem Fürsten Ivan I. angetragen (vgl. G. Vernadsky, *A History of Russia,* a. a. O., Bd. III, S. 386). Nach moskovitischer Überlieferung jedoch hat Fürst Vladimir Monomachos sie im 12. Jahrhundert vom byzantischen Kaiser Konstantin Monomachos erhalten.

20 Vgl. den Briefwechsel zwischen Ivan IV. und Kurbskij, hrsg. von J. L. I. Fennel, Cambridge 1955, S. 86f.

21 Vgl. R.P. Dmitrieva, *Die Legende der Fürsten Vladimir* (auf russisch), Moskau 1955. Verfasser dieser falschen Genealogie scheint der alte Metropolit Savva-Spiridon gewesen zu sein, der dabei bestimmte Traditionen der Südslaven aufnahm oder imitierte.

22 Vgl. »Nikonovskaya Letopis«, Moskau 1963, S. 9.

23 Vgl. R. P. Dmitrieva, a. a. O., S. 155.

24 Vgl. V. Ikonnikov, *Versuch über die russische Geschichtsschreibung* (auf russisch), Kiev 1968, Bd. II, S. 140.

25 Ebd., S. 1408f.

26 Dmitrieva, a. a. O., S. 150.

27 Vgl. Borst, a. a. O., S. 1043, 1065, 1129 und passim.

28 P. Tschaadaev, *Lettres philosophiques,* Ausgabe Paris 1970, S. 51. Der »Westler« Tschaadaev wollte hier die kulturelle Sterilität Rußlands brandmarken, doch bleibt es frappierend, daß er sich dazu genealogischer Bilder bedient.

29 Vgl. Ikonnikov, a. a. O., Bd. II, S. 1403.

30 G. Krizanic, Politik (um 1660), Ausgabe Moskau, S. 497, 502, 630-633. Die »Verwüstung«, von der Krizanic spricht, ist die »Zeit der Wirren«. Über diesen slavischen Patrioten vgl. vor allem P. Miljukov, *Versuch über die Geschichte der russischen Kultur,* (auf russisch), Paris 1930, Bd. III, S. 135-155.

31 Man findet sie beispielsweise noch beim Marquis de Custine: »Die Romanovs waren ursprünglich Preußen, und seit sie durch die Wahl auf den Thron gehoben worden sind, haben sie, entgegen dem Brauch der moskovitischen Souveräne, meistens deutsche Prinzessinnen geheiratet.« *(La Russie en 1839,* Ausgabe Paris 1843, Bd. IV, S. 13, Fußnote.)

32 1887 stellte der Genealoge Barsukov fest: »Bis zum heutigen Tag fahren wir fort, die säkulare Legende zu kultivieren, derzufolge der Stammvater der Romanovs, der ›Mann von Wert‹ Andrej Kobyla (russifizierte Form des ausländischen Namens Cabila), seinen Ursprung in der Fremde gehabt habe oder ›in deutschen Landen‹, wie man früher sagte.« (»Examen des sources de la littérature généalogique russe«, *Kaiserliche Akademie der Wissenschaften,* Bd. LIV, St. Petersburg 1887, S. 51f.)

33 Natürlich hing auch Gobineau dieser Vorstellung an. Vgl. seinen *Essai sur l'inégalité des races humaines,* Sechstes Buch, Kapitel V (»Letzte arisch-skandinavische Wanderungen«).

34 Vgl. Ikonnikov, a. a. O., Bd. I, S. 63.

35 Vgl. Barsukov, a. a. O., S. 75-77. Der Genealoge glaubte, daß die Bestuevs in der Tat »englischer Herkunft« seien, und mag damit sogar Recht gehabt haben: aufschlußreich ist die generelle Tendenz, nicht der Einzelfall.

36 Ikonnikov, a. a. O.

37 Vgl. *Prince Kurbsky's History of Ivan IV,* hrsg. von J. Fennel, Cambridge 1965, S. 12, 214.

38 Es handelte sich um Simon Bekbulatovitsch, den alten Fürsten von Kasimov (vgl. Vernadsky, *A History of Russia,* a. a. O., Bd. V/1, S. 142ff.).

39 Vgl. Ikonnikov, a. a. O., S. 1410, und Vernadsky, a. a. O., Bd. III, S. 370.

40 Vgl. N. Troubetzkoy, *Das Problem der russischen Selbstfindung* (auf russisch), Paris 1927, und P. Miljukov, *Essais...,* a. a. O., Bd. III, S. 90f.

41 Vgl. E. Schuyler, *Peter the Great,* London 1884, Bd. II, S. 149ff. Hinzuweisen ist auch auf das beredte Zeugnis der populären Farce *Komödie vom Zaren Maximilian und seinem ungehorsamen Sohn Adolf,* von der an die 200 Versionen bekannt sind. Sie beschreibt in buffonesker Form, wie »Maximilian«, mit dem offenkundig Peter der Große gemeint ist, seinen Sohn töten läßt, der sich weigert, vor den »mohammedanischen Göttern« oder den »kymrischen Götzen« das Knie zu beugen und daher die Orthodoxie oder das russische Volk verkörpert. (Vgl. N. N. Evreinov, *Geschichte des russischen Theaters* (auf russisch), New York 1955, S. 117-119.)

42 Vgl. *Eugen Onegin,* III, 26-27: »Tatjana konnte wenig Russisch, las unsere Zeitungen nicht und drückte sich in ihrer Muttersprache nur unter Schwierigkeiten aus. Auch schrieb sie französisch. Was tun? Ich sage dir noch einmal, bis auf den heutigen Tag hat sich Frauenliebe nicht auf russisch ausgedrückt; bis auf den heutigen Tag hat unsere stolze Sprache sich nicht der Prosa eines Briefes gefügt. Ich weiß: man will die Damen zwingen, russisch zu lesen. Wie entsetzlich!«

Vgl. ferner Dostojevskijs *Tagebuch eines Schriftstellers,* Juli-August 1876: »In Ems erkennt man die Russen natürlich vor allem an ihrem Idiom, das heißt an diesem besonderen franko-russischen Jargon, der das ausschließliche Erbteil Rußlands ist und die Ausländer in Staunen zu versetzen beginnt. Ich sage ›beginnt‹; denn noch hören wir hierzu nur lauter Komplimente.«

43 Das war beim Verfasser der vorliegenden Arbeit ebenso der Fall wie bei vielen seiner Jugendfreunde.
44 Vgl. *Peter the Great,* hrsg. von L. J. Oliva, Englewood Cliffs 1970, S. 78-80 (»The official view«).
45 Ebd., S. 81-89 (»Panegyric to the Sovereign Emperor, Peter the Great«).
46 Zitiert in der *Großen Sowjetischen Enzyklopädie,* 2. Aufl., Bd. XXXII, Moskau 1955, S. 582-585 (Artikel »Peter I.«).
47 Vgl. oben, S. 129.
48 Vgl. W. Hinz, »Peter des Grossen Anteil an der wissenschaftlichen und künstlerischen Kultur seiner Zeit«, *Jahrbücher für Kultur und Geschichte der Slawen,* VIII (1932), S. 397.
49 Zitiert nach Paul Miljukov, *Hauptströmungen des russischen Geschichtsdenkens* (auf russisch), St. Petersburg 1913, S. 122.
50 Zitiert nach Hans Rogger, *National Consciousness in Eighteenth-Century Russia,* Harvard 1960, S. 199.
51 Zitiert nach André Nartel, *Michel Lomonossov et la langue littéraire russe,* Paris 1933, S. 22f.
52 Alexander Sumarokov, *Über den Ursprung des russischen Volkes;* vgl. *Sämtliche Werke,* Moskau 1787, Bd. X, S. 105-121.
53 Sein erster Urheber scheint der Flame Goropius Becanus gewesen zu sein.
54 Michail Lomonosov, *Urgeschichte des russischen Volkes...,* a. a. O., vgl. *Sämtliche Werke,* Ausgabe Moskau 1952, Bd. VI, S. 163ff., vor allem S. 179f.
55 Lamonosov, *Ode an Elisabeth* (1750).
56 *Bemerkungen anläßlich der Abhandlung G. F. Müllers » Ursprung des russischen Namens und des Volkes; Bericht an die Kanzlei der Akademie der Wissenschaften* (1750). In seiner Eigenschaft als »vereidigter Beamter und treuer Sohn des Vaterlandes« verlangte Lomonosov, Müllers Arbeit nicht erscheinen zu lassen (vgl. *Werke,* a. a. O., Bd. VI, S. 79f.)
57 Vergessen wir nicht, daß Katharina sich auch als Journalistin verstand und die Monatszeitschrift *Vsjakaja Vsjatschina* (»Von allem etwas«) herausgab.
58 Vgl. die *Briefe der Kaiserin Katharina II. an Grimm* (Ausgabe St. Petersburg 1878); namentlich die Briefe vom September und Oktober 1784 sowie jenen vom 13. April 1795.
59 *Erinnerung an das alte und das moderne Rußland,* hrsg. von R. Pipes, Harvard 1959, S. 21-25.
60 *Histoire de l'Empire de Russie,* von M. de Karamzin, franz. Übersetzung, Paris 1819, Bd. I, S. 139-141.
61 Nicht abgeschickter Brief Puschkins an Tschaadaev, 19. Oktober 1836.
62 Ode *An die Verleumder Rußlands,* August 1831.
63 Vgl. G. Speth, *Versuch über die Entwicklung der russischen Philosophie* (auf russisch), Petrograd 1922, Bd. I, S. 206.
64 Nach der Publikation in der Moskauer Zeitschrift *Teleskop* wurde der Brief aus dem Französischen ins Russische übersetzt.
65 P. Tschaadaev, *Lettres philosophiques,* hrsg. von François Rouleau, Paris 1970, S. 48-55.
66 Ebd., S. 208 (»Apologie d'un fou«).

67 Vgl. Marquis de Luppé, *Adolphe de Custine,* Monaco 1957, S. 234-240.
68 *La Russie en 1839,* vom Marquis de Custine, Paris 1843, Bd. II, S. 203.
69 So würde sich vor allem der bizarre Namen »Semiramis« erklären, den Chomjakov seinen historischen Schriften gab; man darf nicht vergessen, daß die Philosophen der Aufklärung Katharina II. als »Semiramis des Nordens« bezeichneten.
70 A. Chotakov, *Sämtliche Werke,* Moskau 1882, Bd. III, S. 91f. und passim, vgl. N. Risanovsky, *Russia and the West in the Teaching of the Slavophiles,* Harvard 1962, S. 69.
71 Chomjakovs Schüler waren nur zweitrangige Historiker wie Veltmann oder Lamanski.
72 Vgl. Risanovsky, a. a. O., S. 76f.
73 Chomjakov, *Werke,* a. a. O., Bd. III, S. 107.
74 Dobroljubov, *Werke,* Ausgabe St. Petersburg 1893, Bd. II, S. 31 (»Die organische Entwicklung des Menschen in bezug auf seine geistige und sittliche Betätigung«).
75 Tschernischevskij, *Philosophische Werke,* Moskau 1951, Bd. III, S. 569, 578.
76 Tomas Masaryk, *The Spirit of Russia,* London 1919, Bd. II, S. 68.
77 Vgl. D. Anutschin, »Geschichte und Aufgaben der Anthropologie in Rußland«, *Russische Zeitschrift für Anthropologie,* 1/1902, S. 25-42.
78 Vgl. Fürst N. Troubetzkoy, *Les problèmes de la prise de conscience russe,* Paris 1927.
79 Roman Jakobson, »Les unions phonologiques de langues«, *Le Monde Slave,* Jan. 1931, S. 371-378; P. Savickij, »L'Eurasie révélée par la linguistique«, ebd., S. 364-370.
80 N. Troubetzkoy, *Europa und die Menschheit* (auf russisch), Sofia 1920, S. 82.
81 D. Mirskij, »The Eurasian Movement«, *The Slavonic Review,* VI (1927), S. 312.
82 In seinem ersten, oben zitierten Werk trat N. Troubetzkoy folgendermaßen für die Sache »minderwertiger Rassen« ein: »Der Wilde bewahrt in seinem Geist eine unzählige Menge von Kenntnissen aller Art. Er hat bis zur Vollkommenheit das Leben der ihn umgebenden Natur studiert, er kennt alle Gewohnheiten der Tiere, bis hin zu Einzelheiten, die dem Blick auch des aufmerksamsten europäischen Naturforschers entgehen. Alle diese Kenntnisse sind für ihn nicht in einer chaotischen Unordnung aufbewahrt. Sie sind in Rubriken systematisiert, die zwar nicht die eines europäischen Wissenschaftlers sind, die aber dem Dasein des Jägers besser entsprechen. Darüber hinaus enthält der Geist des Wilden für gewöhnlich die ziemlich komplexe Mythologie seines Stammes, den Kodex seiner Ethik, die Regeln seiner Etikette, die manchmal ebenfalls höchst komplex sind, und schließlich einen ziemlich beträchtlichen Fundus an Werken der mündlich tradierten Literatur seines Volkes. Kurzum, der Kopf des Wilden ist ziemlich gut gefüllt, auch wenn die Elemente, die ihn füllen, ganz andere sind als die, welche den europäischen Kopf füllen. Infolge der Heterogenität der geistigen Ausstattung des Wilden bzw. des Europäers gibt es für die Frage, ob einer von ihnen dem anderen überlegen ist, keine Lösung.« *(Europa und die Menschheit,* a. a. O., S. 39.)
83 V. P. Aleteseev, *Auf der Suche nach den Ahnen,* Moskau 1972, S. 289.
84 Ebd., S. 264-268.
85 Ebd., S. 296f.
86 »Selbstverlag«, das heißt vervielfältigtes Manuskript, das in der Sowjetunion unter der Hand zirkulierte.
87 Vgl. D. V. Pospielovsky, »Russian Nationalist Thought and the Jewish Question«, *Soviet Jewish Affairs* Bd. 1/VI, London 1976, S. 3-17.

Zweiter Teil

Erstes Kapitel

1 Die wichtigsten Belegstellen zu diesen Spekulationen finden sich bei H.-J. Schöps, *Philosemitismus im Barock,* Tübingen 1952, S. 15.

2 *Politeia* des Aristoteles; weitere Belege bei Hans Kohn, *The Idea of Nationalism,* New York 1951, S. 51ff.

3 Vgl. Borst, a. a. O., I, S. 339 und S. 358.

4 Zitiert nach Menendez y Pelayo, *Historia de los heterodoxos españoles,* 1948, Bd. VII, S. 324.

5 Borst, a. a. O., IV, S. 2098.

6 Ebd., III/1, S. 1077.

7 *Spaccio della Bestia trionfante,* veröffentlicht in London (mit der falschen Angabe »Parigi«) 1584; vgl. dazu Borst, a. a. O., III/1, S. 1183-1185.

8 Ebd., S. 1231, und Marcel Bataillon, »L'unité du genre humain du P. Acosta au P. Clavigero«, *Mélanges à la mémoire de Jean Sarrailh,* Bd. I, 1966, S. 84.

9 Zitiert nach Don Cameron Allen, *The Legend of Noah,* Urbana, Ill., 1949, S. 132f.

10 Über La Peyrère siehe M. J. Schöps, *Philosemitismus im Barock,* a. a. O., S. 3-18. Mit Ausnahme dieser scharfsinnigen Studie beschreiben alle – der entsprechende Artikel der Enzyklopädie und gelehrte Arbeiten – La Peyrère als guten Christen. Die Zeitgenossen wußten es besser. Als Zeugnis möge folgendes Epigramm dienen, das nach La Peyrères Tod im Umlauf war: »Hier ruht la Peyrère, der gute Israelit / Hugenott', Katholik und schließlich Präadamit / Vier Religionen zugleich waren sein / und seine Gleichgültigkeit war so wenig gemein / daß nach 80 Jahren, als er treffen sollt‹ seine Wahl / er keine einzige erkor und sich empfahl« (zitiert bei Schöps, a. a. O., S. 14).

11 Vgl. Robert Lenoble, *Mersenne ou la naissance du mécanisme,* Paris 1943.

12 *Goethes Gespräche mit Eckermann,* Leipzig 1913, S. 263f.

13 Vgl. Marcel Bataillon, *L'Unité du genre humain ...,* a. a. O., S. 93.

14 Über Berniers Einteilung siehe weiter unten.

15 Erinnern wir daran, daß die Verfluchung Hams der Genesis (IX, 25) zufolge dessen viertem Sohn, Kanaan, gilt. In der jüdischen Exegese des Raschi wird diese Stelle folgendermaßen kommentiert: *» Verflucht sei Kanaan.* – Deinetwegen werde ich keinen vierten Sohn haben, der mir dient. Verflucht sei also dein vierter Sohn, er soll den Nachkommen der älteren Brüder als Knecht dienen; ihnen kommt jetzt die Aufgabe zu, mir zu dienen.« Und welchen Grund hatte Ham, Noah zum Eunuchen zu machen? Er sagte zu seinen Brüdern: »Adam hatte zwei Söhne, und der eine tötete den anderen um des Erbes der Welt willen, und unser Vater hat drei Söhne und will noch einen vierten!« Hinsichtlich der protestantischen Exegese siehe Don Cameron Allen, *The legend of Noah,* Urbana, Ill., 1949, S. 77f.

16 Vgl. Winthrop D. Hordan, *White over Black, American Attitudes Toward the Negro,* 1550-1812, University of North Carolina Press 1968, S. 158f. und 501.

17 *Othello* (»old black ram ... tupping your white owe«), *Moby Dick* (das Kryptogramm des weißen Wals) und *Adventures of Arthur Gordon Pym* (die Umkehrung des Themas bei dem »verfluchten Dichter« Poe: Phobie vor der weißen Farbe).

Bezüglich der deutschen Literatur siehe Erich Bierhahn, »Blondheit und Blondheitskult in der deutschen Literatur«, *Archiv für Kulturgeschichte,* 46 (1964), S. 309-333.

18 In *Diskurs über den Ursprung der Ungleichheit unter den Menschen.*

19 Im *Essai sur les mœurs et l'esprit des nations,* in *Traité de métaphysique* und in verschiedenen anderen Schriften.

20 Vgl. L. Poliakov, Bd. IV: *Geschichte des Antisemitismus, Die Marranen im Schatten der Inquisition,* Worms 1981.

21 Borst, a. a. O., III/1, S. 1145.

22 Ebd., S. 1145 und 1152.

23 Der Amsterdamer Rabbiner Manasse-Ben-Israel entwickelte diese Theorie in seinem Buch *The Hope of Israel* (1650), das er ins Lateinische übersetzte und dem englischen Parlament widmete; er reiste anschließend nach England, wo er mit Cromwell über die Wiederzulassung der Juden verhandelte.

24 *Historia natural y moral de las Indias,* verfaßt auf Kastilisch von Joseph de Acosta, Kap. XVI, S. 30a (frz. Ausg.). Vgl. auch Borst, a. a. O., III/1, S. 1157f.

25 Vgl. die Theorien des *Wiener Kulturkreises,* dessen Animator Pater Wilhelm Schmidt war; vgl. Marvin Harris, *The Rise of Anthropological Theory,* London 1968, S. 382-392.

26 Acosta, a. a. O., S. 47b.

27 Vgl. M. Harris, a. a. O., S. 16ff., und W. H. Mühlmann, *Geschichte der Anthropologie,* a. a. O., S. 44ff.

28 Vgl. *Lettres théologiques,* postumes Werk des Abbé Gaultier, Paris 1756, Bd. II, S. 57.

29 Vgl. den Artikel »Uroffenbarung« im *Lexikon für Theologie und Kirche.*

30 Vgl. C. Gusdorf, *Les sciences humaines et la pensée occidentale,* Bd. II, Paris 1969, S. 106ff.

31 Über Pierre-Daniel Huet siehe Borst, a. a. O., III/1, S. 1290ff.; A. Dupront, *Huet et l'exégèse comparatiste au XVIIIe siècle,* Paris 1930; Abbé Flottes, *Étude sur Daniel Huet, évêque d'Avranches,* Montpellier 1857.

32 Der Brief wird in der Arbeit Abbé Flottes', a. a. O., S. 91, zitiert, der wir auch die anderen Urteile über die *Demonstration évangélique* entnommen haben.

33 Vgl. Don Cameron Allen, a. a. O., insbesondere S. 90f. (»the attempts to fit the Bible to the yardstick of reason ...«).

34 Ebd., S. 55.

35 Ebd., S. 128.

36 Borst, a. a. O., 1298ff.

37 Borst, a. a. O., III/1, S. 1305ff.; ebenso Adalbert Klemm, *Die Säkularisierung der universal-historischen Auffassung: Zum Wandel des Geschichtsdenkens,* Göttingen 1960, S. 113.

38 *Journal des Scavans,* Paris, 24. April 1684, S. 85-89.

39 Leibniz, *Otium Hanoveriana sive Miscellanea,* Leipzig 1718, S. 37.

40 Vgl. Sir Charles Firth, »Sir Walter Raleigh's ›History of the World«, *Essay historical and literary,* Oxford 1938, und E. Strathmann, *Sir Walter Raleigh,* New York 1951, S. 255.

41 Walter Raleigh, *The History of the World,* London 1652, insbesondere S. 118f.

42 Borst, a. a. O., III/2, S. 1399.

43 *Sidereus Nuncius* (1610), auch mit *Sternenbote* bzw. *-botschaft* zu übersetzen; vgl. Alexandre Koyré, *Du monde clos à l'univers infini,* Paris 1962, S. 90, Anm.

44 Vgl. François de Dainville, *La géographie des humanistes,* Paris 1960, S. 210ff.

45 Vgl. A. Koyré, a.a.O., S. 92.

46 »Im Lauf der Zeiten«, bemerkte Freud, »hat die Menschheit zwei Kränkungen ihrer naiven Eigenliebe von der Wissenschaft erdulden müssen. Die erste, als sie erfuhr, daß unsere Erde nicht der Mittelpunkt des Weltalls ist, sondern ein winziges Teilchen [...] eines Weltsystems [...] Die zweite dann, als die biologische Forschung das angebliche Schöpfungsvorrecht des Menschen zunichte machte [...] Die dritte und empfindlichste Kränkung aber soll die menschliche Größensucht durch die heutige psychologische Forschung erfahren, welche dem Ich nachweisen will, daß es nicht einmal Herr ist im eigenen Hause.« (*Vorlesungen zur Einführung in die Psychoanalyse,* Leipzig 1924, S. 294).

47 In dem Sinn, daß das Goldene Zeitalter in die Zunkunft verlegt wurde; vgl. was wir im Kapitel »Deutschland« im Zusammenhang mit der Doppeldeutigkeit des Zeitbegriffs gesagt haben.

48 J. Locke, *Versuch über den menschlichen Verstand,* IV, VII, S. 16.

49 »Ein Kind erkennt ziemlich gewiß, daß seine Amme nicht die Katze ist, mit der es spielt, noch der Neger, vor dem es Angst hat« (Locke, ebd., I, I, S. 25)

50 Locke, ebd., II, XXV, S. 1.

51 Leibniz, ein besserer Logiker als Locke, wandte in seinen *Neuen Abhandlungen über den menschlichen Verstand* dagegen ein: »[...] Es gibt keinen Begriff, der so absolut oder so eindeutig wäre, daß er nicht auch Beziehungen mit einschlösse, und dessen Untersuchung nicht zu anderen Dingen führte, ja sogar zu allen anderen, so daß man sagen kann, daß die relativen Begriffe ausdrücklich die Beziehung bezeichnen, die sie enthalten.« Wenn in diesem Sinne also Caius, der Ehemann, zur Ehefrau führte, so führte Caius, der Weiße, zum farbigen Menschen – deutlicher noch als die Gattung Mensch zur Gattung Tier; die Absolutisierung des Weißen durch Locke ist also besonders vielsagend.

52 Leibniz, *Neue Abhandlungen über den menschlichen Verstand,* I, II, § 9, Frankfurt 1961, S. 59.

53 Ebd., § 20. Solcherart (hinsichtlich der Maßlosigkeit im Guten wie im Bösen) urteilen manchmal auch christliche Denker über die Juden, wenn sie über das »Mysterium Israels« meditieren.

54 Leibniz, Vorwort zu den *Neuen Abhandlungen* ... a.a.O., S. XII.

55 Ebd., II, XXVIII, § 4, S. 441.

56 Montaigne, *Essais,* I, XXIII.

57 Artikel »Irreligieux« (von Diderot) in der großen *Encyclopédie* von Diderot und d'Alembert.

58 Siehe z.B. den *Nouveau dictionnaire national* von Bescherelle (1893), Artikel »Raison« (Vernunft): »1. Fähigkeit, mittels derer wir die allgemeinen Ideen erfassen, die absoluten Wahrheiten, die unveränderlichen Prinzipien [...] Gesamtheit der Aufschlüsse, welche die unbestreitbaren Prinzipien von Wahrheit und Gerechtigkeit, die allein den Gedanken und Handlungen der Menschen eine richtige, weise und gesetzmäßige Richtung verleihen können, hervorbringen [...] 2. Thema, Grund, Motiv [...] Das stärkste Argument, das man vorbringt, um jemanden zu überzeugen. Das

Feuer der Scheiterhaufen war während einiger Jahrhunderte die *ultima ratio* der Gelehrten, wie die Artillerie die *ultima ratio* der Könige ist« (A. Martin).

59 »Entretiens avec Burman«; vgl. G. Gusdorf, a. a. O., Bd. IV *(La révolution galiléenne,* II, S. 132).

60 Locke, *Versuch über den menschlichen Verstand* III, VI, S. 23.

61 Vgl. J. Rostand, »Réaumur, embryologiste ...«, *Revue d'histoire des sciences,* XI (1958), S. 48. Linné wies in seiner *Metamorphosis Plantarùm* auf diese sensationelle Nachricht (1755) hin.

62 *Lettres sur le progrès des Sciences* von Maupertuis (1752), S. 103.

63 Vgl. J. Rostand, a. a. O., S. 47.

64 Vgl. Jaques Roger, *Les sciences de la vie dans la pensée française du XVIIIe siècle,* Paris 1963, S. 31-34, 44, 83 und passim.

65 Der Stoff ist natürlich äußerst umfangreich. Wir begnügen uns damit, die Stelle der Genesis zu zitieren, wo die Überschreitung der Verbote am deutlichsten wird (VI, 4-7): »Zu jenen Zeiten waren Riesen auf Erden, auch nachher noch, als die Gottessöhne mit den Töchtern der Menschen verkehrten und diese ihnen gebaren; das sind die starken Männer der Urzeit, Leute mit Namen. Der Herr sah, wie groß die menschliche Bosheit auf Erden war, und [...] sprach: ›Ich will den Menschen, den ich geschaffen, vom Erdboden vertilgen, vom Menschen bis zum Vieh [...]!«, usw. Die Nichtbeachtung der Verbote zieht also die Sintflut nach sich, der eine Art neuer Schöpfung folgt.

66 Auf das Zutagetreten dieser archaischen Überlieferungen oder Bestrebungen, die im Alten Testament zensuriert wurden, in manchen Talmud-Kommentaren hat Richard L. Rubenstein, *The Religions Imagination, A Study in Psychoanalysis and Jewish Theology,* Indianapolis-New York 1968, aufmerksam gemacht.

67 »Die Natur geht schrittweise von den unbelebten Dingen zu den Lebewesen über, so daß infolge der Kontinuität die Grenzlinie zwischen beiden nicht faßlich ist und man nicht bestimmen kann, zu welchen der beiden Gruppen die Zwischenform gehört [...] So kommt man also immer über einen unmerklichen Unterschied von einer Art zur anderen, wobei manche Arten sich anderen in bezug auf Leben und Bewegung überlegen zeigen [...]« (Aristoteles, *Geschichte der Lebewesen,* nach d. frz. Ausg. Tricot, Paris 1957, Bd. II, S. 492ff.)

68 G. Gusdorf, a. a. O., Bd. II, S. 137.

69 Franck Tinland, *L'homme sauvage, Homo ferus et homo sylvestris,* Paris 1968, S. 40-45 (»L'homme sauvage médiéval et sa discondance«).

70 Edmund Husserl, »Die Krisis der europäischen Wissenschaften und die transzendentale Phänomenologie«, *Gesammelte Werke,* Bd. VI, Den Haag 1954, S. 216-219.

71 Ebd., S. 64.

72 Vgl. B. D. Lewin, »Conscience and consciousness in medical psychology: a historical study«, in: *Psychoanalysis in America, Historical Perspectives* (hrsg. von M. H. Sherman), Springfield 1966, S. 431-437.

73 Brief an einen Schüler von Malebranche (1687); vgl. Paul Hazard, *La crise de la conscience européenne,* Paris 1961, S. 195f.

74 So bei Blaise Pascal und Johann-Georg Hamann.

75 Spinoza, *Ethik,* 5. Teil, Propositio XVII, Schluß.

76 Ebd. (»non ridere, non lugere, neque detestari, sed intellegere«).
77 Die systematischste Anklage dieser Art wurde von Léon Chestov in *Athènes et Jérusalem* erhoben.

Zweites Kapitel

1 Richard S. Westfall, *Science and religion in seventeenth century England,* New Haven 1958, S. 46.
2 Charles E. Raven, *Natural religion and christian theology,* Bd. I, S. 107.
3 Ray, Vorwort zu *Synopsis stirpium Britannicarum* (1690).
4 Ray, Vorwort zu Willughbys *Ornithology* (1670).
5 Hiob, XLII, 3.
6 R. S. Westfall, a. a. O., S. 37.
7 Vgl. Raven, a. a. O., Bd. I, S. 120, Zitat aus *Synopsis Quadrepedum* (1693) von Ray.
8 Schluß von *Wisdom of God* (1693) von Ray.
9 *A Discourse on the Specific Differences of Plants* (1674); vgl. Th. Birch, *History of the Royal Society of London,* 1756, Bd. III, S. 162-173.
10 Der Anthropologe Ashley Montagu (vgl. Edward Tyson, M. D., F. R. S., Philadelphia 1943; daraus stammen die folgenden Zitate).
11 In *The Lay Monastery, Consisting of Essays, Discourses, etc.* vgl. Ashley Montagu, a. a. O., S. 402f.
12 Zitiert von John C. Greene, *The Death of Adam,* New York 1961, S. 361 und S. 219.
13 Zitiert nach Frank Tinland, *L'homme sauvage,* a. a. O., S. 128.
14 Ch. White, *Art Account of the Regular Gradation in Man, and in Different Animals and Vegetables* ..., London 1799, S. 134f.
15 Vgl. E. Guyenot, *Les sciences de la vie aux XVIIe et XVIIIe siècles,* Paris 1941, S. 298.
16 Vgl. J. Roger, *Les sciences de la vie dans la pensée française du XVIIIe siècle,* Paris 1963, S. 367f.
17 Ebd., S. 712.
18 Vgl. E. Guyenot, a. a. O., S. 299, und Herbert Endt, *A la recherche d'Adam,* Paris 1953, S. 90.
19 Zum Beispiel E. Guyenot, a. a. O., S. 296, und Jean Rostand, *Esquisse d'une histoire de la biologie,* Paris 1968 (Coll. »Idées«), S. 27-32.
20 H. Wendt, a. a. O., S. 90.
21 Vgl. Knut Hagberg, *Carl Linné,* frz. Übers. Paris 1944, S. 32.
22 C. v. Linné, *Systema naturae,* Brüssel 1793, S. 32.
23 Vgl. Frank Tinland, a. a. O., S. 117; er zitiert Linnés *Amoenitates Academicae,* Erlangen 1789, Bd. VI, S. 65.
24 Vgl. L. Poliakov, a. a. O., Bd. V, *Die Aufklärung und ihre judenfeindliche Tendenz,* S. 153.
25 Vgl. Frank Tinland, a. a. O., S. 124f.
26 Vgl. John Greene, *The Death of Adam,* a. a. O., S. 193f., der Petrus Campers *Über*

den natürlichen Unterschied der Gesichtszüge in Menschen verschiedener Gegenden und verschiedenen Alters (1781) zitiert.

27 Vgl. J. Rostands Vorwort zu E. Callot, *Maupertuis. Le savant et le philosophe,* Paris 1964, S. 7ff.

28 M. de Maupertuis, *Lettre sur le progrès des sciences,* 1752, S. 105ff. (»Expériences sur les animaux«).

29 Ebd., S. 83 (»Utilités du supplice des criminels«).

30 Ebd., S. 122f. und S. 117.

31 M. de Maupertuis, *Dissertation physique à l'occasion du Nègre blanc,* 1777, Kap. III (»Production de nouvelle espèces«).

32 Wir haben in den von Maupertuis publizierten Schriften keine Einzelheiten über seinen Plan gefunden, der nur durch die Erwähnung Kants im Jahr 1783 bekannt wurde: »Auf der Möglichkeit, durch sorgfältige Aussonderung der ausartenden Geburten von den einschlagenden, endlich einen dauerhaften Familienschlag zu errichten, beruhte die Meinung des Herrn von Maupertuis: einen von Natur edlen Schlag Menschen in irgend einer Provinz zu ziehen, worin Verstand, Tüchtigkeit und Rechtschaffenheit erblich wären. Ein Anschlag, der meiner Meinung nach an sich selbst zwar tunlich, aber durch die weisere Natur ganz wohl verhindert ist [...]« *(Von den verschiedenen Rassen der Menschen).*

33 Maupertuis, *Dissertation* ..., a. a. O., Kap. VI (»Difficulté sur l'origine des nègres levées«).

34 Buffon, *Histoire naturelle générale et particulière* ... (»L'âne«, Esel).

35 Buffon wiederholt hier Linnés Definition des Löwen, um sie zu kritisieren.

36 Buffon, *Histoire naturelle* ... a. a. O., (»Le lion«, Löwe).

37 Ebd., (»Les abeilles«, Bienen).

38 Ebd., (»Variétés de l'espèce humaine«, Verschiedene Menschenarten).

39 Ebd., (»De l'âge viril«, Mannesalter). Vgl. die Beschreibung des Aristoteles: »Das Hohe und das Niedrige im Menschen stehen in enger Beziehung mit dem Hohen und Niedrigen im Universum [...] Bei den anderen Lebewesen gibt es diese Unterschiede nicht oder nur in verschwommenerer Form [...] Alle Tiere tragen den Kopf im Verhältnis zu ihrem übrigen Körper hoch; der Mensch in seiner Vollkommenheit aber ist der einzige, bei dem dieser Teil des Körpers der Weltachse entspricht [...]« *(Zoologie,* I, I, XV, 494a).

40 L. Poliakov, a. a. O., Bd. V, *Die Aufklärung und ihre judenfeindliche Tendenz,* S. 150.

41 Buffon, *Histoire naturelle* ..., a. a. O. (»De la dégénération des animaux«, Von der Degeneration der Tiere).

42 Goethe sprach im Alter von Buffons Einfluß in Deutschland: »Graf Buffon gab, gerade in meinem Geburtsjahr 1749, den ersten Teil seiner *Histoire naturelle* heraus und erregte großen Anteil unter den damals französischen Einwirkungen sehr zugänglichen Deutschen. Die Bände folgten jahreweise, und so begleitete das Interesse einer gebildeten Gesellschaft mein Wachstum [...]« *(Principes de philosophie zoologique. Discuté en mars 1830 au sein de l'académie Royale des sciences par M. Geoffroy de Saint-Hilaire).*

Was Frankreich betrifft, so ist folgende Anmerkung aufschlußreich: »Wer den Erfolg Buffons im 19. Jahrhundert abschätzen möchte, der kann den Katalog der Bibliothèque nationale zu Rate ziehen [...] Von den *Ausgewählten Stücken* in 10 Bänden bis zu Benjamin Rabicrs *Buffon* über den *Buffon für Schulen*, den *Buffon für junge Damen* und sogar den *Buffon für die Jüngsten* [...] findet man mehr als 120 Titel, insgesamt mehr als 325 Auflagen [...]« (*Œuvres philosophiques de Buffon*, hrsg. von Jean Piveteau, Paris 1954, S. 527f.)

43 Vgl. P. Charles, »Les Noirs, fils de Cham le maudit«, *Nouvelle Revue théologique*, 1928, S. 721-739.

44 *Histoire philosophique et politique des établissements et du commerce des Européens dans les Deux Indes* (1770), 9. Buch Kap. xxx.

45 »Sie unterscheiden sich nicht nur durch die Farbe; von den anderen Menschen trennen sie auch ihre Gesichtszüge, breite und flache Nasen, wulstige Lippen und Wolle anstelle von Haar, wodurch sie eine neue Menschenart zu bilden scheinen. Entfernt man sich vom Äquator in Richtung auf die Antarktis zu, dann wird das Schwarze heller, aber die Häßlichkeit bleibt: dieses häßliche Volk findet sich auch an der Südspitze Afrikas [...] Wenn man zufällig unter den Negern von Guinea auf ehrenhafte Leute stößt (die meisten sind immer tückisch), dann neigen sie in ihrer Mehrzahl zur Liederlichkeit, zur Rachsucht, zu Diebstahl und Lüge. Sie sind so starrsinnig, daß sie ihre Fehler niemals eingestehen, welche Strafe man ihnen auch auferlegt; nicht einmal die Furcht vor dem Tode bringt sie aus der Ruhe.«

46 Im »Supplément au voyage de Bougainville«, vgl. Poliakov, a. a. O., Bd. V, *Die Aufklärung und ihre judenfeindliche Tendenz*, S. 150.

47 Im »Rêve de d'Alembert«, vgl. Jean Rostand, »Diderot et la biologie«, *Revue d'histoire des sciences*, V (1952), I, S. 9.

48 Vgl. weiter oben.

49 Vgl. Jean Rostand, »La conception de l'homme selon Helvétius et selon Diderot«, *Revue d'histoire des sciences*, IV (1951), 3-4, S. 213-222.

50 *Réflexions sur l'esclavage des nègres* (publiziert von Condorcet unter dem Namen Pastor Schwartz), Neufchâtel 1781, S. III.

51 Vgl. L. Poliakov, a. a. O., Bd. V, *Die Aufklärung und ihre judenfeindliche Tendenz*, S. 139.

52 Vgl. die berühmte Anmerkung j oder 10 in Rousseaus *Diskurs über den Ursprung der Ungleichheit unter den Menschen* (1755).

53 Claude Lévi-Strauss, insbesondere in *Le totémisme aujourd'hui*, Paris 1962, S. 142ff. und in *La pensée sauvage*, Paris 1962, S. 53, 216, 327f.

54 »Es wäre jedoch ein feierlicher Augenblick, wenn der Orang Utan oder andere der Spezies Mensch angehörten und die oberflächlichsten Beobachter sich davon überzeugen könnten; doch abgesehen davon, daß eine Generation für ein solches Experiment nicht ausreichen würde, muß es als undurchführbar angesehen werden; denn um zu zeigen, daß diese Annahme richtig ist, müßte man zuerst beweisen, daß die Probe, die das Faktum konstatieren soll, ohne Gefahr vorgenommen werden kann.« (Rousseau, *Diskurs über den Ursprung der Ungleichheit unter den Menschen*, Anmerkung j.)

55 Wilhelm A. Mühlmann, *Geschichte der Anthropologie*, Frankfurt/Main 1968, S. 57.

56 I. Kant, *Anthropologie in pragmatischer Hinsicht*, in: *Kants Werke*, Akademie Textausgabe Bd. VII, Berlin 1968, S. 303f.

57 Ebd., S. 319.

58 Ebd., S. 316.

59 Ebd., S. 320.
60 Ebd.
61 Vgl. L. Poliakov, a. a. O., Bd. V, *Die Aufklärung und ihre judenfeindliche Tendenz,* S. 203.
62 J.-F. Blumenbach, *De generis humani varietate nativa liber,* Leipzig 1798.
63 *Decas quarta collectionis suae cranorum diversarum gentium illustrata* (vgl. ebd.).
64 Johann Gottfried Herder, *Ideen zur Philosophie der Geschichte,* Buch VII, Riga und Leipzig 1784.
65 Ebd., Buch VI, IV (Bd. 2, S. 34).
66 Ebd., S. 42
67 Ebd., S. 46.
68 Ebd., »Gebiete wohlorganisierter Völker«, S. 33.
69 A. v. Humboldt, *Kosmos,* Stuttgart 1874, I, S. 232.
70 »Das Unerfreulichste und in späten Zeiten so oft Wiederholte über die ungleiche Berechtigung des Menschen zur Freiheit und über Sklaverei als eine naturgemäße Einrichtung findet sich leider! sehr systematisch entwickelt in Aristoteles *Politeia,* I, 3, 5, 6.« (A. v. Humboldt, *Kosmos,* I, S. 313, Anm. 12).
71 Der Brief wird bei Manfred Steinkühler zitiert, *Gobineau au jugement de ses contemporains d'outre-Rhin,* (maschinengeschriebene Dissertation, Paris 1961, S. 279).
72 *A Voyage to Guinea* … (1723); zitiert bei W. D. Jordan, *White over Black,* a. a. O., S. 17.
73 Ebd., S. 31f.
74 Vgl. Voltaire, *Œuvres complètes,* Bd. XII, S. 192 und 210.
75 Ebd., Bd. XI, S. 7.
76 Ebd., Bd. XII, S. 380 (»Die Natur hat diesem Prinzip die verschiedenen Grade von Genialität und die nationalen Merkmale untergeordnet, die sich so selten ändern. Deshalb sind die Neger die Sklaven der anderen Menschen. Man kauft sie wie Tiere an den Küsten Afrikas …« usw.).
77 Ebd., Bd. XII, S. 367ff.
78 Ebd., S. 368.
79 »Von diesen hundertachtzehn Artikeln machen etwa dreißig die Juden verantwortlich, *unsere Herren und unsere Feinde, an die wir glauben und die wir hassen* (Artikel Abraham), *das abscheulichste Volk der Erde,* (Artikel Anthropophage), *dessen Gesetze kein Wort über den Geist und die Unsterblichkeit der Seele sagen* (Artikel Âme, Seele), und so weiter …«, vgl. L. Poliakov, a. a. O., Bd. V, *Die Aufklärung und ihre judenfeindliche Tendenz,* S. 101.
80 Voltaire, a. a. O., Bd. XXVI, S. 402ff.
81 David Hume, »Of National Characters« (vgl. *Essays, moral, political, and literary,* London 1875, S. 244-258).
82 Ebd., S. 252, Anmerkung.
83 Lord Kames, *Sketches of the History of Man* …, Basel 1796, Bd. I, S. 58f. und Bd. III, S. 106.
84 Ebd., S. 47f.
85 Armand de Quatrefages, »Histoire naturelle de l'homme«, *Revue des Deux Mondes,* März 1857, S. 162.
86 Vgl. W. D. Jordan, *White over Black,* a. a. O., S. 492-495.

87 E. von Eickstedt, *Geschichte und Methoden der Anthropologie,* Stuttgart 1940, S. 286.
88 Wilhelm E. Mühlmann, *Geschichte der Anthropologie,* Frankfurt/Main 1968, S. 59ff.
89 Darauf weist W. E. Mühlmann hin, ebd., S. 61 und 203.
90 Christoph Meiners, *Untersuchungen über die Verschiedenheiten der Menschenrassen,* Tübingen 1811, Bd. III, S. 312ff.; Bd. I, S. 166, S. 1, 7.
91 Christoph Meiners, *Grundriß der Geschichte der Menschheit,* Lemgo 1793, S. 123 und S. 116.
92 Meiners, *Untersuchungen* ..., a. a. O., Bd. III, Kap. VI.
93 Ebd., Bd. III, S. 129 und 306.
94 Ebd., Bd. III, S. 17ff., vor allem 74-77; Bd. I, S. 469ff.
95 Joh. Christ. Fabricius, *Betrachtungen über die allgemeinen Einrichtungen der Natur,* Hamburg 1781, S. 328-332.
96 Joh. Christ. Fabricius, *Systema antliatorum,* Braunschweig 1805, S. 340; vgl. auch *Nouveau Dictionnaire d'histoire naturelle,* Bd. XXVIII, Paris 1819, Artikel *Pou.*
97 Jean-Joseph Virey, *Histoire naturelle du genre humain,* S. 145f.
98 Ebd, S. 146f. und S. 151.
99 *Nouveau dictionnaire d'histoire naturelle,* Bd. XV, S. 152 (Artikel *Homme,* Mensch). Existiert der *pediculus nigritarum* für die heutige Wissenschaft? Wir haben uns diesbezüglich beim Pasteur-Institut in Paris erkundigt. Der Leiter der Abteilung für medizinische Entomologie, Professor P. Grenier, lieferte uns liebenswürdigerweise folgende Angaben (datiert 19. Dezember 1969): »Die Frage, ob es den verschiedenen Menschenrassen entsprechende Läuse gibt, ist eine alte Geschichte und geht, wie Sie selbst festgestellt haben, auf Fabricius zurück. Es gibt aber nicht nur die ›Negerlaus‹. Es gibt auch die ›Chinesenlaus‹ *(P. humanus sinensis),* die peruanischen Mumienläuse *(P. h. americanus),* die ›Japanerlaus‹ und schließlich den *P. pseudohumanus* (Ewing, 1938), der von den Eingeborenen der Marquesas-Inseln, Tahitianern, Guatemalteken und auch von Affen herrührt. Das Problem ist ziemlich verzwickt, und man ist bis jetzt zu keinerlei definitivem Schluß gekommen ...«
Die Frage der »Läuserassen« scheint also ebenso umstritten zu sein wie jene der »Menschenrassen«. Vom Standpunkt der Geschichte des Rassismus aus gesehen bleibt die Tatsache bestehen, daß verschiedene Autoren aus der vermuteten Existenz des *pediculus nigritarum* schlossen, die Schwarzen seien Untermenschen.
100 Vgl. *The Descent of Man,* hrsg. von »Modern Library«, New York, S. 532 und 536 (Bezugnahmen auf Virey).
101 Philip D. Curtin, *The image of Africa, British Ideas and Actions, 1780-1850,* London 1965, S. 371.

Drittes Kapitel

1 Buffon, *Von den Epochen der Natur,* »Siebente Epoche« (vgl. *Œuvres philosophiques de Buffon,* hrsg. von J. Piveteau, Paris 1954).
2 Gestützt auf eine gewisse Stelle bei Flavius Josephus nahmen Cassini und Bailly an,

daß die Alten mit praktisch hundertprozentiger Genauigkeit den Lauf der Gestirne berechnen konnten (vgl. die Anmerkungen in dem von Piveteau herausgegebenen Werk, S. 188 und 220).

3 Vgl. E. A. W. Zimmermann, *Geographische Geschichte des Menschen und der allgemein verbreiteten vierfüßigen Thiere,* Bd. III, Leipzig 1783, S. 192-195.

4 Vgl. L. Poliakov, a. a. O., Bd. V, *Die Aufklärung und ihre judenfeindliche Tendenz,* S. 77.

5 Siehe die Artikel »Adam« und »Genèse« in Voltaires *Dictionnaire philosophique* sowie Kap. CXLIII (»Über Indien ...«) in *Essai sur les mœurs et l'esprit des nations.*

6 Vgl. Raymond Schwab, *La Renaissance orientale,* Paris 1950, S. 26.

7 *Lettres sur l'origine des sciences et sur celle des peuples de l'Asie adressées à M. de Voltaire par M. Bailly, et précédées de quelques lettres de M. de Voltaire à l'auteur,* Paris 1777, S. 3 (Voltaires Brief ist vom 15. Dezember 1775).

8 Alexander Dow, *Dissertation sur les mœurs et les usages de l'Inde,* ins Französische übersetzt von M. B. ***, S. XIII-XIV.

9 Vgl. Helmuth v. Glasenapp, *Das Indienbild deutscher Denker,* Stuttgart 1960, S. 11f.

10 Vgl. René Gérard, *L'Orient et la pensée romantique allemande,* Paris 1963, S. 40.

11 Vgl. ebd., S. 22.

12 Herder, *Ideen* ..., a. a. O., XI. Buch, Kap. 4, Bd. III, S. 40.

13 Ebd., X. Buch, Kap. 7, Bd. III, S. 343.

14 Herder, »Älteste Urkunde des Menschengeschlechts«, Schluß, Bd. III, Riga 1774, S. 369.

15 R. Schwab, *La renaissance orientale,* a. a. O., S. 225.

16 Vgl. Georges Mounin, *Histoire de la linguistique des origines au XXe siècle,* Paris 1967, S. 144 und 150.

17 Bezüglich der Ideen von Michaelis und seiner Kollegen Gatterer und Schlözer siehe A. Borst, a. a. O., Bd. III/2, S. 1499ff.

18 Hinsichtlich der Frage der Chronologie vgl. A. Klempt, *Die Säkularisierung der universalhistorischen Auffassung* ..., a. a. O., S. 188ff.

19 Vgl. Th. Benfey, *Geschichte der Sprachwissenschaft und orientalischen Philologie in Deutschland,* München 1869, S. 333ff.

20 Ebd., S. 348, Zitat aus den *Asiatic Researches* von Jones.

21 Vgl. ebd., S. 355.

22 Bezüglich dieser Theorie Adelungs siehe L. Poliakov, a. a. O., Bd. VI, *Emanzipation und Rassenwahn,* S. 109f.

23 Vgl. Paul Busch, *Friedrich Schlegel und das Judentum,* München 1939.

24 Schlegel, »Vorlesungen über Universalgeschichte« (1805-1806); *Werke,* hrsg. von J.-J. Anstett, Bd. XIV, München 1960.

25 Brief an Ludwig Tieck, 15. Dezember 1803; vgl. ebd., S. XXXI.

26 Schlegel bezog sich ausdrücklich auf Voltaire und holte sich Anregungen vor allem aus dessen *Essai sur les mœurs* ...; vgl. ebd., S. XXVIII.

27 Zitiert nach Schlegel, *Über die Sprache und Weisheit der Indier,* Heidelberg 1808, S. 174ff.

28 Vgl. Ovid, *Metamorphosen,* XV, 75-142, wo Pythagoras ein primitives, vegetarisch orientiertes Goldenes Zeitalter preist.

29 Vgl. L. Poliakov, a. a. O., Bd. VI, *Emanzipation und Rassenwahn,* S. 237-265 (»Der Fall Richard Wagner«), insbes. S. 256ff.

30 Vgl. René Gérard, *L'Orient et la pensée romantique allemande,* a. a. O., S. 132.

31 Jakob-Joseph Görres, *Mythengeschichte der asiatischen Welt;* vgl. René Gérard, a. a. O., S. 181-187.

32 Friedrich Creuzer, *Symbolik und Mythologie der alten Völker;* vgl. Gérard, ebd., S. 173-181.

33 Johann Arnold Kanne, *Erste Urkunden der Geschichte oder allgemeine Mythologie* ... (1808) und *System der indischen Mythe oder Chronos* ... (1815); vgl. Gérard, ebd., S. 187-191.

34 Bezüglich der Wandlungen des Begriffes »arisch« siehe Hans Siegert, »Zur Geschichte der Begriffe ›Arier‹ und ›arisch‹, *Wörter und Sachen«,* Heidelberg, 1941-1942, S. 73-99.

35 Vgl. Gustav Meyer, »Von wem stammt die Bezeichnung Indogermanen?«, *Indogermanische Forschungen,* II, (1892), S. 125-130.

36 Vgl. Siegert, a. a. O., S. 75.

37 »Die häufig gebrauchte Benennung ›indo-germanisch‹ kann ich nicht billigen, weil ich keinen Grund kenne, warum [...] gerade die Germanen als Vertreter der [...] übrigen Völker unseres Erdteils [...] hervorzuheben seien.« F. Bopp, *Vergleichende Grammatik,* Bd. I, Berlin 1857, S. XXIV.

38 Die in Latein verfaßte Doktorarbeit von Paul Boetticher-Lagarde beginnt mit den Worten: *Inter linguas japetiticas* ... (vgl. Siegert, a. a. O., S. 74).

39 Vgl. Kapitel »Deutschland«.

40 »Über das Studium der Theologie« (vgl. Schellings *Sämtliche Werke,* Stuttgart 1859, S. 296ff.).

41 Brief an Windischmann vom 18. Dezember 1806, zitiert nach H. Gérard, a. a. O., S. 213.

42 Schelling, *Einleitung in die Philosophie der Mythologie* (1841-1854).

43 Goethe, *Noten und Abhandlungen zu besserem Verständnis des West-Östlichen Diwans.*

44 Vgl. Hegel, *Die Vernunft in der Geschichte,* Hamburg 1955, S. 158ff.

45 Ebd., S. 163.

46 Vgl. H. von Glasenapp, *Das Indienbild deutscher Denker,* a. a. O., S. 38-60.

47 Hegel, *Die Vernunft in der Geschichte,* a. a. O., S. 158.

48 Siehe den Zyklus »Heimkehr« (von 1823-1824): »Ich rief den Teufel und er kam [...] Er ist ein gescheuter Diplomat, und spricht recht schön über Kirch und Staat. Blaß ist er etwas, doch ist es kein Wunder, Sanskrit und Hegel studiert er jetzunder [...]«

49 Carl Ritter, *Die Vorhalle der Europäischen Völkergeschichte* ..., 1820 (nach R. Gérard, a. a. O., S. 192ff.).

50 *Die heilige Sage und das gesamte Religionssystem der alten Baktrier, Meder und Perser* ... von J. G. Rhode (1820) (vgl. L. Poliakov, a. a. O., Bd. VI, *Emanzipation und Rassenwahn,* S. 110ff.).

51 Christian Lassen, *Indische Altertumskunde,* 1. Band, Bonn 1847, S. 414.

52 Ebd., Bd. II, S. 513.

53 August Friedrich Pott, *Etymologische Forschungen* (1833-1836), Bd. I, S. XXI.

54 K. F. O. Westphal, *Philosophische Grammatik* (vgl. S. Reinach, »Le mirage oriental«, *Anthropologie,* 5-6, 1893, S. 1).
55 *Geschichte der deutschen Sprache* von Jacob Grimm, Leipzig 1868 (dritte Aufl.), Erster Band, S. IV.
56 Ebd., S. 113-122 (Kap. VIII, »Einwanderung«).
57 Ebd., S. IV-VI.
58 Vgl. Poliakov, a. a. O., Bd. VI, *Emanzipation und Rassenwahn,* S. 242f. (»Der Fall Richard Wagner«).
59 *Arisch als ein technischer Ausdruck;* M. Müller, *Essays,* Leipzig 1879, Bd. II, S. 333.
60 »Variétés de l'espèce humaine«; G. Cuvier, *Le régne animal ...,* Paris 1817, S. 94.
61 *Introduction de 1831;* vgl. Michelet, choix de textes par L. Fèbvre, Paris 1946, S. 154 und S. 95f. »The womb of the world« ist im Text natürlich auf englisch angeführt.
62 Frédéric-Gustave Eichhoff, *Parallèle des langues de l'Europe et de l'Asie,* Paris 1836, S. 12.
63 Vgl. Gabriel Monod, *La vie et la pensée de Jules Michelet,* Paris 1923, Bd. II, S. 224.
64 Vgl. Jean Richer, *Gérard de Nerval et les doctrines ésotériques,* Paris 1947, S. 10-14 (Brief Nervals an M. Cavé, Direktor im Ministerium für Inneres, 31. März 1841).
65 Balzac, *Louis Lambert,* Paris 1968, S. 100-101.
66 P. Leroux, »De l'influence des idées orientales«, *Revue encyclopédique,* Paris, April-Juni 1832, Bd. LIV, S. 69-80.
67 P. Proudhon, *De la justice dans la Révolution et dans l'Église,* Ausg. 1930, Bd. I, S. 445.
68 A. Viatte, Claude-Julien Bredin (1776-1854), *Correspondance philosophique et littéraire avec Ballanche,* Paris 1958, Einleitung und passim.
69 Vgl. P.-M. Burtin, *Le baron Eckstein, Un semeur d'idées au temps de la Restauration,* Paris 1931. Eckstein war der Sohn eines konvertierten Juden.
70 Ebd., S. 263.
71 Zitiert nach R. Schwab, *La renaissance orientale,* a. a. O., S. 343.
72 Die Formulierung stammt von Sainte-Beuve (vgl. ebd., S. 344).
73 »Die katholische Regierung«, schreibt Hegel, »hat sich in gebildeten Ländern der Anforderungen des Gedankens nicht länger entschlagen und damit des Bedürfnisses, sich im Bund mit Gelehrsamkeit und Philosophie zu setzen.« Er zitiert dann Lamennais, Rémusat und Saint-Martin und fährt fort: »Baron von Eckstein tat seinerseits auf seine Weise, d.i. mit oberflächlichen, aus Deutschland geschöpften naturphilosophischen Vorstellungen und Manieren in Art und Nachahmung Fr. von Schlegels, doch geistreicher als dieser [...] in seinem Journal ›Le Catholique‹ jenem primitiven Katholizismus Vorschub, insbesondere aber leitete er die Unterstützung der Regierung [...]« *(Die Vernunft in der Geschichte,* Hamburg 1955, S. 159, Anm. g).
74 E. Vermeil, *L'Allemagne. Essai d'explication,* Paris 1940, S. 134.
75 Zitiert nach A. Albalat, *La vie de Jésus d'Ernest Renan,* Paris 1933, S. 60.
76 R. Schwab, *La Renaissance orientale,* a. a. O., S. 393 und 397f.
77 Brief Tocquevilles an Gobineau, 20. Dezember 1853 (vgl. Tocqueville, *Œuvres complètes,* Bd. IX, Paris 1959, S. 205).
78 Th. Mann, *Pariser Rechenschaft ...,* S. 59f.
79 Vgl. weiter oben.

80 Bezüglich des Umschwenkens von Renan siehe Ernest Seillière, »L'impérialisme germaniste dans l'œuvre de Renan«, *Revue des Deux Mondes,* 135/5 und 135/6 (1906), S. 836-858 und 323-352. In einem 1878 gehaltenen Vortrag erklärte Renan unumstößlich: »Das Phänomen des Auftauchens von Sprachfamilien ist also ein Phänomen, das nichts mit den Problemen gemein hat, welche die Anthropologie zu lösen sucht [...]« (Vgl. Renan, *Œuvres complètes,* Ausg. 1947-1961, Bd. VIII, S. 1224; siehe auch Bd. I, S. 935ff., »Le judaïsme comme race et comme religion«, 1883). Bezüglich Müllers Sinnesänderung siehe weiter unten.

81 Brief Renans an Müller, 17. November 1855 (Renan, *Œuvres* ..., a.a.O., Bd. X, S. 178).

82 Vgl. N. Burtin, *Le baron d'Eckstein* ..., a.a.O., S. 183.

83 Brief Renans an Gobineau, 26. Juni 1856 (Renan, *Œuvres* ..., a.a.O., Bd. X, S. 203-205).

84 Siehe Kapitel »Deutschland«.

85 Siehe insbesondere den Schluß von *Histoire générale et système comparé des langues sémitiques* (1847-1855), Renan, *Œuvres,* a.a.O., Bd. VIII, S. 580-589.

86 Der Ausdruck stammt von Renan selbst. Er gebrauchte ihn 1890 bei der Betrachtung seiner Vergangenheit *(Œuvres,* III, 721).

87 *Histoire ... (Œuvres,* VIII, 586).

88 *L'avenir religuieux des sociétés modernes* (1860); *Œuvres,* I, 239, 242f.

89 *Histoire* ..., a.a.O.

90 *De l'origine du langage* (1848-1858); *Œuvres,* VIII, 98.

91 »Discours d'ouverture au Collège de France« (1862); *Œuvres,* II, 333.

92 Aufsatz über »Das Leben Jesu« in *Revue des Deux Mondes;* vgl. S. Posener, *Adolphe Crémieux,* Paris 1933, Bd. II, S. 157.

93 Vgl. A. Albalat, *La vie de Jésus d'Ernest Renan,* a.a.O., S. 62 und S. 73.

94 Michelet, *Bible de l'humanité,* Paris 1864, S. 6ff. Daniel Halévy hat aufgezeigt, wie der Erfolg von Renans *Leben Jesu* Michelet dazu anregte, seine *Bible aryenne* zu verfassen; vgl. R. Schwab, a.a.O., S. 417.

95 *La Bible dans l'Inde, Vie de Iezeus Christna,* von L. Jacolliot, Paris 1973 (4. Aufl.), S. 7, 64, 141.

96 Zitiert nach Th. Huxley, *The Aryan question and prehistoric man* (1890), *Collected essays,* Bd. VII, London 1906, S. 281-282, Anm.

97 R. Schwab, a.a.O., S. 207-219.

98 Vgl. Max Müller, *Lectures on the science of language,* London 1862, S. 163f.

99 A. Ellegard, *Darwin and the general reader,* Göteborg 1958, S. 96ff.

100 »The Miltonic Hypothesis«; vgl. Th. Huxley, *Lectures on evolution,* »Essays«, Bd. IV, S. 65; Th. Huxley, *Das verlorene Paradies,* VII. Buch, zitiert nach der Übersetzung von Karl Eitner, Leipzig o.J., S. 204.

101 Bulwer Lytton, *Zanoni,* III, 1.

102 *Coningsby* (1844) und *Tancred* (1847); vgl. L. Poliakov, a.a.O., Bd. VI, *Emanzipation und Rassenwahn,* S. 127ff.

103 »Die Heilige Schrift, deren Zeugnis von jedem unvoreingenommenen Menschen mit Respekt und vorbehaltlos akzeptiert wird, verkündet, daß es dem Allmächtigen gefiel, die verschiedenen Nationen der Erde aus einem einzigen Blut hervorgehen zu lassen, und daß das ganze Menschengeschlecht solcherart von gemeinsamen Eltern

abstammt« (James Cowles Prichard, *Histoire naturelle de l'homme,* frz. Übers., Paris 1843, Bd. I, S. 6).

104 Ebd., Bd. I, S. 199f.

105 Vgl. A. Ellegard, *Darwin and the general reader,* a. a. O., S. 101.

106 »What is the question now placed before society with a glib assurance the most astounding? The question is this – Is man an ape or an angel? My lord, I am on the side of the angels ...« (Rede Disraelis in Oxford, 1864).

107 Th. Huxley, *The Aryan question and prehistoric man* (1890), *Essays,* Bd. VII, S. 275.

108 Ebd. S. 282.

109 Vgl. Th. Huxley, *Genesis versus Nature* (1885), *Essays,* Bd. IV, S. 161f.

110 Th. Huxley, *Prologue, Controverted Questions* (1892), *Essays,* Bd. V, S. 55ff.

111 Brief vom 29. Juni 1869 *(The life and letters of the right honourable Max Müller,* London 1902, Bd. I, S. 367).

112 Brief vom 9. Juli 1869 (ebd., S. 368).

113 Ebd.

114 M. Müller, *Lectures on the science of language,* London 1862, S. 213.

115 Vgl. den Artikel »Aryan«, in: *The imperial dictionary of the English language,* Bd. I, London 1883, S. 159.

116 Brief vom 7. März 1871 *(The life and letters ...,* a. a. O., Bd. I, S. 415).

117 Vgl. *The life and letters ...,* a. a. O., Bd. I, S. 420.

118 M. Müller, *Über die Resultate der Sprachwissenschaft, Vorlesung gehalten in der kaiserlichen Universität zu Straßburg am 23. Mai 1872.*

119 John Fiske, *La destinée de l'homme,* Paris 1904, S. 71ff.

Viertes Kapitel

1 Jean-Baptiste Lamarck, *Zoologische Philosophie,* Jena 1876, S. 191.

2 Ebd., frz. Ausg. S. 51f.

3 Claude-Henri de Saint-Simon, *Mémoire sur la science de l'homme,* Paris 1966, Bd. V, S. 55.

4 Ebd., S. 25ff.

5 Ebd., S. 52f.

6 Saint-Simon, *Lettres d'un habitant de Genève à ses contemporains; Œuvres,* a. a. O., Bd. I, S. 46ff.

7 Vgl. zum Beispiel die *Observations sur les hommes de couleur des colonies* von César de l'Escale de Vérone (Paris 1790): »Oh Franzosen! ... Hütet euch, daß dieses Kolonialvolk, das ihr als französisch ansehen und mit dem Namen ›Bruder‹ benennen möchtet, aus wirtschaftlichen oder anderen Gründen in euer Land auswandere und sein dickes, schweres, unreines, schwarzes, heimtückisches Blut in den Schoß des Vaterlandes übertrage; ein Blut, unwürdig dessen, das in euren Adern fließt, dessen Ruhm sich über die ganze Erde verbreitet hat und den der Griechen und Römer überstrahlt.« (S. 13)

8 Pierre Cabanis, *Rapports du physique et du moral chez l'homme,* Paris 1824, Bd. I, S. 133f.

9 Ebd., Bd. II, S. 127.
10 Ebd., Bd. II, S. 452, und Bd. I, S. XVII.
11 Ebd., Bd. I, S. 410f.
12 Ebd., Bd. II, S. 327. Über Draparnaud, der in seinem Werk *Idéologie comparée* »einen ideologischen Maßstab der Rassen« entwickeln wollte, siehe Fr. Picavet, *Les idéologues,* Paris 1891, S. 445-450.
13 Ebd., S. 411, Anm. (E.).
14 Vgl. die (maschinengeschriebene) Dissertation von Jean Boissel, *Victor Courtet de l'Isle,* Paris 1969, Bd. I, S. 38.
15 Vgl. George W. Stocking, »French Anthropology in 1800«, *Isis,* LV (1964), und Cuviers *Le règne animal,* Paris 1817, S. 94.
16 Bory de Saint-Vincent, *L'homme (homo), Essai zoologique sur le genre humain,* 2. Aufl., S. 148, 102ff. und 318.
17 M. A. Desmoulins, *Aperçu philosophique sur la possibilité de perfectionner l'homme par les modifications de son organisation,* Paris, o.J. (um 1820), S. 24f.
18 Nach V. Schoelcher war der Glaube an die Ungleichheit der Rassen ein Vorurteil, das mit der Zeit unweigerlich verschwinden würde *(De l'abolition de l'esclavage,* 1840; vgl. L. Poliakov, a. a. O., Bd. VI, *Emanzipation und Rassenwahn,* S. 138).
19 Vgl. Gustave d'Eichthal und Ismayl Urbain, *Lettres sur la race noire et la race blanche,* Paris 1839, S. 14.
20 A. de Quatrefages, »La Floride«, *Revue des Deux Mondes,* März 1843, S. 757ff.
21 Vgl. William Stanton, *The Leopard's Spot, Scientific attitudes towards race in America,* Chicago 1961, S. 103.
22 Vgl. C. G. Carus, *Über ungleiche Befähigung der verschiedenen Menschenrassen für höhere geistige Entwicklung,* 1849, und Renan, Brief an Max Müller vom 10. Juni 1857.
23 M. Müller, *Lectures* …, a. a. O., S. 475ff.
24 Vgl. T. K. Penniman, *A Hundred Years of Anthropology,* London 1952, S. 57ff., und E. von Eickstedt, *Geschichte und Methoden der Anthropologie,* Stuttgart 1940, S. 346ff.
25 Vgl. Philip D. Curtin, *The Image of Africa* …, a. a. O., S. 236.
26 Ebd., S. 242.
27 Vgl. Marvin Harris, *The Rise of Anthropological Theory,* London 1969, S. 76ff., und E. v. Eickstedt, a. a. O., S. 350f.
28 J. Hunt, »On the Negro's place in Nature«, *The Anthropological Review,* II (1864), Abschn. II, S. XV.
29 Das folgende ist aus Auguste Comtes *Cours de philosophie positive,* Bd. V, Paris 1841, S. 4ff., und aus *Système de politique positive ou traité de sociologie,* Bd. II, Paris 1852, S. 461f. und passim entnommen.
30 »Dieses kindische und unpassende Zurschaustellen einer sterilen und fehlgeleiteten Bildung, die heutzutage dazu neigt, das Studium unserer sozialen Entwicklung durch die schädliche Vermischung der Geschichte von Völkern zu behindern, die, wie die Völker Indiens, Chinas, usw. auf unsere Vergangenheit keinen wirklichen Einfluß ausgeübt haben, sollte als eine Quelle grundlegender Verwirrung bei der Erforschung der tatsächlichen Gesetze der menschlichen Soziabilität angeprangert werden« (A. Comte, *Cours de philosophie positive,* a. a. O.).

31 A. Comte, *Système de politique positive,* a.a.O., Bd. II, S. 461.

32 Vgl. W. Mühlmann, *Geschichte der Anthropologie,* a.a.O., S. 48.

33 *Des caractères physiologiques des races humaines, considérés dans leurs rapports avec l'histoire. Lettre à M. Amédeé Thierry,* von W. F. Edwards (Paris 1829).

34 »Ich nenne ein Beispiel, das keinen Zweifel zuläßt. Die Züge der Juden sind so deutlich ausgeprägt, daß man sie kaum verkennen kann; und da man sie in allen Ländern Europas findet, gibt es keinen Volkstypus, der bekannter und leichter erkennbar wäre. Man könnte sie als gleichrassige Kolonien betrachten, die in diesen Gegenden entstanden sind [...] Das Klima hat sie den Völkern, unter denen sie wohnen, nicht angeglichen.«

35 Charles Comte, *Traité de législation, ou exposition des lois générales suivant lesquelles les peuples prospèrent, dépérissent ou restent stationnaires,* Paris 1827-1835; vgl. vor allem Bd. I, Vorwort; Bd. II, S. 57f.; Bd. III, S. 360f.; Bd. IV, S. 443-446.

36 In *Illusions perdues* schildert Balzac den Gegensatz zwischen Lucien und David so: Lucien ist mit einem »aristokratischen Instinkt« begabt; Weltgewandtheit, fährt Balzac fort, sei, wenn sie nicht hoher Abkunft entspringe, mit der Muttermilch eingesogen oder durch das Blut vermittelt, eine Sache der Erziehung. »[...] Alle diese kleinen Dinge fehlten David, während die Natur seinen Freund damit ausgestattet hatte. Edelmann von seiner Mutter her, hatte Lucien sogar den hochgewölbten Fuß des Franken, während David Séchard die Plattfüße und die Halsweite seines Vaters, des Preßarbeiters, hatte. Lucien hörte die Spottworte, die auf David herabprasselten [...]« (vgl. *Illusions perdues,* Garnier Flammarion 1966, Taschenbuchausg., S. 89f.).

37 Barthélemy Dunoyer, *Nouveau traité d'économie sociale,* 2 Bde., Paris 1830. Vgl. auch E. von Eickstedt, *Geschichte und Methoden der Anthropologie,* a.a.O., S. 340.

38 Wir fassen die Geschichtsphilosophie Courtets hier teilweise nach der Arbeit von Jean Boissel, *Victor Courtet de l'Isle (1813-1867),* Paris 1969 zusammen, sowie nach dessen *Mémoire sur les races humaines (Extrait du journal de l'Institut historique),* Paris o.J. (1835?), das den Schluß zu *La Science politique fondée sur la science de l'homme* bildet.

39 *La science politique ...,* S. 262f.

40 Ebd., S. 233.

41 »Eine schreckliche Hand, die auf diesen mißratenen Rassen lastet, löscht in ihnen zwei Unterscheidungsmerkmale unserer Größe aus, nämlich den Vorausblick und die Fähigkeit zur Vervollkommnung [...] Wie auch die gemeinsten und empörendsten Substanzen noch für eine gewisse Degeneration anfällig sind, so werden auch die natürlichen Laster der Menschheit im Wilden noch mehr verdorben. Er ist diebisch, grausam, sittenlos, aber anders als wir. Um Verbrecher zu werden, überwinden wir unsere Natur; der Wilde folgt ihr, er lechzt nach dem Verbrechen, und er hat dabei keinerlei Gewissensbisse« (Joseph de Maistre, *Les soirées de Saint-Pétersbourg,* Deuxième entretien).

42 B. Constant, *Mélanges de littérature et de politique,* Paris 1829, S. 149f.

43 Zitiert nach E. J. Young, *Gobineau und der Rassismus, eine Kritik der anthropologischen Theorie,* Meisenheim 1968, S. 207.

44 H. Taine, *Histoire de la littérature anglaise,* Paris 1865, Bd. I, S. XXVI.

45 Th. Arnold, *Introductory Lectures on Modern History,* New York 1842; *The life and correspondence of Thomas Arnold,* London o.J. (6. Aufl.), S. 488.

46 Ebd. S. 240.

47 Disraeli, *Coningsby*, zit. nach *Die jüdische Weltherrschaft*, übers. von L. v. Mitis, Leipzig 1936, S. 8.

48 Vgl. L. Poliakov, a. a. O., Bd. VI, *Emanzipation und Rassenwahn*, S. 127f.

49 Vgl. Ph. D. Curtin, *The Image of Africa*, a. a. O., S. 377.

50 *The Races of Men: A philosophical enquiry into the influence of race over the destinies of nations*, by Robert Knox, M. D., London 1862 (2. Aufl.), Vorwort, S. 1.

51 So etwa Marvin Harris, *The Rise of Anthropological Theory*, a. a. O., S. 99f.; vgl. auch Wilhelm Mühlmann, *Geschichte der Anthropologie*, a. a. O., S. 99.

52 *The Races of Men* ..., a. a. O., S. 194 und 208.

53 Vgl. Carl Koehne, »Untersuchungen über Vorläufer und Quellen der Rassentheorie des Grafen Gobineau«, *Archiv für Rassen- und Gesellschaftsbiologie*, XVIII (1926), S. 369-396.

54 Brief an Baron von Prokesch-Osten (vgl. A. Cambris, *La philosophie des races du comte de Gobineau*, Paris 1937, S. 158f.).

55 Vgl. A. de Tocqueville, *Œuvres*, a. a. O., Bd. IX (Korrespondenz zwischen Alexis de Tocqueville und Arthur de Gobineau), Paris 1959, S. 259.

56 Gobineau, *Versuch über die Ungleichheit der Menschenrassen*, Stuttgart 1922, Bd. I.

57 Ebd.

58 Ebd., Kap. IV, »Was unter ›Degeneration‹ zu verstehen ist«; in diesem Kapitel entwickelt Gobineau die Prinzipien seiner »historischen Chemie«.

59 Ebd.

60 Ebd.

61 Ebd.

62 Ebd., Bd. II, S. 174.

63 Ebd., I, S. 76.

64 Ebd., S. 280f.

65 Ebd., III, S. 242.

66 Ebd. IV., S. 293f.

67 Ebd.

68 Ebd., S. 318f.

69 Ebd.

70 Vgl. A. de Tocqueville, *Œuvres*, a. a. O., Bd. IX, S. 259 (Brief Gobineaus vom 20. März 1856).

71 Ebd., S. 267 (Brief Tocquevilles vom 30. Juli 1856).

72 Vgl. E. Renan, *Œuvres*, a. a. O., Bd. X, S. 203ff. (Brief Renans vom 26. Juli 1856).

73 Fichte sah nur »ein einziges Mittel«, um sich gegen sie zu schützen; nämlich ihr gelobtes Land für sie zu erobern und sie alle dorthin zu schicken; »[...] Ihnen Bürgerrechte zu geben, dazu sehe ich wenigstens keine Mittel als das: in einer Nacht ihnen alle Köpfe abzuschneiden und andere aufzusetzen, in denen auch nicht eine jüdische Idee steckt« (vgl. L. Poliakov, a. a. O., Bd. V, *Die Aufklärung und ihre judenfeindliche Tendenz*, S. 204).

74 Friedrich Wilhelm Schelling, *Einführung in die Mythologie der Geschichte*, 5. Vorlesung.

75 Ebd., Bd. II, 21. Vorlesung. Dieser zweite Teil der *Philosophie der Mythologie* stammt aus der Zeit, in der der alte Schelling in Berlin einen Lehrstuhl für Philoso-

phie erhielt, somit die Nachfolge Hegels als preußischer Staatsphilosoph antrat und von da an gegen die »Drachensaat« der jungen Linkshegelianer zu kämpfen hatte (1841-1846).

76 Ebd., Bd. I, 7. Vorlesung.

77 L. Oken, *Lehrbuch der Naturphilosophie,* Dritter Teil, Jena 1811, S. 353ff., 373f.

78 Heine bezeichnet Oken als den »genialsten Denker« und einen der bedeutendsten Bürger Deutschlands (vgl. *Zur Geschichte der Religion und Philosophie in Deutschland,* Drittes Buch).

79 Vgl. *Encyclopädie der philosophischen Wissenschaften,* § 411 (»Die wirkliche Seele«).

80 Vgl. *Grundlinien der Philosophie des Rechtes,* § 270 (Anmerkung über die Gewährung der bürgerlichen Rechte an Quäker und Juden).

81 Hegel, *Vorlesungen über die Philosophie der Geschichte,* Berlin 1848, S. 122.

82 Ebd., S. 506f.

83 Oder in eine mystisch-revolutionäre nach der Interpretation von Georg Lukacs, *Der junge Hegel,* Zürich 1967, insbes. S. 67ff. und S. 110.

84 Hegel, *Theologische Jugendschriften,* Tübingen 1907, »Am Haufen der Juden mußte Jesu Versuch scheitern, ihnen das Bewußtsein von etwas Göttlichem zu geben; denn der Glaube an etwas Göttliches, an etwas Großes kann nicht im Kote wohnen. Der Löwe hat nicht Raum in einer Nuß; der unendliche Geist nicht Raum in dem Kerker einer Judenseele [...] Das große Trauerspiel des jüdischen Volkes ist kein griechisches Trauerspiel, es kann nicht Furcht noch Mitleiden erwecken, denn beide entspringen nur aus dem Schicksal des notwendigen Fehltritts eines schönen Wesens; jenes kann nur Abscheu erwecken. Das Schicksal des jüdischen Volkes ist das Schicksal Macbeths [...] Alle [...] Zustände des jüdischen Volks, bis auf den schäbigsten, niederträchtigsten, lausigsten Zustand, in dem es sich noch heutigtags befindet, sind weiter nichts als Folgen [...]«

85 Vgl. *Hegels theologische Jugendschriften,* hrsg. von Nohl, Tübingen 1907, S. 215-217 und 359. Diese Schriften Hegels wurden erst zu Beginn des 20. Jahrhunderts herausgegeben.

86 Joseph Görres, *Deutschland und die Nationen,* »Politische Schriften«, Bd. IV, S. 371f.

87 L. Feuerbach, *Grundsätze der Philosophie der Zukunft, Sämtliche Werke,* II, S. 315f. »Selbst die untersten Sinne, Geruch und Geschmack, erheben sich im Menschen zu geistigen, zu wissenschaftlichen Akten [...] Ja selbst der *Magen* des Menschen, so verächtlich wir auch auf ihn herabblicken, ist kein tierisches, sondern *menschliches,* weil universales, nicht auf bestimmte Arten von Nahrungsmittel eingeschränktes Wesen.«

88 »Das *Herz* – das weibliche Prinzip, der Sinn für das Endliche, der Sitz des Materialismus – ist *französisch;* der *Kopf* – das männliche Prinzip, der Sitz des Idealismus – ist *deutsch«* (L. Feuerbach, *Thesen zur Reform der Philosophie,* vgl. *Sämtliche Werke,* a.a.O., Bd. II, S. 235f.).

89 Max Stirner, *Der Einzige und sein Eigentum,* § 3, »Die Hierarchie«.

90 Friedrich Engels, *Dialektik der Natur* (»Die Rolle der Arbeit in der Menschwerdung des Affen«).

91 Engels, *Der Ursprung der Familie, des Privateigentums und des Staates,* Berlin 1964, S. 7: »Der reichlichen Fleisch- und Milchnahrung bei Ariern und Semiten, und be-

sonders ihrer günstigen Wirkung auf die Entwicklung der Kinder, ist vielleicht die überlegene Entwicklung beider Rassen zuzuschreiben.«

92 Marx an Engels, 24. Juni 1865.

93 Marx an Engels, 7. August 1866.

94 Trémaux' Buch, das Marx begeistert hatte, hieß *Origine et transformations de l'homme et des autres êtres,* Paris 1865. Da uns dieses Buch nicht zugänglich war, zitieren wir nach einer Zusammenfassung dieser Theorie, die Trémaux unter dem Titel »L'homme blanc devient nègre et vice versa« in seiner *Voyage en Éthiopie, au Soudan oriental et dans la Nigritie,* Bd. II, Paris 1863, S. 407ff., gegeben hat.

95 Ebd., S. 428.

96 Marx an Engels, 7. August 1866.

97 Engels an Marx, 2. Oktober 1866: »Bin aber zu der Überzeugung gekommen, daß an seiner ganzen Theorie schon deswegen nichts ist, weil er weder Geologie versteht noch der ordinärsten literarisch-historischen Kritik fähig ist.«

98 Marx an Engels, 3. Oktober 1866.

99 Marx an Engels, 30. Juli 1862.

100 Bezüglich des Antisemitismus bei Karl Marx siehe L. Poliakov, a. a. O., Bd. VI, *Emanzipation und Rassenwahn,* S. 229ff.

101 Marx bezeichnete Augustin Thierry als den Vater des Klassenkampfes in der französischen Geschichtsschreibung (Marx an Engels, 27. Juli 1854).

102 Marx an Engels, 13. April 1867.

103 Vgl. Karl Marx, *Die deutsche Ideologie.*

104 Schopenhauer, *Parerga und Paralipomena,* »Über Religion«, § 180 (»Altes und Neues Testament«), Berlin 1862, II, S. 407.

105 Ebd., »Zur Ethik«, § 119 und passim.

106 Ebd., »Über Religion«, § 178 (»Über das Christentum«), S. 402.

107 Vgl. *Schopenhauers Gespräche,* hrsg. von Hübscher, Heidelberg 1933, S. 322ff.

108 Schopenhauer, *Die Welt als Wille und Vorstellung,* § 68 (vgl. Helmuth v. Glasenapp, *Das Indienbild deutscher Denker,* Stuttgart 1960, S. 70).

109 Vgl. E. J. Young, *Gobineau und der Rassismus ...,* Meisenheim 1968, S. 10f.

110 Schopenhauer *Parerga und Paralipomena,* a. a. O., »Zur Ethik«, § 116 (»Spicilegia 103«), S. 242.

111 Vgl. L. Poliakov, a. a. O., Bd. VI, *Emanzipation und Rassenwahn,* S. 237-265 (»Der Fall Richard Wagner«), insbesondere S. 244ff.

112 Vgl. ebd., S. 194.

113 Vgl. ebd., S. 204ff., insbesondere S. 210.

114 Vgl. weiter oben.

115 Börne, Briefe aus Paris, *Gesammelte Schriften,* III, S. 372.

116 Carl Gustav Carus, *Psyche,* hrsg. von L. Klages, Jena 1926, S. 90.

117 Carus, *Über die ungleiche Befähigung der verschiedenen Menschheitsstämme für höhere geistige Entwicklung* (1849); *Symbolik der menschlichen Gestalt* (1853); *Die Frage nach Entstehung und Gliederung der Menschheit vom Standpunkte gegenwärtiger Forschung* (ohne Datum, aber nach 1856 entstanden), *Natur und Idee* (1861).

118 Carus, *Die Frage nach Entstehung und Gliederung ...,* a. a. O., S. 90-98.

119 Carus, *Symbolik der menschlichen Gestalt ...,* a. a. O., S. 366-369.

120 H. Heine, *Ludwig Börne,* Viertes Buch.

121 Die folgende Zusammenfassung nach Erwin Schuppe, *Der Burschenschaftler Wolfgang Menzel, Eine Quelle zum Verständnis des Nationalsozialismus,* Frankfurt/Main 1952, S. 101-112.

122 In Übereinstimmung mit den Germanen hätten die Juden »das Abendland regeneriert«; vgl. W. Menzel, *Geist der Geschichte,* S. 162.

123 Literaturblatt 1853, Nr. 55 (vgl. W. Menzel, *Unsere Grenzen,* Leipzig 1868, S. 262-264).

124 »Die gelehrte Lüge, wir Deutschen seien nur ein Volk von Denkern« (Menzel, *Unsere Grenzen,* S. 251ff.).

125 Gustav Klemm, *Allgemeine Kulturgeschichte der Menschheit,* Erster Band, Leipzig 1843, S. 195f.

126 Ebd., S. 203f.

127 Ebd., S. 200.

128 Ebd., Bd. IV, S. 234.

129 Ebd., S. 230.

130 Ebd., S. 252.

131 Ebd.

132 H. Heine *Zur Geschichte der Religion und Philosophie in Deutschland,* Erstes Buch, S. 87.

133 Vgl. Julius Lippert, *Kulturgeschichte der Menschheit in ihrem organischen Aufbau,* 2. Bde., Stuttgart 1886, I, S. 43f.

134 Vgl. *Hitlers Tischgespräche* 1941-42 (Stuttgart 1963, S. 152).

Fünftes Kapitel

1 Vgl. *The Anthropological Review,* V (1867); S. LXIII ff.

2 M. Berthelot, *La science idéale et la science positive* (Vgl. E. Renan, *Œuvres,* a. a. O., I, S. 667).

3 H. Taine, *Histoire de la littérature anglaise,* Paris 1905, Einführung, S. XXII.

4 I. Taylor, *The Origin of the Aryans, An account of the prehistoric ethnology and civilisation of Europe,* London 1890, S. 332.

5 P. Broca, »La linguistique et l'anthropologie«, *Mémoires d'anthropologie,* Paris 1871, Bd. I, S. 232ff.

6 E. B. Tylor, *Anthropology, An introduction to the study of man,* London 1881, S. 152, 112.

7 P. Topinard, *L'anthropologie,* Paris 1876, S. 453, 429.

8 Th. Waitz, *Anthropologie der Naturvölker,* Leipzig 1859, Bd. I, S. 281ff.

9 A. Bastian, *Das Beständige in den Menschenrassen und die Spielweite ihrer Veränderlichkeit,* Berlin 1868, S. 23f. und S. 156.

10 R. Virchow, *Die Übervölkerung Europas,* Berlin 1874, S. 35f.

11 F.-G. Bergmann, *Les peuples primitifs de la race de Japhète,* Colmar 1853, S. 6.

12 Honoré Chavée, *Les langues et les races,* Paris 1862, S. 60.

13 Aug. Fr. Pott, *Die Ungleichheit menschlicher Rassen, hauptsächlich vom sprachwissenschaftlichen Standpunkt, unter besonderer Berücksichtigung von des Grafen*

Gobineau gleichnamigem Werk, Lemgo 1856. Diese Arbeit begeisterte Wagner für Gobineaus Theorie; vgl. »Lettres de Cosima Wagner à Gobineau«, *Revue hebdomadaire,* 23. Juli 1938, S. 287.

14 August Schleicher, *Compendium der vergleichenden Grammatik ...,* 1861, S. 7f.

15 J. Reinach spricht von den Historikern und den Naturwissenschaftlern; vgl. »Le mirage oriental«, *L'Anthropologie,* IV (1893), S. 553.

16 Vgl. M. Müller, *Lectures on the science of Language,* London 1862, S. 240ff., vor allem S. 249, Anm. 3 (»I state these views on the authority of M. Pictet«).

17 A. Pictet, *Les origines indo-européennes ou les Aryas primitifs, Essai de paléontologie linguistique,* Paris 1859, S. 1, 753f.

18 »On the Great Race-Elements in Christianity«, by the Rev. Dunbar I. Heath, *Journal of the Anthropological Society of London,* V (1867), S. XIX-XXVIII.

19 Vgl. die Vorlesung, die Quatrefages 1868 gehalten hatte: »Ich werde mich zunächst mit den Europäern befassen, deren Vorfahren die Arier waren [...]« *Revue des cours scientifiques de la France et de l'étranger,* V (1868), S. 727.

20 A. de Quatrefages, *La race prussienne,* Paris 1871 (diese Arbeit wurde zunächst in kürzerer Form in der *Revue des Deux Mondes* vom 15. Februar 1871, S. 687ff., veröffentlicht).

21 L. Figuier, *Tableau de la nature; Les races humaines,* Paris 1872 (4. Aufl. 1885), S. 59.

22 *Revue d'anthropologie,* I (1872), S. 163f. *(La race prussienne et M. Mantegazza).*

23 A. de Quatrefages, »Les origines européennes«, *Revue scientifique de la France et de l'étranger,* 1872, 2. Hj., S. 28.

24 A. de Quatrefages, *Histoire générale des races humaines,* Paris 1889, S. 454-455.

25 Vgl. *Zeitschrift für Ethnologie,* IV (1872), S. 45-64 (Bericht über *La race prussienne* von Quatrefages, gezeichnet B.).

26 Vgl. oben.

27 H. Grätz, »Mein letztes Wort an Professor von Treitschke«, 28. Dezember 1879 *(Der Berliner Antisemitismus-Streit,* hrsg. von W. Boehlich, Frankfurt/Main 1965, S. 52).

28 Vgl. Erich Bierhahn, »Blondheit und Blondheitskult in der deutschen Literatur«, *Archiv für Kulturgeschichte,* XLVI (1964), S. 309-333. Aus dieser Studie geht hervor, daß nach einer Tradition, die auf J.-J. Rousseau und Goethe zurückgeht, blondes Haar und blaue Augen für die Mehrheit der deutschen Autoren ein Zeichen von Sentimentalität, Unentschlossenheit und Verträumtheit war. Erst von der zweiten Hälfte des 19. Jahrhunderts an, insbesondere seit dem Krieg von 1870/71, wurden sie als Attribute mannhafter Helden und Eroberer angesehen.

29 Vgl. A. Retzius, *Ethnologische Schriften,* Stockholm 1864.

30 »Bei einer Ausgrabung muß der Archäologe so viele Stücke wie möglich sammeln und sich nicht mit ein paar Schädeln begnügen, die er in das Laboratorium der Ecole des Hautes Etudes schickt mit der Frage: Sagen Sie mir, ob das Franken, Burgunder, Sarazenen oder Römer sind« (P. Topinard, *L'Anthropologie,* Paris 1876, S. 235; vgl. auch S. 229).

31 Vgl. R. Virchow, »Über die Methode der wissenschaftlichen Anthropologie, Eine Antwort an Herrn de Quatrefages«, *Zeitschrift für Ethnologie,* IV (1872), S. 300ff., sowie *Die Urbevölkerung Europas,* Berlin 1874, vor allem S. 31.

32 *Correspondenzblatt der deutschen Gesellschaft für Anthropologie, Ethnologie und Urgeschichte,* Juni-Oktober 1871, S. 53.

33 R. Virchow, »Gesamtbericht über die von der deutschen anthropologischen Gesellschaft veranlaßten Erhebungen über die Farbe der Haut, der Haare und der Augen der Schulkinder«, *Archiv für Anthropologie,* XVI (1886), S. 275-475, vor allem S. 284f.

34 Ebd., S. 282.

35 R. Virchow, »Vortrag über die physische Anthropologie der Finnen«, *Zeitschrift für Ethnologie,* VI (1874), S. 169-189.

36 R. Virchow, »Die Verbreitung des blonden und des brünetten Typus in Mitteleuropa«, *Sitzungsberichte der königlich-preußischen Akademie der Wissenschaften,* 1885, Bd. I, S. 39-47.

37 R. Virchow, »Die Anthropologie in den letzten 20 Jahren«, *Correspondenzblatt der deutschen Ges. f. Anthropologie,* Januar 1889, S. 91.

38 Vgl. R. Virchow, *Grania Ethnica Americana,* Berlin 1894, vor allem S. 32.

39 Rede Virchows vor der anthropologischen Konferenz in Danzig (vgl. *Correspondenzblatt ...,* September 1891, S. 79).

40 I. Taylor, a. a. O., S. 226ff.

41 S. Reinach, *L'Origine des Aryens, Histoire d'une controverse,* Paris 1892, S. 90.

42 S. Feist, »Archäologie und Indogermanentum«, *Correspondenzblatt...,* 1916, S. 68.

43 R. Virchow, »Die Anthropologie in den letzten 20 Jahren«, *Correspondenzblatt ...,* 1889, S. 99; J. Kollmann, »Die Menschenrassen Europas und die Frage nach der Herkunft der Arier«, *Correspondenzblatt ...,* 1892, S. 105; F. von Luschan, »Die anthropologische Stellung der Juden«, *Correspondenzblatt ...,* 1892, S. 95.

44 R. Virchow, *Correspondenzblatt ...,* 1891, S. 77.

45 G. Heberer, *Rassengeschichtliche Forschung im indo-germanischen Urheimatsgebiet,* Jena 1943 (vgl. Karl Saller, *Die Rassenlehre des Nationalsozialismus,* Darmstadt 1961, S. 57ff.)

46 Rundschreiben des Außenpolitischen Amtes der NSDAP an die Beauftragten für Bevölkerungs- und Rassenpolitik bei den Gauleitungen, gez. Dr. Groß, vom 24. Oktober 1934: »[...] Ich selbst habe vor einem Jahr in aller Schärfe dagegen Stellung genommen, daß durch eine zum Teil sachlich falsche und außerdem in der Form denkbar ungeschickte einseitige Propagierung der äußerlichen Merkmale der nordischen Rasse Minderwertigkeitsgefühle erweckt und das eben beginnende Gefühl der Volksgemeinschaft gefährdet wurde. Ich habe mich dafür eingesetzt, von den verschiedenen Rassebestandteilen des deutschen Volkes in der Öffentlichkeit zunächst nicht oder nur wenig [...] zu sprechen, so daß schädliche Auswirkungen im angegebenen Sinn unmöglich sind [...]«

47 P. Topinard in *L'Anthropologie,* IV (1893), S. 505.

48 G. Vacher de Lapouge, *L'Aryen, son rôle social,* Paris 1899, S. VII, S. 22 und 464.

49 Ebd., S. 238.

50 Ebd., S. 372f.

51 Ebd., S. VII, und »L'anthropologie et la science politique«, *Revue d'anthropologie,* 15. Mai 1887, S. 15.

52 Der Ausspruch wird von G. Montandon angeführt, in: Georges Vacher de Lapouge, *L'Ethnie française,* Mai-Juni 1941, S. 5.

53 Vgl. Lapouge, *L'Aryen, son rôle social,* vor allem S. 413-461.

54 Vgl. C. Bouglé, »Anthropologie et démocratie«, *Revue de métaphysique et de morale,* V (1897).

55 A. Fouillée, »Dégénérescence? Le passé et le présent de notre race«, *Revue des Deux-Mondes,* 1895 (5), S. 815. Vgl. auch *Psychologie du peuple français* (1898) und *Esquisse psychologique des peuples européens* (1903), wo Fouillée seine Konzeptionen vom französischen »Rassengemisch« entwickelte.

56 Vgl. die Arbeit von Mme. Capitan-Peter, *Une pensée de droite: l'Action française* (Paris 1970).

57 Vgl. Mme. Capitan-Peter, a. a. O.

58 J. Bainville, *Histoire de France,* 1964, S. 7 und 18.

59 Vgl. G. Montandon, »L'Aryanisme français«, *L'Ethnie française,* April 1941, S. 5.

60 Th. Huxley, *Emancipation – black and white,* »Lay sermons ...«, London 1887, S. 18ff.

61 E. Burnouf, *La science des religions,* Paris 1885, besonders S. 229 (»Diese Menschenrasse [die Chinesen, Anm.] ist schwieriger abstrakter Spekulationen nicht fähig, weil ihr der entsprechende Teil des Gehirns fehlt. Deshalb verstehen sie auch nichts von der metaphysischen Theorie, die das Wesen der Religion ist [...]«) und S. 90 (»Das Christentum ist in seiner Gesamtheit eine arische Lehre«, usw.).

62 E. Renan, *L'avenir de la science,* Vorwort von 1890 *(Œuvres,* Bd. III, S. 724).

63 Büchner, *Conférences sur la théorie darwinienne,* Paris 1869, S. 132.

64 Während die »minderwertige Rasse« von 1 bis 16 fortschreite, tue dies die weiße Rasse von 2 bis 32, so daß der Abstand sich vergrößere (Büchner, *Volkstum und Geschichte;* Fr. von Hellwald, *Kulturgeschichte,* Leipzig, Bd. I, S. 105).

65 Zitiert in Ch. Darwin, *The Descent of Man,* a. a. O., S. 875, Anm. 26.

66 Büchner, *Volkstum und Geschichte,* a. a. O., S. 159-174.

67 Ebd., S. 71.

68 Ebd., S. 106.

69 Ebd., Einleitung, Bd. I, S. 20.

70 Ebd., Bd. III, S. 600.

71 Ebd., Bd. I, S. 399ff. und besonders S. 475ff.

72 Vgl. J. Lippert, *Kulturgeschichte der Menschheit in ihrem organischen Aufbau,* Stuttgart 1886, Bd. I, S. 447 und 186. Dieses Werk genoß lange Zeit großes Ansehen: 1931 wurde es in den Vereinigten Staaten von G. Murdock unter dem Titel *The Evolution of Culture* übersetzt.

73 A. E. Brehm, *Merveilles de la nature: Les races humaines,* von Dr. R. Verneau, Vorwort von A. de Quatrefages, Paris 1890, S. 557.

74 »Die Juden besaßen weder Kunst, noch Wissenschaft, noch eine Industrie oder irgend etwas, was eine Zivilisation ausmacht. Nie haben sie auch nur den geringsten Beitrag zum Aufbau des menschlichen Wissens geleistet [...] Kein Volk hat übrigens je ein Buch hinterlassen, das so anstößige Erzählungen enthält wie die Bibel auf jeder Seite. Man kann alle religiösen Bücher der Welt durchblättern, wie die Weden, den Awesta, die buddhistischen Schriften, den Koran usw., ohne Ähnliches zu finden [...] Zwischen ihren Gefühlen und Vorstellungen und jenen der arischen Völker liegen wahre Abgründe [...]« (G. Le Bon, »Du rôle des Juifs dans l'histoire de la civilisation«, *Revue scientifique,* 1888, S. 386, 493ff.).

75 *Le Figaro* vom 28. Februar 1882; vgl. *La France juive,* Paris 1943, Bd. I, S. 398-401.

76 »Die großen blonden Jungs mit den hellen Augen waren ausgezogen, um unter anderem Himmel zu sterben. An ihrer Stelle sah man dickleibige Herren, deren streng militärisch geschnittene Röcke ganz und gar zivile Rundungen betonten. Es waren die für die wirtschaftliche und kulturelle Okkupation Beauftragten. Es waren viele, sehr viele. Sie trugen klangvolle Titel, von denen einer länger und komplizierter war als der andere: Kriegsverwaltungschef, Oberkriegsverwaltungsrat, Sturmbannführer, von so kleinen Fischen wie den Sonderführern gar nicht zu reden ...« (Gérard Walter, *La vie à Paris sous l'Occupation 1940-1944,* Paris 1960, S. 39).

77 A. de Candolle, *Histoire de la science et des savants depuis deux siècles* ..., Genf 1873, S. 400-408.

78 J. Finot, *Le préjugé des races,* Paris 1906, S. 354-357.

79 J. C. Nott und G. R. Gliddon, *Types of mankind* ..., London 1854, S. 115ff.

80 »Ich habe schon seit langem behauptet, daß die verschiedenen Menschenrassen notwendigerweise getrennten Ursprungs sind, da ich den Augenblick kommen sah, in dem sich die Frage nach der Herkunft des Menschen mit jener nach der Abstammung des Tieres vermengen würde [...]« (L. Agassiz, »Hommes et singes«, *La revue scientifique de la France* ..., 28. Februar 1874, S. 816).

81 Vgl. »Historical Sketch« am Beginn der *Entstehung der Arten.* Schaafhausen war auch einer der von Darwin in der *Abstammung* am häufigsten zitierten Autoren.

82 H. Schaafhausen, *Les questions anthropologiques de notre temps,* Rede vor dem Kongreß deutscher Naturforscher und Ärzte; vgl. *Revue scientifique,* 1866, S. 769-776.

83 Vogt stellte folgenden Vergleich zwischen Menschen und Menschenaffen an: »Wir wählen für diesen Vergleich zwei Typen, die sich beinahe an den beiden äußersten Enden der menschlichen Formen befinden, und zwar einerseits den Neger und andererseits den Germanen [...]« (C. Vogt, *Leçons sur l'homme* ..., Paris 1865, S. 223).

84 Ebd., S. 623ff.

85 Vgl. H.-V. Vallois, »Les preuves anatomiques de l'origine monophylétique de l'homme«, *L'Anthropologie,* XXXIX (1929), S. 78.

86 Vgl. H. Klaatsch, *Der Werdegang der Menschheit und die Entstehung der Kultur,* Bonn 1920, S. 90.

87 Vgl. M. Grison, *Problèmes d'origines,* Paris 1954, S. 278, Anm. 57.

88 Vgl. den Bericht von W. de Fonvielle, *Revue scientifique,* 1867, S. 120.

89 G. Harris, »The plurality of races, and the distinctive character of the adamite species«, *The Anthropological Review,* V (1867), S. 175-185.

90 J.-Chr. Boudin, *Traité de géographie et de statistique médicales* ..., Bd. II, Paris 1856.

91 C. Vogt, *Leçons sur l'homme* ..., a.a.O., S. 565.

92 R. Virchow, »Über den Transformismus«, *Archiv für Anthropologie,* XVIII (1889), S. 13.

93 Vgl. L. Poliakov, a.a.O., Bd. II.

94 L. Gumplowicz, *La lutte des races, Recherches sociologiques,* Paris 1893, S. 331: »Die Juden folgten dem Beispiel der Phöniker; sie wurden Kaufleute und verbreiteten sich über die ganze Welt. Die besondere Organisation ihrer Gemeinden in Europa spiegelt sicherlich die Anordnung phönikischer Niederlassungen wider. Nur in einem Punkt, dem wichtigsten vielleicht, vermochten die Juden dem Beispiel der Phöniker nicht zu folgen: Die Juden verstanden es nicht und verstehen es noch immer nicht, zu verschwinden.«

95 G. Vitoux, *L'agonie d'Israel,* Paris 1968.
96 E. Drumont, *La France juive,* Paris 1943, Bd. I, S. 201.
97 »De certaines immunités de la race juive«, *La Revue scientifique de la France ...,* 1881/1, S. 530ff. und 618ff.
98 »Selbst verhältnismäßig starke Beimischungen fremden Blutes wurden überwunden, es ergab sich aus den Mischungen [...] kein neuer Typus, keine Amalgamierung fand statt, sondern das semitische Blut trug in der entschiedensten Weise den Sieg davon [...]« (R. Andree, *Zur Volkskunde der Juden,* Leipzig 1881, S. 24f.).
99 Nach Darwin seien diese Fakten so häufig und sorgfältigen Züchtern so gut bekannt, daß sie es immer vermieden, ein gutes Weibchen mit einem minderwertigen Männchen zu paaren, und zwar wegen des Schadens, den die Jungen späterer Würfe davontragen könnten (vgl. *Das Variieren der Tiere und Pflanzen im Zustande der Domestikation,* Bd. I, frz. Ausg. S. 428-430, und, was den Menschen betrifft, Bd. II, S. 280). Bezüglich Spencers Theorie vgl. Y. Delage, *La structure du protoplasma et les théories de l'hérédité ...,* Paris 1895, S. 365 (»Théories sur la télégonie«).
100 Die Telegonie-Theorie lieferte den Hauptvorwurf für den populären Roman Arthur Dinters, *Die Sünde wider das Blut,* der 1904 erstmals erschien und bis 1933 eine Auflagenhöhe von fast einer Million erreichte.
101 Vgl. P. Broca, *Mémoires d'anthropologie,* Paris 1871, Bd. III, S. 445ff.
102 »Die Maultiere aus Stute und Esel sind gewiß keine Wildtiere, aber sie sind bekanntermaßen starrsinnig und tückisch«, schreibt Darwin. Dann behandelt er Kreuzungen bei Tauben und Enten und fährt fort: »Diese zuletzt genannten Fakten sollen uns die Bemerkungen in Erinnerung bringen, die Reisende in aller Welt so oft über die Degeneration und die wilde Veranlagung gekreuzter Menschenrassen machten.« Er führt dies (zumindest teilweise) auf Atavismen zurück, die von der Kreuzung herrühren *(Das Variieren ...,* a. a. O., Bd. II, S. 48ff.).
103 Vgl. z. B. Weissenberg, »Die südrussischen Juden«, *Archiv für Anthropologie,* XXIII (1895), S. 347-423 und 579; A. D. Elkind, *Les Juifs* (russische Ausg.), St. Petersburg 1903.
104 Anatole Leroy-Beaulieu, *Israël chez les nations,* Paris 1893, S. 185f.
105 Théodule Ribot, *Hérédité psychologique,* 4. Aufl., Paris 1890, S. 410.
106 Ebd., S. 118-137 (Kap. VII, »L'hérédité et le caractère nationale«).
107 Vgl. E. Haeckel, *Der Monismus als Band zwischen Religion und Wissenschaft,* (frz. Ausg.) Paris 1897, S. 23.
108 Vgl. *Revue scientifique de la France ...* 1889/2, S. 19ff. und vor allem 1886/1, S. 694f.
109 Vgl. Charot, *Leçons du mardi à la Salpetrière,* Paris 1889, S. 348. »Ich stelle Ihnen einen echten Abkömmling des Ahasverus oder Cartophilus vor«, sagte Charcot zu seinen Hörern, als er ihnen einen jüdischen Patienten präsentierte (a. a. O., vgl. auch S. 11 und 353).
110 H. Meige, *Etude sur certains névropathes voyageurs; le Juif Errant à la Salpetrière,* (Doktorarbeit), Paris 1893, S. 6, 8, 43 und 61.
111 Le Bon, *La psychologie des foules,* Paris 1896, S. 17f. Dieses in fünfzehn Sprachen übersetzte Buch erreichte 1921 seine 28. französische Auflage. Freud zog es heran und zitierte ausführlich daraus in *Massenpsychologie und Ich-Analyse* (1919-1920),

und C. G. Jung empfahl es kurz nach Kriegsende (vgl. *Aufsätze zur Zeitgeschichte,* Zürich 1946, S. 140).

112 Über Le Bons Antisemitismus siehe oben; bezüglich seines Begriffs der »Rassenseele« siehe insbesondere *Les lois psychologiques de l'évolution des peuples,* Paris 1894, S. 11-28.

113 Drumont, *La France juive,* a. a. O., Paris 1943, Bd. I, S. 107ff.

114 Adolf Wahrming, *Das Gesetz des Nomadentums und die heutige Judenherrschaft,* Karlsruhe 1887, S. 137 und passim.

115 Vgl. G. L. Mosse, *The crisis of German ideology,* New York 1964, S. 18; und W. Mühlmann, *Geschichte der Anthropologie,* a. a. O., S. 122-126.

116 W. Sombart, *Die Juden und das Wirtschaftsleben,* Leipzig 1911, S. 15.

117 Vgl. Werner Maser, *Hitlers Mein Kampf,* München 1966, S. 80f.

118 »During his stay, Jung had a dream: He was in a ghetto, and the place was narrow and twisted, with low ceilings and staircases hanging down. He thought to himself: ›How in hell can people live in such a place.‹ This came rather as a shock. He could not identify the place with Vienna, and further, so far as he knew, he was happy to be there.« In E. A. Bennet, *C. G. Jung,* London 1961, S. 34.

119 Vgl. E. Jones, *Sigmund Freud . . .,* London 1953-1957, Bd. I, S. 348, und Bd. II, S. 61.

120 Brief an Arnold Zweig, 30. September 1934 (zit. nach *Briefe 1873-1939,* hrsg. von Ernst L. Freud, Frankfurt 1960, S. 414).

121 Vgl. vor allem Freud, *Moses und der Monotheismus, Ges. Werke,* London 1942-1952.

122 Vgl. Freud, »Die infantile Wiederkehr des Totemismus«, gegen Ende.

123 Freud, *Moses . . .,* a. a. O., Bd. XVI, S. 207.

124 Briefe vom 11. Mai und 11. Oktober 1908 (»Gerade, daß ich mich mit Ihnen – und ebenso mit Kollegen Ferenczi aus Budapest ‹68 am leichtesten verständige, mahnt mich, der Rassenvorliebe nicht zuviel einzuräumen und den mir im Grunde fremderen Arier darob zu vernachlässigen«).

125 »[. . .] es ist der Beweis einer besonderen psychischen Eignung der Masse, die zum jüdischen Volk geworden war, wenn sie so viele Personen hervorbringen konnte, die bereit waren, die Beschwerden der Moses-Religion auf sich zu nehmen, für den Lohn des Auserwähltseins und vielleicht noch weitere andere Prämien von ähnlichem Rang« (Freud, *Moses,* a. a. O., S. 218f.).

126 »Unsere Sachlage wird allerdings durch die gegenwärtige Einstellung der biologischen Wissenschaft erschwert, die von der Vererbung erworbener Eigenschaften auf die Nachkommen nichts wissen will. Aber wir gestehen in aller Bescheidenheit, daß wir trotzdem diesen Faktor in der biologischen Entwicklung nicht entbehren können [. . .] Wenn es anders ist, kommen wir weder in der Analyse noch in der Massenpsychologie auf dem eingeschlagenen Weg einen Schritt weiter. Es ist eine unvermeidliche Kühnheit« (ebd., S. 207).

127 Wir wollen hier Frau L. Frey-Rohns glücklich gewählte Worte wiedergeben: »Freud konnte im Es einen Bereich sehen, der einerseits dem Somatischen gegenüber offen war bzw. sich ›von dorther mit Energie füllte‹, und anderseits den Träger eines Geheimnisses verkörperte, die sich in die dunklen Ab- und Hintergründe der phylogenetischen bzw. archaischen Erbschaft der Ahnen verlor« *(Von Freud zu Jung, Studien aus dem C. G. Jung-Institut,* Zürich 1969, S. 151).

128 »[...] eine solche psychoanalytische Argumentation gemahnt in diesem Falle, wie so häufig, an den berühmten ›Stock mit zwei Enden‹ Dostojewskis. Die Gegner werden es ihrerseits begreiflich finden, daß das Geschlecht der Frauen nicht annehmen will, was der heiß begehrten Gleichstellung mit dem Mann zu widersprechen scheint. Die agonale Verwendung der Analyse führt offenbar nicht zur Entscheidung« (Freud, *Über die weibliche Sexualität, Gesammelte Werke,* a. a. O., Bd. XIV).

129 Vgl. zum Beispiel (im Zusammenhang mit der Unveränderlichkeit der ins Es verdrängten Wünsche): »Da scheint sich doch ein Zugang zu den tiefsten Einsichten zu eröffnen. Leider bin ich auch da nicht weiter gekommen [...] Man gäbe was darum, wenn man vor diesen Dingen mehr verstehen könnte!« (Freud, *Neue Folge der Vorlesungen zur Einführung in die Psychoanalyse, Ges. Werke,* a. a. O., Bd. XV, S. 81).

130 Freud, *Ansprache an die Mitglieder des Vereins B'nai B'rith,* 6. 5. 1926, *Ges. Werke,* a. a. O., Bd. XVII, S. 51ff.

131 »Er durfte und konnte es nicht, ohne seiner kulturhistorischen Aufgabe untreu zu werden. Und diese Aufgabe hat er erfüllt – Aufgabe genug für ein ganzes ruhmreiches Leben« (»Sigmund Freud als kulturhistorische Erscheinung«, 1932, *Wirklichkeit der Seele,* Zürich 1939, S. 131).

132 C. G. Jung, *Wandlungen und Symbole der Libido,* Leipzig 1912, S. 171; vgl. L. Frey-Rohn, a. a. O., S. 171.

133 Jung, *Die Psychologie der unbewußten Prozesse,* Zürich 1917, S. 117. Eine ganz ähnliche Definition in *Analytische Psychologie und Weltanschauung* (1927-1932), vgl. Jung, *Gesammelte Werke,* Zürich 1964, S. 428ff. Siehe Frey-Rohn, a. a. O., S. 171ff.

134 Siehe oben.

135 C. G. Jung, *L'homme à la découverte de son âme* (Vorwort und Einrichtung von Dr. Roland Cahen), Paris 1962. Cahen weist darauf hin, daß dieser Text Jungs, den er mit 1934 datiert, auf Mitschriften eines Hörers beruhen, die Jung vor der Veröffentlichung überprüfte.

136 Jung, *Der Gegensatz Freud und Jung, Ges. Werke,* Bd. IV, Zürich 1969, S. 387 und 391f.

137 »Geleitwort des Herausgebers«, *Zentralblatt für Psychotherapie,* VI (1933). Jung hatte sich nach dem Ausscheiden Ernst Kretschmers im Jahr 1933 an der Herausgabe dieses Blattes beteiligt.

138 »Die Juden haben diese Eigentümlichkeit mit den Frauen gemeinsam; als die physisch Schwächeren müssen sie auf die Lücken in der Rüstung des Gegners zielen, und wegen dieser durch jahrhundertelange Geschichte aufgezwungenen Technik sind die Juden selbst dort, wo andere am verwundbarsten sind, am besten gedeckt. Infolge ihrer mehr als doppelt so alten Kultur sind sie sich der menschlichen Schwächen und Schattenseiten in viel höherem Maß bewußt als wir und darum in dieser Hinsicht viel weniger verwundbar. Auch haben sie es dem Erlebnis der antiken Kultur zu verdanken, daß es ihnen möglich ist, mit vollem Bewußtsein in wohlwollender, freundlicher und duldsamer Nachbarschaft ihrer eigenen Untugenden zu leben, während wir noch zu jung sind, um keine ›Illusionen‹ über uns zu haben. Überdies sind wir vom Schicksal damit betraut, Kultur noch zu schaffen (wir haben sie nämlich nötig), wozu sogenannte Illusionen in der Form von einseitigen Idealen, Überzeugungen, Plänen usw. unerläßlich sind. Der Jude als Angehöriger einer 3000jährigen Kulturrasse ist, wie der gebildete Chinese, in einem weiteren Umkreis psychologisch bewußter als wir:

Infolgedessen ist es auch für den Juden *im allgemeinen* weniger gefährlich, sein Unbewußtes negativ zu bewerten. Das arische Unbewußte dagegen enthält Spannkräfte und schöpferische Keime von noch zu erfüllender Zukunft, die man nicht ohne seelische Gefährdung als Kinderstubenromantik entwerten darf. Die noch jungen germanischen Völker sind durchaus imstande, neue Kulturformen zu schaffen, und diese Zukunft liegt noch im Dunkel des Unbewußten in jedem einzelnen, als energiegeladene Keime, fähig zu gewaltiger Flamme. Der Jude als relativer Nomade hat nie und wird voraussichtlich auch nie eine eigene Kulturform schaffen, da alle seine Instinkte und Begabungen ein mehr oder weniger zivilisiertes Wirtsvolk zu ihrer Entfaltung voraussetzen. Die jüdische Rasse als Ganzes besitzt darum nach meiner Erfahrung ein Unbewußtes, das sich mit dem arischen nur bedingt vergleichen läßt. Abgesehen von gewissen schöpferischen Individuen ist der Durchschnittsjude schon viel zu bewußt und differenziert, um noch mit den Spannungen einer ungeborenen Zukunft schwanger zu gehen. Das arische Unbewußte hat ein höheres Potential als das jüdische; das ist der Vorteil – der Nachteil eine dem Barbarischen noch nicht völlig entfremdete Jugendlichkeit. Meines Erachtens ist es ein schwerer Fehler der bisherigen medizinischen Psychologie gewesen, daß sie jüdische Kategorien, *die nicht einmal für alle Juden verbindlich sind,* unbesehen auf den christlichen Germanen oder Slawen verwandte. Damit hat sie nämlich das kostbarste Geheimnis des germanischen Menschen, seinen schöpferisch ahnungsvollen Seelengrund, als kindisch-banalen Sumpf erklärt, während meine warnende Stimme jahrzehntelang des Antisemitismus verdächtigt wurde. Diese Verdächtigung ist von Freud ausgegangen. Er kannte die germanische Seele nicht, so wenig wie alle seine germanischen Nachbeter sie kannten. Hat sie die gewaltige Erscheinung des Nationalsozialismus, auf den eine ganze Welt mit erstaunten Augen blickt, eines Besseren belehrt? Wo war die unerhörte Spannung und Wucht, als es noch keinen Nationalsozialismus gab? Sie lag verborgen in der germanischen Seele, in jenem tiefen Grunde, der alles andere ist als der Kehrichtkübel unerfüllbarer Kinderwünsche und unerledigter Familienressentiments [...]«

139 Vgl. die Studie *Wotan,* 1936 in der Schweiz veröffentlicht, wo Jung sein Interesse für das Nazi-Phänomen mit weniger Hintergedanken politischer oder taktischer Natur bekundete (Jung, *Aufsätze zur Zeitgeschichte,* Zürich 1946, S. 1-23).

140 Vorwort von Dr. Cahen zu C. G. Jung, *Aspects du drame contemporain,* Genf 1948, S. 62.

141 Vgl. E. A. Bennet, *C. G. Jung,* London 1961, S. 95-102 (Briefwechsel Jung-Bennet).

142 Brief vom 13. Mai 1913.

143 Jones berichtete folgendermaßen über den Zwischenfall: »He came to me afterwards, observing that I was one of the dissidents, and said: ›I thought you were a Christian‹ (i. e. an non-Jew). It sounded an irrelevant remark, but presumably it had some meaning« *(Sigmund Freud ...,* a. a. O., Bd. II, S. 115).

144 Unter dem Untertitel »Phylogenetische Erbschaft und historische Verdrängung« schreibt Frau Frey-Rohn: »Die angeführten Stellen (aus Freuds *Moses und der Monotheismus,* Anm.) dürften zur Genüge den unüberbrückbaren Abgrund zwischen seinen Auffassungen und jenen Jungs erhellen. Er trat nicht nur in der Zurückführung des historischen und mythischen Geschehens auf individuelle Kategorien, sondern ganz allgemein auch in der Annahme kollektiver Erinnerungen an historische Ereignisse als Grundlage der phylogenetischen Erbschaft hervor. *Im entscheidenden*

Moment glitt Freud jeweils ins Individuelle und Konkrete ab, während Jung das Unpersönliche und Allgemeine ins Auge faßte« (Von Freud zu Jung, a. a. O., S. 182f.).

145 »First Principles«; vgl. R. Hofstadter, *Social Darwinism in American thought,* 1955, S. 37. Siehe auch *Social Statics* von Spencer (London 1851, S. 34).

146 Brief Spencers an einen japanischen Bewunderer; vgl. Th. Gosset, *Race: The History of an Idea in America,* 1965, S. 151.

147 »The variability or diversity of the mental faculties in men of the same race, not to mention the greater difference between the men of distinct races, is so notorious that not a word need here to be said [...]« (Darwin, *The Descent of Man,* a. a. O., S. 414).

148 Ebd., S. 508.

149 Ebd., S. 542-550 (»On the Extinction of Races of Man«).

150 Vgl. A. R. Wallace, »The Origin of Human Races and the Antiquity of Man deduced from the theory of ›Natural Selection«, *The Anthropological Review,* II (1862), S. CLVIII ff. und V (1867), S. 103f.

151 Darwin, *The Descent of Man,* a. a. O., S. 501-509 (»Natural selection as affecting civilised Nations«).

152 Ebd., S. 507, wo Gregs Artikel zitiert wird.

153 Francis Galton, *Hereditary Genius,* London 1869, S. 336-350 (»The comparative worth of different races«).

154 Ebd., S. 1ff.

155 Ebd., S. 351-362.

156 Galton, »Eugenics and the Jew«, *The Jewish Chronicle,* 30. Juli 1910.

157 Galton, *Probability, the foundation of eugenics,* Oxford 1907, S. 11 und 30.

158 Spencer, *The Principles of Sociology* (1876), Kap. XXII.

159 A. R. Wallace, *Human Progress: Past and Future* (1892); vgl. *Studies scientific and social,* London 1900, Bd. II, S. 493-508.

160 Vgl. Richard Hofstadter, *Social Darwinism in American thought,* a. a. O., S. 58, wo er *The challenge of facts* von W. G. Summer zitiert.

161 Vgl. ebd., S. 186 (Zitat von K. Pearson, *National life and character).*

162 Vgl. Engels, *Dialektik der Natur,* a. a. O., passim.

163 Vgl. E. Haeckel, *Freie Wissenschaft und freie Lehre,* zit. von K. Pearson, *The chances of death ...,* London 1897, S. 106f.

164 O. Beta, *Darwin, Deutschland und die Juden oder der Juda-Jesuitismus,* Berlin 1876, insbesondere S. 11 und 32.

165 »Die ›Emancipation von den Juden‹, wie man die Beseitigung jener schlechten gesellschaftlichen Einflüsse kurzweg genannt hat, ist daher ein eminent sociales Problem und überdies ein solches, welches angesichts der heutigen Gesellschaftsverfassung so gut wie unlösbar bleibt. Der Socialismus ist die einzige Macht, welche Bevölkerungszuständen mit stärkerer jüdischer Untermischung die Spitze bieten kann [...]« (E. Dühring, *Cursus der Philosophie als streng wissenschaftlicher Weltanschauung und Lebensgestaltung,* Leipzig 1875, S. 392-393).

166 Dr. Alfred Ploetz, *Die Tätigkeit unserer Rasse und der Schutz der Schwachen,* Berlin 1895, S. 5, 8 und 130-142.

167 Vgl. Karl Saller, *Die Rassenlehre des Nationalsozialismus in Wissenschaft und Propaganda,* Darmstadt 1961, S. 74-117.

168 Vgl. *Natur und Staat, Beiträge zur naturwissenschaftlichen Gesellschaftslehre, Eine Sammlung von Preisschriften,* Jena 1903, S. 1-24.
169 Ebd. S. 380 (Dr. Schallmayer, »Vererbung und Auslese im Lebenslauf der Völker«).
170 Ludwig Woltmann, *Die Germanen und die Renaissance in Italien ...*, Leipzig 1905, und *Die Germanen in Frankreich ...*, Jena 1907. Napoleon war in Woltmanns Augen ein »Abkömmling der germanischen Wandalen«, usw.
171 Dr. S. R. Steinmetz, »La guerre, moyen de sélection collective«, in: A. Constantin, *Le rôle sociologique de la guerre,* Paris 1907, S. 268ff.
172 L. Woltmann, *Politische Anthropologie, Eine Untersuchung über den Einfluß der Descendenztheorie auf die Lehre von der politischen Entwicklung der Völker,* Leipzig 1903, passim, vor allem aber S. 298ff.
173 Vgl. K. Saller, a. a. O., S. 17f.
174 Vgl. den Artikel »Socialanthropologie« im *Handwörterbuch der Sozialwissenschaften,* Jena 1913, Bd. IX, S. 172-188.
175 Vgl. Saller, a. a. O., S. 74f.
176 Vgl. *Archiv f. Rassen- und Gesellschaftsbiologie,* I (1904), S. 885ff. und XI (1914), S. 125.
177 Der Philosoph Heinrich Rickert sprach 1910 von »biologistischer Modephilosophie« (vgl. seinen Artikel »Lebenswerte und Kulturwerte«, *Logos,* II (1911-1912), S. 141-168).
178 Vgl. W. Mühlmann, *Geschichte der Anthropologie,* a. a. O., S. 196.
179 Dr. A. Forel, »Gelbe Rasse und weiße Rasse, ein praktischer Vorschlag«, *Archiv für Rassen- und Gesellschaftsbiologie,* V (1908), S. 249-251.
180 Chr. von Ehrenfels, »Leitziele zur Rassenbewertung«, *(Archiv ...*, a. a. O., IX/1912, S. 730-761), und »Biologische Friedensrüstungen« *(Archiv ...*, XI/1914, S. 580, 613).
181 Vgl. Max Hirsch, »Ehe und Eugenetik«, *Archiv für Frauenkunde und Eugenetik,* II (1916), S. 115-118.
182 *Archiv ...*, a. a. O., VI (1909), S. 577ff. und X (1913), S. 403ff.
183 G. K. Chesterton, *Eugenics and other evils,* London 1922, S. 182ff.
184 O. von Verschuer, *Manuel d'eugénique et d'hérédité humaine,* Übers. Montandon, Paris 1943, S. 5.
185 Zitiert nach R. Hofstadter, a. a. O., S. 171.
186 Vgl. ebd., S. 175-189.
187 Siehe die von Arrens zitierten Reden, *Guillaume II, ce qu'il dit, ce qu'il pense,* Paris 1911, S. 33 und passim.
188 Vgl. E. McNall Burns, *Ideas in conflict ...*, London 1966, S. 474f.
189 Vgl. Th. F. Gossett, *Race: The History of an Idea in America,* New York 1965, S. 109f.
190 Vgl. ebd., S. 377f. und 415.
191 Chamberlains Rede in Birmingham (1898) und vor allem die Rede in Leicester (1903).
192 Das folgende zitiert nach Charles Andler, *Nietzsche, sa vie et sa pensée,* Paris 1958, insbes. Bd. III, S. 458ff; Walter Kaufmann, *Nietzsche: philosopher, psychologist, antichrist,* Princeton 1950; und Richard Lonsbach, *Nietzsche und die Juden,* Stockholm 1939.

193 Vgl. Rickert, »Lebenswerte und Kulturwerte«, *Logos,* II (1911-1912), S. 141-168.
194 Nietzsche, *Unzeitgemäße Betrachtungen,* Bd. II, S. 9.
195 *Umwertung aller Werte,* § 856.
196 Vgl. E. Dühring, *Die Judenfrage ...,* 6. Aufl., S. 93, und Th. Fritsch, *Nietzsche und die Jugend,* »Der Hammer«, 1. III, 1911, S. 115.
197 Vgl. Lonsbach, a. a. O., S. 72, 15-16, 27 und 55.
198 Heinrich von Treitschke, *Historische und politische Aufsätze* (vgl. Schemann, *Die Rasse in den Geisteswissenschaften,* a. a. O., Bd. III, S. 355).
199 Treitschke, *Politik ...* (vgl. Ch. Andler, *Les origines du pangermanisme,* Paris 1915, S. 196ff.).
200 Ebd., S. 224-225.
201 So malte Treitschke eine drohende Machtergreifung der polnischen Juden in Deutschland an die Wand.
202 Friedrich von Bernhardi, *Deutschland und der nächste Krieg,* 1911.
203 Klaus Wagner, *Krieg,* Jena 1906, vor allem S. 179ff. und S. 230ff.
204 Vgl. L. Poliakov, *Le bréviaire de la haine,* Paris 1951, S. 311ff.
205 Josef Reimer, *Ein pangermanistisches Deutschland, Versuch über die Konsequenzen der gegenwärtigen wissenschaftlichen Rasssenbetrachtung für unsere politischen und religiösen Probleme,* Berlin 1905.
206 Kurz vor dem Ersten Weltkrieg war die koloniale Expansion Deutschlands ein häufiges Diskussionsthema unter den Führern der deutschen Sozialdemokratie. Kautsky sprach sich in seiner Broschüre *Sozialismus und Kolonialpolitik* dafür aus, und Bebel erklärte 1906 beim Kongreß von Jena: »Kolonialpolitik zu treiben, kann unter Umständen eine Kulturtat sein.« Im Reichstag stimmte die sozialdemokratische Fraktion stets für die Kolonialkredite. Einige Funktionäre traten für die Schaffung einer Großkolonie in Mesopotamien (im Rahmen des Bagdad-Bahn-Projekts) und in der Mongolei ein (vgl. Charles Andler, *Le socialisme impérialiste dans l'Allemagne contemporaine,* Paris 1912).
207 Heinrich Class, *Wenn ich der Kaiser wär,* Leipzig 1912 (Class publizierte dieses Werk unter dem Pseudonym Daniel Frymann).
208 Ebd., 5. Aufl., Leipzig 1914, S. 104f.
209 Norman Cohn, *Histoire d'un mythe. La »conspiration« juive et les Protocoles des Sages de Sion,* Paris 1967, S. 131ff.
210 Vgl. Alfred Krieck, *Geschichte des Alldeutschen Verbandes (1890-1939),* Wiesbaden 1954, S. 130ff.
211 Beim Ersten Vatikanischen Konzil im Jahr 1870 trugen 68 Bischöfe ein Ansuchen vor, in dem »der Papst flehentlich gebeten« wurde, er möge »möglichst bald den Zeitpunkt bestimmen, zu dem, dank dem Eifer der Missionare, der Fluch von den Abkömmlingen Hams genommen wird«. Dieses Ersuchen blieb ohne Folgen. Kardinal Lavigerie war der Ansicht, daß der Fortschritt der christlichen Mission in Afrika »von der göttlichen Barmherzigkeit vorbereitet worden sei, um dem Fluch der unglücklichen Rasse Hams ein Ende zu setzen« (vgl. Pierre Charles, S. J., »Les noirs, fils de Cham le maudit«, *Nouvelle Revue théologique,* 1928, S. 721-739).
212 Vgl. oben.
213 R. Wagner, Artikel »Was ist deutsch?« *(Gesammelte Schriften,* Bd. I, Leipzig 1883, S. 73).

214 Vgl. Louis Sauzin, »The political thought of Constantin Frantz«, *The Third Reich,* London 1955, S. 115.
215 C. Frantz, *Die preußische Intelligenz und ihre Grenzen,* München 1874, S. 68.
216 Frantz, *Die Weltpolitik, unter besonderer Bezugnahme auf Deutschland,* Chemnitz 1882, Bd. II, S. 128ff.
217 Frantz, *Die preußische Intelligenz ...,* a. a. O., S. 63ff.
218 Vgl. oben.
219 Frantz, *Der Nationalliberalismus und die Judenherrschaft,* München 1874, S. 10.
220 Frantz, *Die Weltpolitik ...,* a. a. O., Bd. III, S. 175ff.
221 Nach Frantz, *Die Weltpolitik ...,* a. a. O., Bd. III, S. 108-122, unter *Der Nationalliberalismus und die Judenherrschaft.*
222 Frantz, *Abfertigung der nationalliberalen Presse nebst einer höchst nötigen Belehrung über den Ultramontanismus,* Leipzig 1873, S. 35.
223 Ebd., S. 26-34.
224 Vgl. die bemerkenswerte Arbeit von Prof. Fritz Stern, *The politics of cultural despair, A study in the rise of the Germanic Ideology,* Berkeley 1961, S. 11.
225 Vgl. ebd., S. 18 (Brief Lagardes vom 2. Januar 1871).
226 Paul de Lagarde, »Über die gegenwärtige Lage des Deutschen Reichs« (1875); *Deutsche Schriften,* 1934.
227 Lagarde, »Über die gegenwärtigen Aufgaben der deutschen Politik« (1853); ebd.
228 Ebd., S. 20; Lagarde schreibt, er habe nur seinen Freund Renan in seine politischen Bestrebungen und Projekte eingeweiht.
229 Lagarde, »Die Religion der Zukunft« (1878), ebd., S. 262; »Die graue Internationale« (1881), ebd., S. 367.
230 Lagarde, »Verhältnis des deutschen Staates zu Theologie, Kirche und Religion« (1873), ebd., S. 65.
231 Lagarde, »Über die gegenwärtigen Aufgaben ...«, ebd., S. 30.
232 Lagarde »Verhältnis des deutschen Staates ...«, ebd., S. 62f.
233 »Nur eines Mannes großer, fester, reiner Wille kann uns helfen, eines Königs Wille, nicht Parlamente, nicht Gesetze, nicht das Streben machtloser einzelner [...]« (ebd., S. 286; vgl. auch S. 41: »Ich fürchte, der Regisseur wird fehlen [...]«).
234 Lagarde, »Verhältnis ...«, ebd., S. 79ff.
235 Lagarde, »Die Religion der Zukunft«, ebd., S. 285.
236 Lagarde, »Programm für die konservative Partei Preußens« (1884), ebd., S. 425.
237 Lagarde, »Über die gegenwärtigen Aufgaben ...«, ebd., S. 30.
238 Lagarde, »Die nächsten Aufgaben der deutschen Politik«, ebd., S. 449. Der Plan, alle Juden Europas auf Madagaskar zu konzentrieren, wurde von der Hitler-Regierung zwischen 1938 und 1941 ausführlich untersucht (vgl. L. Poliakov, *Le bréviaire de la haine,* a. a. O., S. 50-54).
239 Vgl. Lagarde, *Ausgewählte Schriften,* München 1934, S. 239.
240 A. Hitler, *Tischgespräche,* frz. Übers., Paris 1952, Bd. I, S. 321 (22. Februar 1942).
241 Lagarde, *Deutsche Schriften,* a. a. O., S. 130.
242 Vgl. Stein, a. a. O., S. 84f.
243 Helmut Groos, *Der deutsche Idealismus und das Christentum,* München 1927, S. 488ff.

244 Vgl. vor allem L. Poliakov, a.a.O. Bd. V, *Die Aufklärung und ihre judenfeindliche Tendenz,* S. 178ff.

245 Friedrich Delitsch, *Die große Täuschung* (1921), sowie *Babel und Babel* (1903); vgl. A. Borst, *Der Turmbau von Babel ...,* a.a.O., Bd. III/2, S. 1697ff., 1728ff. und 1837ff.

246 Vgl. Chr. von Bunsen, *Gott in der Geschichte,* 3 Bde., Leipzig 1857-1858.

247 Vgl. E. von Bunsen, *Die Überlieferung, ihre Entstehung und Entwicklung,* Leipzig 1889.

248 Vgl. Hans-Joachim Kraus, »Die evangelische Kirche«, in *Entscheidungsjahr 1932, Zur Judenfrage in der Endphase der Weimarer Republik,* Tübingen 1965, S. 254.

249 Durch Vermittlung seines Schülers Lanz von Liebenfels. Vgl. George L. Mosse, *The crisis of German ideology ...,* a.a.O., S. 73-78 und 181, sowie »The mystical origins of National-Socialism«, *Journal of the History of Ideas,* XXII/1 (1961), S. 81-96.

250 Vgl. unten.

251 *Das entdeckte Geheimnis der Heiligen Schrift und des deutschen Volkes Rettung; Das Geheimnis der Runen; Die Entdeckung des Paradieses,* usw. Vgl. dazu Raoul Patry, *La religion dans l'Allemagne d'aujourd'hui,* Paris 1926, S. 154-178 (»Le christianisme païen«). Diese Arbeit eines scharfsinnigen Journalisten bietet den einleuchtenden Vorteil, keine Prophezeiung *post eventu* zu sein.

252 Ein Mann aus der Umgebung Guido von Lists, der sich »Tarnhari« nennen ließ, gab sich für das wiederauferstandene Oberhaupt des germanischen Wölsungen-Stammes aus (vgl. G. L. Mosse, a.a.O.).

253 Fr. Döllinger publizierte in seinem Buch *Baldur und Bibel* einen Brief des Publius Lentulus, Prokurator von Judäa, an den Kaiser Tiberius, in dem Jesus als blonder Held geschildert wurde. Wilhelm II. teilte diese sensationelle Entdeckung umgehend H. St. Chamberlain mit (vgl. Chamberlain, *Briefe 1882-1924 und Briefwechsel mit Kaiser Wilhelm II,* Bd. II, München 1928, S. 273f.).

254 »Jener heimische Stammesgott (Wuotan) [...] ist aber gewiß am allerwenigsten aufgegeben worden; denn an ihm fand sich mit Christus, Gottes Sohne, selbst die entscheidende Ähnlichkeit vor, daß auch er gestorben war, beklagt und gerächt wurde – wie wir noch heute Christus an den Juden rächen.« R. Wagner, *Die Nibelungen,* Leipzig (Insel) o.J., S. 42.

255 Vgl. Th. Mann, *Leiden und Größe Richard Wagners* (1932) und auch *Wagner und unsere Zeit* (1940).

256 Vgl. A. Cœury, *Wagner et l'esprit romantique,* Paris 1965, Coll. »Idées«, S. 197-200.

257 In *Le cru et le cuit* (Paris 1964) spricht Claude Lévi-Strauss von den »Gottesdiensten, die seit der Kindheit an den Altären des Gottes Richard Wagner abgehalten wurden« (S. 23).

258 Vgl. *Le regard sur la prairie:* »Der Prophet von Bayreuth ist zu seiner Zeit gekommen, um jene zu züchtigen, die von Dogmen und Gesetzbüchern nichts mehr wissen wollen. Gehen wir nach Wahnfried, zum Grab Wagners, ehren wir die Vorahnungen einer universellen Ethik.«

259 C. Mendès, »Notes sur la théorie et l'œuvre wagnériennes«, *Revue wagnérienne,* I (1885), S. 33.

260 Von Wolzogen, »L'art aryen«, *Revue wagnérienne,* II (1886), S. 70-80.

261 E. Dujardin, »Théories wagnériennes«, *Revue wagnérienne,* I (1885), S. 208.

262 Michel Domenach Espangnol, *L'apothéose musicale de la religion catholique, Parsifal de Wagner,* Barcelona 1902, S. 245. (Vgl. auch S. 1-3: »Wagners Parsifal ist ein neues und brillantes Argument für die Religion, das noch zu den alten hinzukommt [...]«, usw.).

263 Das Verhalten und die Mißgeschicke des »schändlichen Juden« Albert Bloch in der *Suche nach der verlorenen Zeit* sind in dieser Beziehung besonders lehrreich.

264 Alfred Naquet, »Discours sur l'antisémitisme«; vgl. *Journal officiel,* Sitzungsbericht vom 27. Mai 1895.

265 Die in der Folge angeführten Gedanken Wagners finden sich vor allem in *Die Nibelungen, Das Judentum in der Musik, Religion und Kunst, Christentum und Heroismus.* Vgl. Wagners *Gesammelte Werke.*

266 Vgl. L. Poliakov, a. a. O., Bd. VI, *Emanzipation und Rassenwahn,* S. 237-265 (»Der Fall Richard Wagner«).

267 Leopold von Schröder, *Die Vollendung des arischen Mysteriums in Bayreuth,* München 1911, S. 211.

268 Vgl. H. St. Chamberlain, *Briefe,* München 1928, Bd. I, S. 169f; Brief vom 26. Dezember 1907.

269 Ebd., S. 60, Brief vom 15. November 1897 an Hans von Wolzogen; siehe auch die von L. von Schröder verfaßte Biographie, *Houston Stewart Chamberlain, ein Abriß seines Lebens,* München 1919, S. 61.

270 H. St. Chamberlain, *Die Grundlagen des 19. Jahrhunderts,* 2. Aufl., München 1900, Bd. II, S. 775.

271 Ebd., S. 551ff.

272 Ebd., S. 777.

273 Zu diesen Polemiken, die vor allem von den Nobelpreisträgern Ph. Lenard und J. Stark geführt wurden, siehe L. Poliakov und J. Wulf, *Das Dritte Reich und seine Denker,* Berlin 1960, S. 289-322.

274 Vgl. Chamberlain, *Briefe ...,* a. a. O., Bd. I, S. 77. Vgl. auch den oben zitierten Brief an L. von Schröder.

275 Chamberlain, *Die Grundlagen ...,* a. a. O., Vorwort zur 4. Auflage.

276 Ebd.

277 Ebd. Nach einer Afrikareise schrieb Forel, man sollte die Schwarzen in ihrem eigenen Interesse für das nehmen, was sie seien, und sie wie eine ganz und gar untergeordnete, aus eigenem zu keinerlei Kultur fähige mittelmäßige Rasse behandeln; dies müsse einmal mit aller Deutlichkeit festgestellt werden.

278 Ebd., Bd. I, S. 524. Chamberlain spricht an dieser Stelle von der erschreckenden Macht des Physischen über das Psychische und zitiert zur Stützung dieser Behauptung Freuds Aufsätze *Über die Ätiologie der Hysterie* und *Die Sexualität in der Ätiologie der Neurosen;* diese Artikel zählten, wie er sagte, zu den interessantesten Arbeiten über diese Frage.

279 Ebd., S. 526 (in diesem Zusammenhang wird Freud zitiert).

280 Ebd., S. 374.

281 Ebd., S. 428.

282 Ebd., S. 342.

283 Ebd., S. 324.

284 Ebd., Kap. III, »Christus«.

285 Robert Godet, Vorwort zur französischen Ausgabe der *Grundlagen,* Paris 1913, S. XLII.

286 Vgl. Chamberlain, *Briefe* ..., a.a.O., Bd. I, S. 115-117 (An J. F. Lehmann, 16. 2. 1903).

287 Brief Wilhelms II. vom 31. Dezember 1901 in: ebd., Bd. II, S. 141-144).

288 Vgl. R. Patry, *La religion dans l'Allemagne d'aujourd'hui,* a.a.O., S. 165.

289 Vgl. Colin Holmes, »Houston Stewart Chamberlain in Great Britain«, *The Wiener Library Bulletin,* XXII (1970), S. 31-36.

290 Zitiert nach R. Godet, Vorwort zur französischen Ausgabe der *Grundlagen,* a.a.O., S. LXV.

291 Vgl. Th. F. Gosset, *Race: The History of an Idea in America,* a.a.O., S. 352 und S. 492.

292 M. Kufferath, »Les déments du pangermanisme, M. H. S. Chamberlain«, *Revue bleue,* 1915, S. 342ff.

293 »La faillite du christianisme en Allemagne«, *Revue bleue,* 1915, S. 423-425.

294 Hermann Cohen, *Ein Bekenntnis in der Judenfrage* (vgl. *Der Berliner Antisemitismusstreit,* hrsg. von Walter Böhlich, Frankfurt 1965, S. 126ff.).

295 Hermann Cohen, *Deutschtum und Judentum,* Gießen 1916, S. 37f.

296 Otto Weininger, *Geschlecht und Charakter,* Wien 1905, (6. Aufl.), S. 411: »Die echtesten, arischsten, ihres Ariertums gewissesten Arier sind keine Antisemiten [...] Im *aggressiven* Antisemiten wird man hingegen immer selbst gewisse jüdische Eigenschaften wahrnehmen, [...] mag auch sein Blut rein von allen semitischen Beimengungen sein. So erklärt es sich, daß die allerschärfsten Antisemiten unter den Juden zu finden sind [...]«

297 Ebd., S. 410.

298 Ebd., S. 452.

299 Ebd., S. 412.

300 Walter Rathenau, *Höre, Israel* (unter dem Pseudonym W. Hartenau), »Die Zukunft«, 6. März 1897.

301 Rathenau, *Von Schwachheit, Furcht und Zweck* (vgl. *Gesammelte Schriften,* Bd. IV, Berlin 1925, S. 9-33).

302 Rathenau, *Schriften,* Berlin 1965, S. 144-154.

303 Ebd., S. 151.

304 Zitiert nach H. Kessler, *Walther Rathenau,* Paris 1933, S. 31f. Vgl. auch Rathenau, *Ungeschriebene Schriften (Ges. Schriften,* a.a.O., Bd. IV, S. 222-223).

305 Rathenau, *Briefe,* Dresden 1927, Bd. I, S. 202f.

306 Rathenau, *Breviarium mysticum, Gesammelte Schriften,* 1906, Bd. VIII, S. 171.

307 Über die psychologischen Hintergründe und die Motive von Rathenaus Mördern vgl. insbesondere Norman Cohn, *Histoire d'un mythe, La » Conspiration « juive et les Protocoles des Sages de Sion,* a.a.O., S. 146-152.

Schlußbemerkung

1 Das ist die Anschauung der hebräischen Anthropologie. Im Gegensatz zu einer weitverbreiteten Ansicht ist die Exklusivität des mosaischen Gesetzes religiöser, nicht rassischer Natur; die Barriere, die das »auserwählte Volk« von den »Nationen« trennen sollte, war dazu bestimmt, es in seiner Eigenschaft als »Priestervolk« zu erhalten.

2 Wir haben dies in L. Poliakov, a. a. O., Bd. IV, *Die Marranen im Schatten der Inquisition,* getan.

3 Hier die Stelle bei Linné, die wir im Hauptteil dieses Buches nicht zitiert haben: »Es heißt, daß Réaumur ein Huhn von einem Kaninchen befruchten ließ. Aus den Eiern seien Küken hervorgegangen, die wie gewöhnliches Geflügel ausgesehen, aber keine Federn, sondern ein weißes Fell gehabt hätten. Der Versuch ist bis zu einem gewissen Grad schlüssig, wir haben jedoch nicht das Recht, aus solchen Fällen allgemeingültige Konklusionen zu ziehen. Tatsächlich könnte man die schrecklichsten Dinge daraus ableiten; was die Menschheit betrifft, so könnte man eventuell annehmen, daß die Mauren (= Neger) eher seltsamer Herkunft sind; ich meinerseits lehne es ab, ihnen etwas derartiges zuzuschreiben« *(Metamorphosis Plantarum,* 1755; vgl. W. D. Jordan, *White over Black,* a. a. O., S. 236.).

4 Vgl. oben.

5 Vgl. S. Freud, *Einführung zum Narzißmus (1914), usw., und zuletzt B. Grudberger, Le narcisissisme. Une étude psychoanalytique,* Paris 1971.

6 Zu diesem Aspekt der antireligiösen Polemik siehe L. Poliakov, a. a. O., Bd. VI, *Emanzipation und Rassenwahn.*

Nachwort

Dank einer Initiative David Astors wurde 1966 an der Universität von Sussex ein Forschungszentrum eingerichtet mit der Aufgabe, die Art und Weise zu untersuchen, in der Verfolgungen und Ausrottungskampagnen ausgelöst werden, wie der Drang, zu verfolgen und auszurotten auftaucht, wie er sich ausbreitet und unter welchen Bedingungen er sich in Handlungen umsetzen kann. Dieses Zentrum erhielt den Namen Zentrum für psychopathologische Forschungen, wurde dann aber schließlich – neutraler – Columbus Centre genannt, nach der Stiftung, die es finanziert.

Die Forschungen des Centre fanden ihren Niederschlag in einer Reihe von Arbeiten und Monographien über Themen, die von den Quellen des europäischen Rassismus und Nationalismus bis zum Schicksal der Zigeuner reichen, von den Ursachen der »Hexenjagden« bis zu den Ausrottungen im Dritten Reich, und von den biologischen zu den psychologischen Grundlagen der Tendenz zu Verfolgung und Ausrottung. Die vollständige Reihe dieser Arbeiten wird in Großbritannien veröffentlicht werden, und es steht zu hoffen, daß diesem auf französisch verfaßten Werk eine französische Übersetzung der anderen Publikationen folgen werden.

Von Anfang an wurden die Forschungsarbeiten des Centre interdisziplinär durchgeführt. Dabei waren Fachzweige vertreten wie Geschichte, Soziologie, Anthropologie, dynamische Psychologie und Ökologie. Darüber hinaus fand während der Abfassung der Arbeiten zwischen den Autoren ein ständiger Austausch von Gedanken und Informationen statt. Daraus ergibt sich, daß diese Reihe – obwohl jede einzelne Arbeit zu einer Fachrichtung gehört und das Werk eines Autors ist, der dafür voll verantwortlich zeichnet – in ihrer Gesamtheit von zahlreichen und fruchtbaren interdisziplinären Diskussionen geprägt wurde.

Das Unternehmen sollte außerdem international sein. Obgleich das Projekt ein britisches war, unter dem Patronat einer britischen Universität stand und zu 95 Prozent mit Mitteln aus britischen Quellen finanziert wurde, stammen die Forscher aus verschiedenen Ländern. So etwa ist der Autor des vorliegenden Buches ein Franzose, der seine Arbeit in Paris geleistet hat; eine andere Arbeit wurde von einem Deutschen in Berlin verfaßt. Ganz allgemein war das Unternehmen so geplant, daß jedwedes Risiko einer – nationalen oder anderen – Voreingenommenheit ausgeschlossen sein sollte. Finanziert wurden die Forschungen vom *Columbus Trust* unter dem Vorsitz von Lord Butler of Saffron Walden. Eine vollständige Liste der Stifter sowie der wissenschaftlichen und technischen Berater der verschiedenen Komitees des Columbus Centre findet sich in der englischen Ausgabe dieses Buches.

Norman Cohn,
Universität Sussex, England

Danksagung

Im Verlauf der Diskussionen, die zwischen 1966 und 1969 an der Universität Sussex stattfanden, zog ich vielfach Nutzen aus den Anregungen und Gedanken der Psychologen Henry Dicks, Frau Pearl King und Anthony Storr, des Historikers Wolfgang Scheffler, des Soziologen Zev Barbu, der Anthropologin Joan Wescott und des Ethnologen Michael Chance. Meinem Freund Norman Cohn, dem Direktor des Columbus Centre, der das Manuskript Kapitel für Kapitel gelesen und kritisch geprüft hat, verdanke ich es, daß ich zahlreiche Korrekturen anbringen konnte. Mein Mitarbeiter Georg Heintz in Worms stellte all seine germanistische Gelehrsamkeit in den Dienst meiner Untersuchung und sparte keine Mühe, um mich mit Werken und Texten zu versehen, die in Frankreich nicht aufzutreiben sind.

Gleichermaßen bin ich den Professoren Pierre Chaunu, Louis Girard, Emmanuel Le Roy Ladurie, Henri Michel und Pierre Monbeig zu Dank verpflichtet. Dank dem Interesse, das sie meinen Forschungen entgegenbrachten, bin ich jetzt in der Lage, diese Untersuchung über die Geschichte des Rassismus und über den arischen Mythos unter der Ägide des Centre national de la recherche scientifique fortsetzen zu können. Des weiteren profitierte ich von der Kritik und den Ratschlägen Gavin Langmuirs von der Universität Stanford, Alexis Philonenkos' von der Universität Caen, Rita Thelmanns von der Universität Tours und Alain Besançons, Jean-Pierre Peters und Alberto Tenentis von der Sechsten Abteilung der École pratique des hautes etudes. Zwei weitere Freunde, Roger Errera und Pierre Nora, nahmen das mühevolle Opfer auf sich, das gesamte Manuskript zu lesen. Ihren Ratschlägen entsprechend straffte und vereinfachte ich die französische Fassung des Werkes ein wenig – vielleicht nicht ganz in dem Maß, wie sie es gewünscht hatten. Insbesondere zog ich es vor, manche in den Anmerkungen enthaltene Zitate wörtlich anzuführen, vor allem solche aus den Schriften Darwins, Freuds und C.G. Jungs.

Roger Errera hat sich auch der undankbaren Aufgabe unterzogen, das Manuskript mit gezückter Feder zu lesen, um mich auf Stellen hinzuweisen, in denen der Text gleichsam zwischen meinen Gedanken und meinem Wortschatz in der Klemme war. Er half mir, den unerläßlichen Schliff anzubringen, mit ebensolcher Klarheit und Geistesschärfe, wie Lucette Finas sie bei meinen früheren Werken walten ließ.

Bezüglich der acht Seiten der abschließenden Synthese habe ich schließlich den Biologen Jaques Nunez, den Anthropologen Daniel de Coppet, den Gräzisten Pierre Vidal-Naquet, die Exegeten Jean Zaklad und Charles Touati sowie die Psychoanalytiker Janine Chasseguet-Smirgel und Bela Grunberger zu Rate gezogen.

Nun bleibt mir also nur noch, die Leser dieses Buches um Nachsicht zu bitten; dabei möchte ich klarstellen, daß dieses, wie unvollkommen es auch sein mag – vor allem was die Disziplinen anlangt, die mir ziemlich fremd sind –, noch viel unvollkommener wäre ohne die Unterstützung der hier angeführten Freunde.

Léon Poliakov
C. N. R. S., Paris

Léon Poliakov, 1910 als Sohn eines Verlegers in St. Petersburg geboren, lebt seit 1919 in Frankreich. Nach Abschluß eines Jura-Studiums in Paris wurde er Journalist und wandte sich historischen Forschungen zu. Bis zu seiner Emeritierung war er Docteur ès-Lettres an der Sorbonne sowie Directeur de Recherche au Centre National de Recherche Scientifique. Er verfaßte zahlreiche, in viele Sprachen übersetzte Arbeiten zur Geschichte der Juden, wie die zusammen mit Joseph Wulf veröffentlichte Dokumentationsreihe über *Das Dritte Reich und die Juden* (1955), *Das Dritte Reich und seine Diener* (1957) und *Das Dritte Reich und seine Denker* (1959) sowie vor allem das mehrbändige Standardwerk *Geschichte des Antisemitismus.*